北京市高等教育精品教材立项项目
国家精品课程配套教材

证券投资学

主　编　杨德勇
副主编　葛红玲
　　　　张启智

中国金融出版社

责任编辑：肖丽敏　任　娟　许小平
责任校对：潘　洁
责任印制：丁淮宾

图书在版编目（CIP）数据

证券投资学（Zhengquan Touzixue）/杨德勇主编．—北京：中国金融出版社，2010．5
北京市高等教育精品教材立项项目
ISBN 978－7－5049－5441－1
Ⅰ．①证…　Ⅱ．①杨…　Ⅲ．①证券投资—教材　Ⅳ．①F830．91

中国版本图书馆 CIP 数据核字（2010）第 037131 号

出版发行　中国金融出版社
社址　北京市丰台区益泽路 2 号
市场开发部　（010）63266347，63805472，63439533（传真）
网上书店　http：//www．chinafph．com
（010）63286832，63365686（传真）
读者服务部　（010）66070833，62568380
邮编　100071
经销　新华书店
印刷　北京市松源印刷有限公司
尺寸　185 毫米×260 毫米
印张　26．75
字数　596 千
版次　2010 年 5 月第 1 版
印次　2014 年 8 月第 4 次印刷
印数　11051—14050
定价　40．00 元
ISBN 978－7－5049－5441－1/F．5001

前言

我国的证券市场如果从上海证券交易所成立算起，已有20年的历史。自诞生以来，我国证券市场从无到有，从小到大，经历过破茧而出的稚嫩，也创造出引人注目的辉煌。截至2009年11月5日，中国A股市场、B股市场共拥有上市公司1 665家，总市值22.78万亿元。按照2008年的GDP核算，证券化比率已达75.92%。投资者的数量和结构与前些年相比，均发生了实质性变化。20年来，证券市场为国民经济建设筹集了大量资金，对推动国有企业改革、建立现代企业制度、促进经济结构的调整、支持国民经济的增长等都起到了十分重要的作用。

证券投资学是研究证券投资规律及其技术分析的一门综合性强、应用性强的交叉学科，其理论的发展大致经历了如下两个阶段：

第一阶段：古典投资理论阶段。20世纪50年代以前的古典投资学，其代表人物是美国的格雷厄姆，他所著的《证券投资分析》到今天仍被华尔街奉为“投资圣经”。这一阶段的投资学建立了证券投资的理论框架，强调具体的投资实践操作，奉行技术化、工具化的投资理念，逐步形成了基本面分析和技术分析这两大类基本的分析方法。需要指出的是，直到今天，这些理论依然是证券实务投资操作的基本工具，在投资实践中具有重要的指导意义。

第二阶段：现代投资理论阶段。现代投资理论是以马柯维茨在1952年首次提出的投资组合理论为标志而逐渐发展起来的证券投资理论，基本的理论包括投资组合理论、资本资产定价模型、套利定价模型、有效市场理论、行为金融理论等。这个理论体系试图在一个较为统一的框架内，全面、深入地揭示金融市场的内在运行机制以及金融资产的价格模型和投资者的行为特征。目前这一体系还处于不断完善和发展的过程中。

在证券投资理论发展的历史进程中，经济发展所引起的投资环境变化对投资理论的发展起着重要的推动作用。证券市场的发展使得投资者的投资选择不再仅仅限于股票、债券等传统证券投资工具，而是包括衍生品在内的更多的投资工具；随着金融国际化、全球化趋势的发展，人们的投资组合在区域上不但包括国内市场，还包括国际市场；而金融电子化、网络化的出现也大大改变了传统的投资方式。

面对投资环境的这些变化，如何发展证券投资理论、如何进行有效证券投资，是值得认真研究的重大问题，这对证券投资学教学内容和教材的更新提出了更高的要求。

本教材的写作背景主要有三点。

一是中国证券市场的快速发展。2005年开始的股权分置改革彻底地解决了中国证券市场的基础性制度障碍，是中国证券市场发展的一次历史性的跨越，是一件具有里程碑意义的大事。国民经济持续快速发展，新股发行规模、新增投资者规模、流入市场的资金都以超乎想象的速度扩张着。截至2007年底，沪深股市总市值翻了10倍，突破32万亿元，占GDP的比重提高至150%。中国股市不仅成为世界第一大新兴市场，同时也成为继美国、日本、英国证券市场之后的全球第四大证券市场，IPO募集资金总和位居全球之首。

二是中国证券市场的非理性和不成熟。2008年的跌幅如同2007年的涨幅一样让所有人感到意外。2008年上半年沪综指的收盘点位勉强定格在2 700点以上，A股总市值从2007年底的32.46万亿元缩水到17.66万亿元，缩水额高达14.8万亿元。回顾这3年的时间，从2005年6月6日的998点，到2007年的最高点6 124点，上证综指完成这5 100多点的历史性跨越仅用时两年；而从2007年10月至今，市场的最大跌幅竟达56%，上一次熊市用4年时间完成的跌幅，这次只用了8个月。在此期间，动辄数百点的上蹿下跳更是家常便饭。频繁的暴涨暴跌、远高于成熟市场的震荡幅度，都暴露出我国证券市场非理性和不成熟的一面。

三是现有证券投资学教材的针对性和适用性不强。证券投资学是金融学的一门专业基础课，高等学校金融、管理、经济类专业的大学生必须系统地学习和了解现代证券投资理论。但是需要指出的是，目前很多教材对中国证券市场的发展强调不够，内容过于陈旧。因此，如何完全、有机地将现代证券投资理论与中国的投资实践相结合，是值得关注和需要研究解决的问题。

总体上，本教材在编写过程中主要体现以下特点：

1. 关注前沿理论。以国内外证券投资学发展的最新动态为背景，研究证券投资的理论和实践问题。本教材在认真总结国内外证券投资研究成果和编者多年教学经验的基础上，密切关注全球经济金融发展的最新动态，将证券投资纳入到经济金融运行的整体框架中进行研究，对证券投资理论体系做了一次系统的构架和整合，从而使读者能更为清晰、准确地把握证券投资学的理论体系和框架。

2. 强调中国证券市场的特色。本教材在全面系统地介绍证券投资理论发展的同时，加入了大量关于中国证券市场的介绍。我们希望以各种相关链接、小资料以及课后思考题的方式，帮助学生全面了解中国证券市场的发展和现状，并且结合中国证券市场，更好地理解证券投资的理论和知识。

3. 突出理论和实践的结合。本教材在内容安排和材料选用上注重专业性、权威性和实用性，引入了大量的历史资料、最新研究成果和相关理论，对许多理论问题的分析和实际经验都直接来自国内外的学术著作和论文，同时将理论、案例、问题融为一体，体现理论和实践相结合的特点。

4. 在体例安排上进行创新。本教材在每章后面都增加了知识链接专栏，以补充相关的事例、经典案例或时效性强的资料，并提出引导学生讨论、思考的问题，图文并茂，深入浅出，增加教材的可读性。

教材中若有错误和不当之处，敬请广大读者、专家批评指正。

编者

2009年11月6日

目　　录

第一章

导　论

学习目标：

- 理解证券投资学的研究对象、基本内容
- 掌握证券的定义及分类，证券投资的概念、分类和基本步骤
- 掌握证券市场的结构和功能
- 熟悉证券投资理论的发展
- 了解我国证券市场的发展历史

证券是一种信用凭证或金融工具，它是商品经济和信用经济发展的产物。证券投资是随着证券的出现而产生、随着信用经济的发展而发展的。19 世纪末，伴随着股份制经济的进一步发展，证券投资也得到了长足的发展。特别是第二次世界大战以后，随着主要工业国经济的复苏，证券投资日益兴旺。现在它已经成为社会经济活动中最重要的投资方式之一，在拓宽投资渠道、优化资源配置、促进经济发展等方面发挥了重要作用。

第一节　证券与有价证券

一、证券的概念与分类

（一）证券的概念

证券是各类财产所有权或者债权凭证的通称，是用来证明证券持有人有权取得相应权益的凭证。股票、公债券、基金证券、票据、提单、保险单、存款单等都是证券。凡根据一国政府有关法规发行的证券，都具有法律效力。

（二）证券的分类

按照不同的标准，可以对证券进行不同的分类。按其性质的不同，可以将证券分为证据证券、凭证证券以及有价证券。

证据证券是指单纯地证明事实的文件，主要有信用证、证据等。

凭证证券是指认定持证人是某种私权的合法权利者，证明持证人所履行的义务有效的文件。如存款单、借据、收据以及定期存款等就属于这一类。凭证证券实际上是无价证券。

有价证券是指标有票面金额，证明持有人有权按期取得一定收入并可自由转让和买卖的所有权或债权凭证。这类证券本身没有价值，但由于它代表着一定量的财产权利，持有人可凭该证券直接取得一定量的商品、货币或是利息、股息等收入，因此可以在证券市场上买卖和流通，客观上具有交易价格。

（三）有价证券的分类

有价证券多种多样，从不同角度、按照不同的标准，可以进行不同的分类。

1. 按照发行主体的不同，可分为政府证券、金融证券和公司证券

政府证券是指政府为筹措财政资金或建设资金，凭借其信誉，采用信用方式，按照一定程序向投资者出具的一种债权债务凭证。政府债券又分为中央政府债券（国家债券）和地方政府债券。政府债券又称为国债券。

金融证券是指商业银行及非银行金融机构为筹措信贷资金而向投资者发行的，承诺支付一定利息并到期偿还本金的一种有价证券。主要包括金融债券、大额可转让定期存单等，其中以金融债券为主。

公司证券是指公司为筹措资金而发行的有价证券。公司证券包括的范围比较广泛，内容也比较复杂，主要有股票、公司债券等。

2. 按照表现内容的不同，可以分为商品证券、货币证券和资本证券

商品证券是证明持有人有商品所有权或使用权的凭证。取得了这种证券就等于取得了这种商品的所有权，持有人对这种证券所代表的商品所有权受法律保护。属于商品证券的有提货单、运货单、仓库栈单等。

货币证券是指本身能使持有人或第三者取得货币索取权的有价证券。货币证券主要包括两大类：一类是商业证券，主要包括商业汇票和商业本票；另一类是银行证券，主要包括银行汇票、银行本票和支票。

资本证券是指由金融投资或与金融投资有直接联系的活动而产生的证券，持有人有一定的收入请求权。资本证券包括股票、债券、基金证券及其衍生品种（如金融期货、可转换证券等）。狭义的有价证券就是指资本证券，证券投资学研究的证券主要是指资本证券。

3. 根据上市与否，可分为上市证券和非上市证券。划分为上市证券和非上市证券的有价证券是有其特定对象的。这种划分一般只适用于股票和债券

上市证券又称挂牌证券，是指经证券主管机关批准，在证券交易所注册登记并获取资格，在交易所内进行公开买卖的有价证券。为了保护投资者的利益，证券交易所对申请上市的公司都有一定的要求，满足了这些要求才准许上市。发行股票或债券的公司要在证券交易所中注册其证券，必须符合注册条件并遵守规章制度。证券交易所要求申请上市的公司提供的情况主要包括申请上市的股票或债券的数额和市场价值、股东持有股

票的情况、纳税前的收益和股利分配情况等。当上市公司不能满足证券交易所关于证券上市的条件时，交易所有权取消该公司证券挂牌上市的权利。

非上市证券也称非挂牌证券、场外证券。它是指未在证券交易所登记挂牌，由公司自行发行或推销的股票或债券。非上市证券不能在证券交易所内交易，但可以在交易所以外的场外交易市场进行交易，有的也可以在取得特惠权的交易所内进行交易。非上市证券由于是公司自行推销的，与上市证券相比，筹资成本较高，难以扩大公司的社会影响和为公司赢得社会声誉。

一般来说，非上市证券比上市证券要多。在交易所内上市的证券种类非常有限，只占整个证券市场上的证券种类的很小一部分。非上市证券多因不符合证券交易所规定的上市条件而未能登记注册。但有些规模大且信誉好的商业银行和保险公司，为了避免每年向交易所付费及呈送财务报表等，即使符合交易所规定的条件，也不愿意在交易所注册上市，更何况现代电子通信网络技术的不断发展，又为场外非上市证券的交易提供了十分便利的条件。

二、有价证券的本质与特征

（一）有价证券的本质

有价证券是一种具有一定票面金额，证明持券人有权按期取得一定收入的所有权或债权证书。有价证券本身没有价值，也不是劳动产品，不是生产经营物资，不能在生产过程中像厂房、原材料一样发挥作用。证券不是现实的物质资产，而是以纸质复本表现的虚拟资本，是真实资本的纸质复本。有价证券之所以能在市场上自由流通转让，是因为它能够为持有者带来一定的股息或利息收入。作为虚拟资本，有价证券虽然不是现实的财富，但它可以通过独特的运动方式促进现实财富的集中。这种虚拟资本的自由交易既可以发挥动员社会资金、分配社会资金、优化资源配置的作用，也会引起投机活动，引致资本市场虚假繁荣和混乱局面的出现。

（二）有价证券的特征

有价证券作为一种金融资产，不仅是深受社会公众欢迎的投资工具，也是被政府、企业广泛运用的一种筹资手段，并且日益渗透到社会经济生活的各个领域中。具体来说，有价证券具有如下一些特性：

1. 收益性

收益性是指有价证券给持有人带来收益大小的能力。获取收益既是投资者进行证券投资的直接目的，也是筹资者进行证券筹资的基本动机。收益的大小决定了投资与筹资双方的积极性。当然，对投资者与筹资者而言，收益的内容并不完全相同。从投资者方面来说，收益是指购买证券所取得的利息、股息和买卖证券的差价收入。从筹资者方面来说，收益则表现为通过证券筹集资金，从而扩大生产规模，提高企业获利能力或改善国家的财政状况。

2. 风险性

风险性是指证券投融资双方的预期目标不能实现或发生变化的可能性。在证券市场上，风险与收益是一对孪生兄弟，如影随形。风险越大，收益往往越高。较高的收益可看做是对较大风险的一种补偿。风险对证券投资者和发行者来说也具有不同的意义。从投资者方面来看，既会遇到证券价格下跌的风险，又会遇到证券发行单位经营状况不好甚至破产，从而使自己不能获得证券收益乃至血本无归的风险。从发行者方面来看，既会遇到经营状况不好，难以支付利息、股息或者难以偿债的风险，也会遇到因发行费用过大而不能达到筹资目的的风险。除了证券发行者和投资者两者风险不同外，各种不同类型的证券，其风险往往也各不相同。

3. 流动性

流动性也称变现性，指资产在不受损失的情况下转变为现金的能力。资产的流动性取决于：（1）是否易于变现。（2）买卖所需的费用。（3）价格的稳定程度。由于存在着证券流通市场，证券持有者可以随时地转让证券，以换取现金，因此，证券具有相当高的流动性。另外，证券市场越发达，证券的信用等级越高；证券的期限越短，则其流动性越强。

4. 价格波动性

证券价格可分为票面价格、发行价格和市场价格三种。由于发行条件的不同，证券的发行价格有可能高于或低于票面价格。不仅如此，受政治、经济、心理等因素的影响，证券的供求关系经常处于变动之中，这就决定了证券在流通过程中的价格也会随之变动，并且有可能发生较大幅度的变动。

5. 相关性

证券与社会经济活动有着密切的联系，这表现在以下几个方面：（1）证券作为资金融通的工具，是证券市场的组成部分。证券的数量和价格必然随着社会经济活动的变化而变化。正因为如此，证券行市被人们称为一国经济的晴雨表。而且，证券行市在反映经济变化方面还具有超前性，即在经济发生变动之前，市场已预先作出反应。（2）证券与其他经济杠杆相互联系、相互制约，共同对社会经济运行产生影响。任何经济杠杆的变动都会直接或间接地影响证券的供求关系，而证券供求关系的变动也会直接或间接地影响到其他经济杠杆。（3）证券的变动直接影响物质利益在人们之间的分配，使企业和个人作出相应的反应。因此，证券行市的变动能调节企业和个人的行为。

6. 虚拟性

证券是一种虚拟资本。同企业为购买厂房、机器和原材料等而投入的实际资本不同，它不是真实的资本，也不在生产过程中发挥直接作用。证券是现实资本的纸质复本，是在法律上有权索取这个资本所实现的一部分剩余价值的书面凭证，是一种处于虚拟形态的资本。它可以在市场上进行买卖，形成市场价格，可以促进现实资本的集中和现实财富的增加。

此外，证券还具有其他一些特性，如由商品经济的内在要求决定的客观性、政府能对其进行有效控制和调节的可控性等。

第二节 投资与证券投资

一、投资的概念及类别

（一）投资的概念

投资是指经济主体为了获得预期收益，预先垫付一定量的货币、实物或无形资产等资源，以经营某项事业的经济行为。也就是说，投资是投入某种资源，获得某种资产或收益的过程。显然，这是广义的投资概念，其内涵包括：

1. 投资的前提是垫付。投资以人力、物力和财力的投入为先决条件。从静态角度看，投资是现在垫支一定量资金或资源的活动；从动态角度看，投资是为了获得未来的报酬而采取的经济行为。

2. 投资具有时间性。投入的价值或牺牲的消费是现在的，而获得的价值或消费是将来的。也就是说，从现在投入到将来获得报酬，在时间上或长或短地总是要经过一定的间隔。这表明，投资是一种动态的经济活动，是实现价值增值的经济过程。

3. 投资的目的在于获得收益，即获得价值的增值。投资活动以牺牲现在价值为手段，以赚取未来价值为目标。只有未来价值超过现在价值，才能获得正报酬。

4. 投资具有风险性，即收益的不确定性。现在投入的价值是确定的，而未来获得的收益是不确定的，收益的不确定性构成了投资的风险。投资的过程越长，发生不可预测事件的可能性就越大，未来收益就越不稳定，风险也就越大。

（二）投资的分类

投资是一个多层次、多侧面、多角度、内容极其丰富的概念，因而可按许多方式进行归纳与分类。

1. 直接投资与间接投资

从广义上说，投资于实际资产（固定资产、流动资产等）即为直接投资；投资于金融资产，包括银行和金融机构储蓄、购买股票和债券等有价证券均为间接投资。从狭义上说，仅就投资于金融资产而言，投资于银行和金融机构储蓄以及各种基金的行为为间接投资；投资于股票、债券、各种票据等有价证券的行为为直接投资。

广义的直接投资和实物投资相联系，或称实物投资。通过投资形成新的资本，用于经营某种事业，如建设厂房设施、购置设备、购买原材料等。通过生产活动，可以直接增加社会的物质财富，或提供社会所必需的劳务，所以这种投资被称为直接投资。

广义的间接投资是把资金用于购买金融资产，主要是有价证券，以期获得收益。这些资金通过股票、债券等金融工具的发行，转移到企业后再投入生产活动，这种投资一般被称为间接投资。

2. 实物投资与金融投资

（1）实物投资。实物投资就是投资主体为获取未来收益或经营、实施某项事业，预先垫付货币或其他资源，以形成实物资产的经济行为。实物投资可分为稀有资产投资、固定资产投资和流动资产投资。其中，稀有资产投资是指投资主体为获取预期收益，预先垫付货币以形成稀缺性资产的经济行为。稀有资产包括贵金属、宝石、文物古董、书画、邮票和其他艺术品。稀有资产投资是一种分门别类的、专业性和技术性很强的大众投资方式，其知识较为分散，且操作性、实用性很强。

（2）金融投资。金融投资是指投资主体为获取预期收益，预先垫付货币以形成金融资产，并借以获取收益的经济行为。金融投资包括股票投资、债券投资、期货投资等有价证券的投资。个人在银行进行储蓄的行为也是一种金融投资，存款凭证能使投资者获得一定的未来收益。

实物投资和金融投资既有区别，又有联系。

二者的区别在于：实物投资是对现实的物质资产的投资，它的投入会导致社会资本存量和生产能力的直接增加，并可直接增加社会物质财富或提供社会所需要的服务。实物投资者直接拥有实物资本，如土地、机器设备、知识、人力资本等。金融投资所形成的资金运动是建立在金融资产的基础上的，投资于证券的资金通过金融工具的发行转移到企业部门。金融资产是一种虚拟资产，虚拟资产有其独特的运动形式，属于信用活动的范畴。金融投资者对实物资本仅是间接拥有。

二者的联系是：金融投资是实物投资发展到一定阶段的产物。机器化大生产出现以前，生产者主要靠自我积累进行生产投入，实物投资占主导地位；资本主义机器化大生产所需要的大量资金则主要是通过金融投资筹措的。实物投资与金融投资并不是竞争性的，而是互补性的。实物投资在其无法满足巨额资本需要时，往往要借助于证券投资筹措资金。高度发达的证券投资使实物投资更为快捷，通过证券投资可以使实物投资筹集到所需资本。证券投资者还可以利用证券赋予的权利关心、监督甚至参与实物投资的决策和管理。

3. 短期投资与长期投资

一般来说，投资时间在 1 年以下（含 1 年）的为短期投资，1 年以上的为长期投资。选择短期投资还是长期投资，是很重要的事，它直接关系到投资者的收益、资金周转速度及机会成本等问题。一般来说，短期投资相对于长期投资来说收益率相对低些，如投资于短期国库券（1 年以下）的收益比投资于长期债券要低些，但短期投资的风险相对较小，资金周转快，也许会从再投资中获取新的收益。

4. 其他分类

投资还可以从投资主体、手段、目的和行为过程等多方面进行分类。

二、证券投资的基本概念

（一）证券投资的概念

证券投资实际上是一种金融投资或间接投资，它是指自然人、法人及其他社会团体用积累起来的资金购买股票、债券等有价证券，借以获取收益的行为。

（二）证券投资的要素

第一，收益。它包括利息、股息等当前收入和由证券价格的涨落所带来的资本收益或损失两部分。股票投资除了以上两部分收益外，还可享受股东对企业的种种权利。

第二，风险。一般来说，收益与风险成正比例，即收益越高，则风险越大；但不能说凡是承担高的风险就一定能取得高的收益。

第三，时间。投资者必须决定投资于长期证券、中期证券还是短期证券。一般来说，投资期限越长，收益就越高，但同时风险也越大。

（三）证券投资的特点

第一，证券投资工具多样化。金融衍生工具的不断创新，使得证券投资工具日益多样化，已不再限于传统的债券、股票，而是出现了股票指数期权、期货等新的投资工具。

第二，证券投资电子化。随着科技的进步和电脑的广泛应用，证券投资日益电子化。目前，世界主要的金融中心都已建立了电子计算机管理系统，实现了电脑、电信网络及卫星通信的全方位联系。投资者可以通过多种手段接收证券市场行情，并以多种方式进行证券投资。

第三，证券投资国际化。随着证券市场遍及全球和跨国证券公司的发展壮大，世界各地的证券市场的联系日益密切，证券投资日益国际化。

第四，证券投资理论不断完善与创新。理论来自实践并指导实践。20 世纪 50 年代，马柯维茨提出了资产组合理论；之后，有效市场理论得以确定；以威廉·夏普为代表的经济学家则在此基础上建立了资本资产定价理论；70 年代，套利定价理论又被提出。理论的发展促进了金融的创新，推动了证券投资的发展。

（四）证券投资与证券投机的区别及联系

1. 证券投资与证券投机的区别

证券投资与证券投机在很多方面有着显著的区别，包括：

（1）动机和目的不同。证券投资是为了获取较为稳定的收入；而证券投机主要是频繁地买进与卖出证券，以获取价差收入。

（2）投资期限不同。证券投资期限较长；而证券投机的期限则较短，少则几天，多不过数周。

（3）风险偏好不同。证券投资者厌恶风险，力图以各种方式规避风险；而证券投机者偏好风险，愿意承担较大的风险以获取较多的收益。

（4）分析方法不同。证券投资较注重于基本面分析，而证券投机更注重于技术分析。

2. 证券投资与证券投机的联系

证券投资与证券投机的区别是相对的。在很多情况下，两者是可以相互转化的。如果投资者购入证券后准备长期持有，但因短期内证券价格大幅飙升而卖出，投资就变成了投机。反之，如果投机者买入证券后被套牢而不得不长期持有，投机就变为了投资。一次良好的投资，实质上是一次成功的投机。

第三节 证券市场的结构与功能

一、证券市场的含义

证券市场是有价证券发行和流通的场所以及与此相适应的组织与管理方式的总称。从证券市场的功能和机制上理解，证券市场实质上是资金供需双方通过竞争决定资金价格的场所。按证券进入市场的顺序划分，证券市场包括证券发行市场和证券流通市场。

二、证券市场的特征

证券市场与其他商品市场相比，有以下几方面的特征：

1. 交易对象和交易目的不同

一般商品市场以实物商品为交易对象，交易的目的是获得或实现其使用价值。证券市场上的交易对象则是股票、债券、基金等各种以证券形式存在的金融商品。人们在证券市场中进行交易的目的是为了获得红利、利息以及通过买卖证券而实现差价收入。

2. 价格的决定因素不同

在一般商品市场上，商品价格是商品价值的货币表现，价格取决于商品价值和市场供求关系，而价值的大小通过生产商品所需要的社会必要劳动时间来衡量。在证券市场上，各种证券本身没有价值，其理论价格是由市场利息率和证券收益率决定的，同时，市场供求关系、发行人的信用级别和财务状况、宏观政治经济环境、投资者的心理等方面的因素都对证券价格产生重要影响。

3. 市场风险和流动性不同

一般商品市场的商品价格对各种市场影响因素的变化反应较慢，价格波动较小，市场流动性也比较稳定。证券市场对各种影响因素的变化反应十分敏感，证券价格波动很大，其交易风险相对于商品市场要大得多，证券的标准化的交易形式大大增强了市场流动性。

4. 市场的功能和作用不同

一般商品市场上的商品可以满足人们的某种特定需要，实现了实物资本的流通。证券市场上的证券是一种虚拟资本，证券的流通担负着多重市场职能。对于筹资者来说，实现了筹集资金的目的；对于投资者来说，可以为闲置资金带来收益和赚取价差的机会；对于整个社会来说，它有利于实现社会资源的有效配置和使用，从而实现社会财富的增长。

三、证券市场的结构

（一）证券发行人

证券发行人是资金的需求者和证券的供给者，它通过在市场上发行股票、债券等各类证券来筹集资金。证券发行人包括企业、金融机构、政府部门和其他经济组织。

企业发行的证券主要包括股票和企业债券，其目的是筹集企业生产经营所需资金。股份有限公司既可以发行股票，也可以发行公司债券，而有限责任公司和国有独资公司只能发行公司债券以筹集资金。

金融机构发行的证券主要是金融债券。金融机构是资金供求双方的中介，通过发行金融债券筹集资金，然后通过贷款、投资等形式，投放资金并获得利差收益。由于多数金融机构的资金实力雄厚，信用等级高，所以金融债券的发行利率一般低于普通企业债券。

政府作为发行人，主要是发行政府债券。政府发行债券的目的包括弥补财政赤字、筹集建设资金、实施宏观调控等。政府债券包括中央政府债券和地方政府债券。中央政府债券又称为国债，发行者是财政部，其发行是以国家信用作保证的，所以可以认为不存在信用风险，具有很高的安全性，有“金边债券”之称。由地方政府发行的债券称为地方政府债券，其信用级别低于中央政府债券。

（二）证券投资主体

证券投资主体是证券市场的资金供给者，也是证券的需求者和购买者。投资者是最重要的市场主体，包括个体投资者和机构投资者。

1. 个体投资者

个人投资者是指从事证券买卖的居民个人，其目的是对其剩余、闲置的货币资金加以运用，实现保值和增值的目的。个人投资者的特点是资金量一般较小，单个投资能力有限，除了注重证券的收益性之外，还要求有较高的变现性。但是由于个人投资者的数量众多，因此其集合的资金总额相当可观。在国外发达国家，个人投资者一般通过证券经纪人或购买投资基金间接参与证券市场，这有利于集中分散资金，降低交易成本，防范交易风险。目前，我国的个人投资者多数直接参与证券市场交易。

2. 机构投资者

机构投资者是指从事证券买卖的法人单位，主要有非金融企业、金融机构和政府部门等。与个人投资者相比，其资金实力雄厚，投资分析和决策能力强，有较强的抗风险能力，对证券市场的影响力较大。

非金融企业既是证券的发行者，也是证券的投资者。其投资的证券有股票、公司债券、可转换债券等，投资目的是实现资金的保值增值、参股控股或兼并收购等。

金融机构投资者包括商业银行、证券经营机构、保险公司、投资基金等，是证券市场上主要的投资者。其资金实力和特殊的经营性质，决定了它在证券市场中举足轻重的地位。商业银行通常只投资于政府债券和信用等级高的企业债券，要求有较高的安全性和流动性，投资目的是为了保持银行资产的流动性和分散风险。证券经营机构，如证券公司、信托投资公司等，具有一定规模和实力并且符合国家法规规定的，可以从事证券自营业务。保险公司的证券投资对流动性的要求不高，主要考虑安全性和收益性，一般投资于期限长、收益率高的政府债券和公司债券。基金投资者是成熟证券市场上的最主要的机构投资者之一。出于保障投资者的利益和证券市场稳定性的要求，各国法律对于基金的投资范围、投资比例、利润分配等都有严格的规定。

最大的政府机构投资者是中央银行，它主要是在国债市场上进行投资，目的是调节货币流通量，控制通货膨胀，稳定币值，实现货币政策目标。

（三）证券投资客体

证券投资客体主要是指证券市场上基本的投融资工具，主要包括债券、股票、投资基金和金融衍生工具等投资工具。这部分的主要内容在第三章和第四章中有详细介绍。

1. 债券

在市场经济中，各种经济主体为了解决其资金缺口，经常通过发行债券的方式来筹措资金。债券是发行人依照法定程序发行，承诺按约定的利率和日期支付利息，并在特定日期偿还本金的书面债务。

2. 股票

进入20世纪以后，随着证券市场的发展壮大，人们已越来越熟练地将股票作为投资、融资的工具。股票是股份公司发给股东，证明其投资入股并有权据此获得股息收入的凭证。

3. 投资基金

投资基金是信托投资工具之一。它通过对外发行受益凭证或者股份来吸纳社会闲散资金，汇集的资金交理财专家管理，即按照基金设立的宗旨在证券市场上进行分散投资，以最小的风险来获得较高的投资回报，并将收益按投资者的投资比例进行分配的一种间接投资方式。

4. 金融衍生工具

进入20世纪70年代以后，世界证券市场出现了一系列变化，如证券24小时全球化交易、出现了电子交易市场等，而最引人注目的则是不断推出的金融创新工具，即衍生工具。金融衍生工具是指在原有证券的基础上派生出来的新的交易品种。主要的衍生工具有金融远期、金融期货、金融期权和金融互换。

（四）证券中介机构

1. 证券经营机构

证券经营机构是经证券监管机构批准成立在证券市场上经营证券业务的金融机构。其业务范围比较广泛，包括代理证券发行、代理证券买卖或自营证券买卖、兼并收购业务、研究咨询服务、金融创新以及其他相关业务。按业务范围划分，可将证券经营机构分为证券承销商、证券经纪商和证券自营商。一家证券经营机构可以具有一个或同时具有多个职能。

证券经营机构在各国的业务范围有所差别，各国对证券经营机构的称谓也不尽相同。在美国，人们把经营证券业务的非银行金融机构，特别是从事发行承销业务和兼并收购业务的金融机构统称为投资银行，以区别于经营存贷业务的商业银行，而经营经纪业务的证券经营机构则被称为证券公司。证券经营机构在日本称为证券公司，在英国称为商人银行，而在德国等允许银行、证券混业经营的国家则称为全能银行。

我国实行银行和证券分业经营的原则，商业银行只能参与除股票以外的其他证券业务，而对经国务院证券监管机构批准成立的证券公司则实行分类管理，确定相应的业务范围。综合类的证券公司可以从事证券经纪、自营、承销和证券监管机构核定的其他证券业务，经纪类的证券公司只能从事证券经纪业务。

2. 其他证券中介机构

证券中介机构是除了证券经营机构外，在证券市场上为各类市场参与者提供服务的机构，包括从事证券业务的会计师事务所、律师事务所、资信评估机构、登记清算机构、证券投资咨询公司、证券金融公司等。

我国《证券法》对证券登记结算机构和证券交易服务机构作了明确规定，包括资格认定、管理办法、业务范围、收费标准和法律责任等各个方面。

（五）证券监管机构和自律性组织

1. 证券监管机构。作为对证券市场实施管理和监督的机构，证券监管机构是证券市场的重要组成部分，它根据证券法规对证券发行和交易以及各类市场主体的市场行为实施监督与管理，以维护市场秩序，促进证券市场的有序运行和健康发展。在我国，对证券市场进行监管的机构是中国证券监督管理委员会。经过授权，中国证监会的派出机构也可在一定范围内行使监管职能。

2. 自律性组织。自律性组织一般是指行业协会，它在政府与证券经营机构之间发挥桥梁和纽带作用，能够促进证券业的发展，维护投资者和会员的合法权益，完善证券市场体系。我国的证券业自律性机构是中国证券业协会和中国国债协会。

四、证券市场的分类

（一）按证券性质的不同，可分为股票市场、债券市场和基金市场

各种股票的发行和买卖交易的场所构成股票市场。股票市场为股份制公司的设立和发展提供股权筹资的通道，也为投资者参与各行业发展、分享企业成长收益提供了机会。

债券市场是公开进行债务融资的市场，通过各种债券的发行和交易实现投融资活动，形成各种债权债务关系。

基金市场是指自由买卖和转让基金证券的市场。投资基金是一种利益共享、风险共担的集合投资制度，通过发行基金证券，集中投资者的资金，由专业管理机构代为进行股票、债券等金融工具的投资。

（二）按组织形式的不同，可分为场内市场和场外市场

场内市场是指证券交易所市场。证券交易所是交易市场的核心。交易所交易必须根据国家有关证券的法律规定，有组织地、规范化地进行。

场外市场通常是指柜台市场以及第三市场、第四市场，它是指在证券交易所形式之外的证券交易市场。

（三）按证券的运行过程，分为证券发行市场和证券交易市场

证券发行市场是由证券发行主体、认购者和经纪人构成的新证券的出售市场。通过证券的出售，政府、企业、金融机构等发行主体实现资金的筹措；认购者通过提供资金获得证券，作为未来分享收益和利息的凭证。证券增量供应通过发行市场实现，成为证

券流通的基础。

证券交易市场是买卖已发行证券的市场。也就是说，对于在发行市场上已经发行的证券，投资者通过在流通市场上将其出售转让给第三者，从而实现证券的变现。证券交易市场的中心功能是根据市场利率决定的股息、利息等收入形成虚拟资本价格，并保证按这一价格变换现金。在证券交易市场中，证券交易所具有中心市场的性质。在全国的证券交易所中，证券交易往往具有集中到一国金融中心甚至国际金融中心的倾向。

五、证券市场的功能

证券市场是市场经济中一种高级的市场组织形态，是市场经济条件下资源合理配置的重要机制。世界经济发展的历史证明，它不仅可以推动本国经济的迅速发展，而且对经济全球化也具有深远的影响。因此，证券市场对整个市场经济体系都发挥着重要的功能和作用。

（一）证券市场的基本功能

1. 促进储蓄向投资的转化的功能

从宏观经济运行的角度来看，资本的形成过程包括储蓄和投资两个环节。其中，储蓄是社会资本的聚集和积累过程，而投资则是对储蓄所形成的资金的运用过程。这两个过程都是不可或缺的。从储蓄来看，如果没有储蓄过程，投资将成为无本之木、无源之水。而且，一般来说，扩大再生产所需要的资金量是十分巨大的，单个企业往往无力通过自身的积累而获得，这就需要全社会的资金盈余部门的共同储蓄。因此，储蓄不仅是投资的前提，它更是积累大额资金的必要过程。从投资来看，如果没有投资过程，不仅资金盈余部门通过储蓄积累的资金无法获得高额的投资收益，而且企业也会因为没有资金补给，无法扩大再生产而停滞不前。总之，要实现资金盈余部门和资金短缺部门的共同发展，储蓄、投资两个环节都是必不可少的。

单有储蓄、投资两个环节是不够的，还需要有将两者有机结合在一起的机制，这就是储蓄—投资转化机制。从方式来看，储蓄—投资转化机制可以分为直接转化机制和间接转化机制。直接转化机制是指储蓄者直接将自身储蓄的资金进行投资，储蓄者与投资者合二为一。间接转化机制是目前占主导地位的转化机制，它是指储蓄者将自身储蓄的资金交由投资者进行投资，此时储蓄者与投资者相分离。

证券市场在储蓄向投资转化的过程中发挥着至关重要的作用。首先，证券市场上广泛交易着各种资金需求者发行的股票、债券，居民、企业等储蓄者就可以在证券市场上直接购买这些股票、债券进行投资，这就为储蓄者进行投资节省了不菲的成本。因为，储蓄者在证券市场之外进行投资必须先收集有关投资机会的信息，再进行筛选，成本将十分高昂。其次，基金证券等有价证券的交易，使不具备投资知识和经验的储蓄者可以通过基金管理者的专家投资进行投资。最后，证券市场上交易的有价证券的期限、价格、风险、数量等各不相同，这就可以满足不同投资者的偏好，使更多的储蓄资金转化为投资资金。

2. 创造流动性的功能

证券的流动性是指在不发生损失的前提下证券的变现能力。如果证券持有者在需要货币资金时，可以顺利地卖出证券，并且不必花费太大的成本，就可以说该证券具有较好的流动性。证券市场具有为证券创造流动性的功能。这是因为：首先，证券市场的存在降低了证券转让的成本，也就是使投资者变现的成本减少了；其次，大量的买者和卖者同时在证券市场内进行交易，由于各个投资者之间的预期各不相同，因此，在一般情况下，在同一价格，既会有想卖证券的投资者，也会有想买证券的投资者，这样一来，证券交易达成的机会就大大增加了；最后，在某些实行做市商交易机制的证券市场，做市商有义务维持证券的流动性，因此在这类证券市场中证券的流动性也就较强。

3. 优化资源配置的功能

资源配置是指将资源在社会经济的各个产业部门和企业之间按照生产需要进行分配组合。任何社会进行生产时可以利用的经济资源总是有限的，因此，必须在各种可能的资源使用方式之间进行选择，将有限的资源配置到最有效的产业部门或企业中去，以获得最佳的经济效益。这就要求优化资源配置。优化资源配置，一是要使资源流向社会最需要的产业部门和企业，二是要使资源流向效率最高的产业部门和企业。

社会经济资源通常是指社会已经掌握和所能利用的一切生产要素或生产条件，包括以货币形式存在的资金资源、土地和生产资料等物资资源、知识和劳动力等劳动资源及技术、信息等软件资源。除了资金资源外，其他社会经济资源的转移都或多或少存在着障碍。这一方面是由于实物形态的资源转移的成本较高，另一方面是由于资源在部门间转移存在进入障碍。证券市场的出现，在很大程度上减少了社会经济资源在部门间转移的障碍。因为在证券市场中，所有资源都以有价证券的形式进入市场，通过在证券市场上的自由买卖而转移。这就打破了实物资源的凝固和封闭状态，使资源具有最大的流动性。

以社会化大生产为基础的当代市场经济是高度发达的信用商品经济。在这一经济条件下，资金资源成为其他资源的源头。只要取得资金，就可以取得其他各种资源，就可以从事生产经营。因此，资金资源的流向决定了其他资源的流向，资金转移到哪里，资源就配置到哪里。由此可见，优化资源配置首先必须优化资金资源的配置。证券市场的交易便是在优化资金资源的配置。

首先，有价证券的发行是证券市场优化资金资源配置的首要环节。企业要发行证券，必须满足一定的条件。如企业要发行债券，必须使资信评级达到AA级以上，企业的盈利足以支付债券利息，债券的收益率高于同期银行存款利率。对企业发行股票的限制更多。这些限制条件确保了发行证券的企业都是经营业绩良好、资产规模较大、有很好的发展前景的企业，而那些规模小、业绩不佳、前景暗淡的企业则被排除在外，从而实现了证券发行阶段的资金资源的优化配置。

其次，证券市场通过有价证券的流通使资源优化重组。投资者是追逐收益的主体，他们往往通过证券市场上各种证券的收益率的差别以及发行者所披露的财务信息，选择投资对象，把资金投入到收益最高的地方去。这种趋利性使效益好、有发展前景的企业能够获得充裕的资金资源，而业绩差、前景不佳的企业则由于不能获得资金而难以为继，逐渐消亡。因此，通过证券市场上有价证券的流通，投资者的资金在不同企业之间转移，从而实现资金资源的优化配置。

再次，证券市场便于企业的收购、兼并和资产重组，促进资源的优化重组。在证券市场中，资产采取有价证券的形式在市场上流通转让，这就使资产具有最大的流动性。一些资本雄厚、经营效益好的企业可以根据社会需要，通过控股、参股等方式收购、兼并效益不佳的企业，或者与其他企业组成企业集团，提高经营效益。总之，证券市场上的收购、兼并活动，优化了经济资源的配置。

最后，退市制度强化了证券市场优化资源配置的功能。退市制度就是把不符合证券市场条件的上市证券从市场中剔除出去，这种优胜劣汰的机制有利于资源配置的优化。因为，被迫退市的都是一些连年亏损、毫无前途的企业。这些企业如果继续存在于证券市场，势必占用资金资源，造成资源浪费。退市制度使留在证券市场中的都是经营效益好的企业所发行的证券，这有助于引导资金流向，使绩优企业得以获得资金支持。

4. 分散和降低风险的功能

风险是遭受损失的不确定性。风险无处不在，几乎任何投资行为都不可避免地存在着风险。因此，风险是不可消除的，分散和降低风险也就成为人们梦寐以求的事情。证券市场具有分散和降低风险的功能，这可以从两方面来看。

从筹资者角度来看，筹资者也就是资金的运用者。比如，政府发行国债筹集资金可能是为了把这些资金运用于大型工程项目的建设，企业发行股票或者债券则是为了扩大再生产。它们都面临着资金运用的风险：大型工程项目建设要面临技术、地理、气候、质量等方面的风险，企业扩大再生产则面临信用风险、宏观经济形势风险、生产成本风险等。如果这些风险都集中到资金的运用者身上，这将令他们难以承担。在证券市场上，股票、债券由多个投资者购买，使得风险由这些投资者共同承担，这就分散了资金运用的风险，从而大大降低了筹资者的风险。

从投资者角度来看，投资者面临着资金的投资风险。一旦潜在的风险转变为现实的损失，投资者将不仅无法取得投资收益，甚至连本金都要遭受损失。投资风险可以分为系统性风险和非系统性风险。系统性风险是指整个市场所面临的风险，它是不可分散的风险；非系统性风险是指与特定企业或行业有关的风险，它是可以分散的风险。上千种股票和债券在证券市场中同时进行交易，这就为投资者分散风险提供了很大的便利。因为这些股票和债券的相关程度各不相同，根据证券组合投资理论，通过分散投资可以消除非系统性风险。而且，证券组合内各种证券价格的相关性越弱，风险分散的效果越好。如果投资组合中包含了证券市场中的所有证券，非系统性风险就可以完全消除，投资组合的风险就等于市场的系统性风险。

（二）证券市场功能的深化

从20世纪60年代开始，西方国家以金融自由化为特征的金融改革方兴未艾，使得金融创新与深化的程度不断加深。

1. 金融创新深化了证券市场的功能

（1）促使储蓄转化为投资的功能的深化。这主要是因为金融创新之后，社会投融资成本趋于下降。金融创新后，证券市场的参与者能够在形形色色的创新证券市场交易工具、交易方式中进行筛选，选择出同等风险水平下成本最低者；证券交易所则面临着激烈的竞争，并且交易量的放大使它们有能力降低佣金费用，以吸引客户；再者，各种创新结算方式的出现，使证券市场投资者和融资者之间的资金转移成本大大下降。投融资成本下降，证券市场中储蓄转化为投资的障碍小了很多，从而使证券市场促使储蓄转化为投资的功能得以深化。

（2）定价功能的深化。定价功能的发挥要依靠投资者之间的竞价交易来确定证券的价格。然而证券市场的影响因素纷繁复杂，而投资者难免会受投资知识水平、心理因素的制约，无法理性地对证券的价格作出合理的判断，经常造成证券价格过度偏离其价值。因此，在金融创新发生之前，证券市场的定价功能并不显著。

随着金融创新的发展，期货、期权等金融衍生工具的大量交易使证券市场的定价功能得以凸显出来，这主要得益于套利交易的产生。衍生工具价格是基于原生证券的价格确定的，原生证券价格的变动引起衍生工具价格的变动，两者的价格形成一定的联动效应。在正常的市场中，证券价格和衍生工具价格是合理的，这时投资者不能通过原生证券和衍生工具的组合交易，获得无风险收益。一旦衍生工具的价格和现货价格出现不合理的偏差，比如原生证券的价格相对于衍生工具被低估了，投资者可通过买入原生证券，卖出衍生工具的组合交易，获取无风险的收益。投资者的大量套利交易使得证券的价格迅速上涨，衍生工具价格趋于下跌，两者的价格重新处于无套利均衡状态，被低估的证券价格回到合理的水平。参与衍生工具交易的投资者为数众多，使得价格偏离产生的套利机会在瞬间消失，证券价格和衍生工具价格得以维持在合理的水平，这便是金融衍生工具对证券市场定价功能的深化。

（3）分散和降低风险功能的深化。金融创新之后，金融工具、交易方式的多样化使证券市场分散和降低风险的功能进一步深化。金融衍生工具便是分散和降低风险的一种创新。比如投资者在股票期货市场和股票现货市场进行同规模、等期限的买入卖出反向交易，则不论股票价格如何变化，投资者在现货市场和期货市场的收益和损失总能抵消，使投资者未来的投资损益确定不变。这种交易就是套期保值，通过这种交易可以消除市场的系统性风险。银行、保险等金融机构也经常利用金融衍生工具对其暴露的风险头寸进行保值，组合保险就是它们通常使用的一种保值手段。

2. 金融创新提高了证券市场的稳定性

波动性是证券市场与生俱来的特征。没有波动，证券市场就无法正常运行，无法发挥其作用，而且证券市场的吸引力也就在于它的波动性。但是，如果证券市场的波动幅度过大，波动频率过高，投机气氛太浓，证券市场的投资风险就会很大，就会影响证券市场实现其定价功能、资源配置功能直至融资功能，证券市场的过度波动甚至还会影响到经济与社会的稳定。

因此，世界各地的证券市场纷纷采取一定的措施来稳定市场。目前通常使用的稳定措施有涨跌幅限制措施、市场断路措施与暂停交易、限速交易、特别报价制度、申报价及成交价档位限制、专家或市场中介人调节、调整信用交易保证金比率、成立股市稳定基金等。这些措施的效果如何，现在还在争论之中。例如赞成涨跌幅限制的人们认为，涨跌幅限制可在市场剧烈波动时将价格波动维持在一定程度内，维护市场稳定；而反对者认为，涨跌幅限制有助涨助跌的作用。

然而，诸如涨跌幅限制、市场断路措施与暂停交易、限速交易等市场稳定措施只是一种外在的人为限制，强制控制价格的形成，禁止造成价格过度波动的交易的发生。这种稳定措施只能在短期内压制市场的波动，其稳定作用是外在的、难以持久的，无法从根本上提供良性的稳定机制，效果自然不能令人满意。金融衍生工具对证券市场的稳定作用则与之大不相同。证券市场中的股票价格是由买方和卖方的力量对比而形成的。买方购买的资金量大，股票价格就趋于上涨；卖方抛售的股票量大，股票价格就趋于下跌。因此，在传统的证券市场中股价的形成取决于两个相反方向力量的合力，一旦某一方的力量取得压倒性的优势，股票价格在短期内就会发生剧烈的波动。期货、期权有不同的操作方向、不同的到期时间、不同的协议价格，这样就等于把影响证券价格变动的两股力量分解成好几股来自不同方向的分散的小力量，分散的小力量之间会相互抵消，最终对证券价格的影响也就变得小了很多，证券价格也就难以发生大的波动。因此，金融衍生工具提供的其实是一种内在的稳定机制，它无须借助外在的干预，使证券价格自发地稳定下来，这种稳定效果相对于外在的人为干预显然比较好。美国的实践可以为此佐证。20 世纪 80 年代以后，随着金融衍生工具的推出，美国股市波动的程度并不比六七十年代高，与三四十年代相比甚至还要低很多。这说明金融衍生工具的推出和发展在一定程度上促进了证券市场的稳定。

第四节　证券投资理论发展综述

随着金融工具的出现和证券投资的发展，学者们在不断地进行努力，以寻找证券价格特别是股票价格变化的规律，寻找证券价格变化与风险关系的规律。从法国数学家巴契里耶开始，众多学者在这个领域提出了许多证券投资理论。由于一些重要的投资理论可见于本书的其他章节，因此，在这里我们的介绍更侧重于整个投资理论发展的脉络和主要的贡献。

我们按照传统的分类，将投资理论大体上分为两种：古典投资理论与现代投资理论。

一、古典投资理论

古典投资理论是指早期出现的金融投资理论，主要包括基本分析理论与技术分析理论等。

（一）基本分析理论

基本分析理论是指以上市公司的基本财务数据作为投资分析和投资决策基础的证券

投资理论。基本分析理论的创始人是“证券分析之父”——本杰明·格雷厄姆（Benjamin Graham）。这种理论的基本观点在于，公司的真实价值取决于公司的增长率、现金流和风险等财务指标，股票的内在价值决定其价格，股票的价格围绕价值上下波动。这样，内在价值成为衡量价格是否合理的唯一尺度，任何对真实价值的偏离都被认为是股票价值被高估或低估。基本分析法的核心在于对股票的内在价值进行合理估算。证券估值的主要方法有：内涵价值法、相对价值法和收购价值法。内涵价值法是根据企业每年分配红利的贴现值来计算该企业的内在价值，也称为现金流量贴现法；相对价值法是通过比较同类公司的价值，来决定一家企业的价值；收购价值法是通过确定一家公司的股票对于第三方收购者而言的价值，来计算股票的价格。具体而言，基本分析法又可分为价值型投资法（Value Investing）和成长型投资法（Growth Investing）。购买市盈率、市场价格、账面价值比低而分红率高的股票，称为价值型投资。这种投资方法的中心思想是首先测定出股票的内在价值，然后将内在价值与该股票的市场价格进行比较，决定具体的投资策略。其中，现金流量分析是价值型投资的主要分析方法。投资者在具体操作过程中，追求的投资目标是“买低卖高”，即股票价值被低估时买入，被高估时卖出。成长型投资则是指投资于那些销售额及利润增长率持续高于平均水平的公司。一般而言，“高于平均水平”的定义随时间而变，普遍被认为是12%～15%的年增长率，但也有人保守地认为公司的增长速度应高于通货膨胀率。成长型公司又可进一步分为经典成长型公司、市场份额成长型公司和合并成长型公司。

（二）技术分析理论

技术分析理论是指以图表为基本分析工具，对市场未来的价格变化趋势进行预测的投资理论，主要包括道氏理论、波浪理论、江恩理论等。

道氏理论（Dow Theory）由查尔斯·道（Charles Dow）创立，经过威廉姆·彼得·汉密尔顿（William Peter Hamilton）等人的发展，最终形成了对股票价格进行分析的所谓道氏理论。这种理论的核心在于根据股票价格变动情况来判断股票价格上涨或下跌的持续发展趋势，以及上涨和下跌之间相互转化的转折点。这种理论认为，股票市场的波动如大海起伏，存在三种变动趋势：（1）基本趋势，即股价广泛或全面性上升或下降的变动情形。这种变动持续的时间通常为1年或1年以上，股价总体升（降）的幅度超过20%。（2）次级趋势。次级趋势因为经常与基本趋势的运动方向相反，对其产生一定的牵制作用，一般又称为股价的修正趋势。这种趋势持续的时间从3周至数月不等，股价上升或下降的幅度一般为股价基本趋势的1/3或2/3。一般而言，修正趋势通常由3个或3个以上的短期趋势所组成。（3）短期趋势，反映股价在几天之内的短期变动情况。整体来看，道氏理论是研究股票价格趋势运行的大框架，描述了市场本身的运行规律，为证券市场技术分析提供了理论基础。

波浪理论（The Wave Principle）由技术分析大师艾略特（Nalph Nelson Eilliott）在1939年提出。波浪理论认为，不论是股票还是商品，其价格的波动都具有一定的规律性。价格的波动就像潮汐一样，一浪接着一浪，周而复始，循环往复。投资者可以根据这些具有规律性的波动来预测价格的走势，获取投资收益。该理论进一步认为，股票市场的变化总是遵循着“上升五波，下降三波”的基本形态，从而构成一个包括 8 个波浪的完整周期，并且这些波与波之间存在某种比例关系，这些比例关系具有费波纳奇数列的特点。艾略特波浪理论的贡献在于从人类社会群体行为的本质出发，提出股票市场的整体运动呈现出波浪般的特性。

江恩理论（Gann Theory）由金融投资操作大师江恩（William Dilbert Gann）在 20 世纪上半叶提出。江恩认为，自然定律是一切市场波动的基础，强调用数学原理分析市场，把几何学、星相学、天文学和周期理论融合在一起研究和预测市场。江恩理论包括江恩时间法则、江恩价格法则、江恩角度线等，其基本原理是市场的时间与价格之间存在着严谨的数学关系，彼此有相互作用、互相牵制的内在联系。例如，江恩角度线就是时间与价格的完美结合。

二、现代投资理论

马柯维茨在 1952 年提出资产组合选择理论，标志着现代投资理论的出现。托宾进一步提出投资决策两步走的理论。在简化马柯维茨模型的过程中，夏普提出 CAPM 模型和系统性风险与非系统性风险的概念。林特纳、莫辛与特雷纳也独立地提出类似于 CAPM 模型的理论。沃金、坎德尔、罗伯兹、奥斯伯恩、亚历山大与萨缪尔森等人最早研究了市场有效性的问题。法玛于 1964 年系统地提出有效市场理论且通过了实证检验，并于 1969 年提出市场有效性的三个层次。

1952 年马柯维茨提出了以均值—方差度量投资收益和风险的投资组合理论，利用线性规划知识来处理收益与风险的权衡问题。投资组合理论首次对风险进行了正式的数学描述，并在此基础上形成了有关投资者如何基于多种单一资产构建资产组合，并从所构造的资产组合中选择最优资产组合的投资理论。马柯维茨认为，投资者在进行投资选择时，总是期望获得较高的收益，同时又希望尽可能地规避风险。以此为依据，他提出了关于构建资产组合投资模型的一套理论框架。这种理论的核心在于运用计量分析手段，阐述投资者在组合资产选择过程中如何依据期望效用最大化原则，确定满足一定风险水平上能够提供最大收益，或在不降低收益的前提下具有风险最小条件的有效投资组合。马柯维茨的贡献主要是开创了在不确定性条件下理性投资者进行资产组合投资的理论和方法，第一次采用定量的方法证明了分散投资的优点。他用数学中的均值来测量投资者的预期收益，用方差来测量资产的风险，通过建立资产组合的数学模型，使人们按照自己的偏好，精确地选择在一个确定的风险下能提供最大收益的资产组合。他提出的不确定条件下的资产选择理论已成为金融经济学的基础。

CAPM 模型最初是威廉·夏普（William Sharpe）于 1961 年提出的所谓“单一指数模型”，这种模型把马柯维茨的投资组合理论带进现实世界，使之大众化。随后，夏普（1964）提出了一套简单实用的风险性投资均衡理论——CAPM 模型。CAPM 模型与之前投资理论的最大不同之处在于，它指出了投资收益来自所投资资产的价格波幅，要在波动中获利，意味着必须低买高卖。换言之，某种股票的价格上涨幅度较大，获利机会就较大，当然其风险也较大。由于这种风险可通过分散投资的方法减轻或规避，因此，投资者应注意整个投资组合的风险，个别股票价格的波动反而显得次要了。在 CAPM 模型中，β 和 α 本来是统计学上简单回归分析中的两个系数，夏普率先将它们用于证券分析。简单来说，作为显示风险与收益的数量关系，β 代表一种股票与其他股票的共有风险，α 代表一种股票或投资组合本身特有的风险。由于特有的风险 α 可以通过投资组合加以分散，因此仅仅需要对投资的共有风险进行补偿，β 在 CAPM 模型中就是对共有风险或者说市场风险的度量。整体来看，CAPM 模型简化了均值—方差模型的计算，并在此基础上产生了单因素模型，所解答的问题是关于资产在均衡条件下的定价问题，给予了关于资产的收益、风险以及二者关系的精确描述，因而被看做是金融理论中的一块基石，被广泛用于投资绩效评价、证券估价等领域。

套利定价模型（APTM）由斯蒂芬·罗斯（Stephen A. Ross）于 1976 年在 CAPM 模型的基础上发展而成。罗斯认为，风险资产的收益不仅与单一因素之间，而且与多个共同因素之间存在线性关系，并由此把单因素模型扩展为多因素模型。套利定价理论认为，套利行为是现代有效率市场形成的一个决定因素，如果市场未达到均衡状态的话，市场上就会存在无风险套利的机会。由于理性投资者具有厌恶风险和追求收益最大化的行为特征，因此，投资者一旦发现有无风险套利机会，就会设法利用它们。随着套利者的买进和卖出，有价证券的供求状况将发生改变，套利空间逐渐减少直到消失，有价证券的均衡价格得以实现。而且，套利机会不仅存在于单一证券上，还存在于相似的证券或证券组合中。投资者还可以通过对一些相似的证券或组合进行部分买入，或者部分卖出来进行套利。

在关于风险与收益的理论中，最为基础的理论是有效市场假说（Efficient Market Hypothesis，EMH），投资组合理论、资本资产定价理论和套利定价理论等上述投资理论都是建立在有效市场和经济人理性两大基本假设基础之上的。有效市场理论是 1965 年美国芝加哥大学的尤金·法玛（Eugene Fama）在其所发表的题为《股票市场价格行为》一文中正式提出的。随后，法玛（1970）根据市场价格所反映的信息程度，将有效市场分为弱式有效（Weak - Form EMH）、半强式有效（Semi - Strong - Form EMH）和强式有效（Strong - Form EMH）三种类型。其中，强式有效市场的假设是这一理论的核心。整体来看，有效市场假说的基本观点是，资产的市场价格可以迅速并充分地反映所有相关信息，投资者能够对可获取的信息迅速作出无偏差的估计。

以理性的经济人假设和有效市场假说为基础发展起来的投资理论体系，一方面突出了投资者是理性的、市场是完善的、投资者最大化其效用等假设，另一方面强调了市场能够迅速反映信息的高效率。但是，在现实经济世界中，人们发现，投资决策过程中投资者的认知、感情、态度等都表现出非理性成分，因此引起了市场非有效性。正因为如此，行为金融理论把投资过程看成是一个心理过程，包括对市场的认知过程、情绪过程和意志过程。在这个心理过程中存在的系统性的认知偏差、情绪偏差而导致投资者决策偏差和资产定价的偏差，如投资者的过度自信、后悔厌恶、羊群行为等认知和行为偏差。这样，行为金融理论更加真实地描述了市场上的投资行为，因此得到了迅速发展。

第五节 中国证券市场发展的历史沿革

自1990年底上海证券交易所正式成立以来，中国证券市场已走过了20个年头。20年来，证券市场从无到有，从小到大，从地区性市场迅速发展成为全国性市场。证券市场已成为中国社会主义市场经济体系中不可或缺的组成部分。

1978年，中共十一届三中全会确立了改革开放的大政方针，由此开启了中国经济快速发展的新局面。在中国经济发展与快速增长的情况下，1981年，财政部首次发行国库券，揭开了新时期中国证券市场新发展的序幕。

一、中国证券市场的萌生阶段（1978—1992年）

从1978年开始，中国农村出现了家庭联产承包责任制，部分地区的农民自发采用"以资代劳、以劳带资"的方式集资，兴办了一批合股经营的股份制乡镇企业，成为改革开放后股份制经济的雏形。

20世纪80年代初，城市一些小型国有和集体企业也开始进行了多种多样的股份制尝试，股票开始出现。1984—1986年，北京、广州、上海等城市选择了少数企业进行股份制试点。1986年后，随着国家政策的进一步放开，越来越多的企业包括一些大型国有企业纷纷进行股份制试点，半公开或公开发行股票，股票的一级市场开始出现。

1990年12月19日，上海证券交易所正式宣告开业，新中国的证券市场起步了。最初上海股市只有延中实业、真空电子等"老八股"上市交易，当时流通股总面值不到8 000万元，日成交额只有几百万元。1990年12月1日深圳证券交易所开始集中交易。1991年7月5日，深圳证券交易所成立，最初在深圳证券交易所上市的是深圳发展银行、深万科等5只股票。沪深证券交易所成立后，本地发行的股票开始进场交易。之后，国内其他地方发行的公司股票也开始陆续在沪深证券交易所上市。

在这个阶段，源于中国经济转轨过程中企业的内生需求，中国证券市场开始萌生。在发展初期，市场处于一种自我演进、缺乏规范和监管的状态，并且以分隔的区域性试点为主。交易市场的法律、规则相对模糊，单个的证券公司甚至整个市场的抗风险能力都相当薄弱，证券市场处于不断试错和纠正的时期，证券市场的发展迫切需要规范的管理和集中统一的监管。

二、全国性市场的形成和初步发展阶段（1993—1998年）

1992年10月，国务院证券管理委员会和中国证监会成立，标志着中国资本市场开始逐步纳入全国统一监管框架，全国性市场由此形成并初步发展。

1993年4月颁布的《股票发行与交易管理暂行条例》对股票发行、交易及上市公司收购等活动予以规范，1993年6月颁布的《公开发行股票公司信息披露实施细则（试行)》[①] 规定了上市公司信息披露的内容和标准。1993 年 9 月发布的《禁止证券欺诈行为暂行办法》[②] 和 1996 年 10 月中国证监会颁布的《关于严禁操纵证券市场行为的通知》[③]，对禁止性的交易行为作了较为详细的规定，以打击违法交易活动。1994 年7 月起实施的《公司法》对公司的设立条件、组织机构、股份的发行和转让、公司债券、破产清算程序及法律责任等作了较为具体的规定，规范了有限责任公司和股份有限公司的法人治理结构，为股份制企业和资本市场的发展奠定了制度性基础。这些法律法规和规章的颁布实施使资本市场的发展走上了规范化轨道，为相关制度的进一步完善奠定了基础。

随着市场的发展，上海证券交易所、深圳证券交易所的交易品种逐步增加，由单纯的股票陆续增加了国债、权证、企业债、可转债、封闭式基金等。随着集中监管体系和上海、深圳两个全国性证券交易所市场的建立，上市公司数量、总市值和流通市值、股票发行筹资额、投资者开户数、交易量等都进入了一个较快发展的阶段。

随着全国性市场的形成和扩大，证券中介机构的数量增加，规模扩大。截至1998 年底，全国有证券公司 90 家，证券营业部 2 412 家。其他从事证券业务的服务机构也不断发展。

在此阶段，市场在监管部门的推动下，建立了一系列的规章制度。1997 年亚洲金融危机后，为防范金融风险，国家对各地方设立的场外股票市场和柜台交易中心进行整顿，化解了潜在的风险。同时，国有企业的股份制改革和发行上市逐步推进，市场规模、中介机构数量和投资者队伍稳步扩大。但是，体制和机制缺陷所带来的问题也在逐步积累，证券市场迫切需要进一步规范发展。

三、证券市场的进一步规范和发展阶段（1999—2006 年）

《证券法》于 1998 年 12 月颁布并自 1999 年 7 月起实施，以法律形式确认了资本市场的地位。2005 年 10 月，修订后的《证券法》颁布。《证券法》的颁布实施及随后的修订，标志着证券市场走向更高程度的规范发展，也对证券市场的法规体系建设产生了深远的影响。

在这个阶段，中国围绕完善社会主义市场经济体制和全面建设小康社会进行持续改革。随着经济体制改革的深入，国有和非国有股份公司不断进入证券市场。2001 年 12 月，中国加入世界贸易组织，中国经济走向全面开放，金融改革不断深化，资本市场的深度和广度日益拓展。

2001 年 6 月 6 日，国务院出台《关于减持国有股筹集社会保障资金管理暂行办法》，引发了投资者对股票市场股权分置等内在结构性缺陷的担忧，由此引发股市下跌，结束了长达 5 年的牛市。为恢复投资者的信心，证监会陆续推出暂停国有股减持和降低印花税的利好政策，2002 年进一步推出证券经纪业务佣金浮动制。同时，在 2001 年底，中

---

① 该法文已失效。
② 同注①。
③ 同注①。

国证监会公布了对世界贸易组织的四项承诺和六大举措，勾画了中国证券市场对外开放的步骤及应对措施。加入世界贸易组织对年轻的中国证券市场来说，机遇和挑战并存。未来几年将是中国证券市场对外开放、确立在国际资本市场中的地位的关键时期。事实上，自 1991 年进行 B 股试验后，中国证券市场在其发展历程中一直没有停止过对外开放的步伐。一方面，扩大国内企业赴境外的筹资；另一方面，逐步放开国内证券市场。

但是在其后的 4 年中，沪深股市进入漫漫熊途，行业对外开放逐步展开，全行业的系统性风险充分暴露，大规模集中释放和爆发。受企业经营业绩下滑、大股东或实际控制人占款甚至侵害上市公司利益、股权分置等众多不利因素的影响，上证指数一度击穿 1 000 点的整数关口，一些公司的股票价格大幅下降，股价不到前期高点的 1/10，证券市场极为萧条，投资融资功能遭受了极大的破坏。这一阶段的典型事件包括：2002 年开始实施浮动佣金制；大力发展机构投资者，推出开放式基金；对外开放正式起步，合格境外机构投资者（QFII）、中外合资证券公司、基金公司开始设立。这一过程对于国内券商来说，很有点强制并轨的味道，全行业普遍不适应，出现了大面积的亏损。随着市场持续低迷，历史遗留问题开始集中爆发，行业发展初期埋下的隐患开始发作，违规委托理财、账外自营、挪用客户资产、非法融资和对外担保、操纵市场等，成为行业内近 1/4 的券商最终清盘的直接原因。而追究其根本原因则不外乎三个方面的历史遗留问题：券商的内部约束不到位；对投资者的保护措施不到位；信息不透明、不对称，外部监管难以到位。

2004 年初，国务院发布了《关于推进资本市场改革开放和稳定发展的若干意见》（国九条），从战略和全局的高度对我国资本市场的改革与发展作出了全面的部署，并对加强证券公司监管、推动证券公司规范经营提出了明确要求。在国务院国九条的指引下，全行业从当年 8 月进入综合治理阶段，开始实施分类监管。中国证监会按照“防治结合、以防为主，标本兼治、重在治本”的原则，对证券公司实施综合治理。一方面，在摸清全行业风险底数的基础上，优胜劣汰，处置和关闭了 30 多家高风险券商，鼓励和扶持行业内规范稳健的优质券商做强做大，积极创新；另一方面，在保持行业整体稳定的基础上，大刀阔斧地开创和实施了全行业基础性制度的大变革，在初步试点之后全面推行了客户资金的第三方存管和客户账户的全面清理规范，在证券公司治理层面，实施高管人员的资格管理和问责机制，证券公司信息披露制度得到全面推行。2005 年 10 月，经全国人大常委会修订的《证券法》对证券公司监管的基本制度作了规定，对综合治理阶段的改革成果和经验积累进行了充分肯定。为期 3 年的综合治理成为改变中国未来证券行业发展的划时代历史事件，使我国证券行业多年积累的大规模系统性风险隐患得到彻底根治，行业的基础性制度建设明显加强，证券公司的整体状况显著好转，投资者结构明显改善。

2005 年 5 月，在经过全面讨论与广泛认证之后，股权分置改革工作终于全面推出。三一重工、清华同方等被纳入第一批股改试点范围。

四、证券市场的快速发展阶段（2007 年至今）

时至今日，中国证券业翻开了新的一页，进入第四阶段即快速发展时期，一个全行业有史以来最健康、最富朝气、蓬勃发展的新纪元。2007 年 7 月，中国证监会下发了《证券公司分类监管工作指引（试行）》和相关通知，标志着以证券公司风险管理能力为主要指标的全新的分类监管思路进入落实阶段。

在此历史背景下，为了总结 10 多年来证券业发展的经验教训，巩固全行业综合治理取得的成果，为常规监管阶段证券公司的创新发展指明方向，国务院首次以行政法规的形式颁布和实施了《证券公司监督管理条例》及《证券公司风险处置条例》，从事前、事中的风险防范、控制，到事后的风险处置，对证券公司的运行、监管和退出机制做了完整的制度安排。一方面，总结和巩固了综合治理阶段全行业的宝贵经验和丰硕成果；另一方面，为全行业今后的发展理清了思路，拓展了空间。

在股改对价、证监会加强上市公司监管提高清欠力度、贸易资本双顺差而导致的流动性过剩、人民币升值、上市公司业绩提升等一系列利好因素的影响下，中国证券市场开始步入新一轮牛市。截至 2007 年底，沪深股市总市值翻了 10 倍，突破 32 万亿元，占 GDP 的比重提高至 150%。中国股市不仅成为世界第一大新兴市场，同时也成为继美国、日本、英国证券市场之后的全球第四大证券市场，IPO 募集的资金总和位居全球之首，最重要的是我们成功完成了上市公司的股权分置改革，这对于中国证券市场来说是一件具有里程碑意义的大事。

本章小结

证券投资学是一门具有很强的综合性的应用学科。按投资行为的直接程度，投资可分为直接投资和间接投资，间接投资主要是指证券投资。虽然证券投资与证券投机的交易对象均是有价证券，但二者的区别是很明显的。证券市场实质上是资金供需双方通过竞争来决定资金价格的场所。投资理论大体上可以分为古典投资理论与现代投资理论两种。中国证券市场的发展经历了萌生阶段、全国性市场的形成和初步发展阶段、进一步规范和发展阶段、快速发展阶段这四个阶段。

思考题

1. 证券投资与证券投机的关系是怎样的？
2. 简述证券投资的基本步骤。
3. 试述证券市场的结构与功能。

相关链接：“世界第一股王”沃伦·巴菲特

沃伦·巴菲特素有“股神”之称，他被誉为有史以来最伟大的投资家。他凭借自己独特的投资理念纵横于资本市场，依靠对股票、外汇市场的投资，在不到 30 的时间里就成为世界有名的大富翁。他在证券投资领域的成功事例，激励着越来越多梦想成功的人投身于资本市场。他的投资理念也已经深深地植入广大投资者心中，为更多的人所效仿。

沃伦·巴菲特1930年8月30日出生于美国内布拉斯加州的奥马哈市。他从小就极具投资意识，5岁时就开始摆地摊兜售口香糖，8岁时开始阅读父亲留在家里的有关股市的书籍。1941年，刚刚跨入11岁，他便投身股海，购买了平生第一只股票。1947年，巴菲特进入宾夕法尼亚大学攻读财务和商业管理，但此时的他已经不满足于纯粹的理论学习，因此两年后他离开宾夕法尼亚大学转而考入哥伦比亚大学金融系，师从著名的投资学家本杰明·格雷厄姆。格雷厄姆反对投机，主张通过分析企业的盈利情况、资产情况及未来前景等因素来评价股票。这一点对巴菲特后来的影响至关重要。1951年，21岁的巴菲特学成毕业，他获得了最高级别的A+级成绩。

大学毕业之后，巴菲特在找工作上却屡次碰壁，毕业几年一直没有找到自己合适的工作。1956年，他回到家乡，发誓要在30岁前成为百万富翁。他说服了一些亲朋好友共同出资10万美元组建了巴菲特有限公司，这其中有他的100美元。创业之初的巴菲特在投资时非常谨慎，他每天的工作就是躲在家中研究上市公司的财务资料，从中寻找价值被低估的公司，然后确定投资方向。凭借自己的努力，到1957年底，他掌管的资金已经达到50万美元。

1962年，巴菲特将他与合伙人合开的几个公司合并为巴菲特合伙人有限公司，公司资本达到了720万美元，其中有100万美元是属于巴菲特个人的。1964年，巴菲特的个人财富达到400万美元，而此时他掌管的资金已高达2 200万美元。1967年10月，巴菲特掌管的资金达到6 500万美元。1968年，巴菲特公司的股票取得了它历史上最好的成绩：增长了59%，而同时期道琼斯指数才增长了9%；巴菲特掌管的资金上升至10 400万美元，而他个人的资产则达到了6 500万美元。

1968年5月，正当股市一路凯歌的时候，巴菲特却通知合伙人，他要隐退了。因为他发现，股市的投机情绪越来越严重，他已经很难找到具有投资价值的股票了。随后，他逐渐清算了巴菲特合伙人有限公司的几乎所有的股票。1969年6月，股市急转直下，渐渐演变成了股灾。到1970年5月，每种股票都要比上年初下降50%甚至更多。1970—1974年，美国股市就像个泄了气的皮球，没有一丝生气，持续的通货膨胀和低经济增长使美国经济进入了滞胀时期。然而，巴菲特却暗自欣喜，因为他看到了财源即将滚滚而来——已经有很多股票的价值被低估了。1972年，巴菲特又盯上了报刊业。从1973年开始，他暗暗地在股市上购进《波士顿环球报》和《华盛顿邮报》的股票。10年之后，巴菲特投入的1 000万美元升值为2亿美元。1980年，他用1.2亿美元、以每股10.96美元的单价，买进可口可乐7%的股份。到1985年，可口可乐股票单价已涨至51.5美元，翻了近5倍。1992年巴菲特以每股74美元的价格购下435万股美国通用动力公司的股票，到该年底股价就上升到每股113美元。巴菲特在半年前拥有的32 200万美元的股票已经价值49 110万美元了。

此后，巴菲特继续书写着他的神话。从20世纪90年代至今，巴菲特的财富不断增长，在世界财富榜中的排名也一直位居前列。2003年，他的财富达到360亿美元，位居世界第二。2005 年，其资产达到 400 亿美元。2006 年，这一数字更是达到了 460 亿美元。现在，随着美国经济的不甚景气，巴菲特已经将他的投资眼光更多地放到了海外。其中，中国新兴市场的发展，已经引起他的极大兴趣。或许，在不久的将来，我们就会看到在中国的资本市场上也成长出像沃伦·巴菲特这样的投资大师。

思考：想成为另一个巴菲特吗？从巴菲特的投资实践中，我们能学到什么？

第二章

股权类投资工具

学习目标：

- 掌握股票的概念、性质，影响股票定价的基本因素，私募股权投资的概念及特点
- 熟悉股票的种类、股票内在价值的计算方法、私募股权的种类及我国私募股权投资的存在形式
- 了解主要股票价格指数及其编制方法、私募股权投资的运作程序

股权类投资是现今金融市场上主要的一种投资，对企业的经营、国民经济的发展都起到了至关重要的作用。股权类投资主要包括公募股权投资和私募股权投资，前者主要以不同形式和不同种类的股票表现出来，后者主要以股份形式表现投资。本章重点介绍股票的基本知识及股票定价、私募股权投资的概念和特点及其运作过程。

第一节 股票概述

一、股票的定义与性质

（一）股票的定义

股票是一种有价证券，是股份有限公司发行的，用以证明投资者的股东身份和权益，投资者据以获取股息和红利的所有权凭证。

股票一经发行，购买股票的投资者即成为公司的股东。股票实质上代表了股东对股份公司的所有权，股东凭借股票可以获得公司的股息和红利，参加股东大会并行使自己的权利，同时也承担相应的责任和风险。股票一经认购，持有人不能以任何理由要求退股，只能通过证券市场将股票转让和出售。作为交易对象和抵押品，股票成为金融市场上主要的长期信用工具。

股票的发行、制作、载体形式和内容都必须规范化并符合有关法律规定和发行公司章程的规定。由于现代科学技术的发展，现在股票大都借助于电子计算机及高科技通信

系统发行和交易，上市股票已实现了无纸化，所以现在的股票仅仅只是计算机系统内的一串符号而已。但在法律上，股票都必须具备相应的内容。

（二）股票的性质

1. 股票是有价证券

有价证券是财产价值和财产权利的统一表现形式。持有有价证券，一方面表示拥有一定价值量的财产，另一方面也表明有价证券持有人可以行使该证券所代表的权利。股票具有有价证券的上述特征：第一，虽然股票本身没有价值，但股票代表一定的财产权，其中包含着股东可以依其持有的股票要求股份公司按规定分配股息和红利的请求权。第二，股票与其所代表的财产权有不可分离的关系，两者合为一体。也就是说，行使股票所代表的财产权，必须以持有股票为条件，股东权利的转让应与股票占有的转移同时进行，股票的转让就是股东权的转让。

2. 股票是要式证券

股票应记载一定的事项，其内容应全面真实，这些事项往往通过法律形式加以规定。在我国，股票应具备《公司法》规定的有关内容，如果缺少规定的要件，股票就无法律效力。而且，股票的制作和发行须经证券主管机关审核和批准，任何个人或者团体不得擅自印制发行股票。

3. 股票是资本证券

股份公司发行股票是一种吸引认购者投资以筹措公司自有资本的手段。对于认购股票的人来说，购买股票就是一种投资行为。因此，股票是投入股份公司资本份额的证券化，属于资本证券。但是，股票又不是一种现实的资本。股份公司通过发行股票筹措的资金，是公司用于营运的真实资本。股票独立于真实资本之外，在股票市场上进行着独立的价值运动，是一种虚拟资本。

4. 股票是综合权利证券

股票不属于物权证券，也不属于债权证券，而是一种综合权利证券。物权证券是指证券持有者对公司的财产有直接支配处理权的证券。债权证券是指证券持有者为公司债权人的证券。股票持有者作为股份公司的股东，享有独立的股东权利。公司股东将出资交给公司后，股东对其出资财产的所有权就转化为股东权（股权）了。股东权是一种综合权利，包括资产交易权、重大决策权、选举管理者权等。股东虽然是公司财产的所有人，享有种种权利，但对于公司的财产不能直接处理。一旦投资者购买了公司股票，即成为公司部分财产的所有人，但该所有人在性质上是公司内部的构成分子，而不是与公司对立的债权人。

二、股票的类型

股票的种类很多，分类方法也有多种。常见的股票分类如下：

（一）按股东享有权利的不同，股票分为普通股股票和优先股股票

1. 普通股股票

普通股股票是最基本、最常见的股票形式，其持有者享有股东的基本权利和义务。

普通股股票主要有以下特点：

（1）普通股股票是股票的典型形式，是最普通、最重要的股票种类。股份公司的绝大部分股本是通过发行普通股股票筹集而来的，其发行范围广且发行量大。

（2）普通股股票是股份有限公司发行的标准股票，其有效期限是与股份有限公司相始终的。此类股票的持有者是股份有限公司的基本股东，其权利一般不会受到特别限制。

（3）普通股股票是风险最大的股票。此类股票的股东收益不稳定，投资风险较大。其收益要随公司的经营状况和盈利水平而波动，且收益分配顺序靠后，股份公司必须在偿付完公司的债务以及优先股股东的股息以后才能给普通股股东分红。

普通股股东享有以下权利：

（1）公司经营决策的参与权。普通股股东的这一权利是通过股东大会来行使的，即普通股股东有权参加股东大会，听取董事会的业务报告和财务报告，发表对公司经营管理和年度分配的意见和建议，并行使表决权和选举权。如果认为公司的账目不清，股东还有权查阅公司的有关账册。如果发现董事违法失职或违反公司章程而损害公司利益，普通股股东有权将之诉诸法庭。

（2）分配公司盈余和剩余资产的权利。这一权利是普通股股东经济利益的直接体现。在经董事会决议之后，普通股股东有权按顺序从公司经营的净利润中分取股息和红利，在股份有限公司解散清算时，有权按顺序和比例分配公司的剩余资产。

（3）优先认股权。当股份公司为增加公司资本而决定增资扩股时，普通股股东有权按持股比例优先认购新股，以保证普通股股东在股份有限公司中的持股比例不变。如我国的上市公司在配股时，都是按比例先配给现有的普通股股东。普通股股东不愿或无力参加配股时，可放弃配股或按相应的规定将配股权利转让给他人。

2. 优先股股票

优先股股票是相对于普通股股票而言的，其股东享有的某些权利（如优先分配公司盈利和剩余财产权）优先于普通股股东。优先股股票是一种混合证券，兼具了普通股和债券的一些特性。首先，优先股股票也是一种股权证书，没有偿还期，代表着对公司的所有权。但相对于普通股而言，优先股在享有优先分配股息和优先清偿剩余财产权的同时，其参与公司经营管理的权利受到了限制，优先股股东一般无权参加股东大会，这一点与普通股股票不一样。其次，优先股股票也兼有债券的一些特点，其收益是根据在发行时事先确定的固定股息率来支付的。

优先股股票是一种特殊股票，虽然它不是股票的主要品种，但是它的存在对股份公司和投资者来说仍有一定的意义。首先，对股份公司而言，发行优先股股票的作用在于可以筹集长期稳定的公司股本，又因其股息率固定，在公司盈利较多时可以减轻利润的分派负担。另外，优先股股东无表决权，这样可以避免公司经营决策权的改变和分散。其次，对投资者而言，由于优先股股票的股息收益稳定可靠，而且在财产清偿时也先于普通股股东，故其风险相对较小，不失为一种较安全的投资对象。优先股股票因收入稳定，二级市场价格波动小，风险较低，适宜中长线投资。在国外，大部分优先股股票为保险公司、养老基金等稳健型机构投资者持有。当然，持有优先股股票并不总是有利的。比如，在公司因经营有方而获高额利润的情况下，优先股股票的股息收益可能会大大低于普通股股票。

归结起来，优先股股票的特征如下：

（1）股息率固定。普通股股票的股息是不固定的，它取决于股份公司的经营状况和盈利水平。优先股股票在发行之时就约定了固定的股息率，无论公司的经营状况和盈利水平如何变化，该股息率均不变。

（2）股息分派优先。在股份公司盈利的分配顺序上，优先股股票排在普通股股票之前。各国公司法对此一般都规定，公司盈利首先应用于支付债权人的本金和利息，缴纳税金；其次是支付优先股股息；最后才分配普通股股利。因此，从风险角度看，优先股股票的风险小于普通股股票。

（3）剩余资产分配优先。当股份公司因破产或解散而进行清算时，在对公司剩余财产的分配上，优先股股东排在债权人之后普通股股东之前。也就是说，优先股股东可优先于普通股股东分配公司的剩余资产。

（4）一般无表决权。优先股股东的权利是受限制的，最主要的是表决权限制。普通股股东参与股份公司的经营决策主要是通过参加股东大会行使表决权，而优先股股东在一般情况下没有投票表决权，不享有公司的决策参与权。只有在特殊情况下，如讨论涉及优先股股东权益的议案时，他们才能行使表决权。

（二）按股票是否记载股东姓名，分为记名股票和不记名股票

1. 记名股票

所谓记名股票，是指在股票票面和股份公司的股东名册上记载股东姓名的股票。很多国家的公司法都对记名股票的有关事项作出了具体规定。一般来说，如果股票归某人单独持有，则应记载持有人的姓名；如果股票为国家授权投资的机构或者法人所持有，则应记载国家授权投资的机构或者法人的名称；如果股票持有者因故改换姓名或者名称，就应到公司办理变更姓名或者名称的手续。我国《公司法》规定，股份有限公司向发起人、国家授权投资的机构、法人发行的股票，应当为记名股票，并应当记载该发起人、机构或者法人的名称，不得另立户名或者以代表人姓名记名。对社会公众发行的股票可以为记名股票，也可以为不记名股票。发行记名股票的，应当置备股东名册记载下列事项：股东的姓名或者名称及住所、所持股份数、所持股票的编号、取得股份的日期。

记名股票有如下特点：

（1）股东权利归属于记名股东。对于记名股票来说，只有记名股东或其正式委托授权的代理人才能行使股东权。除了记名股东以外，其他持有者（非经记名股东转让和经股份公司过户的）不具有股东资格。

（2）认购股票的款项不一定一次缴足。缴纳股款是股东基于认购股票而承担的义务。一般来说，股东应在认购时一次缴足股款。但是，基于记名股票所确定的股份公司与记名股东之间的特定关系，有些国家也允许记名股东在认购股票时可以不需一次缴足

股款。

（3）转让相对复杂或受限制。记名股票的转让必须依据法律和公司章程规定的程序进行，而且要服从规定的转让条件。一般来说，记名股票的转让都必须由股份公司将受让人的姓名或名称、住所记载于公司的股东名册，办理股票过户登记手续，这样受让人才能取得股东的资格和权利。而且，为了维护股份公司和其他股东的利益，法律对于记名股票的转让有时会规定一定的限制条件，如有的国家规定记名股票只能转让给特定的人。

（4）便于挂失，相对安全。记名股票与记名股东的关系是特定的。因此，如果股票遗失，记名股东的资格和权利并不消失，可依据法定程序向股份公司挂失，要求公司补发新的股票。我国《公司法》对此的具体规定是：记名股票被盗、遗失或者灭失，股东可以依照《民事诉讼法》规定的公示催告程序，请求人民法院宣告该股票失效；依照公示催告程序，人民法院宣告该股票失效后，股东可以向公司申请补发股票。

2. 不记名股票

所谓不记名股票，是指在股票票面和股份公司股东名册上均不记载股东姓名的股票。不记名股票也称无记名股票，它与记名股票的差别不是在股东权利等方面，而是在股票的记载方式上。不记名股票在发行时一般留有存根联，它在形式上分为两部分：一部分是股票的主体，记载了有关公司的事项，如公司名称、股票所代表的股数等；另一部分是股息票，用于进行股息结算和行使增资的权利。我国《公司法》在这方面的规定是：股份有限公司对社会公众发行的股票，可以为记名股票，也可以为无记名股票；发行无记名股票的，公司应当记载其股票数量、编号及发行日期。

不记名股票的特点表现为股东权利归属于股票的持有人，认购股票时要求缴足股款，转让相对简便，安全性较差。

（三）按是否在股票票面上标明金额，股票可以分为有面额股票和无面额股票

1. 有面额股票

所谓有面额股票，是指在股票票面上记载一定金额的股票。有面额股票具有如下特点：

（1）可以明确表示每一股所代表的股权比例。例如，某股份公司发行 1 000 万元的股票，每股面额为 1 元，则每股代表着公司净资产千万分之一的所有权。

（2）为股票发行价格的确定提供依据。我国《公司法》规定，股票发行价格可以和票面金额相等，也可以超过票面金额，但不得低于票面金额。这样，有面额股票的票面金额就成为发行价格的最低界限。

2. 无面额股票

所谓无面额股票，是指在股票票面上不记载金额，只注明它在公司总股本中所占比重的股票。无面额股票有如下特点：

（1）发行或转让价格较灵活。无面额股票由于没有票面金额，故不受不得低于票面金额发行的限制。在转让时，投资者也不易受股票票面金额的影响，而更注重分析每股的实际价值。

(2) 便于股票分割。如果股票有面额，分割时就需要办理面额变更手续。由于无面额股票不受票面金额的约束，发行该股票的公司就能比较容易地进行股票分割。

(四) 其他类型的股票

1. 后配股股票。后配股股票是指在规定的日期或规定的事件发生以后才能分享股息红利和公司剩余资产的股票。具体来讲，后配股股票股东行使的收益权顺序位于普通股股东之后，但行使的股东权利和普通股股东一致，即可通过股东大会参与股份公司的经营决策。后配股股票的收益极不稳定且没有保障，其股东地位要强于优先股股东。即使如此，一般的投资者也都不愿意接受，所以后配股股票一般都是无偿地向公司发起人或参与公司经营的股东管理人赠送，故后配股股票也称为发行人股或管理人股。

2. 混合股股票。混合股股票是将优先分取股息的权利和最后分配公司剩余资产的权利相结合而构成的股票。具体地讲，股份有限公司在分配股息时，混合股股东先于普通股股东行使权利，而在公司清算时，混合股股东分配公司剩余财产的顺序又处于普通股股东之后，混合股股票是优先股与后配股的结合体。

(五) 我国的股票类型

我国按投资主体的不同性质，将股票划分为国家股、法人股、社会公众股和外资股等不同类型。

1. 国家股

国家股是指有权代表国家投资的部门或机构以国有资产向公司投资形成的股份，包括公司现有国有资产折算成的股份。在我国企业的股份制改造中，原来一些全民所有制企业改组为股份公司。从性质上讲，这些全民所有制企业的资产属于国家所有，因此在改组为股份公司时，就折成国家股。另外，国家对新组建的股份公司进行投资，也构成了国家股。国家股由国务院授权的部门或机构持有，或根据国务院决定，由地方人民政府授权的部门或机构持有。

国家股从资金来源上看，主要有三个方面：第一，现有国有企业改组为股份公司时所拥有的净资产；第二，现阶段有权代表国家投资的政府部门向新组建的股份公司的投资；第三，经授权代表国家投资的投资公司、资产经营公司、经济实体性总公司等机构向新组建的股份公司的投资。以国有资产折价入股的，须按国务院及国家国有资产管理部门的有关规定办理资产评估、确认、验证等手续。

2. 法人股

法人股是指企业法人或具有法人资格的事业单位和社会团体以其依法可支配的资产投入公司而形成的股份。法人持股所形成的也是一种所有权关系，是法人经营自身财产的一种投资行为。法人股股票以法人记名。

具有法人资格的国有企业、事业及其他单位以其依法占用的法人资产向独立于自己的股份公司出资形成或依法定程序取得的股份，可称为国有法人股。国有法人股属于国有股权。

作为发起人的企业法人或具有法人资格的事业单位和社会团体，在认购股份时，可以用货币出资，也可以用其他形式的资产，如实物、工业产权、非专利技术、土地使用权等作价出资，但对其他形式的资产必须进行评估作价，核实财产，不得高估或者低估作价。

3. 社会公众股

社会公众股是指社会公众依法以其拥有的财产投入公司时形成的可上市流通的股份。在社会募集方式下，股份公司发行的股份，除了由发起人认购一部分外，其余部分应该向社会公众公开发行。我国《公司法》规定，社会募集公司向社会公众发行的股份，不得少于公司股份总数的25%；公司股本总额超过4亿元人民币的，向社会公开发行股份的比例应在15%以上。

4. 外资股

外资股是指股份公司向外国和我国香港、澳门、台湾地区投资者发行的股票。这是我国股份公司吸收外资的一种方式。外资股按上市地域可以分为境内上市外资股和境外上市外资股。

（1）境内上市外资股

境内上市外资股原来是指股份有限公司向境外投资者募集并在我国境内上市的股份，投资者限于：（1）外国的自然人、法人和其他组织。（2）中国香港、澳门、台湾地区的自然人、法人和其他组织。（3）定居在国外的中国公民等。这类股票称为B股，B股采取记名股票形式，以人民币标明股票面值，以外币认购、买卖，在境内证券交易所上市交易。但自从2001年2月对境内居民个人开放B股市场之后，境内投资者逐渐成为B股市场的重要投资主体，B股的外资股性质也发生了变化，境内居民个人可以用现汇存款和外币现钞存款以及从境外汇入的外汇资金从事B股交易，但不允许使用外币现钞。境内居民个人与非居民之间不得进行B股协议转让。境内居民个人所购B股不得向境外转托管。经有关部门批准，境内上市外资股或者其派生形式如认股权凭证和境外存股凭证可以在境外流通转让。公司向境内上市外资股股东支付股利及其他款项，以人民币计价和宣布，以外币支付。

（2）境外上市外资股

境外上市外资股是指股份公司向境外投资者募集并在境外上市的股份。在境外上市时，可以采取境外存股证形式或者股票的其他派生形式。在境外上市的外资股除了应符合我国的有关法规外，还须符合上市所在地国家或者地区证券交易所制定的上市条件。依法持有境外上市外资股、其姓名或者名称等记载于公司股东名册上的境外投资者，为公司的境外上市外资股股东。公司向境外上市外资股股东支付股利及其他款项，以人民币计价和宣布，以外币支付。

境外上市外资股主要由H股、N股、S股等构成。H股是指注册地在内地、上市地在香港的外资股。香港的英文是HONG KONG，取其字首，在香港上市的外资股就叫做H股。依此类推，纽约的第一个英文字母是N，新加坡的第一个英文字母是S，伦敦的第一个英文字母是L，在纽约、新加坡、伦敦上市的外资股就分别称为N股、S股、L股。

三、股票的价值形式

有关股票的价值有多种提法，它们在不同的场合有不同的含义，需要加以区分。

(一)股票的票面价值

股票的票面价值又称面值,即在股票票面上标明的金额。该种股票被称为有面额股票。股票的票面价值在初次发行时有一定参考意义。如果以面值作为发行价,称为平价发行,此时公司发行股票募集的资金等于股本的总和,也等于面值总和。发行价格高于面值称为溢价发行,募集的资金中等于面值总和的部分记入股本账户,超额部分记入资本公积金账户。发行价格低于面值称为折价发行,现实中一般不允许折价发行股票。股票票面价值的最初目的,在于保证股票持有者在退股时能够收回票面所标明的资产。随着股票的发展,购买股票后将不能再退股,所以股票面值现在的第一个作用是表明股票的认购者在股份公司投资中所占的比例,作为确认股东权利的根据。如某上市公司的总股本为1 000万元,每股面值为1元,持有1股股票就表示在该股份公司所占的股份为千万分之一。第二个作用就是在首次发行股票时,将股票的面值作为发行定价的一个依据。

(二)股票的账面价值

股票的账面价值又称股票净值或每股净资产,是每股股票所代表的实际资产的价值。其计算方法是用公司的净资产除以总股本。股份公司的净资产是股份公司剔除了一切债务后的实际资产。在没有优先股的条件下,每股的账面价值是以公司净资产除以发行在外的普通股股票的股数求得的。公司的净资产是公司营运的资本基础。在盈利水平相同的前提下,账面价值越高,股票的收益越高,股票就越有投资价值。因此,账面价值是股票投资价值分析的重要指标,在计算公司的净资产收益率时也有重要的作用。

(三)股票的清算价值

股票的清算价值是指股份公司破产或倒闭后进行清算时每股股票所代表的实际价值。从理论上讲,股票的每股清算价值应当与股票的账面价值相一致。但企业在破产清算时,其财产价值是以实际的销售价格来计算的,而在进行财产处置时,其售价都低于实际价值,所以股票的清算价值就与股票的净值不一致,一般都要小于净值。股票的清算价值只是在股份公司破产或因其他原因丧失法人资格而进行清算时才被作为确定股票价格的根据,在股票发行和流通过程中没有什么意义。

(四)股票的市场价值

股票的市场价值又称为股票的市值,是指股票在交易过程中交易双方达成的成交价。股票的市值直接反映着股票市场行情,是股民买卖股票的依据。由于受众多因素的影响,股票的市场价值处于经常性的变化之中。股票的市场价值与股票价格紧密相关,股票价格是股票市场价值的集中表现,前者随后者的变化发生相应的波动。在股票市场中,股民是根据股票的市场价值(股票行市)的高低变化来分析判断和确定股票价格的,所以通常所说的股票价格也就是股票的市场价值。

(五)股票的内在价值

股票的内在价值也就是股票的理论价值,即股票未来收益的现值。股票的内在价值决定股票的市场价格,股票的市场价格总是围绕着其内在价值波动。研究和发现股票的内在价值,并将内在价值与市场价格相比较,进而决定投资策略是证券分析家的主要任务。但由于未来收益及市场利率的不确定性,各种价值模型计算出来的内在价值只是股票真实的内在价值的估计值。经济形势的变化、宏观经济政策的调整、供求关系的变化等都会影响股票未来的收益，引起内在价值的变化。

在自由竞价的股票市场中，股票的市场价格不断变动。引起股票价格变动的直接原因是供求关系的变化，在供求关系变化的背后还有一系列更深层次的原因。除股份公司本身的经营状况以外，政治、经济、军事、社会等因素的变动也会影响股票市场的供求关系，进而影响股票价格的涨跌。

四、股票价格指数

（一）股票价格指数的定义

股票价格指数即股票指数，是由证券交易所或金融服务机构编制的表明股票行市变动的一种供参考的指示数字。由于股票价格起伏无常，投资者必然面临市场价格风险。对于某一种股票的价格变化，投资者容易了解，而对于多种股票的价格变化，要逐一了解，既不容易，也不胜其烦。为了适应这种情况和需要，一些金融服务机构就利用自己的业务知识和熟悉市场的优势，编制出股票价格指数，公开发布，作为市场价格变动的指标。投资者据此就可以检验自己投资的效果，并用以预测股票市场的动向。同时，新闻界、公司老板乃至政界领导人等也以此为参考指标，来观察、预测社会政治、经济发展形势。

股票指数是表明股票行市变动情况的股票价格的平均数。编制股票指数，通常以某年某月为基础，以这个基期的股票价格作为100或1 000，用以后各时期的股票价格和基期价格比较，计算出升降的百分比，就是该时期的股票指数。投资者根据指数的升降，可以判断出股票价格的变动趋势。同时，为了能实时地向投资者反映股市的动向，所有的股市几乎都是在股价变化的同时即时公布股票价格指数。

计算股票指数，要考虑三个因素：一是抽样，即在众多股票中抽取少数具有代表性的成分股；二是加权，按单价或总值加权平均，或不加权平均；三是计算方法，计算算术平均数、几何平均数，或兼顾价格与总值。

由于上市股票种类繁多，计算全部上市股票的价格平均数或指数的工作是艰巨而复杂的，因此人们常常从上市股票中选择若干种富有代表性的样本股票，并计算这些样本股票的价格平均数或指数，用以表示整个市场的股票价格总趋势及涨跌幅度。计算股价平均数或指数时经常考虑以下四点：（1）样本股票必须具有典型性、普通性。为此，选择样本股时应综合考虑其行业分布、市场影响力、股票等级、适当数量等因素。（2）计算方法应具有高度的适应性，能对不断变化的股市行情作出相应的调整或修正，使股票指数或平均数有较好的敏感性。（3）要有科学的计算依据和手段。计算依据的口径必须统一，一般以收盘价为计算依据。但随着计算频率的增加，有的以每小时价格甚至更短时间的价格为计算依据。（4）基期应有较好的均衡性和代表性。

（二）股票指数的计算方法

计算股票指数时，往往把股票指数和股价平均数分开计算，两者对股市的实际作用不同。股价平均数反映多种股票价格变动的一般水平，通常以算术平均数表示。人们通过对不同时期股价平均数的比较，可以认识多种股票价格变动水平。股票指数是反映不同时期的股价变动情况的相对指标，也就是将第一时期的股价平均数作为另一时期股价平均数的基准的百分数。通过股票指数，人们可以了解计算期的股价相比基期的股价上升或下降的百分比。由于股票指数是一个相对指标，因此就一个较长的时期来说，股票指数比股价平均数能更为精确地衡量股价的变动。

1. 股价平均数的计算

股票价格平均数反映一定时点上股票价格的绝对水平，它可分为简单算术股价平均数、修正的股价平均数、加权股价平均数三类。人们通过对不同时点股价平均数的比较，可以看出股票价格的变动情况及趋势。

（1）简单算术股价平均数

简单算术股价平均数是用样本股票每日收盘价之和除以样本数得出的，即

$$\text{简单算术股价平均数} = (P_1 + P_2 + P_3 + \cdots + P_n)/n$$

世界上第一个股票价格平均数——道琼斯股价平均数在 1928 年 10 月 1 日前就是使用简单算术平均法计算的。

现假设从某一股市采样的股票为 A、B、C、D 四种，在某一交易日的收盘价分别为 10 元、16 元、24 元和 30 元，计算该市场股价平均数。将数据置入公式中，即得

$$\text{股价平均数} = (P_1 + P_2 + P_3 + P_4)/4 = (10 + 16 + 24 + 30)/4 = 20(\text{元})$$

简单算术股价平均数的计算较简便，但它有两个缺点：一是它未考虑各种样本股票的权数，从而不能区分重要性不同的样本股票对股价平均数的不同影响。二是当样本股票发生股票分割派发红股、增资等情况时，股价平均数会产生断层而失去连续性，使时间序列前后的比较发生困难。例如，上述 D 股票 1 股分割为 3 股时，股价势必从 30 元下调为 10 元，这时平均数就不是按上面计算得出的 20 元了，而是（10 + 16 + 24 + 10）/4 = 15（元）。这就是说，D 股分割技术上的变化导致股价平均数从 20 元下跌为 15 元（这还未考虑其他影响股价变动的因素），显然不符合平均数作为反映股价变动指标的要求。

（2）修正的股价平均数

修正的股价平均数有两种。

一是除数修正法，又称道式修正法。这是美国道琼斯在 1928 年创造的一种计算股价平均数的方法。该法的核心是求出一个常数除数，以修正股票分割、增资、发放红股等因素造成的股价平均数的变化，保持股价平均数的连续性和可比性。具体做法是以新股价总额除以旧股价平均数，求出新的除数，再以计算期的股价总额除以新除数，从而得出修正的股价平均数，即

$$\text{新除数} = \text{变动后的新股价总额} / \text{旧的股价平均数}$$

$$\text{修正的股价平均数} = \text{报告期股价总额} / \text{新除数}$$

在前面的例子中除数是 4，经调整后的新的除数应是：新的除数 =（10 + 16 + 24 + 10）/20 = 3，则

$$\text{修正的股价平均数} = (10 + 16 + 24 + 10)/3 = 20(\text{元})$$

得出的平均数与未分割时计算的一样，股价水平也不会因股票分割而变动。

二是股价修正法。股价修正法就是将股票分割等变动后的股价还原为变动前的股价，使股价平均数不会因此而变动。美国《纽约时报》编制的500种股价平均数就采用股价修正法来计算股价平均数。

（3）加权股价平均数

加权股价平均数是根据各种样本股票的相对重要性进行加权平均计算的股价平均数，其权数（Q）可以是成交股数、股票总市值、股票发行量等。

2. 股票指数的计算

股票指数是反映不同时点上股价变动情况的相对指标。通常是将报告期的股票价格与给定的基期价格相比，并用两者的比值乘以基期的指数值，即为该报告期的股票指数。股票指数的计算方法有三种：一是相对法，二是综合法，三是加权法。

（1）相对法

相对法又称平均法，就是先计算各样本股票指数，再加总求总的算术平均数。其计算公式为：股票指数 = n 个样本股票指数之和/n。英国的《经济学家》普通股股票指数就使用这种计算法。

（2）综合法

综合法是先将样本股票的基期和报告期价格分别加总，然后相比求出股票指数，即

股票指数 = 报告期股价之和 / 基期股价之和

假定基期有4只股票，其股价指数 = （8 + 12 + 14 + 18）/（5 + 8 + 10 + 15） = 52/38 = 136.8%，即报告期的股价比基期上升了136.8%。

相对法和综合法这两种计算股票指数的方法都未考虑到由于各种采样股票的发行量和交易量不相同，而对整个股市股价的影响不一样等因素，因此，计算出来的指数也不够准确。为使股票指数计算精确，则需要加入权数，这个权数可以是交易量，也可以是发行量。

（3）加权法

加权股票指数是根据各期样本股票的相对重要性予以加权，其权数可以是成交股数、股票发行量等。按时间划分，权数可以是基期权数，也可以是报告期权数。以基期成交股数（或发行量）为权数的指数称为拉斯拜尔指数，以报告期成交股数（或发行量）为权数的指数称为派许指数。拉斯拜尔指数偏重基期成交股数（或发行量），而派许指数则偏重报告期的成交股数（或发行量）。目前，世界上大多数股票指数都是派许指数。

（三）股票价格的修正——除息和除权

1. 除息和除权

除息是指除去交易中股票领取股息的权利。当股份公司决定对股东发放现金股息时就要对股票进行除息处理。

除权是指除去交易中股票配送股的权利。当股份公司发放股票股息、公积金转赠股份及对原有股东按一定比例配股时要对股票进行除权处理。

2. 股权登记日、除权除息日、含权、含息股、填权和贴权

上市公司的股份每日在交易市场上流通，上市公司在送股、派息或配股的时候，需要定出哪一天，界定哪些股东可以参加分红或参与配股，定出的这一天就是股权登记日。也就是说，在股权登记日这一天仍持有或买进该公司股票的投资者，可以享有此次分红或参与此次配股。这部分股东名册由证券登记公司统计在案，届时将所应送的红股、现金红利或者配股权划到这部分股东的账上。所以，如果投资者想得到一家上市公司的分红、配股权，就必须弄清这家公司的股权登记日是哪一天，否则就会失去分红、配股的机会。

股权登记日后的第一天就是除权日或除息日，在这一天或以后购入该公司股票的股东，不再享有该公司此次分红配股。

上市公司在宣布董事会、股东大会的分红、配股方案后，尚未正式进行分红、配股工作，股票未完成除权、除息，被称为“含权”、“含息”股票。

股票在除权后交易，交易市价高于除权价，取得分红或配股者得到市场差价而获利，为填权。交易市价低于除权价，取得分红、配股者没有得到市场差价，造成浮亏，则为贴权。

3. 除权、除息价的计算

上市公司进行分红、配股后，在除权、除息日这一天会产生一个除权价或除息价，除权价或除息价是在股权登记这一天的收盘价的基础上产生的。计算公式如下：

$$\text{除息价} = \text{股权登记日收盘价} - \text{每股所派现金}$$

除权价计算分为送股除权和配股除权。

送股除权价的计算公式为

$$\text{送股除权价} = \text{股权登记日收盘价} / (1 + \text{送股比例})$$

配股除权价的计算公式为

$$\text{配股除权价} = (\text{股权登记日收盘价} + \text{配股价} \times \text{配股比例}) / (1 + \text{配股比例})$$

有分红、派息、配股的除权价的计算公式为

$$\text{除权价} = (\text{收盘价} + \text{配股比例} \times \text{配股价} - \text{每股所派现金}) / (1 + \text{送股比例} + \text{配股比例})$$

五、著名的股票指数

世界各地的股票市场都有自己的股票指数，其中比较著名并有一定代表性的有如下几种：

1. 道琼斯股票指数

道琼斯股票指数是世界上历史最为悠久的股票指数，它是在1884年由道琼斯公司的创始人查理斯·道编制的。其最初的股票价格平均指数是根据11种具有代表性的铁路公司的股票，采用算术平均法进行计算编制而成的，发表在查理斯·道自己编辑出版的《每日通讯》上。其计算公式为

$$\text{股票价格平均指数} = \text{入选股票的价格之和} / \text{入选股票的数量}$$

自1887年起，道琼斯股票价格平均指数开始分成工业与运输业两大类，其中工业股

票价格平均指数包括12种股票，运输业股票价格平均指数则包括20种股票，并且开始在道琼斯公司出版的《华尔街日报》上公布。1929年，道琼斯股票价格平均指数又增加了公用事业类股票，使其所包含的股票达到65种，并一直延续至今。

现在的道琼斯股票价格平均指数以1928年10月1日为基期，因为这一天收盘时的道琼斯股票价格平均指数恰好约为100美元。以后的股票价格同基期相比计算出的百分数，就成为各期的股票价格指数，所以现在的股票指数普遍用“点”来作单位，而股票指数每一点的涨跌就是相对于基数日的涨跌百分数。

道琼斯股票价格平均指数最初是用简单算术平均法求得，当遇到股票的除权除息时，股票指数发生不连续的现象。1928年后，道琼斯股票价格平均指数采用了新的计算方法，即在基点的股票除权或除息时采用连接技术，以保证股票指数的连续，从而使股票指数计算方法得到了完善，并逐渐推广到全世界。

从1996年5月25日开始，还针对我国的股票市场编制了道琼斯中国股票指数。截至1998年4月1日，沪深两市共有88只股票作为其成分股入选，故称为道琼斯中国88股票指数。

2. 标准普尔股票价格指数

除了道琼斯股票价格指数外，标准普尔股票价格指数在美国也很有影响，它是由美国最大的证券研究机构——标准普尔公司编制的。该公司于1923年开始编制发表股票价格指数。最初采选了230种股票，编制两种股票价格指数。到1957年，这一股票价格指数的范围扩大到500种股票，分成95种组合。其中最重要的四种组合是工业股票组、铁路股票组、公用事业股票组和500种股票混合组。从1976年7月1日开始，改为40种工业股票、20种运输业股票、40种公用事业类股票和40种金融业股票。几十年来，虽然有股票更迭，但始终保持为500种。标准普尔公司股票价格指数以1941年至1993年抽样股票的平均市价为基期，以上市股票数为权数，按基期进行加权计算，其基点数为10。以目前的股票市场价格乘以股票市场上发行的股票数量为分子，以基期的股票市场价格乘以基期股票数为分母，相除之数再乘以10就是股票价格指数。

3. 纽约证券交易所股票价格指数

纽约证券交易所股票价格指数是由纽约证券交易所编制的。它起自1996年6月，先是普通股股票价格指数，后来改为混合指数，包括在纽约证券交易所上市的1 500家公司的1 570种股票。具体计算方法是将这些股票按价格高低分开排列，分别计算工业股票、金融业股票、公用事业股票、运输业股票的价格指数。最大和最广泛的是工业股票价格指数，由1 093种股票组成；金融业股票价格指数包括投资公司、储蓄贷款协会、分期付款融资公司、商业银行、保险公司和不动产公司的223种股票；运输业股票价格指数包括铁路、航空、轮船、汽车等公司的65种股票；公用事业股票价格指数则有电话电报公司、煤气公司、电力公司和邮电公司的189种股票。

纽约股票价格指数以1965年12月31日确定的50点为基数，采用的是综合指数形式。纽约证券交易所每半个小时公布一次指数的变动情况。虽然纽约证券交易所编制股票价格指数的时间不长，但它可以全面及时地反映其股票市场活动的综合状况，因而较受投资者欢迎。

4. 日经道琼斯股票指数（日经平均股价）

它是由日本经济新闻社编制并公布的反映日本股票市场价格变动的股票价格平均数。该指数从1950年9月开始编制。最初根据在东京证券交易所第一市场上市的225家公司的股票算出修正平均股价，当时称为"东证修正平均股价"。1975年5月1日，日本经济新闻社向道琼斯公司买进商标，采用美国道琼斯公司的修正法计算，这种股票指数也就改称为"日经道琼斯平均股价"。1985年5月1日，在合同期满10年时，经两家商议，将名称改为"日经平均股价"。

按计算对象采样数目的不同，该指数分为两种：一种是日经225种平均股价，另一种是日经500种平均股价。后者从1982年1月4日起开始编制。由于其采样包括500种股票，其代表性就相对更为广泛。但它的样本是不固定的，每年4月要根据上市公司的经营状况、成交量和成交金额、市价总值等因素对样本进行更换。

5. 《金融时报》股票价格指数

《金融时报》股票指数的全称是伦敦《金融时报》工商业普通股股票价格指数，是由英国《金融时报》公布发表的。该股票价格指数包括从英国工商业中挑选出来的具有代表性的30家公开挂牌的普通股股票。它以1935年7月1日作为基期，其基点为100点。该股票价格指数以能够及时显示伦敦股票市场情况而闻名于世。

6. 香港恒生指数

香港恒生指数是香港股票市场上历史最悠久、影响最大的股票价格指数，由香港恒生银行于1969年11月24日开始发布。恒生股票价格指数以从香港500多家上市公司中挑选出来的33家有代表性且经济实力雄厚的大公司股票作为成分股。这些股票分为四大类——4种金融业股票、6种公用事业股票、9种房地产业股票和14种其他工商业（包括航空和酒店）股票，涉及香港的各个行业，并占香港股票市值的68.8%，具有较强的代表性。

恒生股票价格指数的编制以1964年7月31日为基期。因为这一天香港股市运行正常，成交值均匀，可反映整个香港股市的基本股市，基点确定为100点。其计算方法是将33种股票按每天的收盘价乘以各自的发行股数作为计算日的市值，再与基数的市值相比较，乘以100就得出当天的股票价格指数。由于恒生股票价格指数所选择的基期适当，因此，不论股票市场是狂升或猛跌，还是处于正常交易水平，恒生股票价格指数基本上能反映整个股市的活动情况。

恒生股票价格指数自1969年发布以来，已经过多次调整。由于1980年8月香港当局通过立法，将香港证券交易所、远东交易所、金银证券交易所和九龙证券所合并为香港联合证券交易所，所以在目前的香港股票市场上，只有恒生股票价格指数与新产生的香港指数并存，香港的其他股票价格指数均不复存在。

7. 上证综合指数

它是由上海证券交易所编制的股票指数，1990年12月19日正式开始发布。该股票指数的样本为所有在上海证券交易所挂牌上市的股票，其中新上市的股票在挂牌的第二天就被纳入股票指数的计算范围。

该股票指数的权数为上市公司的总股本。由于我国上市公司的股票有流通股和非流通股之分，其流通量与总股本并不一致，所以总股本较大的股票对股票指数的影响就较大，上证指数就常常成为机构大户造市的工具，使股票指数的走势与大部分股票的涨跌相背离。

上海证券交易所股票指数的发布几乎是和股票行情的变化同步的，它是我国股民和证券从业人员研判股票价格变化趋势时必不可少的参考依据。

8. 深圳综合指数

它是由深圳证券交易所编制的股票指数，以 1991 年 4 月 3 日为基期。该股票指数的计算方法基本与上证指数相同，其样本为所有在深圳证券交易所挂牌上市的股票，权数为股票的总股本。由于它以所有挂牌的上市公司为样本，其代表性非常广泛，而且与深圳股市的行情同步发布，因此是股民和证券从业人员研判深圳股市股票价格变化趋势时必不可少的参考依据。在前些年，由于深圳证券交易所的股票交投不如上海证交所那么活跃，深圳证券交易所现已改变了股票指数的编制方法，采用成分股指数，其中只有 40 只股票入选并于 1995 年 5 月开始发布。

第二节　股票定价

股票的投资者期望用现实消费的节约投资于股票去换取未来更大的消费量，因而股票现实价格的决定也是基于一系列未来现金流量的现值，即股票的内在价值。这一系列未来现金流量包括股利现金流量加上（或减去）股票买卖价差的收益（或损失）。为简化起见，我们首先考虑无限期持股状态（不存在买卖价差的情况）下股票是如何估价的。在无限期持股状态下，股票能给持股者带来的现金流量与终身年金相似，每期期末都有一定量的股利流入，它们之间的区别在于后者每期的股利量是不确定的。然后再释放条件，决定有限期持股状态下的股票现实价格。

一、股票内在价值的计算方法

（一）贴现现金流模型

1. 基本模型。贴现现金流模型是运用收入资本化定价方法来决定普通股股票的内在价值的。按照收入的资本化定价方法，任何资产的内在价值都是由拥有这种资产的投资者在未来时期中所收到的现金流决定的。由于现金流是未来时期的预期值，因此必须按照一定的贴现率折算成现值，也就是说，一种资产的内在价值等于预期现金流的贴现值。对于股票来说，这种预期的现金流即在未来时期预期支付的股利。因此，贴现现金流模型，即通过收入资本化定价方法所建立的模型被称为股利贴现模型（Dividend Discount Models，DDMs）。DDMs 最一般的形式是

$$V=\frac{D_1}{(1+k)^1}+\frac{D_2}{(1+k)^2}+\frac{D_3}{(1+k)^3}+\cdots+\frac{D_t}{(1+k)^t}$$

$$= \sum_{t=1}^{\infty} \frac{D_t}{(1+k)^t} \tag{2.2.1}$$

式中，D_t 为在时间 t 内与某一特定普通股相联系的预期的现金流，即在未来时期以现金形式表示的每股股票的股利；k 为在一定风险程度下现金流的合适的贴现率；V 为股票的内在价值。

在公式（2.2.1）中，假定在所有时期内，贴现率都是一样的。由该方程我们可以引出净现值（Net Present Value，NPV）这个概念。净现值等于内在价值与成本之差，即

$$NPV = V - P$$

$$= \sum_{t=1}^{\infty} \frac{D_t}{(1+k)^t} - P \tag{2.2.2}$$

式中，P 为在 $t=0$ 时购买股票的成本。

如果 $NPV>0$，意味着所有预期的现金流入的净现值之和大于投资成本，即这种股票价格被低估，因此购买这种股票可行。

如果 $NPV<0$，意味着所有预期的现金流入的净现值之和小于投资成本，即这种股票价格被高估，因此不宜购买这种股票。

2. 内部收益率（Internal Rate of Return，IRR）。在了解了净现值之后，我们便可引出内部收益率这个概念。内部收益率就是使投资净现值等于零的贴现率。如果用 k^* 代表内部收益率，通过公式（2.2.2），可得

$$NPV = V - P = \sum_{t=1}^{\infty} \frac{D_t}{(1+k^*)^t} - P = 0$$

$$P = \sum_{t=1}^{\infty} \frac{D_t}{(1+k^*)^t} \tag{2.2.3}$$

由公式（2.2.3）可以解出内部收益率 k^*。把 k^* 与具有同等风险水平的股票的必要收益率（用 k 表示）相比较。如果 $k^*>k$，则可以购买这种股票；如果 $k^*<k$，则不宜购买这种股票。

在运用公式（2.2.1）决定1股普通股股票的内在价值时存在着一个麻烦，即投资者必须预测所有未来时期支付的股利。由于普通股股票没有一个固守的生命周期，因此建议使用无限时期的股利流，这就需要加上一些假定。

这些假定始终围绕着股利增长率。一般来说，在时点 t，每股股利被看成是在时刻 $t-1$ 时的每股股利乘以股利增长率 g，不同类型的贴现现金流模型反映了不同的股利增长率的假定。其计算公式为

$$D_t = D_{t-1}(1+g_t) \tag{2.2.4}$$

$$g_t = \frac{D_t - D_{t-1}}{D_{t-1}} \tag{2.2.5}$$

（二）零增长模型（Zero Growth Model）

1. 零增长模型是最为简化的DDMs，它假定股利增长率等于零，即 $g=0$，也就是说未来的股利按一个固定数量支付。

根据这个假定，我们用 D_0 来改换公式（2.2.1）中的 D_t，可得

$$V=\sum_{t=1}^{\infty}\frac{D_0}{(1+k)^t}$$
$$=D_0\sum_{t=1}^{\infty}\frac{1}{(1+k)^t} \tag{2.2.6}$$

因为 $k>0$，根据数学中无穷级数的性质，可知

$$\sum_{t=1}^{\infty}\frac{1}{(1+k)^t}=\frac{1}{k}$$

代入公式（2.2.6）中，得出零增长模型公式

$$V=\frac{D_0}{k} \tag{2.2.7}$$

式中，V 为股票的内在价值，D_0 为在未来无限时期支付的每股股利，k 为必要收益率。

假定某公司在未来无限时期支付的每股股利为 8 元，该公司的必要收益率为 10%，运用公式（2.2.7），可知 1 股该公司股票的价值为 8/0.10 = 80（元），而当时 1 股股票价格为 65 元，则每股股票净现值为 80 − 65 = 15（元），因此该股股票的价格被低估了 15 元，故可购买该种股票。

2. 内部收益率。公式（2.2.7）也可用于计算投资于零增长证券的内部收益率。首先，用证券的当今价格 P 代替 V，用 k^*（内部收益率）代表 k，代入公式（2.2.6），其结果是

$$V=\sum_{t=1}^{\infty}\frac{D_0}{(1+k^*)^t}$$
$$=\frac{D_0}{k^*}$$

进行转换，可得

$$k^*=\frac{D_0}{P} \tag{2.2.8}$$

利用这一公式，计算上述例子中公司股票的内部收益率，其结果是 $k^*=8/65=12.3\%$。该内部收益率大于公司股票的必要收益率（12.3% > 10%），表明该公司股票的价格被低估了。

3. 应用。零增长模型的应用似乎受到相当多的限制，毕竟假定某一种股票永远支付固定的股利是不合理的。但在特定的情况下，在决定普通股股票的价值时，这种模型也是相当有用的，尤其是在决定优先股的内在价值时。因为大多数优先股支付的股利不会因每股收益的变化而发生改变，而且由于优先股没有固定的生命期，预期支付显然是能永远进行下去的。

（三）不变增长模型（Constant Growth Model）

1. 一般形式。假设股利永远按不变的增长率增长，那么就可以建立不变增长模型，也就是说

$$D_t = D_{t-1}(1+g)$$
$$= D_0(1+g)^t$$

用 $D_t = D_0(1+g)^t$ 置换公式(2.2.1)中的分子 D_t，得出

$$V = \sum_{t=1}^{\infty} \frac{D_0(1+g)^t}{(1+k)^t}$$
$$= D_0 \sum_{t=1}^{\infty} \frac{(1+g)^t}{(1+k)^t} \quad (2.2.9)$$

运用数学中无穷级数的性质，如果 $k>g$，可知

$$\sum_{t=1}^{\infty} \frac{(1+g)^t}{(1+k)^t} = \frac{1+g}{k-g} \quad (2.2.10)$$

把公式（2.2.10）代入公式（2.2.9）中，得出不变增长模型的价值公式：

$$V = D_0 \frac{1+g}{k-g} \quad (2.2.11)$$

又因为 $D_1 = D_0(1+g)$，有时把公式（2.2.11）写成如下形式：

$$V = \frac{D_1}{k-g} \quad (2.2.12)$$

假如上年某公司支付每股股利 1.80 元，预计在未来期限该公司股票的股利按每年 5% 的速率增长。因此，预期下一年股利为 1.80 ×（1 + 0.05）= 1.89（元）。假定必要收益率是 11%，那么，该公司的股票价格等于 1.8 ×（1 + 0.05）/（11% − 5%）= 31.50（元），而当今每股股票价格是 40 元，因此，股票价格被高估 8.50 元，故当前持有该股票的投资者可出售该股票。

2. 内部收益率。公式（2.2.11）可用于解出不变增长证券的内部收益率。首先，用股票的当今价格 P 代替 V。其次，用 k^* 代替 k。其结果是

$$P = D_0 \frac{1+g}{k^*-g}$$

经过交换，可得

$$k^* = \frac{D_0(1+g)}{P} + g$$
$$= \frac{D_1}{P} + g \quad (2.2.13)$$

用上述公式来计算上例公司股票的内部收益率，得出

$$k^* = \frac{1.80 \times (1+0.05)}{40} + 0.05 = 9.725\%$$

该公司股票的内在收益率小于其必要收益率，显示出该公司股票的价格被高估了。

3. 与零增长模型的关系。零增长模型实际上是不变增长模型的一个特例。特别是，假定增长率 g 等于零，股利将永远按固定数量支付，这时，不变增长模型就是零增长模型。

从这两种模型来看，虽然不变增长模型的假设比零增长模型的假设有较少的应用限制，但在许多情况下仍然被认为是不现实的。但是，不变增长模型却是多元增长模型的基础，因此这种模型极为重要。

（四）多元增长模型（Multiple Growth Model）

1. 模型。多元增长模型是最普遍地被用来确定普通股股票内在价值的贴现现金流模型。这一模型假设股利的变动在一段时间 T 内并没有特定的模式可以预测，在此段时间以后，股利按不变增长模型进行变动。因此，股利流可以分为两个部分。

第一部分包括在股利无规则变化时期的所有预期股利的现值。用 V_{T-} 表示这一部分的现值，即

$$V_{T-} = \sum_{t=1}^{T} \frac{D_t}{(1+k)^t} \tag{2.2.14}$$

第二部分包括从时点 T 来看的股利不变增长率变动时期的所有预期股利的现值。因此，该种股票在时间 T 的价值（V_T）可通过不变增长模型的公式（2.2.12）求出，即

$$V_T = D_{T+1} \times \frac{1}{k-g} \tag{2.2.15}$$

但目前投资者是在 $t=0$ 时刻，而不是在 $t=T$ 时刻，来决定股票现金流的现值。于是，在 T 时刻以后 $t=0$ 时的所有股利的贴现值为

$$V_{T+} = V_T \times \frac{1}{(1+k)^T} = \frac{D_{T+1}}{(k-g)(1+k)^T} \tag{2.2.16}$$

根据公式（2.2.14），我们得出直到 T 时刻为止的所有股利的现值。根据公式（2.2.16），得出 T 时刻以后的所有股利的现值。这两部分现值的总和即这种股票的内在价值，用公式表示如下：

$$\begin{aligned} V &= V_{T-} + V_{T+} \\ &= \sum_{t=1}^{T} \frac{D_t}{(1+k)^t} + \frac{D_{T+1}}{(k-g)(1+k)^T} \end{aligned} \tag{2.2.17}$$

假定 A 公司上年支付的每股股利为 0.75 元，下一年预期支付的每股股利为 2 元，因而

$$g_1 = \frac{D_1 - D_0}{D_0} = \frac{2-0.75}{0.75} = 167\%$$

再下一年预期支付的每股股利为 3 元，即

$$g_2 = \frac{D_2 - D_1}{D_1} = \frac{3-2}{2} = 50\%$$

$T=2$ 时，预期在未来无限时期，股利按每年 10% 的速度增长，即 $D_3 = D_2(1+0.10) = 3 \times 1.1 = 3.3$（元）。假定该公司的必要收益率为 15%，可按下面的式子分别计算 V_{T-} 和 V_{T+}。

$$V_{T-} = \frac{2}{1+0.15} + \frac{3}{(1+0.15)^2} = 4.01\text{（元）}$$

$$V_{T+} = \frac{3.3}{(0.15 - 0.10)(1 + 0.15)^2} = 49.91(\text{元})$$

$$V_{T-} + V_{T+} = 4.01 + 49.91 = 53.92(\text{元})$$

该价格与目前每股股票价格55元相比较，似乎股票的定价相当公平，即该股票没有被错误定价。

2. 内部收益率。零增长模型和不变增长模型都有一个简单的关于内部收益率的公式，而对于多元增长模型而言，不可能得到如此简洁的表达式。在公式（2.2.17）中，用 P 代表 V，用 k^* 代替 k，可得到

$$P = \sum_{t=1}^{T} \frac{D_t}{(1 + k^*)^t} + \frac{D_{T+1}}{(k^* - g)(1 + k^*)^T} \tag{2.2.18}$$

虽然我们不能得到一个简洁的内部收益率的表达式，但是仍可以运用试错法，计算出多元增长模型的内部收益率，即在建立公式（2.2.18）之后，代入一个假定的 k^*，如果公式右边的值大于 P，说明假定的 k^* 太大；相反，如果代入一个选定的 k^* 值，公式右边的值小于 P，说明选定的 k^* 太小。继续试选 k^*，最终能找到使等式成立的 k^*。

按照这种试错方法，我们可以得出A公司股票的内部收益率是14.9%。把给定的必要收益率15%与该近似的内部收益率14.9%相比较，可知该公司股票的定价相当公平。

3. 与不变增长模型的关系。不变增长模型是多元增长模型的特例。如果假定开始时 $T=0$，那么

$$V_{T-} = \sum_{t=1}^{T} \frac{D_t}{(1 + k)^t} = 0$$

$$V_{T+} = \frac{D_{T+1}}{(k - g)(1 + k)^T} = \frac{D_1}{k - g}$$

多元增长模型可表述为 $V = V_{T-} + V_{T+}$，可知当 $T=0$ 时，$V = D_1/(k-g)$，这个公式实际上表示的就是不变增长模型。

4. 二元模型和三元模型。有时投资者会使用二元模型和三元模型。二元模型假定在时间 T 以前存在一个不变增长速度 g_1，在时间 T 以后，假定有一个不变增长速度 g_2。三元模型假定在时间 T 前，不变增长速度为 g_1，在时间 T_1 和 T_2 之间，不变增长速度为 g_2，在时间 T_2 以后，不变增长速度为 g_3。设 V_{T+} 表示在最后一个增长速度开始后的所有股利的现值，V_{T-} 表示这以前所有股利的现值，可知这些模型实际上是多元增长模型的特例。

（五）有限持有股票条件下股票内在价值的决定

无论是零增长模型、不变增长模型还是多元增长模型都是对所有未来的股利进行贴现，预期投资者接受未来所有的股利流。如果投资者只计划在一定期限内持有该种股票，该股票的内在价值该如何变化呢?

如果投资者计划在一年后出售这种股票，他所接受的现金流等于从现在起的一年内预期的股利（假定普通股每年支付一次股利）再加上预期出售价格。因此，该股票的内在价值的决定是用必要收益率对这两种现金流进行贴现。其表达式为

$$V=\frac{D_1+P_1}{1+k}=\frac{D_1}{1+k}+\frac{P_1}{1+k} \tag{2.2.19}$$

式中，D_1 为在 $t=1$ 时的预期股利，P_1 为在 $t=1$ 的股票出售价格。

$t=1$ 时，股票出售价格的决定是基于出售以后预期支付的股利，即

$$\begin{aligned}P_1&=\frac{D_2}{(1+k)^1}+\frac{D_3}{(1+k)^2}+\frac{D_4}{(1+k)^3}+\cdots\\&=\sum_{t=2}^{\infty}\frac{D_t}{(1+k)^{t-1}}\end{aligned} \tag{2.2.20}$$

把公式（2.2.20）代入公式（2.2.19），得到

$$\begin{aligned}V&=\frac{D_1}{1+k}+\left[\frac{D_2}{(1+k)^1}+\frac{D_3}{(1+k)^2}+\frac{D_4}{(1+k)^3}+\cdots\right]\times\frac{1}{1+k}\\&=\frac{D_1}{1+k}+\frac{D_2}{(1+k)^2}+\frac{D_3}{(1+k)^3}+\frac{D_4}{(1+k)^4}+\cdots\\&=\sum_{t=1}^{\infty}\frac{D_t}{(1+k)^t}\end{aligned} \tag{2.2.21}$$

公式（2.2.21）与公式（2.2.1）完全相同，说明对未来某一时刻的股利和这一时刻原股票出售价格进行贴现所得到的普通股股票的价值，等于对所有未来预期股利贴现后所得的股票价值，这是因为股票的预期出售价格本身也是基于出售之后的股利的贴现。因此，在有限持有股票的条件下，股票内在价值的决定等同于无限期持有股票条件下的股票内在价值的决定，或者说，贴现现金流模型可以在不考虑投资者计划持有股票时间长短的条件下来决定普通股股票的内在价值。

二、影响股票定价的基本因素——股利和收益

作为权益证券的股票向投资者支付股利（D）的长期资金来源于每股收益（E），收益的增长是股利增长的源泉。收益中用于支付股利的份额被称为红利付出比（D/E）；相对的概念是收益中留存在企业内部用于扩大再生产的部分，这部分被称为红利留存比（$1-D/E$）。公司股利政策的主要内容就是决定收益中有多大部分应作为股利付出，多大部分应留存下来。

事实上，各国的股票市场上都有许多上市公司在相当长的时期内不向投资者支付现金股利。这些公司的股利政策倾向于最大限度地将资金留在企业内部，以减少外源融资的数量。股利政策的变化必然会影响投资者在不同时期内获得的现金流量的分布，这是否会进一步影响股票的内在价值，投资学界有过长时间的争论。直到1958年默顿·米勒（M. H. Miller）和弗朗哥·莫迪利亚尼（F. Modigliani）发表了《资本成本、公司财务和投资理论》一文后，才有了比较公认的结论。他们在文章中指出，普通股的价值来源于收益而非股利，在没有纳税、交易成本或其他的市场不完善的条件下，股利政策对股东在公司中投入的资本价值不发生影响。他们认为，公司的股权价值只与公司未来收益和

产生这些收益所需要追加的必要投资相关，公司股价总额应等于每年的预期收入减去必要投资之后的现值之和。

股票价值与股利政策不相关的结论与前面的股利贴现估价模型之间是否相互矛盾，答案是不存在矛盾。股利贴现估价模型认为，每股普通股的价值都等于未来所有预期股利现金流量的现值之和。股利政策与市场价值不相关的结论说明如果公司决定提高当期股利的水平，就会降低公司为产出未来收益而追加投资的能力，因此公司就必须通过发行新的股份或承担更多的债务来取得资金。发行新股意味着未来的股利总额要在数量已经增加了的股份中进行分配，每股股利收入就会减少；承担债务意味着在未来的自由现金流量中要优先偿付债权人的本息，可分配的股利总额就会减少。无论在哪种情况下，股利政策的变动都只能影响未来预期股利的现金流量的现值分布，而不能改变现金流量的现值总和，进而也不可能改变利用股利贴现估价模型计算出来的股权价值。

第三节 私募股权投资

私募股权投资基金起源于美国。1976 年华尔街著名投资银行贝尔斯登的 3 名投资银行家合伙成立了一家投资公司 KKR，专门从事并购业务，这是最早的私募股权投资公司。迄今，全球已有数千家私募股权投资公司，KKR 公司、凯雷投资集团和黑石集团是其中的佼佼者。

一、私募股权投资的概念

（一）私募股权投资的定义

私募股权投资（Private Equity，PE）从投资方式的角度看，依国外相关研究机构的定义，是指通过私募形式对私有企业，即非上市企业进行的权益性投资，在交易实施过程中附带考虑了将来的退出机制，即通过上市、并购或管理层回购等方式，出售持股获利。有少部分私募股权投资基金投资已上市公司的股权（如后面将要说到的 PIPE），另外在投资方式上有的私募股权投资如 Mezzanine 投资也采取债权型投资方式。

私募股权是一种金融工具，也是一种融资后的权益表现形式。私募股权与公司债券、贷款、股票等具有同质性，也具有本质区别。

第一，私募股权不是一种负债式的金融工具，这与股票等相似，并与公司债券、贷款等有本质区别；

第二，私募股权在融资模式方面属于私下募集，这与贷款等相似，并与公司债券、股票等有本质区别；

第三，私募股权主要是投资于尚未首次公开募股（IPO）的企业而产生的权益；

第四，私募股权不能在股票市场上自由地交易。

从法律的角度讲，私募股权体现的不是债权债务关系，它与债券有本质区别。总之，私募股权是股权或权益的一种，既能发挥融资功能，又能代表投资权益。

广义的私募股权投资涵盖企业首次公开发行前各阶段的权益投资，即对处于种子期、初创期、发展期、扩展期、成熟期和 Pre－IPO 各个时期企业所进行的投资，相关资本按照投资阶段可划分为创业投资（Venture Capital）、发展资本（Development Capital）、并购基金（Buyout/Buyin Fund）、夹层资本（Mezzanine Capital）、重振资本（Turn-around）、Pre－IPO 资本（如 Bridge Finance）以及其他如上市后私募投资（Private Investment in Public Equity，PIPE）、不良债权（Distressed Debt）和不动产投资（Real Estate）等（以上所述的概念也有重合的部分）。

1. 创业投资。英文 Venture Capital，Venture 的含义近于“谋取个人利益的大胆行动”（Daring Undertaking for Private Gain），其定义有多种表述，其中全美创业投资协会（NVCA）的表述是：创业投资是由专业投资者投入到新兴的、迅速发展的、有巨大竞争潜力的企业中的一种股权性资本。经济合作与发展组织（OECD）对创业投资有过三种不同的表述：创业投资是投资于以高科技和知识为基础，生产与经营技术密集型的创新产品或服务的投资；创业投资是专门购买在新思想和新技术方面独具特色的中小企业的股份并促进这些中小企业的形成和创立的投资；创业投资是一种向极具发展潜力的新建企业或中小企业提供股权资本的投资行为。

一般而言，创业投资是指投资于创业企业，并通过资本经营服务，培育和辅导创业企业成长，以期分享其高成长带来的长期资本增值。它包含三层含义：投资对象是创业企业，以区别于对非创业企业的投资；不仅提供资本金支持而且提供特有的资本经营等增值服务，以区别于单纯的投资行为；在企业完成创业使命后即退出投资，以实现自身的资本增值，并进行新一轮的创业投资，以区别于那种长期持有所投资企业的股权以获取的股息红利为主要收益来源的普通资本形态。

2. 并购基金。它是专注于对目标企业进行并购的基金，其投资手法是：通过收购目标企业的股权，获得对目标企业的控制权，然后对其进行一定的重组改造，持有一定时期后再出售。并购基金与其他类型投资的不同表现为：风险投资主要投资于创业型企业，而并购基金选择的对象是成熟企业；其他私募股权投资对企业控制权无兴趣，而并购基金意在获得目标企业的控制权。并购基金经常出现在 MBO 和 MBI 中。

3. 夹层资本。它是指在风险和回报方面，介于优先债权投资（如债券和贷款）和股本投资之间的一种投资资本形式。对于公司和股票推荐人而言，夹层投资通常提供形式非常灵活的较长期融资，这种融资的稀释程度要小于股市，并能根据特殊需求作出调整。夹层融资的付款事宜也可以根据公司的现金流状况确定。夹层资本一般偏向于采取可转换公司债券和可转换优先股之类的金融工具。

狭义的 PE 主要指对已经形成一定规模并产生稳定现金流的成熟企业的私募股权投资部分，主要是指创业投资后期的私募股权投资部分，而这其中并购基金和夹层资本在资金规模上占最大的一部分。

（二）私募股权投资基金的定义

私募股权投资基金（Private Equity Fund，PEF）一般是指成立专门的基金管理公司，向具有高增长潜力的未上市企业进行股权或准股权投资，甚至参与到被投资企业的经营管理活动中，待所投资企业成熟后通过股权转让实现资本增值。

（三）私募股权投资（PE）与风险投资（VC）、私募股权投资基金与私募基金

PE与VC虽然都是对上市前企业的投资，但是两者在投资阶段、投资规模、投资理念和投资特点等方面有很大的不同。很多传统上的VC机构现在也介入PE业务，而许多传统上被认为专做PE业务的机构也参与VC项目，也就是说，PE与VC只是概念上的一个区分，在实际业务中两者的界限越来越模糊。比如，著名的PE机构如凯雷（Carlyle）也涉及VC业务，其对携程网、聚众传媒等的投资便是VC形式的投资。

PE基金与内地所称的“私募基金”有区别。如上所述，PE基金主要以私募形式投资于未上市的公司股权，而我们所说的“私募基金”则主要是指通过私募形式，向投资者筹集资金，进行管理并投资于证券市场（多为二级市场）的基金，主要是用来区别共同基金（Mutual Fund）等公募基金的。

（四）私募股权投资的发展

私募股权投资公司在经过了20世纪90年代的高峰发展时期和2000年之后的发展受挫期之后，目前重新进入上升期。据英国调查机构Private Equity Intelligence的统计，截至2007年2月，世界上共有950只私募股权投资基金，直接控制了4 400亿美元，当年很可能突破5 000亿美元。

自20世纪80年代以来，国外私募股权投资基金经过30年的发展，成为仅次于银行贷款和IPO的重要融资手段。国外私募股权投资基金规模庞大，投资领域广泛，资金来源广泛，参与机构多样化。近年来，西方国家私募股权投资占其GDP的份额已达到4% ~5%。全球已有数千家私募股权投资公司，黑石、KKR、凯雷、贝恩、阿波罗、德州太平洋、高盛、美林等机构是其中的佼佼者。2006年全球私募股权投资基金从资本市场上募集到了2 150亿美元，全球私募股权投资基金的总投资额达到了7 380亿美元，比2005年增长了一倍。其中，单笔超过100亿美元的私募股权交易达到了9个。

近年来，私募股权基金在中国频频出击，投资规模和数量增长速度之快令人吃惊。1999年国际金融公司（IFC）入股上海银行，可认为初步具备了PE特点。2002年9月，摩根士丹利等3家投资公司斥资5亿元投资蒙牛乳业。2003年，新加坡政府投资公司和中国鼎晖向李宁公司投资1 850万美元。2004年9月，美国最大的私募股权基金之一新桥集团收购深发展股权，这也是国际并购基金在中国的第一起重大案例。包括新东方、新浪在内的众多中国著名企业都有私募股权基金作为幕后推手，而它们在投资之后的收益也颇为丰厚，摩根士丹利等3家投资公司在蒙牛乳业上市后就获得了约26亿港元的回报。2004年末，美国华平投资集团等机构联手收购哈药集团55%的股权，创下第一宗国际并购基金收购大型国企的案例。

进入2005年后，PE领域更是欣欣向荣，不断爆出重大的投资案例。其特点是国际著名PE机构与国内金融巨头联姻，其投资规模之大让人咋舌。首先是2005年以高盛为首的投资机构投资无锡尚德，伴随其成功上市，在不到一年的时间内获得了十几倍的回报。2005年第三季度，国际著名PE机构参与了中国银行、建设银行等商业银行的引资工作。2005年9月9日，凯雷投资集团对太平洋人寿4亿美元的投资议案获得太平洋保险集团董事会通过，凯雷因此获得太保人寿24.975%的股权。这也是迄今为止中国最大

的 PE 交易。另外，凯雷集团收购徐工机械绝对控股权的谈判也已达成，成为第一起国际并购基金获大型国企绝对控股权的案例。

此外，国内大型企业频频在海外进行并购活动，也有 PE 的影子。如联想以 12.5 亿美元高价并购 IBM 的 PC 部门，便有 3 家 PE 基金向联想注资 3.5 亿美元。此前海尔宣布以 12.8 亿美元竞购美国老牌家电业者美泰克（Maytag），以海尔为首的收购团队也包括两家 PE 基金。

近年来，PE 在中国的投资比例从 2005 年的 8% 增加到 2008 年的 29%，这一比例在 2009 年增加至大约占亚洲全部市场的 1/3。自 2007 年以来，中国在亚洲投资资本中所占的份额就不断增加。2009 年上半年，中国占有亚洲私募股权投资额的 1/3（73 亿美元），这一增长趋势仍将继续。

目前，亚太地区大约有 1 000 家私募股权基金管理者。中国在这一行业的经验和专业化程度已达到一定层次，大约有 300 多个私募股权基金管理者，而其中的 100 多家已达到机构投资等级。在全球金融危机之后，受不断增长的专业化和行业细分化的驱动，亚洲私募股权市场将继续发展和成熟。中国将引领这一转型，进一步巩固在亚洲私募股权市场中所占的份额，在资本筹集和投资方面均成为这一地区的领头人。

中国私募股权市场的快速发展已经吸引了全球范围内机构投资者的注意。在私募股权投资的历史上，除了在欧洲做价值投资或在北美做风险投资以及不良资产投资外，投资者首次在区域多样化方面又多了一个切实可行的选择。

二、私募股权投资的特点

私募股权投资的主要特点如下：

第一，在资金募集上，主要通过非公开方式面向少数机构投资者或个人募集，它的销售和赎回都是基金管理人通过私下与投资者协商进行的。另外，在投资方式上也是以私募形式进行，绝少涉及公开市场的操作，一般无须披露交易细节。

第二，多采取权益型投资方式，绝少涉及债权投资。PE 投资机构也因此对被投资企业的决策管理享有一定的表决权。反映在投资工具上，多采用普通股或者可转让优先股以及可转债的工具形式。

第三，一般投资于私有公司即非上市企业，绝少投资于已公开发行的公司，不会涉及要约收购义务。

第四，比较偏向于已形成一定规模和产生稳定现金流的成形企业，这一点与 VC 有明显区别。

第五，投资期限较长，一般可达 3 ~ 5 年或更长，属于中长期投资。

第六，流动性差，没有现成的市场供非上市公司的股权出让方与购买方直接达成交易。

第七，资金来源广泛，如富有的个人、风险基金、杠杆并购基金、战略投资者、养老基金、保险公司等。

第八，PE 投资机构多采取有限合伙制，这种企业组织形式有很高的投资管理效率，并避免了双重征税的弊端。

第九，投资退出渠道多样化，有 IPO、售出（Trade Sale）、兼并收购（M&A）、标的公司管理层回购等。

三、私募股权投资的分类

（一）分类

第一，私募股权投资按照不同的标准，有很多种分类。

根据私募股权投资的目标企业所处的不同发展阶段，可将私募股权投资分为创业投资、发展资本、并购基金以及 PIPE 等，或者分为种子期或早期基金、成长期基金、重组基金等。国际知名的私募股权投资基金一般会根据企业发展的不同阶段设立不同的基金，既有创业投资，也有杠杆并购基金，以满足对不同企业的投资需要。有的机构下面甚至设置了 10 个以上的基金。

第二，根据投资方式和操作风格的不同，可将私募股权投资分为三类：第一类是风险投资基金，投资于创立初期的企业或者高科技企业；第二类是增长型基金，即狭义的私募股权投资基金，投资于处于扩充阶段的企业的未上市股权，一般不以控股为目标；第三类是收购基金，主要投资于成熟企业上市或未上市的股权，旨在获得成熟目标企业的控制权以整合企业资源，提升价值。

第三，根据投资对象的不同，可将私募股权投资分为投资基金、基础设施投资基金和企业重组投资基金等类型。

（二）形式

私募股权投资目前在我国主要有两种形式：一种为私募股权投资基金，渤海产业投资基金就属于此类；另一种则是以一种业务形式存在于证券公司或者是某些大型央企的独立财务公司，中信证券及中金公司的私人股权投资业务即为该种形式。

私募股权投资基金形式的优势主要体现在以下三个方面：

第一是资金充裕度方面的优势。作为产业基金形式的私募股权投资，相对于券商的私募股权投资业务，由于其投入于私募股权投资业务的资金受到净资本一定比例的限制，因此筹资能力较强的基金管理人能够筹集到更多的资金。由于资金充裕，其可选择的投资范围和规模就更加宽广，不存在由于资金不足而错过良好投资项目的情况。

第二是公司组织结构方面的优势。以基金形式存在的私募股权投资在公司组织结构方面的优势，是明确了基金投资者和基金管理人之间的权利义务关系。由于基金管理人承担无限责任，基金管理人的行为在机制上受到了较好的约束与激励。

第三是私募股权投资自身在上市融资方面的优势。在当前全球私募股权投资行业竞争日趋激烈、交易金额屡创新高的情况下，一向只限于富人及机构投资者的私募股权投资如果走上公开上市的道路，未来集资也将更为容易。黑石基金的上市尝试，可能会引来更多私募股权投资的效仿。因此，作为独立投资主体的私募股权基金形式的私募股权投资，具有在上市融资方面的优势。

券商直接投资业务形式的优势主要体现在两个方面。

第一是在开展业务方面的优势。由于券商有着长期从事投资银行业务经验的积累，它们往往有较多的优质客户，能够很快地找到优质客户进行投资选择，而不像基金为了寻找良好的投资项目而花费额外的信息搜寻等费用。

第二是在退出机制方面的优势。中国证券市场经过股权分置改革之后，市场退出渠道变得畅通，加上券商本身就具有投资银行业务，不需要借助第三方就能够通过帮助被投资公司IPO上市从而成功退出。

四、私募股权投资的运作流程

（一）项目选择和可行性核查

由于私募股权投资期限长，流动性低，投资者为了控制风险，通常对投资对象提出以下要求：

优质的管理。这对不参与企业管理的金融投资者来说尤其重要。

至少有2～3年的经营记录，有巨大的潜在市场和潜在的成长性，并有令人信服的发展战略计划。

行业和企业规模（如销售额）的要求。投资者对行业和规模的侧重各有不同，金融投资者会从投资组合分散风险的角度来考察一项投资对其投资组合的意义。

估值和预期投资回报的要求。由于不像在公开市场上那么容易退出，私募股权投资者对预期投资回报的要求比较高，至少高于投资于其同行业上市公司的回报率。

3～7年后上市的可能性，这是主要的退出机制。

另外，投资者还要进行法律方面的调查，了解企业是否涉及纠纷或诉讼、土地和房产的产权是否完整、商标专利权的期限等问题。很多引资企业是新兴企业，经常存在一些法律问题，双方在项目考察过程中会逐步清理并解决这些问题。

（二）投资方案设计，达成一致后签署法律文件

投资方案设计包括估值定价、董事会席位、否决权和其他公司治理问题、退出策略、确定合同条款清单并提交投资委员会审批等步骤。由于投资方和引资方的出发点和利益不同，税收考虑不同，双方经常在估值和合同条款清单的谈判中产生分歧。解决这些分歧的技术要求高，所以不仅需要谈判技巧，还需要会计师和律师的协助。

退出策略是投资者在开始筛选企业时就十分注意的因素，包括上市、出让、股票回购、卖出期权等方式。其中上市是投资回报最高的退出方式，上市的收益来源是企业的盈利和资本利得。由于国内股票市场规模较小，上市周期长、难度大，很多外资基金都会在海外注册一家公司来控股合资公司，以便将来以在海外注册的公司作为主体在海外上市。

（三）监管

投资者一般不会一次性注入所有投资，而是采取分期投入的方式，每次投资以企业达到事先设定的目标为前提。实施积极有效的监管是降低投资风险的必要手段，但需要人力和财力的投入，会增加投资者的成本。因此不同的基金会决定恰当的监管程度，包括采取有效的报告制度和监控制度、参与重大决策、进行战略指导等。投资者还会利用其网络等渠道帮助合资公司进入新市场、寻找战略伙伴以发挥协同效应、降低成本等，提高收益。另外，为满足引资企业未来公开发行或国际并购的要求，投资者会帮其建立

合适的管理体系和法律构架。

本章小结

股票是一种有价证券，它是股份有限公司发行的，用以证明投资者的股东身份和权益，并据以获取股息和红利的所有权凭证。股票有普通股股票和优先股股票、面额股票和无面额股票、记名股票和不记名股票、后配股股票和混合股股票等分类。股票价值有票面价值、账面价值、清算价值、市场价值和内在价值五种价值形式。我国股票有以下几种：国家股、法人股、社会公众股和外资股。股票指数即股票价格指数，是由证券交易所或金融服务机构编制的表明股票行市变动的一种供参考的指示数字。股票指数的计算方法有三种：一是相对法，二是综合法，三是加权法。

股票内在价值的计算模型有贴现现金流模型、零增长模型、不变增长模型和多元增长模型。影响股票定价的基本因素是股利和收益。

私募股权是一种金融工具，也是一种融资后的权益表现形式。私募股权投资是指通过私募形式对私有企业，即非上市企业进行的权益性投资，在交易实施过程中附带考虑了将来的退出机制，即通过上市、并购或管理层回购等方式出售持股获利。

名词解释

股票　普通股　优先股　面额股和无面额股　后配股　账面价值　清算价值
内在价值　国家股　法人股　股票价格指数　私募股权投资　私募股权投资基金

思考题

1. 股票具有哪些性质？
2. 股票的价值具体有哪几种？
3. 股票价格指数的计算方法有几种？
4. 影响股票定价的基本因素有哪些？
5. 私募股权投资的特点有哪些？

相关链接：国际基金入股联想收购 IBM PC 业务

私募股权投资基金参与了联想收购 IBM 这个受人瞩目的并购，不仅提高了知名度，还与在合并后成为世界第三大计算机企业的新联想建立了长期的战略合作关系。

2004 年 12 月 8 日上午 9 点，联想集团在北京正式宣布，以总价 12.5 亿美元收购 IBM 的全球 PC 业务。2005 年 1 月 27 日获联想股东批准通过。收购完成标志着最终协议中所有重要条款的完成。

具体而言，联想集团收购 IBM 的全球 PC 业务包括台式机业务和笔记本业务。收购的资产包括IBM所有笔记本、台式电脑业务及相关业务，包括客户、分销、经销和直销渠道；Think品牌及相关专利、IBM深圳合资公司（不包括其X系列生产线）以及大和（日本）和罗利（美国北卡罗来纳州）研发中心。

联想集团有限公司于2005年3月31日宣布与全球三大私人股权投资公司得克萨斯太平洋集团、大西洋大众公司及美国新桥投资集团达成协议，三大私人股权投资公司向联想集团提供3.5亿美元的战略投资，以供联想收购IBM全球PC业务之用。

此次收购中，联想集团出资的12.5亿美元包括6.5亿美元现金，以及按2004年12月交易宣布前最后一个交易日的股票收市价值6亿美元的联想股票。此外，联想将承担来自IBM的约5亿美元的净负债。收购业务完成后，中方股东联想控股将拥有联想集团45%左右的股份，IBM公司将拥有18.5%左右的股份。因此，这次收购实际上是中美两家厂商的战略合作行为（见图2-1、图2-2）。

根据投资协议，联想集团将向得克萨斯太平洋集团、大西洋大众公司、美国新桥投资集团发行共2 730 000股非上市A类累积可换股优先股，每股发行价为1 000港元，以及可用做认购237 417 474股联想股份的非上市认股权证。该交易总现金代价达3.5亿美元，其中得克萨斯太平洋集团投资2亿美元，大西洋大众公司投资1亿美元，美国新桥投资集团投资5 000万美元。收购IBM PC业务完成向IBM发行相关股份之后，得克萨斯太平洋集团、大西洋大众公司和美国新桥投资集团将共获得联想扩大后总发行股份的约10.2%。假设所有认股权证全面行使，3家投资者将共拥有约12.4%的股权。

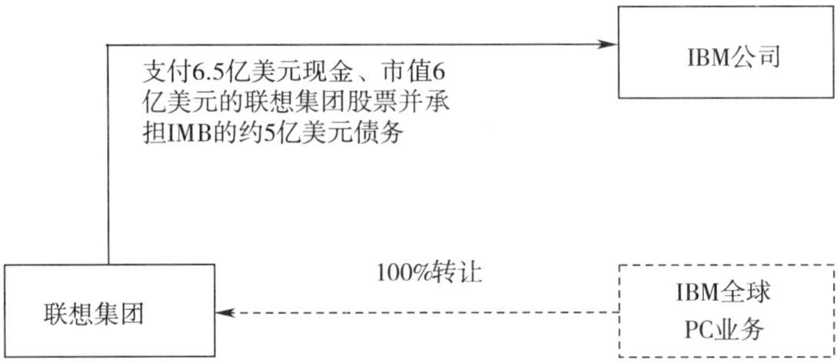

图2-1 联想收购IBM的交易结构图

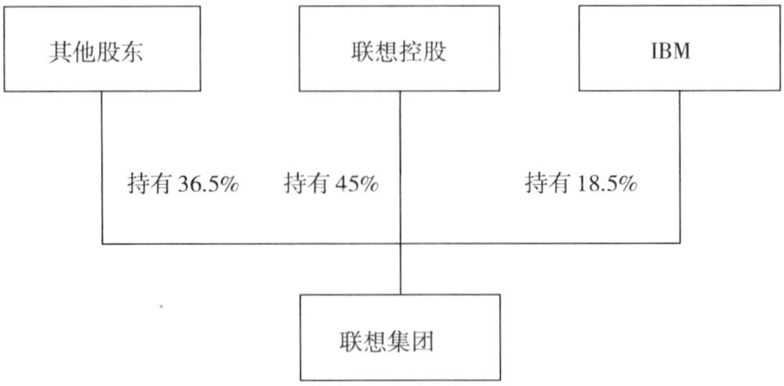

图2-2 联想收购IBM交易后的股权图

对联想来说，这次交易是主动并购，对IBM来说是主动退出非核心业务，双方各取所需。从大的背景来看，该交易是全球IT产业结构调整的必然趋势。近年来，IBM的IT业务受到DELL、HP等公司的强烈冲击。这些公司在中国大陆设有工厂，生产成本低廉，使IBM的PC业务的毛利率大幅度降低，在本次出让前已连续多年亏损，这与IBM的其他高盈利部门形成强烈反差。其实，2003年以来IBM一直与台湾多家IT制造商密议出售事宜，但因在价格上分歧太大而告吹。本次IBM找到联想是不得不做的抉择。双方的讨论进展很快，在资产作价方面联想接受了IBM的业务价值评价方法，在支付方式上采用了常用的“股权+现金”方式，双方均表示要加快交易的执行和缩短磨合期，达到IBM尽快脱身、联想及时进入的目标。

对投资方来说，3家投资者均以战略投资者的姿态进入，强调自己不会短期持有联想股票。3家投资者持有优先股的期限为7年，到期可以选择是否继续持有。持有认股权证5年，为此它们可以获得每年4.5%的利息收入。既然是长期与联想合作，3家投资者看重的是联想的发展强劲与业务利润增长的空间。在双方的合作开始的第二天，香港股市一开盘，联想股票随即大涨4.1%，双赢的局面从此展开，并且在此次战略投资总额中，只有约1.5亿美元将用做收购资金，余下约2亿美元将用做联想日常经营资金及用于一般企业用途。这一战略性交易为联想提供了另一种融资渠道。更重要的是，得克萨斯太平洋集团、大西洋大众公司、美国新桥投资集团在协助科技公司成功实现长期战略方面拥有非常丰富的经验，对联想集团将有莫大裨益。

思考：外资PE在我国投资获利丰厚，我国应怎样发展自己的PE丰富我国的资本市场？

第三章

债权类投资工具

学习目标：

- 掌握债券的性质及特征，债券收益率的概念及计算，影响债券定价的因素，可转债的概念、特点及可分离交易债券的概念、特点
- 熟悉债券的种类：国家债券、金融债券、公司债券，熟悉欧洲债券、我国的各种债券及可转债的发行状况
- 了解政府债券、国际债券和欧洲债券的特点及偿还方式，可转债的发展历史
- 理解影响债券价格的因素、债券的定价模型

债券和股票一样，是证券市场上基本的投融资工具，在企业和个人的投融资中扮演着重要的角色。进行债券投资必须要对债券有一定的了解。本章重点介绍债券的定义、性质和特征，债券种类及债券的偿还方式，债券价格波动的影响因素和投资债券所面临的风险，债券定价模型，影响债券定价的基本因素和可转债的基本知识等。

第一节　债券概述

一、债券的性质、特征及票面要素

（一）债券的性质及特征

债券是经济主体为筹措资金而向投资者出具的，承诺在约定期限内按一定利率支付利息并到期偿还本金的债务凭证，它反映了发行者和投资者之间的债权债务关系。

债券不同于一般的借贷凭证，它是按照法律手续发行的、将借贷关系证券化的凭证。一般的借贷证书往往是由双方当事人自行协商签订的合约，是非标准化的。债券则是证明发行人对全体债权人所负债务的标准化证券，具有公开性、社会性和规范性的特点，一般可以上市流通转让。

债券具有一般有价证券共有的特征，即期限性、流通性、风险性和收益性，其反

映债权债务关系的特殊属性决定了其在期限性、流通性、风险性和收益性上的独特性。

1. 期限性

债券有固定的偿还期。从发行日到偿还日这段时间为债券的期限。期限的长短主要取决于发行人的资金需要，影响发行人筹借资金的使用期限和利息总额的大小。短期债券的期限在1年期以内，长期债券的期限有的可达数十年。对于投资者而言，则更关心债券的未到期期限，即自购买日到最终偿还日这段时间的长短，它是投资者的投资时间。

2. 流通性

标准化发行的债券通常可以在不同的市场上流通变现。债券的流通性受债券发行人的资信度、债券的期限和利息支付方式以及市场的发达程度等因素的影响。

3. 风险性

债券要按照约定的利率还本付息，所以投资债券的风险主要是信用风险、市场利率波动风险和通货膨胀风险。债券最直接的风险就是信用风险，它是指债券发行人到期不能还本付息的风险，主要受债务人经营能力、规模大小及事业稳定性等因素的影响。一般按发行主体的信用来排列，信用风险由小到大的顺序是中央政府债券，地方政府债券，金融机构和全国性、国际性大公司，中小企业的信用风险最大。由于债券利率在发行时已经确定，所以当市场利率波动时，债券的价格就会朝着相反的方向波动，债券的期限越长，利率的风险越大。由于债券的收益固定，所以通货膨胀风险也是债券投资者要承担的主要风险。

4. 收益性

收益与风险相匹配。债券的收益一般比股票低，比储蓄存款高。债券的收益构成有两部分：一是按照票面利率获得的利息收入，二是债券买卖的差价收入。债券收益水平的高低以收益率来反映，收益率受票面利率、投资持有期以及买卖价格等因素的制约。

（二）债券的票面要素

债券作为证明债权债务关系的凭证，一般以一定格式的票面形式来表现。通常，债券票面上有四个基本要素。

1. 债券的票面价值

在债券的票面价值中，首先要规定票面价值的币种，即以何种货币作为债券价值的计量标准。确定币种时主要考虑债券的发行对象。一般来说，在国内发行的债券通常以本国货币作为面值的计量单位；在国际金融市场上筹资时，则通常以债券发行地所在国家的货币为计量标准（外国债券）或以国际通用货币为计量标准（欧洲债券）。此外，确定币种时还应考虑债券发行者本身对币种的需要。其次，要规定债券的票面金额。票面金额大小不同，可以适用不同的投资对象，同时也会产生不同的发行成本。票面金额较小，有利于小额投资者购买，持有者的分布面广，但债券本身的印刷及发行工作量大，费用可能较高；票面金额定得较大，有利于少数大额投资者认购，且印刷费用等也会相应减少，但却使小额投资者无法参与。因此，债券票面金额的确定也要根据债券的发行对象、市场资金供给情况及债券发行费用等因素综合考虑。

2. 债券的偿还期限

债券偿还期限是指债券从发行之日起至偿清本息之日止的时间。各种债券有着不同的偿还期限，短则几个月，长则几十年，习惯上有短期债券、中期债券和长期债券之分。发行人在确定债券期限时，要考虑多种因素的影响。这些因素主要有：

第一，资金使用方向。债务人借入资金可能是为了弥补自己临时性资金周转的短缺，也可能是为了满足长期投资的需求。在前者情况下可以发行一些短期债券，在后者情况下可以相应地发行中长期债券。这样安排的好处是既能保证发行人的资金需要，又不因占用资金时间过长而使成本增加。

第二，市场利率的变化。确定债券偿还期限时，应根据对市场利率的预期，相应选择有助于减少发行者筹资成本的期限。当债券的利率固定时，如未来市场利率趋于下降，应选择发行期限较短的债券，这样可以避免在市场利率下跌后仍支付较高的利息；而当未来市场利率趋于上升时，应选择发行期限较长的债券，这样能在市场利率趋高的情况下保持较低的利息负担。同时，也可以发行浮动利率债券。

第三，债券的变现能力。这一因素与债券流通市场的发育程度及债券面额的大小有关。流通市场发达，债券容易变现，长期债券的销路就可能好一些；如果流通市场不发达，投资者买了长期债券而又急需资金时不易变现，长期债券的销售就可能不如短期债券。面额大的，变现能力通常较弱；面额较小的，变现能力较强。

3. 债券的票面利率

债券的票面利率是债券年利息与债券票面价值的比率，通常年利率用百分数表示。利率是债券的票面要素中不可缺少的内容。

在实际经济生活中，债券利率有多种形式，如单利、复利和贴现利率等。债券利率也受很多因素影响，这些因素主要有：

第一，借贷资金的市场利率水平。市场利率普遍较高时，债券的票面利率也相应较高，否则，投资者会选择其他金融资产投资而舍弃债券；反之，市场利率较低时，债券的票面利率也相应较低。

第二，筹资者的资信。如果债券发行人的资信状况好，债券信用等级高，投资者的风险小，债券的票面利率可以定得低一些；如果债券发行人的资信状况差，债券信用等级低，投资者的风险大，债券票面利率就需要定得高一些。此时利率差异反映了信用风险的大小，高利率是对高风险的补偿。

第三，债券期限的长短。一般来说，期限较长的债券流动性差，风险相对较大，票面利率应该定得高一些；而期限较短的债券流动性强，风险相对较小，票面利率就可以定得低一些。不过，债券的票面利率与期限的关系较复杂，还受其他因素的影响，所以有时也能见到短期债券票面利率高而长期债券票面利率低的现象。

4. 债券的发行者

这一要素指明了该债券的债务主体，也为债权人到期追索本金和利息提供了依据。

需要说明的是，上面四个要素虽然是债券票面的基本要素，但它们也并非一定要在债券上印制出来。在许多情况下，债券发行者以公布条例或公告的形式向社会公开宣布某债券的期限与利率。只要发行人具备良好的信誉，投资者也会认可接受。此外，债券票面上有时还包含一些其他因素，如还本付息方式等。

二、债券的偿还

债券是一种债权凭证，除永久性债券外，其他所有的债券到期必须偿还本金。按照偿还方式的不同，债券的偿还可分为期满偿还、期中偿还、延期偿还三种。按偿还时的金额比例又可分为全额偿还和部分偿还，而部分偿还还可按偿还时间分为定时偿还和随时偿还。在期中偿还时还可以采用抽签偿还和买入注销偿还两种方式。

1. 期满偿还。期满偿还就是按发行时所规定的还本时间在债券到期时一次全部偿还债券本金。我国目前所发行的国库券、企业债券大都采用这种偿还方式。

债券在期满时偿还本金是由债券的内在属性所决定的，是买方和卖方在一般情况下不言自明的约定。如果债券的发行人在发行债券时考虑到不一定能在债券到期时一次性偿还本金，就必须事先予以说明且订好特殊的还本条款。

2. 期中偿还。期中偿还就是在债券到期之前部分或全部偿还本金的偿还方式。部分偿还就是在经过一段时间后将发行额按一定比例偿还给投资者，一般是每半年或一年偿还一批，其目的是减轻债券发行人一次偿还的负担。部分偿还按时间划分又可分为定时偿还和随时偿还。定时偿还是在债券到期前分次在规定的日期按一定的比例偿还本金。定时偿还的偿还日期、方式、比例都是在债券发行时就已确定并在债券的发行条件中加以注明的。随时偿还是一种由发行者任意决定偿还时间和金额的偿还方式。这种偿还方式完全凭发行者的意愿，有时会损害投资者的利益，在实际中并不常用。

全额偿还就是在债券到期之前一次偿还本金的偿还方式。这种偿还方式通常对应两种情况：一是发债者在发债后由于种种原因出现资金过剩，提前一次偿还债券就可避免不必要的利息负担；二是发债后由于市场利率下调，发债时的利率和现在相比过高，在这种情况下提前偿还旧债、重新发行利率较低的新债可以降低筹资成本。全额偿还往往对投资者不利，因为高利率的旧债偿还后，市场上往往没有高利率的债券，难以寻找新的投资机会。

3. 延期偿还。债券的延期偿还是指在债券发行时就设置了延期偿还条款，赋予债券的投资者在债券到期后继续按原定利率持有债券直至一个指定日期或几个指定日期中的一个日期的权利。这一条款对债券的发行人和购买者都有利，它在筹资人需要继续发债和投资者愿意继续购买债券时省去了发行新债的麻烦，债券的持有人也可据此灵活地调整资产组合。

三、债券的种类

（一）按发行主体的不同，债券可以分为政府债券、金融债券和公司债券

1. 政府债券

政府债券是国家为了筹措资金而向投资者出具的，承诺在一定时期支付利息和到期

还本的债务凭证。政府债券的举债主体是国家。从广义的角度看，社会上存在公共部门和私人部门两大部门，私人部门的财产归私人所有，而公共部门的财产归国家所有。因此，广义的政府债券属于公共部门的债务，与它相对应的是私人部门的债务。从狭义的角度看，政府是国家政权的代表，国家的债务就是政府的债务。因此，狭义的政府债券属于政府部门的债务，与它相对应的是非政府部门的债务。我们一般所指的政府债券大多是狭义的，即政府举借的债务。

政府债券的性质主要可以从两个方面来考虑：第一，从形式上看，政府债券也是一种有价证券，它具有债券的一般性质。政府债券本身有面额，投资者投资于政府债券可以取得利息，政府债券具备了债券的一般特征。第二，从功能上看，政府债券最初仅仅是政府弥补赤字的手段。但在现代商品经济条件下，政府债券已成为政府筹集资金、扩大公共事业开支的重要手段，并且随着金融市场的发展，逐渐具备了金融商品和信用工具的职能，成为国家实施宏观经济政策、进行宏观调控的工具。

政府债券的特征主要可以概括为以下几点：

（1）安全性高

政府债券是政府发行的债券，由政府承担还本付息的责任，是国家信用的体现。在各类债券中，政府债券的信用等级是最高的，通常被称为“金边债券”。投资者购买政府债券，是一种较安全的投资选择。

（2）流通性强

政府债券是一国政府的债券，它的发行量一般都非常大。同时，由于政府债券的信用好，竞争力强，市场属性好，所以，许多国家政府债券的二级市场十分发达，一般不仅允许在证券交易所上市交易，还允许在场外市场进行买卖。发达的二级市场为政府债券的转让提供了方便，使其流通性大大增强。

（3）收益稳定

投资者购买政府债券，可以得到一定的利息。政府债券的付息由政府保证，其信用度最高，风险最小。对于投资者来说，投资政府债券的收益比较稳定，交易价格一般不会出现大的波动，二级市场的交易双方均能得到相对稳定的收益。

（4）免税待遇

政府债券是政府自己的债务。为了鼓励人们投资政府债券，大多数国家规定，购买政府债券所获得的收益可以享受免税待遇。我国的《个人所得税法》规定，国债和国家发行的金融债券的利息可免缴个人所得税。因此，在政府债券与其他证券的名义收益率相等的情况下，如果考虑税收因素，投资者可以获得更多的实际投资收益。

依政府债券发行主体的不同，政府债券又可分为中央政府债券和地方政府债券。中央政府债券是由中央政府承担还本付息责任的债务凭证。中央政府债券以国家信用作保障，也称为国债。国债的发行量大、品种多，是政府债券市场上最主要的投资工具。地方政府债券是地方政府根据本地区经济发展和资金需要状况，以承担还本付息责任为前提，向社会筹集资金的债务凭证。地方政府债券按资金用途和偿还资金来源分类，通常可以分为一般债券（普通债券）和专项债券（收益债券）。前者是指地方政府为缓解资金紧张或解决临时经费不足的问题而发行的债券，后者是指为筹集资金建设某项具体工程而发行的债券。对于一般债券的偿还，地方政府通常以本地区的财政收入作担保；而对于专项债券，地方政府往往以项目建成后取得的收入作保证。

2. 金融债券

所谓金融债券，是指银行及非银行金融机构依照法定程序发行并约定在一定期限内还本付息的有价证券。20 世纪 60 年代以前，只有投资银行、投资公司之类的金融机构才发行金融债券。因为这些机构一般不吸收存款，或者只吸收少量的长期存款，发行金融债券便成为其筹措资金的一个重要手段。商业银行等金融机构因能吸收存款，有稳定的资金来源，一般不允许发行金融债券。20 世纪 60 年代以后，商业银行等金融机构为改变资产负债结构或筹资用于某种特定用途，纷纷加入发行金融债券的行列，从而打破了金融债券的发行格局。在欧美很多国家，由于商业银行和其他金融机构多采用股份公司这种组织形式，所以这些金融机构发行的债券与公司债券一样，受相同的法规管理，一般归类于公司债券。日本则有所不同，对金融债券的管理受制于特别法规。从广义上讲，金融债券还应该包括中央银行债券，只不过它是一种特殊的金融债券。其特殊性表现在：一是期限较短，二是为实现金融宏观调控而发行。

金融机构一般有雄厚的资金实力，信用度较高。因此，金融债券往往也有良好的信誉，通常被认为是收益性、安全性、流动性协调得较好的投资工具。对于金融机构来说，吸收存款属于被动性负债，金融机构不能完全控制，而发行债券则是主动负债，金融机构有更大的主动权和灵活性。金融债券的期限以中期较为多见。

3. 公司债券

公司债券是指公司依照法定程序发行的，约定在一定期限还本付息的有价证券。各国在债券发展的实践中，在发行条件上不断创新，创造出多种类型的公司债券。这里选择主要品种予以介绍。

（1）信用公司债

信用公司债是一种不以公司任何资产作担保而发行的债券，属于无担保证券范畴。一般公司的信用状况要比政府和金融机构差，所以，大多数公司在发行债券时被要求提供某种形式的担保，但少数大公司经营良好，信誉卓越，也发行信用公司债。信用公司债实际上是以发行公司的信誉作为担保的。为了保护投资者的利益，通常要求信用公司债附有某些限制性条款，如公司债券不得随意增加、债券未清偿之前股东的分红要有限制等。

（2）不动产抵押公司债

不动产抵押公司债是以公司的不动产（如房屋、土地等）作抵押而发行的债券，是抵押债券的一种。公司以这种财产的房契或地契作抵押，如果发生了公司不能偿还债务的情况，抵押的财产将被出售，所得款项用来偿还债务。另外，用做抵押的财产的价值不一定与发生的债务额相等。当某抵押品价值很大时，可以分若干次抵押，这样就有所谓第一抵押债券、第二抵押债券等之分。在处理抵押品偿债时，要按顺序依次偿还优先一级的抵押债券。

（3）保证公司债

保证公司债是指由第三者作为还本付息担保人的债券，是担保证券的一种。担保人是发行人以外的其他人（或称第三方），如政府、信誉好的银行或举债公司的母公司等。一般来说，投资者比较愿意购买保证公司债，因为一旦公司到期不能偿还债务，担保人将负连带清偿责任。实践中，保证行为常见于母公司与子公司之间，如由母公司对子公司发行的公司债予以保证。我国企业债券大都为保证公司债。

（4）收益公司债

收益公司债是一种具有特殊性质的债券。它与一般债券相似，有固定到期日，清偿时债权排列顺序先于股票。但另外它又与一般债券不同，其利息只在公司有盈利时才支付，即发行公司的利润扣除各项固定支出后的余额是债券利息的来源。如果余额不足以支付，未付利息可以累加，待公司收益改善后再补发。所有应付利息付清后，公司才可对股东分红。

（5）可转换公司债

可转换公司债是指发行人依照法定程序发行的，在一定期限内依据约定的条件可以转换成股份的公司债券。这种债券附加转换选择权，在转换前是公司债形式，转换后相当于增发了股票。可转换公司债兼有债券投资和股权投资的优势。可转换公司债一般要经股东大会或董事会的决议通过才能发行，而且在发行时，应在契约中规定转换期限和转换价格。

（6）附新股认股权公司债

附新股认股权公司债是公司发行的一种附有认购该公司股票权利的债券。这种债券的购买者可以按预先规定的条件在公司发行股票时享有优先购买权。预先规定的条件主要是指股票的购买价格、认购比例和认购期间。附新股认股权公司债与可转换公司债不同，前者在行使新股认购权之后，债券形态依然存在；而后者在行使转换权之后，债券形态随即消失。另外，若按照附新股认股权和债券本身能否分开来划分，这种债券有两种类型：一种是可分离型，即债券与认股权可以分开，可独立转让；另一种是非分离型，即不能把认股权从债券上分离，认股权不能成为独立买卖的对象。

（二）按计息与付息方式的差异划分债券

按照计息与付息方式的不同，债券可以划分为单利债券、附息债券、贴现债券、零息债券和累进利率债券等。各种债券在计算利息时一般都以年为单位。

1. 单利债券

单利债券是指在计算利息时，不论期限长短，仅按本金计息，所生利息不再加入本金计算下期利息的债券。

2. 附息债券

附息债券又称息票债券，是按照债券票面载明的利率及支付方式定期分次付息的债券。

3. 贴现债券

贴现债券是指在票面上不规定利率，发行时按某一折扣率，以低于票面金额的价格发行，到期时仍按面额偿还本金的债券。贴现债券属于以折价方式发行的债券，其发行价格与票面金额（偿还价格）的差额构成了实际的利息。

4. 零息债券

零息债券是指在存续期内不支付利息，投资者以低于面值的价格购买，购买价格是票面值的现值，投资者的收益是债券面值与购买价格的差额。由于零息债券的期限一般大于1年，因此它实际上是一种以复利方式计息的债券。零息债券与贴现债券的区别在于：贴现债券的期限通常短于1年，发行价格是债券面值扣除贴息后的差额；零息债券的期限一般长于1年，发行价格是债券面值按票面利率折现后的现值。零息债券于20世纪80年代初首次在美国债券市场上出现。

5. 累进利率债券

累进利率债券是指以利率逐年累进方法计息的债券。与单利债券或附息债券在偿付期内利率固定不变不同，累进利率债券的利率随着时间的推移而递增，后期利率比前期利率高，呈累进状态。这种债券的期限往往是浮动的，但有最短持有期和最长持有期的规定。

（三）按债券票面利率固定与否，债券可分为固定利率债券和浮动利率债券

1. 固定利率债券

固定利率债券就是在偿还期内利率固定不变的债券。在偿还期内，无论市场利率如何变化，债券持有人只能按债券票面载明的利率获取债息。这种债券有可能为债券持有人带来风险。当偿还期内的市场利率上升且超过债券的票面利率时，债券持有人就要承担收益率相对降低的风险。当然，在偿还期内，如果利率下降且低于债券的票面利率，债券持有人也就获得了由于利率下降而带来的额外收益。

2. 浮动利率债券

浮动利率债券是指利率可以变动的债券。这种债券的利率与基准利率挂钩，一般高于基准利率的一定百分点。当市场利率上升时，债券的利率也相应上浮；反之，当市场利率下降时，债券的利率就相应下调。这样，浮动利率债券就可以避开因市场利率波动而产生的风险。

（四）按债券形态，可以分为实物债券、凭证式债券和记账式债券

1. 实物债券

实物债券是一种具有标准格式实物券面的债券。在标准格式的债券券面上，一般印有债券面额、债券利率、债券期限、债券发行人全称、还本付息方式等各种债券票面要素。无记名国债就属于这种实物债券，它以实物券的形式记录债权、面值等，不记名，不挂失，可上市流通。实物债券是一般意义上的债券，很多国家通过法律或者法规对实物债券的格式予以明确规定。

2. 凭证式债券

凭证式债券是债权人认购债券的一种收款凭证，而不是债券发行人制定的标准格式的债券。我国每年通过银行系统发行凭证式国债，券面上不印制票面金额，而是根据认购者的认购额填写实际的缴款金额，是一种国家储蓄债，可记名、挂失，以凭证

式国债收款凭证记录债权，不能上市流通，从购买之日起计息。在持有期内，持券人如遇特殊情况需要提取现金，可以到原购买网点提前兑取。提前兑取时，除偿付本金外，利息按实际持有天数及相应的利率档次计算，经办机构按兑付本金的0.2%收取手续费。

3. 记账式债券

记账式债券是没有实物形态的票券，只在电脑账户中做记录。在我国，上海证券交易所和深圳证券交易所已为证券投资者建立了电脑证券账户，因此，可以利用证券交易所的交易系统来发行债券。我国近年来通过沪深交易所的交易系统发行和交易的记账式国债就是这方面的实例。投资者进行记账式债券的买卖，必须在证券交易所建立账户。由于记账式债券的发行和交易均实现了无纸化，所以效率高，成本低，交易安全。

（五）按照是否公开发行，债券可分为公募债券和私募债券

公募债券是指按法定手续，经证券主管机构批准在市场上公开发行的债券，其发行对象是不限定的。这种债券由于发行对象是广大的投资者，因而要求发行主体必须遵守信息公开制度，向投资者提供多种财务报表和资料，以保护投资者利益，防止欺诈行为的发生。

私募债券是发行者以与其有特定关系的少数投资者为募集对象而发行的债券。该债券的发行范围很小，其投资者大多数为银行或保险公司等金融机构。它不采用公开呈报制度，债券的转让也受到一定程度的限制，流动性较差，但利率水平一般较公募债券要高。

（六）按有无抵押担保，债券可以分为信用债券和担保债券

信用债券也称无担保债券，是仅凭债券发行者的信用而发行的、没有抵押品作担保的债券。一般政府债券及金融债券都为信用债券。少数信用良好的公司也可发行信用债券，但在发行时须签订信托契约，对发行者的有关行为进行约束限制，由受托的信托投资公司监督执行，以保障投资者的利益。

担保债券指以抵押财产为担保而发行的债券。具体包括以土地、房屋、机器、设备等不动产为抵押担保品而发行的抵押公司债券，以公司的有价证券（股票和其他证券）为担保品而发行的抵押信托债券和由第三者担保偿付本息的承保债券。当债券的发行人在债券到期而不能履行还本付息义务时，债券持有者有权变卖抵押品来清偿抵付或要求担保人承担还本付息的义务。

（七）按是否记名，可以将债券分为记名债券和无记名债券

记名债券是指在券面上注明债权人姓名，同时在发行公司的账簿上作同样登记的债券。转让记名债券时，除要交付票券外，还要在债券上背书和在公司账簿上更换债权人姓名。

无记名债券是指券面上未注明债权人姓名，也不在公司账簿上登记其姓名的债券。现在市面上流通的一般都是无记名债券。

（八）按债券的票面价值货币的不同，债券分为国内债券和国际债券

国内债券是指在本国国内发行的，以本国货币为票面价值货币的债券。国际债券是指一国借款人在国际证券市场上以外国货币为面值，向国外投资者发行的债券。国际债券的发行人主要是各国政府、政府所属机构、银行或其他金融机构、工商企业及一些国际组织等。国际债券的投资者主要是银行或其他金融机构、各种基金会、工商财团和自然人。

国际债券通常按照券面币种是否与发行国货币一致分为外国债券和欧洲债券。外国债券是指借款人在本国以外的某一国家发行的以该国货币为面值的债券。欧洲债券是指借款人在本国境外市场发行的，不以发行市场所在国货币为面值而以第三国货币为面值的国际债券。欧洲债券票面使用的货币一般是可自由兑换的货币，主要为美元、欧元、英镑、日元等。

（九）按是否可转换，债券又可分为可转换债券与不可转换债券

可转换债券是能按一定条件转换为其他金融工具的债券。可转换债券一般都是指可转换公司债券，这种债券的持有者可按一定的条件根据自己的意愿将持有的债券转换成股票。不可转换债券就是不能转化为其他金融工具的债券。

第二节 债券定价

债券的投资者以某种价格买入一定量的债券，所获得的是债券发行人对在未来特定时期内向投资者支付一定量的现金流量的承诺。因为债券付息还本的数额和时间通常是事先确定的，所以被称为固定收入证券。然而，由于信用风险和通货膨胀的存在，债券约定本息的支付和约定支付金额的购买力，存在着某种程度的不确定性，这就给债券估价带来了一定的难度。

为简化起见，我们首先假定所研究债券的名义支付额和实际支付额是确定的，从而使债券估价可以集中于时间的影响上。

一、债券的到期收益率

1. 处于最后付息周期的附息债券（包括固定利率债券和浮动利率债券）、贴现债券和剩余流通期限在 1 年以内（含 1 年）的到期一次还本付息债券，其到期收益率采取单利计算，计算公式为

$$y = \frac{FV - PV}{PV} \Big/ \frac{D}{365} \tag{3.2.1}$$

式中，y 为货币市场到期收益率；PV 为债券全价；FV 为到期本息和，贴现债券 $FV = 100$；到期一次还本付息债券 $FV = M + N \times C$；附息债券 $FV = C/f + M$；M 为债券面值；N 为债券偿还期限（年）；C 为债券票面年利息；f 为债券每年的利息支付频率；D 为从债券交割日起至债券兑付日止的剩余流通天数。

2. 剩余流通期限在 1 年以上的到期一次还本付息债券的到期收益率采取复利计算，

计算公式为

$$y = L\sqrt{\frac{M + N \times C}{PV}} - 1 \tag{3.2.2}$$

式中，y 为到期收益率；M 为债券面值；N 为债券偿还期限（年）；C 为票面年利息；PV 为债券的全价；L 为债券的剩余流通期限（年），等于（债券交割日至到期兑付日的天数）/365。

3. 不处于最后付息周期的固定利率附息债券和浮动利率债券的到期收益率采取复利计算，计算公式为

$$PV = \frac{C/f}{(1 + y/f)^{w}} + \frac{C/f}{(1 + y/f)^{w+1}} + \cdots + \frac{C/f}{(1 + y/f)^{w+n-1}} + \frac{M}{(1 + y/f)^{w+n-1}} \tag{3.2.3}$$

式中，y 为所求的到期收益率；PV 为债券的全价（包括净价和应计利息）；C 为当年票面年利息；f 为债券每年的利息支付频率；n 为剩余的付息次数，$n-1$ 即剩余的付息周期数；D 为债券交割日距最近一次付息日的天数；w 等于 D/当前付息周期的实际天数；M 为债券面值。

4. 对到期收益率计算公式的有关说明

（1）对于银行间债券市场上的所有债券品种，到期收益率或货币市场收益率的日计数基准均采用“实际天数/365”的方式，即一年按 365 天计算，一个月按实际天数计算，闰年的 2 月 29 日不计息。

（2）债券的剩余期限规定为从交割日开始到债券到期日截止的实际天数所包含的付息周期数（不一定是整数）。

（3）最后付息周期是指附息债券处在上一次利息已经支付过、只剩下最后一次利息尚未支付的时期。如果债券是一年付息一次，则最后付息周期指债券续存期的最后一年。如果债券是半年付息一次，则最后付息周期指债券续存期的最后半年。

（4）根据上述公式计算浮动利率债券，每年需要根据参数 C 的变化作调整。

（5）如果一年按照 365 天的基础来计算，那么实际的付息周期都是该付息周期内的实际天数，即半年付息一次的债券，上半年的付息周期为 181 天，下半年的付息周期为 184 天。

二、债券的投资价值评估

1. 附息债券的价值评估

任何一种金融工具的理论价值都等于这种金融工具能为投资者提供的未来现金流量的现值。给一张债券定价，首先要确定它的现金流量。一种不可赎回债券的现金流量的构成包括两部分：在到期日之间周期性的息票利息支付；票面到期价值。

为了简化分析，我们先假设：（1）息票支付每年进行一次。（2）下一次息票支付恰好是从现在起 12 个月之后收到。（3）在债券期限内，息票利息是固定不变的。

在确定了一张债券能给投资者提供的现金流量分布之后，我们还需要在市场上寻找

与目标债券具有相同或相似信贷质量及偿还期限的债券，以确定必要收益率或贴现率。给定了某种债券的现金流量和必要收益率，我们就可以以现金流量贴现的方式为一个债券估价。其公式为

$$P = \frac{D}{(1+r)} + \frac{D}{(1+r)^2} + \frac{D}{(1+r)^3} + \cdots + \frac{D}{(1+r)^n} + \frac{M}{(1+r)^n} \quad (3.2.4)$$

很显然，n 期的利息支付等于一笔 n 期年金，年金额等于面值乘以票面利息。利用年金现值公式简化公式（3.2.1），得

$$P = \frac{D}{r} - \frac{D}{r}\frac{D}{(1+r)^n} + \frac{M}{(1+r)^n} \quad (3.2.5)$$

有一张票面价值为 1 000 元、10 年期 10% 息票的债券，假设其必要收益率为 12%，它的价值应为多少？

此时，$D = 1\,000 \times 10\% = 100$，$n = 10$，$r = 0.12$。

$$\begin{aligned} P &= \sum_{t=1}^{10} \frac{100}{(1+0.12)^t} + \frac{1\,000}{(1+0.12)^{10}} \\ &= 100 \times 5.650 + 1\,000 \times 0.322 \\ &= 887(\text{元}) \end{aligned}$$

设想另一种情况：假如该债券的必要收益率 r 下降到 8%，债券的价格将会出现什么样的变化？

此时，$D = 1\,000 \times 10\% = 100$，$n = 10$，$r = 0.08$。

$$\begin{aligned} P &= \sum_{t=1}^{10} \frac{100}{(1+0.08)^t} + \frac{1\,000}{(1+0.08)^{10}} \\ &= 100 \times 6.710 + 1\,000 \times 0.4632 \\ &= 1\,134.2(\text{元}) \end{aligned}$$

最后，让我们看一下票面利率等于必要收益率的情况。

此时，$D = 1\,000 \times 10\% = 100$，$n = 10$，$r = 0.1$。

$$\begin{aligned} P &= \sum_{t=1}^{10} \frac{100}{(1+0.1)^t} + \frac{1\,000}{(1+0.1)^{10}} \\ &= 100 \times 6.1446 + 1\,000 \times 0.38554 \\ &= 1\,000(\text{元}) \end{aligned}$$

由以上三种情况我们可以得出以下结论：当一张债券的必要收益率高于发行人将要支付的利率（票面利率）时，债券将以相对于面值贴水的价格交易，反之，则以升水的价格交易；当必要收益率等于票面利率时，将以面值平价交易。

2. 一次性还本付息的债券定价

一次性还本付息的债券只有一次现金流动，也就是到期日的本息之和。所以，对于这样的债券只需要找到合适的贴现率，而后对债券终值贴现就可以了。一次性还本付息债券的定价公式为

$$P=\frac{M(1+r)^{n}}{(1+k)^{m}} \tag{3.2.6}$$

式中，M 为面值，r 为票面利率，n 为从发行日至到期日的时期数，k 为该债券的贴现率，m 为从买入日至到期日的所余时期数。

例如，某面值1 000元的5年期债券的票面利率为8%，2005年1月1日发行，在发行后第2年（2007年1月1日）买入。假定当时此债券的必要收益率为6%，买卖的均衡价格应为

$$P=\frac{1\,000(1+0.08)^{5}}{(1+0.06)^{3}}=1\,233.68(\text{元})$$

此例显示了在债券的必要收益率和所余时期数变化时债券的估价方法。

3. 零息债券的定价

零息债券不向投资者进行任何周期性的利息支付，而是把到期价值和购买价格之间的差额作为利息回报给投资者。投资者以相对于债券面值贴水的价格从发行人手中买入债券，持有到期后可以从发行人手中兑换相等于面值的货币。一张零息债券的现金流量相当于将附息票债券的每期利息流入替换为零。所以它的估值公式为

$$P=\frac{M}{(1+k)^{m}} \tag{3.2.7}$$

式中，M 为债券面值，k 为必要收益率，m 为从现在起至到期日所余周期数。

例如，从现在起15年到期的一张零息债券，如果其面值为1 000元，必要收益率为12%，它的价格应为

$$P=\frac{1\,000}{(1+0.12)^{15}}=182.7(\text{元})$$

从上述的计算中我们可以归纳出影响债券价格变化的三个直接动因：

（1）由于发行人的信用等级发生了变化，债券的必要收益率发生了变化，进而影响到债券价格。在其他条件不变的情况下，必要收益率的变动与债券价格的变动呈逆相关关系。

（2）必要收益率不变，只是由于债券日益接近到期日，会使原来以升水或贴水交易的债券价格日益接近于到期价值（面值）。以升水交易的债券价格下降，以贴水交易的债券价格上升。

（3）与被定价债券具有相似特征的可比债券的收益发生变化（市场必要收益变化），也会迫使被定价债券的必要收益变化，进而影响债券价格。

三、债券利率风险的衡量

（一）久期

1. 久期的概念及计算

久期也称持续期，它是以未来时间发生的现金流，按照目前的收益率折现成现值，再用每笔现值乘以其距离债券到期日的年限求和，然后以这个总和除以债券目前的价格

得到的数值。

久期与债券的到期收益率成反比，与债券的剩余年限及票面利率成正比。但对于一个普通的附息债券，如果债券的票面利率和其当前的收益率相当的话，该债券的久期就等于其剩余年限。还有一个特殊的情况是，若一个债券是贴现发行的无票面利率债券，那么该债券的剩余年限就是其久期。

久期的计算公式为

$$D = 1 \times \omega_1 + 2 \times \omega_2 + \cdots + n \times \omega_n$$

$$\omega_i = \frac{c_i/(1+y)^i}{p} \tag{3.2.8}$$

式中，c_i 为第 i 年的现金流量（支付的利息或本金）；y 为债券的到期收益率；p 为当前的市场价格。

例如，某债券面值为 100 元，票面利率为 5%，每年付息，期限 3 年，如果到期收益率为 6%，那么债券的久期是多少？

第一步，计算债券的价格。

$$P = \frac{C}{1+y} + \frac{C}{(1+y)^2} + \cdots + \frac{C}{(1+y)^n} + \frac{F}{(1+y)^n}$$

第二步，计算不同的 ω 值。

$$\omega_i = \frac{c_i/(1+y)^i}{p}$$

第三步，计算 D 值。

$$D = 1 \times \omega_1 + 2 \times \omega_2 + \cdots + n \times \omega_n$$

2. 修正久期的计算

债券期限长短不同，久期也不同，长期债券比短期债券对利率波动更敏感。当利率变化时，债券价格也会随之变化。

$$\Delta P/P = -D \times [\Delta(1+y)/(1+y)]$$

如果我们令修正久期 $D_{\text{mod}} = D/(1+y)\Delta(1+y) = \Delta y$，则

$$\Delta P/P = -D_{\text{mod}} \times \Delta y \tag{3.2.9}$$

式中，P 为债券的价格，y 为债券的到期收益率。

3. 有效久期的计算

有效久期等于债券价格变化率与市场利率变化量之比。

$$\text{有效久期} = -\frac{\Delta P/P}{\Delta r} \tag{3.2.10}$$

计算有效久期时没有考虑债券自身的到期收益率的变化，分母为市场利率的变化量，而不是到期收益率的变化量。

例如，假设现在有一种赎回价格是 1 050 元的可赎回债券以 980 元的价格出售。如果利率上升 0.5%，债券价格将会降至 930 元。如果利率下降 0.5%，债券价格会升至 1 010 元。为了计算有效久期，我们先计算：

$$\Delta r = \text{假设的利率上涨} - \text{假设的利率下降} = 0.5\% - (-0.5\%) = 1\%$$

$$\Delta P = \text{利率上涨时的价格} - \text{利率下跌时的价格} = \text{价格变动} = 930 - 1\,010 = -80(\text{元})$$

$$\text{有效久期} = -(\Delta P/P)/\Delta r = -(80/980)/0.01 = -8.16(\text{年})$$

有效久期为8.16年，意味着利率每变化1%，将使债券价格变化8.16%。

4. 久期的影响因素

根据债券定价公式我们知道了利率的敏感性，而久期是将利率敏感性量化。

久期法则一：零息债券的久期等于它的到期时间。

久期法则二：到期时间和到期收益率不变，当息票利率降低时，债券的久期将变长，利率敏感性将增加。

（1）当息票利率不变时，债券的久期和利率敏感性通常随到期时间的增加而增加。对于所有的息票债券，当其到期时间增加一年时，它的久期增长少于一年。

（2）假设其他因素不变，当债券的到期收益率较低时，债券的久期和利率敏感性较高。

（3）无期限债券的久期为（$1+y$）/y。

（二）凸性

凸性是指在某一到期收益率下，到期收益率发生变动而引起的价格变动幅度的变动程度。

在收益率增加相同单位时，凸性大的债券价格减少的幅度较小；在收益率减少相同单位时，凸性大的债券价格增加的幅度较大。

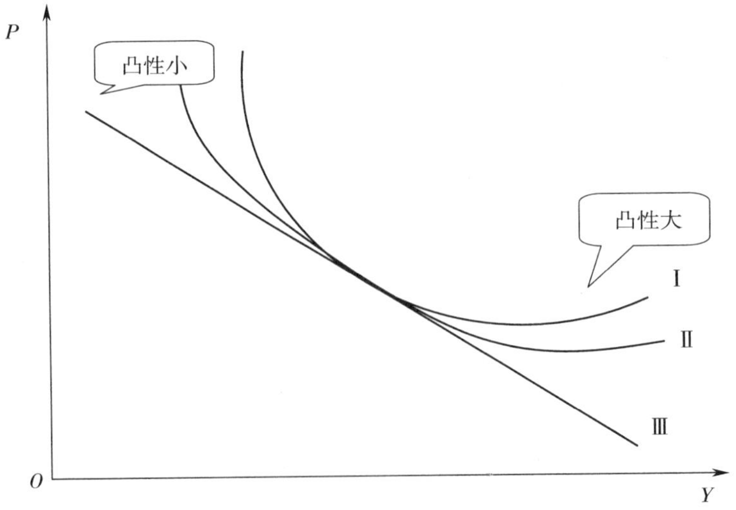

图3-1 债券凸性变化

在久期相同的情况下，凸性大的债券的风险较小。

四、债券的收益率曲线与利率的期限结构理论

1. 收益率曲线

国债的收益率决定着其他债券的收益标准，所以金融市场的参与者都对国债的到期收益与偿还期之间的关系很感兴趣。收益率曲线（Yield Curves）就是表明国债的到期收益与其偿还期之间关系的曲线。从历史数据中观察到的收益率曲线有四种形状。

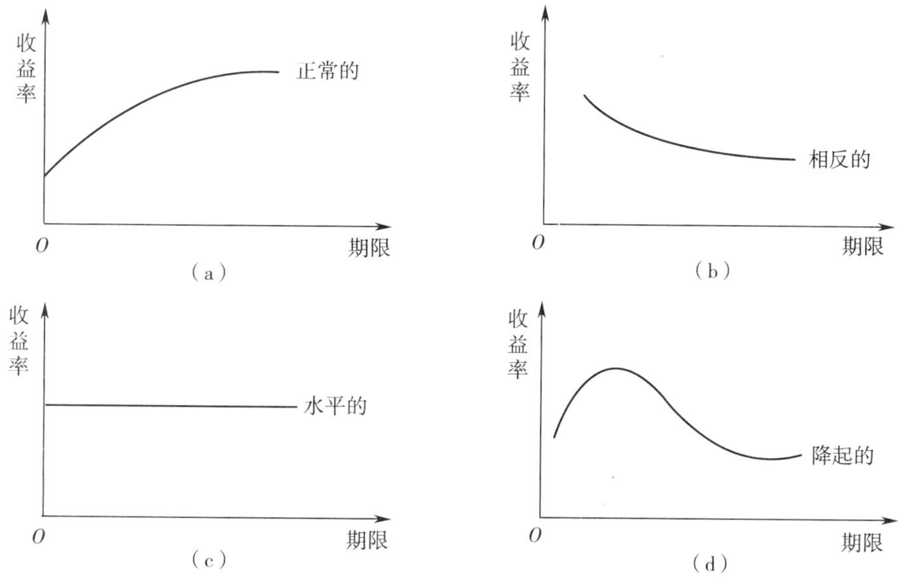

图 3－2　收益率曲线的四种情况

需要注意的是，这四种情况都只是一种理论上的假设状态，现实世界中债券的收益率和到期日之间的关系表现得并非如此完美。由于税收和提前兑付等原因，期望收益率与收益率曲线之间不可能保持精确的一致。

虽然收益率曲线是根据观测到的（偿还期、收益率）坐标点绘制出来的，但利率的期限结构却是特指无息票国债的收益与偿还期之间的关系。由于附息债券可以被无息票债券组合来替换，所以利率的期限结构理论可以用来解释为什么收益率曲线会有不同的形状。

2. 利率期限结构理论

债券有长、中、短期之分，因为债券的期限越长，其所面临的风险越大，因此，不同期限的债券有着不同的利率水平。我们把不同期限资金所对应的相互联系、相互制约的一组利率称做利率期限结构。对利率期限结构的分析一般局限于有固定偿还期的债务凭证，局限于品质相同而期限不同的证券其到期收益率与到期期限之间的关系。目前西方金融理论界对利率期限结构作出解释的主要有三种：预期理论、流动性偏好理论和市

场分割理论。

（1）预期理论。又称无偏预期理论（The Unbaised Expectations Theory）。该理论认为，利率期限结构产生于投资者对未来市场利率变动的预期，它假设市场是有效的，投资者是有理性的，并且对未来利率的预期是一致的。预期理论认为，长期利率是同一时期内各期即期利率的几何平均数，如一个 n 期限的债券在某时点的到期收益率等于这 n 年内全部 1 年期债券收益率的几何平均数。长期债券的年收益率用公式表示为

$$R_n = [(1+R_1)(1+R_2)(1+R_3)\cdots(1+R_{n-1})]^{1/n} - 1 \qquad (3.2.11)$$

式中，R_n 为长期债券的年收益率；R_1、R_2、R_3、R_{n-1} 为 n 年内 1 年期债券的预期年收益率。

该公式揭示了在市场有效率的前提下，无论是进行债券的长期投资，还是进行短期滚动式投资，在某一时点上，其年收率应是相同的，不存在套利机会。

预期理论较好地解释了长期利率和短期利率的关系，其利率期限结构的上升趋势与下降趋势的时间跨度从预期理论的逻辑来看，应是基本对称的。但对利率期限结构的实证研究却发现，在大多数的时间里利率呈上升趋势。流动性偏好的理论对预期理论的不足之处进行了必要的修正和补充。

（2）流动性偏好理论（The Liquidity Preference Theory）。流动性偏好理论认为，市场投资者都倾向于购买短期债券，即使有长期投资安排的投资者也宁愿通过短期滚动式投资来实现其目标。之所以出现对短期债券的偏好，其原因是债券期限越长，价格变动越大，风险也就越大。如要使投资者购买长期债券，发行者所提供的收益率要大于市场平均收益率，即原有的平均收益率 R_n 要增加一定的流动性风险的补偿，因此造成利率期限结构经常呈上升趋势。投资者在进行一次到期投资时，如 1 年后他需要资金，只能出售 2 年期债券。在决定投资时，他并不知道该 2 年期债券 1 年后的价格是多少，而滚动式操作就不存在这种变现的风险，1 年后变现的金额是确定的。在这种情况下，即使进行长期投资的人也不会进行一次到期投资，因为存在着可能 1 年后变现的潜在风险，只有 2 年期债券的预期收益率高于 1 年期债券时才有可能吸引投资者。因此，预期理论中 $(1+R_n)^2=(1+R_1)(1+R_2)$ 的等式变成了不等式：$(1+R_n)^2>(1+R_1)(1+R_2)$。也就是说，第二年的即期利率显然要低。

（3）市场分割理论（The Market Segmentation Theory）。这种理论解释了利率期限结构的成因，它基于市场存在着分割的假说，即各种投资者和筹资者受到了法律、偏好或某种投资习惯的影响而偏好于某一证券市场，从而形成了长期证券市场、中期证券市场和短期证券市场。如商业银行注重流动性而倾向于短期债券，保险公司、养老基金偏好于投资长期债券。这一理论认为，各种期限债券的收益率主要受到有关市场资金供求状况的影响，而受不同期限债券收益率变动的影响却不明显，各种不同期限的债券之间是不完全的替代品。在严格的限制条件下，即使现行市场利率证明在不同市场间进行投资转移，可以取得比实际收益率更高的预期收益，投资者和筹资者也不会离开原有的市场而进入另一个市场。按照这种理论，当短期资金供需曲线交叉点利率低于长期资金供需

曲线交叉点利率时，利率期限结构呈上升趋势；而当短期资金供需曲线交叉点利率高于长期资金供需曲线交叉点利率时，利率期限结构呈下降倾斜趋势。

市场分割理论较好地解释了现实社会中的某些具体情况，但其对各个证券市场中的资金流动性认识不足。据美国市场上的实证研究，在短期和长期资金市场之间具有相当的流动性。当长期资金市场利率较高时，短期资金市场的资金会流向长期资金市场；反之，长期资金市场的资金会流向短期资金市场。

考察现行市场的利率期限结构呈何种状态，并精确地估算不同期限债券的即期利率是非常重要的，它是决定未来现金流量现值大小和贴现率的基础。

五、债券定价的影响因素

1. 影响债券定价的内部因素

债券有六个方面的基本特性影响着其定价。

（1）期限。一般来说，债券的期限越长，其市场变动的可能性就越大，其价格的易变性也就越大。

（2）息票利率。债券的息票利率越低，债券价格的易变性也就越大。在市场利率增加的时候，息票利率较低的债券的价格下降最快，并且在市场利率很高的时候，其价格会下降到很低的水平。相反，当市场利率下降时，它们增值的潜力也最大。

（3）提前赎回条款。提前赎回条款是债券发生人所拥有的一种选择权，它允许债券发行人在债券发行一段时间以后，按约定的赎回价格在债券到期前部分或全部偿还债务。这种规定在财务上对发行人是有利的，因为发行人可以在市场利率下降时发行较低利率的债券，取代这些利率较高的被赎回的债券，从而减少融资成本。但对于投资者来说，他的再投资机会受到限制，再投资利率也较低，这种风险是要得到补偿的。因此，具有较高提前赎回可能性的债券应具有较高的息票利率，也应具有较高的到期收益率，其内在价值也就较低。

（4）税收待遇。一般来说，免税债券的到期收益率比类似的应纳税债券的到期收益率低。此外，税收还以其他方式影响着债券的价格和收益率。例如，任何一种按折扣方式出售的低利率附息债券提供的收益都有两种形式：息票利息和资本收益。在美国，这两种收入都被当做普通收入进行征税，但是对于后者的征税可以推迟到债券出售或到期时才进行。这种推迟就表明大额折价债券具有一定的税收利益。在其他条件相同的情况下，这种债券的税前收益率必然略低于高利附息债券，也就是说，低利附息债券比高利附息债券的内在价值要高。

（5）市场性。市场性是指债券可以迅速出售而不会发生实际价格损失的能力。如果某种债券按市价卖出很困难，持有者会因该债券的市场性差而遭受损失，这种损失包括较高的交易成本以及资本损失，这种风险也必须在债券的定价中得到补偿。因此，市场性好的债券与市场性差的债券相比，具有较低的到期收益率和较高的内在价值。

（6）拖欠的可能性。拖欠的可能性又被称为违约风险，是指债券发行人不能按期履行合约规定的义务，无力支付利息和本金的潜在可能性。一般来说，除政府债券以外，一般债券都是有违约风险的，只不过风险大小有所不同而已。拖欠可能性越大的债券，其到期收益率就越高，其债券的内在价值也就越低。

2. 影响债券定价的外部因素

（1）银行利率。银行利率是债券定价过程中必须考虑的一个重要因素。银行作为一种金融机构，其信用度极高，这就使得银行存款的风险极低。因此，债券的收益率可参照银行存款利率来确定。一般来说，政府债券由于没有风险，收益率要低于银行利率，而一般公司债券的收益率要高于银行利率。

（2）市场利率。利率风险是各种债券都面临的风险。在市场总体利率水平上升时，债券的收益率水平也应上升，从而使债券的内在价值降低；反之，在市场总体利率水平下降时，债券的收益率水平也应下降，从而使债券的内在价值增加。并且，市场利率风险与债券的期限相关，债券的期限越长，其价格的利率敏感度也就越大。

（3）其他因素。影响债券定价的外部因素还有通货膨胀水平以及外汇汇率风险等。通货膨胀的存在可能会使投资者从债券投资中实现的收益不足以抵补由于通货膨胀而造成的购买力损失。当投资者投资于某种外币债券时，汇率的变化会使投资者的未来本币收入受到贬值损失。这些损失的可能性也都必须在债券的定价中得到体现，使其债券的到期收益率增加，使债券的内在价值降低。

3. 债券的定价原理

（1）如果一种债券的市场价格等于其面值，则到期收益率等于其息票利率。如果债券的市场价格低于其面值（当债券贴水出售时），则债券的到期收益率高于息票利率。反之，如果债券的市场价格高于其面值（债券以升水出售时），则债券的到期收益率低于息票利率。总之，债券价格、到期收益与息票利率之间的关系可概括如下：

息票利率 < 到期收益 ⟷ 债券价格 < 票面价值

息票利率 = 到期收益 ⟷ 债券价格 = 票面价值

息票利率 > 到期收益 ⟷ 债券价格 > 票面价值

（2）如果一种债券的市场价格上涨，则其收益率必然下降；反之，如果债券的市场价格下降，则其收益率必然提高。

（3）如果债券的收益率在整个期限内没有发生变化，则其价格折扣或升水会随着到期日的接近而减少，或者说其价格日益接近面值。

（4）如果一种债券的收益率在整个期限内没有变化，则其价格折扣或升水会随着债券期限的缩短而以一个不断增加的比率减少。

（5）债券收益率的下降会引起债券价格的提高，债券价格提高的金额在量上会超过债券收益率以相同幅度提高时所引起的价格下跌的金额。

（6）如果债券的息票利率较高，则因收益率变动而引起的债券价格变动百分比会较小（注意：这一原理不适用于 1 年期债券或终生债券）。

第三节 可转换公司债券和可分离交易债券

一、可转换公司债券

（一）可转换公司债券的定义

可转换公司债券又称可转债，是指一种允许持有人在规定的时间内，按照规定的价格转换成发债公司确定数量的普通股股票的特殊的企业债，一般由上市公司发行。由此可见，可转债兼有债券和股票的特性。一方面，它具有面值、期限、利率等一般债券的要素，按期支付利息，到期偿还本金；另一方面，它可以按照一定比率转换为对应公司的股票，因此可转债的价格变动与公司的股价变化密切相关。

在证券市场上，可转债因其“下跌风险有界，上涨收益无限”的独特优势，正日益被投资者所认同。由于兼具股票和债券的特性，可转债将风险和收益有效地结合起来，既能够在牛市的时候转换成股票享受高收益，又可以在熊市的时候选择债券来保证本金的安全，从而避免了股票风险大和债券收益低的缺点。这对于既注重投资本金的安全又不放弃获取较高投资回报机会的投资者而言，无疑是非常合适的选择。

可转债的价值由两部分构成：债券价值和选择权价值。前者更强调本金的安全，后者则注重收益回报。债券价值是指可转债每年支付的利息和期满时获得的本金按一定的贴现率折算的当前价值。通常，可转债的价格是不会跌破其债券部分的价值的，也就是说可转债具有“下跌风险有界”的特点，“界”指债券价值构筑的保底线。对投资者而言，在任何一个价位购买可转债，都可以明确地知晓最低可回收的投资本金。我国可转债的发行条件决定了所有可转债的信用等级可以等同于中央企业债券、金融债，这就进一步提高了可转债的下方风险保护能力。选择权价值主要是指可转债转换为股票的转股权价值。转股权价值相当于一个看涨股票期权，可转债持有人可以通过支付少量成本获得转股权，来享受未来公司股价上涨所带来的转股收益。理论上，在基础股票价格超过转股价后，可转债与基础股票的价格同步上涨。从这个意义上说，可转债具有“上涨收益无限”的特点。

在股市处于熊市期间，基础股票价格下跌，但由于可转债有债券价值保底，可转债的下跌幅度将远远小于基础股票，表现出强于股票的抗跌性；而在股市处于牛市期间，可转债与基础股票的价格同步上涨，同样能够享受到基础股票价格上涨带来的高收益。因此，可转债是一种攻守兼备的投资品种，具有较低风险、中高收益的特征。

（二）可转换公司债券的种类

1. 可转债可分为简单型可转债和复杂型可转债

简单型可转债给予持有者一种在某个时刻换取固定数量的一般股票的权利（而非义务）。通常，可转债在到期日按固定票息支付。在为这类债券定价时，需要考虑债券与股票之间的差别。当转换为股票后，就不再有收到未来票息的权利。可转债的债券部分通常用票面价值、每年支付的票息、发行日期和到期日等来描述，股票部分则由转换比例而定，该比例给定了可转债可以转换的股票数目。转换比例乘以当前股票价格就是转换价值。票面价值除以转换比例就是转换价格，即在何种价格持有人可以将债券转换为股票。实值可转债是股票价格高于转换价格的可转债。市场观测到的可转债通常不是简单型的。据不完全统计，复杂型可转债有溢价赎回型、回售型、软赎回型、强制赎回型、IPO 型、多种货币型、永久型、奇异型、排列型和逆可转债等类型。这样，可转债的定价就应该依不同的特点而产生差别。

2. 据发行地和定值货币的不同，可转债可分为国内可转换公司债券、境外可转换公司债券等。

3. 据转换条件和附加条件的不同，可转债可分为上市债券、无息可转换公司债券、欧洲可转换优先股和零息票可转换公司债券等。

（三）可转换公司债券的特征

可转换公司债券具有普通公司债券的一般特征，它需要定期偿还本金和支付利息，有票面面值、票面利率、价格和偿还期限等。此外，可转债还有一些不同于普通债券的典型特征，主要有以下几点：

1. 可转债具有债务和股权两种性质

可转债都是转换成公司的普通股，因而可转债具有转换前属债券、转换后属股票的两阶段的特征。对投资者来说，转换前为债权人，享受利息；转换后为股东，获得红利或资本收益。对发行人来说，转换前属于债务，转换后属于股权资本。

2. 比普通公司债券低的固定利息

可转债的票面利率通常低于一般公司债券的利率，有时甚至低于同期银行存款利率。这是因为债券的投资收益中，除了债券的利息收益外，还附加了股票买入期权的收益部分。一个设计合理的可转债在大多数情况下，股票买入期权的收益足以弥补债券的利息损失。

3. 投资者买入期权

可转债是在一定条件下可转换为发行公司股票的特殊债券，本质上属于一种股票期权。可转债持有者既可获得可转债本金和利息的安全承诺，又可在发行公司股价攀升时将债券转化为股票，获得股票价差收益的好处。

4. 投资者卖出期权

卖出期权也称为投资者的期前回售权，指投资者在某一指定日期按事先约定的价格将债券出售给发行人。卖出期权的行使让投资者得到一份额外保护，使可转债具有更大的吸引力。

5. 发行人赎回期权

由于发行人支付低于普通公司债券的利息，因此发行人在股价大幅高于转股价的情况下行使赎回权，以迫使投资者将债券尽快转换为股票。

6. 信用等级和有限避税权利

可转债是一种仅凭发行人信用而发行的债券，所评定等级一般比公司发行的不可转换公司债券要低。当公司破产时，可转债对资产的索赔权一般都后于其他债券，仅优于公司优先股。可转债在转换成公司普通股以前，公司所支付的债息可作为固定开支，计入企业成本，避免缴纳所得税。

（四）可转换公司债券的要素

可转换公司债券通常由以下要素构成：

1. 基准股票

基准股票是债券持有人将债券转换为发行公司股权的股票，如该公司的普通股股票A股、B股、H股、ADR等。确定了基准股票以后，可以进一步推算转换价格。

2. 票面利率

大多数情况下，可转债的票面利率低于不可转换公司债券的票面利率，通常为同期银行存款利率的一半左右。可转债票面利率的高低受制于两个方面：一是公司现有债权人对公司收入利息倍数等债务指标的约束，据此付计利率水平上限；二是转换价值收益增长及未来水平，据此付计利率水平下限。转换价值预期越高，票面利率相应设置得越低；反之，转换价值预期越低，票面利率相应设置得越高。发行人通常会根据证券市场情况，确定合适的票面利率，优化公司的收益与风险组合，确保可转债的转换成功进行。

3. 转换比率和转换价格

转换比率是指一个单位的债券能换成的股票数量。转换价格是指债券发行时确定的将债券转换成基准股票应付的每股价格。转换比率和转换价格的计算公式分别为

$$转换比率 = 单位可转债面值 / 转换价格$$

$$转换价格 = 基准股票价格 \times (1 + 转换溢价比率)$$

转换溢价比率是可转债所包含的期权的象征，以百分比表示，并以可转债发行的基准股票价格为基础，一般在5%和20%之间。转换比率和转换价格是转换能否成功的核心要素，它们的确定直接涉及投资者和公司现有股东之间的利益关系。转换价格定得过高，会降低可转债的投资价值，从而失去对投资者的吸引力，增大发行风险。转换价格定得过低，尽管具有较高的投资价值可吸引投资者，但会加大公司股权及盈利的稀释程度，损害公司原有股东的利益。通常，当发行公司发生股份拆细、公司合并、配股或发行新股、增发可转换公司债券、送红股和现金红利、出售资产等情况时，转换价格应作适当调整。

4. 转换期

转换期是指可转债转换为股份的起始日至结束日的期间。通常根据不同的情况，可有四种期限：发行后某日至到期前某日；发行后某日至到期日；发行日至到期前某日；发行日至到期日。在前两种情况下，可转债有一段时间的锁定日期，在这段时间内债券持有人不可以将可转债转换成公司股票。发行公司在发行后某日才受理债权转股权的事宜，是不希望过早地将负债变成股权而稀释原有股东的权益。由于发行时转换价格通常高于公司基准股票当时的价格，因此投资者一般不会在可转债发行后立即行使转换权。

5. 赎回条款（加速条款）

发行公司为避免利率下调所造成的损失，并且不让可转债的投资者过多地享受公司

效益大幅增长所带来的回报，通常设计赎回条款。这是保护发行公司及其原有股东利益的一种条款。在同样条件下附加此种条款，发行公司要在提高票面利率或降低转换价格等方面向投资者适当让利，这也是发行公司向投资者转移风险的一种方式。赎回条款一般包括四个要素：第一个是不赎回时间，指发行后到第一次赎回的时间长短。时间越长，股票增长的可能性越大，赋予投资者的转换机会也就越多，越有利于投资者。第二个是赎回时间。可转债结束不赎回时间后，即进入赎回时间。具体的赎回方式分为两种，即不限定时间和有限定时间的赎回。第三个是赎回价格。赎回价格一般为可转债面值的103%～106%。发行时间越长，赎回价格越低。第四个是赎回条件。这是赎回条款中最重要的内容。通常的做法是在基准股票的价格达到或超过转换价格的一定幅度并持续一段时间后，发行人的赎回权可以行使。国外通常把股票价格达到或超过转换价格的100%～150%作为涨幅界限，同时把在该价格水平上维持30个交易日作为赎回条件。

6. 回售条款

发行公司为了降低票面利率和提高转换价格、吸引投资者认购可转债，往往会设计回售条款。实际做法是当公司股票在一段时间内连续低于转股价格达到某一幅度时，投资者以高于面值的一定比例的回售价格，要求发行公司收回可转债。回售条款是投资者向发行人转移风险的一种方式。回售条款主要有以下三个要素：第一个是回售期限。回售期限是事先约定的，一般定在可转债整个期限最后30%的时间。第二个是回售价格。回售价格一般比市场利率稍低，但远高于可转债的票面利率。第三个是回售条件。通常的做法是当基准股票价格在较长时间内没有良好表现、转换无法实现时，投资者有权按照指定的收益率回售可转债给发行公司，发行人无条件接受投资者回售的债券。回售条件对可转债的投资价值至关重要。回售条件一旦发生，投资者的利益将得到更好的保护，其收益率远高于票面利率。

7. 转换调整条件

转换调整条件又称向下修正条款，指当基准股票价格表现不佳时，该条款允许在预定的期限里，将转换价格向下修正，直至修正到原来转换价格的80%。转换调整条件是可转债设计中比较重要的保护投资者利益的条款。在二级市场上，由于股利分配政策（包括送红股、转增股、派息、配股和增发新股等），股票价格也会有相应的变动。对于可转换债券来说，其转股价格也要作对应的调整。除股利政策之外，公司董事会还可以根据股票的市场表现调整转股价格。在股票市价持续低于转股价格达到一定时间之后，公司董事会会出于公司的利益调低转股价格，以减轻对可转换债券还本付息的压力。

（五）可转换公司债券的发展历史

可转债最初产生于19世纪末，当时美英等发达资本主义国家的铁路、电讯公司使用可转换债券来为日益膨胀的产业发展筹集资金。第一张可转换债券是由19世纪的New York Erie公司发行的。此后，可转换债券一直没有引起人们足够的重视。直到20世纪70年代，高通货膨胀盛行，债券持有者开始寻找保护自己收益的投资工具，可转换债券才真正得到大规模的发展。从20世纪70年代初到80年代初，可转换债券的总收益表现极佳，因而一直受到投资者的热烈追捧。进入90年代后，可转换债券的这一趋势被继续保持，目前可转换债券的市场规模以平均每年新发行 1 000 亿美元的速度扩展。从全球可转债市场来看，其发展历程可分为三个阶段。

1. 萌芽阶段：1843 年至 1950 年

1843 年，美国的纽约爱瑞铁道公司（New York Erie）发行了全世界第一例可转换公司债券，这标志着可转换债券的诞生。由于可转换债券兼具股票与债券的优点，因此它一经产生，就深受发行人和投资者的欢迎。欧洲早期的可转换债券首推1857 年德国多特蒙特公司（Dortmunder Verein）发行的德国第一例转券。第一次世界大战以后，可转换债券又经历了从票面转换方式（是指按照票面额决定转换价格），到时价转换方式（即根据股票价格决定转换价格）的变革。

2. 发展阶段：1950 年至 1985 年

20 世纪 50 年代出现了具有赎回条款的可转换债券。赎回是指发行人在一定时期内可以提前赎回未到期的可转换公司债券，赎回价格一般高于面值。设置赎回条款的主要目的是：第一，避免利率下调所带来的利率损失，因为可转债期限较长，且票面利率固定，没实行浮动利率。第二，加速转换过程，避免转换受损的风险。第三，规避财务风险。增加了赎回条款的转券使得发行人与投资者的权利具有一定的对称性，也可以说是限制了投资者的获利空间。此后，大多数新发行的可转换债券都附有赎回条款。

1975 年日本东芝公司发行了世界上第一例附有回售条款的可转换债券，标志着可转换债券合约中附加回售条款的开始。回售是指在公司股价表现欠佳时，投资者有权要求发行人收回发行在外的可转换公司债券，并在指定期内以高于面值的价格（溢价）出售给发行人。回售条款使得发行后所有的市场风险都由发行人承担，发行人的压力大增，所以回售条款较少被使用。本阶段虽然已经陆续有一些公司尝试发行可转债，但还未到大规模扩展的程度。

3. 繁荣阶段：1985 年至今

可转债真正意义上的繁荣与其条款的创新分不开。1985 年美林集团发明了既可赎回又可回售的零息票转券 LYON（Liquid Yield Option Note）。LYON 的特点包括：（1）LYON 是零息票债券；（2）LYON 中具有回售条款；（3）回售期权（对投资者而言是一个看跌期权）可在每年的特定时间执行一次，而且随着时间的推移，回售价格递增；（4）LYON 的赎回期权（对发行人而言是一个看涨期权）可以立即执行，不过一般发行后头几年是有条件地赎回，比如只有当股票价格超过某个较高价位时才可赎回。LYON 一经推出，就受到了发行公司和投资者的欢迎。1985 年，Waste Management 和 Stanley Continental 两公司首次发行了两例 LYON，由美林公司承销。1987—1992 年，在纽约证券交易所和美国证券交易所上市的美国公司共发行了 167 例可转债，其中有 33 例 LYON，约占 20%。LYON 多由大型公司发行，其中包括柯达、美洲航空、摩托罗拉、美林证券、欧洲迪士尼公司等。从此以后，可转债市场迅速在全球范围内升温，欧洲、南美以及亚洲的一些国家和地区也相继出现了可转债发行热潮。

一般说来，海外发行的可转债具有以下特点：第一，行业分布越来越广泛，不仅大型企业如福特汽车、克莱斯勒、摩托罗拉介入可转债市场，中小型企业如热电力公司、伊兰国际融资公司（Elan International Finance）等也热衷于可转债的发行。第二，可转债质量越来越高，可转债有48%达到投资级标准。第三，可转债的期限急剧缩短，从1986年的20年以上缩减到近年来的3~5年。这对有固定收入的机构投资者来说是有利的，因为较短的期限可减少持有期，降低利率风险。

可转债对发行者与投资者都有吸引力。可转换债券对发行者来说有以下四点优势：第一，转换价格通常高于当前公司股价，发行可转换债券可避免低价位股权融资，避免了股价的进一步下降，并减少了现有股权的稀释；第二，降低了利息支出（与发行同一公司的公司债券利率相比较）；第三，当债券转换后，债权变股权，降低了公司的债务比率，减少了公司税后现金的流出量，增强了公司的财务状况和再借债能力；第四，可转换债券期限较长，投资者在一个较长的时期内将债权转换成股权，对公司股价的不利影响会小于一次性发行新股时的影响。

可转债对投资者的优势表现在：第一，如果债券失去了转换的可能，投资者还可以作为债券的持有人获得相应的本金和利息，可以使投资者获得最低收益权；如果出现了对转换有利的形势，投资者可以通过实施转换获得更大的收益，因而投资与投机的好处得到了统一，即“上不封顶，下可保底”。第二，为投资者提供了投资选择的空间。在整个债券的有效期间，投资者都有权把债权转换成股权。投资者可以在充分研究市场走势、转换时机、影响股价的各个因素的基础上作出对自己最为有利的选择。或者说，可转债给了投资者更多的选择权利（与债券或者股票相比较）。

二、可分离交易债券

（一）可分离交易债券的定义

可分离交易债券又称可分离债券，是附认股权证公司债券的一种。所谓附认股权证公司债券，是指公司债券附有认股权证，持有人依法享有在一定期间内按约定价格（执行价格）认购公司股票的权利，是债券加上认股权证的产品组合。由于附认股权证公司债的持有者将来有可能获得股票利差，所以其票面利率一般较普通公司债低。

可分离交易债券是上市公司公开发行的认股权和债券分离交易的可转换公司债券。它赋予上市公司两次筹资机会：先是发行附认股权证公司债，这属于债权融资；然后是认股权证持有人在行权期或者到期行权，这属于股权融资。可分离债券是最晚面世的再融资手段。基于可分离交易可转债具有融资方便、成本低等特点，市场分析人士认为，由于其能够满足上市公司的融资需求，也符合金融市场的发展方向，发展潜力较大，必然会吸引大量上市公司尝试使用这种融资方式。分离型可转债实际上是一个债券和权证的投资组合，与分离型的附认股权证债券比较相似。

（二）可分离交易债券的特点

可分离债券作为一种金融工具创新，本身具有一些独特特性，推出这一创新品种的主体是上市公司。可分离债券与一般可转换公司债相比较，还有一些其他特点。

第一，债券与股票期权相分离。可分离债券实质上就是一种债权加权证的投资组合。发行之后债券不再具有转股功能，而作为纯企业债与发行的权证分别交易。债券部分由于不再附着期权，其流动性将受到一定影响。

第二，可分离债券股票期权部分的价值将得到充分体现，即发行的权证价格远大于一般可转债期权部分的价值。这主要是不可分离债券的附着权证部分的隐含波动率远远小于可分离债券权证的隐含波动率的结果。

第三，可分离债券的票面利率低于市场利率，出现折价发行。由于权证的价值较高，相应的企业在不影响融资的前提下有意愿降低融资成本。

第四，期限不同。受到权证管理办法的约束，可分离债券权证部分的存续期不得高于24个月，这就造成了期权与债权存续期的不匹配，使期权价值有一定损失。同时，行权期也有所不同。可分离债券一般为欧式权证，只有在到期日才可行权，而不可分离债券一般在债券上市6个月后投资者随时可以行使转股权利。

（三）可分离交易债券的优点

1. 可分离债券对上市公司而言的优点

第一，单笔可分离债券的发行规模较大，属于目前证监会鼓励的方式，因此容易得到发审会通过。

第二，由于附带赠送股本权证，可分离债券部分的债权融资成本较低，因此可以看到可分离债券的年限超过一半都是6年。

第三，权证行权价格的溢价幅度相比传统转债普遍较高，唐钢和武钢溢价高达20%，股权融资成本降低，而且公司通过对行权比例的控制可以使得最终的股本摊薄比例并不与发行规模直接相关，公司可控制的余地增大。

第四，如果股本权证最后行权，公司相当于实现了两次融资。

可分离债券作为一种混合型证券，兼有股性和债性，在市场环境较好的情况下，能够大大降低发行人的融资成本，更容易得到投资者的认可，能够使投资者在获得固定收益的同时，分享公司未来发展所带来的收益。过去，我国的可转换债券由于流通性的下降，已经严重偏于债性，所包含的认股权也未能得到合理的定价。可分离债券恰好解决了这一问题。可分离债券两次融资的特点还可避免资金一次性到位，在一定程度上防止了资金被挪用。另外，可分离债券可以灵活调整债权和股权的比例及期限，为发行人提供更便利的融资工具。相对于股票融资来说，可分离债券可以设定较合理的行权价，减少短期内股本融资带来的摊薄效应，同时抑制上市公司的再融资冲动，实现再融资与投资者保护的有机统一。相对于分次融资（如先发行债券再增发股票）来说，可分离债券可节省发行成本及其他交易费用。

2. 可分离交易债券对投资者而言的优点

第一，可分离交易债券具有安全和投机的双重特性。持有到期后，投资者最低可以获取本金及纯债部分的利息收入。除此之外，认股权证部分还使投资者有可能分享到股价上涨带来的收益。更为重要的是，单独交易的认股权证，其杠杆效应强于可转债隐含的认股权。

第二，可分离交易债券的流动性好于传统的可转债和公司债。由于权证部分和债券部分分离交易，投资者等于同时购买了两种有价证券，附认股权公司债的流动性比可转债更强。

第三，可分离交易债券的投资吸引力强。附认股权证公司债除了可以吸引传统的固定收益投资者外，还可能吸引大量积极的权证投资者参与。

可分离债券简单地说就是公司债与认股权证的组合，两者捆绑发行，分离上市，权证行权需要另缴资金。由于可分离债券发行后债券部分和权证部分各自分开上市，投资者的收益也就由两部分组成：一是稳定的债券利息收入，对收益封底；二是由于派送权证，如果发行公司未来股票价格上涨，超过权证行权价格，投资者也可以将权证行权，享受正股价格上涨的收益。债券部分可能跌破面值，但由于可分离债券在发行时派送了认股权证，对投资者来说，由于债券部分的票面利率低于普通企业债券，债券部分上市后有跌破面值的风险，这一部分风险由派送的权证价值来补偿。当前权证炒作热情较高，权证价格水平被大幅高估，首日上市一般都涨停，大部分认购权证上市后连续上涨，可分离债券投资者已派发的权证可以获得较高的收入，足以弥补票面利率低带来的损失。

另外，由于可分离债券上市后即分离交易，而二级市场上已经存在债券市场和权证市场，两者均有相应的替代品，因此，可分离债券在二级市场获取超额收益的可能性不大，主要是在一级市场申购。

本章小结

债券是一种有价证券，是社会各类经济主体为筹措资金而向投资者出具的、承诺按一定利率定期支付利息并到期偿还本金的债权债务凭证，它是一种重要的信用工具。债券具有偿还性、流动性、安全性和收益性等特征。债券按发行主体的不同，可以分为政府债券、金融债券和公司债券；按计息与付息方式的差异，有单利债券、附息债券、贴现债券、零息债券和累进利率债券等分类。不同的债券有不同的定价方式，影响债券定价的因素可以分为内部因素和外部因素。

可转债是一种允许持有人在规定的时间内，按照规定的价格转换成发债公司确定数量的普通股股票的特殊的企业债，目前一般由上市公司发行。由于兼具股票和债券的特性，可转债将风险和收益有效地结合起来，既能够在牛市的时候转换成股票享受高收益，又可以在熊市的时候选择债券来保证本金安全，从而避免了股票风险大和债券收益低的缺点。

名词解释

债券　政府债券　金融债券　公司债券　贴现债券　零息债券　累进利率债券
凭证式债券　记账式债券　公募债券　私募债券　外国债券　欧洲债券
可转换公司债券　可分离交易债券

思考题

1. 债券的性质是什么?
2. 债券的特征有哪些?
3. 影响债券价格的因素有哪些?
4. 政府债券的特点有哪些?
5. 国际债券的特点有哪些?
6. 欧洲债券的特点有哪些?
7. 影响债券定价的因素有哪些?
8. 可转换债券的特点有哪些?
9. 可转换公司债券的票面要素有哪些?
10. 可分离交易债券的优点是什么?

相关链接1:欧洲债券的特点和种类

欧洲债券之所以成为国际金融市场上重要的投融资工具,与其优越性是分不开的。

1. 投资可靠且收益率高。欧洲债券市场的主要筹资者都是大的公司、各国政府和国际组织。这些筹资者一般来说都有很高的信誉,且每次债券的发行都需政府、大型企业或银行作担保,所以对投资者来说是比较安全可靠的,且欧洲债券与国内债券相比,其收益率更高。

2. 债券种类和货币选择性强。在欧洲债券市场,可以发行多种类型、期限和不同货币的债券,因而筹资者可以根据各种货币的汇率、利率和需要,选择发行合适的欧洲债券。投资者也可以根据各种债券的收益情况、风险程度来选择某一种或某几种债券。

3. 流动性强,容易兑现。欧洲债券的二级市场比较活跃且运转效率高,从而可使债券持有人比较容易地转让债券以取得现金。

4. 免缴税款和不记名。欧洲债券的利息通常免除所得税或不预先扣除借款国的税款。另外,欧洲债券是以不记名的形式发行的且可以保存在国外,从而使投资者容易逃避国内所得税。

5. 市场容量大且自由灵活。欧洲债券市场是一个无利率管制、无发行额限制的自由市场。欧洲债券发行时无须官方批准,没有太多的限制要求,且发行费用和利息成本都较低,所以它的吸引力非常大,能满足各国政府、跨国公司和国际组织的多种筹资要求。

欧洲债券根据付息方式的不同,可分为以下几种:

其一是固定利率债券。这种债券的利息是固定的,且标明到期日期,其期限为5~10年,发行额通常在5 000万美元和2亿美元之间。它适合于在利率稳定时期发行,且发行后必须在伦敦或卢森堡证券交易所挂牌上市。

其二是浮动利率债券。这种债券的利率不是固定的,一般是根据短期存款利率的变化每3个月或6个月调整一次,其利率通常比伦敦银行同业拆放利率略高一些。由于这种债券采取了浮动利率，为保证投资者的一定收益，通常会规定一个利率下限，即使市场利率低于这个利率下限，也仍按此利率付息，而当利率升高时，债券利率也随之升高。

其三是可转换为股票的债券。这种债券兼有债券和股票的特点。对发行者来说，可转换为股票的债券有两方面的好处：第一，由于这种债券对投资者很有吸引力，所以能以低于普通债券的利率发行。第二，一旦债券转化为股票，不仅能与按时价发行股票增加资本一样，增加本金和准备金，从而增加自有资本，同时也对外币债务做了清算，清除了外汇风险。这种可转换债券对投资者的好处则在于：当股票价格与汇率上升时，将债券转为股票，再卖出股票可得到更多的资本收益。

除上述三类主要的欧洲债券外，还有一些其他形式的欧洲债券，如中期欧洲票据、附有认购各种金融商品权的债券、无票面利率债券、可转让的欧洲货币存款单、欧洲商业票据、附有转换期权的浮动利率债券、永久债券、循环浮动利率债券、附有红利证书债券、次级信用债券、高票面利率的转换公司债券、双重货币债券等。

相关链接 2：我国债券市场前沿——可交换公司债券

可交换公司债券（Exchangeable Bonds，EB）是成熟市场上存在已久的固定收益类证券品种。债券投资者在一定期限内有权按照事先约定的条件将债券转换成发行人所持有的其他上市公司的股票，但没有义务一定要去换成股票。当不利于换股时，可以当做纯债券处理。

可交换债券与可转换债券的区别

可交换债券相比于可转换债券，有其相同之处，其要素与可转换债券类似，也包括票面利率、期限、换股价格和换股比率、换股期等；对投资者来说，与持有标的上市公司的可转换债券相同，投资价值与上市公司的业绩相关，且在约定期限内可以按约定的价格交换为标的股票。不同之处：一是发债主体和偿债主体不同。对可交换债券而言是上市公司的股东，对可转换债券而言是上市公司本身。二是所换股份的来源不同。可交换债券的所换股份是发行人持有的其他上市公司的股份，可转换债券的所换股份是发行人本身未来发行的新股。三是可转换债券转股会使发行人的总股本扩大，摊薄每股收益；可交换债券换股不会导致标的公司的总股本发生变化，也无摊薄收益的影响。

国际市场上可交换债券发展迅猛。在美国，可交换债券发展很迅速，在 1980 年它还只占与权益相连的债券 6% 的比重，但是到 1998 年，它已经占到了 50% 的份额。在欧洲，可交换债券的形式也在不断创新，发行人在国内和国外发行可交换债券，标的股票也可以是国内或者国外的发行人所持股权。在欧洲，可交换债券被广泛应用于普通融资、减持股权套利以及并购的资本项目中。我国可交换债券的发展尚处于萌芽阶段。为适应资本市场改革和发展的需要，2008 年 10 月，证监会颁布了《上市公司股东发行可交换公司债券试行规定》，对我国发行可交换公司债券的相关事宜作出了规定。推出可交换债券的创新之举，一方面反映了政府对市场的尊重和关爱，是治市的重要举措之一，为“大小非”集中解禁问题提供了新的减持渠道；另一方面也完善了资本市场结构，丰富了投资品种，有利于促进股票市场和债券市场的协调发展。

第四章

金融衍生工具

学习目标：

- 掌握金融衍生工具的定义、种类及功能
- 熟悉四种基本衍生工具的概念及其交易策略
- 了解衍生工具的发展和其他衍生工具及结构化融资

随着金融国际化和自由化的发展，金融工具不断创新，特别是衍生金融工具的发展引人注目，其交易量迅速增长，市场规模急速扩大，交易手段日趋多样化、复杂化。金融衍生工具派生于金融原生工具，尽管其产生的历史并不长，但却正在以惊人的速度迅速发展，成为证券市场上的重要组成部分。金融衍生工具的发展，既丰富了证券市场的内容，也活跃了市场交易，促进了经济发展。本章主要介绍金融衍生工具的定义、功能、分类以及几种主要的衍生工具如远期利率协议、期货、期权、互换等，并简单介绍其他衍生工具。

第一节　金融衍生工具概述

随着国际金融业的迅速发展、市场规模的不断扩大和金融形势的瞬息万变，传统的金融工具，如货币、债券、股票、存单等已无法满足现实生活中对金融工具的多样化和避险的需求。20 世纪 70 年代以来，金融业的创新活动使人类的金融活动发生了巨大的变化。其中，在传统金融工具基础上衍生出来的创新金融工具便是其中最为引人注目的核心部分。从 20 世纪 80 年代开始，在过去近 30 年的时间里，作为当代金融创新最重要的成果之一的金融衍生工具先后经历了大规模引入、快速成长和逐渐成熟等几个发展阶段，并导致了整个金融体系结构性的变革。金融衍生工具是在一定的客观背景下，受一系列因素（如全球经济环境的变化、金融机构的积极推动以及金融理论的发展等）的促动而产生的，其产生的动力主要来自金融市场上的价格风险。

一、金融衍生工具的含义和特点

（一）金融衍生工具的含义

金融衍生工具（Financial Derivatives）是给予交易对手的一方在未来的某个时间点，对某种基础资产拥有一定债权和相应义务的合约，也可以理解为一种双边合约或付款交换协议，其价值取自于或派生于相关基础资产的价格及其变化。由于金融衍生工具正处于发展过程中，它的叫法也不统一，如金融衍生品、金融衍生工具、衍生金融工具等。对金融衍生工具含义的理解包含三点：

1. 它是由基础金融工具派生出来的

金融衍生工具是由金融原生工具（如货币、外汇、债券、商业票据、存单以及股票等）衍生出来的各种金融合约及其各种组合形式。在金融原生工具的基础上，借助各种衍生技术，可以设计出品种繁多、特性各异的金融衍生工具。由于它是在原生工具基础上派生出来的产品，因此金融衍生工具的价值主要受原生工具价值变动的影响，如股票指数的变动影响股票指数期货的价格、认股权证跟随股价波动等，这是金融衍生工具最为独特之处。

2. 它是对未来的交易

金融衍生工具是在现时对原生工具未来可能产生的结果进行交易，交易的结果要在未来时刻才能确定盈亏。对这些原生工具在未来某种条件下处置的权利和义务以契约形式存在。

3. 它具有杠杆效应

金融衍生工具是通过预测原生工具的市场行情走势，通过支付少量保证金签订远期合约或互换不同金融商品的衍生交易合约。参与者利用少量资金就可以进行几十倍金额的金融衍生工具交易，参与交易的各方讲求信用，具有以小博大的高杠杆效应。如果用于套期保值，可在一定程度上分散和转移风险；如果运用于投机，可能带来数十倍于保证金的收益，也可能产生巨额的亏损。

（二）金融衍生工具的特点

与原生工具相比，金融衍生工具具有以下特点：

1. 构造具有复杂性

人们对基本衍生工具如期货、期权和互换的理解和运用已经不易，而当今国际金融市场的再衍生工具更是把期货、期权和互换进行组合，使其结构更具复杂性。这种复杂多变的特性，导致金融产品的设计要求运用高深的数学方法，大量采用现代决策科学方法和计算机科学技术，仿真模拟金融市场运作。在开发、设计金融衍生工具时，采用人工智能和自动化技术，一方面使金融衍生工具更具充分的弹性，更能满足使用者的特定要求；另一方面也导致大量的金融衍生工具难以为一般投资者所理解，更难以被掌握。

2. 交易成本低

金融衍生工具可以用较为低廉的交易成本来达到规避风险和投机的目的，这也是金融衍生工具为保值者、投机者所喜好并迅速发展的原因之一。衍生工具的成本优势在投资于股票指数期货和利率期货时表现得尤为明显。

3. 设计具有灵活性

运用金融衍生工具易于形成所需要的资产组合，创造出大量的、特性各异的金融产品。交易者参与金融衍生工具的交易，大致有以下目的：保值；利用市场价格波动进行投机，牟取暴利；利用市场供求关系的暂时不平衡套取无风险的额外利润等。既然存在各种复杂的经营目的，就要有各种复杂的经营品种，以适应不同市场参与者的需要。所以，可根据各种参与者所要求的时间、杠杆比率、风险等级、价格参数的不同进行设计、组合和拆分。可见，金融衍生工具的设计具有较大的灵活性。

4. 具有虚拟性

虚拟性是指信用制度膨胀时，金融活动与实体经济偏离或完全独立的那一部分经济形态。它以金融系统为主要依托，其行为表现在虚拟资本（如有价证券、产权、物权、金融衍生工具、资本证券化等）的循环运动上。虚拟经济的运作需要以大量的衍生工具为媒介。人们交易的对象正是虚拟化了的产权、信用和风险，交易的目的在于谋取差价。金融衍生工具独立于现实资本运动之外，却能给持有者带来收益，是一种收益获取权的凭证，其本身没有价值，具有虚拟性。

二、金融衍生工具的种类

随着金融创新的发展，金融衍生工具经过不断的衍生再衍生、组合再组合，品种不断增加。按照不同的分类标准，金融衍生工具有不同的分类。

（一）按照交易方法分类

1. 金融远期（Financial Forwards），指合约双方同意在未来日期按照协定价格交换金融资产的合约。金融远期合约规定了将来交换的资产、交换的日期、交换的价格和数量，合约条款因双方需要的不同而不同。主要有远期利率协议、远期外汇合约、远期股票合约等。

2. 金融期货（Financial Futures），指买卖双方在有组织的交易所内以公开竞价的形式达成的，在将来某一特定时间交收标准数量特定金融工具的协议，主要包括货币期货、利率期货和股票指数期货三种。

3. 金融期权（Financial Options），指合约双方按约定价格，在约定日期内就是否买卖某种金融工具所达到的契约，包括现货期权和期货期权两大类，每一类又可分为很多种类。

4. 金融互换（Financial Swaps），指两个或两个以上的当事人按共同商定的条件，在约定的时间内，交换一定支付款项的金融交易，主要有货币互换和利率互换两类。

（二）按照基础工具种类的不同分类

1. 股权式衍生工具（Equity Derivatives），指以股票或股票指数为基础工具的金融衍生工具，主要包括股票期货、股票期权、股票指数期货、股票指数期权以及上述合约的混合交易合约。

2. 货币衍生工具（Currency Derivatives），指以各种货币作为基础工具的金融衍生工具，主要包括远期外汇合约、货币期货、货币期权、货币互换以及上述合约的混合交易合约。

3. 利率衍生工具（Interest Derivatives），指以利率或利率的载体为基础工具的金融衍生工具，主要包括远期利率协议、利率期货、利率期权、利率互换以及上述合约的混合交易合约。

（三）按照金融衍生工具交易性质的不同分类

1. 远期类工具（Forward - based Derivatives）。在这类交易中，交易双方均负有在将来某一日期按一定条件进行交易的权利与义务，双方的风险收益是对称的。属于这一类的有远期合约、期货合约、互换合约。

2. 选择权类工具（Option - based Derivatives）。在这类交易中，合约的买方有权根据市场情况选择是否履行合约，即合约的买方拥有不执行合约的权利，而合约的卖方则负有在买方履行合约时执行合约的义务。因此，双方的权利、义务以及风险收益是不对称的。属于这一类的有期权合约以及期权合约的变形如认股权证、可转换证券等。

当然，上述分类并不是固定不变的。随着金融衍生工具日新月异的发展，上述分类界限正在模糊，新出现的再衍生工具（如期货期权、互换期权、远期互换等）使传统的分类模糊难辨。

三、金融衍生工具的功能

（一）转移风险的功能

现货市场的价格常常是短促多变的，处于不断的波动之中，这给生产者和投资者带来了价格波动的风险。传统的证券投资组合理论以分散非系统性风险为目的，对于占市场风险50%以上的系统性风险却无能为力。金融衍生工具市场恰是一种系统性风险转移市场，主要通过套期保值业务发挥转移风险的功能。正是由于衍生工具市场具有转移价格风险的功能，才吸引了越来越多的投资者，这也是其生命力之所在。

（二）定价功能

定价功能是市场经济运行的客观要求。在市场经济中，价格信号应当真实准确。如果价格信号失真，必然影响经营者的主动性和决策的正确性，打击投资者的积极性。在金融衍生工具交易中，市场参与者根据自己了解的市场信息和对价格走势的预期，反复进行金融衍生品的交易。在这种交易活动中，通过平衡供求关系，能够较为准确地使金融产品形成统一的市场价格。

（三）转化功能

转化功能是金融衍生工具最主要的功能，也是金融衍生工具一切功能得以存在的基础。通过金融衍生工具，可以实现外部资金向内部资金的转化、短期流动资金向长期稳定资金的转化、零散小资金向巨额大资金的转化、消费资金向生产经营资金的转化。

（四）提高资产管理质量的功能

对投资者来讲，为了提高资产管理的质量、降低风险、提高收益，就必须进行资产组合管理。衍生工具的出现，为投资者提供了更多的选择机会和对象。同时，工商企业也可利用衍生工具达到优化资产组合的目的。例如，通过利率互换业务，就会使企业降低贷款成本，以实现资产组合最优化。

（五）盈利功能

金融衍生工具的盈利包括投资者进行交易的收入和经纪人提供服务的收入。对于投资者来说，只要操作正确，衍生市场的价格变化在杠杆效应的明显作用下就会给投资者带来很高的利润；对经纪人来说，衍生交易具有很强的技术性，经纪人可凭借自身的优势，为一般投资者提供咨询、经纪服务，获取手续费和佣金收入。

金融衍生工具所具有的上述功能对现代经济的发展起到了有力的促进作用，甚至可以说，没有金融衍生工具，今天的经济运作是难以想象的，但衍生工具的发展也促成了巨大的世界性投机活动。目前，世界性的投机资本，其运作的主要手段就是衍生工具。在国际金融中，投机资本利用衍生工具冲击一国金融市场并造成该国的金融动荡和危机。如由于受到国际投机资本的冲击，1992 年英镑退出欧洲汇率体系；1997 年 7 月泰国放弃了泰铢对美元的固定汇率并引发了东南亚的金融大震荡等。

第二节 四种基本金融衍生工具

金融远期、金融期货、金融互换和金融期权是四种最基本的金融衍生工具，这种分类也是最基本、最常见的分类。其中，远期合约是最基本、最简单的衍生工具，是其他三种衍生工具的始祖，其他衍生工具均可以被认为是金融远期合约的延伸或变形。本节简单介绍这四类衍生工具的概念、性质、盈亏分析以及交易策略等。

一、远期合约

（一）远期合约的概念

1. 远期合约的定义

远期交易最早源于农产品买卖，有几百年的历史。它是为了适应规避现货交易风险的需求而产生的。远期合约是指交易双方约定在未来的某一确定时间，按照事先商定的价格（如汇率、利率或股票价格等），以预先确定的方式买卖一定数量的某种标的物的合约。其中，合约中规定在将来买入标的物的一方称为买方（或多头），在将来卖出标的物的一方称为卖方（或空头），合约中规定的未来买卖标的物的价格称为交割价格。在合约签订的时刻，所选择的交割价格应该使得远期合约的价值对双方都为零，否则就存在套利机会。这意味着无须成本就可以处于远期合约的多头或空头状态。

我们把使得远期合约价值为零的交割价格称为远期价格。因此，在签订远期合约时远期价格和交割价格是相同的。随着时间的推移，远期价格有可能改变，有可能高于或低于交割价格，而交割价格却保持不变。一般说来，在合约开始后的任何时刻，远期价格都随该合约期限的变化而变化，除了偶然之外，远期价格和交割价格都不相等。显然，购买或出售半年期的远期合约的价格肯定不同于购买或出售 1 年期的远期合约的价格。

远期合约在到期日进行交割，空头持有者交付标的物给多头持有者，多头持有者支付给空头方等于交割价格的现金。

2. 远期合约的损益分析

决定远期合约价值的关键变量是标的物的市场价格。远期合约签订时的价值为零，随后它可能具有正的或负的价值，这取决于标的物市场价格的变动。假定 K 为交割价格，S_T 为合约到期时标的物的即期价格，则一单位标的物远期合约多头的损益为 S_T-K。这是因为合约的持有者有权利以价格 K 购买价值为 S_T 的资产。类似地，一单位标的物远期合约空头的损益为 $K-S_T$。

因此，这些损益可能是正的，也可能是负的。用图 4－1 表示如下。由于签订合约时并没有成本，合约的盈亏也就是投资者从该合约中所得的总盈利或总亏损。

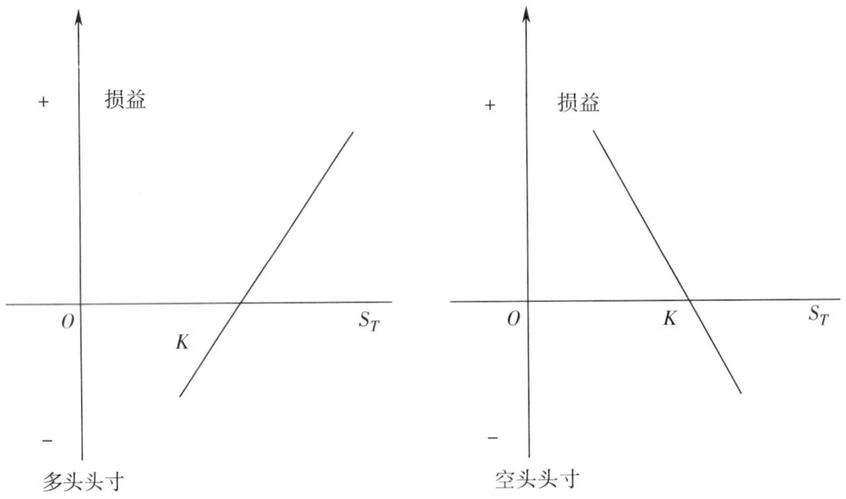

图 4－1　远期合约的损益图

3. 远期合约的优缺点

远期合约是一种非标准化的合约，它不在规范的交易所内交易，通常在两个金融机构之间或金融机构与其公司客户之间签署。在签订合约之前，双方可以就交割地点、交割时间、交割价格、合约规模等细节进行谈判，以便尽量满足双方的需求，因此具有较大的灵活性。这是远期合约的主要优点。

但它也具有明显的缺点：（1）市场效率低下。由于远期交易是场外交易，没有固定的、集中的交易场所，因此不利于信息的交流和传递，也就形成不了统一的市场价格，从而导致市场效率低下。（2）流动性较差。每份合约千差万别，这就给远期合约的流动造成较大不便。（3）违约风险较高。签署远期合约无须交纳保证金，靠的是双方的信用。当价格变动对一方有利时，对方有可能无力或无诚意履行合约，因此它的履约没有保证。

4. 远期合约的种类

远期合约主要有远期利率协议、远期外汇合约和远期股票合约等。

（二）远期利率协议

远期利率协议（FRA）在本质上是一种固定利率下的远期对远期贷款，只是没有发生实际的贷款交付。正是这一特点使得这个金融工具不会在资产负债表上出现，从而对银行来说也就没有了资本充足率方面的要求，而这方面的要求使得远期对远期贷款缺乏吸引力。当然，银行在进行远期利率协议交易时，仍要保留一定的资本，其数额大约只是远期对远期贷款资本要求的1%。

1. 远期利率协议的定义

远期利率协议是交易双方签订的一种远期贷款合约，即约定从将来某一日期开始，以约定的利率水平，由一方（买方）向另一方（卖方）借入一笔数额、期限、币种确定的名义本金，并约定在结算日根据约定利率与当日的参考利率之间的差额及名义本金额，由一方支付给另一方结算金，但双方不必交换合约的本金，也无须承担为交易对方借入或贷出某特定金额的义务。从使用者的角度来看，远期利率协议是双方希望对未来利率走势进行保值或投机而签订的一种协议。保值者要规避未来利率波动的风险，投机者则希望从未来的利率波动中获利。

2. 远期利率协议的交易流程

我们通过一个实例来说明远期利率协议的交易流程，以及协议中的几个重要术语及其相互之间的关系。

例4－1：假定今天是2004年3月2日星期二，双方签订一份1×4名义本金额为100万美元、约定利率为5.1%的远期利率协议，其中“1×4”是指起算日和结算日之间的时间为1个月，起算日至名义贷款最终到期日之间的时间为4个月。交易日与起算日之间一般间隔两个交易日。在本例中，起算日是2004年3月4日星期四，而结算日则是2004年4月5日星期一（2004年4月4日星期日为非营业日），名义贷款的到期日为2004年7月5日星期一，合同期为2004年4月5日至2004年7月5日共92天。以结算日的前两个交易日（即2004年4月2日星期五，因2004年4月3日星期六为非营业日）为确定日，确定参考利率，参考利率一般为确定日的伦敦银行同业拆放利率。若该日的参考利率为5.6%。这样，在结算日，由于参考利率高于约定利率，卖方（也就是名义贷款人）就要向买方（即名义借款人）支付结算金。上述流程可用图4－2表示。

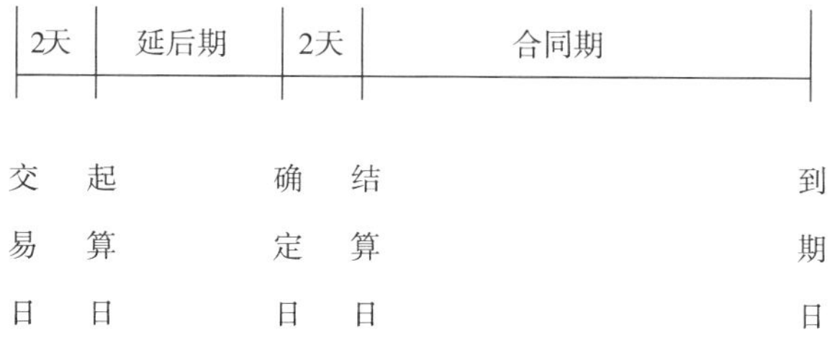

图4－2　远期利率协议流程图

3. 结算金的计算

在结算日，如果参考利率超过约定利率，那么卖方就要根据协议支付给买方一笔结算金，以补偿买方在实际借款中因利率上升而产生的损失。由于实际借款利息是在贷款到期时支付的，而结算金则是在结算日支付的，因此这笔结算金还可进行无风险投资以获取利息。这笔利息的计算期限应是从结算日至到期日。这样一来，结算金就不等于因利率上升而给买方造成的额外利息支出，而等于额外利息支出在结算日的贴现值，即

$$结算金 = \frac{(r_r - r_c) \times M \times \frac{D}{B}}{1 + (r_r \times \frac{D}{B})}$$

式中，r_r 是参考利率，r_c 是约定利率，M 是协议的名义本金额，D 是合同期限的天数，B 是计算利息时转换的天数（如美元按 1 年 360 天计算，英镑按 1 年 365 天计算）。在例 4－1 中，$r_r=5.6\%$，$r_c=5.1\%$，$M=100$ 万美元，$D=92$，$B=360$，则结算金为 1 259.7 美元。

4. 远期利率

上述约定利率实际上是远期利率。如果把当前利率称为即期利率，则当前时刻的未来一定期限的利率就称为远期利率。如当前的 1 个月期利率称为即期利率，那么 1 个月后执行的 3 个月期的远期贷款利率就是远期利率，即在 1 个月后才开始贷款，期限为 3 个月，则从现在开始算，4 个月后贷款才到期，一般表示为 1×4。

远期利率是由一系列即期利率所决定的。下面用无套利均衡分析原理讨论远期利率的计算方法。

例 4－2：假设 3 个月期的即期年利率为 5.25%，12 个月期的即期年利率为 5.75%，3 个月后执行的 9 个月期的远期利率（3×12）是多少？

设 3 个月后执行的 9 个月期的远期利率是 r_F，由无套利均衡分析可知，将 1 元钱先以 5.25% 的利率存款 3 个月，再把得到的利息加上本金一起以 r_F 存款 9 个月的收益应等于直接以 5.75% 存款 12 个月的总收益，即

$$(1 + 5.25\% \times 3/12)(1 + r_F \times 9/12) = 1 + 5.75\% \times 12/12$$

求得 $r_F=5.84\%$。

更一般地，假设在时刻 t 交易，在 T 时刻交割的远期利率为 r_F。再假设 t 年期的即期年利率为 r_t，T 年期的即期年利率为 r_T（其中 $1>T>t$，且均以年为单位），则根据上面的计算方法，我们可写出无套利机会的远期利率满足的等式：

$$(1 + t \times r_t)[1 + (T - t) \times r_F] = 1 + T \times r_T$$

从而可得远期利率的计算公式：

$$r_F = \frac{T \times r_T - t \times r_t}{(1 + t \times r_t)(T - t)}$$

5. 远期利率协议的功能与运用

远期利率协议本质上是以固定利率授予的一笔远期对远期贷款，但又没有实际贷款义务。它最重要的功能在于能将浮动利率负债转换为固定利率负债，以确定未来偿还的利息支出，或将浮动利率资产转换为固定利率资产。如此一来，签订 FRA 后，不管市场利率如何变动，投资者都能将未来特定期间内的收益或支出成本固定下来，从而规避未

来利率波动的风险。

另外，由于 FRA 只是在结算日仅就利息差额进行收付，撇开了本金的实际流动，所以就成为资产平衡表外的金融工具，从而不必满足资本充足率方面的要求。这就给银行提供了一种管理利率而又无须通过大规模的同业拆借来改变其资产负债结构的有效工具，这对于增加资本比例、改善银行业务的资产收益率十分有益。作为由银行提供的场外市场交易产品，FRA 逐步形成了银行进行全球性交易的市场。

FRA 运用的原则是：未来时间里持有大额负债的银行在面临利率上升、负债成本增加的风险时，必须买进 FRA；未来时间里拥有大笔资产的银行在面临利率下降、收益减少的风险时，必须卖出 FRA。

二、期货合约

（一）期货合约的概念

1. 期货交易的由来及定义

期货最早源于农产品买卖，它是远期合约的发展和延伸。100 多年前，美国芝加哥成立了第一家期货交易所并开办了谷物的期货交易，之后迅速成为世界上领先的期货市场。经过演变，期货交易只能在交易所进行，合约也有了统一的标准格式，于是期货交易不再意味着交易物品的真实转让，而是交易双方根据契约承担买入或卖出的义务和责任。具体地讲，期货合约是指买卖双方签订的一份合法的有约束力的购销合约，它规定以事先约定好的价格在未来特定的时间内交割一定数量的标的物并支付货款。

当期货交易的对象变为金融商品时，就形成了金融期货。金融期货孕育和产生的最直接原因是 20 世纪 70 年代初期外汇市场上固定汇率制的崩溃和浮动汇率制的实施。浮动汇率制的实施不仅加剧了外汇市场的波动，也使得短期利率和长期利率的变动幅度更为剧烈。汇率、利率的急剧大幅度波动，使得金融商品持有者（如贸易者、银行、存贷款者等）面临更大的风险，要求回避风险的呼声日趋强烈。1972 年美国芝加哥交易所（CME）率先成立了国际货币市场（IMM），并于同年 5 月推出了外汇期货交易。1975 年 10 月芝加哥期货交易所（CBOT）首创了利率期货合约交易。

20 世纪 80 年代，金融期货的交易从美国迅速扩大到世界其他国家。目前世界上最大的金融期货交易所主要有 CME、CBOT 和 LIFFE（伦敦国际金融交易所）等，上市的期货交易合约主要以美元和英镑为基础。

2. 期货交易的基本特征

从定义上看，期货合约本质上是一种在规范的交易所进行交易的标准化的远期合约。但作为一种新型的交易方式，期货交易在很多方面都表现出与远期交易不同的特点。

（1）期货交易具有专门的交易场所

期货交易是在专门的期货交易所内进行交易，除期货转现货交易（EFP）外，一般不允许场外交易，EFP 是唯一合法的场外交易方式。这就使期货合约的流动性更好。期货交易所不仅为期货交易者提供了一个专门的交易场所和进行期货交易所必需的各种设备和服务，而且还为期货交易制定了严密的规章制度，使期货交易成为一个组织化、规范化程度很高的市场。同时，它还为所有在期货交易所内达成的交易提供财务上和合约履行方面的担保。这是期货交易区别于现货即期交易和现货远期交易的一个重要方面。

（2）期货市场的交易对象是标准化的期货合约

期货合约的标准化是期货交易最显著、最重要的特征，也是期货交易区别于现货远期交易的又一个重要方面。期货合约的内容是由交易所统一制定的。它规定的标准化条款主要有：（a）标准化的数量与数量单位。（b）标准化的标的物。这样，在期货交易过程中，交易双方无须再就商品的质量进行协商，大大地方便了交易者。（c）标准化的交割期限和交割程序。期货合约具有不同的交割月份，交易者可以自行选择。一旦选定之后，在最后交割期限到来之时如仍未对冲掉手中合约，就要按交易所规定的交割程序进行实物交割或现金交割。（d）交易者统一遵循的交易报价单位、每天最大价格波动限制、交易时间、交易所名称等。只有期货价格是期货合约中的唯一变量，它是在交易所里以公开竞价的方式产生的。

（3）期货交易是一种不以实物商品的交割为目的的交易

交易者进行期货交易的目的有两种——套期保值和进行投机。这两种特定目的决定了期货交易是一种不以实物商品的交割为目的的交易。在期货交易中，最后进行实物交割的比例很小，一般只有1%～3%，绝大多数的期货交易都以对冲平仓的方式结束。

（4）期货交易具有杠杆效应

期货交易是一种保证金交易，只需交纳相当于标的物价值5%～10%的保证金，就可以从事100%的交易。这种杠杆原理决定了期货交易是一种高风险、高回报的交易。投入一定数量的资金后，交易者可能获得数倍甚至数十倍于这笔资金的收益，也可能面临着数倍甚至数十倍于这笔资金的亏损。

3. 期货交易的种类

期货交易一般可以分为两大类：商品期货和金融期货。

（1）商品期货

目前世界上的商品期货品种非常多，但大体上可分为农产品期货、黄金期货和金属与能源期货三个层次。农产品期货是最古老的期货交易品种，在很多年前也是交易最活跃的期货。然而，在最近几年中，它们的交易被金融期货超过。一般来说，商品期货的投资者中很大一部分是商品的生产供应商或商品用户，他们通过商品期货交易来固定未来买卖的商品价格，从而规避商品价格波动的风险。

在商品期货合约中，需要规定商品的质量等级等规格和交割地点。虽然各商品期货合约互不相同，但基本内容还是相似的。

（2）金融期货

根据标的物性质的不同，金融期货也可分为三大类：外汇期货、利率期货和股票指数期货。与商品期货不同，大部分金融期货一般以现金结算，而不进行实物交割。证券投资学主要以金融期货为讨论对象。

4. 期货合约的结算机制

（1）期货结算中心

为了确保期货交易能够顺畅运作，每个期货交易所都有一家与之配合的结算中心对交易双方进行结算。结算中心也称做清算所，它可能是一家独立的公司，也可能是交易所的一个下属机构。

交易者实际上只与清算所进行交易。对于每个买（卖）方，清算所扮演卖（买）方的角色。这意味着期货交易中每个交易者仅对清算所履行履约的承诺，当然也预期清算所会履行对应的履约承诺。这样，由于清算所的居中介入，每个交易者的交易对象实质上都是清算所，因此无须考虑其他交易者的信用问题，只需担心清算所的可靠性。

清算所通常是由资本雄厚的大型金融机构组成的，而且清算所不会主动在市场上建立头寸，而是被动地介入每笔交易的当事人之间。在期货市场中，买进的合约张数必定等于卖出的合约张数，所以最终的合约张数必定为零。清算所有义务对买方交割期货卖出期货，同时对卖方也有交割期货按同样价格买进期货的义务。这两项义务相互冲销而净头寸为零，所以它的风险很小。事实上，如果清算所不能履行它所提供的担保承诺的话，就可能导致整个期货市场完全瓦解。

（2）保证金制度

正式从事交易之前，交易者必须在经纪商账户中存入一笔资金，这笔资金相当于履约的担保存款，用来确保交易者履行合约，因此称为保证金。保证金总共有三种类型：初始保证金、维持保证金和变动保证金。

初始保证金即最初的存款，其额度大约等于相关合约的每天最大价格波动，一般不会超过标的物价值的5%。初始保证金仅需要用来应付每天的价格波动。交易者在持仓过程中，会因市场行情的不断变化而产生浮动盈亏（即合约结算价与市场每天的成交价之差），因而保证金账户中实际可用来弥补亏损和提供担保的资金每天都会发生增减。浮动盈利将增加保证金账户余额，浮动亏损将减少保证金账户余额。当保证金余额低于某种程度——维持保证金时，交易者就必须补缴保证金，让保证金的额度恢复到起始水平。交易者必须补缴的现金称为变动保证金。维持保证金通常设定为初始保证金的75%。

（3）逐日结算制度

保证金的价值一般要比整个合约小很多，这就给交易者带来一个很大的杠杆效应。为了保证交易者不违约、控制杠杆效应的风险，期货交易还采用逐日结算（或称逐日盯市）制度。

逐日结算制度是指交易所每天都对交易者的账户进行盈亏结算，并采取措施将交易者的保证金维持在一定水平的制度。在每个交易日结束时，交易账户都必须根据当天的收盘价进行结算，立即实现当天的盈亏。如果交易商的交易账户发生亏损，就需要补缴保证金。不论是什么理由，只要没有补缴所规定的变动保证金，经纪人就有权强制结束其相关的头寸，将损失从初始保证金中扣除，然后退还余额。每天根据市价进行结算并保持维持或变动保证金的措施，可以保障期货市场的有效运作。

逐日结算是期货与远期的又一个主要区别。期货采取逐日结算盈亏的方法，而远期则一直持有至到期日，在到期日之前，尽管合约价值也在变化，但没有发生资金的转移。

（4）期货交易的结束方式

期货合约可以通过三种方式来结束头寸：交割、平仓和期货转现货。

交割是指在到期日进行实物交割或现金结算，其中实物交割适用于商品期货，而大多数金融期货采用现金结算。实物交割就是用实物交收的方式来履行期货交易的责任。采用现金结算是指当合约到期时，交易者仅需要利用现金结清其头寸的盈亏，不需要做现货交割。不论是采用实物交割还是现金结算，都是在到期时结束期货合约。可是，很少有期货合约会真正通过实物交割或现金结算的方式来结束头寸。

大部分的期货合约都是通过平仓来结束头寸。平仓是指在到期日或到期日之前通过买入与原来合约方向相反的同等合约进行对冲，即反向平仓。此时应注意，同等合约指除了持有头寸的方向外，其他条件都相同的两个合约。

此外，交易者还可以通过期货转现货（EFP）的方式完成期货合约规定的义务。在一笔 EFP 中，两位交易者同意同时交换某种特定商品的现货与期货合约。由于期货转现货并不发生在交易大厅，故又称为场外交易。根据法律和交易所的规定，所有的期货交易必须发生在交易大厅，但 EFP 是个例外，有时也被称为针对现货的交易。

（二）期货交易策略

从期货交易的目的来看，期货交易的参与者主要包括套期保值者和投机者。因此，期货交易的基本策略分为套期保值策略和套利策略。

1. 套期保值策略

套期保值是指在现货市场某一笔交易的基础上，在期货市场上做一笔资产数量相当、期限相同但方向相反的交易，以期保值。从定义不难看出，套期保值不是在期货市场上对期货进行保值，而是对期货的相应标的物的现货进行保值。套期保值之所以能够达到规避价格风险的目的，其基本原理有两个：（1）同一品种的商品，其期货价格与现货价格受到相同因素的影响和制约，虽然波动幅度会有不同，但价格的变动趋势和方向有一致性。（2）随着期货合约到期日的临近，期货价格和现货价格逐渐聚合。在到期日，基差（即现货价格减去期货价格的差）接近于零，两种价格大致相等。

套期保值按其操作手法的不同，可以分为卖出（空头）套期保值和买进（多头）套期保值。其在期货市场的操作可分两步：第一步，交易者根据现货交易情况，通过买进或卖出期货合约建立第一个期货头寸；第二步，在期货合约到期前，通过建立另一个相反的头寸将先前的合约平仓。

套期保值所选用的期货合约是影响保值效果的一个关键因素，而期货合约的选择通常包括两个方面：选择期货合约的标的物和选择交割月份。对于第一个方面的选择，通常要求期货合约的期货价格与打算保值的资产价格的相关性最好。对于交割月份，应尽量选择最接近套期保值到期日的那个交割月份，且交割月份应稍迟于套期保值到期日的月份。这是因为套期保值的到期日与合约交割月份之间间隔的时间越长，基差越大。之所以不选择当月交割合约，是因为交割月份的期货价格非常不稳定；同时，在交割月份中持有合约的多头套期保值者还面临着不得不接受实物资产交割的风险，这会导致高成本且极不方便。

在确定了用何种期货合约作为套期保值工具后，还要确定套期保值所需的期货合约的规模，即要决定使用多少张这样的期货合约才能达到预期的套期保值目的，即确定套期保值比率。所谓套期保值比率，是指保值者持有期货合约的头寸的大小与需要保值的标的资产的大小之间的比率，实际上就是每一单位现货头寸保值者所建立的期货合约单位。用最小方差法可估计出最佳套期保值比率。

$$h = \rho \frac{\sigma_S}{\sigma_F}$$

式中，σ_S 表示在套期保值期限内现货价格改变量 ΔS 的标准差，σ_F 表示在套期保值期限内期货价格改变量 ΔF 的标准差，ρ 表示 ΔS 和 ΔF 之间的相关系数。

2. 套利策略

所谓套利策略，是指同时买进和卖出两张不同类型的期货合约，以期从中赚取变动价差的交易。交易者之所以进行套利是因为他发现某两个合约之间存在着不合理的价格关系，即市场的漏洞，以期从中获利。但实际进行套利操作时，交易者并不能一看到这种不合理的价格关系就进行套利，这是因为还必须考虑交易成本、买入/卖出价差、借贷款的利率差以及卖空的限制等不完全市场方面的影响，否则，套利操作的最终效果可能是得不偿失的。根据交易时的期货合约的不同种类，可以把套利分为三类：跨期套利、跨市套利和跨品种套利。

需要强调的是，这里所说的套利是有一定风险的，是投资者凭自己对市场的预测，认为与可能获得的收益相比，其风险很小或者微不足道。平常所说的套利是无风险的，即在套利时不承担未来任何价格变动的风险。但正如前面所述的无套利定价原则，只要这种无风险套利机会一出现，所有的投资者都会进行套利操作，从而使得套利机会消失。所以，对这种无风险套利机会的寻找是很困难的，而寻找这种机会也正是金融工程所要实现的基本功能之一。

例 4－3：3 月 28 日，苏州商品交易所 4 月（交割月）豆粕期货价格为 3 520 元/吨，大连大豆市场现货价格为 2 800 元/吨，而苏州商品交易所规定大连交割异地贴水 180 元/吨，所以基差很大。大连某粮库分析后认为这是很好的套利机会，于是果断入市，以3 520 元/吨卖出 500 份（每份 10 吨）豆粕期货。结果期货价格向现货价格回归，最后苏州商品交易所 4 月豆粕价格跌至 2 630 元/吨，粮库决定不再交割实物，而是抓住机会在 2 700 元/吨左右平仓出市，赚得利润 4 100 000 元[(3 520 －2 700) ×500 ×10]。当然，若粮库选择实物交割，效益也将十分可观，为 3 550 000 元[(3 520 －2 630 －180) ×500 ×10]。

（三）股票指数期货

1. 股票指数期货的概念和特点

股票指数期货简称股指期货，是以股票市场的指数为标的物的期货。具体地讲，是指期货交易所同期货买卖者签订的约定在将来某个特定的时期，买卖者向交易所结算中心收付等于股价指数若干倍金额的合约。

股指期货一方面是期货的一种，在期货市场上进行买卖；另一方面，由于它所买卖的是与股票有关的指数，因此又与股票市场有关。它的主要特点是以现金结算，而不进行实物交割。

尽管股指期货交易很多时候被认为是导致股票市场混乱的原因，或至少是影响因素，但它仍然是20世纪80年代最重要的金融创新成果之一。如今，在国际金融市场上，每天都有成千上万份股指期货合约的交易。股指期货之所以能获得成功，主要源于它具有如下好处：便捷的交易手段和很高的杠杆效应、较低的交易成本、较高的市场流动性、没有卖空限制等。

2. 股指期货的主要内容

股票指数期货合约的报价行情常刊登在《华尔街日报》上。股指期货合约的种类很多，都以合约的标的指数的点数报价，合约的价格由这个点数与某一个固定的金额相乘而得。例如，标准普尔500股票指数期货合约的价格是当时指数的500倍，假如标准普尔500股票指数某日的报价为230点，一份标准普尔500股票指数期货合约的价格就为115 000美元（500美元×230点）。再例如，香港恒生股票指数期货合约的价格是当时指数的50倍，若某时恒生股票指数期货的报价是5 000点，则一张恒生股票指数期货合约的价格就是25万港元（50港元×5 000点）。

对于不同的种类，股票指数期货合约的规定也有所不同。表4－1给出了香港恒生股票指数期货合约的相关交易规则。

表4－1　　香港恒生股票指数期货合约的交易规则

交易地点	香港期货交易所
交易单位	50港元×恒生指数
最小变动价位	1个指数点（每张合约50港元）
合约月份	现货月份、现货月份随后的一个月份以及最近期的两个季末月份
交易时间	每周一至周五10:00～12:30，14:30～15:45（香港时间）
最后交易日	交割月份的倒数第2个营业日
结算日	最后交易日后的第1个营业日
结算方式	现金结算
最后结算价	以最后交易日每5分钟报出的恒生指数的平均值去掉小数点后的整数作为最后结算价格

3. 股指期货的交易策略

由于股指期货的标的物就是通过由数十种到数百种成分股票组成的资产组合计算得到的指数，它基本消除了股价的不规则变动，仅反映股市走势，因此大额投资者（如养老基金等）可专心应付系统性风险，况且持有股指期货就等价于间接地持有成分股票组合，卖出股指期货就相当于卖出成分股票组合。所以，买卖股指期货就可以代替在股票市场进行的大范围的市场运作，而且交易费用也要低得多。因此，股指期货已被投资者特别是机构投资者广泛用做套期保值和进行资产配置的有效工具。

用股指期货进行套期保值的风险有：（1）已持有股票价格下跌；（2）大量现货股票上市引起股价下跌；（3）拟购股票价格上涨。

此外，也可以利用股指期货进行投机交易，利用不同时期、不同品种或期货与现货之间的差异进行套利，赚取利润，并可用于投资组合，加强财务管理。

三、互换合约

（一）互换合约的概念

1. 互换合约的定义与特点

所谓互换，是指买卖双方达成协议并在一定的期限内转换彼此的货币种类、利率基础或其他资产的一种交易。互换合约就是买卖双方在一定时间内交换一系列现金流的合约。

从互换产生的现金流来看，互换在本质上是一系列的短期远期合约的组合，对互换的研究很自然地成为对期货和远期合约研究的扩展。但它与期货和远期合约相比，还具有如下特点：

（1）互换是一种建立在平等基础之上的合约，合约双方具有相同的权利和义务。

（2）互换所载明的内容是同类商品之间的交换，但同类商品必须有某些品质方面的差别，如利率互换中利率期限和大小之间的差别、货币互换中货币币种之间的差别等。

（3）互换是以交易双方互利为目的的。互换交易利用双方的比较优势，通过产生剩余，使双方从中获利。这也是进行互换交易的动因所在。

（4）互换交易具有极大的灵活性。互换是一种按需定制的交易方式，只要互换双方愿意，从互换内容到互换形式都可以通过谈判达成。双方既可以选择交易额的大小，也可以选择期限的长短，由此所形成的互换合约就具有很大的灵活性，可以完全满足交易双方的特定需求。

2. 互换合约的产生与发展

互换交易起源于20世纪70年代发展起来的平行贷款和背对背式贷款。当时，由于大多数国家仍实行外汇管制，公司跨国界融资和投资者向海外贷款的机会大受限制。互换是20世纪80年代最成功的金融创新之一，在较短时间内已经发展成为具有多种样式的市场。它是国际金融发展的必然结果，各种互换工具的使用也必将进一步推动金融工程的发展。

互换产生的理论基础是比较优势理论。交易双方利用各自在筹资成本上的比较优势而进行互换交易，以期从中获得某些方面的好处。具体而言，互换产生的条件可以归纳为两个方面：（1）交易双方对对方的资产或负债均有所需求；（2）双方在这两种资产或负债上存在比较优势。

3. 互换交易的功能

互换交易也属表外业务，不记入资产负债表内，因此它具有如下主要功能：

（1）降低融资成本。交易双方利用各自融资的比较优势进行套利，有利于降低双方的融资成本。

（2）规避利率风险。使用利率互换，可以用固定利率支付浮动利率，也可以用浮动利率支付固定利率。因此，利用对市场利率的不同预期，通过不同方向的利率互换就能规避利率风险。

（3）规避汇率风险。通过货币互换，也能避免汇率波动带来的风险。

（4）进行资产负债管理。当要改变资产或负债类型的组合，以配合投资组合管理或对利率的未来动向进行锁定时，可以利用互换交易进行调整，而无须卖出资产或偿还债务。

4. 互换合约的种类

互换的发展历史虽然很短，但品种不断创新。除了传统的货币互换和利率互换外，各种新的互换品种不断涌现。各种新的互换品种大致上都是从最基本的利率互换和货币互换的基础上，沿着三个方向衍生出来的。这三个方向分别为：（1）以新的基础资产为标的物而衍生新品种，如商品互换、股票互换、股权互换等。（2）已有的互换品种因条件不断变化而衍生新品种，如增长型互换、减弱型互换、滑道型互换、基础互换以及远期互换等。（3）构造新的互换品种，如交叉货币利率互换、互换期权等。从某种意义上说，第三个方向将是互换发展的一个主要方向，也是金融工程师面临的重大任务之一。

我们下面通过对最基本的利率互换和货币互换的介绍，来阐述互换交易的基本原理。

（二）利率互换

1. 利率互换的概念

最普通的互换类型是大众型利率互换。它是指交易双方签订一种合约，彼此同意在合约规定的期限内互相交换一定的现金流，其中一方支付的现金流以固定利率计息，另一方支付的现金流则以浮动利率计息，且都以同一种货币计算。互换的时间期限可以从2年到15年以上。

在利率互换交易中，交易双方无论在交易的初期、中期还是末期都不交换本金，这是因为在合约中固定利率贷款与浮动利率贷款的美元价值不变。本金是交易双方的资产或负债，它并不转手，交换的只是利息款项，其目的是改变资产或负债的利率。

2. 利率互换的运行过程

现在通过一个例子来说明如何从比较优势中产生出利率互换。

例4-4： 假设A、B两公司都想借入期限为5年的1 000万美元。它们各自在银行的信用评级和银行提供给两公司的贷款条件如表4-2所示。

表4-2　　A、B两公司融资成本的相对比较优势

	信用评级	固定利率	浮动利率
A公司	AAA	7%	6个月期LIBOR+0.4%
B公司	BBB	8.5%	6个月期LIBOR+0.7%
借款成本差额		1.5%	0.3%

进一步假设B公司想按浮动利率借款，而A公司想借入与6个月期LIBOR相关的浮动利率资金。由于B公司的信用评级低于A公司，所以B公司在固定利率和浮动利率市场的借款成本都高于A公司。但由表4－2可知，在固定利率市场上B比A多付1.5%，而在浮动利率市场上B只比A多付0.3%。所以，A在固定利率市场上有比较优势，而B在浮动利率市场上有比较优势。这种明显的差异将产生可获利润的互换交易。

利率互换的运行过程：A公司以固定利率7%借款，B公司以6个月期LIBOR＋0.7%借款，然后它们签订一项利率互换协议，以保证最终A得到浮动利率资金而B得到固定利率资金。假定A与B通过直接接触后商定的互换类型如图4－3所示，即（1）A以每年7%的固定利率借入为期5年的1 000万美元资金，B以每年“6个月期LIBOR＋0.7%”的浮动利率借入为期5年的1 000万美元资金。（2）A公司同意向B公司支付本金1 000万美元的以“6个月期LIBOR－0.2%”计算的利息，作为回报，B公司每年向A公司支付本金1 000万美元的以7%计算的利息。

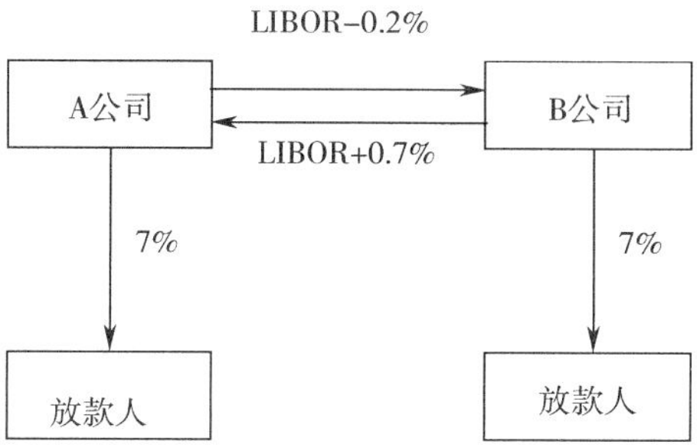

图4－3 利率互换示意图

由图4－3可知，A公司有三种利率现金流：支付给外部放款人的年利率为7%的利息、向B支付LIBOR－0.2%的利息和从B处得到的年利率为7%的利息。这三项现金流的净效果是A支付LIBOR－0.2%的利息。这比它直接在浮动利率市场上借款少支付0.6%的利息。同样，B互换后现金流的净效果是支付年利率为7.9%的利息，这比它直接在固定利率市场上借款少支付0.6%。这样，双方通过利率互换，都降低了各自的融资成本，实现了互利。总收益为每年1.2%，这可以预先算出来，其总的潜在收益就是A、B两公司在固定利率与浮动利率市场借款成本差额之差。

注意，第一个支付日为互换协议开始后6个月，第一个支付日现金流的交换是以互换协议开始时的6个月期LIBOR为基础的；第二个支付日是以互换协议开始后的12个月，第二个支付日现金流的交换是以互换协议开始后6个月的6个月期LIBOR为基础的。

（三）货币互换

1. 货币互换的定义

货币互换是指交易双方签订一种合约，彼此同意在合约规定的时间内互相交换一定的现金流，该现金流以不同货币计算和支付。与利率互换相比，货币互换中双方是以不同货币支付的，而且要支付本金。在最基本的货币互换中，每种货币都带有固定利率。

当然，还有以固定利率换浮动利率或以浮动利率换浮动利率的货币互换。货币互换一般以即期汇率为基础，两种货币之间存在的利率差则按利息平价原理，由货币利率较低方向货币利率较高方定期贴补。因此，货币互换是一系列现金流的交换。

货币互换产生的主要原因是双方在各自国家中的金融市场上具有比较优势。由于货币互换涉及本金的互换，因此，双方面临的信用风险要比利率互换大。

货币互换交易一般有三个步骤：

（1）本金的初期互换，指互换交易之初，双方按协定的汇率交换两种不同货币的本金。本金选择的方法是：按互换开始时的即期汇率折算的本金价值相等。

（2）利息的互换，指交易双方按协定利率，以未偿还的本金为基础进行互换交易的利率支付。实际中，利息款项仅交换净额。在每次交换利息流的日子，利用当时的即期汇率来计算利息净额。

（3）到期日本金的再次互换，即在合约到期日，交易双方通过互换，换回期初交换的本金。

这样，通过货币互换的三个基本步骤，就能够把一种货币的债务有效地转换为另一种货币而得到充分的保值。

2. 货币互换的运行过程

货币互换的运行过程与利率互换的运行过程完全类似，我们仍用一个案例来加以说明。

例4－5：假设A、B两公司在美元市场和瑞士法郎市场上的相对借款成本如表4－3所示。

表4－3　促成货币互换的借款成本　单位：%

	美元市场	瑞士法郎
A公司	10.0	5.0
B公司	13.0	6.0
借款成本差额	3.0	1.0

再假定A公司需要1亿美元的瑞士法郎，若市场的即期汇率为\$1＝SF2，即A公司需要2亿瑞士法郎，B公司需要1亿美元。因为在两个市场上A与B得到的贷款利率之间的差异不同，B公司在美元市场上比A公司多付出3%，而在瑞士法郎市场上只比A公司多付1.0%。因此，A在美元市场上有比较优势，而B在瑞士法郎市场上有比较优势。这就为货币互换创造了很好的条件。A公司发挥自己在两种市场上借款的比较优势，以10.0%的利率在美元市场上借1亿美元，B公司则以6.0%的利率在瑞士法郎市场上借2亿瑞士法郎，然后双方进行如图4－4所示的货币互换。互换既使得交易双方获得了自己所需的货币，又分别降低了贷款的实际成本，达到互利的目的。

根据利率互换的例子类推，如果忽略两种货币利率的差异，各方的总收益为在两个货币市场上的借款成本差额之差，即每年为3.0%－1.0%＝2.0%。

若考虑到中介机构的参与，如图4－5所示，在有金融中介机构参与的这笔互换交

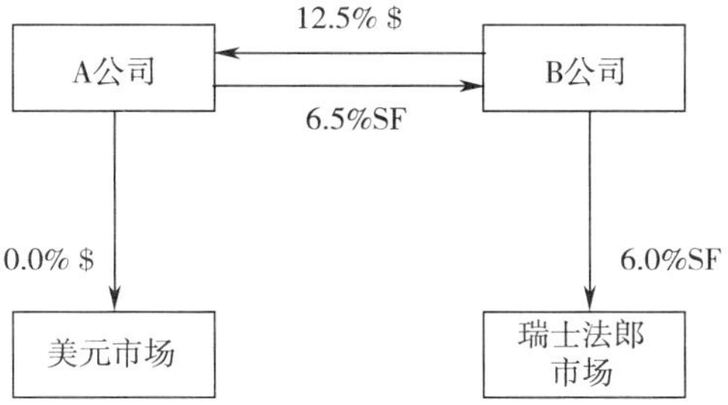

图 4－4 货币互换示意图

易中，A 公司获净收益 0.7%，B 公司获净收益 0.8%，金融中介获净收益 0.5%，总收益还是 2.0%。当然，互换的构造有很多方式，图 4－4 或图 4－5 所示的只是互换的一种可能的安排。

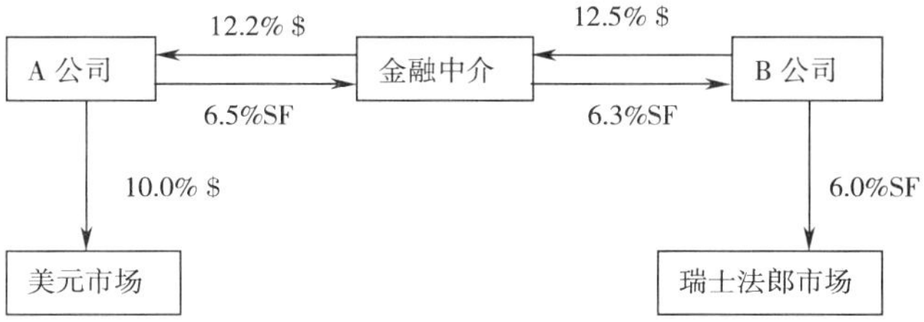

图 4－5 通过金融中介的货币互换示意图

四、期权合约

（一）期权的基本概念

1. 期权的定义与主要内容

期权又称选择权，实质上是一种权利的有偿使用，是指当期权购买者支付给期权出售者一定的期权费后，赋予购买者在规定期限内按双方约定的价格（又称协议价格、执行价格或敲定价格）购买或出售一定数量某种标的物的权利的合约。也就是说，期权交易中的买方付出一笔较小的权利费用后，便得到一种权利，在权利有效期内，若标的物价格朝有利于期权买方的方向变化，买方可以选择履约，即按约定的价格进行买或卖；在合约的有效期内，期权也可以转让；超过有效期，合约失效，买方的权利随之作废，卖方的义务也被解除。

2. 期权的基本特点

与其他衍生品相比，期权具有如下一些基本特点：

（1）交易的对象不是任何商品或期货合约，而是一种买卖某种商品或期货合约的权利，期权交易是这种权利的交易，而且这种权利具有很强的时间限制。无论是什么期权，一旦到期还没执行，权利都将作废。

（2）双方的权利和义务是不对称的。买方只有权利，而没有义务，他可以在期权的到期日放弃执行期权而不采取任何行动；而卖方则只有义务，没有权利，一旦期权的买方要求行使其权利，则期权的卖方就必须无条件地履行相应的义务，不得以任何理由拒绝。

（3）双方的风险与收益是不对称的。买方所承担的最大风险是为购买期权而支付的期权费，当其在有利情况下行使期权时，取得的收益可能是无限的；而卖方可能获得的最大利润就是期权费，但当买者行使期权时，卖方可能遭受无限的风险损失。实际上，期权交易是一种零和博弈，其买方的盈利就是卖方的亏损，而买方的亏损就是卖方的盈利。

（4）期权合约赋予买方的是权利，所以他必须事先支付一笔期权费作为拥有这种权利的代价；而合约赋予出售方的是履约的义务，因此他必须缴纳保证金。

（5）期权交易的实质是一种选择权交易，因此期权的价格是为拥有这种权利而必须支付的费用，即期权费。这与合约中约定的买卖标的物的价格有着本质的不同。期权价格是期权合约里唯一的变量，它随离到期日时间的变化而变化，而合约中的执行价格是合约中事先确定的常量。

3. 期权的种类

金融期权的分类标准很多，按不同的标准可以划分出不同的类型。

（1）根据期权交易买进和卖出的性质划分

根据期权买者的权利将期权分为看涨期权和看跌期权。

看涨期权又称买入期权，是指赋予期权的购买者在预先规定的时间以约定的价格从期权出售者手中买入一定数量的某种特定的商品或期货合约的权利的合约。为取得这种买的权利，期权购买者需要在购买期权时支付给期权出售者一定的期权费。因为它是人们在预期某种标的物的未来价格上涨时购买的期权，所以称为看涨期权。相反，卖方预测该标的物的市场价格不会上涨或可能下跌，所以他卖出看涨期权以获取期权费。

看跌期权又称卖出期权，是指赋予期权的购买者在预先规定的时间以约定的价格向期权出售者卖出一定数量的某种特定的商品或期货合约的权利的合约。它与看涨期权相反，它是人们在预期某种标的物的未来价格下跌时购买的期权，所以称为看跌期权，而卖方预测该标的物的市场价格不会下跌或可能上涨。

（2）按期权的履约时间的不同规定划分

按期权买者执行期权时限的不同可分为欧式期权与美式期权。

欧式期权是指期权持有人仅在期权到期日才有权行使其交易权利，美式期权是指在期权交易期限内（到期前）任何一个时点上期权持有者都有权行使其交易权利。

美式期权比欧式期权具有更大的灵活性，这是因为购买者买进美式期权后，可以在期权有效期内根据市场价格的变化和自己的实际需要，比较灵活而主动地选择履约时间；而期权出售者必须随时为履约做好准备，这意味着美式期权比欧式期权使他承担更大的风险。因此，在其他情况一定时，美式期权出售者所需要的风险补偿即期权费通常比欧式期权出售者高一些。

（3）根据交易场所的不同划分

按交易场所的不同，期权可分为场内期权与场外期权。

场内期权又称交易所交易期权，是一种标准化的期权，它有正式规定的数量，在交易所大厅中以正规方式进行交易。其交易数量、执行价格、到期日以及履约时间等均由交易所统一规定。

场外期权又称柜台式期权，是指期权的出售方为满足某一购买者的特定需求而产生的，它并不在交易所大厅中进行交易。它是一种非标准化的期权合约，其交易数量、执行价格、到期日以及履约时间等均可由交易双方自行议定。

（4）根据标的资产性质的不同划分

根据标的资产性质的不同，期权分为现货期权和期货期权。

现货期权是指以各种金融现货工具本身作为期权合约标的资产的期权，如各种股票期权、股票指数期权、外汇期权、债券期权等。期货期权则是指以各种金融期货合约作为期权合约标的资产的期权，如各种外汇期货期权、利率期货期权以及股票指数期货期权等。

（5）新型期权

期权市场获得了巨大的成功，正是期权交易才使种种投资组合成为可能，投资者对此有清楚的估价，市场交易量之大也反映了这一点。成功诱发模仿，近年来我们目睹了期权工具领域的巨大创新。部分创新发生在客户化期权市场，这使场外市场交易非常活跃。很多这种期权甚至在几年前看起来还不可思议，因此被称为新型期权。

a. 亚式期权

亚式期权的收益取决于标的资产在至少是期权部分有效期内的平均价格。例如，一个亚式期权的收益等于在过去3个月中股票的平均价格减去执行价格（这个值为正，否则便为零）。有些公司会对这种期权感兴趣，如公司想对其利润进行套期保值，而利润又取决于某段时间的商品的平均价格。

b. 屏障期权

屏障期权的收益不仅取决于期权到期时标的资产的价格，还取决于资产价格是否达到了特定的值，达到了特定的"屏障"。例如，被击垮期权（Down - and - out Option）就是一种当股价降至一定水平时就自动失效的屏障期权。同样，被击垮期权只有在期权的有效期内股价下降到特定值至少一次时才会有收益。这种期权也被称做敲出（Knock-out）与敲进（Knock - in）期权。

c. 回顾期权

回顾期权（Look Back）的收益取决于期权有效期内标的资产所达到的最大值或最小值。例如，回顾期权的收益等于期权有效期内股价的最高值减去执行价格，而不是收盘价减去执行价格。这种期权实际上是一种完美的市场计时器，回顾看涨期权持有者的收益等于以 X 买入资产，而以在有效期内的最高价将其卖出的收益。

d. 币种转换期权

币种转换期权（Currency - translated Option）的标的资产与执行价格以外币计值。Quanto 就是一个典型的例子，投资者可以按照事先确定的汇率将外汇投资兑换为美元。这种能设定汇率将外币兑换成美元的权利是一种简单的外汇期权。Quanto 的更有趣之处在于，它所能兑换的外币的数量取决于此项外汇投资的业绩，因此 Quanto 所提供的期权数实际上是随机的。

e. 两值期权

两值期权（Binary Option）的收益是固定的，它取决于标的资产的价格是否满足预定条件。例如，当股票价格超过执行价格时，两值看涨期权的收益固定为100美元。

还有很多新型期权，而且新的还正在被不断地创造出来，限于篇幅，我们不再讨论。如果想对这些期权及其定价作进一步的研究（它们远比本章中所讨论的简单期权复杂得多），我们可以参考更多的相关文献。

4. 期权交易与期货交易的区别

通过以下几个方面的比较，我们来阐明期权交易及其与期货交易的区别。

（1）权利和义务

期货合约双方的权利和义务是对等的，除非用相反的合约抵消；合约所赋予双方的权利和义务在到期日必须行使，且只能在到期日行使，期货的空方甚至还拥有在交割月选择在哪一天交割的权利。期权合约只赋予买方权利，卖方则无任何权利，他只有在对方履约时进行对应买卖标的物的义务。特别是美式期权的买方可在约定期限内的任何时间执行权利，也可以放弃权利；期权的卖方则须准备随时履行相应的义务。

（2）盈亏风险

期货交易双方所承担的盈亏风险都是无限的。期权交易卖方的亏损风险可能是无限的（看涨期权），也可能是有限的（看跌期权），盈利风险却是有限的（以期权费为限）；期权交易买方的亏损风险是有限的（以期权费为限），盈利风险可能是无限的（看涨期权），也可能是有限的（看跌期权）。

（3）保证金

期货交易的双方都须缴纳保证金。期权的买方因其亏损不会超过已支付的期权费而无须缴纳保证金，而在交易所交易的期权卖方却和做期货交易一样必须缴纳保证金。至于场外交易的期权卖方是否需要缴纳保证金，则取决于当事人的意见。

（4）标准化

期货合约都是标准化的，因为它都是在交易所中交易的。而与期货交易不同的是，期权合约不仅有正规交易所作为交易场所，还有一个规模庞大的场外交易市场。交易所交易的是标准化的期权合约，场外交易的则是非标准化的期权合约。

与期货交易一样，为了保证期权交易的高效、有序，交易所对期权合约的规模、期权价格的最小变动价位、期权价格的每日最高波动幅度、最后交易日、交割方式、标的资产的品质等作出明确规定。对于标准化合约而言，期权合约的有效期一般不超过9个月，以3个月和6个月最为常见。跟期货交易一样，由于有效期（交割月份）不同，同一种标的资产可以有好几个期权品种。此外，同一标的资产还可以规定不同的执行价格而使期权有更多的品种，标的资产、期限、执行价格相同的期权还分为看涨期权和看跌期权两大类，因此期权品种远比期货品种多得多。

（5）套期保值

运用期货进行套期保值是一种双向套期保值策略，即在将不利风险转移出去的同时，也将有利机会转移出去。运用期权进行的套期保值却是一种单向套期保值策略，即只将不利风险转移出去，而将有利机会留给自己。

（二）期权的交易策略

期权是一种复杂的交易技术。在现实的金融市场中，存在着无数种不同的交易策略，不同的交易策略有着不同的适用范围和适用动机，从而产生出不同的交易结果。期权交易的精妙之处就在于可以通过不同的期权品种构筑成众多具有不同盈亏分布特征的组合，即期权交易具有产生不同损益状态的功能。这样，投资者就可以根据各自对未来标的物现货价格的概率分布的预期以及各自的风险/收益偏好，选择最适合自己的期权组合。下面我们对此给予简单的分析，并在分析中假定所有的期权均为欧式期权且同组合中期权的标的物均相同。

1. 期权的基本交易策略

最基本的期权为看涨期权和看跌期权，而在期权交易中，投资者又可分为多头（买进）和空头（卖出）两类基本的交易者。我们将这两种基本的期权类型和两类基本的交易者进行不同的组合，就形成期权交易的四种基本策略：多头看涨期权、空头看涨期权、多头看跌期权和空头看跌期权。

（1）多头看涨期权和空头看涨期权

当投资者预期某种标的物的市场价格将上涨，同时又担心预测失败时，他可以买进该标的物的看涨期权。到期时，该投资者的损益状况如图4－6（a）所示。不难看出，该投资者在 $K+C$ 处的利润为零；当标的物价格 $S>K+C$ 时，该投资者开始盈利，其大小为 $\max\{S-K, 0\}-C$；当 $S<K$ 时，该投资者就放弃行使期权，此时遭受的损失为购买期权的期权费；当 $K<S<K+C$ 时，该投资者可执行期权，虽然此时他仍有损失，但这一损失比放弃期权的损失要小。看涨期权的出售者则预期该标的物的市场价格只会在较小幅度内波动，即使上涨也不会超过所得的期权费，所以他卖出期权以获得期权费，其盈亏如图4－6（b）所示，正好与多头看涨期权相反。在图形上表现为二者互为镜像，即一方的盈亏正好是另一方的亏盈。

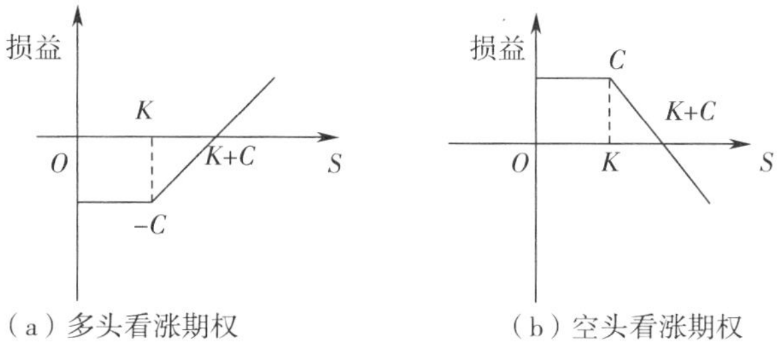

图4－6　多头看涨期权和空头看涨期权

（2）多头看跌期权和空头看跌期权

若某投资者预期某种标的物的市场价格将下跌，同时又担心预期失败时，他可以买进该标的物的看跌期权。出售该期权的一方即空头方则预期价格不会下跌或仅仅只是略有下跌，但不会超过所得的期权费，所以他卖出期权以获得期权费。对二者的损益状况可进行同样的分析，如图4－7所示。

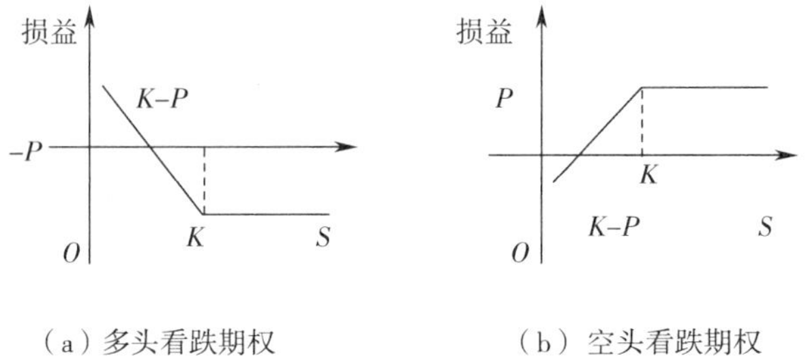

（a）多头看跌期权　　（b）空头看跌期权

图 4 –7　多头看跌期权和空头看跌期权

2. 不同类型期权的组合交易策略

（1）现货与期权的组合交易

如果交易者在买入一份看跌（看涨）期权的同时买入（售出）现货标的物，就建立了一个合成看涨（看跌）期权，其效果相当于买入一份看涨（看跌）期权。图 4 – 8 所示的是合成看涨期权。

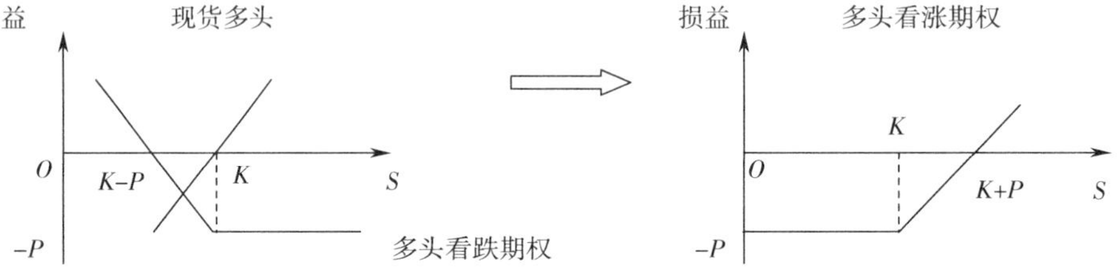

图 4 –8　合成看涨期权

（2）合成多头与合成空头

如果交易者买进一份看涨期权的同时再卖出一份看跌期权，就建立了一种类似于现货多头的期权头寸，称为合成多头（见图 4 –9）；或买进一份看跌期权的同时再卖出一份看涨期权，就建立了一种类似于现货空头的期权头寸，称为合成空头。这类交易策略多见于利用期权进行的套利。例如，在建立一个合成多头头寸的同时再卖出一笔现货或期货，就形成一个不受标的物价格变动影响的头寸。如果现货市场或期货市场与期权市场间的价格存在差异，就能形成无风险的利润。

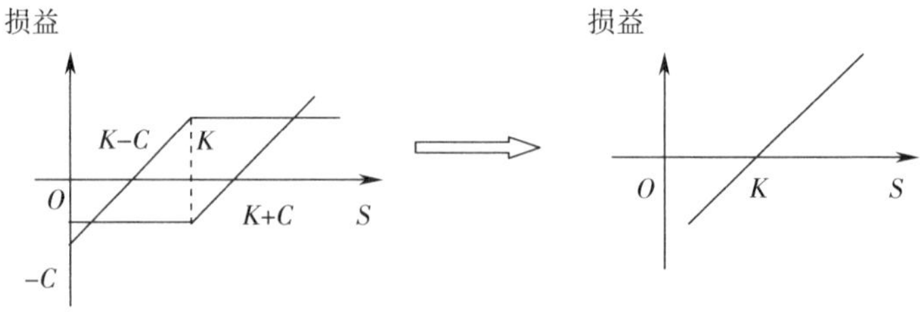

图 4 –9　合成多头

第三节　其他衍生工具

在经济全球化进程中，金融衍生工具市场上不断涌现出新的需求、新的产品。除了上面介绍的四种基本衍生工具外，还有许多新的再衍生品，其中期权品种的发展最为迅速。目前，期权合约是最受投资者青睐的金融衍生工具之一，期权领域的创新层出不穷。下面介绍两类我国金融市场正在交易的且含有期权特征的衍生品。

一、认股权证

（一）概念

认股权证（Warrants）是一种允许其持有人在指定的期限内购买或出售相关资产（如股票）的一种权利。认股权证通常包括公司认股权证和备兑认股权证。

公司认股权证由公司发行，是一种允许其持有人（投资者）在指定的期限内以确定的价格直接向发行公司购买或出售股票的权利。该证详细说明可以购买或出售的股票份数、执行价格以及到期日等。通常所说的认股权证一般就是指公司认股权证。按照规定的权利可分为认购认股权证和认售认股权证。认购认股权证赋予持有人的是购买股票的权利，而认售认股权证赋予持有人的则是出售股票的权利。

从定义上不难看出，公司认股权证很类似于股票期权，认购认股权证相当于看涨期权。如果在指定期限内，公司股票价值（或已上市公司的股票市场价格）超过认购价格，认购权证的持有人就能凭认购权证购买公司的股票从而获利，否则就放弃认购的权利。相反，认售权证相当于看跌期权。

备兑认股权证类似于公司认股权证，不同之处在于备兑认股权证一般由上市公司以外的第三者发行，如投资银行等。它的目的也不是为了筹资，而是给投资者提供一种管理投资组合的工具。

（二）认购权证与股票看涨期权的区别

认购权证与股票看涨期权有很多共同之处。

（1）两者均是权利的象征，持有者可以行使这种权利，也可以放弃权利。

（2）两者都是可转让的。

（3）在有限风险条件下享受无限收益的好处。

（4）杠杆效应（即以少量资金购买便能获得同等数量的股票）。

但两者仍有一定的区别。

（1）公司认购权证是由发行债务工具和股票的公司开出的，执行时该公司的股票数量会随着认股数的增加而增加，相当于增发新股；而期权是由独立的期权卖者开出的，执行时对发行公司的股票数量没有影响。

（2）认股权证特别是公司认股权证通常是由发行公司为改善其债务工具的条件而发行的，获得者无须缴纳额外的费用，而期权则须购买才可获得。

（3）有的认股权证是无期限的，而期权都是有期限的。

（三）认购权证的价值分析

认购权证的条款可以根据市场状况和公司的需要来定。在发生股票拆细和支付红利时，认购权证的执行价格与数目也要作相应的调整。此外，认购权证的执行会增加公司在外流通的股票数量，也就会影响公司相应的财务数据。因此，公司年报就必须披露假如认购权证都被执行时的每股收益，这被称为完全稀释的每股收益。

下面我们来分析认购权证到期时的价值问题。假定到期日公司股票的市场价格为 S，转换一股股票需要的认购权证的份数为 q，认购权证的执行价格为 K，则到期时认购权证的价值 W 应满足：

$$
\begin{aligned}
W &= \max\left(\frac{S+qK}{1+q}-K,0\right) \\
&= \max\left(\frac{S-K}{1+q},0\right) \\
&= \frac{1}{1+q}\max(S-K,0)
\end{aligned}
$$

由看涨期权的价格公式不难看出，一份认购权证的价值等于 $\frac{1}{1+q}$ 份相同条款的看涨期权的价值。

二、可转换债券

（一）可转换债券的定义

可转换债券（Convertible Bond）简称可转债，是一种附有股票期权的公司债券，它赋予债券持有人在规定的时间内（转换期）按照规定的价格（转换价格）将债券转换成公司股票的权利，并且债券持有人在转股前一直享有债权人的权益。它是介于普通债券和普通股股票之间的一种混合型金融衍生工具，是一种复合证券。

可转债首先是一种公司债券，可以是附息票债券，也可以是零息票债券，所以它具有和普通债券相类似的面值、票面利率和到期期限。和普通债券相比，可转债的特殊条款包括：

1. 标的股票。可转债的标的股票是指它能转换成的股票，一般是指公司的普通股股票。

2. 转换价格或转股比例。转换价格是指可转债转换成标的股票的价格。由于可转债持有人享有期权，因此事实上转换价格就是该期权的执行价格。转换比例是与转换价格相对应的，表示单位可转债可转换成股票的数量。二者有如下关系：转换比例 = 可转债的面值/转换价格。

3. 转换期。转换期是指可转债可以转换成股票的起始日到结束日的期间。

4. 转股价格的调整。当发行公司的流通股股本发生变化，例如送股、配股或增发新股时，对转换价格需作相应的调整，以保证可转债持有人的权益。

除此之外，可转债还可能包括如下一些附加条款。

1. 可赎回条款。可赎回条款一般指赋予发行公司在一定时间、一定条件下赎回债券的权利的条款。

2. 可回售条款。可回售条款一般赋予投资者在一定时间、一定条件下把债券回售给发行人的权利。

（二）可转债所包含的嵌入式期权

从可转债所包含的特殊条款中可以看出，如果一个可转债包含了可赎回条款和可回售条款，则可转债就包含三项嵌入式期权：

1. 转换权。债券持有人是公司股票看涨期权的持有人。

2. 可赎回权。债券发行公司是以公司债券为标的资产的看涨期权的持有者，因为如果未来市场利率下降，公司可以用更低的利率发行新的债券，赎回以前发行的可转债。

3. 可回售权。债券持有人是以公司债券为标的资产的看跌期权的持有者。因为如果未来可转债的价格下跌，可转债持有人可按事先约定的价格将所持有的可转债卖给公司。

（三）可转债的价值分析

可转债是一种包括嵌入期权的混合性金融衍生工具。从可转债各个条款的内容上看，每个条款相当于一个期权，其价值不仅包括本身具有的价值，还包括各项条款赋予持有人和发行公司的期权的价值，因而分析可转债的价值是一件非常困难的事。下面我们分析只有一个转股条款，而没有回售条款、赎回条款等其他条款的可转债的价值。此时，可转债的价值可分解为债券本身的价值、转换价值以及期权价值三部分。

1. 债券本身的价值。债券本身的价值是指可转债在未转换成股票之前，被持有人当做债券持有的情况下的价值。其大小与债券票面利率、市场利率水平和违约风险程度等因素有关。

2. 转换价值。转换价值是指当可转债以转股价格转换成股票时所能取得的价值。只需将每份可转债所能转换成的股票股数乘以股票的当前市场价格，即可得到这一数值。

3. 期权价值。持有可转债时，持有人没有必要马上转换成股票，因为这是他的一项权利。这个权利使得持有人可以等待将来可能出现的股票上涨机会，然后把可转债转换成股票，从而获得更大的价值。这个权利的价值称为期权价值。

在理论上，可转债价值 = max（债券价值，转换价值） + 期权价值，可转换债券的市场价格从而必须保持在它的债券价值和转换价值之上。如果价格在它的债券价值之下，该债券价格将被低估，这是显然易见的；如果可转换债券的价格在转换价值之下，购买该可转债并立即将其转化为股票就有利可图，从而使该可转债的价格上涨至转换价值之上。在该公式中，债券价值可以通过将债券有效期内的现金流按一定的贴现率计算出来，具体计算将在本书第十章详细介绍。可转债的各项条款所赋予的期权价值非常复杂，本书不予介绍，有兴趣的读者可以参考相关的文献。

第四节 结构化融资

结构化融资是当代金融工程的重要技术，它把金融衍生品、证券化和财务金融等技术有机整合，为融资者提供了资源整合的融资平台，也为投资者提供了更多样化和定制化的投资渠道，代表着未来金融领域的发展方向，美国次贷危机主要也由此产生，因此我们有必要对结构化融资有所了解，本节将对此作简要的介绍。

一、结构化融资的定义与特点

结构化融资是在资本市场融资的一种方式。这种方式不是通过发行债券来筹集资金，而是通过发行资产支持证券的方式来出售未来可回收现金流从而获得融资。绝大多数情况下，资产支持证券的发行人是该证券基础资产的发起人。

这些资产涵盖的种类很广，包括住房抵押贷款证券、商业不动产抵押贷款证券、资产支持证券、商业租赁合约证券以及其他任何具有可回收现金流的金融工具。近年来，又出现了一些新型的结构化融资证券品种，其基础资产本身就是结构化融资证券以及多种公司债券（Collateralized Debt Obligations，CDOs）。

可以通过三个显著特点对结构化融资下定义：（1）资产池（可以以现金为基础，也可以是合成的）；（2）将资产池中的信用风险从原资产中剥离，通常是将资产转移到特设目的机构（SPV），也就是真实出售；（3）以资产池为基础进行债务分档（Tranching）。典型的转递证券也表现出前两个特征，而只有对资产池进行债务分档才将结构化融资与其他类型的融资区分开来。

与传统的债权融资和股权融资相对应，结构化融资实际上是一种资产融资。对这一点可以通过图 4 - 10 进一步了解。

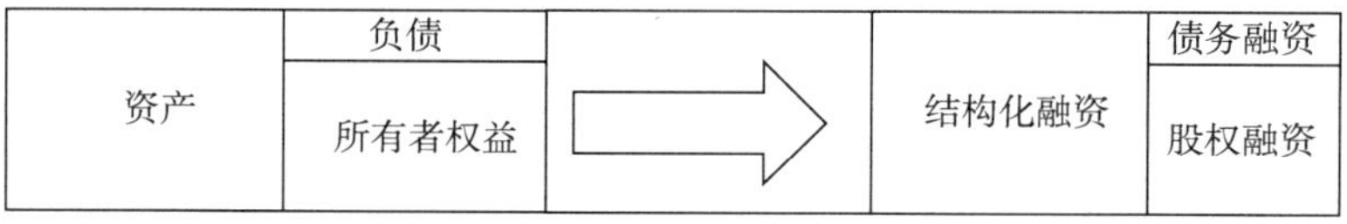

图 4 - 10 结构化融资例图

具体来说，通过发行结构化融资证券来融资具有以下五个明显的特点：一是证券的发行是通过一个特设机构即 SPV 或 SPE 进行的；二是发行结构化融资证券在会计处理上表现为资产出售而不是债务融资；三是结构化融资证券需要为投资者提供基础资产的“维护服务”；四是结构化融资证券的信用主要取决于基础抵押资产的信用；五是总是需要为结构化融资证券进行信用增级。

二、结构化融资的作用

1. 转移信用风险的作用

结构化融资包括资产池以及对资产池的资产依据其现金流量进行分层。结构化融资已经变成一种日益重要的信用风险的转移工具，其发行和成交量近年来一直快速增长。与其他的信用风险转移工具（如信用违约掉期或过手证券）相似，结构化融资产品可以用来转移金融机构与金融部门间的信用风险。但是，结构化融资与其他风险转移产品最重要的不同是：结构化融资借助债务分档，将资产池中的资产的潜在损失细分为不同的风险档次以实现风险转移。

2. 提高评级水平的作用

对已评级的资产池来说，债务分层的一个重要的方面是制造出一个或者几个比资产池中平均评级水平高的档次。对未评级的资产池来说，债务分档则是产生评级证券。这一过程与内部信用增级是同时进行的。比如，信用最低层（Equity or First - loss Tranche）的贴水为最高，显示须承担初次违约及无任何保护的风险，而高信用层（Senior Tranche）则有低信用层（Equity Tranche）及中信用层（Mezzanine Tranche）的保护。由这种优先序产生出来的信用支持意味着最高层的债务先依靠将低信用层的债务损失耗尽，使得自身与资产池所包含的违约风险相隔离（不包括在异常恶劣的条件下）。

3. 价值创造的作用

结构化融资的上述几个重要特点都有价值创造的功能，同时，也使结构化融资吸引了大量的金融市场参与者。

在这一过程中，隔离带来与信用证券相同的收益，同时，也使得隔离出来的资产所带来的现金流比那些没与原始债权人隔离的资产所带来的现金流更加好预测。结构化融资的资产池和分档特征带来的一个重要问题是：在什么情况下，昂贵的债务分档可以比只构建资产池的那种融资（如转递证券）创造更多的价值？这一问题的答案与金融市场的不完美的性质相关。举例来说，逆向选择以及市场分割的存在使得债务分档能够产生更多的价值。如果发行机构比外部的投资者了解更多资产的潜在现金流的信息，又或者一部分投资者比其他投资者掌握更多的资产价值的信息，这时最理想的方式是发行一个高信用层（如债券），因为高信用层可以表明该资产的违约可能性小，使得信息少的投资者也可能购买；然后再发行一个中级信用层（如普通股）供信息更多的投资者购买，或者发行机构自己持有。事实上，银行通常会持有它们自己发行的债券。市场调查也说明，结构化融资产品中较低级别信用层的融资通常被专业信用投资者购买，而高级别信用层则主要被更广泛的专业知识较少的投资者购买。

同样，多个细分的金融市场的存在，比如存在对不同评级水平证券的需求的投资者，使得市场不得不细分。这种细分的市场使结构化融资的发起人为满足特定的投资阶层去创造已知损失分布的新的资产层，比如杠杆融资，它在商业周期的性质就与其他资产完全不同。

三、影响结构化融资产品创设的主要因素

虽然结构化产品市场的历史至少可以回溯几十年，但是大量的金融创新活动仍然是在最近这些年发生的。影响到结构化产品的创设和发展的主要因素包括衍生品的定价方法、技术问题、法律结构、市场流动性、跨国资本流动以及金融创新能力等。另外，中介机构也可以通过扩展其研发能力来满足客户（包括发行者和投资者）的实际需求，从而创造出更多、更贴近投资者的结构化产品。

（一）衍生品的定价方法

在期权定价模型（Black - Scholes - Merton Formula）出现之前，很少有实质上的期权交易。而且，由于期权是很多金融工具的核心部分，因此也就不可能开发出很多新的金融产品。

（二）计算机技术的发展水平

类似地，20 世纪 90 年代以来，更强大的计算机运行处理能力得到加速提高，这也使得那些需要进行复杂模拟计算的衍生品定价方法得以实现。网络和通信技术的发展也引发了电子交易平台和电子通信网络的产生，这使得那些在线 OTC 产品（包括结构化产品）的交易成为可能。

（三）法律环境

法律环境的改善和净化使得结构化产品获得了显著的发展。例如，标准化法律文件（例如银行贷款协议、交易确认函、ISDA 协议）的使用也使得交易双方可以更容易、更顺利、更快捷地完成交易，同时在处理争端方面也更有效率。有关破产方面的法律协议也使得市场参与各方精确控制其风险成为可能。机构方面的合法发展，比如特殊目的机构的设立也使得新产品得以茁壮发展。

（四）市场流动性

随着很多金融资产的快速创设，流动性也成为一大问题，因此市场的流动性也已经变成影响各类金融工具发展的重要因素。对于那些构成结构化产品的基础资产而言，流动性更为重要。如果没有流动性，那么我们也就无法创设合理的结构化产品。我们要注意的是，采用金融工程方法设计的结构化产品本身并没有类似于基础资产的流动性，这主要是由于大多数结构化产品是为了满足特定投资者的需求而开发设计的。

（五）中介机构

金融中介机构的出现也是结构化产品创新发展的催化剂，它们主要负责调查客户的实际需求，因此我们也可以看到，结构化产品市场是一个需求驱动而不是供给推动的市场。中介机构运用金融工程技术创设全新的结构化产品的能力也使得这个市场得以长足发展。优秀的中介机构可以运用它们的市场知识、对客户需求的了解以及衍生品的定价技术来开发适用的、定制的结构化产品，以此满足特定客户的特别需求。只有具有开发新的金融产品的能力并且能够承担一定投资风险的中介机构才有能力占有这个市场。

四、结构化融资产品的种类

对于一些金融产品，我们可以按照不同的方式去设计结构化产品，比如按照不同的

市场、功能、产品、风险特征、地域等。每一种方式都有其优点和缺点，我们主要关注按照产品分类的结构化产品形态，主要包括可赎回（Callable）、可回售（Puttable）及分拆（Stripped）证券，住房抵押贷款支持证券（MBS）和资产支持证券（ABS），结构化票据（Structured Notes）和贷款，债务抵押债券（CDO），保险连接型证券及或有资本券，可转换债及股票的混合证券，投资基金及衍生品的复制、重新包装和结构化等。

（一）可赎回、可回售及分拆证券这类结构化产品主要包括公司债券和政府债券与期权或者分拆息票的结构化组合

可赎回债券（Callable Bond）的发行人有权在特定的时间按照某个价格强制从债券持有人手中将其赎回，可认为是债券与看涨期权（Call Option）的综合体。在市场利率跌至比可赎回债券的票面利率低得多的时候，债务人如果认为将债券赎回并且按照较低的利率重新发行债券，比按现有的债券票面利率继续支付利息要合算，就会将其赎回。可赎回条款通常在债券发行几年之后才开始生效。赎回价格一开始可能高于债券面值，随着时间推移，逐渐与债券面值重合，但也可以一开始就与面值相等。

可回售债券（Puttable Bond）则给予投资者以事先规定的价格将债券提前卖还给发行人的权利，这种情况一般出现在利率上升、债券价格下降的时候。由此可知，投资者持有的回售权是一个在标的价格下跌的时候出售标的资产的权利，所以它是一个看跌期权。在存在回售条款的情况下，投资者有权根据设定的价格出售债券，这将减少投资者因为利率上升而遭受的损失。

（二）资产支持证券和住房抵押贷款支持证券

这类结构化产品主要包括转递证券、抵押债券、抵押债务、应收/贷款支持证券。

资产支持证券（Asseted - Backed Security，ABS）的支付基本来源于支持证券的资产池产生的现金流。这类资产通常是金融资产，如贷款或信用卡应收款。根据它们的条款规定，支付是有规律的。资产证券化支付本金的时间常依赖于所涉及资产的本金回收的时间，这种本金回收的时间和相应的资产支持证券相关本金支付时间的固有的不可预见性，是资产支持证券区别于其他债券的一个主要特征。另一个主要特征是资产支持证券的发行者通常不是一个积极的管理实体，损益表和收益声明与投资决定有关。它是一个消极的实体，仅拥有相关资产并且只要求服务人（由第三方履行）去收取那些资产产生的到期现金流量。资产支持证券作为一个新的证券品种，具有区别于传统证券的一些特性，体现在：资产支持证券以资产支持为突出特性，是以资产信用为基础的融资工具；证券结构与信用增级的方式不同。

住房抵押贷款支持证券起源于美国，是以住房抵押贷款组成资产池作为支持发行的证券。按对现金流的处理方式和偿付结构的不同，该证券分为过手型证券（Pass-through）和转付型证券（Pay - Through）。过手型证券代表投资者对被证券化的住房抵押贷款享有不可分割的权益（Undivided Interest），贷款所产生的现金流（包括本息偿还款、提前偿还款）每个月由负责收取现金流的服务机构在扣除相关费用后，按比例分配给投资者。一般认为，过手型证券是股权类投资工具，出售的是股份和参与权。转付型证券指根据投资者对风险、收益、期限的不同偏好对基础资产产生的现金流进行重新安

排和分配，使本息偿付机制发生变化，运用信用分档技术将债券分为优先/次级债券。转付型证券代表投资者对发行人的一项债权。

（三）结构化票据和贷款

这类结构化产品主要包括利率、汇率、股票、商品和信用连接型票据、债券和贷款。

结构化票据是一种固定收益金融产品加期权的投资组合，策略是将大部分资金投资在债券、票据、大额存单等固定收益商品上，将小部分资金或固定收益所得的利息投资于股票、期货、期权等高风险高收益的金融产品，由此可以组合出一种保本甚至保本保息的金融产品。结构化票据是结合固定收益商及衍生性金融商品的创新理财工具，通过固定收益商品与衍生性金融商品的组合，使投资报酬与联结标的资产产生联动效应。

（四）债务抵押债券（CDO）

这类结构化产品主要包括现金流、市值、套利、资产负债表、结构化抵押债券和贷款权益。CDO 是一种以一个或多个类别且分散化的资产作质押的证券，其投资标的资产包括公司债券、资产质押债券、房屋贷款债券、不动产投资信托和银行债务等。根据标的资产的组成，又可以细分为债券质押证券（CBO）和贷款质押证券（CLO）。优点包括：（1）高收益率。从美国的情况来看，在相同的信用等级下，CDO 的收益率超过了 ABS 等品种。（2）降低投资风险。CDO 可以更好地通过分散化投资稀释单只标的债券资产的信用风险。（3）满足多样化需求。如同国家开发银行已发行的 ABS 产品，其投资者也可以划分为优先 A 档、优先 B 档、次级档等，让不同的投资者承担不同的收益和风险。（4）稳定性更好。这来源于评级过程中的保守前提和 CDO 结构中“超常抵押”的特性。（5）流动性更高。一方面，CDO 提高了标的资产的流动性；另一方面，CDO 在二级市场也有着较好的交易能力。

（五）保险连接型证券及或有资本

这类结构化产品主要包括灾难型债券、非灾难型债券、或有债务以及或有股票。

保险连接型证券是保险公司或其他金融机构向社会公开发行的、以募集资金为目的的一种融资方式，其利息的支付和本金的偿还取决于某个保险事件的发生或严重程度。对于保险公司来说，这种证券相当于一种再保险合同。绝大多数保险连接型证券都涉及巨灾风险，包括巨灾期货、巨灾期权和巨灾债券等。它们都以某一共同基金的运作业绩或自然巨灾风险的指数作为衍生的基础，或作为本金和利息的支付条件。

（六）可转换债券及股票的混合证券

这类结构化产品主要包括可转债、强制可转债、零息可转债、反转可转债、附权证的债券以及合成的买/卖包（Synthetic Buy/Write Packages）。

可转债的全称为可转换公司债券，指在一定条件下可以被转换成公司股票的债券。可转债具有债权和期权的双重属性，其持有人可以选择持有债券到期，获取公司还本付息的收益；也可以选择在约定的时间内转换成股票，享受股利分配或资本增值。所以，可转债对投资者而言是保证本金的股票。

（七）投资基金

这类结构化产品主要包括开放式共同基金和封闭式共同基金、对冲基金、ETF等。

对冲基金（Hedge Fund）意为“风险对冲过的基金”，其操作的宗旨在于利用期货、期权等金融衍生品以及对相关联的不同股票进行实买空卖、风险对冲的操作技巧，在一定程度上规避和化解投资风险。在最基本的对冲操作中，基金管理者在购入一种股票后，同时购入这种股票的一定价位和时效的看跌期权（Put Option）。看跌期权的效用在于当股票价位跌破期权限定的价格时，卖方期权的持有者可将手中持有的股票以期权限定的价格卖出，从而使股票跌价的风险得到对冲。

在另一类对冲操作中，基金管理人首先选定某类行情看涨的行业，买进该行业的几只优质股，同时以一定比率卖出该行业中的几只劣质股。如此组合的结果是：如该行业预期表现良好，优质股的涨幅必超过其他同行业的股票，买入优质股的收益将大于卖空劣质股的损失；如果预期错误，此行业股票不涨反跌，那么较差公司的股票跌幅必大于优质股，则卖空盘口所获的利润必高于买入的优质股价格下跌造成的损失。正因为如此，早期的对冲基金可以说是一种基于避险保值的保守投资策略的基金管理形式。

（八）衍生品的复制、重新包装和结构化

这类结构化产品主要包括长短仓期权和互换、多种期权/互换头寸、可赎回/可回售资产互换、信用衍生品/合成信用头寸等。

信用衍生品的基本产品主要包括信用违约互换、总收益互换、信用利差产品和信用连接票据等。在此基础上，又可以产生许多变异形式。

结构化产品的分类如图4－11所示。

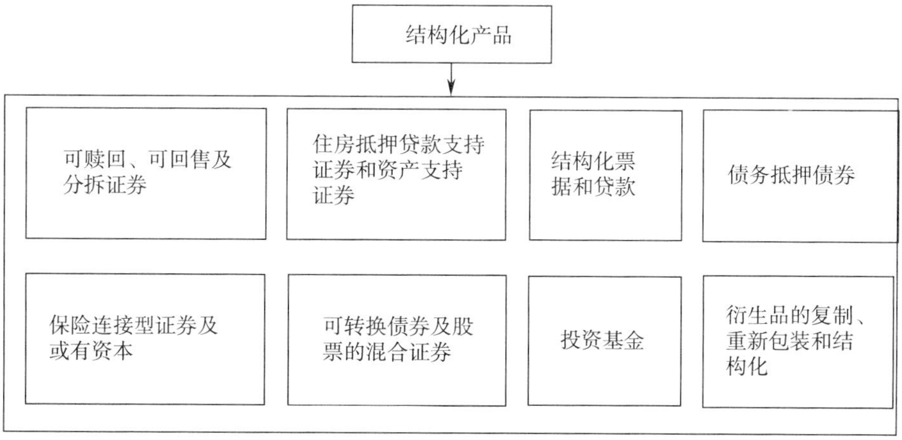

图4－11 结构化产品的分类

本章小结

本章首先介绍了金融衍生工具的定义、种类及其功能，然后详细讨论了四种基本的金融衍生工具（远期、期货、互换和期权）的基本概念和交易策略，最后简单介绍了正在我国金融市场上进行交易的认股权证、可转换债券以及结构化融资。

名词解释

金融衍生工具　远期合约　远期价格　远期利率协议　期货交易　套期保值策略　套利策略　股指期货　利率互换　货币互换　看跌期权　认股权证　可转换债券

思考题

1. 金融衍生工具可分为哪些种类？
2. 金融衍生工具对经济发展的影响有哪些？
3. 股票指数期货的主要特点是什么？适用范围有哪些？
4. 金融互换产生的理论基础是什么？种类有哪些？
5. 为什么交易所向期权卖方收保证金而不向买方收保证金？
6. 期货合约和期权合约有何异同？
7. 股票认股权证和股票期权有什么不同？
8. 可转债具有哪些特性？其票面利率与普通债券的票面利率相比是较高还是较低？为什么？
9. 结构化产品主要包括哪几种？请分别简要说明。

相关链接 1：我国可转换债券市场的发展历程

中国可转换债券市场已有十多年的发展历史，先后发行可转债 40 余只，融资规模超过 500 亿元。尽管可转债市场的发展过程一波三折，但是可转债在我国投融资领域中发挥了极其重要的作用。

我国可转换债券市场的发展起步于 20 世纪 90 年代。一些企业包括部分上市公司出于融资的需要，开始尝试可转债的发行，并且到国际资本市场筹集了一部分资金。可以说，中国的可转债市场最初的发展与股票市场基本上是同步的。

之后，由于深宝安可转债转股的失败，我国可转债市场的发展基本处于停滞状态，而同期的股票市场呈现几何级数增长。直到 1997 年 3 月，《可转换公司债券管理暂行办法》[①] 出台，3 家非上市公司（南宁化工、吴江丝绸和茂名石化）先后发行可转换债券，我国的可转换债券市场才重现生机。

① 已失效。

2000 年，虹桥机场和鞍钢新轧可转债发行，这是继深宝安以后上市公司第一次被允许发行可转换债券。此时，在深、沪两地交易所挂牌交易的可转换债券的品种增加到了5 只，加上在海外发行的可转换债券，中国企业的可转债融资总额接近 100 亿元人民币。

2001 年 4 月，中国证监会颁布了《上市公司发行可转换公司债券实施办法》[①] 和 3 个配套的相关文件。这一做法具有里程碑式的意义，标志着中国可转换债券市场的发展步入了一个新的阶段。

2001 年至 2003 年 3 月国内的可转债发行受投资者冷遇，上网定价发行部分倍数不足，在网下向机构投资者配售的部分以较大比例的折价成交，折价范围一般在 3% 和 5% 之间已经成为业内公开的秘密。

2003 年至 2004 年底是我国可转债市场发展最快的时期。前后两年共发行可转债 28 只，融资总额为 394. 53 亿元，比 2003 年之前融资总额的 2 倍还要多。这些上市公司分布在钢铁、电力、化工以及公用事业等我国经济领域内的主要行业。上市公司通过可转债融资的规模超过增发、配股等的融资规模，可转债已经成为上市公司再融资的主要手段。其间二级市场交投活跃，成交量明显放大，换手率普遍提高，转股速度显著加快。钢矾转债（125726）从发行到退市，创纪录地仅用了 15 个月的时间。此外，这个时期还有 40 多家上市公司公告拟通过发行可转债进行再融资，可转债市场出现了良好的发展态势。

这一时期，可转债市场的供求状况明显改观。一方面，市场供给大幅增加。由于股市长期持续低迷，增发、配股等融资渠道受阻，上市公司纷纷转向通过可转债渠道融资，市场供应迅速增加。另一方面，可转债市场需求旺盛。可转债品种特有的风险收益特性吸引了包括社保（证券）投资基金、保险公司、财务公司以及 QFII 在内的主力机构，部分品种发行冻结资金的规模超过融资额的 200 倍，已经接近 A 股市场 IPO 的平均认购倍率。除此之外，可转债的发行方式有重大变化，条款设计较以前有了较大创新，普遍增加了对投资者利益的保护措施。可转债投资是这一时期我国证券市场的一大亮点。

2005 年，可转债市场步入低谷。由于股权分置改革的实施，可转债市场受到较大冲击，全年一级市场没有新券发行，二级市场的交投明显清淡，部分溢价程度较高的品种表现不佳。但是，随着股改的不断推进以及市场再融资的开闸，可转债市场将会面临更大的发展机遇，未来市场的发展前景非常广阔。

相关链接 2：次贷危机背景简介

次贷危机起源于美国房地产次级抵押贷款市场。所谓抵押贷款，是指借款人以一定的资产（如房产）作抵押所获得的贷款。在美国，通常将借款人的信用等级划分为“优级”（Prime）、“次级”（Subprime）和介于二者之间的“次优级”（Alter - native A，即 Alt - A）三类。优级贷款市场面向信用额度等级较高、收入稳定可靠的优质客户，次级

---

① 已失效。

抵押贷款市场面向收入证明缺失、负债较重的客户。次级抵押贷款信用程度要求不高，许多借贷者不需要任何抵押和收入证明就能贷到款，故风险较高，其贷款利率通常比一般抵押贷款高2%～3%。

2001—2004年，美联储采取低利率的货币政策。受低利率的货币政策影响，房地产市场高度繁荣，美国住房抵押贷款的利率水平已处于近年来最低的水平。一些贷款机构为了迎合市场，甚至推出了“零首付”、“零文件”的贷款方式。由于融资成本和放贷标准降低，大量美国民众进入房地产市场。在需求骤然大增的局面下，房地产的价格也被抬升起来并有持续上涨的趋势。美国平均房价2003—2006年四年的涨幅超过50%，相比1995—2006年的房价翻了一番多。这其中，到2006年，在美国全部抵押贷款构成中非优级的比重高达46%，其中次级为21%，次优级为25%。

从事次级抵押贷款的公司接受借款人的贷款申请后，将符合要求的住宅抵押贷款汇集为一定的抵押品组合，以“真实销售”的方式出售给特设机构并负责收取和管理证券现金。特设机构是专营资产证券化业务的机构，作为住房抵押贷款证券（MBS）的发行人，负责向投资者发售证券、管理证券交易和到期承兑等业务。同时，SPV对MBS进行结构化打包，分类处理，就形成了新的交易券种。有的是按赔偿的先后顺序分类；有的是按资产结构拆分，本金和本金组合，利息和利息组合。于是，不同利率的抵押债券形成为纯利息收益的不同券种，这些是保险公司、对冲基金投资者的主要投资对象。资产证券化与结构性融资一起推动了一级与二级房地产市场的发展，也促使美国结构化产品进一步发展。

但是，2004年6月到2006年6月，美联储17次调高利率，将联邦基金利率从1%提高到5.25%。据美国联邦住房贷款抵押公司的估算，大约有近90%的次级抵押贷款采取可调整利率的形式，利率的大幅攀升加重了购房者的还贷负担。2006年第二季度以后，美国住房市场开始大幅降温，房价持续下跌，购房者难以将房屋出售或者通过抵押获得再融资，最终导致拖欠债务比率和丧失抵押品赎回权的比率剧增。

借款人违约意味着次级贷款利益链条从源头上断裂，风险沿着利益链条开始蔓延。首先，发放次级抵押贷款的公司不可能把手中的抵押贷款完全证券化。借款人的不能偿付使得次级贷款出现呆账、坏账，放贷公司成为首当其冲的受害者。2007年4月，美国第二大次级抵押贷款机构新世纪金融公司（NCFC）申请破产保护，很多抵押贷款机构出现大规模裁员及利润下滑的局面。8月，美国房地产投资信贷公司（AHM）也宣布申请破产保护。违约率的上升使得抵押贷款证券的信用风险增加，信用评级机构调低了相关的MBS与CDO的信用评级。抵押债权的市场价值大幅缩水，一方面，会造成投资银行自身购买的CDO资产价值下降；另一方面，在CDO价值缩水的情况下，商业银行要求对冲基金增加保证金或者提前偿还贷款。与此同时，一旦对冲基金出现严重亏损，投资者要求赎回的压力也会剧增。在多重压力下，对冲基金只能通过出售其所持有的其他优质资产来增加流动资金，这又进一步降低了对冲基金的收益率，从而促使出资人要求赎回，贷款者要求提前偿还，再加上市场的羊群效应，加大了对自身其他资产的抛售压力，导致对冲基金账面上的资产价值进一步缩水。很多基金公司因此宣布破产解散，停止赎回或严重亏损。2007 年 7 月，美国贝尔斯登旗下的两家对冲基金濒临瓦解；2007 年 8 月，澳大利亚麦格理银行宣布旗下两只高收益基金面临 25% 的损失；法国最大的银行巴黎银行也宣布暂时停止旗下 3 只对冲基金的赎回。全球的大部分股指暴跌，美国次级贷款危机在其他国家蔓延，尔后于 2008—2009 年转化为席卷全球的经济和金融危机，给全球经济造成巨大冲击和损失。

第五章

证券发行市场

学习目标：

- 了解证券发行市场的结构、功能和特点
- 熟悉证券发行制度和发行程序
- 理解证券发行方式和发行条件
- 掌握证券发行价格的确定机制、股票IPO定价方法

证券发行市场是新证券首次向社会公众发行的市场，也称初级市场（Primary Market），由发行者、投资者和证券中介机构组成。证券发行市场一方面为资金的需求者提供筹集资金的场所，另一方面为资金的供给者提供投资获利的机会，同时通过新证券的发行创造出新的金融投资工具，增加有价证券总量和社会投资总量，是实现资本职能转化的场所。本章重点讲述证券发行市场的结构特点、证券发行方式、发行价格的确定以及发行程序和发行条件。

第一节　证券发行市场的结构和功能

一、证券发行市场的含义和特征

证券发行市场是承载和支持政府、金融机构、工商企业等以筹集资金为目的向投资者出售代表一定权利的有价证券的市场，是证券进入流通领域的开端，因而又称为初级市场或一级市场。

证券发行市场是一种抽象的非组织化的市场。借助于证券发行市场，新发行的证券实现从筹资者向投资者的转移。证券发行包括政府、企业和金融机构等发行机构规划、推销、承购证券的全部活动。

证券发行市场通常具有以下特征：

1. 从空间上看，证券发行市场没有固定的场所。相关证券可以利用交易所的交易系

统发行，也可以在证券公司或银行等其他金融机构的柜台发行；既可以由发行者自行向投资者发售，也可以由投资银行承购后再向投资者分销，更普遍的做法是由证券机构承销。

2. 从时间上看，证券发行市场没有统一的发售时间，一般也没有例行的规定和要求。发行者可以根据自己的需要和市场行情自行选择发行时间，但每次发行均有明确的时间期限，较为集中，一般是1~3个月，且交易量较大。

3. 从价格确定机制上看，证券发行价格的确定十分复杂，往往由发行机构根据发行主体的资产净值情况及发展状况，在充分了解市场需求信息的基础上，采用一定的投标竞价方式来确定。

二、证券发行市场的结构

证券发行市场的结构可以分为横向结构和纵向结构。横向结构指发行市场的品种结构，纵向结构指发行市场的要素结构。

（一）证券发行市场的横向结构

按照所发行证券的品种划分，证券发行市场主要由股票发行市场、债券发行市场和基金发行市场构成。

1. 股票发行市场

股票发行市场是新股票初次发行的市场，股票的发行人是股份有限公司。股份有限公司通过发行股票筹集公司的股本金，或者是在营运过程中通过发行股票扩充公司的股本金。股票发行市场是将社会闲散资金转化为公司生产经营性资金的场所，而购买公开发行的股票是投资者最常见的投资方式，股票发行市场是实现这种投资方式的重要载体。

2. 债券发行市场

债券发行市场是各类债务筹资者，包括中央政府、地方政府、金融机构、工商企业或公司出售债券募集资金的市场。

3. 基金发行市场

基金发行市场是基金管理人发行基金证券募集基金资产的市场。开放式基金通常利用基金管理人及银行的柜台发行基金证券，封闭式基金可利用证券交易系统发行基金受益凭证。

（二）证券发行市场的纵向结构

1. 证券发行市场的交易主体

证券发行市场的交易主体包括证券发行人和投资者。

证券发行人是指符合发行条件并且正在从事证券发行或者准备进行证券发行的政府组织、金融机构或者商业组织，它是构成证券发行市场的首要因素，是证券的供应者和资金的需求者。证券发行人是证券权利义务关系的当事人，是证券发行后果与责任的主要承担者。因此，多数国家的证券法规都对证券发行人的主体资格、净资产额、经营业绩和发起人责任设有条件限制。《中华人民共和国证券法》对证券发行人也制定了严格的条件要求。

证券投资者是指根据发行人的招募要约，已经认购证券或者将要认购证券的个人或社团组织，是资金的供应者和证券的需求者。投资者的构成较为复杂，它可以是个人，也可以是金融机构、基金组织、企业组织或其他机构投资者；可以是未来享有股权的投资者，也可以是持股代理人或仅以承销为目的的中介人。投资者也是证券权利义务关系的当事人，在法律上应当具备主体资格的确定性与合法性。证券发行中投资者的认购行为具有承诺证券发行条件和相关法律文件（特别是发行人公司章程和招股说明书）的效力。

2. 证券发行市场的客体

证券发行市场的客体即筹融资的载体，主要包括股票、债券、基金以及其他证券化金融工具。

3. 证券发行市场的中介

证券发行市场的中介主要是指媒介证券发行人与投资者交易的证券承销商，它通常是负担承销义务的投资银行、证券公司或信托投资公司。证券承销商在证券发行市场发挥主导作用，在采用公募方式发行证券时，各国法律规定必须由证券专业机构承销；即使是采用私募发行方式，往往也需要获得中介人的协助。也就是说，证券发行首先是发行人与证券承销商之间进行某种非标准化交易，在这一交易条件确定的基础上，再由证券承销商将标准化的证券分售给社会投资者。

除承销商外，证券市场的中介机构还包括专业服务机构。专业服务机构是指证券服务性机构、经济鉴证类机构以及其他服务机构。证券服务性机构包括证券登记结算公司和证券信用评级机构等，其主要作用是为发行人和认购人进行股权或债权注册登记和评估发行人的信用级别。会计师事务所的主要作用是为发行人进行财务状况审计，为认购人提供客观的财务信息。资产评估机构的作用是运用合理的评估方法确定发行人和某些认购人的资产质量。律师事务所的作用是以合法的手段排除发行过程中的法律障碍，并就发行人申请证券发行时所处的法律状态出具法律意见书。

我国现行法律规定，股票与企业债券的公开发行必须由具有承销资格的证券经营机构承销。我国承销业务资格分为承销商资格和主承销商资格。我国《证券法》第三十二条规定，向不特定对象发行的证券票面总值超过 5 000 万元人民币的，应当由承销团承销；承销团应当由主承销和参与承销的证券公司组成。

4. 证券监管机构

在证券发行市场中，证券监管机构运用法律的、经济的和必要的行政手段对证券的发行进行审核、监督和管理，以维护证券发行市场的正常秩序和公开、公平、公正的“三公”原则。证券监管机构主要由政府监管机关和行业自律组织构成。

三、证券发行市场的功能

证券发行市场是整个证券市场的基础。证券发行市场的功能就是联结资金需求者和资金供给者。证券发行人通过销售证券向社会招募资金，而认购人通过购买其发行的证券提供资金，将社会闲散资金转化为生产建设资金，实现直接融资的目标。证券发行市场的功能可具体概括为以下三个方面：

1. 证券发行市场具有证券创设功能。任何权利凭证若要进入证券市场并实现流通，必须首先取得合法的证券形式，证券发行是使证券得以转让和流通的前提。证券发行市场上的发行对象，可以是从未发行过证券的发行人创设的证券，也可以是证券发行人在前次发行后增加发行的新证券，还可以是因证券拆细或合并等行为而发行的证券。

2. 证券发行市场是资金需求者融资的场所。证券发行市场为资金使用者提供了获得资金的渠道和手段，资金需求者可以通过在一级市场上发行股票、债券等筹集资金。证券发行实际上包括各个经济主体和政府部门筹划发行证券、证券承销商承销证券、认购人购买证券的全过程。我国目前最常见的，是企业通过股份制改造并发行新股票，或上市公司为了增加股本，以送股或配股等方式发行新股票。

3. 证券发行市场为资金供应者提供投资机会，便于其谋求证券投资收益。证券发行市场使股票、债券等证券的数量和种类不断增加，把众多的社会闲散资金集聚起来转变成资本，为社会闲置资金提供了避险获益的工具和机会。

第二节 证券发行方式

根据分类标准的不同，证券发行方式分为以下几组：

一、公募发行和私募发行

按照发行对象的不同把证券发行方式分为公募发行和私募发行，这是最基本的分类方法之一，也是发行主体首先要考虑的问题。

（一）公募发行

公募发行又称为公开发行，是指发行人向不特定的社会公众投资者发售证券。在公募发行的情况下，任何合法的投资者都可以认购证券。为了保障广大投资者的利益，各国对公募发行都有严格的要求。如发行人要有较高的信用，经营状况良好，并要符合证券主管部门规定的各项发行条件，经批准后方可发行。

我国新修订的《证券法》第十条规定，有下列情形之一的为公开发行：向不特定对象发行证券的，向特定对象发行证券累计超过200人的，法律、行政法规规定的其他发行行为。公开发行证券，必须符合法律、行政法规规定的条件，并依法报经国务院证券监督管理机构或者国务院授权的部门核准。目前，我国上市股票、封闭型基金及上市债券等都采用这种发行方式。

采用公募发行具有以下优势：（1）筹资数量优势。公募以众多投资者为发行对象，证券发行的数量多，筹集资金的潜力大，适合于证券发行数量较多、筹资额较大的发行人。（2）风险分散优势。公募发行的投资者范围较大，可以避免发行的证券因过于集中于少数人手中而被操纵，从而降低发行操纵风险。（3）流动性优势。与私募的证券相比，公开发行的证券可以在证券交易所上市交易，从而增强了证券的流动性，有利于提高发行人的社会信誉。但公募发行也有一定的不足之处，比如发行程序较为复杂，登记核准的时间较长，发行费用较高等。

（二）私募发行

私募发行又称为不公开发行或内部发行，是指面对少数特定的投资者发行证券的方式。私募发行的对象主要有两类：一类是个人投资者，如公司股东或公司内部员工等；另一类是机构投资者，如大的金融机构或与发行人有密切往来关系的企业等。

在许多成熟的市场经济国家中，私募是一种很重要的股票或债券发行方式。各种规模、各种信用水平的公司一般都可以通过进入私募市场来满足自身的资金需求。私募不受公开发售的规定和条件的约束，加之私募方式不仅可以实现筹资，还是一些合伙经营公司分割资产、实现资产变现的方式，也是风险资本投资撤出的有效渠道，因此，私募方式受到许多公司的青睐。但由于私募证券的流通性较差，投资者数量有限，信息公开化程度低，私募证券常使投资者承担较高的风险。

美国对私募投资者的资格做了规定。1982 年美国证监会规定私募发行的投资者必须是“有经验的”，而符合这一称号的投资者必须满足两个条件：首先，有能力评估特定证券的风险和收益（或有能力雇用一位符合要求的顾问进行评估）。其次，有承担风险的足够财力，具体的标准是私募的投资者除住宅、汽车和家具外至少有 100 万美元的财产或投资者的年收入达 20 万美元或全家在最近两年每年收入 30 万美元。

二、直接发行和间接发行

按发行过程中有无中介参与划分，证券发行分为直接发行和间接发行。

（一）直接发行

直接发行是指发行人不通过证券承销机构而自己发行证券的一种形式。发行人自己直接发行股票，多是私募发行。如股份有限公司采用发起设立方式筹集股份，由于首次发行股票须由发起人认购，因此为直接发行；一些公司为了调整资本结构或积累资本，在公司内部以转化方式无偿地发行新股，包括公积金转增股本、股票分红、股份分割以及债券股票化等，通常采用直接发行的方式。按权售股通常也采用直接发行方式。按权售股是指普通股持有人行使优先认股权时，有权按当时手持公司股票的股数优先并以优惠的条件认购某一比例的该公司增发的股票。如果募股公司决定以兑现认股权的形式增发股票，它便直接向公司的现有普通股股东发出认股证书。有些国家的股份公司从节约发行费用的角度出发，对公众发行的股票有时也采用直接发行的办法。直接发行证券有利也有弊。其有利方面是可以节省向发行中介机构缴纳的手续费，降低发行成本；不利之处是如果发行额较大，由于缺乏专门的业务知识和拥有广泛的发行网点，发行者自身要负担较大的发行风险。一般而言，以直接筹资为目的的证券发行都不轻易采用直接发行方式。

（二）间接发行

1. 间接发行的含义

间接发行也称为承销发行，是指发行人不直接参与证券的发行过程，而是委托给一家或几家证券承销机构承销的一种方式。证券承销机构一般为投资银行、证券公司、信托投资公司等。

间接发行对发行人来说，虽然要支付一定的发行费用，但是可以得到证券承销机构的专业化营销服务，有利于提高发行人的知名度，缩短筹资时间，使整体发行风险降低。因此，一般情况下，公募发行大都采用间接发行的方式。我国《公司法》第八十八条规定，发起人向社会公开募集股份，应当由依法设立的证券公司承销，并签订承销协议。我国新修订的《证券法》第十一条规定，发行人申请公开发行股票、可转换为股票的公司债券，依法采取承销方式的，或者公开发行法律、行政法规规定实行保荐制度的其他证券的，应当聘请具有保荐资格的机构担任保荐人。

2. 间接发行的具体形式

根据证券承销商与发行人签署的承销条件的不同，间接发行包括代销、包销和助销三种方式。

（1）代销（Best Effort Selling）。代销是指承销商代发行人发售证券，在承销期结束时，将未售出的证券全部退还给发行人的承销方式。在代销过程中，承销商和发行人之间是代理委托关系，承销商不承担销售风险，因此代销佣金很低。

代销发行比较适合于那些信誉好、知名度高的大中型企业。它们的证券容易被社会所接受，用代销方式可以降低发行成本。

（2）包销（Underwriting）。包销又称承购包销或全额包销，是指发行人与承销商签订合同，由承销商以双方协商决定的价格将准备发行的证券全部买下，并按照合同规定的时间将价款一次性付给发行公司，然后承销商再以略高的价格向社会公众出售。在全额包销过程中，承销商与证券发行人之间并非是一种委托代理关系，而是买卖关系，即承销商低价买进然后高价卖出，赚取中间的差额。

对发行人来说，采用全额包销方式既能保证如期得到所需要的全额资金，又无须承担证券发行过程中价格变动的风险，因此支付的发行费用高于其他方式。对承销商来说，要预先垫付自有资金买入所有证券，还要承担证券不能如期全部销售和发行价格下降的风险，因此收取的费用较高。承销商的费用收入主要来自从证券发行公司买入证券与向社会公众出售证券之间的差价。包销发行是最常见、最广泛的方式，比较适合于那些资信还未被公众了解却急需资金的企业。

包销又可以分为协议发售、等额包销和银团包销三种形式。协议发售是指由一个承销商单独包销发行人待发行的全部证券。等额包销是指由若干承销商合作包销，每个承销商包销的份额、所承担的风险及所获得的手续费都平均分摊。银团包销是指由主承销商牵头，若干承销商参与包销活动，以竞争的形式确定各自的包销额并按包销额承担发行风险，收取手续费。

（3）助销（Stand－by Underwriting）。助销是指由承销商自购一部分，代理发售一部分的承销方式。助销又可以分为定额包销和余额包销两种。

定额包销是指承销商先自行认购发行人所发行的一部分证券，然后再向社会公众代理发售剩余部分的证券。采用这种方法的好处是发行人能及时得到部分资金，又可支付较少的发行费，但是要承担部分发行风险。定额包销比较适合于那些信誉比较好、资金分批投入生产的企业。由于市场销路不成问题，因此不需要由承销商全额包销。急需资金部分可由承销商包销，得到垫付资金，其余款项可通过证券的发售逐步到位，比较经济合算。

余额包销是指承销商先向社会公众代理发售证券，在发售期结束时，剩余的证券由自己全部认购。余额包销实际上是先代理发行后全额包销，是代销和全额包销的结合。若采用这种方法，发行风险大部分由承销商担当，所以它的发行手续费比代销方式高，但比全额包销方式低。对发行人来讲，筹资计划的完成有保证。在协议规定的期限内，承销商要将规定的资金全数划给发行人。余额包销比较适合于那些有既定的筹资计划，但用款又不是很急的企业。

我国《证券法》第二十八条规定，发行人向不特定对象发行的证券，应当由证券公司承销的，发行人应当同证券公司签订承销协议。证券承销业务采取代销或者包销方式。证券代销是指证券公司代发行人发售证券，在承销期结束时，将未售出的证券全部退还给发行人的承销方式。证券包销是指证券公司将发行人的证券按照协议全部购入或者在承销期结束时将售后剩余证券全部自行购入的承销方式。第三十三条规定，证券的代销、包销期限最长不得超过 90 日。证券公司在代销、包销期内，对所代销、包销的证券应当保证先行出售给认购人，证券公司不得为本公司预留所代销的证券和预先购入并留存所包销的证券。

三、初次发行和增资发行

这种分类主要针对股票发行而言。按照股票发行目的的不同，可以分为初次发行和增资发行。

（一）初次发行

初次发行又称为首次发行，是指新组建股份公司时，或原非股份制企业改制为股份公司时，或原私人持股公司转为公众持股公司时，公司首次发行股票。前两种情形又称为设立发行，后一种情形又称为首次公开发行（Initial Public Offering，IPO）。初次发行一般都是发行人在满足发行条件，并经过证券主管部门审核批准或注册后，通过证券承销机构向社会公众公开发行股票。通过初次发行，发行人不仅募集到了所需资金，而且完成了股份有限公司的设立或转制。

（二）增资发行

增资发行是指随着公司的发展和业务的扩大，为达到增加资本金的目的而发行股票的行为。

股票增资发行按照取得股票时是否缴纳股金来划分，可分为有偿增资发行、无偿增资发行和有偿无偿搭配增资发行。

1. 有偿增资发行

有偿增资发行是指股份公司增发股票时，认购者必须按股票的某种发行价格支付现款才能获取股票的发行方式。采用这种方式发行股票，公司可以直接从外界募集股本，增加股份公司的资本金。有偿增资一般包括三种方式。一是股东配股，也称股东分摊，是公司按股东的持股比例向原股东分配该公司的新股认购数，准予股东优先认购增资的方式，即按照旧股一股摊配若干新股，以保护原股东的权益及其对公司的控制权。这种新股的发行价格往往低于市场价格，事实上是对原股东的一种优惠，股东一般都乐于认购。采用这种方式配股时，股东没有必须缴款认股的义务，可以放弃新股认购权，也可以把认购权转让给他人，从而形成了认购权的交易。二是公募增资。它是股份公司以向社会公开发售新股票的办法而实现的增资方式。公募增资的目的是扩大股东人数，分散股权，增强股票的流通性，避免股票过分集中。公募增资的股票价格大都以市场价格为基础，公募增资是社会上最常用的增资方式。三是私人配售，也称第三者配股，是指股份公司向特定人员或第三者分摊新股购买权的增资方式。特定人员一般包括董事、职员、贸易伙伴以及与公司业务相关的第三者——公司顾问、往来银行等。认购者可在特定的时间内，按规定的优惠价格优先购买一定数额的股票。这种增资方式直接影响到公司原股东的利益，需经过股东大会特别批准。

2. 无偿增资发行

它是指公司原股东不必缴纳现金就可获得新股的发行方式，发行对象仅限于原股东。采用这种方式发行股票，主要是依靠公司的盈余结存、公积金和资产重估增资等增加资本金，目的是为了使股东获益以增加股东信心和公司信誉，或为了调整资本结构。其具体方式有如下几种：

第一，以股代息（Stock Dividend）。

以股代息也叫红利增资或股票分红，是指募股公司在向原有股东派发股息时，将可分配的盈余折成股份，用股票代替现金来派发股息。利用这种方式既可以增发股票、增加股票的流动性，又可以扩大公司的股本数额，同时还可以减少公司的现金支出。以股代息增发股票使募股公司的股票数增加，摊薄了每股收益，使股票市场价格下降，有利于吸引小额资金投资者购买公司股票。对于投资者来说，以股代息往往可以避税。

第二，股票分割（Stock Split - up）。

股票分割即将面额较大的股票均等地分为若干股，也叫做股票拆细。这种方式只增加股份数而不增加公司的资本总额。一般说来，公司进行股票分割的根本原因是该公司股票的市场价格水平过高，以至于公司感到这种价格已构成对投资者的心理障碍，进而成为该公司以此价格发行新股票的障碍。公司进行股票分割，根本目的是为增发股票、扩大股本总额创造条件。

第三，股债转换。

这种方式是指公司发行可转债而导致股份数增加。可转换债券规定持有人在一定时间内可按规定的价格向发债公司请求转换成指定数量的股票。当可转换债券的持有人将其所持债券转换成公司股票时，公司股份增加，债务额下降，资本总额上升，财务结构发生了改变，公司已经不再需要积累资金以偿还这笔债务了，可长期占用的资金额也随之增加。

第四，公积金转增资。

公积金包括资本公积金、法定公积金和任意公积金。公积金转增资是指将这三项公积金转为资本金，按原股东持股比例转给原股东，使原股东无偿取得新发行的股票。新修订的《公司法》规定，资本公积金主要来自于股份有限公司股票发行的溢价收入以及国务院财政部门的其他收入；公司分配当年税后利润时，应当提取利润的10%列入公司法定公积金，公司法定公积金累计额为公司注册资本的50%以上的，可以不再提取；公司经股东会或者股东大会决议，还可以从税后利润中提取任意公积金。《公司法》还规定，公司的法定公积金和任意公积金用于弥补公司的亏损、扩大公司生产经营或者转为增加公司资本，资本公积金不得用于弥补公司的亏损；法定公积金转为资本时，所留存的该项公积金不得少于转增前公司注册资本的25%。公积金转增资可以进一步明确产权关系，有助于投资者正确认识股票投资的价值所在，提高股东对公司长期发展和积累的信心，从而形成企业积累的内外动力机制。

3. 有偿无偿搭配增资发行

这种增资发行方式把前两种增资方式结合起来运用，即在一次增资中既采用无偿增资方式，又搭配使用有偿增资方式，例如，对老股东采取送股加配股的方式就是一种搭配增资方式。也可以其他方式搭配增资。

第三节 证券发行价格

一、发行价格的类型

证券发行价格是证券有偿发售时投资者实际支付的价格，大致可以分为平价发行、溢价发行和折价发行三种。

（一）平价发行（At a Par）

平价发行又称为面额发行、等价发行，是以证券面额为发行价格来发行证券。股票和债券都可以采用平价的方式发行。平价发行的股票，其面额并不代表股票的实际价值，也不能表示公司每股资产的价值，仅仅具有簿证方面的作用，表示每一股份占公司资本的份额。平价发行可以准确确定每一股份在公司所占的比例，发行比较简便易行，不足之处在于发行价格与流通价格不能联系在一起，不能反映股票的市场情况。一般在新公司成立及向老股东配股时采用这种方法。目前，股票平价发行方式在发达的证券市场上用得很少，多被证券市场不发达的国家和地区采用。

债券的平价发行一般是在债券票面利率与市场利率相同的情况下采用。

（二）溢价发行（At a Premium）

溢价发行是指以高于证券面额的价格发售。

溢价发行是股票发行中比较常见的形式，根据发行价格和股票市场价格的关系又可以分为时价发行和中间价发行两种方式。

（1）时价发行。它是以股票在流通市场上的价格为基础而确定的发行价格。时价发行的发行价格一般并不等于市价，而是接近股票流通市场上该种已经发行股票或同类股票的近期买卖价格。时价发行价格高于股票面额，两者的差额称为溢价，溢价带来的收益计入公司资本公积金。时价发行是成熟市场上最基本、最常见的方式，通常在公募发行或第三者配售时采用。

时价发行时决定股票发行价格的主要因素还有公司净资产、盈利水平、发展潜力、行业特点、发行数量以及股票市场的状态及趋势。

（2）中间价发行。它是指按照介于面额与市价之间的价格发行。中间价发行通常在股东配股时采用。配股时采用中间价发行可以增强对原有股东的吸引力，实际上是将发行溢价的一部分返还给股东。

一般当出现债券票面利率高于市场利率的情况时，发行债券采用溢价发行的方式。

（三）折价发行（At a Discount）

折价发行即证券发行价低于证券本身的面值。债券的折价发行通常是在债券票面利率低于市场利率的情况下采用，而股票通常不允许折价发行。

二、股票发行价格的确定

股票发行价格的确定是股票发行计划中最基本和最重要的内容，它关系到发行人与投资者的根本利益及股票上市后的表现，也是股票能否成功发行的关键所在。因此，发行公司与承销商必须对公司的利润及其增长率、行业发展潜力、二级市场的股价水平等因素进行综合分析后，才能确定出相对公平合理的发行价格。一般来说，只有经过大量实践并对证券市场有丰富经验的投资银行才具有正确制定新股票发行价格的能力。

股票发行价格的确定包括一系列活动，不仅涉及估值及撰写股票发行定价分析报告，还包括发行期间的具体沟通、协商、询价、投标等一系列定价活动。我国《证券法》第三十四条规定："股票发行采取溢价发行的，其发行价格由发行人与承销的证券公司协商确定。"

（一）股票发行定价方法

1. 可比公司定价法

可比公司定价法是指对可比较的或者具有代表性的公司进行分析，尤其要分析有相似业务以及相似规模的公司首次公开发行的情况，以获得可参考的定价基础。主承销商审查可比较的股票发行的初次定价和它们的二级市场表现，然后根据发行公司的特质进行价格调整，为新股发行进行定价。

2. 市盈率定价法

市盈率（Price to Earnings Ratio，P/E）是指股票市场价格与每股收益的比率，即

$$\text{市盈率} = \frac{\text{股票市场价格}}{\text{每股收益}}$$

通过市盈率定价法估计股票发行价格时，首先应计算出发行人的每股收益；然后根据二级市场的平均市盈率、发行人所处行业的情况（同类行业公司股票的市盈率）、发行人的经营状况及其成长性等拟定发行市盈率；最后，依据发行市盈率与每股净利润的乘积来决定发行价。

$$股票发行价格 = 每股净利润 \times 发行市盈率$$

可见，市盈率定价法主要取决于每股净利润和发行市盈率这两个因素。

每股净利润的确定方法有以下几种：

第一，全面摊薄法。如果事先有注册会计师的盈利预测审核报告，那么

$$每股净利润 = \frac{发行当年预测的全年净利润}{发行后总股本}$$

第二，加权平均法。用加权平均法计算每股净利润的公式为

$$每股净利润 = \frac{发行当年预测的全年净利润}{发行前总股本 + 本次公开发行股本数 \times \frac{12 - 发行月份}{12}}$$

第三，最近一个会计年度的每股净利润。

$$每股净利润 = \frac{最近一个会计年度的净利润}{该年度期末股本}$$

这种方式经常被运用于我国当前的发行实践中。

3. 市净率定价法

市净率（Price to Bookvalue Ratio，P/B）是指股票市场价格与每股净资产的比率。计算公式为

$$市净率 = 股票市场价格 / 每股净资产$$

通过市净率定价法估计股票发行价格时，首先应根据审核后的净资产计算出发行人的每股净资产；其次根据二级市场的平均市净率、发行人所处行业的情况（同类行业公司股票的市净率）、发行人的经营状况及其净资产收益率等拟定发行市净率；最后依据发行市净率与每股收益的乘积决定发行价格。

4. 贴现现金流量定价法

贴现现金流量定价法是通过预测公司未来的现金流量，按照一定的贴现率计算公司的净现值，从而确定股票发行价格的一种方法。现金流折现法体现的是价值决定价格，即通过对企业估值，计算每股价值，从而确定股票的发行价格。

（二）股票发行定价方式

股票发行定价既有理性的计算，更有对市场供求的感性判断。股票的价格随着股票市场景气程度的不断变化而变化。股票发行定价是一个过程，需要用一定的方式来实现。股票发行定价方式就是指确定股票发行价格的制度安排。我国股票发行定价方式不断演进，先后经历过以下几种方式：

1. 协商定价。协商定价即经过与专业投资者的沟通后，由发行人与主承销商协商确定一个固定的发行价格，并报中国证监会核准。

2. 累计投标询价。累计投标询价是一种在发行中根据不同价格下投资者的认购意愿确定发行价格的定价方法。通常，主承销商将发行价格确定在一定的区间内，并报中国证监会核准，投资者在此区间内按照不同的发行价格申报认购数量。通过累计计算，主承销商得出不同价格累计的申购量，并根据超额认购倍数确定发行价格。

3. 上网竞价方式。利用证券交易所的交易系统，由主承销商作为新股发行的唯一卖方，以发行人宣布的发行底价为最低价格，以新股发行量为总的卖出数，由投资者在指定的时间内竞价委托申购，发行人和主承销商以价格优先的原则确定股票发行价格。

4. 一般询价方式。在对一般投资者上网发行和对机构投资者配售相结合的发行方式下，发行人和主承销商事先确定发行量和发行底价，通过向机构投资者询价，并根据机构投资者的预约申购情况确定最终发行价格，以同一价格向机构投资者配售和对一般公众投资者上网发行。

5. 首次公开发行时向二级市场投资者配售。它是指在首次公开发行时，将一定比例的新股向二级市场投资者配售，而投资者根据其持有上市流通证券的市值和折算的申购限量，自愿申购新股。由于只是将一定比例的股票向二级市场投资者配售，这一发行方式实际上是向二级市场投资者配售和上网公开发行相结合的方式。

（三）我国首次公开发行股票询价制度

为保护投资者的合法权益、加强市场约束、完善股票发行价格形成机制，我国于2005年1月1日实施首次公开发行股票询价制度。该制度的主要内容如下：

首次公开发行股票的公司（以下简称发行人）及其保荐机构应通过向询价对象询价的方式确定股票发行价格。发行申请经中国证监会核准后，发行人应公告招股意向书，开始进行推介和询价。询价分为初步询价和累计投标询价两个阶段。发行人及其保荐机构应通过初步询价确定发行价格区间，通过累计投标询价确定发行价格。

招股意向书不含发行价格和筹资金额，与招股说明书具有同等法律效力。保荐机构应在初步询价时向询价对象提供投资价值研究报告。发行人及其保荐机构应向不少于20家询价对象进行初步询价，并根据询价对象的报价结果确定发行价格区间及相应的市盈率区间。公开发行股数在4亿股以上（含4亿股）的，参与初步询价的询价对象应不少于50家。询价对象应在综合研究发行人内在投资价值和市场状况的基础上独立报价，并将报价依据和报价结果同时提交给保荐机构。初步询价和报价均应以书面形式进行。

发行价格区间确定后，发行人及其保荐机构应在发行价格区间内向询价对象进行累计投标询价，并应根据累计投标询价结果确定发行价格。发行价格区间、发行价格及相应的发行市盈率确定后，发行人及其保荐机构应将其分别报中国证监会备案并公告；发行价格确定依据应同时备案及公告。

发行人及其保荐机构应向参与累计投标询价的询价对象配售股票：公开发行数量在4亿股以下的，配售数量应不超过本次发行总量的20%；公开发行数量在4亿股以上（含4亿股）的，配售数量应不超过本次发行总量的50%。累计投标询价完成后，发行价格以上的有效申购总量大于拟向询价对象配售的股份数量时，发行人及其保荐机构应对发行价格以上的全部有效申购进行同比例配售，配售比例为拟向询价对象配售的股份数量除以发行价格以上的有效申购总量。有效申购的标准应在发行公告中明确规定。

累计投标询价及配售完成后，发行人及其保荐机构应刊登配售结果公告。发行人及其保荐机构要将其余股票以相同价格按照发行公告规定的原则和程序向社会公众投资者公开发行。

询价对象参与累计投标询价和配售应全额缴付申购资金，申购资金冻结期间产生的利息归询价对象所有。询价对象应承诺将参与累计投标询价获配的股票锁定3个月以上，锁定期自向社会公众投资者公开发行的股票上市之日起计算。

三、债券发行价格的确定

（一）债券发行定价方法

债券发行价格理论上采用收益资本化定价法确定，即将债券到期前各期所产生的现金流按市场利率贴现，现值之和就是债券的理论价格。债券发行价格是投资者认购新发行的债券时实际支付的价格。无论哪种形式的债券，最终都要按面值偿还。债券发行人在设计债券的票面收益率时要参照当时的市场收益率，而市场收益率是波动的。当债券正式向市场销售时，市场收益率有可能上升或下降，债券的票面收益率有可能低于或高于市场收益率。如果按照面值发行，投资者的收益率就有可能低于市场收益水平，也有可能高于市场收益水平。如果债券的票面收益率低于市场收益率，会影响债券的发行，投资者不愿意购买；反之，如果债券的票面收益高于市场收益率，投资者愿意买，而发行人的成本会上升。因此，需要采取低于面值或高于面值的价格来发行债券，以调整市场收益率与债券的票面收益率不一致的问题，使投资者得到的实际收益率与市场收益率相当。债券发行价格的计算公式随利息支付方式的不同而不同。下面介绍三种计息方式下债券发行价格的计算公式。

	时期1	时期2	时期3	时期4	……
纯贴现债券					面值
单利计息、按年付息的债券	利息	利息	利息	利息	面值+利息
无归偿期的政府债券	利息	利息	利息	利息	……

1. 纯贴现债券（Pure Discount Bonds）。纯贴现债券是指无票面利率、以低于面值的价格发行、到期按照面值偿还的债券。发行价格与面值之间的差额为债券投资收益。其发行价格的计算公式为

$$发行价格 = \frac{面值}{(1+市场收益率)^N}$$

2. 单利计息、按年付息的债券（Coupon Bonds）。这种债券也叫做付息债券，其发行价格的计算公式为

$$发行价格 = A\sum_{t=1}^{N}\frac{1}{(1+市场收益率)^t} + \frac{面值}{(1+市场收益率)^N} \quad (t=1,2,\cdots,N)$$

式中，N 为债券的有效期限，A 为年利息。

3. 无归偿期的政府债券（Consols）。其发行价格的计算公式为

$$发行价格 = \frac{利息}{市场收益率}$$

（二）我国债券发行方式的演进

我国债券发行方式由行政分配逐步向市场化发行方式过渡。1988 年以前，我国国债主要采用行政分配方式发行。1988 年财政部首次通过商业银行和邮政储蓄柜台销售了一定数量的国债。1991 年开始以承购包销方式发行国债，直到 1996 年，公开招标方式才被广泛采用。

目前我国记账式国债的发行采用公开招标方式，通过投标人的直接竞价来确定发行价格（或利率）水平。发行人将投标人的标价从高到低排列或自低利率排到高利率，然后从高价（或低利率）选起，直到达到需要发行的数额为止。这种方式所确定的价格是供求决定的市场价格。对于凭证式国债的发行则采用承购包销方式，即由发行人和承销商签订承购包销合同，合同中的有关条款是通过双方协商确定的。承购包销主要运用于不可上市流通的凭证式国债的发行。

第四节 证券发行审核制度与发行程序

各国证券发行审核制度主要分为两类：一是注册制，二是核准制。在不同的审核制度下，证券发行程序有较大的差异。

一、注册制及其发行程序

（一）注册制的含义

注册制是以美国联邦法为依据而确立的一种证券发行审核方式，实行所谓的公开管理原则。在注册制下，发行人在准备发行证券时，必须将依法公开的各种资料完全准确地向证券主管机关呈报并申请注册。证券主管机关的职责是依据信息公开原则，对申报文件的全面性、真实性、准确性和及时性做形式审查。发行人的营业性质、财力、素质、发展前景及发行数量与价格等实质条件均不作为发行审核要件。证券主管机关无权对证券发行行为及证券本身作出价值判断。申报文件提交后，在法定期间内，主管机关若无异议，申请即自动生效。在注册制下，发行人的发行权无须由国家授予。

（二）注册制下股票的发行程序

1. 发行前的咨询。发行公司就发行股票的种类、条件、价格、时间、市场状况等向被委托发行的中介机构进行咨询，以便对股票发行方案有个初步设计。

2. 申请股票发行。申请股票发行是发行工作的关键环节，一般包括：第一，确认股份公司的股票发行资格；第二，向证券管理部门提交有关的申请文件和资料；第三，填写股票发行说明书；第四，进行股票发行的形式审查。

3. 申请生效后，委托中介机构进行股票发行。发行公司应同中介机构签订委托发行协议书。委托发行协议书签订后，股票发行中介机构按照发行公司的要求，向投资者发售新股票。

二、核准制及其发行程序

(一) 核准制的含义

核准制是以欧洲各国公司法为依据而确立的一种证券发行审核方式，实行所谓的实质管理原则。在核准制下，发行人在发行股票时，不仅要充分公开企业的真实状况，而且还必须符合有关法律和证券管理机关规定的必备条件，证券主管机关有权否决不符合规定条件的股票发行申请。证券主管机关除了进行注册制所要求的形式审查外，还要对发行人的营业性质、财力、素质、发展前景及发行数量与价格等条件进行实质审核，并由此作出发行人是否符合发行实质条件的价值判断。在核准制下，发行人的发行权由审核机构以法定方式授予。

相比较而言，注册制适用于发达的证券市场，而核准制则较适用于证券市场发展历史不长、投资者素质不高的国家和地区。我国目前对股票发行实行严格的核准制，即股票的发行必须符合国家相关法规的规定条件，并需获得中国证监会的批准。

(二) 核准制下股票的发行程序

在核准制下，股票发行程序较为复杂，除进行发行前的咨询外，关键是发行人要达到国家有关法规规定的实质条件并报经证券管理机关核准，然后，才可委托中介机构公开发行股票。2006 年 5 月中国证监会颁布了《首次公开发行股票并上市管理办法》，此管理办法对我国核准制下股票发行程序作出了规定。主要环节如下：

1. 发行人董事会应当依法就本次股票发行的具体方案、本次募集资金使用的可行性及其他必须明确的事项作出决议，并提请股东大会批准。

2. 发行人应当按照中国证监会的有关规定制作申请文件，由保荐人保荐并向中国证监会申报。特定行业的发行人应当提供管理部门的相关意见。

3. 中国证监会收到申请文件后，在 5 个工作日内作出是否受理的决定。中国证监会受理申请文件后，由相关职能部门对发行人的申请文件进行初审，并由发行审核委员会审核。

4. 中国证监会在初审过程中，将征求发行人注册地省级人民政府是否同意发行人发行股票的意见，并就发行人的募集资金投资项目是否符合国家产业政策和投资管理的规定征求国家发展和改革委员会的意见。

5. 中国证监会依照法定条件对发行人的发行申请作出予以核准或者不予核准的决定，并出具相关文件。

自中国证监会核准发行之日起，发行人应在 6 个月内发行股票；超过 6 个月未发行的，核准文件失效，须重新经中国证监会核准后方可发行。

6. 发行申请核准后、股票发行结束前，发行人发生重大事项的，应当暂缓或者暂停发行，并及时报告中国证监会，同时履行信息披露义务。影响发行条件的，应当重新履行核准程序。

7. 股票发行申请未获核准的，自中国证监会作出不予核准决定之日起 6 个月后，发行人可再次提出股票发行申请。

三、我国证券发行的条件与限制

（一）股票的发行条件

股票发行需要在遵守《公司法》、《证券法》的基础上根据中国证监会颁布的相关法规规定的条件发行。

1. 首次公开发行股票的条件

2006 年中国证监会颁布《首次公开发行股票并上市管理办法》，该管理办法第二章分五节对首次公开发行股票的条件作出了规定。

（1）主体资格：发行人应当是依法设立且合法存续的股份有限公司；发行人自股份有限公司成立后，持续经营时间应当在 3 年以上，但经国务院批准的除外；发行人的注册资本已足额缴纳，发起人或者股东用做出资的资产的财产权转移手续已办理完毕，发行人的主要资产不存在重大权属纠纷；发行人的生产经营符合法律、行政法规和公司章程的规定，符合国家产业政策；发行人最近 3 年内主营业务和董事、高级管理人员没有发生重大变化，实际控制人没有发生变更；发行人的股权清晰，控股股东和受控股股东、实际控制人支配的股东持有的发行人股份不存在重大权属纠纷。

（2）独立性：发行人应当具有完整的业务体系和直接面向市场独立经营的能力；发行人的资产完整；发行人的人员独立；发行人的财务独立，发行人应当建立独立的财务核算体系；发行人的机构独立，发行人应当建立健全内部经营管理机构，独立行使经营管理职权；发行人的业务独立，发行人的业务应当独立于控股股东、实际控制人及其控制的其他企业，与控股股东、实际控制人及其控制的其他企业间不得有同业竞争或者显失公平的关联交易；发行人在独立性方面不得有其他严重缺陷。

（3）规范运营：发行人已经依法建立健全股东大会、董事会、监事会、独立董事、董事会秘书制度；发行人的董事、监事和高级管理人员符合法律、行政法规和规章规定的任职资格，了解与股票发行上市有关的法律法规；发行人的内部控制制度健全且被有效执行，能够合理保证财务报告的可靠性、生产经营的合法性、营运的效率与效果；发行人的公司章程中已明确对外担保的审批权限和审议程序，不存在为控股股东、实际控制人及其控制的其他企业进行违规担保的情形；发行人有严格的资金管理制度，不得有资金被控股股东、实际控制人及其控制的其他企业以借款、代偿债务、代垫款项或者其他方式占用的情形。

（4）财务与会计：发行人资产质量良好，资产负债结构合理，盈利能力较强，现金流量正常。发行人的内部控制在所有重大方面是有效的。发行人应当符合下列条件：最近 3 个会计年度净利润均为正数且累计超过 3 000 万元人民币，净利润以扣除非经常性损益前后较低者为计算依据；最近 3 个会计年度经营活动产生的现金流量净额累计超过 5 000 万元人民币；或者最近 3 个会计年度营业收入累计超过 3 亿元人民币；发行前股本总额不少于 3 000 万元人民币；最近一期末无形资产（扣除土地使用权、水面养殖权和采矿权等后）占净资产的比例不高于 20%；最近一期末不存在未弥补亏损。

（5）募集资金运用：募集资金应当有明确的使用方向，原则上应当用于主营业务。

除金融类企业外，募集资金使用项目不得为持有交易性金融资产和可供出售的金融资产、借与他人、委托理财等财务性投资，不得直接或者间接投资于以买卖有价证券为主要业务的公司。募集资金数额和投资项目应当与发行人现有生产经营规模、财务状况、技术水平和管理能力等相适应。募集资金投资项目应当符合国家产业政策、投资管理、环境保护、土地管理以及其他法律、法规和规章的规定。

2. 上市公司配股、增发的条件

2006 年中国证监会颁布《上市公司证券发行管理办法》，对上市公司配股、增发条件作了详细规定。

（1）一般条件

上市公司配股、增发（包括发行可转换债券）首先需要满足《上市公司证券发行管理办法》对公开发行证券的一般规定：

第一，上市公司的组织机构健全、运行良好。具体指公司章程合法有效，股东大会、董事会、监事会和独立董事制度健全，能够依法有效履行职责；公司内部控制制度健全，能够有效保证公司运行的效率、合法合规性和财务报告的可靠性；内部控制制度的完整性、合理性、有效性不存在重大缺陷；现任董事、监事和高级管理人员具备任职资格，能够忠实和勤勉地履行职务，不存在违反《公司法》第一百四十八条、第一百四十九条规定的行为，且最近三十六个月内未受到过中国证监会的行政处罚、最近十二个月内未受到过证券交易所的公开谴责；上市公司与控股股东或实际控制人的人员、资产、财务分开，机构、业务独立，能够自主经营管理；最近十二个月内不存在违规对外提供担保的行为。

第二，上市公司的盈利能力具有可持续性。最近三个会计年度连续盈利。扣除非经常性损益后的净利润与扣除前的净利润相比，以低者作为计算依据；业务和盈利来源相对稳定，不存在严重依赖于控股股东、实际控制人的情形；现有主营业务或投资方向能够可持续发展，经营模式和投资计划稳健，主要产品或服务的市场前景良好，行业经营环境和市场需求不存在现实或可预见的重大不利变化；高级管理人员和核心技术人员稳定，最近十二个月内未发生重大不利变化；公司重要资产、核心技术或其他重大权益的取得合法，能够持续使用，不存在现实或可预见的重大不利变化；不存在可能严重影响公司持续经营的担保、诉讼、仲裁或其他重大事项；最近二十四个月内曾公开发行证券的，不存在发行当年营业利润比上年下降 50% 以上的情形。

第三，上市公司的财务状况良好。会计基础工作规范，严格遵循国家统一会计制度的规定；最近三年及一期财务报表未被注册会计师出具保留意见、否定意见或无法表示意见的审计报告；被注册会计师出具带强调事项段的无保留意见审计报告的，所涉及的事项对发行人无重大不利影响或者在发行前重大不利影响已经消除；资产质量良好。不良资产不足以对公司财务状况造成重大不利影响；经营成果真实，现金流量正常。营业收入和成本费用的确认严格遵循国家有关企业会计准则的规定，最近三年资产减值准备计提充分合理，不存在操纵经营业绩的情形；最近三年以现金或股票方式累计分配的利润不少于最近三年实现的年均可分配利润的 20%。

第四，上市公司最近三十六个月内财务会计文件无虚假记载，且不存在下列重大违法行为：违反证券法律、行政法规或规章，受到中国证监会的行政处罚，或者受到刑事处罚；违反工商、税收、土地、环保、海关法律、行政法规或规章，受到行政处罚且情节严重，或者受到刑事处罚；违反国家其他法律、行政法规且情节严重的行为。

第五，上市公司募集资金的数额和使用应当符合下列规定：募集资金数额不超过项目需要量；募集资金用途符合国家产业政策和有关环境保护、土地管理等法律和行政法规的规定；除金融类企业外，本次募集资金使用项目不得为持有交易性金融资产和可供出售的金融资产、借与他人、委托理财等财务性投资，不得直接或间接投资于以买卖有价证券为主要业务的公司；投资项目实施后，不会与控股股东或实际控制人产生同业竞争或影响公司生产经营的独立性；建立募集资金专项存储制度，募集资金必须存放于公司董事会决定的专项账户。

第六，上市公司存在下列情形之一的，不得公开发行证券：本次发行申请文件有虚假记载、误导性陈述或重大遗漏；擅自改变前次公开发行证券募集资金的用途而未作纠正；上市公司最近十二个月内受到过证券交易所的公开谴责；上市公司及其控股股东或实际控制人最近十二个月内存在未履行向投资者作出的公开承诺的行为；上市公司或其现任董事、高级管理人员因涉嫌犯罪被司法机关立案侦查或涉嫌违法违规被中国证监会立案调查；严重损害投资者的合法权益和社会公共利益的其他情形。

（2）上市公司配股条件

除满足上述条件外，向老股东配售股份还应当符合下列规定：拟配售股份数量不超过本次配售股份前股本总额的30%；控股股东应当在股东大会召开前公开承诺认配股份的数量；采用《证券法》规定的代销方式发行。控股股东不履行认配股份的承诺，或者代销期限届满，原股东认购股票的数量未达到拟配售数量70%的，发行人应当按照发行价并加算银行同期存款利息返还已经认购的股东。

（3）上市公司增发条件

除满足前述基本条件外，向不特定对象公开募集股份，即“增发”，还应当符合下列规定：最近三个会计年度加权平均净资产收益率平均不低于6%。扣除非经常性损益后的净利润与扣除前的净利润相比，以低者作为加权平均净资产收益率的计算依据；除金融类企业外，最近一期末不存在持有金额较大的交易性金融资产和可供出售的金融资产、借与他人款项、委托理财等财务性投资的情形；发行价格应不低于公告招股意向书前二十个交易日公司股票均价或前一个交易日的均价。

（二）债券发行条件

《证券法》第十六条规定，公开发行公司债券应当符合下列条件：

股份有限公司的净资产不低于3 000万元人民币，有限责任公司的净资产不低于6 000万元人民币；累计债券余额不超过公司净资产的40%；最近三年平均可分配利润足以支付公司债券一年的利息；筹集的资金投向符合国家产业政策；债券的利率不超过国务院限定的利率水平；国务院规定的其他条件。

（三）基金发行的条件

《中华人民共和国证券投资基金法》规定，基金管理人发售基金份额，募集基金，应当向国务院证券监督管理机构提交申请，并经国务院证券监督管理机构核准。封闭式基金的基金份额总额和基金合同期限，或者开放式基金的最低募集份额总额要在申请文件里确定。国务院证券监督管理机构要在受理基金募集申请之日起六个月内作出核准或者不予核准的答复。基金管理人自收到核准文件之日起六个月内进行基金募集。基金募集期限届满，封闭式基金募集的基金份额总额达到核准规模的80%以上，开放式基金募集的基金份额总额超过核准的最低募集份额总额，并且基金份额持有人人数要符合国务院证券监督管理机构的规定。

四、股票发行路演与“绿鞋”安排

(一) 路演 (Road Show)

路演也称做路游，是股票承销商帮助发行人安排的发行前的调研活动。一般来说，承销商先选择一些可能销出股票的地点，并选择一些可能的投资者，主要是机构投资者。然后，带领发行人逐个地点去召开会议，介绍发行人的情况，了解投资者的投资意向。大多数情况下，一些基金经理人会作为机构投资者参加这一活动。另外，会计师和投资顾问有时也参加这一活动。承销商和发行人通过路演，可以比较客观地决定发行量、发行价格以及发行时机等。

(二) 绿鞋 (Green Shoe)

绿鞋是一种包销商在发行人的许可下超额配售股份的发行方式，其意图在于防止股票发行上市后股价下跌至发行价格或者发行价格以下，以达到支持和稳定二级市场交易的目的。发行股票时，包销商与发行人达成协议，允许包销商在既定的股票发行规模的基础上，视市场具体情况使用发行人所授予的股份超额配售权。一般来说，超额配售所募集的资金不马上转给发行公司，而是暂时存在包销商的账户上。因为包销商一旦使用这种超额配售权，就处于卖空位置，一旦股价跌破发行价，包销商就可以利用这部分资金以不高于发行价的价格在二级市场上收购抛售的股票，从而达到支撑股价的目的。如果这种超额配售未得到发行人的许可，一旦股票上市后股价上涨，包销商就必须以高于发行价的价格购回其所超额配售的股份，从而遭受经济损失。发行人的许可使得包销商超额配售的股份有了来源保证，不必花高价去市场购买，只需发行人多发行相应数量的股份给包销商即可，包销商还可为发行公司多募集一些资金。如果超额配售未获得发行人的许可，就被称为“光脚鞋”(Bare Shoe)。它常被包销商拿来与绿鞋一起合用，以增大卖空空间和市场支撑能力。

绿鞋主要在市场气氛不佳、对发行结果不乐观或难以预料的情况下使用。我国已经在B股市场发行过程中进行尝试，取得了良好的效果。

本章小结

证券发行市场是新证券首次向社会公众发行的市场，也称初级市场，由发行者、投资者和证券中介机构组成。证券发行市场按照所发行证券的品种可划分为股票发行市场、债券发行市场、基金发行市场等。不同的发行市场有不同的发行目的和发行方式。证券发行方式分为公募发行、私募发行、直接发行、间接发行；按照筹资阶段和目的的不同，股票发行又分为初次发行和增资发行。

证券发行价格的确定是发行工作中尤为重要的一环。证券发行价格一般有平价、溢价和折价三种方式。股票发行价格的确定方法有市盈率定价法、可比公司定价法、市净率定价法和贴现现金流量定价法。债券定价主要依据收益资本化定价法。股票发行制度主要有两种，即注册制与核准制。不同的发行监管制度下，股票发行程序有所不同，证券发行所要满足的条件也不同。

名词解释

证券发行市场　公募发行　私募发行　直接发行　间接发行　初次发行　增资发行
股票分割　无偿增资　助销　代销　包销　平价发行　溢价发行　折价发行
注册制　核准制　路演　绿鞋　市盈率

思考题

1. 简述证券发行市场的特征、功能。
2. 简述公募发行与私募发行的优劣。
3. 简述股票增资发行的几种形式。
4. 什么是市盈率定价法？
5. 我国上市公司发行新股要具备哪些条件？

相关链接1：我国股票发行的保荐人制度

新股发行的保荐人制度指由保荐人（券商）负责发行人的上市推荐和辅导，核实公司发行文件与上市文件中所载资料是否真实、准确、完整，协助发行人建立严格的信息披露制度，并承担风险防范责任。保荐机构及其保荐代表人履行保荐职责，但也不能因此减轻或者免除发行人及其高管人员、中介机构及其签名人员的责任。

新股业绩变脸曾经成为我国证券市场的一大痼疾。为规范证券发行上市行为、提高上市公司质量和证券经营机构的执业水平、保护投资者的合法权益、促进证券市场健康发展，借鉴境外证券市场的经验，2003年12月28日，证监会公布了《证券发行上市保荐制度暂行办法》①，决定从2004年2月1日起在中国施行保荐人制度。自此，保荐人制度正式登上中国证券市场的舞台，这也是世界上第一次在主板市场实行保荐人制度。香港首先在其创业板市场（Growth Enterprise Market，GEM）实行保荐人制度，而且保荐是针对于上市环节而言的，又称上市保荐人（Sponsor）。香港联交所在审核企业上市申

① 已失效。

请时，首先强调信息披露，但是同时也非常倚重保荐人，这是因为在香港上市的公司中相当大比例的公司的注册地及主要业务都在香港境外，核实有关资料（包括发起人的资历）必须依靠中介机构，尽量减少企业诈骗。

保荐人制度最引人注目的规定是明确了保荐机构和保荐代表人的责任并建立责任追究机制，建立保荐机构和保荐代表人的注册登记管理制度，明确保荐期限，确立保荐责任，引进持续信用监管和“冷淡对待”的监管措施。据此，保荐机构或保荐代表人与发行人的任何合谋行为最终都逃脱不了市场的惩罚。

实施证券发行上市保荐制度是证监会深化发行制度改革的重大举措，是对证券发行上市建立市场约束机制的重要制度探索。保荐人制度的改革有利于从源头上把好市场准入关，强化对发审委工作的社会监督，落实核准制下市场各方参与者各负其责、各担风险的原则，逐步强化市场主体约束机制。

思考：实施保荐人制度对完善资本市场有何意义？

相关链接2：境外公司在美国上市的方式

通常情况下，境外公司进入美国的资本市场可以采取以下四种方式：

1. 普通股的首次公开发行

按照1933年的美国证券法，美国对境外公司在美国的普通股首次公开发行的监管与本土公司别无二致。首先，公司必须注册。根据公司的规模以及以前在美国的信息披露情况，美国证监会还制定了不同的表格，以供外国公司注册使用。境外公司必须同境内公司一样，以同样的格式向美国证券交易委员会（SEC）和投资者披露同等的信息。对于许多境外公司来说，美国证券市场的披露制度是令人深感不适的。美国的财务披露和会计准则比许多国家的更加详细和严格。例如，其要求对公司的市场竞争性地位和管理阶层对前景预测的强制性披露，便是一个令外国公司头痛的例证。但是，为了力争在这个浩瀚的资本市场上拥有一个位置，境外公司也只能入乡随俗。

2. 美国存托股证挂牌（American Depositary Receipts，ADRs）

中国人寿保险股份有限公司于2003年12月17日、18日分别在纽约证券交易所（NYSE）和香港联交所正式挂牌交易。作为第一家两地同步上市的中国国有金融企业，其获得了25倍的超额认购倍数，共发行65亿股，募集资金35亿美元，创该年度全球资本市场IPO筹资额最高纪录，取得了海外上市的成功。中国人寿保险的这次上市就是中国企业通过ADR成功上市的例证。

美国证券业创造了这种将外国证券移植到美国的机制，存托股证交易把境外证券转换为易交易的以美元为支付手段的证券。迄今为止，中国联通、中国移动、中石化等公司也通过此方式在美国上市。

典型的ADR是如此运作的：

（1）美国银行与一境外公司签订协议，约定由这一美国银行担任境外公司证券的存托人。

（2）美国的存托人签发存托股证给美国的投资者。每一张存托股证代表一定数目的境外公司的证券，该凭证可自由交易。

（3）美国存托人收购相应数量的境外公司的证券，该证券一般由境外的托管银行保管。

（4）发行存托股证后，美国存托银行成为该股证持有人的付款代理人。该银行收取股利并转化为美元，然后将其分配给股证持有人。

（5）存托银行作为存托股证的转让代理人，对该股证在美国的投资者的交易进行记录。该银行也时刻准备着把该股证转换为相应的境外证券。

美国证监会把 ADR 与其所代表的境外证券区别对待。同时，ADR 的发行也涉及证券的公开发行。因此，发行 ADR 的美国银行也需要注册，而该境外公司则须履行定期报告的义务。

但是，进行全面的注册和报告是特别昂贵和负累的。鉴于此，美国证监会根据境外公司在美国证券市场的状况，制订了不同的 ADR 计划和相应不同的披露要求。

3. 私募资金和美国证券法 144A 条例

私募资金是一种避免美国证券法要求的注册，而又能在美国出售证券的做法。但是，美国证券法规对于出售私募证券有很多限制。美国证监会 1990 年采纳的 144A 条例允许将某些符合条件的证券出售给合格机构投资者，而不需履行证券法的披露义务。但与 144A 条例关联的交易必须符合如下基本条件：（1）该证券必须只能出售给合格机构投资者；（2）证券发行时，该证券不能与在美国的任一证交所交易或是在如纳斯达克的券商询价系统报价的证券属同一种类；（3）卖家和未来的买家必须有权利获得发行公司的一些从公众渠道尚未得知的信息；（4）卖家必须确认，买家知道卖家可以依据 144 A 条例来免除证券法的登记要求。144A 条例还规定了合格机构投资者的条件。合格机构投资者通常包括美国的银行、信用社和注册券商。

4. 反向兼并

近年来，中国民营企业通过反向兼并（Reverse Merger）方式在美国上市方兴未艾。反向兼并也称 Reverse Takeover，俗称借壳上市，是一种简化快捷的上市方式，是指一家私人公司反向并入一家没有业务、资产和负债的上市公司，而该上市公司也成为一个全新的实体。该上市公司也称为壳公司。私人公司并入上市公司后持有多数股权（通常是 90%）。

与 IPO 相比，反向收购具有上市成本明显降低、所需时间少以及成功率高等优势。一旦成为上市公司，公司的前景将颇为可观。上市公司的市场价值通常远远高于同等行业、同等结构的私人公司。上市公司更易于筹集资金，因为其股票有市场价值而且可以交易。上市公司可以利用股票进行收购，因为公开交易的股票通常被视为购并的现金工具。

但是，反向兼并并非是一蹴而就地获取资金的捷径，其只是募集资金的间接途径。所以，这一方式仅适宜于那些对资金的需求并不是特别急切、将要经历很长时间才能达到上市公司的规模和水平的公司，有助于其实现融资的长期目标。

第六章

证券交易市场

学习目标：

- 了解证券交易市场的结构、特征及功能
- 熟悉证券交易的主要业务和交易程序的基本步骤
- 理解证券交易所、场外市场、创业板市场的基本构成及设立的必要性
- 掌握证券交易中的基本概念，各种具体交易制度、交易方式及功能

证券交易市场是与证券发行市场相对应的市场，是指对一级市场已经发行的证券进行买卖、转让和流通的市场，因此，也称二级市场、次级市场或流通市场。这一市场为证券的持有者提供了随时变现的机会，同时也使投资者能够及时购进已经发行的证券，以实现投资获利的目的。一级市场创造的证券为二级市场提供了交易的对象，一级市场是二级市场的基础；二级市场为一级市场证券的流通变现提供场所，又能很好地促进一级市场证券的发行。证券交易市场的价格水平又是反映宏观经济动向的晴雨表，其升降往往预示着经济前景的看好与看淡，是政府调整宏观经济政策及金融政策的主要依据之一。本章主要介绍证券交易所和场外交易市场等交易市场的具体类型、证券交易制度、交易程序以及交易方式。

第一节　证券交易市场的类型

证券交易市场按组织方式的不同分为场内市场和场外市场。场内市场是指有组织的、集中交易的市场，即证券交易所，它是证券市场的主体和核心；场外市场是指非组织化的、分散交易的市场，它是对场内市场的必要补充。

一、场内交易市场——证券交易所

（一）证券交易所的含义

证券交易所是指在固定的场所内，按照一定的规则，在固定的交易时间内，有组织

地集中进行证券交易的市场，也叫场内交易市场。我国《证券交易所管理办法（2001）》规定，证券交易所是指依法设立的，不以盈利为目的，为证券的集中和有组织的交易提供场所、设施，履行国家有关法律法规、规章、政策规定的职责，实行自律性管理的法人。

（二）证券交易所的特征

证券交易所作为集中交易证券的场所，其本身不从事证券买卖业务，更不决定证券交易价格，只是为证券交易提供场所和各项服务并对证券交易进行周密的组织和严格的管理，以保证证券交易活动持续、高效地进行。其特征如下：（1）有固定的交易场所和严格的交易时间。（2）参加交易者为具备一定资格的会员证券公司，交易采取委托经纪制，即一般投资者不能直接在交易所买卖证券，只能委托会员证券公司间接地买卖。（3）交易对象限于合乎一定标准的上市证券。（4）集中了证券的供求双方，具有较高的成交速度和成交率。（5）交易价格以公开竞价方式形成。（6）对证券交易实行严格的规范化管理。

（三）证券交易所的功能

1. 为证券的集中交易提供场所

证券交易所汇集了所有证券买方和卖方的信息，为证券买卖双方进行集中交易提供场所，使证券供求关系的变化得以迅速反映。因此，证券交易所内的证券交易具有成交量大、买卖频繁、进出报价差距小、价格波动小、交易完成迅速的特点，创造了一个具有高度流动性、高效率和连续性的市场。

2. 促进均衡价格的形成

交易所内的证券交易价格是在充分竞争的条件下，由买卖双方集中公开竞价形成的。公开竞价形成的价格既反映供求关系，也体现了证券的真实投资价值，使市场价格更趋近于均衡价格。

3. 引导社会资金的合理流动和资源的有效分配

上市公司即为公众公司，要按照要求定期公开其经营状况和财务信息，为投资者的投资选择提供依据。因此，反映供求关系变化的证券交易价格和成交量实际上是市场对某一公司证券评价结果的反应。交易所即时公布证券行情变化信息，为投资者调整投资方向提供便利，使证券价格的变动自动调节着社会资金流向，促使社会资金向更有发展前景的行业、公司流动。

4. 预测、反映经济动态

证券价格的变动受企业的利润前景等多种因素的影响，而交易行情的好坏又从侧面反映了这些因素的变化。由于股价变动一般先于经济活动的变化，因此，证券行情通常被看做是经济发展的晴雨表。通过证券价格的变动，可以预测企业、生产部门的经济动态和整个社会经济的发展状况。

5. 监督、管理证券交易

证券交易所有义务在公开、信用的原则下，实施对证券交易的管理，以维持市场交易秩序，保障市场的顺利运行。其管理的内容主要包括：（1）监督交易过程，对违约违纪的经纪人进行程度不同的处罚。(2) 制定和执行交易规则和制度，以保障交易依法有序地进行。(3) 调解和仲裁交易过程中经纪人之间的纠纷。

(四) 证券交易所的组织形式

从组织形式上看，国际上的证券交易所主要有公司制和会员制两种组织形式。

1. 公司制证券交易所

公司制证券交易所是指以股份有限公司形式设立的、以盈利为目的的公司法人。这类交易所大多由银行、证券公司、信托投资公司以及各类民营公司共同出资而建立。公司制证券交易所是独立的民事主体和经济实体，其收入主要来源于收取发行人的上市费和证券成交的佣金。证券交易所不参与具体的证券交易活动，只对证券商提供从事交易活动所需的各种服务。

公司制证券交易所遵循公司法，设有股东大会、董事会、监事会和各职能部门，公司章程成为公司设立、运行的主要依据。在公司章程中就明确规定作为股东的证券经纪商和证券自营商的名额、资格和公司续存期限等。在政府主管机构的管理和监督下，交易所吸收的各类证券在交易所内自由地买卖并集中交割。交易所本身的股票不得在本交易所上市交易。同时，任何成员公司的股东、高级职员、雇员都不能担任证券交易所的高级职员，以保证交易的公正性。它的性质有官商合办和纯属私人投资的民营两种。目前，瑞士的日内瓦证券交易所、美国的纽约证券交易所和我国香港的联合证券交易所都实行公司制。

公司制证券交易所的优点：(1) 由于证券交易所本身不参与证券买卖，在证券交易中处于中立地位，因此有助于保证交易的公平与公正。(2) 证券交易所对本所内的证券交易负有担保责任，通常设有赔偿基金，对交易违约造成的买卖双方中任何一方的受损都有赔偿责任，这有助于获得公众的信任，促进证券交易的发展。(3) 公司制证券交易所在盈利目的的驱使下，更注重提供完备的交易设备和良好的服务，从而保证证券交易的顺利进行。

公司制证券交易所也有缺点：(1) 交易所的收入主要来源于按交易量计算的佣金，其收入高低与证券交易量相联系，这样容易导致交易所人为扩大证券交易量，助长过度投机行为。(2) 公司制证券交易所的上市费和交易手续费较高，会促使一些大额交易者为节省成本而到场外进行交易。(3) 公司制证券交易所作为营利性法人主体，如果经营不善，也会面临破产风险。

2. 会员制证券交易所

会员制证券交易所是由会员自愿组成的、不以盈利为目的的事业法人，一般由证券公司、投资银行等证券商组成。只有具备会员资格的证券商和享有特许权的经纪人才能进入交易所内直接参与交易活动，其他人要买卖在证券交易所上市的证券，必须通过会员进行。交易所会员分为法人会员和自然人会员两种。法人会员多为经合法注册的投资银行、证券公司、信托投资公司等，个人会员一般为证券经营机构的主要负责人和合伙人。为了交易所的信誉，证券交易所对会员入会有严格的条件限制。

会员大会和理事会是会员制证券交易所的决策机构。会员大会是最高权力机构，决定交易所经营的基本方针。理事会为执行机构，其主要职能是：审查会员资格；决定会员人数；根据证券交易法起草交易所章程，交会员大会通过，并呈报有关部门审批；审查和决定证券的上市、报价；按章程规定，定期召开会员大会，处理交易所的一些重大问题以及其他日常事务。一般由理事会聘请经理人员负责日常管理事务。

会员制证券交易所的优点：（1）由于会员制证券交易所实施自治、自律性管理制度而不以盈利为目的，其收入来源主要是会员的会费和上市费，不收取佣金，因此，在这类交易所进行证券交易成本较低，有利于促进交易的活跃。（2）不存在破产风险。（3）由于交易费用低，所以可以有效防止上市证券的场外交易。目前，世界上大多数国家的证券交易所都实行会员制，我国上海证券交易所、深圳证券交易所均实行会员制。

会员制证券交易所的缺点：（1）交易所由会员共同经营，会员本身又是证券交易的买卖者，因而容易引发证券交易的不公正性。（2）交易所的管理者和参与者合一，不利于交易所自身的管理。参与证券交易的行为主体只限于会员，事实上形成垄断，不利于形成公平竞争的环境，也不利于提高证券交易所的服务质量。

（五）证券交易所的运行系统和无形化趋势

现代证券交易所的运作普遍实现了高度的无形化和电脑化，建立了安全、高效的电脑运行系统。该系统通常包括交易系统、结算系统、信息系统和监察系统。

1. 交易系统

电子化交易是现代证券交易的主要特征，现代证券交易所主要依托于高度自动化的计算机交易系统来完成各种交易活动。交易所的交易系统一般由撮合主机、通信网络和柜台终端三部分组成。

（1）撮合主机。撮合主机也叫交易主机，它是整个交易系统的核心，它将通信网络传来的买卖委托读入计算机内存进行撮合配对，并将成交结果和行情通过通信网络传回证券商柜台。

（2）通信网络。通信网络是连接证券商柜台终端、交易席位和撮合主机的通信线路及设备，如单向卫星、双向卫星和地面数据专线等，用于传递委托、成交及行情等信息。具有会员资格的证券商有权在交易所购买交易席位，拥有了交易席位也就拥有了在交易所进行证券交易的权利。随着交易过程的电子化和通信技术的现代化，交易席位逐渐演变成与撮合主机联网的报盘终端和参与交易的权利。

（3）柜台终端。柜台终端是指证券商的服务柜台，主要用于证券商管理客户证券账户和资金账户、传递委托、接受成交、显示行情等。

2. 结算系统

结算系统是指对证券交易进行结算、交收和过户的系统。世界各国的证券交易市场都有专门机构进行证券的存管和结算，在每个交易日结束后对证券和资金进行清算、交收和过户，使买入者得到证券，使卖出者得到相应的资金。

3. 信息系统

信息系统负责实时发布每日证券交易的行情信息和市场信息。它由交易通信网、信息服务网、证券报刊和互联网等渠道组成。

4. 监察系统

监察系统负责对市场进行实时监控。日常监控包括：

（1）行情监控。对证券交易行情进行实时监控，观察股票价格、股价指数、成交量等的变化情况。如果出现异常波动，监控人员可立即掌握情况，作出判断和相应的处理。

（2）交易监控。对异常交易进行跟踪调查，以便采取准确处理措施。

（3）证券监控。证券监控即对证券本身的情况进行监控。

（4）资金监控。对证券交易和新股发行的资金进行监控。如果证券商未及时补足清算头寸，监控系统能及时发现并作出判断。

随着电子计算机技术和通信技术的发展，一些交易所在证券商柜台和交易所的计算机系统之间开辟了电子通信渠道，从而形成了无形市场模式。无形市场是相对于有形市场而言的。传统的证券交易所都设有交易大厅，证券商在其中派驻出市代表，俗称“红马甲”，投资者的买卖委托由场内的“红马甲”完成。证券交易所在没有应用计算机之前，“红马甲”需要用特定的手势传递各自的买卖申报，交易大厅人声鼎沸，十分热闹。采用计算机撮合投资者买卖申报之后，“红马甲”不再需要打手势传递报价，但一些交易所仍保留了交易大厅，“红马甲”仍需要在场内接受证券商营业厅柜台的买卖指令，再申报到交易所撮合系统中去。在计算机和通信技术被进一步应用于证券交易后，无形市场不需要设立交易大厅作为交易运行的组织中心，投资者利用证券商与交易所的电脑联网系统，可直接将买卖指令输入交易所的撮合系统进行交易。投资者委托买卖、成交回报、股份资金的交割均可以通过电脑联网系统实现。

无形市场的出现消除了人工报盘的缺陷，节省了通过出市代表转报盘的中间环节，减少了交易成本，缩短了报盘时间，大大提高了证券市场的运作效率，日益成为当今世界证券交易市场发展的潮流。目前，除纽约证券交易所等少数证券交易所还保留公开喊价的交易方式外，全球各主要证券交易所已基本达到无形市场的标准，全面实现了电子化交易。我国上海证券交易所、深圳证券交易所目前为证券商提供的交易席位分为有形席位和无形席位两种。有形席位还是通过“红马甲”报盘，无形席位是由证券商利用通信网络将委托直接传送到交易撮合主机参与交易，并通过通信网络接收行情和成交数据并完成交易。在实际运行中，无形交易方式得到推崇，我国两家证券交易所的电子化交易已经达到很高的水平。

二、场外交易市场

（一）场外交易市场的含义

场外交易市场是相对于场内市场即证券交易所而言的，是指在证券交易所以外进行证券买卖活动所形成的市场，它是证券交易市场的重要组成部分。

场外交易市场简称 OTC 市场。在早期银行业和证券业未分离前，由于证券交易所尚未建立，许多有价证券的买卖都是在银行柜台上进行的，所以场外交易市场也称柜台交易市场或店头市场。实行金融分业制后，这种在银行柜台上进行的交易转由证券公司承担。随着通信技术的发展，目前许多场外交易市场的交易并不直接在证券公司的柜台上进行，而是由客户和证券公司通过电话接洽业务，故这一市场又称电话市场。

（二）场外交易市场的特征

1. 非集中性的市场

场外交易市场是一个分散的、无固定交易场所的抽象的市场或无形市场。它既没有一个供集中交易的固定的场所，也没有统一的交易时间、统一的交易章程和交易规则，它是由许多各自独立经营的证券公司分别进行交易的，而且主要是依靠电话和计算机网络联系成交的。

2. 开放式的自营交易市场

从交易制度上看，场外交易市场区别于证券交易所的最大特征是采用自营方式进行交易，即投资者可以直接进行证券交易，并且对投资者的资格没有过多的限制。而交易所采用的是经纪制方式，只有会员才能进入场内进行交易。所以说，场外交易市场是一个开放性的市场，交易规则比较灵活，手续简便，证券商不收佣金，只是赚取证券买卖差价，交易成本相对较低。

3. 交易对象广泛的市场

与证券交易所相比，场外交易市场对挂牌交易证券的限制条件相对较少，所以在这一市场上交易的证券种类较多，既有上市证券，也有非上市证券；既有股票，也有各类债券、开放型基金的受益凭证等。

4. 交易商报价驱动的市场

在场外交易市场上，证券买进或卖出采用的是一对一交易方式，这样对同一种证券的买卖就不可能同时出现众多购买者或出售者，也就不存在竞争性的要价和报价机制。因此，场外交易市场的证券交易价格不是以竞价方式确定的，而是由证券公司同时挂出同种证券的买进价与卖出价，并根据投资者是否接受加以调整而形成的。在同一时间内，同类证券在不同的交易双方之间成交的价格会不同。

5. 管理比较宽松的市场

场外交易市场比较分散，缺乏统一的组织和章程，不易进行统一管理和监督。监管机构通常只对交易中的违法行为加以处理，日常的交易活动由证券商在法律规定的范围内实施，或由证券业协会加以适度监督。

（三）场外交易市场的类型

场外交易市场通常指店头交易市场，但有些国家在店头交易市场以外，又形成了其他形式的场外交易市场。不同的场外交易市场具有不同的特点和功能。按照市场细分化原则，场外交易市场通常包括以下几种：

1. 店头交易市场

店头交易市场又称柜台交易市场，是指证券公司开设的在柜台上进行证券交易的市场。店头交易市场的交易对象十分广泛，主要是按照证券交易法公开发行但未在交易所上市的证券。许多证券选择在店头交易市场进行交易，主要有以下原因：（1）证券发行的数量、发行公司的盈利能力和财务指标不符合交易所规定的上市标准。（2）虽然符合交易所的上市标准，但不愿意按照交易所的要求披露公司的财务状况和其他重要信息。(3) 证券刚刚发行，还未来得及到交易所登记上市。一些联邦政府债券、地方政府债券、市政债券和公司债券等也常常是店头交易市场的交易对象。

店头交易市场交易形式简便，证券交易限制较少，便于双方直接买卖、快速成交；店头交易市场交易的证券明码标价，便于交易双方就交易价格进行磋商；通过店头交易市场也可以二次分销巨额证券，缓冲巨额证券销售对市场的压力。正是这些因素使店头交易市场对许多证券产生了吸引力。

经营店头交易市场的证券公司往往先垫付资金买入若干证券，然后挂牌对外交易。证券商以低价买进，再以高价卖出，从中赚取差价并承担交易风险。证券商的这种交易行为发挥着市场制造者的功能，交易市场的这种组织形式就是做市商制度。同时，证券商还承担着证券经纪人的功能，即代理证券投资者买进和卖出证券。

随着高新技术的发展，特别是电脑的普及和应用，店头交易市场的交易方式、交易设施和交易程序不断完善和发展，广泛地利用计算机网络实现交易已成为现实。

2. 第三市场

第三市场是指那些已经在证券交易所上市交易的证券在证券交易所以外进行交易而形成的市场。它实际上是上市证券的场外交易市场。

第三市场是从20世纪60年代起最早在美国兴起的市场，近些年来发展很快。第三市场出现的原因在于美国的证券市场采取固定佣金制，这使大笔证券交易的手续费用偏高，那些买卖大宗上市证券的机构就试图让非会员证券商在证券交易所以外进行交易以降低交易成本。第三市场的交易特点正是佣金便宜，成本较低；价格和佣金由双方议定，往往能得到一个较好的成交价；交易手续简便，能迅速成交。因此，第三市场一出现，就吸引了众多的投资者，特别是机构投资者，如银行信托部、投资基金、养老基金会、保险公司和其他投资机构，也有少数个人投资者。交易所中的非会员经纪商和自营商也都很活跃，他们在这一市场上从事经纪人业务，可从中赚取佣金和差价。第三市场的出现，反映了证券市场的重大变化：一是证券交易特别是股票交易日趋分散化、多样化，成交额不断扩大；二是机构投资者在证券市场上的投资比重明显上升；三是构成了对证券交易所的强有力的竞争，促使证券交易所进行改革，采用先进的技术装备，加快成交速度，提高服务质量，降低佣金标准，形成与第三市场竞争的局面。

3. 第四市场

第四市场是指不通过经纪人而是通过电子计算机网络直接进行大宗证券交易的场外交易市场。

第四市场实际上是一个大批量交易的证券交易通信网络，也可以利用其他通信工具约定时间、地点，直接进行谈判，有时也利用经纪人作为中介。经纪人的主要工作是向客户通报买方或卖方的意图，帮助安排交易，以促进买卖双方进行直接的交易谈判，并不参与具体的谈判。利用第四市场进行交易的都是一些大企业、大公司，它们为了不暴露自己的目标，往往选择第四市场进行交易。第四市场的经纪人不需要向政府有关当局注册，也不公开其交易情况，其佣金也比其他市场低。

第四市场的这种交易形式的优点在于：一是交易成本低。买卖双方通过计算机网络直接交易，一般无须支付中介费用，即使通过中介人安排，佣金也较低。二是由买卖双方直接协商，往往可以获得较满意的价格。三是有利于保守交易秘密。通过计算机网络匿名进行证券交易，而常常无须经纪人，这可以帮助交易双方保守交易秘密。四是第四市场所进行的一般都是大宗证券交易，又不公开出价，所以其交易价格一般不会对其他证券市场价格构成冲击，可以避免对证券行情产生压力。

当然，在第四市场交易中，由于买卖双方直接交易，没有其他人参与，买卖交易的统计资料都很难获得，所以给金融监管带来很大的困难，更不易对这类交易进行管理监督或制定行为规范。

三、创业板市场

（一）创业板市场的概念、特点和功能

1. 创业板市场的概念

对于创业板市场的概念，国际上还没有规范的定义。严格来说，创业板市场并不是独立于证券交易所或场外市场的另一种市场组织形态，而是特指一套适用于处于创业期、不够交易所上市条件但有发展潜力的中小型高新技术企业的发行上市和交易规则。创业板既可以隶属于现有的证券交易所，利用证券交易所的资源，实行与主板市场完全不同的交易规则和交易方式，也可以完全独立于现有的证券交易所之外，在场外交易市场进行交易，实行创业板自身的交易规则和交易方式。实践中，从广义的角度来说，凡是与大型成熟上市公司的交易所主板市场相对应、面向中小公司的证券市场都是创业板市场。从狭义的角度来说，创业板市场则仅指针对中小型公司和新兴公司、协助高成长性公司及科技公司筹资的市场。

创业板市场在不同的国家有不同的称谓，比如自动报价系统、二板市场、小盘股市场、小型公司市场和高新技术交易板等。不同的称谓在一定程度上反映了各种创业板市场运行模式的各自特色，但各种创业板市场的内涵是一致的，都是为中小型的具有成长性的企业开辟新的筹资渠道。

2. 创业板市场的特点

创业板市场的特点主要体现在它与主板市场的区别上。

（1）两者产生的经济背景不同。主板市场是工业经济的产物，先于创业板市场而产生；创业板市场是新经济的产物，是主板市场发展到一定阶段的产物，是证券市场多层次化发展的需要。

（2）两者的定位及服务对象不同。主板市场主要是为国内乃至全球有影响的大公司提供筹资服务，上市企业主要是有发展前途的传统企业，主板市场要求上市企业具有较高的资本规模与相对稳定的业绩回报。创业板市场大多服务于新型产业或高新技术行业，上市企业资本规模相对较小，业绩变动较大，上市条件中没有最低盈利的规定。

（3）创业板市场的风险更高。与主板市场的上市公司相比，创业板市场的上市公司规模小，业务处于初期阶段，而行业竞争又较激烈，未来发展的不确定性较大，因而使

投资者面临更大的投资风险。

（4）创业板市场的监管更加严格。由于风险较高，监管当局对发行人实行更严格的监管标准，在信息披露方面要求更高，以保证市场透明度和维护投资者的利益。

3. 创业板市场的功能

（1）扶持风险企业继续成长。风险企业由于尚未达到银行贷款条件和主板市场上市标准，很难从银行和主板市场那里获得继续发展所需的资金，而风险资本又不可能常驻风险企业。在创业板上市后，就可以从创业板市场得到比银行和主板市场更加灵活、方便、有效的融资安排，使风险企业得以持续成长。

（2）帮助风险企业建立现代企业形态。风险企业大都是由技术发明者个人或合伙创立的民营企业，其在初创阶段往往表现出家族式、合伙制等低级企业形态。上市后，创业板市场以其严格的监管、独特的激励和优良的服务，推动风险企业由落后的低级企业形态向标准规范的现代企业形态转化。

（3）实现风险企业的收购、兼并和整合。企业收购、兼并和重新整合是市场经济条件下的一种现代投资方式，是企业进行产品结构调整、迅速壮大规模的有效途径。当今一些高科技企业的巨人，都是通过资本市场的运作，通过兼并、收购、整合而成长起来的。

（4）优胜劣汰机制激励风险企业不断奋发上进。创业板市场建立了残酷的淘汰机制，最近几年纳斯达克市场摘牌的公司数量就超过了新上市公司的数量。这种残酷的淘汰机制有力地推动了上市风险企业奋发上进，保障了风险投资事业的健康发展。

（二）创业板市场的分类

世界各国创业板的设立方式、市场定位、上市标准、交易制度、运作模式等各不相同，对创业板的分类主要从设立方式和市场运作模式的角度来进行。

1. 按照设立方式划分

从设立方式看，创业板市场分为由证券交易所直接设立，由非证券交易所的机构设立和由原先的证券交易所通过重组、合并、市场重新定位等方式转变而成三种。

（1）由证券交易所直接设立。采用这种设立方式的创业板市场有英国伦敦交易所另类投资市场（AIM）、新加坡证券交易所西斯达克市场（SESDAQ）以及香港联交所创业板市场等。证券交易所设立创业板市场，制定与主板市场不同的上市条件和标准，吸引与主板市场在经营状况及营业期限、股本大小、盈利能力、股权分散程度等方面不同的公司上市。

（2）由非证券交易所的机构设立。这类创业板市场通常由各国或各地证券商协会或类似机构设立，为该区域内柜台交易中部分质地较优的股票提供集中的电子化自动报价和交易系统。为进入此类报价和交易系统，公司需要满足一定的上市条件。采用这种方式的创业板市场有美国纳斯达克市场、欧洲易斯达克市场、韩国科斯达克市场等。

（3）由原先的证券交易所通过重组、合并、市场重新定位等方式转变而成。加拿大创业交易所就是以这种方式设立的典型的创业板市场。该交易所由加拿大温哥华证券交易所与阿尔伯塔证券交易所合并而成，其定位是为具有成长性的中小企业服务。

2. 按照市场运作模式划分

（1）附属市场模式

创业板市场附属于主板市场，与主板市场拥有相同的交易系统。有的与主板市场有相同的监管标准和监察队伍，所不同的只是上市标准。这种模式又可以分为两种形式：两板平行式和附属递进式。前者是指创业板市场由证券交易所设立并与主板市场平行运作，两板市场之间没有高低之分，共同利用交易所的组织管理系统和交易系统。两者的差异主要在于市场定位不同和上市标准不同：主板市场注重公司规模、经营历史、盈亏记录等，创业板市场注重公司的发展潜力。创业板的上市条件相对宽松。英国伦敦证券交易所的另类投资市场和香港联交所的创业板市场就属于这种一所两板平行式设立模式。附属递进模式是指由证券交易所设立一个独立的为中小企业提供融资服务的市场，其上市标准较低，但上市公司在运作了一定时间并达到一定条件后，必须申请到主板市场挂牌。在这种模式下，创业板市场实际上成为主板市场的预备，两者间是一种由低级到高级的递进关系。新加坡证券交易所西斯达克市场具有附属递进模式的特征。如新加坡交易所规定，在西斯达克市场上市的公司挂牌满两年并达到主板市场上市条件时，可以申请转移到主板市场上市。

总体来看，附属递进模式的优点是：充分利用了现有交易所的人力、设施、管理经验、组织网络和市场运作网络，从而减少了创业板的运作成本，并有利于促进创业板的建设和规范运作。其缺点是：主板与创业板缺乏竞争，交易所的重点还是主板市场，创业板只能是主板的附属市场，不能与主板争夺资源，不能影响主板的发展。因此，不利于创业板的独立发展，很多国家放弃这种模式。

（2）独立运作模式

创业板市场和主板市场分别独立运作，创业板市场拥有独立的交易管理系统和上市标准，完全是另外一个市场。

独立运作模式的优点很明显：一是有利于主板与创业板市场的竞争。尽管主板和创业板市场在服务对象上有所不同，但两者的上市资源也存在一定的重叠，适度的竞争有利于促使两个市场提高服务质量和管理水平；二是独立运作模式使得在创业板市场上市并成长起来的公司更愿意留在创业板市场，有利于创业板市场上市公司整体质量的提高，增强创业板市场抗风险的能力。这种模式的缺点是：从头创建创业板市场，初期成本较高，无法运用成熟交易所现有的管理资源。

美国纳斯达克市场和韩国科斯达克市场已经成为年交易量超过主板市场的独立运作的创业板市场。此外，欧洲易斯达克市场、日本 JASDAQ、我国台湾的证券柜台交易中心也采用这种模式。

四、我国中小企业板市场

1. 基本情况

2004 年 5 月 17 日，经国务院批准，中国证监会批复同意深圳证券交易所在主板市场内设立中小企业板块，为中小企业特别是主业突出、成长性较好、科技含量较高的中小企业提供直接融资的市场，并核准了中小企业板块实施方案；5 月 27 日，中小企业板即正式启动。深圳中小企业板设立 1 年以来，市场运行平稳，交易活跃，得到了投资者特别是以基金为代表的机构投资者的认同。截至 2010 年 2 月 5 日，中小企业板上市公司达 352 家，总市值 16 776 亿元。2009 年全年 IPO 集资额 160 多亿元。

在我国经济和社会的发展中，中小企业、民营企业、科技企业的作用越来越重要，而制约我国中小企业发展的主要瓶颈之一是难以筹集到发展所需的必要资金，尤其是缺乏能够在初期支持企业持续发展的长期资金。我国资本市场尚处于发展初期，投资渠道和成熟的投资主体都比较欠缺，因此，创建中小企业板成为一种必然的选择。中小企业板的设立对我国的资本市场有三大重要意义：第一，标志着我国多层次资本市场建设的开始；第二，为中小企业提供了新的融资途径；第三，为我国的风险投资提供了退出的途径。

2. 特点与制度安排

中小企业板基本沿袭了主板的游戏规则，除了降低股本规模外，中小企业板在上市资格、审批程序等方面都与主板一致。

为有效服务于中小企业，在现有法律法规和上市标准不变的前提下，针对中小企业经营不稳定、财务透明度较低、公司治理有待完善的特点，深圳证券交易所对中小企业板作出了更为严格的六大制度安排。

（1）颁布《上市公司特别规定》，实行年度业绩快报制度和业绩说明制度，提高信息披露的及时性、准确性和完整性。（2）颁布《交易特别规定》，实行开盘和收盘集合竞价制度，提高交易透明度，打击市场操纵、内幕交易等行为，保护投资者的合法权益。（3）颁布《上市公司诚信建设指引》，建立并公开上市公司诚信档案，强化上市公司的诚信建设，提高上市公司的诚信度。（4）出台《保荐工作指引》，强化保荐人的上市保荐及持续督导责任，鼓励上市公司实行募集资金专户存储制度，督促上市公司用好募集资金。（5）颁布《上市公司董事行为指引》，把董事会建设作为完善公司治理的核心，明确董事勤勉尽责的认定标准，建立对董事不良行为的责任追究机制。（6）注重发挥社会各界特别是新闻媒体的监督作用。

3. 问题与发展前景

目前，中小企业板的总体规模与发展速度还使其难以充分发挥对中小企业发展及国民经济的推动作用，大批充满活力、有成长潜力的中小企业仍被阻于资本市场之外，不仅使我国经济增长的成果难以在资本市场上体现，也难以满足投资者日益增长的对投资保值和增值的迫切愿望。

当前，中小企业板正面临着良好的发展机遇。国民经济的持续快速发展、资本市场基础性制度建设的不断推进以及《公司法》和《证券法》的修订等，都为中小企业板的发展壮大提供了有利条件。只要抓住机遇，加快发展，中小企业板就一定能够更好地服务于我国中小企业的发展，更好地服务于全面建设小康社会的战略目标。中小企业板最终应该向定位于支持成长型企业、股本实行全流通、上市条件注重成长、对当期盈利不作硬性要求的创业板过渡。因为有对创业板的预期，中小企业板与大家对它的期望值还是有一定差距的。

第二节 证券上市制度

一、证券上市及条件

（一）证券上市的含义

证券上市是指已经发行的证券经证券交易所批准，在交易所公开挂牌进行交易的法律行为。证券上市的前提是证券在一级市场采取公募形式向社会公开发行，但并非所有公募发行的证券都可以上市交易，只有满足相应的条件、得到证券交易所批准的证券才能进入交易所挂牌交易。在我国，政府债券不必经过证券交易所和证券主管部门的审核便可直接上市交易；公司债券需要达到一定数额，经过证券交易所登记批准才可上市。所以，这里所说的证券上市主要是指股票上市。股票要进入交易所交易，必须由发行公司提出申请，经证券交易所和证券主管机构核准后，方可在证券交易所公开买卖。证券上市制度就是指证券交易所和证券监管机构制定的有关证券上市的规则。

证券上市的意义在于，证券上市是联结证券发行市场和证券交易市场的桥梁。对于上市公司来说，有利于其提高知名度和信誉，可以为其今后进一步筹措资金、开拓新的市场领域提供有利条件，并能促使其改善经营管理，提高经济效益。对于投资者来说，证券上市有利于形成公正的证券价格，促进证券流通，从而有利于其减少投资风险，保护投资者的利益。

（二）证券上市的条件

股票上市后，股份公司的经营活动就与广大公众投资者的利益密切相关。因此，世界各国的证券交易所都对股份公司上市作出了严格的规定。申请上市的证券必须满足证券交易所规定的条件。各国对证券上市的条件与具体标准有不同的规定，同一国家的不同证券交易所，其上市标准也各有不同，但主要是就以下内容作出规定：

1. 公司设立需要达到一定年限（如5年），而且具有维持以后营业的连续性；

2. 公司具有经济效益和社会效益，能够在同行业中具有较高的地位，并能保持其稳定性；

3. 公司的股本总额和向社会公开发行的股份达到一定数额；

4. 股权分散良好，股东人数达到一定数量；

5. 资产净值达到一定数额；

6. 净收益或股息达到一定标准，获利能力强；

7. 无正当理由，不得任意撤回已上市的证券。

根据我国《证券法》的规定，股份有限公司申请股票上市，应当符合下列条件：

（1）股票经国务院证券监督管理机构核准已公开发行。

（2）公司股本总额不少于3 000万元人民币。

（3）公开发行的股份达到公司股份总数的25%以上；公司股本总额超过4亿元人民

币的，公开发行股份的比例为10%以上。

（4）公司最近3年无重大违法行为，财务会计报告无虚假记载。

《证券法》同时也对公司债券上市交易的条件作出了规定：

（1）公司债券的期限为1年以上。

（2）公司债券的实际发行额不少于5 000万元人民币。

（3）公司申请债券上市时仍符合法定的公司债券发行条件。

二、证券上市程序

证券上市程序是证券发行人申请证券上市，证券上市的审核机构对其证券上市的条件进行审核，并依法核准该证券在证券交易所公开挂牌交易。因证券种类不同，其上市程序也有差别。股票上市程序较公司债券上市程序要复杂些，但主要程序基本相同：两者均须经过申请核准程序，方可安排上市。

（一）股票上市程序

1. 申请核准

根据我国《证券法》的规定，股份有限公司申请股票上市交易应当向证券交易所提出申请，由交易所依法审核同意，并由双方签订上市协议，申请股票上市交易，应向证券交易所提交下列文件：①上市报告书；②申请股票上市的股东大会决议；③公司章程；④公司营业执照；⑤依法经会计师事务所审计的公司最近3年的财务会计报告；⑥法律意见书和上市保荐书；⑦最近一次的招股说明书；⑧证券交易所上市规则规定的其他文件。

2. 签署上市协议

签署上市协议是股票上市的必要程序，也是必经程序。按照国际惯例，上市公司应与证券交易所签订上市协议，以明确相互之间的权利义务关系。上市公司须承诺接受证券交易所的管理，遵守交易所的规则，履行上市协议中规定的义务。在我国，上市协议的签署应符合《证券交易所管理办法（2001）》规定的要求。

证券上市交易申请经国务院证券监督管理机构核准后，发行人应当向证券交易所提交核准文件和申请文件。证券交易所自接到核准文件和申请文件之日起，在6个月内安排该股票上市。

3. 上市公告

上市公司应当在股票上市交易的5日前公告其经核准的股票上市的有关文件，并将该文件置备于指定场所供公众查阅。上市公司除公告上市申请文件外，还应公告下列事项：①股票获准在证券交易所交易的日期；②持有公司股份最多的前10名股东的名单和持股数额；③董事、监事、经理及有关高级管理人员的姓名及其持有本公司股票和债券的情况等。

4. 挂牌交易

挂牌交易是股票上市的最后一道程序。股票在证券交易所挂牌交易，标志着股票正式上市。除法定持股人在持股期限内不得转让股票外，其他持股人均可通过证券交易所转让其股票，转让之后也可再行买入。所有二级市场的投资者均可买卖挂牌交易的股票。

（二）公司债券上市程序

1. 申请核准

根据我国《证券法》的规定，公司申请其发行的公司债券上市交易，应当报经国务院证券监督管理机构核准，证券监管机构可以授权证券交易所依照法定条件和程序核准公司债券上市申请。

公司向证券监管机构提出其公司债券上市交易申请时，应提交以下文件：①上市报告书；②申请公司债券上市的董事会决议；③公司章程；④公司营业执照；⑤公司债券募集办法；⑥公司债券的实际发行数额；⑦证券交易所上市规则规定的其他文件。

2. 安排上市

公司债券上市交易申请经国务院证券监督管理机构核准后，其发行人应当向证券交易所提交核准文件和申请文件。证券交易所应当自接到公司债券发行人提交的核准文件之日起3个月内安排该债券上市。

3. 上市公告

公司债券上市交易申请经证券交易所同意后，公司债券发行人应当在公司债券上市交易5日前公告公司债券上市报告、核准文件及申请文件，并将其有关文件置备于指定的场所供公众查阅。这样就能使公司债券上市了。

三、上市证券的退出机制

公司证券的上市资格并不是永久的。当不能满足证券交易所关于证券上市的条件时，上市交易将会受到限制，严重者上市资格甚至会被取消。交易所停止某公司的股票交易，叫终止上市或停牌。

（一）证券上市暂停与终止

证券上市暂停是指证券发行人出现了法定原因时，其上市证券暂时停止在证券交易所挂牌交易的情形。暂停上市的证券在暂停上市的原因消除后，可恢复上市。

证券上市的终止是指证券发行人出现了法定原因后，其上市证券被取消上市资格，不能在证券交易所继续挂牌交易的情形。被终止的上市证券，在终止上市的原因消除后，可以重新申请上市。上市证券依法被证券管理部门决定终止上市后，可继续在依法设立的非集中竞价的交易场所继续交易。

证券上市的暂停与终止是两个既有联系又有区别的概念。一旦暂停上市的情形消除，证券即可恢复上市。因此，证券上市暂停时，该证券仍为上市证券。证券在被终止上市后不能恢复上市，只能在被终止上市的情形消除后，重新申请上市，故被终止上市的证券不再属于上市证券，而是退市证券。

证券上市的暂停与终止是证券上市制度的重要组成部分，它构成了证券上市的退出机制，使得证券市场上的证券有进有出，形成优胜劣汰的机制，促使上市公司依法经营，并努力提高经营业绩，否则将面临退市风险。同时，证券上市的退出机制有助于提高投资者的证券投资风险意识，促进投资者的理性投资，从而更好地保护投资者的利益。此外，还有助于化解证券市场的系统性风险，使证券市场永远保持竞争活力。

（二）我国上市证券退出制度与条件

根据上市公司上市条件变化的不同情况，我国通常实施以下处理制度：

1. 股票特别处理（ST）

根据1998年实施的股票上市规则，1998年4月22日沪深证券交易所对财务状况或其他状况出现异常的上市公司的股票交易实施“特别处理”（Special Treatment，ST）制度。异常情况是指：（1）上市公司连续两年亏损；（2）每股净资产低于每股面值；（3）发生其他异常状况导致投资者对该公司前景难以判定，可能损害投资者的情形。对于出现异常、需要特别处理的股票，要在股票前加注“ST”字样，并另行公布和限定5%的涨跌幅度，且必须审计公司的中期报告。股票交易特别处理不是对上市公司的处罚，只是对上市公司目前状况的一种揭示即提示投资者注意风险。

2. 股票暂停上市

2005年《证券法》规定，对于已经上市的公司，当出现下列情况之一的，由证券交易所决定暂停其股票上市：（1）公司股本总额、股权分布等发生变化不再具备上市条件。（2）公司不按规定公开其财务状况或对财务会计报告作虚假记载，可能误导投资者。（3）公司有重大违法行为。（4）公司最近3年连续亏损。（5）证券交易所上市规则规定的其他情形。

2005年《证券法》颁布前，我国股票暂停上市经历了从“PT”到“＊ST”制度的演变。1999年7月9日，沪深证券交易所公布并开始实施《股票暂停上市相关事宜的规则》，对连续3年亏损的公司暂停上市，并对其股票实施“特别转让服务”（Particular Transfer，PT）。如果PT期间又出现连续3年亏损，则必须终止上市；相反，在PT的3年内，若某一年扭亏为盈，则可申请恢复上市交易。

特别转让与正常股票交易的区别在于：（1）名称不同。实施特别转让的股票在其简称前冠以“PT”以示区别。（2）交易时间不同。交易所仅在每周五开市时间内接受特别转让股票的买卖委托，收市后撮合成交。（3）涨跌幅度限制不同。PT股票申报价格上涨不得超过上一次转让价格5%以上，下跌则没有下限限制。（4）撮合成交方式不同。特别转让是证券交易所在收市后一次性对当天所有该股票的有效申报按集合竞价方式进行撮合，产生唯一的成交价格。所有符合成交条件的委托盘全部按此价格成交。（5）行情揭示不同。PT股票在开市期间不揭示买卖盘信息及转让信息，转让信息由指定报刊社专门栏目在次日刊登。（6）交易性质不同。特别转让只是为暂停上市股票提供转让服务，不属于上市交易，相关股票不计入指数计算，成交数据不计入市场统计。特别转让与正常股票交易也有几点是相同的：投资者进行买卖委托的方式是相同的；申报期间也可以撤单；交易手续费和水费相同；清算交收方式相同。

PT制度的实施，既可为暂停上市的股票提供合法的交易场所，又可以提示投资风险，有利于保护广大投资者的合法权益。尽管如此，在PT制度下，一个公司的退市必须要达到连续6年亏损，才能做到真正退市。2001年12月5日，证监会发布《亏损上市公司暂停上市和终止上市实施办法（修订）》。“办法修订”规定，公司出现最近3年连续亏损的情形，证券交易所应自公司公布年度报告之日起10个工作日内作出暂停其股票上市的决定。也就是说，连续3年亏损的公司不再被继续提供特别转让服务，从而宣告了PT制度的终结。2003年4月4日，沪深证券交易所同时推出退市风险警示制度。即通过建立警示“存在终止上市风险”的特别处理制度（即*ST），充分揭示退市风险，从而不断完善退市程序，着力降低市场风险。

3. 股票终止上市

根据2005年《证券法》规定，上市公司有下列情形之一的，由证券交易所决定终止其股票上市交易：（1）公司股本总额、股权分布等发生变化不再具备上市条件，在证券交易所规定的期限内仍不能达到上市条件；（2）公司不按照规定公开其财务状况，或者对财务会计报告作虚假记载，且拒绝纠正；（3）公司最近3年连续亏损，在其后一个年度内未能恢复盈利；（4）公司解散或者被宣告破产；（5）证券交易所上市规则规定的其他情形。

第三节　委托经纪制度和做市商制度

证券交易制度有广义和狭义之分。广义的证券交易制度指所有与证券交易有关的法律制度安排，而狭义的证券交易制度是指有组织的证券交易市场为达到一定的目标而制定的与交易有关的运作规则及交易机制。狭义上的证券交易制度一般被纳入市场微观结构理论的研究框架之中。市场微观结构是指与交易价格形成和交易价格发现有关的交易过程和运作机制，包括各种与交易价格形成过程有关的微观因素，如市场参与者、交易机制及市场交易规则等各种市场架构、规则和制度。市场微观结构设计使证券买卖双方的买卖需求汇集在一个集中的市场里，为买卖双方提供成交的渠道，通过一定的价格形成方式推动交易高效实现。

证券市场微观结构有多种交易制度设计。按照交易时间机制划分，有定期交易市场和连续交易市场。定期交易也称批量交易，是指市场交易者提供的交易指令被集中起来，等待在预定的时间集合竞价执行。我国沪深两家证券交易所的开盘价通过定期交易集合竞价确定。连续交易是交易所通常采用的交易机制。在连续交易系统中，在交易时间内的任何时间点，市场均可以对投资者的买卖需求进行撮合，投资者的指令提交后就可以执行。

按照交易价格的确定方式划分，证券交易市场分为报价驱动市场和指令驱动市场。在报价驱动市场中，投资者在提交指令前从做市商那里获得确定的报价，不需要等待指令就可以和做市商成交。指令驱动市场也称为竞价市场，市场价格的形成源于投资者订单的相互作用，买卖双方的订单直接进入或由经纪商传递到市场交易系统中，交易系统按照一定的原则撮合促成交易。

按照证券交易中介机构承担的职能的不同，交易制度分为两种，即经纪制（或称委托经纪制）和做市商制度。不同的交易市场实施不同的交易制度。我国沪深两家交易所都实施单一的委托经纪制，而美国纳斯达克市场及伦敦国际股票交易所则实施做市商制度，美国纽约交易所采用经纪制和做市商并存的混合交易制度。本节重点介绍委托经纪制度和做市商制度。

一、证券交易的委托经纪制度

（一）委托经纪制的概念

委托经纪制也称为委托代理制。委托代理是根据被代理人的委托授权而产生的代理关系。证券交易委托是指投资者通过向证券经纪人发出清晰、准确的证券买卖指令，委托证券经纪人代为买卖证券的行为。在委托代理制中投资者和经纪商签订委托代理合同，投资者通过输入交易信息发出委托指令进行交易。委托经纪制以竞价机制为基础，实行指令驱动机制，投资者的买单和卖单在交易所交易系统内直接撮合成交。

我国《证券法》第一百一十一条规定，投资者应当与证券公司签订证券交易委托协议，并在证券公司开立证券交易账户，以书面、电话以及其他方式，委托该证券公司代其买卖证券。第一百一十二条规定，证券公司根据投资者的委托，按照证券交易规则提出交易申报，参与证券交易所场内的集中交易，并根据成交结果承担相应的清算交收责任；证券登记结算机构根据成交结果，按照清算交收规则，与证券公司进行证券和资金的清算交收，并为证券公司客户办理证券的登记过户手续。

（二）委托方式

委托方式指投资者为买卖证券而向证券公司发出委托指令的方式，主要有以下几种：

1. 递单委托。也就是柜台委托，指投资者到证券公司营业部的柜台填写委托单，核对无误后签字，当面交给柜员输入电脑的委托方式。由于不便，目前采用这种方式的投资者的数量在减少。

2. 电话委托。指投资者通过电话的方式表明委托意向，完成证券买卖和有关信息查询的委托方式。电话委托又分为电话转委托和电话自助委托。电话转委托是指投资者将委托要求通过电话报给证券经纪商，证券经纪商根据电话委托内容代为填写委托书并将内容输入交易系统的方式。电话自助委托是指投资者根据电话语音系统的提示，通过按键输入委托指令完成证券买卖的委托方式，这种方式在实践中更普遍。

3. 磁卡自助委托。投资者办理磁卡委托手续后，直接在刷卡机上进行自助委托。这种方式更安全、快捷，受到投资者喜爱。

4. 网上委托。它是指投资者利用电脑终端，通过互联网，凭借交易密码进入证券经纪商电脑交易系统，自行将委托内容输入电脑交易系统，完成证券交易的委托方式。近两年来，网上委托发展迅速。

5. 传真委托和函电委托。委托人填写委托内容后，将委托书采用传真或函电方式发送给证券公司。证券公司接到传真委托书或函电委托书后，代为填写委托书，并经核对无误后及时将委托内容输入交易系统申报进场，同时要将传真件或函电件作为附件附于委托书后。

（三）委托内容

投资者要委托买卖证券，必须正确填写或输入委托指令，表达清楚下列委托内容。

1. 证券账户号码。投资者买卖的深圳证券交易所和上海证券交易所的股票分别有不同的证券账户号码。

2. 买入或卖出证券的名称或代码。填写证券名称的方法有全称、简称和代码三种，通常只填写证券代码即简称。

3. 委托有效期。委托有效期指明委托指令的最后生效限期。投资者若不在委托单上注明委托有效期，证券商均按当日有效办理。我国目前的合法委托为当日有效委托。

4. 委托买卖证券的数量。可分为整数委托和零数委托。整数委托是指委托买卖证券的数量为 1 个交易单位或交易单位的整数倍。一个交易单位俗称为 1 “手”。按照《上海、深圳证券交易所交易规则》的规定，股票以 100 股为 1 手，基金以 100 份基金单位为 1 手，债券以 1 000 元人民币面额为 1 手，债券回购以 1 000 元标准券或综合券为 1 手。买入股票或基金应以 100 股（份）或其整数倍申报，债券或债券回购以 1 手或其整数倍申报。实际应用中，两个交易所买卖的申报均是股票按股填报买卖数量，债券按张填报买卖数量（1 张为 100 元面值债券）。

零数委托是指投资者委托买卖证券时，买进或卖出的证券不足 1 个交易单位。目前，我国只在卖出证券时才有零数委托。

5. 委托价格。分为市价委托和限价委托。市价委托是指投资者要求证券经纪人按市场价格买入或卖出证券。市价委托的优点是没有价格上的限制，证券商比较容易执行委托指令，成交迅速且成交率高。其缺点是只有在委托执行后才知道实际成交的价格。尽管交易员有意以最有利于投资者的价格买进卖出证券，但成交价也难免会不尽如人意。

限价委托是指投资者要求证券经纪商在执行委托指令时，必须按照其限定的价格或比限定价格更有利的价格买卖证券。其优点是股票可以投资者预期的价格或更有利的价格成交，有利于投资者实现预期的投资计划。其缺点是成交慢，当市场价格波动较快时，会错失良机。我国目前规定，证券交易所只接受会员的限价委托，并且必须填写委托买入或卖出的具体价位或限价幅度。

确定委托价格时，还要正确填写计价单位和价格的最小变动单位。不同的证券交易采取不同的计价单位，股票报价为“每股价格”，基金报价为“每份基金价格”，债券现货报价为“每百元面值的价格”，债券回购报价为“每百元基金到期年收益率”。在申报价格最小变动单位方面，我国《上海、深圳证券交易所交易规则》规定，A 股、基金和债券现货申报价格最小变动单位为 0.01 元人民币，2003 年 3 月 3 日基金申报价格最小变动单位调整为 0.001 元人民币；B 股申报价格最小变动单位，上海证券交易所为 0.001 美元，深圳证券交易所为 0.01 港元。

6. 其他。除上述内容之外还有投资者姓名、身份证号码、联系地址、委托日期和委托时点、买进还是卖出、资金账号等。

（四）证券委托代理的分类

委托是证券交易的第一个环节。对不同的交易市场而言，可允许的委托种类是不同的。投资者经由证券商下单的方式可按以下标准进行分类：

1. 按委托限定价进行区分

（1）市价委托（Market Order）

指投资者限定数量而不限定价格，要求证券商按当时最好的市价买卖证券。市价委托的主要特点是速度快，交易量大，一般在投资者迫切需要买卖时使用，以消除不能及时成交所带来的价格风险。从国外经验来看，散户使用这种委托方式较机构多，说明散户对交易的即时性要求较高。另外，在卖出时使用市价委托的比例较买进时要高，表明投资者在出仓时对时机的要求比进仓时要高。

（2）限价委托（Limit Order）

指投资者除明确委托数量外，还限定了价格，证券商不能违背客户指令以高于指定价格的价格买入或以低于指定价格的价格卖出。这种委托一般包含了"或更好"（or better）的附带条件。如果券商能低于限价买入或高于限价卖出，那么他必须立即这样做。限价委托的好处是有利于客户控制买入成本和保证卖出收益，但如果委托不能立即成交，也存有价格逆向变动所带来的无法成交的风险，或客户不得不在新的交易价格上遭受损失的风险。

投资者之所以提交限价指令，一定是由于限定的那个价格要优于市价。因此，限价指令一定是超出了现行的报价范围即低于现行报价买入，高于现行报价卖出。但由于价格的变化不总是与主观意愿相符，因此限价指令成交难度较大。从某种意义上讲，限价指令保证了成交的价格，但不能保证成交的数量；而市价指令能保证成交的数量，但不能保证成交的价格。

（3）止损委托（Stop Order）

该指令是一份备忘录，指令中的价格比现行报价更劣。当市价触及所设止损价格时，该委托要求经纪人马上以市价或限价按客户指定的数量买卖。它可分为止损买进委托（Stop Order to Buy）和止损卖出委托（Stop Order to Sell）。前者是当市价涨至或高于所设止损价格时，变成市价买进委托立即执行；后者是当市价跌至或低于所设止损价格时，变成市价卖出委托。

投资者设立止损卖出委托（委托价低于市价）的原因，一是保护既得利益。如投资者以 8 元买入某股票，现股价达到 10 元，他获得账面利润 2 元。这时他希望股价继续上涨以获得更大利润，但又担心股价下跌使其利润减少甚至亏损，于是他将止损价定在 9.5 元以保证每股可得利润 1.5 元（市场价可能会低于 9.5 元），防止因股价继续或突然下跌而蒙受大的损失。二是减少目前所持股票的损失。三是通过卖空建立空头头寸。如某投资者通过技术分析判断某股票价格只要跌穿某一价位，就会继续下跌，他就会在此价位设立止损卖出委托。设立止损买进委托的原因，一是保证先前建立的空头头寸的盈利。如某投资者以 20 元的价格卖空的某股票，目前市价为 16 元，他必须在数天内买进以完成结算。为防止因市价上升而遭受损失，他将买入价设为 18 元。二是减少现有空头头寸的损失。三是如果指定价格处的交易产生技术买进信号，就买进某只股票。止损委托与限价委托的一个主要区别在于指令对股价变动方向的影响上。止损委托会加剧股价的单边运动，而限价委托的成交会使股价呈相反方向运动（投资者带有与做市商竞争的特点）。

（4）止损限价委托（Stop Limit Order）

当市价触及所设止损价格时，该委托自动变成限价委托，必须比所限价格好或与其相同时才能成交。此种委托须设定两个价格：一个是止损价，另一个是限定成交价。二者可相同也可以不同。止损买进限价委托通常后者高于前者，且二者均比市价高；止损卖出限价委托通常后者低于前者，且二者均比市价低。这种委托并不能保证在市价触及或穿过止损价时一定能成交，故止损功能较前者差，一般较少使用。如某股票市价为 20 元，现有一投资者提交止损限价卖出指令，止损价为 18 元，限定成交价为 17 元。当股价跌到 18 元时，该委托被启动执行，但其成交价不能低于 17 元。

（5）触及市价委托（Market - If - Touched Order）

它是指市价触及所设价格时，该委托自动变成市价委托，其委托功能与限价委托类似，但交易所交易规则一般不利于限价委托的执行，触及市价委托较之有更高的成交几率。该种委托与止损委托的最大不同点，在于买进委托所设价格通常较市价低，卖出委托所设价格通常较市价高。

2. 按委托限定存在系统的有效期分类

（1）当日有效委托（Day Order）

此指令仅在指令发出日的交易日当天有效，如当日未能成交，该指令自行失效。一般而言，各个市场的委托除非特别指明，一般都被视为当日委托。

（2）撤销前有效委托（Good - Till - Cancelled Order 或 Open Order）

该委托又称不限期委托，在客户撤销委托或指令被执行之前一直有效。与此相类似的还有指令期限委托（Tood Till a Specified Time）。为迎合客户需求，有的券商还接受当周有效、当月有效、某特定日之前有效的委托。

（3）开盘委托（At the Opening Order）

此委托限定在开盘后较短时期内（一般不超过一分钟）执行的市价或限价委托，它不一定是当天的第一笔交易。如全部或部分未成交，则未成交部分将被取消。

（4）收盘委托（At the Close Order）

它是指在收盘或接近收盘时的市价委托，如 NYSE 交易结束的信号是铃响 30 秒，成交价位要限制在该段时间内的市价范围内。

3. 按委托所限定的数量来划分

（1）不可分割委托（All or None Order）

它是指投资者委托要求的数量全部成交，否则完全不执行。该委托也称足额执行委托，经纪商不能公布这种委托，须仔细询问报价和条件，直到可得到的价量均满足指令的要求。这种指令一般被用来测试市场的深度。

（2）立即全数成交或取消委托（Fill or Kill Order）

这种委托要求立即将指定数量的股票全部买入或卖出，否则不予执行。这种委托是一种市场深度快速测试器，经常被用于谋取眼前价差中较好的价位。

(3) 立即成交否则撤销委托 (Immediate or Cancel)

投资者的委托如能全部或部分以当时价格成交时，立即予以执行，未成交部分当即取消。

二、做市商制度

(一) 做市商制度的含义及特点

做市商制度是指合格的证券交易商就某种或某些证券提供买卖双向报价，并以其自有资金和证券按报价与公共投资者进行交易的制度。实际上，做市商制度是一种报价驱动交易机制，是指在一定监管体系下，证券市场的买卖价格均由某些特别的机构（做市商）给出，买卖双方的委托不直接配对成交，而是通过做市商买卖证券，完成交易并产生交易价格。所谓做市商，即承担某一只股票的买进和卖出的交易组织者，相当于合法的庄家。做市商存在于有组织的证券交易所和场外交易市场，但主要存在于场外交易市场。

做市商有两种形式：一种是纽约证券交易所采用的特许交易商制，或称单一做市商制；另一种是美国纳斯达克市场所采用的多元做市商制。

纽约证券交易所的特许交易商身兼经纪人、自营商两个角色，实行单一做市商制。在美国主板市场，交易主要以以竞价为基础的最低卖价和最高买价自动撮合的方式进行，由佣金经纪人在交易所内执行客户指令。同时，交易所对一只股票指定一个特许交易商，特许交易商是垄断做市商，接受佣金经纪人无法立即执行的买卖委托，并在条件合适时执行。当公众不愿要价或出价时，特许交易商就得以自己的名义发出要价或出价，以保证市场的连续和稳定。显然，纽约证券交易所实行的是竞价制和做市商制混合的制度。由于主板市场本身就交投活跃，因此维持市场稳定和连续的特许交易商处于配角地位。

纳斯达克市场采用多元做市商模式。在这一交易机制下，相互竞争的做市商为其所负责做市的证券挂出买卖双向报价，投资者即按此价以做市商为对手进行交易。每只股票必须有两名以上的做市商，它们互为竞争对手。做市商必须在看到订单前报出买卖双向价格，而公众投资者在看到报价后才下订单。正是在这个意义上，做市商制也被称为报价驱动制。自 1997 年起，纳斯达克市场实施《交易指令处理规则》。在此之前，只有做市商才可以看到限价指令簿，新规则则要求客户的限价令必须显示在做市商和电子交易网络 ECNS 的报价中。由此，纳斯达克市场的单纯报价驱动变为报价与指令联合驱动的混合交易制度，但以做市商制为主。

做市商具有如下特征：所有投资者的订单都必须由做市商用自己的账户买进或卖出，投资者订单之间不直接进行交易；做市商就某只或某几只特定的证券做市，对该类证券给出双向报价，接受客户的订单，并在交易完成后的 90 秒内报告有关的市场情况，以便向公众公布；做市商有义务维护其所做市证券的连续交易、流动性和价格稳定性；做市商与客户进行交易时不收取佣金，而是通过买卖价差来赚取利润；多元做市商的最高买方报价必须低于最低卖方报价。

(二) 做市商的功能

1. 有利于保持市场的流动性

投资者可按做市商报价立即进行交易，而不必等待交易对手的买卖指令。因此，做市商保证了市场进行不间断的交易活动，能确保大宗交易在约定时间内迅速完成，这对于市值较低、交易量小的证券尤为重要。

2. 有利于保持市场的透明度

做市商对各种相关信息进行汇总分析并提供给投资者，以利于其承销股票的销售，客观上提高了市场的透明度。

3. 具有价格发现功能，有利于价格回归实际价值

做市商作为专业证券分析者得出报价，并将该报价交由投资者判断，市场对报价的接受程度反过来又促使报价不断向真实价值趋近。同时，多个做市商提供竞争性价格报价，促使做市商不断提高自身的分析研究能力和缩小买卖报价间的差异，使价格趋向一致。

4. 有利于维持市场价格的稳定，抑制过度投机和操纵股价

做市商报价要有连续性，价差幅度也有限制。在买卖盘不均衡时，及时处理大额指令，平抑价格波动。做空机制也有利于稳定价格。多个做市商对做市的股票有一定的持仓量，使得投机炒作者不敢妄为，操纵者因担心做市商抛压、抑制股价，也不愿意“抬轿”。

5. 有利于分散市场风险

做市商制度下的市场是一种双层网状构造，做市商的利润来源于双向报价相对差额，不在于价格的绝对高低，价格涨跌均可获利；而投资者的目标是获取单向预期差价，价涨才可获利。二者的市场行为是不同质的，这样市场风险冲击被分散在两个层次上。

6. 有利于保持市场交易的连续性

当市场过于沉寂、持续无市时，做市商可以通过不断地降低报价甚至以低于做市商的买入价来吸引投资者，直至出现成交记录。美国做市商具有维持连续交易、活跃股市、稳定市场的义务。

（三）纳斯达克的做市商制度

现代证券做市商制度以美国纳斯达克最为典型。纳斯达克于1971年2月28日正式开始运作，通过与全国范围的做市商终端系统相连接，实现了自动撮合场外证券市场交易。这是世界上第一个电子股票市场，现已成为全球最大的无形交易市场。

在纳斯达克市场，做市商必须是美国证券交易商协会的会员，其做市商资格应向美国证券交易商协会注册申请，并受到美国证券交易委员会、美国证券商协会监管公司及纳斯达克市场监管部的三重管理。满足特定的资本要求是获取做市商资格的必要前提，同时，做市商也要承担相应的义务，并按一定的报价规则进行交易。做市商必须报出有效的买入和卖出价，买卖差价是做市商的利润，限定在全美证券交易商协会定期发布的最大买卖价差范围之内，一般不超过证券价格的5%。

做市商须先建立做市证券的足够库存，并随时准备在其所报价位上接受投资者的买卖要求。当接到投资者卖出某种证券的指令时，以自有资金执行买入；当接到投资者购买某种证券的订单时，用其库存证券执行卖出，如果数量不够就需要向其他做市商买足

以完成其交易承诺。由于投资者与做市商之间是一种交易关系，而不是委托代理关系，因此投资者在一家做市商处买卖证券，只要一次性交付98美元的费用即可，不需要支付给做市商手续费。在每笔交易成交后90秒内，做市商通过计算机终端网络向全美证券交易商协会报出该种证券的有效买入价和卖出价以及成交情况，买卖数量和价格的交易信息随即转发到世界各地的计算机屏幕以向投资者公布。

为了规范做市商的行为，在1987年以前，纳斯达克对违规的做市商勒令其退出做市2个交易日；在1987年股市暴跌后，严格了处罚规定，将禁止违规做市商重新进入市场的期限延长为20天。这不但提高了做市商持续履行职能的标准要求，而且更重要的是确保了市场的应有秩序。

纳斯达克市场的做市商基本上包括四种类型，它们是机构型、批发型、区域型、跨国型。目前，在该市场登记的做市商共有520多家。做市商可以同时为多只证券做市。每一只证券的市值不同，需要做市商的数量也不同。按照现行规定，凡是在纳斯达克上市的股票，至少要有4家做市商共同为其做市，以限制垄断价格的出现，并保证市场有足够的流动性。从1987年以来的有关统计数据来看，平均每一种证券拥有的做市商基本上在10家左右，最多的是微软公司，达52家。

做市商制度在纳斯达克市场逐步发展与完善起来并不是偶然的。纳斯达克市场是由场外交易市场演化和发展而来的。当初的美国证券市场远不像今日之发达，加之在这一市场上交易的公司规模都比较小，所以这些上市公司股票的流动性明显不足，从而影响了投资者的投资热情，同时股票交易不活跃也影响了证券商的收益，这样才使做市商制度逐步建立和发展起来。

第四节　融资融券交易

按照不同的标准，证券交易方式可以划分为很多种类。例如，按照证券交易价格形成方式的不同，分为集中竞价交易和非集中竞价交易；按照达成交易方式的不同，分为直接交易和间接交易；按照证券交易交割期限的不同，分为现货交易、期货交易、期权交易和信用交易。

现货交易是指证券买卖成交后，按成交价格及时进行实物交收和资金清算的交易方式。这是证券交易中最常见、最基本的交易方式。在交易达成后，买方应及时向卖方付款，而卖方则应及时向买方交割证券。证券交易不同于一般的商品交易，它要通过证券商并借助于一定的交易系统来完成。因此，在实际交易中，现货交易交割的时间要由交易所具体规定，有的在成交当天交割，也有的在成交后几日内交割。现货交易的成交和交割基本上同时进行，买卖双方都发生实际的资金与证券的收付，交易技术相对简单，易于操作，投机性小，便于管理。期货交易和期权交易是20世纪70年代西方金融市场创新的产物，在本书第四章已经讲述过了。本节重点介绍信用交易，信用交易即融资融券交易。

一、信用交易的含义及方式

信用交易也称保证金交易，有时也叫垫头交易，是指投资者通过交付保证金取得经纪人融资或融券的信用从而进行证券投资活动的交易方式，实务中通常称为融资融券交易。保证金交易主要有保证金买空和保证金卖空两种方式。

保证金买空也叫保证金买长，即融资交易，是指投资者预计证券行市将上涨并准备在现在价格较低时买进一定数量的证券，但因资金不足，通过向证券经纪商交付一定比率的保证金而取得经纪商的贷款，并委托经纪商代理买入这种证券的交易方式。待证券价格上升，投资者委托证券商卖出该证券，证券商扣除买卖手续费和向投资者贷款的利息后，余下的即为投资者的投资收益。做保证金买空的投资者叫多头。

保证金卖空也叫保证金卖短，即融券交易，是指投资者预计证券行市下跌，准备卖出某种证券，但由于手中没有该种证券，就通过向经纪人交付一定比率的保证金，从经纪人处借入一定数量的该证券，并委托经纪人卖出。如果该证券的价格日后果真下跌，再按市场价格买入相同数量的该证券归还给经纪人，并支付借入证券应付的利息和买卖手续费，买卖差额扣除应缴费用后即为投资者的收益。做保证金卖空的人叫空头。

保证金交易利弊共存。对于投资者来说，可以用较少的资金进行较大额度的投资，增加了投资获利的机会，但一旦证券价格与预测的相反，投资者也将承担较大的风险。对于证券商来说，利用这种方式一方面可以扩大交易量，增加手续费收入，另一方面可以通过提供融资、融券赚取利差，但券商也要增加管理成本。从整个证券市场来说，信用交易可以吸引更多的投资者参与交易，有利于活跃交易，增加流动性。但是，过度的信用交易会造成股市的虚假繁荣，甚至引发信用膨胀，同时还会增加市场投机的成分，这对证券监管提出了更高的要求。目前，我国证券市场发展还不成熟，尚不允许保证金交易。

二、保证金账户及其管理

保证金是证券管理机构规定的，投资者在以信用方式进行证券投资时，必须按一定比例向证券经纪商交存的作为借贷偿还保障的资产。作为保证金的资产可以是现金，也可以是其他动产、不动产，但主要是现金。保证金是投资者做信用交易的财力保证。证券经纪商要通过对保证金账户的清算及时向投资者发出预警信号，以控制信用交易的风险。

投资者要进行信用交易，首先要选择一家证券公司开立保证金账户。开立保证金账户时，投资者必须与证券公司签订一份协议。通过协议明确信用交易者要遵守证券管理机构、证券交易所和开户公司的有关规定，证券公司有权以客户保证金账户上的证券作抵押向银行贷款，有权将客户保证金账户内的有价证券在不影响其交易的情况下借给保证金卖空的客户。

保证金账户分为借方与贷方（见表6－1）。借方记载客户对证券经纪商的负债，主要项目有购买证券的价款、应付税金、手续费、向证券商借款应付的利息、客户提取的现金。贷方记载客户在证券经纪商处的资产，主要有客户存入的保证金、保证金账户中证券分配的股息和利息收入、客户存款余额应得的利息收入和出售证券的价款。

表 6-1　保证金账户

借方	贷方
购买证券的价款	存入现金
佣金税金	出售证券的价款
贷款利息	股息和利息收入
提取现金	存款利息

客户在保证金账户上若有贷方余额，证券公司要支付利息；如果有借方余额，投资者要向证券公司支付利息。由于信用交易主要是投资者向证券公司融资，因此一般表现为借方余额。证券公司每天按收盘价计算客户保证金账户中的保证金实际余额。如果保证金账户中的证券市值变化而出现贷方余额，该账户的投资者可以从账户中提取现金或无须追加保证金而认购新股；如果保证金账户中的证券价格变化而使实际保证金低于规定的最低限度，证券经纪公司要向客户发出追加保证金的通知，客户必须追加保证金以满足规定的要求。

三、保证金比率的确定

保证金比率是指保证金与投资者买卖证券的市值之比。保证金比率有法定保证金比率、保证金实际维持率和保证金最低维持率之分。

1. 法定保证金比率，又称初始保证金比率，由中央银行决定。投资者按法定保证金比率缴纳的保证金叫原始保证金，它由法定保证金比率和买卖证券的市值决定，必须在以信用方式买卖证券之前交足。法定保证金比率是中央银行货币政策的辅助工具。中央银行根据货币供应、通货膨胀和证券市场的实际情况，相应调整法定保证金比率。当中央银行根据经济形势实施紧缩的货币政策时，与其他货币政策相搭配，可提高法定保证金比率，减少信用交易的规模；反之，则降低法定保证金比率。

2. 保证金实际维持率。投资者在交存了初始保证金并取得经纪商融资买卖的证券后，由于证券市场价格在不断变化，投资者买卖的证券市值也随之变化并使投资者的实际保证金率相应发生变化，这一比率有时会高于法定保证金比率，有时可能又会低于法定保证金比率。投资者交存保证金的实际价值与证券市值的比率称为保证金实际维持率。证券经纪商要随时计算投资者的保证金实际维持率，了解盈亏情况并及时通知客户。

3. 保证金最低维持率。保证金交易涉及证券经纪商的融资或融券。当投资者投资失误出现亏损时，首先蚀去其保证金。而如果亏损进一步扩大就会危及证券经纪商的利益，增加券商融资或融券的风险。因此，券商对投资者的保证金账户一般设有最低限度的要求，即保证金实际维持率不得低于某一比率，这一比率称为保证金最低维持率。其目的是向投资者发出预警信号，避免因投资者的损失而给券商带来损失，同时，也促使投资者及早采取措施制止损失扩大。当保证金实际维持率低于最低限值比率时，券商要向投资者发出追加保证金的通知。投资者接到通知后，必须追加保证金，以达到法定保证金的要求。如果投资者无力追加保证金，可通知券商结清差额，了结该保证金账户；如果投资者在规定时间内不补足保证金，券商可出售客户账户上的证券以保证券商贷款能够收回，避免损失。

四、保证金买长交易及其盈亏管理

1. 保证金买长过程及盈亏计算

当投资者预期某证券价格会上涨时，可做保证金买长交易。

例如，某投资者经过分析预计 A 公司股票价格会上涨，准备做保证金买长交易。其时自己有本金 1 万元，A 股票目前的市场价格为 10 元，假定法定保证金比率为 50%。投资者可以将自己的 1 万元存入券商保证金账户，向券商贷款 1 万元，购买市值为 2 万元、2 000 股 A 公司股票。过一段时间后，如果 A 公司股票果真如其所料，涨到 12 元一股，投资者委托券商卖出 2 000 股股票，可得 12 ×2 000 =24 000（元），若不考虑手续费和借款利息，归还 1 万元后可获利 4 000 元，为投资者本金的 40%。显然，使用保证金方式买入股票，在价格上升时投资者可用较少的本金获得较大的盈利，具有杠杆效应；但是，如果价格与投资者的预期相反而下降，保证金交易给投资者带来的损失也会被放大。

在不考虑手续费和借款利息的情况下，保证金买长的盈亏计算公式如下：

$$\text{盈利(亏损)} = \text{抵押证券市值} - \text{借款额} - \text{本金}$$

$$\text{收益率} = \text{盈利(亏损)} / \text{本金}$$

式中，抵押证券市值是指投资者交存保证金并取得经纪商贷款后委托经纪商买入的证券的市值，该证券作为贷款抵押品存放于经纪商处。抵押证券的市值随证券价格的涨跌而变化。

2. 保证金实际维持率及超额保证金的计算

由于证券价格经常变化，证券经纪商在每个营业日收盘后都要计算每一个保证金账户的抵押证券市值和保证金实际维持率。

$$\text{保证金实际维持率} = (\text{抵押证券市值} - \text{借款额}) / \text{抵押证券市值} \times 100\%$$

当投资者只有一种股票时，公式可以表示为

$$am = \frac{n \cdot mp - [(1 - im) \cdot pp \cdot n]}{n \cdot mp} \times 100\%$$

式中，am：保证金实际维持率；

im：初始保证金比率；

mp：计算时的证券市价；

pp：证券的购买价格；

n：投资者拥有的股票数量。

式中，$(1 - im) \cdot pp \cdot n$ 是投资者从证券商处的借款额，它等于投资者共计购入的证券市值减去其交存的初始保证金。若已知投资者交存的初始保证金以及初始保证金比率，则两者相除就是投资者共计可以购入的证券市值。

接上例，当A公司股票价格上涨到12元时，抵押证券市值增至24 000元，借款额不变，此时，保证金实际维持率为

$$am = \frac{2\ 000 \times 12 - (1 - 50\%) \times 10 \times 2\ 000}{2\ 000 \times 12} \times 100\% = 58.33\%$$

保证金实际维持率大于初始保证金比率的要求，说明保证金账户上有超额保证金，投资者可以用现金的方式提走超额保证金，也可以追加购买股票而无须追加保证金。那么，超额保证金是多少呢？下面简要推导超额保证金。

$$im = \frac{n \cdot mp - [(1 - im) \cdot pp \cdot n] - \chi}{n \cdot mp} \times 100\%$$

得到 $$\chi = (mp - pp) \cdot n \cdot (1 - im)$$

即 超额保证金 = 账面盈利 ×（1 − 法定保证金比率）

上式说明，投资者不能把账面盈利全部提走，而只能提取相当于超额保证金的现金。这是因为证券市值提高后，为了满足法定保证金比率的要求，保证金也要相应提高，所以账面盈利不能全部提走。同时，由于投资者买入的证券并未实际售出，所取得的盈利也仅是账面盈利，投资者据此提走现金相当于再向经纪商借款，并记在保证金账户借方，保证金账户借方余额会相应增加。根据规定，投资者提走现金后的保证金实际维持率不得低于法定保证金比率要求。

上例中，当A公司股票价格涨到12元时，账面盈利为

账面盈利 =（12 − 10）× 2 000 = 4 000（元）

超额保证金 = 4 000 ×（1 − 50%）= 2 000（元）

也就是说，在法定保证金比率为50%时，投资者只能提取账面盈利的50%，即2 000元，另外2 000元要补充保证金。投资者提取现金后，保证金账户借款额增加2 000元，保证金实际维持率为50%，正好满足法定保证金比率要求。

$$保证金实际维持率 = \frac{12 \times 2\ 000 - [(1 - 50\%) \times 10 \times 2\ 000 + 2\ 000]}{12 \times 2\ 000} \times 100\% = 50\%$$

投资者如果不提取现金，可利用账面盈利作为保证金追加购买证券，这种新买证券的金额称为购买力。购买力的计算公式为

购买力 = 超额保证金 / 法定保证金比率 × 100%

上例中，购买力 = 2 000/50% × 100% = 4 000（元）。可再委托经纪商购买市值为4 000元的A公司股票。此时，投资者买入的证券市值为（24 000 + 4 000）元，保证金账户借款额为（10 000 + 4 000）元，保证金实际维持率为50%，正好满足法定保证金比率要求。

$$保证金实际维持率 = \frac{24\ 000 + 4\ 000 - (10\ 000 + 4\ 000)}{24\ 000 + 4\ 000} \times 100\% = 50\%$$

从上述购买力公式可以看出，投资者追加购买证券的金额超过超额保证金。所以，在保证金账户有账面盈利的情况下，投资者可以利用超额保证金去追加投资，购买更多

的股票，而提取的现金则要少得多，只相当于超额保证金的部分。

3. 保证金最低维持率和抵押证券最低市值的计算

做保证金买长的投资者在股票价格上涨时可获得高于股票价格上涨率的回报率，但是如果股票价格下跌，投资者的损失也会扩大。投资者的亏损体现为保证金绝对数额和保证金实际维持比率的下降。假如在上面的例题中，A公司股票价格从10元跌至8元，即跌幅为20%时，投资者买入的证券市值是 $8\times2\ 000=16\ 000$（元）。此时，投资者的亏损和保证金实际维持率分别为

$$亏损 = 抵押证券市值 - 借款额 - 本金 = 16\ 000 - 10\ 000 - 10\ 000 = -4\ 000(元)$$

$$保证金实际维持率 = \frac{8\times2\ 000-[(1-50\%)\times10\times2\ 000]}{8\times2\ 000}\times100\% = 37.5\%$$

当保证金实际维持率低于最低标准时，经纪商就要向客户发出追加保证金的通知。经纪商必须计算出对应保证金最低维持率的抵押证券最低市值和最低市价，其计算公式为

$$抵押证券的最低市值 = 借款额/(1-保证金最低维持率) = (1-im)\cdot pp\cdot n/(1-mm)$$

$$抵押证券的最低市价 = 抵押证券的最低市值/抵押证券数量 = (1-im)\cdot pp/(1-mm)$$

式中，mm 为保证金最低维持率。

上例中，若保证金最低维持率为25%，则

$$抵押证券的最低市价 = (1-50\%)\times10/(1-25\%)\approx6.67(元)$$

当股价跌至每股6.67元时，经纪商要向客户发出追加保证金的通知。如果投资者认为短期内股价还有回升的希望，他可能会追加保证金，保留账户内的证券；如果投资者对短期内证券价格的回升不抱希望，则会通知经纪商出售账户内的证券，还清贷款，付清手续费及相关费用，结清保证金账户。当股价下跌幅度不大，投资者的保证金实际维持率低于法定比率要求，但又高于最低维持率时，投资者的保证金账户要受到限制，称为限制性账户。此时，任何可能导致其账户保证金进一步下降的资产动用如提取现金、追加购买证券等都将受到限制。

总之，保证金买长投资是具有杠杆效应的一种投资。如果投资者对证券行情预测准确，则可以获得较大的利润；如果预测失误，也会导致较大的损失。

保证金卖短交易的操作原理与保证金买长一致，效果相同，但方向相反，本书在此不单独赘述。

第五节 证券交易程序

证券交易不同于一般的商品交易，需要遵循一定的交易规则，按照一定的交易程序和交易方式来完成交易活动。在不同的证券交易市场和不同的交易方式下，证券交易的具体流程不尽相同。以证券交易所为例，完整的证券交易程序一般要包括开户、委托、竞价成交、结算、过户五个环节。

一、开户

投资者要买卖证券交易所里的股票，首先要选定一家信用可靠、服务优良的证券公司充当自己的证券经纪人，与证券公司建立经纪关系，办理开户手续，开设证券账户和资金账户。只有开设了这两个账户，才能够进行证券的买卖活动。

（一）证券账户

证券账户是指证券登记机构为投资者设立的，用于准确记载投资者所持有的证券种类、名称、数量以及相应权益和变动情况的一种账册。投资者在开设证券账户的同时，即已委托证券登记机构为其管理证券投资资料，办理登记、结算和交割业务。开立证券账户是投资者进行证券交易的先决条件，对于股票账户来说，它还是确认股东身份的重要凭证，具有证明股东身份的法律效力。

我国的证券账户分为个人账户和法人账户两种。个人账户是指由自然人申请开立的证券账户，一般只要提交本人有效身份证明文件即可在开户代办点办理。法人申请开立证券账户时，必须提交有效的法人身份证明及加盖发证机关确认章的复印件、经办人的有效身份证及复印件、法人代表的有效身份证及复印件、法人代表证明书和委托授权书。按照我国的有关规定，对于同一类别和用途的证券账户，一个自然人、一个法人只能开立一个。

按照账户用途的不同，我国证券账户还分为人民币普通股账户、人民币特种股票账户、证券投资基金账户和其他账户。一般的证券账户只能进行 A 股、基金和债券现货交易，进行 B 股交易和债券回购交易需另行开户和办理相关手续。投资者买卖上海或深圳证券交易所上市证券应当分别开设上海或深圳证券账户。证券账户开户业务分别由上海证券中央登记结算公司、深圳证券结算公司以及由它们授权的证券登记公司或证券经营机构办理。证券账户全国通用，投资者可以在开通上海或深圳证券交易业务的任何一家证券营业部委托交易。

（二）资金账户

资金账户是证券经纪商为投资者设立的资金专用账户，用于存放投资者买入股票所需的资金和卖出股票取得的价款以及记录证券交易的币种、余额和变动情况。由于投资者不能直接进入证券交易所买卖证券，必须到交易所会员证券公司开设的营业部委托其代理买卖，所以资金账户一般由证券公司管理，投资者可以查询和打印资金变动情况。为保证资金安全，防止证券公司挪用客户保证金，我国从2004 年起实行客户保证金第三方托管制度，即投资者用于投资证券的资金由与开户证券公司有合作关系的银行直接管理，也就是实现“券商托管证券，银行托管资金”，以确保投资者钱券安全。

投资者可选择的资金账户包括以下几种类型：

1. 现金账户（Cash Account）。这是以现货交易方式进行证券投资的投资者需要开立的账户。开立这种账户的投资者在交易过程中不得融资或融券，必须全部以现款或现券进行交易。具体而言，现金账户的投资者在买入证券时必须在清算日前缴付全部价款，在卖出证券时必须在清算日或清算日之前交出全部准备出售的证券。

2. 保证金账户（Margin Account）。这种账户是为以保证金交易方式进行证券投资的客户开立的。保证金交易方式是指投资者向证券公司缴纳保证金就可以通过融资或融券的方式进行交易。开立保证金账户时，投资者要与证券公司签订一个协议。这个协议规定，投资者必须按有关规定缴存一定比率的保证金以及在必要时追加保证金，并且证券公司有权以保证金账户上客户的证券作为证券公司贷款的抵押品，也可以将保证金账户上的证券借给其他客户做保证金卖空交易。保证金交易是一种投机性很强、风险很大的交易方式，一些国家包括我国禁止进行保证金交易。

3. 联合账户。这是为两个或两个以上的投资者共同投资而开立的账户，主要满足夫妻、父子或合伙人等在共同投资时使用。

4. 授权账户。这是指投资者特别授权给证券经纪商，由其全权决定委托买卖股票的账户。

5. 信托账户。这是为限制或无民事行为能力的人所开立的账户，由法定代表人或监护人管理。

目前在我国较普遍的是现金账户，其他几类资金账户尚待开设。

二、委托

投资者买卖股票时不能亲自到交易所办理，必须通过证券交易所的会员证券商进行。委托就是投资者以一定的形式向证券经纪商发出代理买卖某种证券的请求。

委托单一经接受，投资者和证券公司之间就建立起受法律约束和保护的委托和受托关系。证券公司作为受托人，要忠实地执行委托指令，在委托有效期内按指令要求买卖有价证券，不得以任何方式损害委托人的利益。如果因为证券经纪商的过失而造成委托人的损失，证券经纪商须负赔偿责任。投资者作为委托人，在发出委托指令前应对自己所下的委托指令及可能出现的后果有足够的认识。委托指令一旦执行，在有效期内，不管证券行情如何变化，委托人都必须履行交割清算的责任。如果因为委托人的违约或过失而造成证券公司的损失，委托人也须负赔偿责任。

三、竞价成交

证券市场的市场属性集中体现在竞价成交环节上，特别是在高度组织化的证券交易所内，会员证券商以经纪人身份代表着众多的买方和卖方按照一定规则和程序公开竞价，达成交易。

（一）竞价原则

在证券交易所内进行的证券交易被称为场内交易。场内交易采用委托经纪制度，即投资者必须委托具有会员资格的证券经纪商在交易所内代理买卖证券，场内经纪商通过公开竞价形式参与交易。为了保证场内证券交易公开、公平、公正和高效有序地进行，各证券交易所都制定了相应的竞价原则。

1. 价格优先原则。价格最高的买方报价与价格最低的卖方报价优先于其他一切报价而成交。

2. 时间优先原则。在买卖双方报价相同时，在时间序列上，按报价先后顺序依次成交。

3. 数量优先原则。指申报买卖数量大的比数量小的优先满足。一般交易所都实行这一原则。

4. 客户优先原则。指客户的申报比证券商自营买卖申报优先满足。

5. 市价优先原则。指市价申报比限价申报优先的原则。

证券交易通常都必须遵循价格优先原则和时间优先原则，在对其他原则的遵循上各个交易所有所不同。

（二）竞价方式

证券交易所一般采取公开申报竞价方式产生成交价格。公开申报竞价是由多数买方和多数卖方共同公开竞价，最终以最低卖出价和最高买入价成交的方法。这种方法能大量地集中供求双方，迅速达成成交价，是最佳的竞价方法。大多数证券交易所采用这种方法，具体又可分为两种形式。

1. 集合竞价。我国两家证券交易所每天的开盘价就由集合竞价得出，即在每个交易日上午9:25由证券交易所电脑主机对9:15至9:25接受的全部有效委托进行一次集中撮合处理。在上午9:15到9:25，大量买入或卖出某种股票的信息都被输入电脑，但此时电脑只接受信息，不撮合信息。在正式开始前的一瞬间（9:30）电脑开始工作，十几秒后，电脑撮合定价，成交量最大的首先确定的价格产生了这种股票当日的开盘价。通过集合竞价确定成交价的过程是：首先，系统对所有买入有效委托按照委托限价由高到低的顺序排列，限价相同者按照进入系统的时间先后排列；所有卖出有效委托按照委托限价由低到高的顺序排列，限价相同者按照进入系统的先后顺序排列。接下来，系统根据竞价规则自动确定集合竞价的成交价，所有成交均以此价格成交。系统成交价的确定原则是：以此价格成交能够得到最大成交量。系统依序逐步将排在前面的买入委托与卖出委托配对成交，即按照价格优先、同等价格下时间优先的成交顺序依次成交，直到不能成交为止，即所有买入委托的限价都低于卖出委托的限价。未成交的委托排队等待成交。

2. 连续竞价。这是证券交易所普遍使用的方法，指在证券交易所交易时间内由众多的买方和卖方就某一具体证券集中报出买价和卖价，每出现一次买入价和卖出价一致的机会，就成交一笔，然后竞价再连续进行下去。在我国两家证券交易所，9:30正式开盘后，集合竞价未成交的委托逐步进入系统，参与排队委托，进行连续竞价撮合。价格具体确定过程是：对于一个新进入的买进有效委托，若不能成交，则进入买委托队列排队等待成交；若能成交，即其委托买入限价高于或等于卖委托队列的最低卖出限价，则与卖委托队列顺序成交，其成交价取卖方叫价。对新进入的一个卖出有效委托，若不能成交，则进入卖委托队列等待成交；若能成交，即其委托卖出限价低于或等于买委托队列的最高买入限价，则与买委托队列顺序成交，其成交价格取买方叫价。这样循环往复，直至收市。

四、结算

(一) 结算的含义

证券交易成交后并不意味着交易行为的结束，还需要一个钱券交收清算的过程。结算是指一笔证券交易成交后，买卖双方结清价款和交割证券的过程。具体来说，结算包括清算与交割、交收两个步骤。证券清算是指每个交易日结束后对每家证券公司当日成交的证券数量与价款分别予以轧抵，对证券和资金的应收应付净额进行计算和处理的过程。买卖双方达成交易后，应根据证券清算的结果，在事先约定的时间内履行合约。买方需支付一定的款项以获得所购证券，卖方需交付一定的证券以获得相应的价款。在这一钱券两清的过程中，证券的收付称为交割，资金的收付称为交收。

交易结束后，先要在证券商之间办理清算、交割与交收，然后证券商再分别与各自的委托人办理交收手续。清算交收既是证券成交的后续处理环节，又是进行下一轮交易的前提。结算能否顺利进行，直接关系到交易双方权责关系的了结，也关系到证券交易的持续进行和市场的正常运转。

目前，大多数结算工作可分为两步：第一步是委托买卖证券的投资者与受托证券商之间的清算交收，第二步是证券商相互之间的交收清算。投资者与券商之间的清算交收是指在投资者的委托买卖成交后，券商立即通知投资者，投资者必须接受证券商按委托要求成交的价格和数量，如期履行交收手续。证券商之间的清算交收涉及的证券种类多，证券和资金的数量大，交易对象相互交叉，手续比较复杂，一般在交易所的主持下进行。交易所通常专门设立清算部门，并根据不同交收方式，采取个别交收和集中交收制度。

(二) 结算方式

买卖双方成交后，在规定的日期内，卖方交付证券，买方支付价款，完成交割、交收。根据成交日和交割日距离时间的长短不同，交割分为以下几种：

1. 当日交割。又称 T+0 交割，是指在成交的当天交易双方就完成证券与价款的交付手续。

2. 次日交割。也称 T+1 交割，即在成交后的下一个营业日才能办理钱券交付的手续。目前，我国沪深交易所都实行这一交割制度。

3. 例行交割。交易双方成交后，按照交易所的规定或惯例进行交割。各交易所对例行交割的日期有不同的规定。日本规定例行交割是在成交后的第四个营业日进行，纽约交易所规定例行交割应在成交后的第五个营业日的中午 12:00 以前完成。如果交割对象是美国政府债券，则必须在成交后的次日进行交割。

4. 选择交割。即由交易双方自己选择交割日期，这种方式通常在场外交易中使用。

交割制度由各国证券交易所根据交割技术水平、监控能力以及证券市场发展程度来确定。在我国，上海、深圳证券交易所均已实现完全的电子化交易，投资者所持有的证券实行证券托管制，即投资者持有的有价证券由证券结算机构或其指定的券商代为保管，经上海证券中央登记结算公司或深圳证券结算公司接纳进入各自的结算系统，交割由结算系统自动完成。

五、过户

证券过户是指投资者买卖证券后变更所有者名称的一种手续。过户是针对记名证券而言的，记名证券的所有权属于证券上记载的权利人，因此，在买卖时需要原所有者签名表示放弃其所有权，而买方则要在办理过户手续后确认对证券的所有权。

在交易所上市的股票一般都是记名股票。在股票发行时，公司股东名册上记载有原始股东的姓名，以后股票在市场上流通转手，但股份公司在分派股息红利及处理股东的其他权益问题时仍以股东名册为准。因此，买入股票后要及时办理过户手续，一是可以保障投资者在买入股票后应享有的权益，二是在股票遗失或被毁坏时，可向公司申请补发。

买入股票的投资者要到股票发行公司或其指定的代理金融机构去办理变更股东名簿登记的手续。过户具体是通过办理交易过户登记来进行的。证券登记是指通过一定的记录形式确定当事人对证券的所有权及相关权益产生、变更、消失的法律行为。证券交易过户登记是指买卖双方成交并结算后，证券登记机构办理证券所有权转移的登记手续。

我国上海、深圳证券交易所都采用无纸化交易方式，由于没有实物载体，股东或债权人对相应证券的所有权无法通过实物券体现，而是在股东名册或债权人名册上对股东或债权人的姓名等资料进行登录从而确定其股东或债权人身份，并明确相应权利的法律关系，即进行股权和债权登记。登记时实行电脑自动过户的办法，投资者无须亲自去办理过户手续。在股东享受其权益如分红派息时，证券交易所电脑能打印出股东名册并提供给发行公司作为股东的收益证明。实际上，过户工作是由交易所通过电脑系统统一办理的。在交割清算时，交易系统已经为投资者办理了过户手续。

办理完过户手续，整个股票交易过程就全部结束了。

本章小结

证券流通市场是与证券发行市场相对应的市场，是已经发行的证券进行买卖、转让的市场。证券流通市场按组织方式的不同分为场内市场和场外市场。场内市场主要是指证券交易所，它是证券市场的主体和核心；场外市场是指非组织化的、分散交易的市场，它是场内市场的必要补充。

为中小企业和高新技术企业提供发行融资和交易流通便利的创业板市场近年来发展迅速。目前，许多国家都建立了不同形式的创业板市场。美国纳斯达克市场是最大的创业板市场。

公开、公平、公正是证券交易的基本原则。价格优先、时间优先、数量优先是证券交易公开竞价的主要交易规则。完整的证券交易程序一般要包括开户、委托、竞价成交、结算、过户五个环节。

证券的交易方式主要有现货交易、期货交易、期权交易以及信用交易。现货交易是最基本、最主要的证券交易方式。信用交易也叫保证金交易，具有杠杆效应。期货交易、期权交易属于衍生金融交易，近年来发展迅速。

名词解释

证券流通市场　证券交易所　OTC 市场　证券上市　第三市场　第四市场
集合竞价　连续竞价　做市商制度　现货交易　信用交易　保证金买长　保证金卖短

思考题

1. 证券交易的程序分为几个环节？设置各环节的必要性有哪些？
2. 证券交易所的主要功能是什么？
3. 什么是场外市场？它有哪些特点？
4. 比较公司制证券交易所和会员制证券交易所的优缺点。
5. 如何理解信用交易的杠杆效应？分析我国没有信用交易的原因。
6. 保证金账户如何管理？

相关链接：世界著名二板市场——纳斯达克市场（NASDAQ）

纳斯达克市场成立于1971年，是世界著名的二板市场，也是世界上第一个电子化的股票市场。NASDAQ 是全国证券交易商协会自动报价系统（The National Association of Securities Dealers Automated Quotation）的英文简写，该系统由全美国证券交易商协会（NASD）的全资子公司 NASDAQ 证券市场公司负责运作。美国证券交易商协会是全美最大的自律性组织，几乎所有的美国证券经纪商都是它的会员，它还负责监管美国的 OTC 市场。NASDAQ 市场本身分为两部分：NASDAQ 全国市场和 NASDAQ 小型资本市场。通常，具有一定规模的公司的证券在 NASDAQ 全国市场进行交易，而规模较小的新型公司的证券则在小型资本市场进行交易。

NASDAQ 市场有以下特征：

1. 它是一个报价驱动型的市场，并采用多个做市商制度。做市商（Market Maker）是承担某一只股票的买进和卖出的独立交易商，他们一方面为投资者报价，直接与投资者进行交易，一方面接受客户的限价委托，代为完成交易。在 NASDAQ 市场上市的股票至少有两家多至几十家做市商为其造市（平均每只股票有 10 家做市商，交易活跃的股票有 40 多家做市商）。在开市期间，做市商必须就其负责做市的证券一直保持双向买卖报价，即向投资者报告其愿意买进和卖出的证券的数量和买卖价位。电子报价系统自动对每只证券全部做市商的报价进行收集、记录和排序，并随时将每只证券的最优买卖报价通过其报价系统报告给投资者。如果投资者愿意以做市商报出的价格买卖证券，做市商就必须按其报价以自有资金和证券与投资者进行交易。做市商还要定期发表他们负责做市的股票的研究报告，向投资者推荐。

2. NASDAQ 市场是电子化的市场。纳斯达克市场是一个以网络为基础连接世界各地投资者的世界性市场。它借助于最先进的通信技术手段，在世界 55 个国家设有 26 万个终端，每天向全球各个角落的投资者传递上市股票的报价和最新交易信息。美国以外的证券经纪人和交易商需用电话通知在美国的全国证券交易商协会会员公司进行有关的交易。1998 年 3 月，NASDAQ 市场与美国证券交易所合并，并开发了更新的电子交易系统。

3. NASDAQ 市场的上市费用较低，上市标准有别于证券交易所，能更好地满足不同条件的企业的上市要求。NASDAQ 市场由两个股票市场组成。其中，全国市场是 NASDAQ 市场的主要组成部分，适合于市场形象好、交易活跃、对公司的规模和盈利水平要求不高、具有严格的财务制度和符合公司治理标准的公司上市；小型资本市场是为一些有发展潜力的公司准备的，上市标准更为宽松。

经过 30 多年的发展，NASDAQ 市场已经成为美国第二大证券市场，上市公司达 5 000 多家，股票市值仅次于纽约证券交易所，并于 1998 年与美国证券交易所合并，进一步增强了竞争实力。在 NASDAQ 市场上市的既有国际著名的大公司，如微软、英特尔、丰田、爱立信、路透社等，也有名不见经传的小公司。NASDAQ 市场成为全球高科技企业上市的首选之地。上市公司的行业覆盖面很广，包括制造业、银行保险业、营运采矿业、零售业、化工业等，但高新技术产业是其重点支持的对象。在上市的 5 000 多家公司中，2 000 多家是高科技公司。在全美上市的网络公司中，只有少数几家在纽约交易所上市，其余全部在 NASDAQ 市场上市。近年来，以信息、生物技术为代表的高科技行业中的新兴中小型企业迅速涌现，NASDAQ 市场为高科技企业和风险企业的持续发展提供了融资的场所，推动了高新技术企业的发展。

目前，世界上比较成熟的证券市场绝大部分都设有创业板交易市场，而美国的 NASDAQ 市场最为成功。仿效美国的 NASDAQ 市场，欧洲大陆建立了欧洲证券经纪商协会自动报价系统 EASDAQ。NASDAQ 市场的成功为世界各国提供了宝贵的经验。

思考：美国的 NASDAQ 市场对我国创业板市场的创设有哪些启示？

第七章

证券监管

学习目标：

- 理解证券监管的意义、目标、原则、手段
- 掌握证券监管的内容：发行监管、交易监管、上市公司监管
- 熟悉证券监管的模式
- 了解美国、英国、欧洲监管模式的不同点
- 了解我国证券监管的现状、问题、对策

证券市场是一个高风险的市场，也是一个公共化的市场，具有较高的经济传递性和很强的外部性，在给投融资者带来机会的同时，也孕育着巨大的风险。因此，有必要对证券市场实施有效监管。证券市场监管是金融监督的重要组成部分，是国家证券主管机关或者证券监管执行机构根据证券法规，对证券发行和交易实施的监督与管理，以确保证券市场有序运行，保护投资者的利益，保障证券市场高效运行，更好地发挥证券市场有效配置资源的作用。本章主要介绍证券监管的一般内容、国外主要的监管体制及我国证券监管现状。

第一节　证券市场监管概述

一、证券市场监管的目标及意义

（一）证券市场监管的目标

证券市场是一个集多样性、风险性、投机性为一体的市场，很容易出现欺诈、过度投机等违法行为。在证券市场中，为了使证券市场安全有序地展现其功能，在鼓励证券交易的同时，必须建立有效的证券监管制度。证券监管是指证券管理机关运用法律、经济以及一些必要的行政手段，对证券的募集、发行、交易等行为以及证券投资中介组织的行为进行监督管理。归结起来，证券监管的总体目标是要建立一个高效率

的证券市场，即一个既能充分发挥市场机制配置资金的作用，同时又能保证合理竞争、运行有序、交易成本低、信息透明度高的市场。证券市场监管的目标具体在于：运用和发挥证券市场机制的积极作用，限制其消极作用；保护投资者利益，保障合法的证券交易活动，监督证券中介机构依法经营，防止人为操纵、欺诈等不法行为，维持证券市场的正常秩序；根据国家宏观经济管理的需要，运用灵活多样的方式，调控证券市场与证券交易规模，引导投资方向，使之与经济发展相适应。国际证监会公布了证券监管的三个目标：一是保护投资者，二是透明和信息公开，三是降低系统性风险。

（二）证券市场监管的意义

证券市场监管是一国宏观经济监督体系中不可缺少的组成部分，对证券市场的健康发展意义重大。

1. 加强证券市场监管是保障广大投资者权益的需要

投资者是证券市场的支撑者，是证券市场的基础。证券市场上的违法违规行为会使投资者蒙受巨大的损失，影响投资者的积极性，从而影响证券市场的健康发展。加强监管有利于保护投资者利益。

2. 加强证券市场监管是维护良好市场秩序的需要

良好的证券市场秩序有利于证券市场的平稳运行。为保证证券发行和交易的顺利进行，需要严厉打击证券交易欺诈、垄断行市、操纵股价等违法违规行为。为此，必须对证券市场进行监督检查，对非法证券交易进行严厉查处，以保护正当交易，维护证券市场的正常秩序。

3. 加强证券市场监管是有效控制风险的需要

证券市场是一个高风险的市场，既有系统性风险也有非系统性风险，而且证券市场的风险又具有突发性强、影响面广、传递快的特点，所以必须加强控制证券市场的风险，严格监管。

4. 加强证券市场监管是提高证券市场效率的需要

及时、准确和全面的信息是证券市场参与者作出发行和交易决策的重要依据。各种证券价格的形成取决于交易双方对各种信息的掌握程度以及在此基础上所作出的判断，任何新信息的出现都有可能导致人们改变旧的判断，形成新的判断，从而导致证券交易价格的调整。

一个发达高效的证券市场也必定是一个信息灵敏的市场。它既要有现代化的信息通信设备系统，又必须有组织严密的科学的信息网络机构；既要有收集、分析、预测和交换信息的制度与技术，又要有与之相适应的、高质量的信息管理干部队伍。这些都需要通过国家统一的监管制度来安排。

二、证券市场监管的原则和手段

（一）证券市场监管的原则

各个国家对证券市场的监管都要遵循一定的原则，一般遵循以下原则：

1. 依法管理原则

这一原则是指证券市场监管部门必须加强法制建设，必须依法办事，明确划分有关方面的权利与义务，使市场参与者的合法权益得到法律的保护，即证券市场管理必须有充分的法律依据和法律保障。

2. 保护投资者利益原则

投资者是证券市场的主体，是资金的供给者，是证券市场存在和发展的基石。各国证券市场监管的制度设计都把保护投资者利益放在了重要地位。

3. “三公”原则

（1）公平原则

证券市场的公平原则要求证券发行、交易活动中的所有参与者都具有平等的法律地位，各自的合法权益都能够得到公平的保护。这里的公平是指机会均等，竞争平等，营造一个所有市场参与者都能进行公平竞争的环境。按照公平原则，发行人有公平的筹资机会，证券经营机构在证券市场有公平的权利和责任，投资者享有公平的交易机会。对证券市场的所有参与者而言，不能因为其在市场中的职能差异、身份不同、经济实力大小而受到不公平的待遇，而要按照公平统一的市场规则进行各种活动。具体而言，无论是投资者还是筹资者，只要是市场主体，就在进入与退出市场机制、投资机会、享受服务、获取信息等方面都享有完全平等的权利。

（2）公正原则

这一原则要求证券监管部门对一切被监管对象给予公正待遇。根据公正原则，证券立法机构应当制定体现公平精神的法律法规和政策；证券监管部门应当根据法律授予的权限履行监管职责，要在法律的基础上，对一切证券市场参与者给予公正的待遇；对证券违法行为的处罚和对证券纠纷事件和争议的处理不应该有偏袒，都应当公平进行。

（3）公开原则

公开原则的核心要求是实现市场信息的公开化，即要求市场具有充分的透明度。公开原则通常包括两个方面，即证券信息的初期披露和持续披露。信息的初期披露是指证券发行人在首次公开发行证券时，应完全披露有可能影响投资者作出是否购买证券决策的所有信息；信息的持续披露指在证券发行后，发行人应定期向社会公众提供财务及经营状况的报告，以及不定期公告影响公司经营活动的重大事项等。信息公开原则要求信息披露应及时、完整、真实、准确。

信息公开原则是公平、公正原则的前提。证券市场中的投资活动是一连串信息分析的结果，只有市场信息能够公开地发布和传播，投资者才能公平地作出自己的投资决策。也只有如此，才能防止出现各种证券欺诈和舞弊行为，保证市场的公正。

4. 监督与自律相结合的原则

这一原则是指在加强政府、证券主管机构对证券市场的监管的同时，也要加强从业者的自我约束、自我教育和自我管理。国家对证券市场的监管是管理好证券市场的保证，而证券从业者的自我管理是管理好证券市场的基础。国家监督与自我管理相结合的原则是世界各国共同奉行的原则。

（二）证券市场监管的手段

证券市场监管通常采用三种手段，即法律手段、经济手段和行政手段。

1. 法律手段

法律手段是指国家通过立法和执法，将证券市场运行的各种行为纳入法制轨道，证券发行与交易过程中的各参与主体按法律要求规范其行为。法律手段是证券监管的主要手段，具有强制约束力。

2. 经济手段

经济手段是指政府以管理和调控证券市场为主要的目的，采取间接的调控方式影响证券市场运行和参与主体的行为。通过运用利率政策、公开市场业务、金融信贷、税收政策等手段调节市场主体的经济利益，实现对证券市场的干预。这种手段相对比较灵活，但调节过程可能较长，并且有可能存在时滞。

3. 行政手段

行政手段是指政府部门运用计划、政策、制度等对证券市场进行直接的行政干预和管理。这一手段比较直接，但若运用不当，可能会违背市场规律，无法发挥作用甚至有可能受到市场的惩罚，一般多在证券市场发展初期、法制尚不健全、市场机制尚未理顺或遇突发性事件时使用。行政手段具有强制性和直接性的特点。

三、主要的证券市场监管模式

（一）集中型监管模式

集中型监管模式也称为中央立法型监管模式，是指政府通过制定专门的证券法规，并设立专门的全国性证券监督管理机构来统一管理全国证券市场的一种监管模式。在这种模式下，由政府下属的部门或由直接隶属于立法机关的国家证券监管机构对证券市场进行集中统一监管，而各种自律性组织，如证券交易所、行业协会等只起辅助作用。集中型监管模式以美国、日本、韩国、新加坡等国为代表。美国根据 1934 年《证券交易法》设立了证券交易管理委员会（SEC），它直接隶属于国会，独立于政府，对全国的证券发行、证券交易、券商、投资公司等依法实施全面监管。

集中型监管模式的优点：(1) 能公平、公正、高效、严格地发挥其监管作用，能协调全国各证券市场，防止出现过度投机的混乱局面。(2) 具有统一的证券法规，使证券行为有法可依，提高了证券监管的权威性。(3) 具有有超脱地位的监管者，能够更好地体现和维护证券市场监管的公平、公开、公正的原则，更注重保护投资者的利益。

集中型监管模式的缺点：(1) 证券法规的制定者和监管者超脱于市场，从而使市场监管可能会脱离实际，容易产生对证券市场过多的行政干预，缺乏效率。(2) 当市场行为发生变化时，对市场发生的意外行为反应较慢，可能处理不及时，以至于错过好的时机。(3) 在监管的过程中，自律组织与政府主管机构的配合有时候难以完全协调。

由于集中型监管存在上述缺点，目前实行集中型监管的国家也较注意发挥证券交易所和证券商协会的自律管理作用。

（二）自律型监管模式

自律型监管也称自我管理，与集中型监管相对应，是由特定范围的组织成员通过制定章程等规范性文件的方式设立的，凭借组织成员赋予的适当权力，对组织成员参与的证券发行、交易及相关活动进行监督、检查和处理的管理性行为。各国自律组织名称各异，大体上分为证券业协会和证券交易所两大类。

自律型监管模式的优点：（1）证券交易具有复杂性和较强的技术性，有些证券行为虽不违反国家强制性规范，但就行业道德准则来说，可能是极不正当的，自律型监管能更切合实际地发挥监管作用。（2）自律型监管是由行业自律性组织实施的自我监管，对现场发生的违法行为能够作出更加迅速有效的反应。（3）券商自主参与制定行业自律性管理条例，有利于激发市场参与者自觉遵守法律法规和维护市场秩序的管理意识，有利于开展公平竞争。

自律型管理的缺点：（1）自律型管理通常将重点放在市场的有效运行和保护会员的利益上，对投资者提供的保障往往不充分。（2）管理者的非超脱性难以保证管理的公正性。（3）由于没有立法作后盾，管理手段较软弱。（4）没有专门的管理机构，难以协调全国证券市场的发展，容易造成混乱。

由于自律型监管模式有以上缺陷，实行自律型监管的国家也纷纷效仿集中型管理模式的一些做法，朝着政府管制与市场自律相结合的方向发展。

第二节 筹资者监管

筹资者即筹集资金的主体。筹资者拥有项目，愿意出让项目的部分权益以寻找资金，期待利用资金发展项目。在股票市场中，筹资方是企业，它们通过在股票市场上的首次公开发行（IPO）成为上市公司，并且通过配股、增发等方式再次募集资金。证券市场的筹资者包括以股票、债券、基金等证券形式挂牌上市的各类市场主体，在本书中我们主要以上市公司为主进行分析。对证券市场上上市公司的监管主要包括对证券发行的监管和对证券交易的监管。

一、对证券发行的监管

世界各国对证券发行的监管，一般有两种制度：一种是注册制，该制度遵循的是公开原则；另一种是核准制，该制度遵循的是实质管理原则。

1. 注册制

（1）注册制的概念。注册制是指发行者在准备公开募集证券时，应将依法应公开的各种资料完全、准确地向证券主管机构汇报并申请注册登记。因此，注册制实质上是一种证券发行公司的财务公布制度，它要求发行者对所提供信息的真实性、可靠性承担法律责任。注册制遵循的是公开原则。注册制并不禁止质量差、高风险的证券上市。

（2）证券注册发行。证券注册发行的代表国家是美国、日本等国家。以美国发行股票为例，美国1933年《证券法》规定，发行者在发行股票前，首先要向证券交易委员会呈报注册申报书并申请注册。注册申报书包括两部分内容：第一部分是公开说明书，第二部分是发行者的有关情况资料和图表。证券交易委员会在收到注册申报书后，应就其记载的完整性和正确性加以审查。如发现内容有瑕疵，一般通过评议书形式通知申报人修改；如发行内容有虚假或欺诈等重大问题，则发出停止生效命令，以推迟申报生效时间。申报书经申报人修改后若仍达不到要求，则将被拒绝生效。申报书经证券交易委员会审查，如未发现问题，则在接到申报书之日起20天后自动生效，发行公司已具备公开发行股票的条件。但申报书生效并不意味着证券交易委员会证明申报内容真实无误，而仅是认定该股票的合法性。若证券交易委员会事后发现申报书的内容有虚假、欺诈情况，则仍可追究申报人的责任。

（3）注册批准的证券发行责任。如果证券发行者在注册申报书中有意谎报、漏报本公司实况，并蒙骗证券主管机关，使发行注册生效，根据相关法律，证券购买者有权起诉，对各方当事人追究民事责任，包括证券发行人、承购并分售证券的投资银行、参与证券注册申报书的起草与审定并在其上签章证明属实的会计师及其他专家。

（4）注册制的优点。注册制一方面为投资者创造了一个信息畅通的投资环境，引导和调节投资者的投资规模和方向；另一方面为筹资者提供了一个平等竞争的场所，谁的证券质量好、收益高、流动性强，谁的证券就成为热门证券，反之就会被市场淘汰。

注册制能否很好地发挥作用，关键取决于是不是所有投资者在投资之前都能掌握各证券发行者公布的所有信息以及能否根据这些信息作出正确的投资决策，而这些又跟投资者的素质和各国证券市场的历史长短有关。如果投资者做不到上述两点，注册制就不能很好地发挥作用。

2. 核准制

（1）核准制的概念。证券发行的核准制，即在规定证券发行基本条件的同时，要求证券发行者将每笔证券的发行都要报请主管机关批准。核准制遵循的是实质管理原则，它是在信息公开的基础上，把一些不符合要求的低质量证券拒在证券市场之外。实行核准制的主要有实行大陆法系的欧洲大陆国家、中国等。

（2）证券发行资格。实行核准制的国家都规定证券发行条件。由于各国具体情况不同，证券发行的具体条件也不同，但一般考虑以下因素：①发行主体的营业性质、管理人员的资格和能力。②发行公司的资本结构是否健全合理。③公开资料是否充分、真实。④发行证券用来筹资的项目是否有成功的机会等。

核准制被较多地运用于新兴的证券市场，它可以剔除质量低劣的证券有利于该国或地区证券市场的健康发展。

二、对证券交易的监管

（一）信息披露制度

1. 信息披露的意义

信息披露制度又称公示制度，是指证券市场上的有关行为人在证券发行、上市、交易的过程中，必须将与证券有关的一切真实信息及时、准确、完整地对外公布的制度。它的目的是为了解决证券市场上的信息不对称问题，提高证券市场的运行效率与监管效率。各国均以强制方式要求进行信息披露。信息披露的意义在于：

（1）有利于投资者进行投资价值判断。投资者要从种类繁多的有价证券中选择最有利的投资对象，就必须对发行公司的资信、财力及其营运状况有充分了解。投资者只有取得有关发行人真实、完整、准确的信息，才能合理地作出投资决策。

（2）有利于促进企业规范化运作。证券上市使发行公司成为公众性公司，要接受市场各方的监督。信息公开制度的实施有利于促进发行公司管理的规范化。

（3）有利于提高证券市场的效率。证券发行与证券投资是筹资者和投资者双方按照利益原则相互选择的一个过程。在这个市场化的过程中，信息不对称是客观存在的。信息披露制度的实施有利于缩短选择的过程，促进交易的实现，提高证券市场的运行效率。

2. 信息披露制度的特征

（1）从当事人来看，它是一个以发行人为主线、多方主体参与的制度，这些当事人可以分为信息披露主体和信息披露参加人。信息披露主体包括证券发行人和特定情况下的投资者。特定情况是指基于法律特别规定而须披露有关信息的情形，如国务院颁布的《股票发行与交易管理暂行条例》第四十七条规定了投资者持有某一上市公司发行在外的普通股达到5%以上时须予披露的情形。信息披露参加人是指信息披露主体以外的信息披露制度中不可或缺的主体，如证券主管机关及信息文件的制作者和审查者等中介机构。

（2）从时间上看，它是定期性和不定期性的结合。定期性的信息披露主体主要是股票发行人，披露的主要形式是定期报告（如年度报告和中期报告）。不定期性的信息披露主体除了股票发行人外还有特定情形下的投资者，其披露义务的产生主要取决于重大事件的产生及行为的变化等。

（3）从内容上看，信息披露是一个完整的系统。信息披露制度既包括发行人和特定情况下的投资者的披露义务和披露形式，也包括一般投资大众获得有关信息的权利，还包括信息披露参加人应尽的职责，更包括信息披露的有关当事人在违反义务或职责时所应承担的法律责任。

3. 信息披露的基本要求

（1）全面性。这一要求是指发行人应当充分披露可能影响投资者的投资判断的有关资料，不得有任何隐瞒或重大遗漏。

（2）真实性。这一要求是指发行人公开的信息资料应当准确、真实，不得有虚假记载、误导或欺骗。

（3）时效性。这一要求是指向公众投资者公开的信息应当具有最新性、及时性，公开资料反映的公司状态应为公司的现实状况，公开资料交付的时间不得超过法定期限。

4. 信息披露的标准

对信息披露行为的优劣可从信息披露的时间、信息的质量和信息的数量三方面来考虑，从这三方面归纳出信息披露的三条标准：及时、有效和充分。

（1）及时。它是指发行人应毫不迟疑地依法披露有关重要信息。从发行者的角度来看，及时披露重要信息，可将公司发生的重大事件和变化及时告知市场，使公司股价依据新的信息及时作出调整，以保证股票市场的连续和有序。从投资者的角度来看，及时披露可使投资者根据最新信息及时作出理性投资决策，避免因信息不灵而再受损失。从社会监管的角度来看，及时披露可缩短信息处于未公开阶段的时间，以缩短掌握这些未公开信息的内幕人士可能进行内幕交易的时间，减少监管的难度。基于上述考虑，各国证券法规均将及时披露作为对发行人披露义务的首要要求。

（2）有效。有效是对信息披露的质量要求，它主要表现在以下两个方面：

①信息的准确性。它主要包括两项内容：第一，披露的信息必须正确反映客观事实；第二，当以前准确的信息变得不准确时，发行人须予以更正，使它能正确地反映当前的事实，这一义务称为合时义务（Duty to Update）。

②信息的重要性。发行人披露的信息必须具有重要性。在信息披露制度中，重要性问题向来是个较为关键的问题，至今仍未找到一个人们普遍接受的客观标准。实际上，一则信息是否重要其本身就具有相对性，因此各国证券法在信息披露的重要性标准问题上做法各不相同。

（3）充分。充分是对信息披露的量的要求，它要求信息披露当事人依法充分公开所有法定项目的信息，不得有欠缺和遗漏。

充分披露包括形式上的充分和内容上的充分。信息披露的形式可分为法定形式和任意形式。法定形式的披露主要是通过财务报表、定期报告、临时报告等形式加以体现。任意形式是指法定形式以外的形式，如新闻发布会等。无论以何种形式披露信息，信息披露人均需对所披露信息的准确性负责。

信息披露的充分性主要体现在内容的充分性上。各国证券法规大多对各种不同事项规定了各种披露表格，披露必须按表格上所列的条款编制披露报告，不得有任何遗漏和删减。

5. 信息披露的形式

按发行所处阶段的不同，信息披露可分为发行和上市新股票的初次披露义务和持续披露义务。前者的披露形式主要是招股说明书和上市公司公告书，后者的披露形式主要是定期报告和临时报告。

第三节　投资者监管

证券市场的投资者包括所有参与证券买卖的市场主体，是股票市场上最重要的主体之一。在股票市场中，投资方形形色色。最原始的股票市场投资者是拥有资金的个人，随着市场规模的扩大，逐渐出现了机构投资者，包括企业、职业投资机构（如投资公司等）、代理投资机构（如基金管理公司、资产管理公司等）等。在特殊情况下，政府也成为投资者。证券投资者的投资行为直接影响证券市场的稳定与否。为了防止证券投资者利用不正当手段影响证券市场、获得不正当利益，正确引导和调节投资者的投资规模和投资方向，为投资者创造一个公平、合理、正常、有序的证券投资环境，各国一般都对证券投资者进行管理。为了方便对证券投资主体进行分析，我们分别探讨对机构投资者和个人投资者的监督和管理。

一、对机构投资者的监管

机构投资者是指投资于各类证券的企业、事业单位。对机构投资者的管理主要包括以下几个方面：

首先是对机构投资者资金来源的管理。目前，中国对机构投资者用于证券投资的资金来源有一定的限制，并不是所有的资金都可以用于投资证券。诸如国家预算的拨款、向银行贷款的资金就不得用于证券投资，如果违反规定将受到惩罚。

其次是对机构投资者买卖证券的管理。第一，要审查机构投资者是否可以买入其想要投资的证券，如规定各级党组织和国家机关、非独立核算的单位、外国的组织和外商在华投资企业不得购买中国企业的股票。当然，近几年来外国金融机构经过审查批准可以在一定的额度内购买股票。第二，审查机构投资者用于购买证券的资金与买入的证券是否一致。如企业、事业单位购买股票时，只能按照国家规定使用有权自主支配的资金，而其所购股票只限于法人股，不能购买对公众发行的股票。第三，审查机构投资者的投资手续是否完备，经办人是否具有单位投资证明，支付款项凭证的填写是否准确，买入单位能否及时办妥证券过户手续等。

最后是对机构投资者买卖行为的管理。这是证券市场管理规范化的重要内容，是证券市场稳定、证券交易公平的重要保证，包括禁止私自串通或内外勾结，同时买卖一种证券，制造证券的虚假供求，扰乱市场价格；禁止利用内幕消息从事证券买卖；禁止以操纵市场为目的，连续抬价买入或压价卖出同一种证券，影响市场行情；禁止为诱使他人参与交易，制造或散布虚假的、容易使人误解的信息等。

二、对个人投资者的监管

对个人投资者的管理主要包括以下三项内容：

1. 审查个人投资者的资格

个人投资者购买证券必须符合国家有关规定。各国一般规定，证券从业人员和证券有关部门工作人员等不得买卖股票。证券交易所、证券公司、证券登记结算机构的从业人员，证券监督管理机构工作人员和法律、行政法规禁止参与股票交易的其他人员，在任期或者法定限期内，不得直接或者以化名、借他人名义持有、买卖股票，也不得收受他人赠送的股票。任何人在成为前面所列人员时，其原已持有的股票必须依法转让。

禁止证券交易内幕信息的知情人员利用内幕信息进行证券交易活动。我国《证券法》规定以下人员为知悉证券交易内幕信息的知情人员：①发行股票或者公司债券的公司董事、监事、经理、副经理及有关的高级管理人员。②持有公司5%以上股份的股东。③发行股票公司的控股公司及其高级管理人员。④由于所任公司职务可以获取公司有关证券交易信息的人员。⑤证券监督管理机构工作人员以及由于法定的职责对证券交易进行管理的其他人员。⑥由于法定职责而参与证券交易的社会中介机构或者证券登记结算机构、证券交易服务机构的有关人员。⑦国务院证券监督管理机构规定的其他人员。

为股票发行出具审计报告、资产评估报告、法律意见书等文件的有关专业人员，在该股票承销期内和期满后6个月内，不得购买或者持有该股票。为上市公司出具审计报告、资产评估报告、法律意见书等文件的有关专业人员，在其审计报告、资产评估报告、法律意见书等文件成为公开信息前，不得购买或者持有该公司的股票；成为公开信息后的5个工作日内，也不得购买该公司的股票。

2. 对个人投资者购买证券途径的监管

根据我国有关规定，个人投资者购买证券必须到经国家批准经营证券的机构购买，不得进行私下非法购买。股民不可直接到证券市场买卖股票，只能委托券商而且不得买空卖空。我国不允许透支交易。

3. 对个人投资者买卖操作的管理

证券交易当事人依法买卖的证券必须是依法发行的证券，非依法发行的证券不得买卖。依法发行的股票、公司债券及其他证券，法律对其转让期限有限制性规定的，在限定的期限内不得买卖。经依法核准的上市交易的股票、公司债券及其他证券应当在证券交易所挂牌交易。证券在证券交易所挂牌交易，应当采用公开的集中竞价交易方式。

任何个人不得持有一个上市公司0.5%以上的发行在外的普通股；超过的部分，由公司在征得证监会同意后，按照原买入价格和市场价格中较低的一种价格收购。但是，因公司发行在外的普通股总量减少，致使个人持有该公司0.5%以上的发行在外的普通股的，超过部分在合理期限内不予收购。外国和我国香港、澳门、台湾地区的个人持有的公司发行的人民币特种股票和在境外发行的股票，不受0.5%的限制。

股份有限公司的董事、监事、高级管理人员和持有公司5%以上有表决权股份的法人股东，将其所持有的公司股票在买入后6个月内卖出或者在卖出后6个月内买入，由此获得的利润归公司所有。

内幕人员和以不正当手段获取内幕信息的其他人员违反规定，泄露内幕信息、根据内幕信息买卖股票或者向他人提出买卖股票的建议的，根据不同情况，没收非法获取的股票和其他非法所得并处以5万元以上50万元以下的罚款。证券业从业人员、证券业管理人员和国家规定禁止买卖股票的其他人员违反规定，直接或者间接持有、买卖股票的，除责令限期出售其持有的股票外，根据不同情况，单处或者并处警告、没收非法所得、5 000元以上5万元以下的罚款。

对投资主体的监管对中国证券市场的发展有着特殊的意义。中国证券市场上个人投资者的比重过高，在时效、资金、信息、专业知识、技术设备等方面处于弱势，容易追涨杀跌，盲目跟风，往往是助长股市投机气氛、造成市场风险的重要因素之一。与个人投资者相比，机构投资者入市资金量较大，拥有相对较强的研究分析能力和信息优势，注重投资的安全性及长期利益，在一定范围内避免了市场股价的剧烈波动。但机构投资者的标准不一，结构不同，因资金量大、操作疯狂、坐庄频繁成为个人投资者追踪的目标，容易导致对市场投机的推波助澜。尽管如此，规范投资者行为的基础性工程之一，仍是大力培养机构投资者。要大力发展证券投资基金，引进战略投资者，努力探索组建中外合资证券公司和中外合资基金公司的多种形式，构建信誉良好、运作规范的机构投资者群体。

由于资本的逐利性，对个体投资者行为风险的防范难度大于机构投资者。从各国的实践来看，规范投资者行为的主要着力点，一是坚决打击违法违规行为，营造公平、公开和公正的市场氛围。事实表明，所有证券市场风险的发生都与投资者的风险失控行为相关，其表现形式就是操纵市场、证券欺诈和内幕交易行为。因此，各国政府均通过法律法规明确禁止这三大违规行为，并尽最大力量予以打击，以保证证券市场的平稳运行。二是重视投资者教育，提高投资者素质。加强投资者教育是规范投资者行为的重要内容，只有强化灌输给投资者证券市场的基本知识，使投资者充分认识证券市场的风险，其投资行为才会更加理性。投资者教育在中国刚刚起步，随着证券市场的发展，对投资者行为的规范将使市场过度投机的风险有所缓解。

第四节 中介机构监管

证券市场中介机构是指为证券的发行与交易提供服务的各类机构。中介机构是连接证券投资者与筹资人的桥梁，是证券市场运行的组织系统。证券市场功能的发挥，很大程度上取决于证券中介机构的活动。它们的经营服务活动沟通了证券需求者与证券供应者之间的联系，不仅保证了各种证券的发行和交易，还起到了维持证券市场秩序的作用。

一、对证券交易所的监管

对证券交易所的监管主要包括如下内容：

1. 对开设证券交易所的管理。证券交易所不仅是证券交易的重要场所，而且是管理和监督证券交易的重要组织机构。对证券交易所设立的管理，主要是通过规定开设证券交易所的条件来实现的。一般有三种：一是特许制，即证券交易所的设立须经主管机构特许，世界上大部分国家采取这种形式；二是登记制，即只要交易所的规章符合有关法规，就可以登记成立，美国采取的就是这一管理方式；三是承认制，即政府设立专门的审批机构，只要得到证券交易所协会的承认即可，但必须提供遵守证券交易规章制度的保证及交易所的规则，此种管理方式以英国为代表。

中国颁布的《证券交易所管理暂行办法》中，规定设立证券交易所必须由国务院证券主管机关审核，报国务院批准。证券交易所出现章程规定的解散事由，由会员大会决议解散的，经证券主管机关审核同意后，报国务院批准解散。证券交易所有严重违法行为的，由证券主管机关作出解散决定，报国务院批准后实施。

2. 对证券交易所行为的监管。对证券交易所行为的管理监督，主要是监督证券交易所是否贯彻其规章制度，检查其公开的文件资料是否属实，交易行为有无违反法律法规等。对于有违法行为的，要严加阻止，以维持市场秩序，促使市场机制正常运转。

证券交易所的活动必须接受行政主管机关和自律组织的监督。行政主管机关虽不得干预证券交易所的业务，但有权对证券交易所进行定期和不定期检查，并要求其定期汇报规定的营业和财务报告。自律组织也有权根据自律组织的规范来监督证券交易所的活动。

二、对证券商的监管

投资者一般不能直接参与证券的交易，而是通过证券商实现证券交易行为。证券商又称证券公司，是指依法设立的、可经营证券业务的、具有法人资格的金融机构。证券商是证券市场上最重要的中介机构，也是证券市场的主要参与者。它承担着证券代理发行、证券自营买卖、证券代理买卖、资产管理及证券投资咨询等重要职能。在证券发行与交易过程中，证券商是发行人与投资者、投资者与投资者之间的纽带。所以，证券商的行为对整个证券市场和广大投资者的利益都有重大影响。从市场角度来看，证券市场越发达，对证券商的要求就越严格。世界各国在对证券商的管理方面都有严格的规定，一般来说，对证券商的监管包括对证券商资格的监管、对证券商资金的监管和对证券商行为的监管。

（一）对证券商资格的监管

1. 对证券商设立的审查

由政府机构直接审查证券商的资格、核发许可证已经成为国际上通行的做法。有所区别的是：有的国家只要经过政府部门批准就可以自动成为证券交易所会员、证券同业公会会员，如日本、韩国等；而有的国家在政府机构批准之后，并不一定被证券交易所吸收为正式会员，也就是说，不能取得完全的证券商资格，如美国、英国等。在这些国家证券交易所和证券同业公会对推荐和选举程序、会员资格等有相对独立的规定和审批权力。

在中国，凡是专营证券业务的证券公司必须经由中国证监会批准并发给经营许可证，再到工商管理部门办理营业执照。

2. 取得证券商资格的主要条件及限制

采取注册制设立的证券商，必须具备以下条件：达到注册资本额的最低标准；缴纳保证金；从业人员已具有相应的知识、经验与能力；通过专门的考试。

采取特许制设立的证券商，必须具备下列条件：拥有足够的注册资本金；具有相应的知识、技能与经验；信誉良好。

对于证券商的组织形式，各国的规定不一样。目前，比利时、丹麦等国家仍然采取个人或合伙制的形式；德国和荷兰的法律明确规定，证券商可以采取多种组织形式，但实践中只限于个人或合伙的形式；马来西亚、新西兰、南非、我国香港等大多数国家和地区的理论与实践均允许采用个人或公司法人形式；而新加坡、巴西等国的法律则只允许采用公司法人的形式。不过，证券商渐渐地采用公司法人形式，是一个必然的发展趋势。

3. 证券商申请审批程序及必备文件

各国的公司法人和自然人若想成为证券商，从事证券经营业务，首先要对照该国法律及有关证券商资格的规定，符合者即可向该国证券监管机构提出申请。若经审查，证券监管机构认为符合条件的，发给特许证。申请人同时要提供以下资料：①推荐信或推荐书。有的国家要求大银行推荐，有的国家要求大的证券商推荐。②会计师事务所开具的资信证明和验资报告。③股份制公司要提供公司章程。④房产证明或租赁房产证明，以上房产应该是可以用于营业的。⑤公司法人、董事、监事、经理人员等主要从业人员的履历，即过去从事金融工作业绩的证明等。

在实行会员制管理的证券交易所，申请人必须办理入会手续才能成为正式会员证券商。有的国家的证券交易所独立性很强，有一套独立的审查程序和条件，除了要求提供与证券监管机构要求提供的资料相同的文件资料外，还着重在以下方面进行审查：要求入会的申请人必须有实际经营证券的资历或者是银行家，必须有规定的资产数额，外籍人士入会必须提供加入本国国籍的年限证明或长期居住的年限证明。有的国家的证券交易所还要求老会员出具担保证明。

（二）对证券商资金的监管

证券商的资金在其交易过程中具有十分重要的作用。现代经济理论表明，自有资金可以起到抵押品的作用，而交易保证金和自营交易额则可以有效地避免交易过程中的道德风险和逆向选择问题。为保证券商履行其职责，各国和地区对证券商的资金均有规定。

1. 规定最低资本限额

资本金是证券商所拥有的自有资金，资本金的高低影响着证券业的进入门槛。现代经济理论表明，资本金可以起到抵押品的作用，防止券商为了自己的利益而随意侵害投资者的利益。资本金还可以向投资者表明证券商的实力，降低证券商和投资者之间的信息不对称程度。各个国家和地区对最低资本限额的规定也各不相同。如荷兰为 5 万荷兰盾；丹麦为 25 万丹麦克朗；卢森堡为 1 000 万卢森堡法郎；德国经纪商为 10 万德国马克，经纪商兼自营商为 40 万德国马克；中国台湾省规定承销商为 4 000 万新台币，自营商为 1.5 亿新台币，经纪商为 1 000 万新台币，经营两种以上证券业务者按上述标准分别计算。

2. 提存保证金

这是最早运用的也是比较流行的一种方式。各国对提存保证金数额的规定不一，如法国为 2 000 法郎；丹麦为 10 万丹麦克朗；德国经纪商为 5 万德国马克，经纪商兼自营商为 20 万德国马克；我国规定证券商必须按监管机关的规定提取一定比例的营业保证金，此外还须按盈利额 3% 以上的标准提取证券交易风险基金。保证金的用途为：弥补证券交易及其他业务因事故而发生的损失，赔偿因证券商的失误而对客户造成的损失等。

3. 自营交易额的规定

规定自营交易额可以避免证券商为了自身的利益而损害投资者的利益。如果自营交易额太高，证券商就有优先考虑自己的交易甚至牺牲投资者利益的动机。我国规定，证券公司账户上持有的证券的市价总额不得超过公司资本金的 80%，同一种证券的持有量不得超过公司资本金的 30%，持有同一企业股票的数额不得超过该企业股份总额的 5%

和本公司资本金的10%，证券交易营业部用于购买证券的资金不得超过其运行资本的50%。

（三）对证券商行为的监管

对证券商行为的监管是指对证券商的经营活动及其从业人员、管理人员的行为进行的监督管理。证券交易所、证券交易同业公会在规范证券商的行为时一般都会实行比较严格的自律监管。

1. 证券商最容易出现的欺诈舞弊行为

从国内外证券市场情况来看，证券商最容易出现的欺诈舞弊行为包括扰乱证券市场价格、向散户发布虚假信息、故意炒作、与交易所管理人员共同作弊、隐瞒实际收入、利用证券信用进行投机、骗取客户资金为自己牟利。自律组织制定规章制度，从道义上建立起一种证券商彼此监督、彼此制约的机制，以最大限度地防止证券交易中的欺诈行为。

2. 约束证券商行为的基本要求

各国证券商自律组织制定监管章程，对证券商交易行为的约束条款一般以下列原则为基本出发点：使投资者获得公正和公平对待的原则；充分披露原则；禁止操纵原则；维护市场稳定原则；不得兼职原则；客户优先原则。

3. 证券商自律组织对证券商违规行为的处罚

证券商违规行为主要指不道德地、有意识地破坏正常交易的行为（违法行为由法律制裁或交证券监管机构处理）。在西方，证券业同业公会等自律组织均有较大的自治权，包括对证券商的惩戒权力。若证券商出现违规行为，自律组织有权处罚。处罚的主要措施有：警告、要求证券商撤换从业人员、罚款直至开除会员席位。对证券商的处罚通常由仲裁委员会作出，仲裁委员会一般由会员选出。必要时采取投票的方法对议案进行表决，表决结果为最终决定。

三、对证券服务机构的监管

证券服务机构是指依法设立的从事证券服务业务的法人机构，主要包括证券登记结算公司、证券投资咨询公司、会计师事务所、资产评估机构、律师事务所、证券信用评级机构等。对证券服务机构的监管主要包括对从事证券业务的律师事务所、会计师事务所、资产评估机构、信用评级机构、证券市场信息传播机构的资格管理和日常业务监督。中国对从事证券相关业务的会计师事务所和注册会计师、资产评估机构实行许可证制度，对律师事务所及律师实行资格确认制度，并由国务院证券监督管理机构和有关部门对它们的日常业务加以监督管理。

本章小结

证券市场监管是金融监督的重要组成部分，是国家证券主管机关或者证券监管执行机构根据证券法规，对证券发行和交易实施的监督与管理。监管的目的是确保证券市场有序运行，保护投资者的利益，保障证券市场高效运行，更好地发挥证券市场有效配置资源的作用。证券监管主要是监管证券发行、证券交易和上市公司。证券监管的手段主要有法律手段、经济手段和行政手段。证券监管模式主要有集中型监管和自律型监管两种，在各国的具体运行中又各具特色，美国、英国和德国的证券监管体制较为典型。目前，我国证券监管主要以政府集中型监管为主，自律型监管尚在不断被重视和加强之中。

名词解释

内幕交易　操纵市场　集中型监管模式　自律型监管模式　注册制　核准制

思考题

1. 简述证券监管的目标和意义。
2. 简述证券监管的原则。
3. 简述证券监管的主要内容。
4. 简述集中型监管模式的优缺点。
5. 简述自律型监管模式的优缺点。
6. 比较美国、英国和欧陆证券监管模式。
7. 简述我国证券监管的主要特征和问题。

相关链接：老鼠仓

北京大学教授宋国青对老鼠仓有一个堪称经典的解释：老鼠仓是指庄家在用公有资金拉升股价之前，先用其个人（机构负责人、操盘手及其亲属、关系户）的资金在低位建仓，待用公有资金拉升到高位后，个人仓位率先卖出获利。当然，最后亏损的是公家的资金。大家都知道，中国股市的特色就是无庄不成股，而老鼠仓就存在于这些大大小小的庄股当中。券商是庄股中的主力队员，利用自身具有的天然的融资优势，从社会各方面融入大量资金坐庄拉升股票。坐庄本来是为了赚钱盈利的，但券商坐庄很少有真正赚钱的。原因就在于券商把股票拉升后，大量底部埋仓的老鼠仓蜂拥出货，券商又在高位接盘。这样的结果就是券商亏损累累，老鼠仓赚个钵满盆满。这便是当今券商被掏空的主要形式。

案例 1　唐建：公募基金经理老鼠仓

2007 年 5 月 15 日，中国证监会正式对唐建个人立案调查。据调查，唐建自担任基金经理助理起，就通过其父亲和第三人账户，在基金建仓前买入股票新疆众和(600888)，总共获利逾 150 万元，构成了老鼠仓。

5 月 16 日，上投摩根免去唐建担任的成长先锋基金经理一职及其他一切职务，他成为中国基金业因老鼠仓行为被查处的第一人。

2008年4月，中国证监会对唐建处以50万元罚款，没收其违法所得152万余元，终身市场禁入。

案例2 王黎敏：借父之名牟暴利

原南方宝元债券型基金及南方成分精选基金经理王黎敏使用其父亲的账户买卖太钢不锈和柳钢股份股票，为该账户非法获利近151万元。

2008年上半年，中国证监会对王黎敏处以50万元罚款、没收近151万元违法所得的处罚，并取消其基金从业资格。

思考：你认为应该如何加强基金监管，维护投资者权益？

第八章

证券投资的宏观经济分析

学习目标：

- 了解宏观经济分析的基本含义
- 掌握宏观经济运行影响证券市场的基本原理
- 掌握财政与货币政策变动对证券价格的影响
- 了解影响证券市场价格的诸多因素

证券市场与宏观经济密切相关，股票市场素有宏观经济晴雨表之称。可见，宏观经济分析对于证券投资来说是非常重要的，不仅投资对象要受到宏观经济形势的深刻影响，而且证券业本身的生存、发展和繁荣也与宏观经济息息相关。本章围绕宏观经济因素尤其是宏观经济政策的变化对证券市场的影响作深入分析，并以此寻求其变化规律。

第一节　宏观经济分析的意义与方法

一、宏观经济分析的意义

作为金融活动重要组成部分的证券投资活动，其效果的好坏、效率的高低，不仅要受国民经济基本单位的影响，更要受宏观经济形势的直接制约。在证券投资领域中，宏观经济分析非常重要。只有把握经济发展的大方向，才能作出正确的长期决策；只有密切关注宏观经济因素的变化尤其是货币政策和财政政策等因素的变化，才能抓住市场机会。这些因素主要包括经济发展状况、经济周期、货币政策与财政政策以及通货膨胀等，其变化的特点是波及范围广、影响程度深，已经影响了证券市场的发展趋势。因此，宏观经济分析无论是对投资者、投资对象，还是对证券业本身乃至整个国民经济的快速健康发展都具有非常重要的意义。从证券投资的理论和实践来看，证券投资分析总是从宏观经济分析开始的，其作用在于把握证券市场的总体变动趋势，判断整个证券市场的投资价值，掌握宏观经济运行和宏观经济政策对证券市场的影响力度与方向（宏观经济分析主要围绕宏观经济运行和宏观经济政策来进行）。

二、宏观经济分析的方法

1. 经济指标分析

宏观经济分析可以通过一系列经济指标的计算、分析和对比来进行。

经济指标是反映经济活动结果的一系列数据和比例关系。经济指标有三类：一是先行指标。这类指标可以对将来的经济状况提供预示性的信息。从实践来看，通过先行指标对国民经济的高峰和低谷进行计算和预测，得出结论的时间可以比高峰和低谷的实际出现时间提前半年。先行指标主要有货币供应量、股票价格指数等。二是同步指标。通过这类指标算出的国民经济转折点大致与总的经济活动的转变时间同时发生。也就是说，这些指标反映的是国民经济正在发生的情况，并不预示将来的变动。同步指标主要包括失业率、国民生产总值等。三是滞后指标。这些指标反映出的国民经济的转折点一般要比实际经济活动晚半年。滞后指标主要有银行短期商业贷款利率、工商业未还贷款等。此外，国内外在进行宏观经济分析时还经常使用国内生产总值、国民生产净值、国民收入、个人收入、个人可支配收入这五个有密切联系的主要综合指标来反映和分析国民经济的主要面貌，并使用近年来受到特别关注的 CPI 和 PPI 指标，如经济发展水平及其增长状况、国内生产总值和国民收入在部门与行业间的分配情况等。

经济指标有许多个，要进行证券投资的宏观经济分析，主要是选取那些能从各方面综合反映国民经济的基本面貌，并能与证券投资活动有机结合的指标。

2. 计量经济模型

所谓计量经济模型，就是表示经济现象及其主要因素之间数量关系的方程式。经济现象之间的关系大都属于相关或函数关系，建立计量经济模型并进行运算，就可以探寻经济变量间的平衡关系，分析影响平衡的各种因素。

计量经济模型主要有经济变量、参数以及随机误差三大要素。经济变量是反映经济变动情况的量，分为自变量和因变量。计量经济模型中的变量则可分为内生变量和外生变量两种。内生变量是指由模型本身加以说明的变量，它们是模型方程式中的未知数，其数值可由方程式求解获得；外生变量则是指不能由模型本身加以说明的量，它们是方程式中的已知数，其数值不是由模型本身的方程式算得，而是由模型以外的因素产生。计量经济模型的第二大要素是参数。参数是用以求出其他变量的常数。参数一般反映事物之间相对稳定的比例关系。在分析某种自变量的变动引起的因变量的数值变化时，通常假定其他自变量保持不变，这种不变的自变量就是所说的参数。计量经济模型的第三个要素是随机误差。这是指那些很难预知的随机产生的差错，以及经济资料在统计、整理和综合过程中所出现的差错。它可正可负，或大或小，最终正负误差可以抵消，因而通常忽略不计。

为证券投资而进行宏观经济分析，主要应运用宏观计量经济模型。所谓宏观计量经济模型，是指在宏观总量水平上把握和反映经济运动的较全面的动态特征，研究宏观经济主要指标间的相互依存关系，描述国民经济各部门和社会再生产过程各环节之间的联系，并可用于宏观经济结构分析、政策模拟、决策研究以及发展预测等功能的计量经济模型。

在运用计量经济模型分析宏观经济形势时，除了要充分发挥模型的独特优势、挖掘其潜力为我所用之外，还要注意模型的潜在变量被忽略、变量的滞后长度难确定以及引入的非经济方面的变量过多等问题，以充分发挥这一分析方法的优越性。

3. 概率预测

某随机事件发生的可能性大小称为该事件发生的概率，概率论则是一门研究随机现象的数量规律的学科。目前，越来越多的概率论方法被运用于经济金融和管理科学，概率论成为它们的有力工具。概率论方法也在宏观经济分析中找到了用武之地。比如，用计量经济模型进行预测时，就要给出以一定的概率处于一个区间的随机量。

在宏观经济分析中引入概率论的方法进行预测，西方国家早在20世纪初期即已开始这样做了，但这一方法直到第二次世界大战后才开始蓬勃发展。这主要是源于政府调节经济、制定改革措施的迫切需要。各种宏观经济预测实践都是政府制定财政、货币、对外经济政策的重要依据，例如美国联邦储备委员会就要根据概率预测制定货币供应量目标。

概率预测的重要性是由客观经济环境和该方法自身的功能决定的。要了解经济活动的规律性，必须掌握它的过去，进而预测其未来。比如要进行证券投资，就要先熟知整个经济及其组成部门的过去、现状并预测未来。虽说国民经济的领域广阔，关系错综复杂，但从时间序列上看，却有必然的前后继承关系。只要掌握了经济现象过去的变动情况，就可以以此为依据，加入可能出现的新因素适当调整，就可以预测事物的将来。过去的经济活动都反映在大量的统计数字和资料上，根据这些数据，运用概率预测方法，就可以推算出以后若干时期各种相关的经济变量的状况。

概率预测方法运用得比较多也比较成功的是对宏观经济的短期预测。宏观经济短期预测是指对实际国民生产总值及其增长率、通货膨胀率、失业率、利息率、个人收入、个人消费、企业投资、企业利润及对外贸易差额等指标的下一时期水平或变动率的预测，其中最重要的是对前三项指标的预测。西方各国进行这一预测的公司机构很多。它们使用自己制定的预测技术或构造的计量经济模型进行预测并定期公布预测数值，预测时限通常为一年或一年半。概率预测实质上是根据过去和现在推想未来。广泛收集经济领域的历史和现时的资料是开展经济预测的基本条件，善于处理和运用资料又是概率预测取得成效的必要手段。

第二节 宏观经济运行分析

证券市场是市场经济体系的重要内容，证券投资活动也是国民经济活动的有效组成部分，因此有必要将证券市场和证券投资活动放到整个宏观经济运行的过程中去考察，从全局的高度找出影响证券市场价格的因素，揭示宏观经济变动与证券投资间的关系。

一、国内生产总值（GDP）变动对证券市场的影响

GDP 变动是一国经济成就的根本反映，GDP 的持续上升表明国民经济良性发展，制约经济的各种矛盾趋于或达到协调，人们有理由对未来经济产生好的预期；相反，如果 GDP 处于不稳定的非均衡增长状态，则暂时的高产出水平并不能表明一个好的经济形势，不均衡的发展可能会激发各种矛盾，从而孕育一个较深的经济衰退。证券市场作为经济的晴雨表，如何对 GDP 的变动作出反应呢？我们必须将 GDP 与经济形势结合起来进行考察，不能简单地以为 GDP 增长了，证券市场就将伴之以上升的走势，实际上有时恰恰相反，关键是看 GDP 的变动是否将导致各种经济因素（或经济条件）的变化。常见的 GDP 变动主要有以下四种：

1. 持续、稳定、高速的 GDP 增长

在这种情况下，社会总需求与总供给协调增长，经济结构逐步合理并趋于平衡，经济增长来源于需求刺激并使得闲置的或利用率不高的资源得以更充分的利用，从而表明经济发展的良好势头，这时证券市场将基于下述原因而呈现上升走势：

（1）伴随总体经济的成长，上市公司的利润持续上升，股息和红利不断增长，企业经营环境不断改善，产销两旺，投资风险也越来越小，公司的股票和债券从而得到全面升值，促使价格上扬。

（2）人们对经济形势形成了良好的预期，投资积极性得以提高，从而增加了对证券的需求，促使证券价格上涨。

（3）随着 GDP 的持续增长，国民收入和个人收入都不断得到提高，收入的增加也将导致证券投资需求的增加，从而使得证券价格上涨。

2. 通货膨胀下的 GDP 增长

当经济处于严重失衡下的高速增长时，总需求大大超过总供给，这将表现为高的通货膨胀率。这是经济形势恶化的征兆，如不采取调控措施，必将导致未来的滞胀（通货膨胀与增长停滞并存）。这时经济中的矛盾就会突出地表现出来，企业经营将面临困境，居民实际收入也将降低，因而失衡的经济增长必将导致证券市场下跌。如 2007 年 10 月 16 日至 2008 年 6 月 20 日，我国的通货膨胀率从 3% 持续上涨到 8.4%，上证综合指数从最高的 6 124.03 点持续下降到最低的 2 695.34 点。

3. 宏观调控下的 GDP 增长

当 GDP 呈失衡的高速增长时，政府要采用宏观调控措施以维持经济的稳定增长，这样必然会减缓 GDP 的增长速度。如果调控目标得以顺利实现，而 GDP 仍以适当的速度增长，并未导致 GDP 的负增长或低增长，说明宏观调控措施十分有效，经济矛盾逐步得以缓解，为进一步增长创造了有利条件。这时证券市场也将反映这种好的形势而呈现出平稳渐升的态势。

4. 转折性的 GDP 增长

如果一定时期 GDP 呈负增长，则当负增长速度逐渐减缓并呈现向正增长转变的趋势时，表明恶化的经济环境逐步得到改善，证券市场走势也将由下跌转为上升。

二、经济周期变动对证券市场的影响

1. 经济周期的含义

理论研究和经济发展的实证均表明，由于受多种因素的影响，宏观经济的运行总是呈现出周期性变化。这种周期性变化表现在许多宏观经济统计数据的周期性波动上，如国民生产总值（GNP）、消费总量、投资总量、工业生产指数、失业率等。由于GNP是最常见、综合性最强的衡量宏观经济的指标，因此，宏观经济的周期性变化通常用GNP的一系列统计数据来表示。

研究表明，宏观经济周期一般经历四个阶段，即萧条、复苏、繁荣、衰退。也就是说，如果从GNP的下降开始算起，那么，它首先经历GNP增长处于下降的衰退阶段，下降至最低点为萧条阶段，然后经过不断回升的复苏阶段，达到欣欣向荣的繁荣阶段，繁荣之中又孕育着衰退的再次来临。如此循环往复，周而复始，其中每四个阶段构成一个经济周期。

经济周期作为宏观经济运行的一种规律存在于我们的经济生活之中，它的存在并不依赖于国家、制度等的不同。第二次世界大战后，由于各国加强了对宏观经济的干预，经济周期由繁荣至萧条的波幅已大大减小，但经济周期仍然存在，而且周期的长度明显延长。也就是说，国家干预经济的政策只能在一定程度上削弱经济周期的振幅，却不能根除经济周期。另外，经济周期也不像数学上的周期那样具有严格的波长和波幅，这也给经济周期的阶段性判断带来了困难。

2. 经济周期与证券市场波动

经济周期的时间有长有短，形态也多种多样，可以说没有完全相同的经济周期。但从证券市场的情况来看，证券价格的变动大体上与经济周期相一致，一般是：经济繁荣，证券价格上涨；经济衰退，证券价格下跌。

在萧条阶段，经济下滑至低谷，百业不振，公司经营情况不佳，证券价格低位徘徊。由于预期未来经济状况不佳，公司业绩得不到改善，大部分投资者都已离场观望，只有那些富有远见且在不断地收集和分析有关经济形势的信息并合理判断经济形势即将好转的投资者在默默地吸纳。

当经济走出萧条、步入复苏阶段时，公司经营状况开始好转，业绩上升，债信提高。此时，由于先知先觉的投资者的不断吸纳，证券价格实际上已经回升至一定水平，初步形成底部反转之势。随着各种媒体开始传播萧条已经过去、经济日渐复苏的消息，投资者的认同感不断增强，投资者自身的境遇也在不断改善，从而推动证券价格不断走高，形成了对底部反转趋势的确认，投资者的信心逐步恢复。

随着经济的日渐活跃，繁荣阶段就会来临，公司的经营业绩也在不断提升，并通过增资扩大生产规模，占有市场。由于经济的好转和证券市场上升趋势的形成得到了大多数投资者的认同，投资者的投资回报也在不断增加。因此，投资者的投资热情高涨，推动证券市场价格大幅上扬，并屡创新高，整个经济和证券市场均呈现出一派欣欣向荣的景象。此时，一些有识之士在充分分析宏观经济形势的基础上认为经济高速增长的繁荣阶段即将过去，经济将不会再创高潮，因而悄悄地卖出所持的证券。证券价格仍在不断上扬，但多空双方的力量在逐渐发生变化，因此，价格的上扬已成强弩之末。

由于繁荣阶段的过度扩张，社会总供给开始超过总需求，经济增长减速，存货增加，同时经济过热造成工资、利率等大幅上升，使公司营运成本上升，公司业绩开始出现停滞甚至下降之势，繁荣之后衰退的来临不可避免。在衰退阶段，更多的投资者基于对衰退来临的共同认识加入到抛出证券的行列，从而使整个证券市场完成中长期筑顶，形成向下的趋势。

证券市场价格的变动周期虽然大体上与经济周期相一致，但在时间上并不与经济周期相同。从前述可以看出，证券市场完成中长期的底部、形成上升趋势，完成中长期顶部、形成向下的趋势在时间上比经济周期的四个阶段皆有提前。从时间上来看，证券市场走势比经济周期提前了约几个月到半年。也就是说，证券市场走势对宏观经济运行具有预警作用。这就是通常所说的证券市场是经济的晴雨表的原因所在，也是在经济指标分析中将股票价格指数作为先行指标的理由。当然，证券市场的晴雨表功能是就其中长期趋势而言的。证券市场的每一次波动，特别是短期波动，并不表示宏观经济状况的变好或趋淡（见图8－1）。

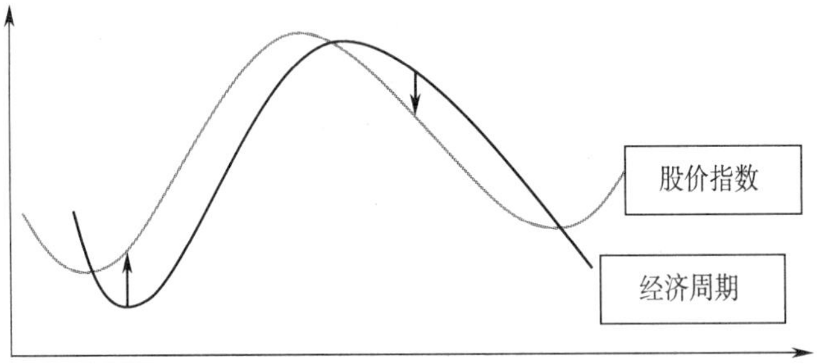

图8－1　股价指数的变动周期与经济周期的相关性

图8－1实际上描绘了股价波动与经济周期相互关联的一个总体轮廓，股价的涨落包含着投资者对经济走势变动的预期和投资者的心理反应等因素。这个轮廓给我们以下几点启示：

（1）经济总是处在周期性运动中。股价伴随经济周期相应地波动，但股价的波动超前于经济运动，股市的低迷和高涨不是永恒的。

（2）收集有关宏观经济的资料和政策信息，随时注意动向，正确把握当前经济发展处于经济周期的何种阶段，对未来作出正确判断。切忌盲目从众，否则极有可能成为别人的“盘中餐”。

（3）把握经济周期，认清经济形势。不要被股价的小涨、小跌驱使而追逐小利或回避小失（这一点对中长期投资者来说尤为重要）。配合技术分析的趋势线进行研制或许会大有裨益。

不同行业受经济周期的影响程度是不一样的。分析具体某种股票的行情时，应深入细致地探究该波周期的起因、政府为控制经济周期而采取的政策措施，结合行业特征及发行公司的具体情况综合地进行。一般来说，经济的景气与不景气对不同行业的相对影响程度在同一波周期中是对称的。

（4）景气来临之时首先上涨的股票往往在衰退之时首先下跌。典型的情况是：能源、设备等的股票在上涨初期将有优异表现，但其抗跌能力差；反之，公用事业股、消费弹性较小的日常消费品部门的股票则在下跌末期发挥较强的抗跌能力。

三、通货膨胀（紧缩）对证券市场的影响

通货膨胀、通货紧缩和失业一直是困扰各国政府的主要经济问题。通货膨胀与通货紧缩存在的原因以及它们对经济的影响，是一个十分复杂的问题，对此几乎没有一个完整的阐述。政府对通货膨胀进行控制的宏观政策往往只能以一定的代价（比如增加失业率）来实现。

1. 通货膨胀对股票市场的影响

通货膨胀对股价特别是个股的影响也无永恒的定势，它完全可能同时产生相反方向的影响。对这些影响作具体分析和比较时必须从对该时期通货膨胀的原因和通货膨胀的程度、政府配合当时的经济结构和形势可能采取的干预措施等的分析入手，其复杂程度可想而知。在这里，我们只能就一般性的原则作几点说明。

（1）温和的、稳定的通货膨胀对股价的影响较小，此时的股票价格仍保持以往的价格趋势。如果通货膨胀在一定的可容忍范围内增长，而经济处于景气（扩张）阶段，产量和就业都持续增长，那么股价也将持续上升。

（2）严重的通货膨胀是很危险的，经济将被严重扭曲，货币以5%～10%的速度以至更快的速度贬值，这时人们将会囤积商品、购买房屋以期对资金保值。这可能从两个方面影响股价：其一，资金流出金融市场，引起股价下跌。其二，经济扭曲和失去效率。企业一方面筹集不到必需的生产资金，另一方面原材料、劳务价格等成本飞涨，使企业经营严重受挫，盈利水平下降，甚至破产倒闭。

通货膨胀时期，并不是所有价格和工资都按同一比率变动，而是相对价格发生了变化。这种相对价格的变化引致财富和收入的再分配及产量和就业的扭曲，因而某些公司可能会从中获利，而另一些公司可能会蒙受损失。与之相对应的是获利公司的股票上涨，受损失的公司股票下跌。通货膨胀不仅产生经济影响，还可能产生社会影响并影响公众的心理和预期，从而对股价产生影响。长期的通货膨胀必然会恶化经济环境、社会环境，股价必受大环境影响而下跌，短期效应的表现便不复存在。比如，石油危机导致世界性的通货膨胀，工业原料、生产物资价格普遍上扬。最初，拥有这些原料的厂商极度兴奋，因为库存的原料原以低价购进，产品价格忽然上扬，意外地提高了他们的利润，待一季盈余增加公布后，自会促使买气增加，股价上扬。但是，待一段急速行情之后，通货膨胀现象并未减轻，反而加重，而低价原料库存终究有限。等到事实证明此次通货膨胀并不是景气复苏时，有识之士先行卖出股票。又因为股价本已偏高，买气弱，而卖压逐渐加重。当通货膨胀继续恶化、直接影响产品成本和销量时，股价已下跌一段距离。

2. 通货膨胀对债券市场的影响

（1）通货膨胀提高了投资者对债券收益率的要求，从而引起债券价格下跌。

（2）未预期到的通货膨胀增加了企业经营的不确定性，加大了还本付息风险，从而使债券价格下跌。

（3）过度通货膨胀将使企业经营困难甚至倒闭；同时，投资者将资金转移到实物资产（如房地产和黄金）和交易上寻求保值，债券需求减少，债券价格下降。

3. 通货紧缩对证券市场的影响

通货紧缩主要是指物价水平普遍持续下降的经济现象。尽管从表面上看，物价水平的下跌可以提高货币的购买力，增强公众的消费能力，但是，物价的下跌使商品销售减少和企业收入下降，企业只能缩小生产规模，就业相应减少。所以在通货紧缩的初期，因为货币购买力的增强，公众的消费和投资增加，带动证券市场的兴旺。但是随着就业机会的减少，公众对未来的收入预期趋于悲观，他们将相应减少支出，企业的商品积压明显增加，就业形势进一步恶化。此时房地产和商业的经营状况率先不佳，累及这些行业的股票价格下跌，这个领域的投资者遭受损失。随着通货紧缩的加剧，需求不足可能遍及所有的生产领域，企业经营状况恶化，证券市场将长期低迷，大部分投资者都可能损失惨重。造成通货紧缩的原因很多，可能是国外金融危机导致对出口商品的需求减少，也可能是国内居民消费和投资的不振，更可能是两者的共同作用。通货紧缩的直接原因是货币供给增长速度的下降，总需求的不足导致商业银行惜贷，中央银行宽松的货币政策难以作用到位。在我国物价总水平自 1997 年 10 月以来连续 21 个月负增长的背后，正是货币供给增长速度的下降。

投资者要防范通货紧缩的风险，不仅要关注总需求的变动趋势，更要了解我国货币供给的形势。20 世纪 90 年代末期，通货紧缩对我国证券市场的不良影响已经表现出来了，只是因为我国对金融的宏观调控比较到位，货币供应量明显增加，股市的表现还相对稳定。但是，只要通货紧缩没有得到彻底的扭转，投资者就不能对这种风险掉以轻心。

四、国际收支状况对证券市场的影响

1. 贸易顺差的影响

持续的贸易顺差可以增加国民生产总值，使公众收入增长，从而带动证券市场价格的上扬。20 世纪 90 年代初期，东南亚出口顺差，而经济增长快，收入增长促使证券市场高涨，但 1997 年危机后，这一状况因欧美发达国家扩大出口而改变。我国 2005—2007 年的出口顺差也表现出证券价格的上涨。2007 年下半年发生的美国次贷危机以及 2008 年爆发的全球金融危机改变了这一格局，致使证券价格明显下降。

2. 贸易逆差的影响

一国出口贸易逆差，生产这些产品的企业收益下降，证券发行受冷遇，其价格在证券市场上表现差；一国持续贸易逆差，外汇储备减少，进口支付能力恶化，经济受影响而不景气，证券市场也不景气。

3. 国际收支顺差的影响

国际收支长期大幅顺差，容易引发国内通货膨胀。为收购外币，政府将投放过量本币。其中，国际投机资本的大量流入流出，会引发国内金融市场的动荡，影响本币币值的稳定，证券价格的波动则直接受到影响。

五、就业状况的变动对证券市场的影响

证券市场的投资不论是机构投资还是个体投资，都是社会大众化的投资。就业状况的好坏不仅反映了经济状况，而且与证券市场资金供给的增减变化有密切关系。在经济增长初期，人们将就业收入用于支付个人消费，之后人们手中积累了一定的多余货币而将其投资于证券，证券市场随之发达兴旺。在经济繁荣期，就业率高，收入普遍增长，证券市场资金源源不断地流入，推高股价，而投资者因财富效应增加消费信贷，银行业甘愿承担授信品质低的信贷风险。当一些有远见的获利者抛售股票离场时，证券指数下跌，大多数人会补仓以推动股价上扬，但后续资金乏力，股指终究跌落下来。随着投资者损失的加重，消费投资减少，就业机会下降，经济危机爆发，人们斩仓出逃，接着是持续的经济衰退，失业率上升，证券市值大幅下降，证券指数运行在一个长期的下跌趋势中。

第三节 宏观经济政策分析

宏观经济政策主要包括货币政策、财政政策以及收入政策和贸易政策等。宏观经济政策的变动对证券市场价格的影响最为直接，因为它直接影响到资金的流向和流量，同时也直接反映了一国宏观经济的运行和国家宏观调控的政策意向。

一、货币政策对证券市场的影响

货币政策是中央银行为实现一定的宏观经济调控目标，运用各种货币政策工具调节货币供应量的方针和策略的总称，是国家宏观经济政策的重要组成部分。就其变动的方向而言，主要有两种：松的货币政策和紧的货币政策。一般说来，松的货币政策将使得证券市场价格上扬。这是因为：第一，企业生产发展资金充足，利润上升，从而使股价上升。第二，社会总需求增大，刺激生产发展。同时，居民收入得到提高，因而对证券投资的需求增加，证券价格上扬。第三，银行利率随货币供应量的增加而下降，部分资金从银行转移出来流向证券市场，也将扩大证券市场的需求。同时，利率下降还提高了证券价值，二者均使价格上升。第四，货币供应量的过度增加将引发通货膨胀，在通货膨胀适度或在通货膨胀初期，市场繁荣，企业利润上升，加上受保值意识驱使，资金转向证券市场，使证券价值和对证券的需求均增加，从而使股价上升。但是，当通货膨胀上升到一定程度时，可能会恶化经济环境，将对证券市场起反面作用，而且政府采取措施、实施紧缩政策（包括紧缩财政和紧缩货币）将为时不远，当市场对此作出预期时，证券价格将会下跌。

与松的货币政策相反，紧的货币政策将使得证券市场价格下跌。

具体的政策工具对证券市场还会有其特殊的影响。

1. 存款准备金率对证券市场的影响

存款准备金的全称为法定存款准备金，是指凡吸收存款的金融机构都必须将吸收的存款按一定的比率交存到中央银行。交存金额占存款总额的比率称为存款准备金率或存款准备率。这一货币政策工具通常被认为是最猛烈的宏观调控工具之一。其小幅调整也会通过货币乘数关系引起货币供应量的巨大波动。当中央银行上调存款准备率时，资金从商业银行流向中央银行，商业银行放款能力降低，货币供应就会紧缩，社会资金供应紧张，股票价格有下跌的趋势；反之，下调存款准备率有利于使股票价格上涨。

2. 再贴现对证券市场的影响

再贴现是指商业银行将贴现买入的未到期商业票据提交中央银行，由中央银行扣除再贴现利息后支付贴现款项。中央银行通过调高或降低再贴现率影响商业银行的信用量，以达到信用扩张或信用收缩的目的。如果提高贴现率，商业银行借入资金的成本增大，就会迫使其提高贷款利率，从而起到减少贷款量和货币供应量的作用；反之，就会刺激贷款规模和货币供应规模扩大。再贴现对证券市场的影响的作用机制与存款准备金率对证券市场的影响一样。

3. 公开市场业务对证券市场的影响

中央银行如果通过公开市场购回债券来增加货币供应量，则一方面减少了国债的供给，从而减少了证券市场的总供给，使得证券价格上扬，特别是被购买的国债品种（通常是短期国债）的价格首先上扬；另一方面，中央银行回购国债相当于向证券市场提供了一笔资金，这笔资金最直接的效应是提高了对证券的需求，从而使整个证券市场价格上扬，然后，增加的货币供应量将对经济产生影响。可见，公开市场业务的调控工具最先、最直接地对证券市场产生影响。

4. 利率对我国证券市场的影响

利率政策在各国存在差异。有的采用浮动利率制，利率作为货币政策的一个中介目标，直接对货币供应量作出反应；有的实行固定利率制，利率作为一个货币政策工具受政府（中央银行）直接控制。无论如何，利率对证券市场的影响都是十分直接的。当利率上升时，公司的借款成本增加，利润率下降，股票价格自然下跌。特别是对那些负债率比较高而且主要靠银行贷款从事生产经营的企业来说，这种影响将极为显著，相应股票的价格将跌得更快。利率上升会使债券和股票投资的机会成本增大，从而降低评估价值，导致价格下跌。利率上升会吸引部分资金从债市特别是股市转向储蓄，导致证券需求下降和证券价格下跌。特别是在我国现阶段，投资大众的风险投资意识不强，而保险的观念和传统使得这种影响更为明显。

利率降低将对证券市场起完全相反的作用。

5. 汇率对证券市场的影响

汇率对证券市场的影响是多方面的。一般来讲，一国的经济越开放，证券市场的国际化程度越高，证券市场受汇率的影响就越大。如汇率上升，本币贬值，本国产品的竞争力强，出口型企业将受益，因而企业的股票和债券价格将上涨；相反，依赖于进口的企业成本增加，利润受损，股票和债券价格将下跌。汇率上升，本币贬值，将导致资本流出本国，资本的流失将使得本国证券市场需求减少，从而使市场价格下跌；汇率上升，本币表示的进口商品价格提高，进而带动国内物价水平上涨，引起通货膨胀。对于通货膨胀对证券市场的影响，需根据当时的经济形势和具体企业以及政策行为进行分析（前面已做过论述）。汇率上升时，为维持汇率稳定，政府可能会动用外汇储备，抛售外汇，从而减少本币的供应量，使得证券市场价格下跌，直到汇率回落且恢复均衡，反面效应可能会使证券价格回升。

二、财政政策对证券市场的影响

财政政策是政府依据客观经济规律制定的指导财政工作和处理财政关系的一系列方针、准则和措施的总称。从整个国家财政对宏观经济的影响和作用来看，分为自动稳定器和相机抉择两个方面。在我国，财政政策主要是发挥相机抉择的作用。财政政策分为松的财政政策、紧的财政政策和中性财政政策。总的来说，紧的财政政策将使得过热的经济受到控制，证券市场也将走弱；而松的财政政策刺激经济发展，使证券市场走强。

松的财政政策及其对证券市场的影响包括如下几个方面：

（一）减少税收，降低税率，扩大减免税范围

其政策的经济效用是：增加微观经济主体的收入，以刺激经济主体的投资需求，从而扩大社会供给。其对证券市场的影响为：增加人们的收入，并同时增加他们的投资需求和消费支出。前者直接引起证券市场价格的上涨；后者则使得社会总需求增加，总需求的增加反过来刺激投资需求，企业扩大生产规模，企业利润增加。同时，企业税后利润增加，也将激发企业扩大生产规模的积极性，进一步增加利润总额，从而促使股票价格上涨。再者，因市场需求活跃，企业经营环境改善，盈利能力增强，进而降低了还本付息风险，债券价格也将上扬。

（二）扩大财政支出，加大财政赤字

其政策效应是：扩大社会总需求，从而增加投资信心，买气增强，股市和债市趋于活跃，价格自然上扬。特别是与政府购买和支出相关的企业将最先、最直接地从财政政策中获益，因而有关企业的股价和债券价格将率先上涨。

（三）减少国债发行（或回购部分短期国债）

其政策效应是：扩大货币流通量，以扩大社会总需求，从而刺激生产。这首先将直接对债市特别是国债产生影响。由于债券供给规模缩小，价格上扬，继而由于货币供给效应和证券联动效应，整个证券市场价格均会上扬。需要指出的是，对用于定向支出的国债发行，则应视其支出方向来分析其对证券市场的影响。如果发行国债的收入用来引导投资和消费，以刺激经济的增长，则会促使证券价格上扬。

（四）增加财政补贴

财政补贴往往使财政支出扩大。其政策效应是扩大社会总需求和刺激供给的增加。

紧的财政政策的经济效应及其对证券市场的影响与上述分析的相反，在此不再一一叙述。

三、收入政策对证券市场的影响

收入政策是国家为实现宏观调控总目标和总任务，在分配方面制定的原则和方针。与财政政策、货币政策相比，收入政策具有更高层次的调节功能，它制约着财政政策和货币政策的作用方向和作用力度，而且收入政策最终也要通过财政政策和货币政策来实现。

收入政策目标包括收入总量目标和收入结构目标。收入总量目标着眼于近期的宏观经济总量平衡，根据供求不平衡的两种状况分别选择分配政策和超分配政策。收入政策的结构目标则着眼于中长期的产业结构优化和经济与社会协调发展，着重处理积累与消费、公共消费与个人消费、各种收入的比例、个人收入差距等关系。收入总量调控政策主要通过财政、货币机制来实施，还可以通过行政干预和法律调整等机制来实施。财政机制通过预算控制、税收控制、补贴调控和国债调控等手段贯彻收入政策。货币机制通过调控货币供应量、调控货币流通量、调控信贷方向和数量、调控利息率等贯彻收入政策。

我国个人收入分配实行以按劳分配为主体，多种分配方式并存的政策。在以劳动收入为主体的前提下，国家依法保护法人和居民的一切合法收入和财产，鼓励城乡居民储蓄和投资，允许属于个人的资本等生产要素参与分配。着眼于短期供求总量均衡的收入总量调控通过财政政策、货币政策来进行，因而收入总量调控通过财政政策和货币政策的传导对证券市场产生影响。

随着社会主义市场经济体制的建立和完善，我国收入分配格局（即结构）发生了根本性的变化。农民收入增加，城镇居民收入增加，企业留利增加，国家财政在总收入中的比重逐步下降，从而导致我国民间金融资产大幅度增加，并具有相当规模。随着收入分配格局的进一步完善，这种增加的趋势是十分明显的。由于社会积累资金向民众倾斜、向社会分散，这部分资金必然要寻找出路：或者储蓄，或者投资。由于资金分散，直接的实业投资很难普遍进行，大部分投资须借助于金融市场来实现。民间金融资产的增大、社会总积累向社会分配的趋向将导致储蓄的增加，同时增加证券市场需求，促进证券市场规模的发展和价格水平的逐步提高。

四、外贸政策对证券市场的影响

外贸政策即对外贸易政策，是指一国政府在一定时期内对进口贸易和出口贸易所实行的政策。其目的在于：第一，保护本国市场；第二，扩大本国产品的出口市场；第三，促进本国产品结构的改善；第四，增加外汇储备；第五，维护本国对外的政治关系。就对外贸易政策而言，主要由以下三方面构成：①对外贸易总政策，它是从整个国民经济出发，在一个较长时期内实行的政策，其中包括进口总政策和出口总政策；②进出口商品政策，它是根据对外贸易总政策和经济结构、国内市场状况而分别制定的政策；③国别对外贸易政策，它是根据对外贸易总政策、对外政治和经济关系而制定的国别和地区政策。

自对外贸易产生和发展以来，基本上有两种类型的对外贸易政策：自由贸易政策和保护贸易政策。自由贸易政策主要包括国家取消对进出口贸易的限制和障碍，取消本国进出口商品的各种特权和优势，使商品自由进出口，在国际市场上自由竞争。保护贸易政策主要包括国家广泛利用各种限制进口的手段保护本国商品免受国外商品的竞争，并对本国出口商品给予优待和补贴以鼓励商品出口。

对外贸易政策的变动将直接影响出口型企业和依赖进口型企业，并通过汇率变动、价格机制以及国际收支状况传导至证券市场。如持续的贸易顺差能使出口型企业受益，可以增加国民生产总值，增加就业和公众收入，从而带动证券市场价格的上扬；相反，贸易逆差时，生产这些产品的企业收益下降，就业减少，公众收入下降，若持续贸易逆差，还减少外汇储备，使进口支付能力下降，导致外需减少而使经济受到影响，证券市场也不景气。

本章小结

宏观经济因素分析是证券投资基本面分析的主要内容，也是证券投资分析的关键因素，因为宏观经济因素直接影响证券价格的变动趋势。对宏观经济的分析主要围绕宏观经济运行和宏观经济政策进行。在宏观经济运行中，经济周期的不同阶段（萧条、复苏、繁荣、衰退）对证券价格产生很大影响；而对证券市场产生重要影响的宏观经济政策主要是货币政策和财政政策。

名词解释

经济周期　通货紧缩　货币政策　贸易政策

思考题

1. 为什么说宏观经济因素是影响证券价格变动的最重要的因素？
2. 财政政策的变动对证券市场价格有何影响？
3. 货币政策的变动对证券市场价格有何影响？
4. 汇率的变动对证券市场价格有何影响？

相关链接：4万亿元投资计划刺激股市触底反弹

美国华尔街的危机影响到2008年的国际金融市场，进而出现国际性的经济危机，使各国经济发展都面临着前所未有的压力。为应对国际金融危机和经济下滑，我国出台了一揽子政策措施。4万亿元投资计划就是在这一背景下推出的，这无疑将为我国拉动内需、遏制股市继续下跌起到巨大作用。4万亿元投资计划确定了进一步扩大内需、促进经济增长的十项措施：一是加快建设保障性安居工程。加大对廉租住房建设支持力度，加快棚户区改造，实施游牧民定居工程，扩大农村危房改造试点。二是加快农村基础设施建设。加大农村沼气、饮水安全工程和农村公路建设力度，完善农村电网，加快南水北调等重大水利工程建设和病险水库除险加固，加强大型灌区节水改造。加大扶贫开发力度。三是加快铁路、公路和机场等重大基础设施建设。重点建设一批客运专线、煤运通道项目和西部干线铁路，完善高速公路网，安排中西部干线机场和支线机场建设，加快城市电网改造。四是加快医疗卫生、文化教育事业发展。加强基层医疗卫生服务体系建设，加快中西部农村初中校舍改造，推进中西部地区特殊教育学校和乡镇综合文化站建设。五是加强生态环境建设。加快城镇污水、垃圾处理设施建设和重点流域水污染防治，加强重点防护林和天然林资源保护工程建设，支持重点节能减排工程建设。六是加快自主创新和结构调整。支持高技术产业化建设和产业技术进步，支持服务业发展。七是加快地震灾区灾后重建各项工作。八是提高城乡居民收入。提高明年粮食最低收购价格，提高农资综合直补、良种补贴、农机具补贴等标准，增加农民收入。提高低收入群体等社保对象待遇水平，增加城市和农村低保补助，继续提高企业退休人员基本养老金水平和优抚对象生活补助标准。九是在全国所有地区、所有行业全面实施增值税转型改革，鼓励企业技术改造，减轻企业负担 1 200 亿元。十是加大金融对经济增长的支持力度。取消对商业银行的信贷规模限制，合理扩大信贷规模，加大对重点工程、“三农”、中小企业和技术改造、兼并重组的信贷支持，有针对性地培育和巩固消费信贷增长点。初步匡算，实施上述工程建设，到 2010 年底约需投资 4 万亿元。

4 万亿元投资计划的效应解读：

宏观作用：4 万亿元投资计划主要集中在铁路、公路、电力等大型基础设施建设上，一是可以解决我国目前钢铁、水泥等行业相对过剩的产能；二是可以解决就业，促进收入的增长，保持社会稳定；三是加强我国薄弱的基础设施建设，为未来的国民经济增长打下良好基础。

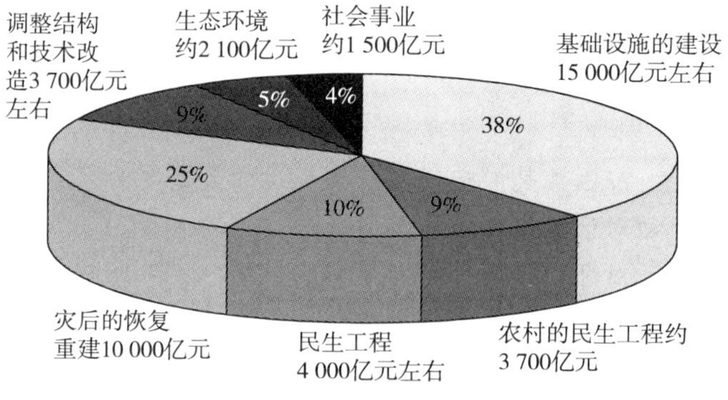

图 8－2　4 万亿元投资构成

民生工程，主要是保障性住房。包括廉租房、林区、垦区、煤矿棚户区改造。

农村的民生工程，包括水、电、路、气、房，即农村安全饮水、农村电网改造、农村道路建设、农村沼气建设、农村危房改造和游牧民定居。

基础设施的建设，包括铁路、公路、机场、水利等。

社会事业，包括教育、卫生、文化、计划生育等方面。

灾后恢复重建，包括汶川大地震重点灾区的灾后重建。

股市作用：2008 年 11 月 9 日晚公布 4 万亿元计划，11 月 10 日 A 股放量大涨，上证综指最终报 1 874.80 点，涨 127.09 点，涨幅达 7.27%。当日大宗商品期货及亚欧股市也大面积飘红。同时，此政策消息一出，4 万亿元的天文数字就成为西方舆论的焦点，美国、法国等国家分别对此举表示欢迎，与中国经济关系紧密的澳大利亚币和新西兰币也随之走高。与此同时，10 日亚太股市全面飘红，欧洲股市开盘走高。可以说，中国的投资计划提振了全球救市的信心。10 日中国大陆、香港及整个亚洲股市大幅上涨，这是继中国政府宣布价值 4 万亿元人民币的庞大的经济刺激计划后市场作出的积极反应。股市的反弹也蔓延到了日本股市，日本股市收高 5.81%。中国政府出台数千亿刺激方案，带动日本机械类股走强。与此同时，在中国投资计划带动亚洲股市大涨后，欧洲股市 10 日早盘走高，欧洲石油巨头道达尔公司、钢铁巨头阿赛洛米塔尔集团股指均大幅上扬。

第九章

证券投资的行业分析

学习目标：

- 掌握行业的划分及内容
- 熟悉行业的市场结构及竞争程度分析
- 了解行业的生命周期及影响因素

行业通常是指一个企业群体。在企业群体中，各成员企业由于其产品（有形与无形）在很大程度上可以相互替代而处于一种彼此紧密联系的状态，而且由于产品可替代性的差异而与其他企业群体相区别。与宏观经济分析重要性的原因一样，行业分析也是不可缺少的。宏观经济分析主要分析了社会经济的总体状况，但没有对社会经济的各组成部分进行具体分析。宏观经济的发展水平和增长速度反映了各组成部分的平均水平和速度，但各部门的发展并非都和总体水平保持一致。在宏观经济运行态势良好、速度增长、效益提高的情况下，有些部门的增长与国民生产总值、国内生产总值增长同步，有些部门的增长高于或是低于国民生产总值、国内生产总值的增长。宏观经济分析为证券投资提供了背景条件，但没有为投资者解决如何投资的问题。因此，要对具体投资对象加以选择，还需要进行行业分析。

第一节　行业的划分

行业的发展前景与许多因素有关，因此行业的分类也有多重标准。按照不同的分类方法可把行业分成不同的类型。

一、按照行业的要素集约度分类

可以分为资本密集型、技术密集型、资源密集型和劳动密集型行业。资本密集型行业是指需要大量的资本投入的行业，技术密集型行业的技术含量较高，资源密集型行业对资源的依赖程度比较高，而劳动密集型行业则主要依赖于劳动力。它们之间并没有严格的界限，有些行业同时是资本密集和技术密集型行业，如汽车行业，电力行业。一般地，由于通常情况下资本是不可替代的短缺资源，因而资本密集型行业容易产生垄断；技术密集型行业则由于技术的不断更新，容易导致十分残酷的竞争；至于劳动密集型行业，由于劳动是一种可替代性较强的生产要素，根据“机器排挤工人”的经济发展规律，它特别容易受到技术革新的冲击。

二、按照行业目前所处的生命周期的阶段分类

行业的生命周期可分为四个阶段，即初创阶段、成长阶段、成熟阶段和衰退阶段。处于初创阶段的行业由于新产品会得到专利权的保护，边际利润也相当的高。在如此具有诱惑力的投资机会下，众多厂家会把所有的利润都投入到这个行业，于是该行业的规模急剧膨胀。但是，行业的发展速度最终总会慢下来。高利润率驱使众多的新公司进入该行业，日益增强的竞争会使价格下降，从而边际利润也因此下降。新技术被证实后，其发展前景变得日趋明朗，风险水平也就随之下降，这消除了新公司进入该行业的后顾之忧。当内部投资机会逐渐失去吸引力之后，公司利润中用于内部投资的比例也减小了，现金红利于是随着增加。最后，当行业步入成熟，我们就会看到具有固定现金流入、固定股利发放、风险相对较低的“现金牛”。它们的增长率应与整体经济的发展同步。所以，处于生命周期较早阶段的行业将提供高风险—高回报的投资机会，而在一个成熟的行业中只能是低风险、低回报。

三、按照我国国民经济行业标准的分类

为国家宏观管理、各级政府部门和行业协会的经济管理以及进行科研、教学、新闻宣传、信息咨询服务等提供统一的行业分类和编码，《中华人民共和国国家标准（GB/T 4754—94）》对我国国民经济行业分类进行了详细的划分。

新行业分类采用了线分类法，将社会经济活动划分为门类、大类、中类和小类四级。大的门类分法如下：

A. 农、林、牧、渔业

B. 采掘业

C. 制造业

D. 电力、煤气及水的生产和供应业

E. 建筑业

F. 地质勘察业、水利管理业

G. 交通运输、仓储及邮电通信业

H. 批发和零售贸易、餐饮业

I. 金融保险业

J. 房地产行业

K. 社会服务业

L. 卫生、体育和社会福利业

M. 教育、文化艺术及广播业
N. 科学研究和综合技术服务业
O. 国家机关、党政机关
P. 其他行业

四、其他常见的分类方法

指数分类法：一些金融服务机构或证券交易所为了方便、完整地发布信息，常对上市的股票或其样本进行简要的行业分类。如道琼斯指数将在纽约证券交易所上市的股票分成三类：工业、运输业和公用事业。上海证券交易所将上市的股票分成五类：工业、商业、地行业、公用事业和综合类。深圳证券交易所将上市的股票分成六类：工业、商业、金融业、地行业、公用事业和综合类。

板块分类法：所谓板块，就是具有某种特征或概念的股票的集合。把具有某种相同的特征、相同概念的股票归集在一起，形成一个板块，有助于投资者在股票投资中比较和选择投资对象。因此板块分析方法是投资实践中总结出来的用于投资对象选择的一种重要的比选方法。同一板块的股票的价格有很强的关联性，一种股票上升通常会带动一批同板块的股票走强，一种股票走弱通常会使一批同板块的股票下跌。

第二节 行业的市场结构与竞争程度分析

一、行业的市场结构分析

国民经济中各行业所处的市场是不同的，即存在着不同的市场结构。市场结构是市场竞争或垄断的程度。根据该行业中企业数量的多少、进入限制程度和产品差异，行业基本上可以分为四种市场结构：完全竞争、垄断竞争、寡头垄断、完全垄断。

（一）完全竞争型市场

完全竞争型市场是指许多企业生产同质产品的市场情形，其竞争不受任何阻碍和干扰的市场结构。其特点是：

1. 生产者众多，各种生产资料可以完全流动；
2. 产品都是同质的、无差别的；
3. 企业永远是价格的接受者而不是价格的制定者；
4. 企业盈利基本上由市场对产品的需求来决定；
5. 生产者可自由退出市场；
6. 市场对买卖双方都是畅通的。

完全竞争形成的根本因素是企业产品的无差异，所有的企业都无法控制产品的市场价格。在现实经济中，完全竞争型市场是少见的，对应的市场是初级产品（如农产品）市场。

（二）垄断竞争型市场

垄断竞争型市场也称不完全市场，在现实经济中是最常见的。广义的不完全市场既有垄断又有竞争。在不完全市场中，每个企业都在市场上具有一定的垄断力，但它们之间又存在竞争，造成这种市场结构的原因是产品差异。其特点有：

1. 生产者众多，各种生产资料可以流动；

2. 生产的产品同种但不同质，即产品存在差异性——垄断竞争与完全竞争的主要区别；

3. 生产者可以树立自己产品的信誉，从而对其产品的价格有一定的控制能力。

垄断竞争形成的根本因素：产品差别→垄断；产品同种（可替代性）→竞争。现实中对应的市场：制成品（如纺织、服装等轻工业产品）市场。

（三）寡头垄断型市场

寡头垄断型市场是相对少量的生产者在某种产品生产中占据很大市场份额，从而控制了这个行业供给的市场结构。寡头垄断形成的原因有以下两个方面：（1）这类行业初始投入资本较大，阻止了大量中小企业的进入。（2）这类产品只有大规模生产时才能获得好的效益，在竞争中自然淘汰大量中小企业。其特点是：

1. 生产者对市场的价格和交易具有一定的垄断能力；

2. 每个生产者的价格政策和经营方式及其变化都会对其他生产者产生重要影响；

3. 通常存在着一个起领导作用的企业，其他企业跟随该企业定价与经营方式的变化而相应进行某些调整。

现实中对应的市场：资本密集型、技术密集型产品（如钢铁、汽车等重工业）市场，少数储量集中的矿产品（如石油等）市场。

（四）完全垄断型市场

完全垄断型市场是独家企业生产某种特质产品（没有或缺少相近替代品）的情形类型。完全垄断可分为两种类型：政府完全垄断（公用事业中居多，如国有铁路、邮电等部门）和私人完全垄断（如政府授予的特许专营，专利生产的独家经营，资本雄厚、技术先进的排他性私人垄断经营）。其特点是：

1. 市场被独家企业控制，其他企业不可以或不可能进入该行业；

2. 产品没有或缺少相近的替代品；

3. 垄断者能够根据市场供需制定理想价格和产量（高价少销/低价多销）；

4. 垄断者制定产品价格与生产数量的自由性有限度（反垄断法和政府管制约束）。

现实中对应的市场：公用事业（如发电厂、煤气公司、自来水公司和邮电通信等）和某些资本、技术高度密集型或稀有金属矿藏的开采等接近完全垄断。

二、行业的竞争程度分析——波特的五力分析

波特五力分析模型（Michael Porter's Five Forces Model）是迈克尔·波特（Michael Porter）于20世纪80年代初提出的，它是用来分析企业所在行业竞争特征（分析产业结构）的一种有效的工具，是用于竞争战略的分析，并有效地分析企业的竞争环境，对企业战略制定产生全球性的深远影响。五力分别是：供应商的讨价还价能力、购买者的讨价还价能力、新进入者的威胁、替代品的威胁、行业内现有竞争者的竞争。这一模型将

大量不同的因素汇集在一个简便的模型中，以此分析一个行业的基本竞争态势。一种可行战略的提出首先应该包括确认并评价这五种力量，不同力量的特性和重要性因行业和公司的不同而变化，如图 9－1 所示。

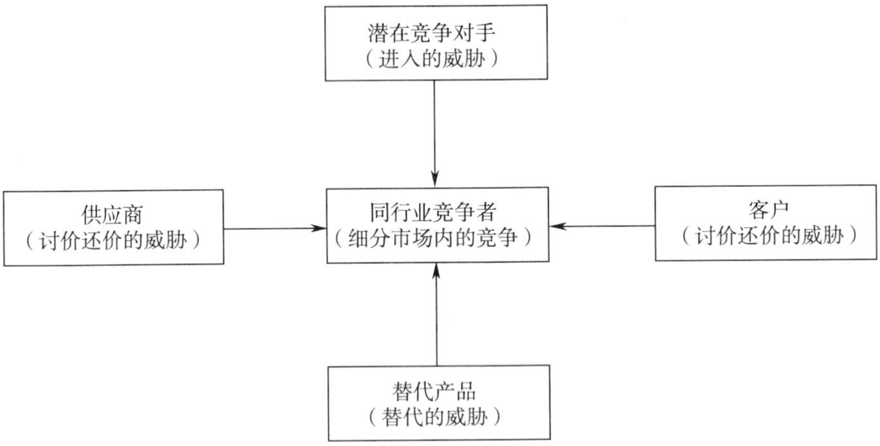

图 9－1　波特五力分析模型

1. 供应商的讨价还价能力

供方主要通过其提高投入要素价格与降低单位价值质量的能力来影响行业中现有企业的盈利能力与产品竞争力。供方力量的强弱主要取决于他们所提供给买主的是什么投入要素。当供方所提供的投入要素其价值构成了买主产品总成本的较大比例、对买主产品生产过程非常重要，或者严重影响买主产品的质量时，供方对于买主的潜在讨价还价力量就大大增强。一般来说，满足如下条件的供方集团会具有比较强大的讨价还价力量：（1）供方行业为一些具有比较稳固市场地位而不受市场激烈竞争困扰的企业所控制，其产品的买主很多，以至于每一单个买主都不可能成为供方的重要客户。（2）供方各企业的产品各具有一定特色，以至于买主难以转换或转换成本太高，或者很难找到可与供方企业产品相竞争的替代品。（3）供方能够方便地实行前向联合或一体化，而买主难以进行后向联合或一体化。

2. 购买者的讨价还价能力

购买者主要通过其压价与要求提供较高的产品或服务质量的能力来影响行业中现有企业的盈利能力。一般来说，满足如下条件的购买者可能具有较强的讨价还价力量：（1）购买者的总数较少，而每个购买者的购买量较大，占了卖方销售量的很大比例。（2）卖方行业由大量相对来说规模较小的企业所组成。（3）购买者所购买的基本上是一种标准化产品，同时向多个卖主购买产品在经济上也完全可行。（4）购买者有能力实现后向一体化，而卖主不可能前向一体化。

3. 新进入者的威胁

新进入者在给行业带来新生产能力、新资源的同时，将希望在已被现有企业瓜分完毕的市场中赢得一席之地，这就有可能会与现有企业发生原材料与市场份额的竞争，最终导致行业中现有企业盈利水平降低，严重的话还有可能危及这些企业的生存。竞争性进入威胁的严重程度取决于两方面的因素，这就是进入新领域的障碍大小与预期现有企业对于进入者的反应情况。

进入障碍主要包括规模经济、产品差异、资本需要、转换成本、销售渠道开拓、政府行为与政策（如国家综合平衡统一建设的石化企业）、不受规模支配的成本劣势（如商业秘密、产供销关系、学习与经验曲线效应等）、自然资源（如冶金业对矿产的拥有）、地理环境（如造船厂只能建在海滨城市）等方面，这其中有些障碍是很难借助复制或仿造的方式来突破的。预期现有企业对进入者的反应情况，主要是采取报复行动的可能性大小，这取决于有关厂商的财力情况、报复记录、固定资产规模、行业增长速度等。总之，新企业进入一个行业的可能性大小，取决于进入者对进入所能带来的潜在利益、所需花费的代价与所要承担的风险这三者的主观估计。

4. 替代品的威胁

两个处于不同行业中的企业，可能会由于所生产的产品是互为替代品，从而在它们之间产生相互竞争行为。这种源自于替代品的竞争会以各种形式影响行业中现有企业的竞争战略。第一，现有企业产品售价以及获利潜力的提高，将由于存在着能被用户方便接受的替代品而受到限制。第二，由于替代品生产者的侵入，使得现有企业必须提高产品质量，或者通过降低成本来降低售价，或者使其产品具有特色，否则其销量与利润增长的目标就有可能受挫。第三，源自替代品生产者的竞争强度，受产品买主转换成本高低的影响。总之，替代品价格越低、质量越好、用户转换成本越低，产生的竞争压力就强。而这种来自替代品生产者的竞争压力的强度，可以具体通过考察替代品销售增长率、替代品厂家生产能力与盈利扩张情况来加以描述。

5. 行业内现有竞争者的竞争

大部分行业中的企业，相互之间的利益都存在冲突。作为企业整体战略一部分的各企业竞争战略，其目标都在于使得自己获得相对于竞争对手的优势。所以，在实施中就必然会产生冲突与对抗现象，这些冲突与对抗就构成了现有企业之间的竞争。现有企业之间的竞争常常表现在价格、广告、产品介绍、售后服务等方面，其竞争强度与许多因素有关。

一般来说，出现下述情况将意味着行业中现有企业之间竞争的加剧。这就是行业进入障碍较低，势均力敌的竞争对手较多，竞争参与者范围广泛；市场趋于成熟，产品需求增长缓慢；竞争者企图采用降价等手段促销；竞争者提供几乎相同的产品或服务，用户转换成本很低；一个战略行动如果取得成功，其收入相当可观；行业外部实力强大的公司在接收了行业中实力薄弱的企业后，发起进攻性行动，结果使得刚被接收的企业成为市场的主要竞争者；退出障碍较高，即退出竞争要比继续参与竞争代价更高。在这里，退出障碍主要受经济、战略、感情以及社会政治关系等方面考虑的影响，具体包括资产的专用性、退出的固定费用、战略上的相互牵制、情绪上的难以接受、政府和社会的各种限制等。

行业中的每一个企业或多或少都必须应付以上各种力量构成的威胁，而且必须面对行业中的每一个竞争者的举动。除非认为正面交锋有必要而且有益处，例如要求得到很大的市场份额，否则可以通过设置进入壁垒，包括扩大差异化和加大转换成本来保护自己。当一个企业确定了其优势和劣势时（参见 SWOT 分析），企业必须进行定位，以便因势利导，而不是被预料到的环境因素变化所损害，如产品生命周期、行业增长速度等，然后保护自己并做好准备，以有效地对其他企业的举动作出反应。

根据上面对于五种竞争力量的讨论，企业可以采取尽可能地将自身的经营与竞争力量隔绝开来、努力从自身利益需要出发影响行业竞争规则、先占领有利的市场地位再发起进攻性竞争行动等手段来对付这五种竞争力量，以增强自己的市场地位与竞争实力。

第三节　行业生命周期对证券市场的影响

就行业对证券市场的影响分析，主要是针对行业生命周期的不同阶段变化规律对证券市场价格产生的影响。

一、行业生命周期理论

和世界上的万事万物一样，行业也会经历一个由出生到成长再到衰落的发展演变过程，这个过程就是行业的生命周期。一个典型的行业生命周期应有四个阶段：创业阶段（也叫幼稚期），这时具有较高的发展速度；成长阶段，其发展速度已经降低，但仍高于经济的整体发展速度；成熟阶段，其发展速度与整体经济一致；衰退阶段，其发展速度已经慢于经济中的其他行业，或者已经慢慢萎缩。图 9－2 就是行业生命周期的图示。接下来我们将对其每一个阶段进行详细阐述。

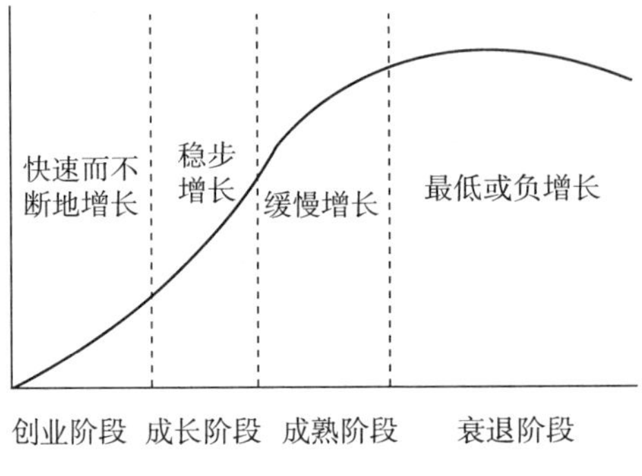

图 9－2　行业的生命周期

二、行业生命周期不同阶段的特征与证券价格

1. 创业阶段

创业阶段是一个行业的起步阶段。在这一阶段，新行业刚刚诞生或初建不久，如同一个初生的婴儿，具有明显的幼稚性。表现在行业组织方面，只有为数不多的创业公司介入这一新兴行业，行业的企业数量少、集中程度高；由于技术相对不成熟，行业的产品品种单一，质量较低且不太稳定。同时，作为新行业，其被大众普遍了解和认可尚需

一个过程，因而行业的市场规模狭小，市场需求增长缓慢，产品需求的价格弹性也很小。但是，行业因创立投资、产品的研究开发和新产品的推介等需要大量投入而固定费用较高，所以利润微薄甚至亏损。表现在市场竞争方面，由于新行业可发展的空间还很大，所以除技术障碍外，进入的壁垒相当低。由于行业发展的当务之急是扩大行业的影响，拓展全行业的市场，各创业公司相互竞争程度较弱。且由于产品品种单一，各企业的产品定价行为也是各自为政。

由于投资者对处于创业阶段的行业缺乏信心，对前景还无法形成良好的预期，股票价格不会就此上升，基本处于风险高、收益低的状态，因而对整个市场的敏感度不高。

2. 成长阶段

成长阶段是行业发展的黄金时期。在这一阶段，新行业快速成长，开始显露出其朝阳行业的风采。在行业组织方面，由于行业的发展得到了广泛的认同，因而市场需求增长迅速，市场规模增大，需求的价格弹性增大；且随着生产技术的日渐成熟和稳定，产品呈现多样化、差别化，质量提高且稳定；行业的固定费用也随之下降，但由于市场拓展和广告宣传的费用增加，可变费用开始上升；行业的利润迅速增长且利润率较高。在竞争状况方面，新行业的竞争力显著增强；在行业内部，行业的集中程度低、进入壁垒低，且由于行业的市场容量急剧扩大，大量的新厂商纷至沓来、破壁而入、自由竞争；而这一阶段的主要竞争形式为价格竞争，领导价格制是经常出现的定价形式。

在成长阶段，行业不仅高速成长，而且此时的成长具有较强的可测性。由于受不确定因素的影响较少，行业的波动也较小。在这种情况下，各生产厂商一方面通过扩大产量、提高市场份额来增加收入；另一方面依靠提高生产技术、降低成本以及研制和开发新产品的方法来争取竞争优势、战胜竞争对手和维持企业的生存。在激烈的市场竞争中，资本和技术力量雄厚、经营管理有方的厂商将占有优势，而那些财力与技术实力相对较弱、经营不善或新加入的企业（因产品的成本较高或不符合市场的需要）则往往被淘汰或被兼并。因而，这一时期行业的利润虽然增长很快，但行业内部竞争压力也非常大，破产率与合并率相当高。

在成长阶段的后期，由于行业中生产厂商与产品竞争优胜劣汰规律的作用，市场上生产厂商的数量在大幅度下降之后便逐渐稳定下来。由于市场需求基本饱和，产品的销售增长率减慢，迅速赚取利润的机会减少，整个行业开始进入稳定期。

从价格趋势看，投资者对这一阶段的行业有了明确的判断，股票的内在价值大于市场价格，其股票价格先于行业的成长而上升，并基于良好的预期，使证券价格处于逐步攀升的格局。

3. 成熟阶段

成熟阶段是行业发展的巅峰阶段，通常会持续相对较长的时期。在这一时期，通过激烈的市场竞争和优胜劣汰而生存下来的少数大厂商基本上垄断了整个行业的市场，每个厂商都占有一定比例的市场份额。由于彼此势均力敌，市场份额比例发生变化的程度较小。因此，成熟阶段也是行业发展的稳定阶段。这一阶段的主要特征是，行业的集中程度很高，并出现了一定程度的垄断，行业的利润因此达到了很高的水平，而风险却因市场份额比较稳定而较低；进入的壁垒高，主要体现为规模壁垒，新企业很难打入成熟期市场；市场需求虽然仍在增长，但增长速度已明显减缓；产品开始再度无差别化，需求的价格弹性减小；由于垄断，通常会出现合谋价格，厂商与产品之间的竞争手段已逐渐从价格手段转向各种非价格手段，如提高质量、改善性能和加强售后服务等。

在成熟阶段，行业的发展很难较好地保持与国民经济同步增长。在宏观经济衰退时，成熟型行业还可能遭受较大损失。但是，由于技术创新的原因，某些行业或许实际上会有新的增长。因此，在这一阶段的证券市场价格表象为：价格处于较高的位置，市场的整体内在价值小于市场价格，投资者对市场的预期明显不如成长期的良好。如存在差异性预期，是基于部分行业的科技推动、政府扶持和消费倾向的影响，使股价仍有上升的余地。而大部分行业的利润处于稳定或下降阶段，其股票价格将由原来的高点逐步走低，直到行业进入衰退阶段。

4. 衰退阶段

在经过一个较长的稳定阶段后，行业就进入衰退阶段，衰退阶段是行业发展的暮年时期。衰退阶段的行业具有与初创阶段相类似的一些特征，如由于新产品和替代品的大量出现，原有行业的竞争力下降，市场需求开始逐渐减少，销售下降，价格下跌，利润降低，再加上其他更有利可图的行业的不断涌现，使得一些厂商不断地从原有行业撤出资金，原行业厂商数量减少。当正常利润无法维持或现有投资折旧完毕后，整个行业便逐渐解体了。

不过，与人的生命不同，步入暮年的行业未必就一定面临死亡。从历史上看，真正被完全淘汰的行业很少，行业的发展呈现出“生多死少”的特征，多数情况是行业自此进入一个发展停滞、随波逐流的状态。

当一个行业开始进入衰退阶段时，其股票价格是先于该行业利润的下降而下降，同样是基于投资者对市场的预期而给出的明显反应。当然，一个企业一般并不会随着一个行业的退出而消失，而是在作出企业战略调整后转入另外一个行业（至少会延长产品的生命周期），因而该股票也不会随着行业的消失而退市，除非该企业连年亏损。

三、行业生命周期的影响因素分析

以上对行业生命周期四个阶段的说明只是一个总体状况的描述。由于受多种因素的影响，行业的实际生命周期比上述理论化的行业生命周期要复杂得多。这些影响因素主要有需求、技术进步、政府的影响和干预及社会习惯的改变等。

1. 需求

需求是人类社会发展的原动力。当市场上存在尚未得到有效满足的潜在需求，而技术进步推出相应的产品，然后由各厂商组织生产时，新行业就诞生了。因此，新行业的形成过程实际上就是对社会潜在需求的发现和给予有效满足的过程。需求是新行业得以产生的基础。没有需求的新产品只能是一种创新游戏，不可能最终发展成为一个新行业。由于新产品只有在扩大到一定规模后才能形成行业，因此新产品相当规模的潜在需求的存在和逐步实现是新行业形成的第一个条件。一般地说，只有在潜在需求达到相当规模，以至于许多厂商可以同时进行专业化生产且都能获得利润时，新行业的形成才有可能。需求的稳定和饱和推动行业生命周期进入成熟期和衰退期，需求的总量决定了行业成熟后的规模，需求的性质决定了行业将属于劳动密集型、资本密集型或是知识技术密集型行业。

2. 技术进步

技术进步是厂商生产新产品以满足社会潜在需求的关键。技术进步一方面创造新产品、开拓新领域，从而使新行业不断出现；另一方面也创新工艺，推动现有行业的技术升级。当今世界上许许多多的行业都是技术进步的结果，而另一些行业在技术进步的冲击下衰落或消亡。例如，电灯的出现极大地削减了对煤气灯的需求；蒸汽动力行业则被电力行业逐渐取代；激光排版技术诞生后，传统的铅字排版技术便告消亡。

技术进步不仅使新产品的推出成为可能，而且能提高新行业的生产效率，降低成本，从而加速行业的市场扩张，使行业进入快速成长期。技术进步还使行业实现更大规模的规模经济，使厂商能够从生产规模的扩大中获利，从而壮大新行业。此外，通过技术进步改变行业的生产方式以降低成本或创新产品还可以刺激和创造市场需求，为行业的发展拓展空间。当然，如前所述，技术进步也是行业衰退的强大杠杆。

当今时代，科技的发展一日千里，为经济的飞速发展提供了强大的技术基础，也促进了行业的加速更新和升级，落后于时代的行业注定要被淘汰。因此，行业生命周期在技术发展日新月异的今天已演变成技术的生命更替。

3. 政府的影响和干预

自凯恩斯主义诞生以来，各国政府均加强了对宏观经济的干预。无论是奉行自由主义的国家还是强调统一集中的国家，在这一点上没有实质的区别，仅仅是程度或方式的不同而已。日本通过实施强有力的行业政策实现了第二次世界大战后经济的腾飞，更使政府干预主义风靡全球。我国是一个有着计划经济传统的社会主义国家，在实施市场化改革后仍然强调对经济的干预。因此，就一般情况而言，政府的影响和干预是在一定条件下起一定作用的。所谓条件，就是政府的影响和干预必须符合经济发展的规律。说到底，政府的影响和干预本身就是经济规律的一部分。

政府影响和干预经济的目的在于维护经济的公平和自由竞争，保证经济的健康运行和发展。因此，政府影响和干预的行业主要有：自然垄断型行业，主要包括城市公用事业，如煤气、电力、供水、排污、邮电等；公共运输业，如铁路、公路、桥梁、码头、航空、航运和管道运输等；关系经济发展全局和国家安全的行业，主要包括行业关联度较高的国民经济的支柱行业、金融业、高科技行业、传媒及出版业、教育行业、国防行业等；一般竞争性行业。政府对一般竞争性行业的干预主要是反垄断和反欺诈、维护自由和公平竞争。

政府对行业的干预主要是通过补贴、税收、关税、信贷、价格等经济手段来实现的，其他手段还有规划指导、额度限制、市场准入、企业规模限制、环保标准限制、安全标准限制、直接行政干预等。

4. 社会习惯的改变

社会习惯对关系经济增长的消费、储蓄、投资、贸易等诸方面产生影响，因而也就必然对行业的发展和生命周期各阶段的更替产生重要的影响。例如，社会公众对安全性的强烈要求促使汽车行业加固汽车保险杠、安装乘员安全带。而大众环保意识的觉醒则推动了环保行业的迅速发展。

在社会习惯的变迁过程中，国际文化交流起着重要的作用。例如，我国传统上以勤俭为持家原则，但在国际交往过程中逐渐接受了超前消费的观念，相信这一转变将会对许多行业如地产行业的发展产生深远的影响。

除此之外，人类对经济利益的追求以及由此展开的激烈竞争也是一个重要的影响因素。从某种意义上讲，它是经济发展和行业不断升级的内在动因。

在上述影响因素中，起持续作用的是需求、技术进步、利益竞争等内在因素。正是这种持续作用，使得行业生命周期成为各行业发展的一个普遍规律。

四、经济周期与行业关系

1. 增长型行业运动状态与经济周期的变动关系

增长型行业运动状态与经济周期的变动关系呈现不紧密的相关性。具体表现是当经济高涨时，高增长行业的发展速度通常高于平均发展水平；经济衰退时期，其所受影响较小甚至仍能保持一定增长。其原因在于：行业发展主要依靠技术进步、新产品推出及更优质的服务，使其经常呈现出增长形态。

2. 周期型行业运动状态与经济周期的变动关系

周期型行业运动状态与经济周期的变动关系呈现紧密的相关性。具体表现是经济处于上升时期，这些行业会紧随其扩张；经济衰退时，这些行业也相应衰落，且变化幅度往往在一定程度上夸大经济周期性。其原因在于需求收入弹性较大。经济上升时，对这些行业相关产品的购买相应增加；经济衰退时，对这些行业相关产品的购买被延迟到经济改善后。现实中的典型行业是消费品业、耐用品制造业及其他需求收入弹性较大的行业。

3. 防守型行业运动状态与经济周期的变动关系

防守型行业经营状况在经济周期上升和下降阶段都很稳定。具体表现是经济周期处于衰退阶段对这种行业的影响比较小，甚至有些防守型行业在经济衰退时期还会有一定的实际增长。其原因在于该类型行业的产品需求相对稳定、需求弹性小。现实中的典型行业有：生活必需品或必要公共服务行业（如食品业和公用事业）。

第四节　证券投资行业个案分析

——以我国汽车行业分析报告为例[①]

自 2001 年以来，中国汽车工业总体上保持了良好的发展势头，2007 年的销量水平

---

① 本报告的资料来源：国家统计局，中国汽车工业协会，CEIC 和 www. cnfol. com（中国证券报）。

比2003年翻了一番，中国汽车工业已连续九年保持两位数增长。2008年，受国际金融危机的影响，我国汽车产销量分别为934.5万辆和938.1万辆，增幅均低于2007年的水平。2009年以来，汽车市场回暖，上半年我国汽车产销量保持高位增长，连续四个月超过百万辆，不断刷新历史记录。中国汽车工业总体发展趋好。关于中国汽车制造业经济运行：2008年1~11月我国汽车制造行业工业总产值累计实现21 078亿元，产品销售收入累计实现20 832亿元，利润总额累计实现1 239亿元；2009年1~5月我国汽车制造行业主营业务收入实现9 958亿元，利润总额累计实现566亿元。

自“十一五”以来，随着“节能和新能源汽车”战略的明确提出，国家投入新能源汽车项目的预算为11亿元，加上地方政府和企业的投资，预计“十一五”期间国内在新能源汽车方面的投入将超过30亿元。作为发展中国家，我国面临的挑战比发达国家会更加严重，我国政府高度关注新能源汽车的研发和产业化。在能源和环保的压力下，新能源汽车无疑将成为未来汽车的发展方向。

一、中国汽车产业国际竞争力现状分析

中国汽车产业国际竞争力很弱，远远落后于美国、日本、德国和韩国等汽车产业强国。其原因是多方面的，主要表现为以下几个方面：

1. 未形成自主开发能力

改革开放以来，我国汽车产业走的是引进外资和技术的发展之路，即在高关税的保护下，通过与跨国汽车公司合资，采取CKD的生产方式发展汽车产业。但是我国汽车产业未能形成吸收、消化、最终开发出自己产品的发展模式，而是走进了引进—生产—再引进—再生产的怪圈。这一模式尽管使我国成为汽车生产大国，但却未能形成自主开发能力。

2. 汽车企业超额利润所带来的弊端

我国的汽车产业一直处于高关税保护和多种非关税保护之下。过度保护虽然在我国汽车产业的发展过程中起过一些积极作用，但其负面影响也不可低估，主要是高关税使国内汽车厂商在价格上与国外汽车厂商相比具有明显的竞争优势，使企业产生超额利润。2002年，我国主要轿车企业的平均销售利润率为17%，远远高于国外5%的水平。这种现象在2004年有所改变，但是一方面，过度保护所产生的超额利润刺激了各地不顾条件盲目投资建厂，使得一些规模很小的企业得以生存，造成了我国大部分汽车厂商都未达到经济规模，产业的生产集中度低以及我国汽车产业散、乱、差的局面一直未得到改变；另一方面，过度保护所产生的超额利润使企业缺乏改革和创新的内在动力，企业的研究开发投入太少，产业技术进步、产品开发以及管理水平落后，最终导致了汽车企业市场竞争力不强。

3. 零部件及相关产业发展水平落后

汽车工业是关联度极高的产业，零部件及相关产业的发展水平在很大程度上影响着汽车产业的国际竞争力。然而，我国汽车产业走的是一条以主机厂为先导的路子，零部件及相关产业长期受到忽视，已成为我国汽车产业发展的薄弱环节。与汽车产业强国相

比，我国的零部件及相关产业（如装备工业，钢铁及塑料、橡胶等材料工业，电子工业等）相对落后，难以满足汽车产业发展的需要。

二、中国汽车产品分车型的国际竞争力评价

我国汽车行业分析报告对中国汽车产业国际竞争力进行了综合评价和单项指标的对标分析，主要是从整体上对我国汽车产业的国际竞争力进行的综合评价。结果表明，我国汽车产业不论是在整体上还是在单项指标上，都与美、德、日、韩四国存在较大差距。但是由于汽车产品的种类复杂，所含车型众多，所以，不同车型的国际竞争状况、市场需求状况等方面都存在着很大的差异。也就是说，即使我国汽车产业国际竞争力的整体水平较低，却并不意味着所有产品的竞争力都处在很差的层面上，不同车型的国际竞争力可能会有较大的不同。因此，有必要对我国汽车产品进行分车型的竞争力分析，从而可以更加深入、具体、科学地分析我国汽车产业的国际竞争力水平。

对我国汽车产品分车型竞争力评价主要采用两种方法：第一种方法是专家问卷方法，请专家对我国汽车产品不同车型的国际竞争力进行打分（10分制，发放专家调查问卷25份，收回19份），同时结合企业调研，分析各种车型在中国国内市场的竞争力。第二种方法是价格分析法。由于价格是影响产品竞争力的首要因素，因此，重点从价格方面对我国汽车产品在中国国内市场的竞争力进行定量分析，以揭示不同车型的竞争力。分析结果如下：

1. 轿车

轿车（排气量≤1.5L）。专家评分：5.5。具体分析：中国该类车型产品的价格已低于国际市场价格。在2005年失去配额保护后，进口车在成本上需加上25%的关税和运保费等其他费用，在国内市场上，国产车的价格仍会低于进口车价格30%～40%。因此，中国该类车型在国内市场上有较强的价格优势。同时，该类车型不是国外汽车发达国家的主要生产车型，因此不会形成大量进口的局面，加上我国在该类车型上的市场需求很大，且有售后服务方面的优势，可以说中国排气量小于1.5L的经济型轿车在国内市场上的国际竞争力较强。

轿车（1.5L<排气量≤2.5L）。专家评分：3.92。具体分析：目前中国该类车型产品的价格仍高于国际市场价格。在2005年失去配额保护后，进口车即使加上25%的关税和运保费等其他费用，在中国市场上的售价与国产车也能基本相当。因此，中国该类车型在国内市场上并无价格优势。同时，由于该类车型也是国外汽车发达国家的主要生产车型，所以有可能出现大量进口中国的局面，这必将加大竞争已很激烈的该类车型的市场竞争。加上该类车型消费群体追求进口车的心理，可以说中国排气量在1.5～2.5L的中档轿车的国际竞争力不容乐观。

轿车（排气量>2.5L）。专家评分：2.25。具体分析：中国该类车型产品的价格远远高于国际市场价格。即使失去配额保护，加上25%的关税和运保费等其他费用，进口车的价格仍低于国产车。因此，中国该类车型在国内市场上不具有价格优势，加上该类车型消费群体追求原装进口的心理，可以说中国该类车型的国际竞争力很差。

2. 客车

专家评分：大型客车为4.86，中型客车为4.83，轻型客车为4.69。具体分析：我国生产的客车基本属于中低档产品。由于客车属于劳动密集型工业，中国有劳动成本优势，因此具有价格竞争优势。进口客车大多属于高档型，虽然技术先进，但价位太高，同时用户群相对狭窄和运营成本过高。因此，从总体上说，国产客车在国内市场有一定的竞争力。结论：竞争力较强。

3. 载货汽车

专家评分：轻型货车为5.11，中型货车为5.39，重型货车为5.08。具体分析：国产轻型货车、中重型货车主要是低端产品，面向农村及中小城市市场。虽然在质量和性能上与国外同类产品差距比较大，但是具有很大的成本及价格优势，适合目前的国情和消费水平，可以说在中国国内市场上有较强的竞争力。但随着客户对货车舒适性方面要求的提高，进口车可能在该方面占有优势。结论：竞争力较强。

三、我国汽车行业前景分析

从全球汽车制造大国和消费大国的发展历程可以看出，汽车消费大国最终都成为汽车制造大国，而且汽车制造业国际竞争力的快速成长期与本国汽车消费的快速成长期高度相关。产业转移将显著提高中国汽车整车和零部件产业的技术实力和制造能力。基于广阔的国内市场、显著的劳动力要素优势、相对完善的制造业发展基础，中国汽车产业发展的比较优势将得到快速提升。我们维持汽车行业“强于大市”的投资评级。

1. 全球产业链的承接者

对于中国汽车行业的分析判断，与市场上各种分析最大的不同在于认为应该从全球产业分工的角度来看待中国汽车行业。未来五到十年，将是中国汽车产业充分利用国内国际两种资源，开拓国内国际两个市场的关键时期。单纯从国内市场的激烈竞争导出对行业发展前景和利润水平不乐观的预期则显著低估了其发展潜力。产业链的全球配置是全球汽车产业正在发生的根本性格局变化，“到中国去”已经成为趋势，这使中国有望获取更多的汽车价值链环节。产业转移将显著提高中国汽车整车和零部件产业的技术实力和制造能力。基于广阔的国内市场、显著的劳动力要素优势、相对完善的制造业发展基础，中国汽车产业发展的比较优势将快速提升。

2. 国内市场需求稳步增长

进入新世纪以来，随着加入世界贸易组织和国内经济增速高位运行，汽车需求一直维持着相当的热度。随着经济的增长和国际竞争力的提升，商用车稳健成长且市场竞争结构趋向合理，乘用车价格的大幅下降和人均收入提高的综合作用，导致需求快速增长。2007年上半年，汽车消费需求量增长23.3%，维持在相对高位，也是加入世界贸易组织六年来第四个增速超过20%的年份。中国汽车特别是轿车普及率非常低，随着经济持续增长和收入的快速提高，轿车普及率将会有良好表现。从区域来看，由于中国存在显著的地区间经济发展水平和人均收入水平的差距，轿车消费将逐步从北京、上海等发达地区向中等发达和欠发达地区梯次推进。当前沿海较发达地区的乘用车千人保有量与北京比仍然很低，但这些省份人均GDP已达到或超过2 000美元，将进入汽车快速发展时期。这些省份总人口接近3亿，远远高于北京的总人口，其快速发展期应该长于一类地区。同时，宏观经济环境稳定向好，以改善出行条件为重要内容的消费结构升级将持续到2020年。全国高速公路网的形成，新农村建设改善农村道路状况，物流业的蓬勃发展，为汽车产业发展提供了条件。中国当前的汽车保有率远低于国际平均水平，也远低于发达国家在相同发展阶段时期的水平。2006年末中国私家乘用车保有量为1 500万辆，保守预计到2020年将增长到1.2亿辆。由于国内市场的快速增长和出口的拓展，估计到2015年左右，中国汽车产销量有望达到1 800万辆以上，而自主品牌的市场占有率有望超过一半。可以预计，乘用车市场发展至少还将有20年左右的较快速增长，未来10年有望维持15%～20%的年增长速度。

3. 汽车产业比较优势显著

中国汽车产业工人的工资水平仅相当于发达国家（美国、日本、欧洲）平均水平的1/25，显然远大于劳动生产率上的差异。随着中国公司技术水平的提高和中国市场消费环境的改善，中国在汽车上具备的比较优势应该说将逐步发挥作用。

（1）中国要素禀赋结构利于汽车产业的发展。作为发展中大国，中国要素禀赋结构与发达国家存在显著的差异，这也是过去近三十年中国不断深入参与全球分工，并获取全球化的显著收益的基础。从中国生产要素和全球生产要素的比较来看，中国劳动力资源依然充裕，劳动密集型产业的比较优势继续深化，“世界工厂”的地位依然稳固，接受全球制造和服务分包，在产业链分工中的地位将显著提升。由于劳动力、资金、技术之间的比例关系明显改善，中国具备竞争力的产业和价值链环节不断扩大。对于汽车制造这样的技术密集、资本密集并且兼具劳动密集的高端制造业，中国已经初步具备承接产业转移的能力并有可能实现竞争力的快速提升。值得注意的是，向资金和技术密集型产业进军的过程中，必然需要增强自主创新能力和提升自主品牌的竞争力。我们认为，未来中国汽车产业将是两条腿走路：一方面，参与产业分工、自主发展；另一方面，从企业层面上，将看到合资合作型公司和自主品牌型企业并存，而且都有可能获得良好发展。

（2）产业政策改革将促使企业进行技术进步和自主创新。由于汽车行业影响因素众多，相关产业政策的制定和更改将成为影响行业发展的重要因素。当前，产业政策的关注点主要在于汽车产业的健康发展和降低汽车制造和使用过程中的负外部性。从中国汽车产品进出口的表现可以看出，中国汽车的行业国际竞争力的显著提升。1991年至2006年，进口年平均增速18%，而出口平均增速则达到42%，整车出口增速则超过50%。自2005年起，整车出口量和汽车产品出口金额都超越进口，中国汽车行业呈现净出口态势。2006年汽车行业贸易顺差快速扩大，中国汽车行业国际竞争力显著提升。可以认为，出口快速增长背后存在两股推动力量。首先，跨国公司在竞争压力下不断扩大在中国的投资和采购量，“到中国去”已经成为全球汽车产业一股新的潮流。其次，劳动力成本优势和产业技术进步积累已经使得中国整车出口成为新的增长点，而自主品牌则是整车出口的绝对主力。中国汽车制造的国际竞争力将步纺织和家电等行业的后尘，汽车产品的“中国制造”将改变未来国际市场的格局。

(3) 成长性推高估值

中国汽车市场的长期快速增长前景和中国汽车产业全球竞争力的提升将深刻改变国际汽车行业的格局，正如日本、韩国的发展所示，再过5~10年，将有几家中国汽车公司跻身世界主流汽车公司的行列。2007年轿车销量增速约为25%，价格下降约为5%。轿车行业的盈利水平与2006年相比有约35%的增长，整体汽车行业利润水平增速在30%左右，部分市场地位不断提升的公司获得显著超越市场增幅的速度。基于快速增长的中国国内市场和不断提高的产业全球竞争力，汽车产业的未来发展可以乐观看待。预期优势汽车公司未来5~10年将维持年均30%业绩增长率。投资市场地位持续提高和产业链价值不断延伸的公司则是攻守兼备的策略。我们认为，汽车行业波动性趋于下降，制造商预期趋向稳定，市场价格趋向平稳下降，市场竞争走向涵盖品牌、质量、服务的综合实力的竞争，单纯依靠价格竞争的厂商趋向式微。当前市场利润率差异显著，能够获得高利润率的公司大多是综合实力的体现，而微利或亏损公司的降价能力不足。尽管存在原材料价格上涨因素，但是国内零部件配套体系质量提高和规模快速增长，有效地降低了整车产品的成本。行业盈利能力稳步提高。国内市场的快速成长和竞争格局的结构性变化，使得价格竞争退居次要位置，汽车产业利润水平稳中有升。战略、执行力和价值链控制力成为汽车公司未来发展和投资价值的关键。

中国汽车行业前景广阔，预计2010年、2011年将持续保持增长，增长率在19%至20%。2009年中国成为世界第一汽车生产大国，同时中国汽车消费量占全球总消费量比例已达12%，在2015年左右国内汽车销售也有望超过美国，成为第一大汽车消费市场。到2020年，中国本土汽车产量将达到2 000万辆左右，其中两成产品将进入国际市场。

本章小结

对行业进行分析有助于判断公司的长远发展趋势和所在行业的地位，从而正确分析证券市场价格的变化趋势。本章重点有行业的划分、行业的生命周期及对证券价格影响。行业分析的主要目的在于挖掘最具投资潜力的产业，进而在此基础上选出最具投资价值的上市公司。

名词解释

行业　行业生命周期　板块

思考题

1. 行业的分类有哪几种主要标准?
2. 行业生命周期不同阶段的基本特征有哪些?

3. 不同阶段的行业对证券市场价格的影响如何?

4. 如何进行行业生命周期的影响因素分析?

相关链接：产品的生命周期理论与海尔的国际化生产战略

美国哈佛大学教授费农认为，产品和人的生命一样，要经历形成、成长、成熟、衰退这样的周期，而这个周期在不同技术水平的国家里，发生的时间和过程是不一样的，其间存在一个较大的差距和时差。正是这一时差，表现为不同国家在技术上的差距，它反映了同一产品在不同国家市场上的竞争地位的差异，从而决定了国际贸易和国际投资的变化。费农还把产品生命周期分为三个阶段，即新产品阶段、成熟产品阶段和标准化产品阶段。费农认为，在新产品阶段，创新国利用其拥有的垄断技术优势，开发新产品。由于产品尚未完全成型，技术上未加完善，加之竞争者少，市场竞争不激烈，替代产品少，产品附加值高，国内市场就能满足其摄取高额利润的要求等，产品极少出口到其他国家，绝大部分产品都在国内销售。在成熟产品阶段，由于创新国技术垄断和市场寡占地位的打破，竞争者增加，市场竞争激烈，替代产品增多，产品的附加值不断走低，企业越来越重视产品成本的下降，较低的成本开始处于越来越有利的地位，且创新国和一般发达国家市场开始出现饱和，为降低成本，提高经济效益，抑制国内外竞争者，企业纷纷到发展中国家投资建厂，逐步放弃在本国内的生产。在标准化产品阶段，产品的生产技术、生产规模及产品本身已经完全成熟，这时对生产者技能的要求不高，原来新产品企业的垄断技术优势已经消失，成本、价格因素已经成为决定性的因素。

海尔的国际化生产战略便是遵循着产品生命周期发展规律的原理。海尔集团自 1984 年创立以来，从一个亏损 147 万元的濒临倒闭的小厂，由小到大、由弱到强、由国内到国外，逐步成为品牌价值为 440 多亿元人民币，全球销售额达 768 亿元人民币，拥有包括白色家电、黑色家电、米色家电在内的 69 大门类 10 800 多个规格品牌群的具有一流国际化水平的国有特大型企业，成为中国家电名副其实的老大。根据欧洲 2002 年的统计：海尔位列全球白色家电企业五强。

按产品生命周期理论来划分，海尔集团的发展历程可以分成以下两个阶段：

第一阶段为 1984—1998 年。根据产品生命周期理论，当时技术水平不高，只具有相对成本优势的海尔集团正处于中小企业阶层。这一时期，海尔集团的国际化生产战略便是不断吸收、引进国内外先进的生产技术，提升自己的管理水平，提升自己产品的附加值，并适当为国外厂商作 OEM。这一时期的海尔从 1984 年引进德国利勃海尔的亚洲最先进的四星级电冰箱生产线开始，通过与中国科学院、北京航空航天大学、菲利浦集团等国内外著名的科学研究所、大学、跨国公司合作，不断提高自己的科技水平。同时，通过兼并、控股等一系列资本运营手段，逐步壮大自己的综合实力，进而通过自己强大的技术水平和雄厚的经济实力，不断进行技术创新、管理创新，不断进行技术管理和资本的积累。

第二阶段是从 1998 年至今。在这一时期，通过第一阶段的技术、管理和资本上的积累，海尔集团已经迈入了国际化大公司的行列，海尔集团拥有的技术、管理优势与世界先进水平保持了同步的发展，部分甚至领先世界先进水平。所有这一切，使海尔集团基本具备了产品生命周期理论中所阐述的对外扩张的生产战略的实力。因此，在这一阶段，海尔集团在“先有市场，再有工厂”的思想的指导下，开始了在海外建立生产工厂、基地的历程。

总的来说，海尔这一阶段的国际化生产战略按照先易后难与先难后易相结合的原则，分为以下两个层次：

第一层次是到1999年4月。这一阶段的海尔的科研实力和技术实力还不足够强，他们选择了去技术、管理综合水平比其稍低的印度尼西亚、菲律宾、印度等国进行发展，以维持其所有权优势，并通过内部化优势表现出来，如1996年6月在印度尼西亚成立海尔莎保罗（印度尼西亚）有限公司，1997年在菲律宾成立海尔—LKG电器有限公司，在马来西亚组建海尔工业（亚细安）有限公司，就是这一国际化生产战略的体现。

第二层次是从1999年4月始至现在。这一阶段，随着企业的技术、管理、资金等所有权优势的不断增加和前一层次国际化生产战略推行中的国际化生产战略的经验的逐步的积累，海尔集团已经基本具备了进入国际一流企业行列的条件。此时，海尔的国际化生产战略也发生变化。1999年4月，以美国海尔中心在美国南卡罗来纳州首府哥伦比亚市附近的汉姆顿建立生产基地为标志，海尔集团先后在美国、日本、意大利等国建立了生产基地，并依次分别组建了美国海尔、日本海尔、欧洲海尔，使其国际化生产战略延伸到了被誉为国际一流冰箱技术的发源地的美国、日本、欧洲，对惠而浦、三洋、伊莱克斯、通用电器等全球家电巨头发起了冲击，并迫使通用这样的巨头退出了电冰箱行业。事实证明，海尔的这一国际化生产战略是正确的，海尔也因此取得了不俗的战绩。如美国海尔2002年就完成了10亿美元的销售额，海尔集团海外销售额达到59亿美元。

海尔所处的行业阶段是成熟期，但又为何能在国际上发展呢？主要是不断加大了对科研的投入和管理的创新，使其产品的生命周期得到了延长。科研方面，通过不断与国内外各大学、科研机构、著名跨国公司合作，开发积累企业当前和将来十年内推动企业发展所需的先进技术；管理方面，通过不断地摸索，创造了一整套具有海尔特色的管理之道，如“激活休克鱼疗法”、“球体斜坡理论”、“OEC管理法”等并先后被哈佛大学等国外著名大学商学院的MBA案例库收录。

第十章

证券投资的公司分析

学习目标：

- 了解公司分析的基本因素
- 掌握公司分析的因素变动对证券市场的影响
- 掌握公司财务分析的基本内容
- 识读现金流量表

股票是发行公司的影子。上市公司的获利能力、偿债能力、资本结构等财务状况是确定该公司股价的基础。因此，对公司的分析是证券投资基本面分析的重要组成部分，是确定公司股票内在价值的重要内容。

第一节　公司基本素质分析

一、公司所在行业的竞争地位分析

首先是看公司所处行业的性质，与其他行业相比这个行业在哪些方面有优势，而在哪些方面则相对不足。其次是找出公司在所处行业中的竞争地位，如企业规模、产品售价、获利能力等。对于公司之间的比较，只有放在行业背景下才能得出宏观、公正的比较结果。比如家电行业由于销售模式的制约往往有较大的应收账款，而零售行业则一般较少。证券投资中对于上市公司在各自所处行业中的地位分析是确定对于目标公司投资的重要内容，公司在所处行业中的地位如何将影响到其在行业中的竞争优势，进而影响到其成长性、盈利性、经营的风险性等各个方面。对于行业地位较高的上市公司，企业在行业的竞争能力比较强，一般而言其获利能力也比较强。具体分析公司在行业中的竞争地位，一般应从以下几方面入手：

（1）科技开发水平。这是决定公司竞争地位的首要因素。

（2）经营模式。单一经营和多种经营。

(3) 产品与市场开拓能力和市场占有率。要看重点产品、拳头产品和主导产品的生命周期。

(4) 新产品开发程度。产品不断更新的企业才能处于有利的竞争地位。

(5) 公司发展潜力分析。公司长远的发展战略。

随着我国证券市场的发展和证券发行方式的不断完善，公司的行业地位受发行制度影响也会越来越弱，那么上市公司的行业地位也会更加明确地揭示出其在行业内的竞争能力。这对投资者选择具有投资价值的企业有着重要的现实意义。

二、公司的区位位置分析

不同的上市公司处于不同的地理位置和行政区域。由于不同区位的自然条件、资源状况、产业政策、政府扶持力度等方面都不相同，所以在考察一个公司时，自然要结合公司所处的区位来分析。上市公司的地理位置对于公司发展而言是公司发展的外部环境。不同行业的上市公司受地理位置和区域环境的影响不同。

(一) 区位内的自然和基础条件

自然和基础条件包括矿产资源、水资源、能源、交通、通信设施等，它们在区位经济发展中起着重要作用，也对区位内的上市公司的发展起着重要的限制和促进作用。分析区位内的自然条件和基础条件，有利于分析本区位内上市公司的发展前景。如果上市公司所从事的行业与当地的自然和基础条件不符，公司的发展就可能受到很大的制约。如在水资源稀缺的内陆地区从事大量耗水的工业项目，其项目的前景就难以乐观。

(二) 区位内政府的产业政策和其他相关的经济支持

为了进一步促进区域经济的发展，当地政府一般都相应地制订了经济发展的战略规划，提出相应的产业政策，确定了区位优先发展和扶持的产业，并给予相应的财政、信贷及税收等诸多方面的优惠政策。这些政策有利于引导和推动相应产业的发展，相关产业内的公司将因此受益。如果区位内的上市公司的主营业务符合当地政府的产业政策，一般会获得诸多政策支持，这对上市公司本身的进一步发展有利。

(三) 区位内的比较优势和特色

所谓特色，是区位间比较的结果，指本区位经济与区位外经济的联系和互补性、龙头作用及其发展活力与潜力的比较优势。它包括区位的经济发展环境、条件与水平、经济发展现状等方面有别于其他区位的特色。特色在某种意义上意味着优势，利用自身的优势发展本区位的经济，无疑在经济发展中找到了很好的切入点。比如某区位在电脑软件或硬件方面，或在汽车工业方面已经形成了优势和特色，那么该区位内的相关上市公司在同等条件下比其他区位主营相同的上市公司具有更大的竞争优势和发展空间，因为该区位的配套服务齐全、相关人才集聚、信息流和物流都更为顺畅便捷。

三、产品分析

(一) 产品的市场竞争能力

企业在商品生产和商品交换过程中，为了争夺有利的生产条件和销售市场同其他企业或国家进行竞争。其竞争是多方面的，包括争夺市场、争夺原料、争夺投资场所、争夺可供使用的资金等，但衡量竞争能力的最主要的指标是商品的销售情况和市场占有率。产品畅销、市场占有率上升，表明这一企业的产品竞争能力提高。产品竞争能力取决于产品质量、性能、样式、售后服务等给消费者带来的满足程度；从价值角度看，竞争能力取决于个别价值（或成本与价格）是否低于市场价值；在国际市场上，一国的关税与非关税措施、汇率对产品的国际竞争能力也有重要影响。

（二）产品的市场占有率

20 世纪 60 年代中后期，美国波士顿咨询集团对美国 57 个公司的 620 种产品进行了历时三年的调查，从中发现一个普遍规律，即市场占有率高的公司，产品质量高，研究开发及促销费用占销售额的比重高，资金利润率也高；反之，市场占有率低的公司，资金利润率也低。在差别较大的行业中，可能存在市场占有率低而收益高，或者市场占有率高而收益低的企业类型。问题的关键在于要解决如何使企业的产品品种及其结构适合市场需求的变化，只有这样，企业的生产才有意义。同时，如何将企业有限的资源有效地分配到合理的产品结构中去，以保证企业收益，是企业在激烈竞争中能否取胜的关键。

因此，企业产品市场占有率高低将影响到企业的发展前景、新产品开发的能力以及公司的盈利能力，这些是进行投资选择的重要参照指标。

（三）分析产品的品牌

产品品牌是一个复合概念，它由品牌名称、品牌认知、品牌联想、品牌标志、品牌色彩、品牌包装以及商标等要素组成。它是整体产品的一部分，是制造商为其产品规划的商业名称，基本功能是将制造商的产品与竞争企业的同类产品区别开来。美国营销学权威菲利普·柯特勒（Philip Kotler）认为：品牌就是一个名字、名词、符号或设计，或是上述的总和，其目的是要使自己的产品或服务有别于其他竞争者①。产业品牌的影响力是指品牌开拓市场、占领市场并获得利润的能力。基本指标包括品牌知名度、品牌认知度、品牌美誉度、品牌偏好度、品牌占有率、品牌满意度、品牌忠诚度等。这些指标来源于消费者对品牌的直接评价和认可，其中，核心指标是品牌忠诚度。

产品品牌不仅是企业产品的形象，而且也是向社会传递企业的产品、历史、文化、经营理念等的载体，使消费者了解企业，提高企业的知名度。对于企业的投资，我们十分看中的是企业发展的潜力和盈利能力。对于企业而言其收益和发展将直接根植于它的产品与劳务的提供，这种产品以及劳务提供在市场中的占有率又极大地受产品品牌的影响。基于产品品牌在企业产品销售中的重要地位和作用，在投资实践中也应认真分析产品品牌的地位、影响力等因素，从而进一步了解企业的投资价值。

四、上市公司成长性分析

从欧美发达国家的经济发展史看，企业的成长问题无论是对宏观经济、资本市场还

---

① 菲利普·柯特勒：《市场营销管理》第六版，732 页，北京，科学技术文献出版社，1991。

是投资者都具有十分重大的意义。企业的成长性是指企业发展的潜力和趋势，是指公司在自身的发展过程中，其所在的产业和行业受国家政策扶持，具有发展性，产品前景广阔，公司规模呈逐年扩张、经营效益不断增长的趋势。一个优秀企业，不但要有较高的收益性、可靠的安全性，也应当有较好的发展前景。成长性是公司的灵魂，是国民经济可持续发展的主要动力，是衡量上市公司经营状况和发展前景的一项非常重要的指标。

对公司成长性的分析则需评估一家公司的业绩是否会从差到好、从好到更好。这个分析不仅仅是依靠历史数据和过去的经营情况，更重要的是应着眼于公司未来可能产生的变化，同时了解行业、市场乃至产品的变化趋势。

企业成长性指标主要有：销售收入增长率、总资金增长率、固定资产增长率、总产值增长率、总利润增长率、人员增长率、自有资金增长率、净产值增长率等。以上这些比率互相影响、互相制约。一般来说，上述比率的增长幅度有如下倾向：增长速度最快的是固定资产，其后依次是总资金、利润、销售收入、自有资金、职工人数。

企业成长性的分析具体还要从公司的经营战略以及公司规模变动特征及扩张潜力等方面进行进一步的分析。

（一）公司经营战略分析

经营战略是企业面对激烈的变化与严峻挑战的环境，为求得长期生存和不断发展而进行的总体性谋划。它是企业战略思想的集中体现，是企业经营范围的科学规定，同时又是制订规划的基础。经营战略是在符合和保证实现企业使命的条件下，在充分利用环境中存在的各种机会和创造新机会的基础上，确定企业同环境的关系，规定企业从事的经营范围、成长方向和竞争对策，合理地调整企业结构和分配企业的全部资源。经营战略具有全局性、长远性和纲领性的性质，它从宏观上规定了公司的成长方向、成长速度及其实现方式。由于经营战略决策直接牵涉到企业的未来发展，其决策对象是复杂的，所面对的问题常常是突发性的、难以预料的。

对公司经营战略的评价一般可以从以下几方面进行：

（1）通过公开的传媒资料、调查走访等途径了解公司的经营战略，特别是注意公司是否有明确、统一的经营战略。

（2）考察和评估公司高级管理层的稳定性及其对公司经营战略的可能影响。

（3）公司的投资项目、财力资源、研究创新、人力资源等是否适应公司经营战略的要求。

（4）在公司所处行业市场结构分析的基础上，进一步分析公司的竞争地位，是行业领先者、挑战者，还是追随者，公司与之相对应的经营战略是否适当。

（5）结合公司产品所处的生命周期，分析和评估公司的产品策略是专业化还是多元化。

（6）分析和评估公司的竞争战略是成本领先、别具一格，还是集中一点。

（二）公司规模变动特征及扩张潜力分析

公司规模变动特征和扩张潜力一般与其所处的行业发展阶段、市场结构、经营战略密切相关，它是从微观的角度具体考察公司的成长性：

（1）公司规模的扩张是由供给推动还是由市场需求拉动，是通过公司的产品创造市场需求还是生产产品去满足市场需求，是依靠技术进步还是依靠其他生产要素，等等，以此找出企业发展的内在规律。

（2）纵向比较公司历年的销售、利润、资产规模等数据，把握公司的发展趋势是加速发展、稳步扩张，还是停滞不前。

（3）将公司销售、利润、资产规模等数据及其增长率与行业平均水平及主要竞争对手的数据进行比较，了解其行业地位的变化。分析企业的成长性，要考虑连续三年以上的发展状况，也就是说，必须从连续四年以上的财务报表上获得相应的数据。

（4）分析预测公司主要产品的市场前景及公司未来的市场份额。对公司的投资项目进行分析，并预测其销售和利润水平。

（5）分析公司的财务状况以及公司的投资和筹资潜力。

第二节　公司财务分析

一、公司会计数据分析

会计数据构成上市公司财务报表的主体，是外部投资者据以对上市公司进行分析的数据基础。以往我们在对上市公司进行财务分析时，通常对会计数据直接进行加工处理，而忽视了财务报表的原始数据有可能并没有真实、准确地反映企业经营现实的问题。会计数据分析的目的就是评估一个企业的会计记录是否真实地反映了其所代表的经营活动。通过对企业的会计政策和会计预测进行评估，证券分析人员能够知道他所使用的会计报表在多大程度上扭曲了经济现实，进而对这些扭曲进行“恢复”，为后面的财务分析提供一个真实的数据基础。

（一）影响公司会计数据质量的因素

造成会计数据和其所代表的经济现实之间出现偏差的因素主要有以下三点：

1. 会计准则

会计准则在限制经理层对会计数据进行不当处理能力的同时，也不可避免地减少了会计数据所代表的信息量。比如，股份有限公司的研发费用计入当期管理费用，但研发的结果可能是有些项目没有产生有价值的结果，而有些项目却很有价值。现行的会计制度不允许对两种结果进行不同的会计处理。

2. 预测的偏差

在权责发生制下，企业的收入和费用的确认含有主观的成分。一项交易发生之后，由于经理人员不能准确无误地对交易结果进行估测就会造成会计数据和经营实际结果的偏差。比如，在新会计制度下，当一个企业卖出商品而尚未收回货款时，要求经理人员对应收账款的回收概率进行预测，以确认坏账准备的提取比例和提取方法。

3. 经理人员通过影响会计数据来达到自己的目的

经理人员完全有能力在《股份有限公司会计制度》许可的范围内，按自己的意愿对财务报表施加影响。在坏账准备提取的比例上，在存货的计价上，在固定资产折旧的方法上，新会计制度都允许有自主选择的灵活性。

（二）进行会计数据分析的步骤

可以按以下步骤对上市公司的会计数据的质量进行分析：

第一步：弄清哪些会计政策对企业经营的影响最大。

新会计制度对企业采用何种会计政策赋予了很大的自由空间。比如，企业可以自由选择的折旧方法包括平均年限法、工作量法、年数总额法、双倍余额递减法，库存商品成本计价可采用先进先出法、加权平均法、移动平均法、个别计价法、后进先出法。为了保证会计政策的连续性和可比性，法律规定一种会计政策一经确定便不得随意更改，如需更改，应在会计报表附注中加以说明。需要明白的一点是，企业获得的会计政策自由度越大，从理论上说，该企业会计报表中的会计数据就越有可能准确地反映经营的实际情况。

第二步：重点检查容易出现数据不真实的会计科目。

根据新会计制度，上市公司的管理者在选择会计政策上有较大的自由度。企业经理既可以利用这一自由度更好地向股东反映企业的经营状况，也可以利用它们掩盖经营问题，误导投资者。利润从构成上来说有主营业务收入减去销售成本和期间费用；其他业务收入减去其他业务支出；投资收益；营业外收支；以前年度损益调整。上市公司也正是从以上各项收入与费用入手进行利润操纵的。比如，大幅增加与销售额增加相关的应收账款；因处置长期资产而产生的巨大利润；关联方交易带来的利润增加；利用会计政策、会计估计的选择与变更进行利润调整；利用其他应收款科目回避费用的提取；利用推迟费用确认入账的时间降低本期费用；利用其他非常性收入增加利润总额等。

二、公司财务报表分析

财务报表分析是指以财务报表和其他资料为依据和起点，采用专门的方法，系统分析和评价企业的过去和现在的经营结果、财务状况及其变动，目的是了解过去、评价现在、预测未来，帮助利益关系集团改善决策。财务分析的最基本功能，是将大量的报表数据转换成对特定决策有用的信息，减少决策的不正确性。

（一）公司财务分析的基本内涵

1. 财务报表分析的起点是财务报表，分析使用的数据大部分来源于公开发布的财务报表。因此，财务分析的前提是正确理解财务报表。

2. 财务分析的结果是对企业的偿债能力、盈利能力和抵抗风险能力作出评价，或找出存在的问题。

3. 财务报表分析是个过程。所谓的分析，是把研究对象（一种现象、概念）分成较简单的组成部分，找出这些部分的本质属性和彼此之间的关系，以达到认识对象本质的目的。财务报表分析是把整个财务报表的数据，分成不同部分和指标，并找出有关指标的关系，以达到认识企业偿债能力、盈利能力和抵抗风险能力的目的。

4. 财务报表分析的目的性

对外发布的财务报表，是根据全体使用人的一般要求设计的，并不适合特定报表使用人的特定要求。报表使用人要从中选择自己需要的信息，重新排列，并研究其相互关系，使之符合特定决策要求。财务报表分析的一般目的可以概括为：评价过去的经营业绩；衡量现在的财务状况；预测未来的发展趋势。根据分析的具体目的，财务报表分析可以分为：流动性分析；盈利性分析；财务风险分析；专题分析，如破产预测、注册会计师的分析性检查程序等。

（二）财务报表分析的方法

财务报表分析的方法可以分为比较分析法和因素分析法两种。

1. 比较分析法

比较分析是对两个或几个有关的可比数据进行对比，揭示差异和矛盾。比较是分析的最基本方法，没有比较分析就无法开始。比较分析的具体方法种类繁多，按比较对象分类（和谁比）主要有：

（1）与本企业历史比，即不同时期（2 年到 10 年）指标相比，也称趋势分析。

（2）与同类企业比，即与行业平均数或竞争对手比较，也称横向比较。

（3）与计划预算比，即实际执行结果与计划指标比较，也称差异分析。

按比较内容分类：

（1）比较会计要素的总量。总量是指报表项目的总金额，例如总资产、净资产、净利润等。总量比较主要用于时间序列分析，如研究利润的逐年变化趋势，看企业增长潜力。有时也用于同业对比，看企业的相对规模和竞争地位。

（2）比较结构百分比。把损益表、资产负债表、现金流量表转换成结构百分比报表，例如以收入为 100%，看损益表中各项目的比重。结构百分比报表用于发现有显著问题的项目，揭示进一步分析的方向。

（3）比较财务比率。财务比率是各会计要素的相互关系，反映其内在联系。比率的比较是最重要的分析。它们是相对数，排除了规模的影响，使不同的比较对象建立起可比性。财务比率的计算是比较简单的，但对它的说明和解释是相当复杂和困难的。

分析的核心问题在于解释原因，并不断深化，寻找最直接的原因。财务报表分析是个研究过程，分析得越具体、越深入，水平则越高。如果仅仅是计算出财务比率而不进行分析，什么问题也说明不了。

2. 因素分析法

企业的活动是一个有机整体，每个指标的高低，都受若干因素的影响。从数量上测定各因素的影响程度，可以帮助人们抓住主要矛盾，或更有说服力地评价经营状况。因此，因素分析是依据分析指标和影响因素的关系，从数量上确定各因素对指标的影响程度。

因素分析的方法具体分为：

（1）差额分析法。例如固定资产净值增加的原因分析，可分为原值变化和折旧变化两部分。

（2）指标分解法。例如资产利润率，可分解为资产周转率和销售利润率的乘积。

（3）连环替代法。依次用分析值替代标准值，测定各因素对财务指标的影响，例如影响成本降低的因素分析。

（4）定基替代法。分别用分析值替代标准值，测定各因素对财务指标的影响，例如标准成本的差异分析。

在实际的分析中，各种方法是结合使用的。

（三）财务报表分析的局限性

1. 财务报表本身的局限性

财务报表是会计的产物，会计有特定的假设前提，并要执行统一的规范。我们只能在规定意义上使用报表数据，不能认为报表揭示了企业的全部实际情况。

财务报表的局限性表现在：

（1）历史成本报告资产，不代表其现行成本或变现价值。

（2）假设币值不变，不按通货膨胀率或物价水平调整。

（3）稳健原则要求预计损失而不预计收益，有可能夸大费用，少计收益和资产。

（4）按年度分期报告，只报告了短期信息，不能提供反映长期潜力的信息。

2. 财务报表的真实性问题

财务分析不能解决报表的真实性问题，但是财务分析人员通常要注意以下与此有关的问题：

（1）要注意财务报告是否规范。不规范的财务报告，其真实性也应受到怀疑。

（2）要注意财务报告是否有遗漏。遗漏是违背充分披露原则的。遗漏很可能实在不想讲真话，也不能说假话的情况下形成的。

（3）要注意分析数据的反常现象。如无合理的反常原因，则要考虑数据的真实性和一贯性是否有问题。

（4）要注意审计报告的意见及注册会计师的信誉。

三、财务指标分析

财务报表中有大量的数据，可以根据需要计算出很多有意义的比率或指标，这些比率或指标涉及企业经营管理的各个方面。财务比率可以分为以下四类：变现能力比率、资产管理比率、负债比率和盈利能力比率。上市公司公开披露的信息很多，投资者要想通过众多的信息正确把握企业的财务现状和未来，没有其他任何工具可以比正确使用财务比率更重要。对于上市公司来说，最重要的财务指标是每股净收益、每股净资产和净资产收益率。证券信息机构定期公布按照这三项指标高低排序的上市公司排行榜，可见其重要性。

（一）偿债能力或变现能力比率

变现能力是企业产生现金的能力，它取决于可以在近期转变为现金的流动资产的多少。反映变现能力的财务比率主要是流动比率和速动比率。

1. 流动比率

流动比率 = 流动资产 / 流动负债

一般认为，生产企业合理的最低流动比率是2。这是因为流动资产中变现能力最差的存货金额约占流动资产总额的一半，剩下的流动性较大的流动资产至少要等于流动负债，企业的短期偿债能力才会有保证。人们长期以来的这种认识，因其未能从理论上证明，还不能成为一个统一的标准。

计算出来的流动比率，只有和同行业流动比率、本企业历史的流动比率进行比较，才能知道这个比率是高还是低。这种比较通常并不能说明流动比率为什么这么高或这么低，要找出过高或过低的原因还必须分析流动资产和流动负债所包括的内容以及经营上的因素。一般情况下，营业周期、流动资产中的应收账款和存货的周转速度是影响流动比率的主要因素。

2. 速动比率

流动比率虽然可以用来评价流动资产总体的变现能力，但人们（特别是短期债权人）还希望获得比流动比率更进一步的有关变现能力的比率指标。这个指标被称为速动比率，也被称为酸性测试比率。

速动比率 =（流动资产 - 存货）/ 流动负债

在计算速动比率时为何要把存货从流动资产中剔除？原因是：（1）流动资产中的存货变现速度最慢。（2）部分存货可能已经报废还没有处理。（3）部分存货可能已抵押给债权人。（4）存货的估价存在着成本与合理市价的差异。因此，通常认为正常的速动比率为1，低于1的速动比率被认为是短期偿债能力偏低。这仅是一般的看法，因为行业不同，速动比率会有很大的差别，没有统一标准的速动比率。例如，采用大量现金销售的商店，几乎没有应收账款，速动比率大大低于1是很正常的。相反，一些应收账款较多的企业，速动比率可能要大于1。

影响速动比率可信性的重要因素是应收账款的变现能力。账面上的应收账款不一定都能变成现金，实际坏账可能比计提准备得多；季节性的变化，可能使报表的应收账款数额不能反映平均水平。这些情况，外部人员不易了解，而财务人员却有可能作出估计。

3. 已获利息倍数

已获利息倍数 = 息税前利润 / 利息费用

公式中的息税前利润是指损益表中未扣除利息费用和所得税之前的利润。它可以用税后利润加所得税再加利息费用计算得出。已获利息倍数指标反映企业息税前利润为所需支付的债务利息的多少倍。只要已获利息倍数足够大，企业就有充足的能力偿付利息，否则则相反。从稳健性的角度出发，最好比较该企业连续几年的该项指标，并选择最低指标年度的数据作为标准。

（二）资产管理比率

资产管理比率是用来衡量公司在资产管理方面效率的财务比率。

1. 存货周转率

存货周转率 = 销售成本 / 平均存货

公式中的销售成本数据来自利润表，平均存货来自资产负债表中的“期初存货”与“期末存货”的平均数。

一般来讲，存货周转速度越快，存货的占用水平越低，流动性越强，存货转换为现金、应收账款等的速度越快。提高存货周转率可以提高企业的变现能力，而存货周转速度越慢则企业的变现能力越差。存货周转率指标的高低反映存货管理水平，它不仅影响企业的短期偿债能力，也是整个企业管理的重要内容。企业管理者和有条件的外部报表使用者，除了分析批量因素、季节性生产的变化等情况外，还应对存货的结构以及影响存货周转速度的重要项目进行分析，如分别计算原材料周转率、在产品周转率或某种存货的周转率。

存货周转分析的目的是从不同的角度和环节找出存货管理中的问题，使存货管理在保证生产经营连续性的同时，尽可能少占用经营资金，以提高资金的使用效率，增强企业短期偿债能力促进企业管理水平的提高。

2. 应收账款周转率

$$应收账款周转率 = \frac{销售收入}{平均应收账款}$$

公式中销售收入的数据来自利润表，是指扣除折旧和折让后的销售净额。平均应收账款是指未扣除坏账准备的应收账款金额，它是资产负债表中“期初应收账款余额”与“期末应收账款余额”的平均数。

一般说来，应收账款周转率越高，平均收现期越短，说明应收账款的收回越快。否则，企业的营运资金会过多地滞留在应收账款上，影响资金的正常周转。影响该指标正确计算的因素有：第一，季节性经营的企业使用这个指标时不能反映实际情况；第二，大量使用分期收款结算方式；第三，大量地使用现金结算的销售；第四，年末销售大量增加或年末销售大幅度下降。这些因素都会对该指标计算结果产生较大的影响。财务报表的外部使用人可以将计算出的指标与该企业的前景指标、行业平均水平或其他类似企业的指标相比较，判断该指标的高低，但仅根据指标的高低分析不出上述各种原因。

总之，各项资产的周转指标用于衡量企业运用资产赚取收入的能力，经常和反映盈利能力的指标结合在一起使用，可全面评价企业的盈利能力。

（三）资本结构比率

资本结构比率是指债务和资产、净资产的关系。它反映企业偿付到期长期债务的能力以及公司的资本结构状态和财务情况。

1. 资产负债率

$$资产负债率 = 负债总额 / 资产总额$$

公式中的负债总额不仅包括长期负债，还包括短期负债。公式中的资产总额是扣除累计折旧后的净额。

这个指标反映债权人所提供的资产占全部资产的比例，也被称为举债经营比率。它有以下几个方面的含义：

（1）从债权人的立场看，他们最关心的是贷给企业的款项的安全程度，也就是能否按期收回本金和利息。如果股东提供的资本与企业资本总额相比，只占较小的比例，则企业的风险将主要由债权人负担，这对债权人来讲是不利的。因此，债权人希望债务比例越低越好，企业偿债有保证，贷款不会有太大的风险。

（2）从股东的角度看，由于企业通过举债筹措的资金与股东提供的资金在经营中发挥同样的作用，所以，股东所关心的是全部资本利润率是否超过借入款项的利率，即借入资本的代价。在企业所得的全部资本利润率超过因借款而支付的利息率时，股东所得到的利润就会加大。反之则对股东不利，因为借入资本的多余的利息要用股东所得的利润份额来弥补。因此，从股东的立场看，在全部资本利润率高于借款利息率时，负债比率越大越好，否则则相反。

（3）从经营者的立场看，如果举债很大，超过债权人心理的承受程度，企业就借不到钱。如果企业不举债，或负债比例很小，说明企业畏缩不前，对前途信心不足，利用债权人资本进行经营活动的能力很差。从财务管理的角度来看，企业应当审时度势、全面考虑，在利用资产负债率制定借入资本决策时，必须充分估计预期的利润和增加的风险，在二者之间权衡利害得失，作出正确的决策。

2. 长期负债比率

长期负债比率是从总体上判断公司债务状况的一个指标，是长期负债与资产总额的比率，用公式表示为

$$长期负债比率 = (长期负债 \div 资产总额) \times 100\%$$

此指标的使用基本与资产负债率相同，只是角度有差异。

此外，还有股东权益比率、股东权益与固定资产比率等。

（四）盈利能力比率

盈利能力就是企业赚取利润的能力。一般说来，企业的盈利能力只涉及正常的营业状况。非正常的营业状况，也会给企业带来收益或损失，但只是特殊状况下的个别结果，不能说明企业的能力。因此，在分析企业的盈利能力时，应当排除证券买卖等非正常项目、已经或将要停止的营业项目、重大事故或法律更改等特别项目、会计准则和财务制度变更带来的累积影响等因素。

反映企业盈利能力的指标很多，通常使用的主要有资产净利率、销售毛利率、净资产收益率。

1. 资产净利率

$$资产净利率 = \frac{净利润}{平均资产总额}$$

公式中平均资产总额是期初资产总额和期末资产总额的平均数。

把企业一定期间的净利润与企业的资产相比较，可以反映企业资产利用的综合效果。指标越高，表明资产的利用效率越高，说明企业在增加收入和节约资本使用等方面取得了良好的效果，否则则相反。

资产净利率是一个综合指标。企业的资产是由投资者投入或举债形成的，净利润的多少与企业资产的多少、资产的结构、经营管理水平有着密切的关系。为了正确评价企

业经济效益的高低、挖掘提高利润水平的潜力，可以用该指标与本企业前期、计划、本行业平均水平和本行业内先进企业进行对比，分析形成差异的原因。影响资产净利率高低的因素主要有：产品的价格、单位成本的高低、产品的产量和销售的数量、资金占用量的大小。

2. 销售毛利率

$$销售毛利率 = \frac{销售收入 - 销售成本}{销售收入}$$

销售毛利率表示每一元销售收入扣除销售成本后，有多少钱可以用于各项期间费用和形成盈利。销售毛利率是企业销售净利率的基础，没有足够大的毛利率便不能盈利。

3. 净资产收益率

$$净资产收益率 = \frac{净利润}{平均净资产}$$

公式中平均净资产是年初净资产与年末净资产的平均数。

净资产收益率反映公司所有者权益的投资报酬率，具有很强的综合性。

（五）投资收益分析（专门针对上市公司）

1. 每股净收益

$$每股净收益 = \frac{净利润}{年度末普通股总额}$$

例如某上市公司当年净利润是 1 500 万元，发行在外的普通股为 2 500 万股，则

该上市公司每股净收益 = 1 500/2 500 = 0.60（元／股）

（1）计算每股净收益要注意的问题

第一，合并报表问题。编制合并报表的公司，应以合并报表数据计算该指标。

第二，优先股问题。如果公司发行了不可转换的优先股，则计算时要扣除优先股数及其分享的股利，以使每股净收益反映普通股的收益情况：

$$每股净收益 = \frac{净利润 - 优先股股利}{年度末股份总额 - 年度末优先股数}$$

已作部分扣除的净利润，通常被称为盈余，扣除优先股股利后计算出的每股净收益被称为每股盈余。

第三，年度中普通股增减问题。由于计算各种财务比率时要求分子和分母口径对称，本年净利润是整个年度内实存资本创造的，在普通股发生增减变化时该公司的分母应是用按月计算的"加权平均发行在外普通股股数"：

$$加权平均发行在外普通股股数 = \frac{\sum（发行在外普通股股数 \times 发行在外月份数}{12}$$

发行在外月份数是指发行已满一个月的月份数，或者说发行当月不计入发行在外月份数。

第四，复杂股权结构问题。有的公司具有复杂的股权结构，除普通股和不可转换的优先股外，还有可转换优先股、可转换债券、购股权证等。可转换债券的持有者，可以

通过转换使自己成为普通股股东，从而造成公司普通股总数增加；购股权证持有者，可以按预定价格购买普通股，也会使公司的普通股增加。普通股增加会使每股净收益变小，被称为稀释。计算这种转换和认购对每股净收益的影响是比较复杂的。我国绝大多数上市公司属于简单股权结构，所以证监会目前未对复杂结构下每股净收益计算的具体方法作出规定。按照证监会目前的规定，发行普通股以外的其他种类股票（如优先股等）的公司，应按国际惯例计算该指标，并说明计算方法和参照依据。

每股净收益是衡量上市公司盈利能力最常用的财务指标。它反映普通股的获利水平。在分析时，可以进行公司间的比较，以评价该公司的相对盈利能力；可以进行不同时期的比较，了解该公司盈利能力的变化趋势；可以进行经营业绩和盈利预测的比较，掌握该公司的管理能力。

（2）使用每股净收益分析盈利性要注意的问题

第一，每股净收益不反映股票所含有的风险。例如，假设 A 公司原来经营日用品的产销，最近转向房地产投资，公司的经营风险增大了许多，但每股净收益可能不变或是提高，并没有反映风险增加的不利变化。

第二，股票是一个份额概念，不同股票的每一股在经济上不等量，它们所含有的净资产和市价不同即换取每股净收益的投入量不同，在进行每股净收益的公司比较时要注意这一点。

第三，每股净收益多，并不意味着多分红，还要看公司股利分配政策。为了克服每股净收益指标的局限性，可以延伸分析市盈率、每股股利、股利支付率、股利保障倍数和留存盈利比率等财务比率。

2. 市盈率

市盈率是指普通股每股市价为每股收益的倍数。

$$\text{市盈率(倍数)}=\frac{\text{普通股每股市价}}{\text{普通股每股盈余}}$$

市盈率是人们普遍关注的指标，有关证券刊物几乎每天报道各类股票的市盈率。该比率反映投资者对每元净利润所愿支付的价格，可以用来估计股票的投资报酬和风险。它是市场对公司的共同期望指标，市盈率越高，表明市场对公司的未来越看好。在市价确定的情况下，每股收益越高，市盈率越低，投资风险越小；反之则相反。在每股收益确定的情况下，市价越高，市盈率越高，风险越大；反之则相反。仅从市盈率高低的横向比较看，高市盈率说明公司能够获得社会信赖，具有良好的前景；反之则相反。

使用市盈率指标时应注意以下问题：该指标不能用于不同行业公司的比较。充满扩展机会的新兴行业市盈率普遍较高，而成熟工业的市盈率普遍较低，这并不说明后者的股票没有投资价值。在每股净收益很小或亏损时，市价不会降至零，很高的市盈率往往不说明任何问题。市盈率高低受净利润的影响，而净利润受可选择的会计政策的影响，从而使得公司间的比较受到限制。市盈率高低受市价的影响，市价变动的影响因素很多，包括投机炒作等，因此观察市盈率的长期趋势很重要。

3. 每股股利

这里只考虑普通股的情况。

$$每股股利 = \frac{股利总额}{年末普通股总数}$$

公司中的股利总额是指用于分配普通股现金股利的总额。

4. 股利支付率

股利支付率是指普通股净收益中股利所占的比重，它反映公司的股利分配政策和支付股利的能力。

$$股利支付率 = \frac{普通股每股股利}{普通股每股净收益} \times 100\%$$

5. 股利保障倍数

股利支付率的倒数被称为股利保障倍数，倍数越大，支付股利的能力越强。它是股利支付率的逆运算。股利保障倍数是一种安全性指标，可以看出净利润减少到什么程度时公司仍能按目前股利水平支付股利。

6. 留存盈利比率

留存盈利是指净利润减去全部股利（包括优先股股利和普通股股利）后的余额。留存盈利与净利润的比率，被称为留存盈利比率。

$$留存盈利比率 = \frac{净利润 - 全部股利}{净利润} \times 100\%$$

留存盈利比率的高低反映了企业的理财方针。如果企业认为有必要从内部积累资金，以便扩大经营规模，经股东大会同意可以采用较高的留存盈利比率。如果企业不需要资金或者可以用其他方式筹资，为满足股东取得现金股利的要求可降低留存盈利的比率。显然，提高留存盈利比率必然降低股利支付率。

7. 每股净资产

每股净资产是期末净资产（即股东权益）与年度末普通股股份总数的比值，也被称为每股账面价值或每股权益。

该指标反映了发行在外的每股普通股所代表的净资产成本即账面价值。在投资分析时，只能有限地使用这个指标。因其是用历史成本计算的，既不反映净资产的变现价值，也不反映净资产的产出能力。例如，某公司的资产只有一块前几年购买的土地，并且没有负债，公司的净资产是土地的原始成本。现在的土地的价格比过去翻了几番，尽管其股票价格上升，而其账面价值不变。这个账面价值，既不说明土地现在可以卖多少钱，也不说明公司使用该土地能够获得什么。

每股净资产在理论上提供了股票的最低价值。如果公司的股票价格低于净资产的成本，成本又接近变现价值，说明公司已无存在价值，清算是股东最好的选择。正因为如此，新建公司不允许股票折价发行；国有企业改组为股份制企业时，一般以评估确认后的净资产折为国有股的股本；如果不全部折股，则折股方案与募股方案和预计发行价格一并考虑，折股比率（国有股股本/发行前国有净资产）不低于65%，股票发行溢价倍率（股票发行价/股票面值）应不低于折股倍数（发行前国有净资产/国有股股本）。

8. 市净率

把每股净资产和每股市价联系起来，可以说明市场对公司资产质量的评价。反映每股市价和每股净资产关系的比率，被称为市净率。市净率可用于投资分析。每股净资产是股票的账面价值，它是用成本计量的；每股市价是这些资产的现在价值，它是证券市场上交易的结果。投资者认为，市价高于账面价值时企业资产的质量好，有发展潜力；反之则资产质量差，没有发展前景。优质股票的市价都超过每股净资产许多，一般说来市净率达到3倍以上可以树立较好的公司形象。市价低于每股净资产的股票，就像售价低于成本的商品一样，属于“处理品”。当然，“处理品”也不是没有购买价值。问题在于该公司今后是否有转机，或者购买后经过资产重组能否提高获利能力。

四、现金流量分析

（一）现金流量表的主要作用

现金流量指某一时期内公司现金流出入的数量与净差。现金流量发生在筹资、投资、经营活动的领域，其净差反映了公司现金状况，能反映企业经营状况的好坏、偿债能力的强弱。现金流量分析是在现金流量表出现以后发展起来的，其方法体系并不完善，一致性也不充分。现金流量分析不仅依靠现金流量表，还要结合资产负债表和利润表。

其分析内容主要有：

1. 经营性现金流量状况分析

现金流量状况反映了企业日常现金的流转，企业应经常保持经营活动中现金的较大流入来保证资金的正常循环。它同时也是银行考察企业短期偿债率的重要指标，可以使银行了解现金在销售回笼与利润实现中的现金所占的比重以及偿债保证中现金流量的大小，从各个方面了解企业经营性现金流量的状况是否正常。

2. 投资活动的现金流量状况分析

在不同的行业与不同的投资期现金流量表现不同。在投资规模大的初创期，现金流动表现为大量净流出，但在成熟期、回收期现金流量出现大量的净流入。由于投资过程具有连续性，因而在投资领域现金一般不大量流入，除非固定资产被大量变卖回收等。由于我国正处在股份制改造的过程中，企业处在投资扩张阶段，现金净流入少而蕴涵了较大的风险。在经济不景气时，有些企业为了获得增配资金往往用扩大投资来虚增利润，从而获得配股权。但我们可以从现金流量表中对现金流出入于何处进行分析，揭示现金流量背后不正常经营的真实状况。

3. 筹资活动的现金流量分析

在企业的初创期，筹资的规模大，现金的净流入多。在企业到期偿还贷款发放现金股息时，现金流转以流出为主。但在企业经营投资状况都不好的情况下，大量的筹资活动促使现金大量的流出入，而整体现金流量的结果却表现为均衡，即余额少，有可能借新债还旧债。因此现金流量的不正常状况说明了企业债务沉重，信用状况不佳。

现金流量表的主要作用是：第一，提供本期现金流量的实际数据；第二，提供评价本期收益质量的信息；第三，有助于评价企业的财务弹性；第四，有助于评价企业的流动性；第五，用于预测企业的未来现金流量。

现金流量分析是在现金流量表出现以后发展起来的，其方法体系并不完善，一致性也不充分。现金流量分析不仅依靠现金流量表，还要结合资产负债表和利润表。

（二）现金流量的结构分析

现金流量的结构分析包括流入结构、流出结构和流入流出比分析。

下面以案例来分析现金流量的结构。

表 10－1　　D 公司现金流量结构分析

一、经营活动	流入（万元）	流出（万元）	净流量（万元）	内部结构	流入结构	流出结构	流入流出比
销售商品、提供劳务	13 425			100%			
现金流入小计	13 425			100%	64%		
购买商品和劳务		4 923		51%			
支付给职工		3 000		31%			
支付所得税		971		10%			
其他税费		20		0			
其他现金支出		700		100%		36%	1.4
现金流出小计		9 614					
经营流量净额			3 811				
二、投资活动							
投资收回	165			5%			
分得股利	300			9%			
处置固定资产	3 003			86%			
现金流入小计	3 468			100%	17%		
购置固定资产		4 510					
现金流出小计		4 510				17%	0.77
净额			－1 042				
三、筹资活动							
借款	4 000						
现金流入小计	4 000				19%		
偿还债务		12 500		99%			
支付利息		125		1%			
现金流出小计		12 625		100%		47%	0.32
净额			－8 625				
合 计	20 893	26 749	－5 856		100%	100%	

1. 流入结构分析

流入结构分析分为总流入结构和三项活动（经营、投资和筹资）流入的内部结构分析。

该公司的总流入中经营流入占64%，是其主要来源；投资流入占17%，筹资流入占19%，也占有重要地位。

经营活动流入中销售收入（含税）占了100%，比较正常；投资活动的流入中，股利占9%，投资收回和处置固定资产占91%，大部分是回收资金而非获利；筹资活动的4 000万元全部是借款。

2. 流出结构分析

流出结构分析分为总流出结构和三项活动流出的内部结构分析。

该公司的总流出中经营活动流出占36%，投资流出占17%，筹资流出占47%，说明公司现金流出中偿还债务占很大比重并使负债大量减少。

在经营活动流出中，购买商品和劳务占了51%，支付给职工的以及为职工支付的占31%，比重很大。投资活动流出全部是购置固定资产。筹资流出中偿还债务本金占99%，占绝大部分。

3. 流入流出比分析

经营活动流入流出比为1.4，表明企业1元的流出可换回1.4元现金流入。此比值越大越好。

投资活动流入流出比为0.77，表明公司处在扩张时期。发展时期此比值小，而衰退或缺少投资机会时此比值大。

筹资活动流入流出比为0.32，表明还款明显大于借款。

本公司经营现金净流入3 811万元，现金存量减少5 856万元；它们用于投资1 042万元，用于还款8 625万元。

通过流入和流出结构的历史比较和同业比较，可以得到更有意义的信息。

对于一个正在健康成长的公司来说，经营活动现金流量应该是正数，投资活动的现金流量是负数，筹资活动的现金流量是正负相间的。

（三）流动性分析

所谓流动性，是指将资产迅速转变为现金的能力。根据资产负债表确定的流动比率虽然也能反映流动性，但有很大的局限性。这主要是因为：作为流动资产主要成分的存货并不能很快转变为可偿债的现金；存货用成本计价不能反映变现净值；流动资产中的待摊费用也不能转变为现金。许多企业有大量的流动资产，但现金支付能力却很差，甚至无力偿债而破产清算。

真正能用于偿还债务的是现金流量。现金流量和债务的比较可以更好地反映企业偿还债务的能力。

1. 现金到期债务比

$$现金到期债务比 = \frac{经营现金净流入}{本期到期的债务}$$

本期到期的债务是指本期到期的长期债务和本期应付票据。通常这两种债务是不能展期的，必须如期偿还。

假设 D 公司的本期到期长期债务是 1 000 万元，则现金到期债务比 = 3 811/1 000 = 3.811。

若同业平均现金到期债务比为 2.5，说明 D 公司偿还到期债务的能力是较好的。

2. 现金流动负债比

$$现金流动负债比 = \frac{经营现金净流入}{流动负债}$$

假设 D 公司流动负债为 5 457 万元，则现金流动负债比 = 3 811/5 457 = 0.70。若同业平均现金流动负债比为 0.60，说明 D 公司偿还流动负债的能力是较好的。

3. 现金债务总额比

$$现金债务总额比 = \frac{经营现金净流入}{债务总额}$$

假设 D 公司的债务总额是 27 057 万元，则现金债务总额比 = 3 811/27 057 = 14%。这个比率越高，说明企业承担债务的能力越强。该公司最大的付息能力是 14%，即在利息高达 14% 时，企业仍能按期付息。只要能按时付息，就能借新款还旧款，维持债务规模。如果市场利率是 10%，那么该公司最大的负债能力是 3 811/10% = 38 110（万元）。仅从付息能力看，企业还可借债 11 053 万元（38 110 − 27 057），可见该公司的举债能力是不错的。

（四）获取现金能力分析

获取现金的能力可通过经营现金净流入和投入资源的比值来反映。投入资源可以是销售收入、总资产、净营运资金、净资产或普通股股数等。

1. 销售现金比率

$$销售现金比率 = \frac{经营现金净流入}{销售额}$$

D 公司销售额（含增值税）为 14 208 万元，则销售现金比率 = 3 811/14 208 = 0.2682。该比率反映每元销售得到的净现金，其数值越大越好。

2. 每股营业现金净流量

$$每股营业现金净流量 = \frac{经营现金净流入}{普通股股数}$$

假设 D 公司有普通股 50 000 股，则每股营业现金净流量 = 3 811/50 000 = 0.076（元/股）。

该指标反映企业最大的分派股利能力，超过此限度，就要借款分红。

3. 全部资产现金回收率

全部资产现金回收率是经营现金净流量与全部资产的比值，说明企业资产产生现金的能力。

$$全部资产现金回收率 = \frac{经营现金净流入}{全部资产} \times 100\%$$

假设D公司的全部资产为88 023万元，则全部资产现金回收率＝3 811/88 023×100%＝4.33%。若同业全部资产现金回收率为5%，说明该公司资产产生现金的能力较弱。

（五）财务弹性分析

所谓财务弹性是指企业适应经济环境变化和利用投资机会的能力。这种能力来源于现金流入量和支付现金需要的比较。现金流入量超过支付现金的需要，企业有剩余的现金、适应性较强。因此，财务弹性的衡量是用经营现金流量与支付要求进行比较。支付要求可以是投资需求或承诺支付等。

1. 现金满足投资比率

$$现金满足投资比率 = \frac{近5年经营活动现金净流入}{近5年资本支出 + 存货增加 + 现金股利}$$

假设D公司近5年经营现金流量平均数与今年相同，平均资本支出为4 350万元，存货平均增加40万元，现金股利平均每年120万元，则现金满足投资比率＝3 811/（4 350＋40＋120）＝0.85。该比率越大，说明资金自给率越高。该比率达到1时，说明企业可以用经营获取的现金满足扩充所需资金；若该比率小于1，则说明企业要靠外部融资来补充资金。

2. 现金股利保障倍数

$$现金股利保障倍数 = \frac{每股营业现金净流入}{每股现金股利}$$

假设D公司每股现金股利为0.05元，则现金股利保障倍数＝0.076/0.05＝1.52。

该比率越大，说明支付现金股利的能力越强。若同业平均现金股利保障倍数为3，相比之下，D公司的股利保障倍数不高，如果遇有不景气的情况，可能没有现金维持当前的股利水平，或者要靠借款才能维持。

（六）收益质量分析

收益质量是指报告收益与公司业绩之间的相关性。如果收益能如实地反映公司的业绩，则认为收益的质量好；如果收益不能很好地反映公司的业绩，则认为收益的质量不好。

影响收益质量的因素很多，大体可分为以下三个方面：（1）会计政策的选择。管理当局在选择会计政策时，可采取稳健的态度，也可采取乐观的态度。采用稳健的会计政策通常被认为比采取乐观的会计政策收益质量高。稳健主义减少了高估收益的可能性。例如存货的后进先出法和加速折旧等，都是稳健主义的选择，反映在财务报表附注二“重要会计政策和会计估计的说明”中。（2）会计政策的运用。如何运用选定的会计政策，管理当局仍然有一定的自主决定权力。例如，在选定提取资产减值准备的政策之后，提取多少数额，管理当局有很大的自主决定权。管理当局在广告费、营销费、修理费、研发费等酌量性费用的发生时间上有一定的自主决定权。利用这种自主决定权，管理当局可以操纵报告利润的水平。这种操纵使报告收益与实际业绩的相关性减少，降低了收益质量。（3）收益与经营风险的关系。经营风险的高低，与环境有关，也与管理当局的管理战略有关。经营风险大，收益不稳定，会降低收益的质量。影响经营风险的因素包括经营周期的长短、收益水平对外部环境变化的敏感程度、收益的稳定性、收益的可变性、收益来源的构成等。

1. 净收益营运指数

$$净收益营运指数 = \frac{经营净收益}{净收益} = \frac{净收益 - 非经营净收益}{净收益}$$

式中，

$$非经营净收益 = 非经营税前损益 \times (1 - 所得税税率)$$

有些公司净利润逐年大幅上升，而经营利润逐年下降，非经营利润的比重逐年加大，这是净收益质量越来越差的明显标志。非经营利润主要来源于资产处置和证券交易。

2. 现金营运指数

$$现金营运指数 = \frac{经营现金净流量}{经营现金毛流量}$$

$$经营现金净流量 = 经营活动税后净收益 + 折旧与摊销 - 营运资本增加$$

$$经营现金毛流量 = 经营活动税后净收益 + 折旧 + 摊销$$

经营现金净流量也可按下式计算

$$经营现金净流量 = 经营活动现金流量净额 + 非经营所得税$$

营运指数大于1说明收益质量的提高。如果营运指数小于1，说明营运资金增加了，反映企业为取得同样的收益占用了更多的营运资金，取得收益的代价增加了，代表着较差的营运业绩。

无论是净收益营运指数还是现金营运指数的分析，通常都需要使用连续若干年的数据，仅靠一年的数据是说明不了问题的。

本章小结

本章从公司竞争地位和财务分析两个方面分析了公司的基础素质。公司的经营战略和成长性构成了公司竞争地位分析的基础；财务比率和现金流量表的分析是公司财务分析的核心内容。在现金流量的结构分析中，还进一步引入了现金流量的流入结构、流出结构和流入流出比分析。

名词解释

速动比率　股利保障倍数　市盈率　市净率　现金营运指数

思考题

1. 如何分析公司的竞争地位？

2. 通过案例，利用财务指标分析某公司的成长性。
3. 通过哪几个方面分析公司的财务状况？
4. 如何分析公司的现金流量表，能否通过案例加以说明？
5. 市盈率的高低说明了什么，请举例并有比较的加以说明。

相关链接：公司分析中的关联交易

关联交易（Connected Transaction）是指关联方直接转移资源、劳务或义务的行为，而不论是否收取价款。《企业会计准则第36号——关联方披露》第三条对关联方进行了界定，即“一方控制、共同控制另一方或对另一方施加重大影响，以及两方或两方以上同受一方控制、共同控制或重大影响的，构成关联方”。这里的控制，是指有权决定一个企业的财务和经营政策，并能据以从该企业的经营活动中获取利益。所谓重大影响，是指对一个企业的财务和经营政策有参与决策的权力，但并不决定这些政策。参与决策的途径主要包括：在董事会或类似的权力机构中派有代表，参与政策的制定过程，互相交换管理人员等。凡以上关联方之间发生转移资源或义务的事项，不论是否收取价款，均被视为关联交易。

关联交易的方式

我国上市公司的关联交易具有形式繁多、关系错综复杂、市场透明度较低等特点。常见的关联交易主要有关联购销、资产租赁、担保、托管经营和关联方共同投资等。

1. 产品购销中的关联交易

一般是指上市公司与控股或非控股股东之间的原料采购、产品销售以及委托加工、提供后勤服务等。这类关联交易的交易量在各类关联交易中占首位。

2. 费用负担中的关联交易

有些集团公司部分资产改制上市后，虽然形成了两个独立的法人实体，但实际上是“两个牌子，一套班子”。当股份公司需要增加利润时，就由集团来承担各种费用。能往集团公司转移的费用尽量往集团公司转移，甚至连股份公司职工的工资也部分地转移到集团公司，另外还得向集团公司收取管理费。最后，如此规模的上市公司一年下来管理费用竟然只有百余万元，甚至更小。当然一些本身效益较好的上市公司则可以进行反向操作。

3. 资金占用中的关联交易

由于可通过股票市场进行低成本融资，并且由于信誉较好，相对比较容易从银行获得信贷资金，所以上市公司就成了集团公司的融资窗口。上市公司向集团收取资金占用费，一方面可增加上市公司的盈利，另一方面又可解决集团公司的资金来源问题。因此上市公司和集团公司之间的资金往来现象非常普遍，仅次于关联购销业务。此外，上市公司与其关联企业间的担保现象也非常普遍。

4. 资产重组中的关联交易

上市公司在改制上市时把非经营性资产和不良资产剥离给集团公司，以优化上市公司的资产结构。上市后很多公司仍同集团公司经常发生资产转让，这其中有正常的经营需要，也有的是为了调整利润。

5. 资产转让与租赁中的关联交易

目前，上市公司与其母公司（往往是集团公司）之间普遍存在着资产转让和租赁关系，包括上市公司利用募股资金收购关联方的资产，也包括厂房、设备等固定资产的租赁和土地使用权、商标、特许权等无形资产的租赁。

从对上市公司经营业绩影响的角度看，产品购销中的关联交易、资金占用中的关联交易和资产重组中的关联交易是对上市公司业绩影响最大的因素，甚至成为左右公司业绩的调控工具。但随着经营环境的变化以及对关联交易监管的日益严格，带来了一系列新的问题，有些上市公司甚至因此出现业绩大幅滑坡、经营难以为继的现象。

关联交易对公司的影响

关联交易属于中性交易，它既不属于单纯的市场行为，也不属于内幕交易的范畴，其主要作用是降低企业的交易成本，促进生产经营渠道的畅通，提供扩张所需的优质资产，有利于实现利润的最大化等。但在实际操作过程中，关联交易有其非经济特性。与市场竞争、公开竞价的方式不同，关联交易价格可由关联双方协商决定。特别是在我国评估和审计等中介机构尚不健全的情况下，关联交易就容易成为企业调节利润、避税和一些部门及个人获利的途径，往往使中小投资者的利益受损。交易价格如果不能按照市场价格来确定，就有可能成为利润调节的工具。如各项服务收费的具体数量和摊销原则因外界无法准确地判断其是否合理，因而操作弹性较大。目前通常的做法是，当上市公司经营不理想时，集团公司或者调低上市公司应交纳的费用标准，或者承担上市公司的相关费用，甚至将以前年度已交纳的费用退回，从而达到转移费用、增加利润的目的。又由于各类资产租赁的市场价格难以确定，租赁也可能成为上市公司与集团公司等关联公司之间转移费用、调节利润的手段。当上市公司利润水平不理想时，集团公司调低租金价格或以象征性的价格收费，或上市公司以远高于市场价格的租金水平将资产租赁给集团公司使用。有的上市公司将从母公司租来的资产同时以更高的租金再转租给其他关联方，形成股份公司的其他业务利润，实现向股份公司转移利润的目的。上市公司获得类似的“贴补”，从表面上看，对于上市公司和投资者来说是好事，但这种“贴补”首先不可能持久且终究要付出代价，其次不利于上市公司核心竞争力的培育，对其长远发展不利。

为了防止某些上市公司利用显失公允的关联交易操纵利润，2001 年 12 月，财政部颁布了《关联方之间出售资产等有关会计处理问题暂行规定》。按照相关规定，上市公司与关联方之间的交易，如果没有确凿证据表明交易价格是公允的，应按该规定进行处理；对显失公允的交易价格部分，一律不得确认为当期利润，应当作为资本公积处理，在“资本公积”科目下单独设置“关联交易差价”明细科目进行核算。这部分差价不得用于转增资本或弥补亏损。

资产重组中的关联交易，其对公司经营和业绩的影响需要结合重组目的、重组所处的阶段、重组方的实力、重组后的整合进行具体分析。首先，重组谈判过程一般长达几个月，其中变数颇多。因此在重组的谈判或审批阶段，难以判断重组成功的概率和绩效。如果上市公司重组目的带有短期化倾向，如为了短期业绩的改观、配股融资能力的增强等，企业经营现状的改变将是非质变性的。其次，重组后能否带来预期效益还要看后期整合的结果。由于原有企业的文化、管理模式具有一定程度的排他性，新资产从进入到正常运转还要面临一段时间的磨合，因此，资产重组类股票的投资不确定性较大。而带有关联交易性质的资产重组，由于其透明度较低，更需要进行较长时期的、仔细的跟踪分析。在分析关联交易时，尤其要注意关联交易可能给上市公司带来的隐患，如资金占用、信用担保、关联购销等。证券投资分析师在分析关联交易时，应尤其关注交易价格的公平性、关联交易占公司资产的比重、关联交易的利润占公司利润的比重以及关联交易的披露是否规范等事项。

从某种程度上说，以关联交易为核心的资产重组正是我国现阶段资产重组的特色。这些关联重组实际上可分为两类：第一类是原来大股东集团为了加强上市公司的科技开发能力，加快产品的更新换代，造就行业内的龙头企业，而实施的资源的优化配置。第二类是新兴产业的代表力量为谋求资本市场的筹集资金的便利，满足其高成长产业的发展需要，以买壳形式实现的资产重组，它重点体现了我国现阶段产业结构调整的大趋势。虽然重组涉及的双方是关联方，但主要依靠市场力量。总体上说，政府和管理层通过这种方式对筛选出的潜力公司加以扶持培育，借助资本市场支持国企在一些支柱性产业内的发展壮大，而在一些竞争性行业，则主要依据市场原则行事。可以预计，在今后一段时间内的资产重组中，关联重组仍将占据主导地位。

思考：你认为关联交易有何利弊？应该如何监管？

第十一章

证券投资技术分析

学习目标：

- 了解技术分析的含义及其理论基础
- 熟悉掌握技术分析的主要理论和方法
- 掌握和灵活使用技术分析的主要指标
- 重点掌握 K 线图的使用技巧
- 用所学的技术分析基本原理使用股票分析软件

众所周知，证券投资的最直接的目的和动机就是为了获得未来的收益。证券市场为人们提供的增值渠道主要有两种：一种是基本收益，这是投资者进入证券市场的最基本的出发点，它注重的是证券的基本分析，关心的是证券的内在价值；另一种是资本收益，目标是通过低进高出取得差价收益，它侧重的是技术分析而不是基本分析。比较这两个渠道的收益，更引人注意的是第二个渠道的收益，它更富于戏剧性、刺激性、冒险性。在证券神秘莫测的市场价格变化中想获得差价（资本收益），必然要求人们在决策前就得对证券价格未来的趋势有较为准确的判断。因此，正确判断证券价格未来的趋势，成为人们获取资本收益的关键，更是证券市场中赢家的必要条件。证券投资技术分析就是通过对证券市场的市场行为进行分析，预测其价格的未来趋势的一种方法。因此，正确应用技术分析，在某种程度上能够增加证券投资者预见未来和对当前形势正确判断的能力，从而使投资者在进行证券买卖时能够作出正确的决策。

第一节 技术分析的理论基础

一、证券投资技术分析的理论基础

（一）技术分析的含义

技术分析是对证券的市场行为所作的分析，是通过观察分析证券在市场中过去和现在的具体表现，应用有关逻辑、统计等方法，归纳总结出在过去的历史中所出现的典型的市场行为模式，并利用这些模式预测市场未来的变化趋势。

技术分析的对象是证券的市场行为。证券的市场行为就是证券在市场中的表现，是对某个证券在市场中具体表现的说明和描述。简单地说，就是价、量、时、空四要素，它们从不同侧面反映了证券在市场中的表现。在这四个要素中，价格的变化是最重要的，是技术分析的首要因素。根据市场行为得到的数据产生出各种图表，再通过这些图表进行预测行情趋势的方法，构成了技术分析的整体。

（二）技术分析的理论基础——三大假设

1. 市场行为涵盖一切信息

这一假设是进行技术分析的基础。其主要思想是认为影响证券价格的每一个因素都蕴涵在市场行为中，不必对影响证券价格的因素具体是什么过多地关心。如果不承认这一前提，技术分析所做的任何结论都是无效的。

这一假设是有一定合理性的。任何一个因素对证券的影响最终必然体现在证券价格的变动上。例如，如果某一消息公布，股票价格同以前一样没有大的变动或根本就不变动，说明这个消息不是影响股票市场的因素。如果有一天我们看到，价格向上跳空开盘，成交量急剧增加，不必问，一定是出现了什么利好的消息，具体是什么消息，完全没有必要去过问，它已经体现在这个市场行为（价格上升，成交量剧增）中了；反之，若出现向下跳空开盘，成交量锐减，也一定出了什么利空的消息。这些事实说明，影响证券价格的所有因素都已在市场行为中得到了体现。正因为这样，在运用技术分析时，我们只用这些因素对市场的影响效果——证券市场行为的变化，来预测证券未来的趋势，这是非常合理的，也是可行的。

2. 价格沿趋势移动

这一假设是技术分析最基本、最核心的因素。其主要思想是：证券价格变动是按一定规律进行的，证券价格有保持原来运动方向的惯性。正是因为这一条假设的存在，认为证券运行本身存在着一定规律，才使得作为探寻这些规律手段的技术分析方法的产生、存在和发展成为必要。

一般说来，一段时间内证券价格持续上涨或下跌，那么，今后一段时间，如果不出意外，证券价格仍会按这一方向继续上涨或下跌，没有理由改变这一既定的运动方向。如果股价没有调头的内部和外部因素，就没有必要逆势而为。由此可见，这一假设也具有一定的合理性。

否认了这一假设，即认为即使没有外部因素的影响，股票价格也会改变原来的运动方向，技术分析就失去了立根之本。股票价格的变动是遵循一定规律的，我们运用技术分析这个工具就是要找到这些规律，为投资活动进行有效的指导。

3. 历史会重演

这一假设是从人的心理因素方面考虑的。在市场中，人是买卖活动的行为主体。既然是人的活动，必然要受到人类心理学某些规律的制约。一个人在某一场合得到某种结论，那么，下一次碰到相同或相似的场合，这个人就认为会得到相同的结果。证券市场也不例外。在某种情况下，按一种方法进行操作取得了成功，那么以后遇到相同或相似的情况，就会按同一方法进行操作；如果前一次失败了，后面这一次就不会按前一次的方法操作。证券市场的某个市场行为给投资者留下的阴影和快乐是会长期存在的。在进行技术分析时，一旦遇到与过去某一时期相同或相似的情形，就应该与过去的结果进行比较。过去的结果是已知的，这个已知的结果应该是对未来进行预测的参考。

当然，对这三大假设本身的合理性一直存在着不同的看法。第一个假设认为市场行为包含了一切信息。但市场行为蕴涵的信息只体现在股票价格的变动之中，同原始数据毕竟有差异，信息损失是必然的。正因如此，在进行技术分析的同时还应适当进行一些基本分析，以弥补技术分析的不足。第二条假设认为价格沿趋势移动。但事实上，证券市场中的价格波动被认为是最没有规律可循的。由于物极必反的原因，价格沿某个方向运行的时间过长，就会增加反方向的力量，从而使价格原来的趋势受到冲击。此外，价格的变动受许多方面因素的影响，有些是我们根本想不到的，这使得价格的波动表现出无规律的现象。第三条假设认为历史会重演。但证券市场的市场行为是千变万化的，不可能有完全相同的情况重复出现，差异总是或多或少存在的。

三大假设是进行技术分析的基础，它并不是完美无缺的。但是，不能由此而否定它存在的合理性。承认它的存在，同时也注意到它的不足才是合理的。

二、证券投资技术分析的要素

在证券市场中，价格、成交量、时间和空间是进行技术分析的要素，这四个要素构成了技术分析的对象。

（一）价和量是市场行为最基本的表现

市场行为最基本的表现就是成交价和成交量。过去和现在的成交价、成交量是过去和现在的市场行为的主要表现，技术分析就是以过去和现在的成交价、成交量资料为基础来预测未来市场趋势的。这里，成交价、成交量就成为技术分析的要素。在一定时点上的价和量反映的是买卖双方在这一时点上共同的市场行为，是双方的暂时的均衡点。随着时间的推移，均衡会发生变化，这就是价量关系的变化。一般来说，买卖双方对价格的认同程度通过成交量的大小予以确认。认同程度大、分歧小，成交量就大；认同程度小、分歧大，则成交量就小。双方的这种市场行为反映在价、量上往往呈现出这样一种规律：价升量增，价跌量减。根据这一规律，当价格上升时，成交量不再增加，意味着价格得不到买方认可，价格上升的趋势就会改变；反之，当价格下跌时，成交量萎缩到一定程度就不再萎缩，意味着卖方不再认同价格继续往下降了，价格下跌趋势就会改变。成交价、成交量的这种规律是技术分析的合理性所在。因此，价、量是技术分析的基本要素。

（二）成交量与价格趋势的关系

成交量是股市的元气，是推动股价向上涨的原动力。一般证券市场中常见的量价关系有：

（1）量增价升：即市场中出现利多因素刺激股市需求，交投活跃，量增价升。此时的股价上升是真实的，是具有实质性支撑的。一般在长期跌势或大盘调整后，成交量放大和股价上升同时出现，或价格形态向上突破后量增价升。

（2）量增价跌：当股市已经持续上升后，出现量增价跌的现象，标志着行情转跌。量增价跌的原因可能是投资者获利纷纷抛出而市场承接乏力，也可能是出现利空消息，众人落荒而逃。但无论哪种情况，一般都预示股价将连续下跌。

（3）价升量缩：价升量缩是股价上升乏力，涨势行情将结束的明显征兆。出现这种情况的原因有：第一，市场心理仍看好后市，持股者惜售；第二，追高意愿不强，大众对后市十分谨慎；第三，投资者不认同目前价位，因而需求不旺。这种没有成交量扩大配合的股价上升是缺乏支撑的。

（4）价跌量缩：股价上升必须有成交量的扩大相配合才是真实的，但股价的下跌却不需成交量的配合。价跌量缩一般说明卖方惜售，而买方又不愿进场，这种阴跌行情往往消磨多头的意志，从而导致加速下跌。不过，若市场已持续下跌，股价已跌得相当低且下跌已明显放缓，此时成交量也缩小，则是行情欲跌不能，即将见底回升的标志。

（5）价稳量增：一般出现在股价盘整后期，即股市是牛皮状态，而成交量减少到一段时期以来的最小量，常意味着盘整即将结束，股价即将涨升。

总之，若交易量与价格相验证，即交易量在现有价格趋势方向上增加或扩张，则现有趋势将继续；若二者相背离，如在上升趋势时，成交量随股价上升而减少，下降趋势中成交量随股价下降而减少，往往是趋势反转的信号。

（三）时间和空间是市场潜在能量的表现

在技术分析中，时间是指完成某个过程所经历的时间的长短，通常是指一个波段或一个升降周期所经过的时间。时间在进行行情研制的过程中有着很重要的作用。一个已经形成的趋势在短时间内不会发生根本性的改变，中途出现的反方向波动，对原来趋势也不会产生大的影响；一个形成了的趋势又不可能永远不变，经过一定时间又会有新的趋势出现。空间在某种意义上讲，可以认为是价格的一个方面，指价格波动能够达到的极限。时间和空间是直接反映市场起伏的内在规律和事物发展的周期性特征，体现了市场潜在的能量由小变大再变小的过程。空间反映的是每次市场发生变动程度的大小，也体现市场潜在的上升或下降的潜能大小，上升或下降的幅度越大，潜在能量就越大；反之则相反。

三、证券投资技术分析方法的分类

按照目前市场流行的说法，技术分析大致可分为六类，即指标法、切线法、形态法、K 线法、波浪法。

（一）指标法

指标法是从市场行为的各个方面出发，通过建立一个数学模型，得到一个体现证券市场某个方面深层次内涵的数字，这个数字叫指标值。指标值的具体数值和相互间的关系可以直接反映证券市场所处的状态，为我们的操作行为提供指导方向。指标反映的东西大多是从市场行为的原始数据中直接看不到的。

目前，在全球各证券市场上运用的技术指标至少有上千种。主要包括市场趋势指标、市场动量指标、市场大盘指标和市场人气指标四类指标体系。这些都是很著名的技术指标，在证券市场中经久不衰。而且，随着时间的推移，新的技术指标还在不断涌现，充实和扩大了这个大家族。

（二）切线法

切线法是指按一定方法和原则，在由证券价格的数据所绘制的图表中画出一些直线，然后根据这些直线的情况推测证券价格的未来趋势。这些直线就叫切线。切线的作用主要是起支撑和压力的作用。支撑线和压力线往后的延伸位置对价格的趋势起一定的制约作用。

在这个方法中，切线的画法是最为重要的，画得好坏直接影响预测的结果。目前，画切线的方法有很多种，主要包括趋势线、通道线、黄金分割线、甘氏线、角度线等。

（三）形态法

形态法是根据价格图表中价格在过去一段时间里走过的轨迹的形态来预测证券价格未来的趋势的方法。技术分析的第一条假说告诉我们，市场行为涵盖一切信息。价格走过的形态是市场行为的重要部分，是证券市场对各种信息感受之后的具体表现。因此，用价格的轨迹或者说是形态来推测证券价格的未来是站得住脚的。从价格轨迹的形态，我们可以推测出证券市场处在一个什么样的大环境之中，由此对我们今后的行为给予一定的指导。典型的形态主要可分为两大形态：反转突破形态和持续整理形态。

（四）K 线法

K 线法主要是通过 K 线及 K 线的组合，推测股票市场多空双方力量的对比，进而判断股票市场多空双方谁占优势。单独一天的 K 线的形态有十几种，若干天 K 线的组合种类就无法数清了。人们经过不断的实践，总结出很多对股票买卖有指导意义的组合，而且，新的组合正不断地被发现、被运用。K 线法是各种技术分析方法中最重要的方法。K 线作为一种专业化的证券分析手段日趋成熟，并经过实践检验，已经发展为一门独立学科，目前在全世界证券及期货市场中被广泛应用。

（五）波浪法

波浪理论起源于 1978 年美国人查尔斯·J. 柯林斯发表的专著《波浪理论》。波浪理论的实际发明者和奠基人是艾略特，他在 20 世纪 30 年代有了波浪理论最初的想法。波浪理论把证券价格的上下变动和不同时期的持续上涨下降看成是像波浪的上下起伏一样。波浪的起伏遵循自然界的规律，价格的波动过程遵循波浪起伏所体现出的周期规律，这个周期过程就是八浪结构（上升是五浪下跌是三浪）。如果数清楚了浪，就能知道当前的位置，进而明确应采取何种策略。波浪理论最大的优点就是能提前很长时间预测到底和顶。同时，波浪理论又是公认的最难掌握的技术分析方法。在现实中，真正能够正确运用波浪理论的人是极少的。

四、应用技术分析方法应注意的问题

作为一种证券分析工具，技术分析有其神奇有效的一面，同时也有其无能为力的一面。所以，在应用时，应该注意以下问题：

（一）技术分析必须与基本分析结合起来使用，才能提高其准确程度，单纯的技术分析是不全面的

技术分析的三大假设是建立在完全市场基础之上的。在现实的市场当中，由于信息不对称、人为操纵等不完全市场因素的影响，技术分析的条件及结果肯定会与实际有出入。所以，仅靠过去和现在的数据、图表去预测未来是不可靠的。但是，我们也不能因此而否定了技术分析的功效。任何一种工具的使用都有其适用范围，不能因某种场合工具无效而责怪工具本身。事实上，在中国的证券市场上，技术分析依然有非常高的预测成功率。这里，成功的关键在于不能机械地使用技术分析。除了在实践中不断修正技术分析外，还必须结合基本分析来使用技术分析。

（二）注意多种技术分析方法的综合研制，切忌片面地使用单一技术分析方法

这一点告诉我们，在运用技术分析时，须全面考虑技术分析的各种方法对未来的预测，综合这些方法得到的结果，最终得出一个合理的多空双方力量对比的描述。实践证明，单独使用一种技术分析方法有相当的局限性和盲目性。如果多用几种方法，每种方法得到同一结论，那么这一结论出错的可能性就很小。这是已经被实践证明了的真理。如果仅靠一种方法得出结论，这样的结论出错的几率就大。为了减少自己的失误，需尽量多掌握一些技术分析方法，掌握得越多肯定是越有好处的。

（三）已经存在的结论要通过自己的实践验证后才能放心地使用

证券分析的方法各异，已有的结论是在过去一定的特殊条件下和特定环境中得到的。随着环境的变化，这些曾经成功的结论用到自己身上就可能失败，所以必须验证后才能使用。此外，由于人的个性差异，同一方法在不同人手里使用，结果是不尽相同的。因此，从别人那里获得经验的同时，要通过实践对这些经验仔细推敲，总结出适合自己的、自己能够使用的部分。

第二节　技术分析的理论与方法

一、K 线理论

K 线又称日本线，在欧美称之为蜡烛线。K 线理论起源于 200 年前日本的米市，最初 K 线理论被日本人总结成 Sakata 法。经过长期的运用和变更，它在内容上有所变化。本节介绍其中较为常用的内容。

（一）K 线的含义及其构成

所谓 K 线，是指将每一交易周期（日、周、月或年等）的开盘价、最高价、最低价和收盘价的变动记录下来，然后按一定的方法绘制成图表，根据图表形态判断证券价格趋势的一种技术分析方法。

如图 11－1 所示，K 线是一条柱状的线条，是以开盘价、最高价、最低价、收盘价四个价位为依据，由画出的实体和影线两部分构成。

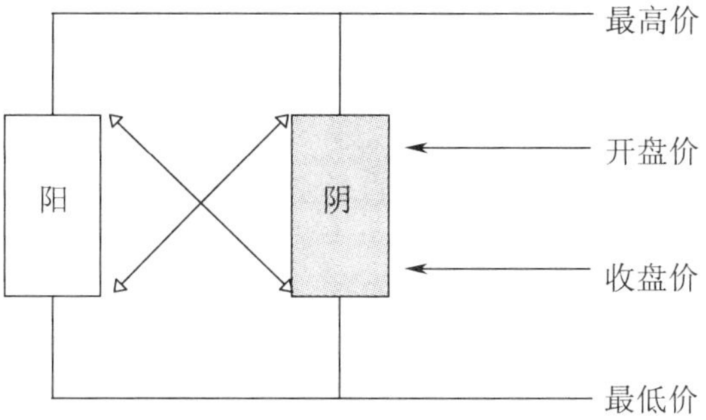

图 11－1 两种常见的 K 线形态

开盘价是指每个交易日第一笔成交的价格，这是传统的开盘价的定义。由于存在个别人利用自身的优势，故意人为地造出不合理的开盘价的弊端，目前我国股票市场采用集合竞价的方式产生开盘价，克服了传统意义上的开盘价的缺陷。

最高价和最低价是每个交易日成交的股票中成交价格最高和最低的价格，它们反映当时股票价格上下波动的幅度大小。两个价格如果相差悬殊，说明当时股票市场交易活跃，买卖双方争夺激烈。但是，同传统的开盘价一样，最高价和最低价也容易被故意做市而脱离实际。

收盘价是多空双方经过一天的争斗最终达成的共识，是供需双方最后的暂时的均衡点，具有指明目前价格位置的重要功能。

K 线的实体部分就是开盘价与收盘价之间的柱形体，分为阳线和阴线。阳线是指收盘价高于开盘价，又称红（阳）线；阴线表示收盘价低于开盘价，又称黑（阴）线。实体的长度是开盘价与收盘价之间的距离。影线是指在实体上下方画出的细线，在实体上方的部分叫上影线，下方的部分叫下影线。它们的位置是由最高价和最低价决定的。上影线的长度是最高价到实体上边的距离，下影线的长度是最低价到实体下边的距离。

除了图 11－1 所示的 K 线形状外，由于四个价格的不同取值，还会产生别的形状的 K 线。这些 K 线可概括为下列（见图 11－2）10 种：

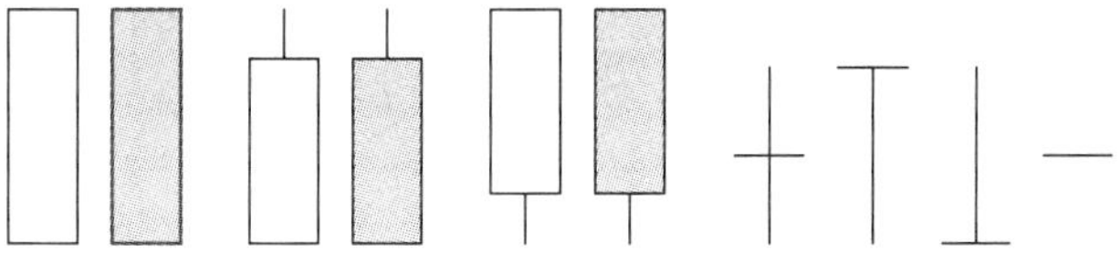

图 11－2 其余 10 种 K 线形态

（二）K 线的市场含义

K 线实体的阴阳和长短、上下影线的长短是 K 线的重要形状特征，而 K 线理论的精髓就在于 K 线的形态可以反映多空力量的消长变化状况。

1. K 线告诉我们在某一具体时间内的趋势方向

在 K 线图中，开盘价、最高价、最低价、收盘价四个数据可代表股价一天的走势（具体有 5 分钟、日、周、月、年线之分）。如果出现阳线，代表当天是上涨趋势，再联系技术分析理论基础假设之二中的惯性原理，则后一日继续上涨的可能性就大于下跌的可能性；如果出现的是阴线，代表当天为下跌趋势，同样根据惯性原理，则后一日继续下跌的可能性就大于上涨的可能性。以上可以归纳为K线第一个市场含义，即K线“阴阳”表明目前多空双方谁占优势。优势究竟有多大，还要看实体的长短。

2. K线告诉我们在某一具体时间段内的多空能量的大小

股市是多空双方共同组成的，但多空双方的力量并不总是保持均衡的，一旦某一方的力量比另一方大得多或小得多，就导致多空双方的力量不均衡，这时候股价就会在力量大的一方的主导之下运动到一个新的均衡点。股价运动的幅度决定于多空双方能量的对比。如果多方力量比空方力量占绝对优势，则股价上升幅度就会很大，K线的实体就很长（大阳线）。大阳线表示了多方能量占绝对优势的事实。如果多方力量比起空方力量只占部分优势，则股价上升幅度就不会很大，K线阳线只能是中等长度（中阳线）。中阳线表示多方力量占有相对优势的事实。如果多方力量比起空方力量只占微小的优势，则股价只会出现极为有限的微幅上升，K线阳线实体的长度很短（小阳线）。小阳线表示多方能量略占优势的事实。同理，大阴线、中阴线、小阴线分别表示了空方力量占绝对优势、相对优势、略占优势的事实。把多空双方力量对比与K线形态结合起来，可归纳为K线的第二个市场含义：K线实体长短代表“动力”，这里的“动力”是指在多空双方中占有优势一方能量的大小。

3. K线告诉我们在某一具体时间内的转折信号的强弱

K线中的重要组成部分——上下影线，就可代表转势信号的强弱。如果一根K线带有很长的上影线，说明当天多方曾经把价格拉升得很多，但最后还是被空方打压了下去。既然空方能够击退多方的进攻，那么在下一回合的较量中，空方乘胜追击的可能性就很大。上影线越长，空方反败为胜的可能性就越大；上影线越短，这种可能性就越不明显。因此，长上影线是强见顶信号，中上影线是一般见顶信号，短上影线的意义不大。

相反，如果一根K线带有很长的下影线，说明当天空方曾经把价格打压得很低，但最后还是被多方反击了回去。既然多方能够击退空方的进攻，那么在下一回合的较量中，多方乘胜追击的可能性就很大。下影线越长，多方反败为胜的可能性就越大；下影线越短，这种可能性就越不明显。因此，长下影线是强见底信号，中下影线是一般见顶信号，短下影线的意义不大。

因此，K线的第三个市场含义可以概括为：上（下）影线表示空（多）方的反击力量，上（下）影线越长，空（多）方的反击越强。

（三）应用K线组合分析市场应该注意的问题

（1）K线分析的错误率是比较高的。市场的变化是复杂的，实际的市场情况可能与我们的判断有距离。从统计结果中可以知道，K线的成功率是不能令人满意的。

（2）K线分析方法只能作为战术手段，不能作为战略手段，必须与其他方法结合使用。在从其他的途径已经作出了该买还是该卖的决定之后，才用K线组合选择具体的采取行动的时间和价格，这样做的效果要好些。

（3）根据实际情况，适当修改组合形态。组合形态只是总结经验的产物。实际市场中，完全满足我们所介绍的K线组合形态的情况是不多见的。如果一点不变地照搬组合形态，有可能长时间碰不到合适的机会。根据情况适当地改变组合形态也是可以的。

二、道氏理论

道氏理论是技术分析的鼻祖。道氏理论的创始人是美国人查尔斯·道。为了反映市场总体的趋势，他创立了著名的道琼斯平均指数。他在《华尔街日报》上发表的有关股票市场的文章，经过后人整理，成为我们今天看到的道氏理论。道氏理论主要是用来预测股价变动的长期走势，而不是用来预测近期或短期的股价走势。道氏理论预测股价长期走势的基本原理主要有以下五个方面：

（一）价格平均指数可以解释和反映一切影响股票价格的信息资料

在证券市场，不论什么因素（经济、政治、社会、心理等因素），最终是通过影响投资者的心态进而引起证券价格的变化。不管什么原因，群众乐观，就会推动价格上升；群众悲观，就会导致价格下挫。反过来，价格的任何变动都反映了投资者心态已发生的变化。因此，价格指数的变动能代表整个市场（全体投资者）心态，反映了市场是乐观情绪，还是悲观情绪控制大局。

这一原理是道氏理论对证券市场的重大贡献。世界上所有的证券交易所都有自己的价格指数，计算方法大同小异，目的都是为了反映整体的情况。

（二）市场具有三个变动趋势

道氏理论认为，虽然市场中价格的起伏形态各异，但是最终可以将它们划分为三种不同级别的趋势类型，即主要趋势（Primary Trend）、次要趋势（Secondary Trend）和短暂趋势（Near Term Trend）。

主要趋势体现市场价格波动的最基本的方向，是指连续一年或一年以上的证券价格的变化趋势。它由两个相反的趋势构成，即上升趋势和下降趋势。

次要趋势是对主要趋势的调整，是沿着基本趋势方面演进中产生的重要回撤。它们可以是在一个牛市中发生的中等规模的下跌或回调，也可以是在一个熊市中发生的中等规模的上涨或反弹。正常情况下，它们持续三周的时间到数月不等，但很少再长。在一般情况下，价格回撤到沿基本趋势方向推进幅度的1/3到2/3。

短暂趋势是价格的日常波动，时间很少超过三个星期，通常少于六天。短期趋势的重要性较小，且易受人为的操纵。这与客观反映经济动态的中长期趋势有本质的不同，因而一般不被人们作为趋势分析的对象。当然也应该承认，证券市场的短期波动是形成中、长期趋势的基础。

如果把证券市场价格的运动比作海水的运动，则主要趋势犹如海潮，次要趋势好比海浪，短暂趋势就像涟漪。海潮既有潮涨也有潮落，海浪寄于海潮之中，虽排空大浪也不能抗逆海潮；涟漪寄于海浪之中，几波涟漪簇拥在一起就可形成海浪。

（三）根据成交量判断趋势的变化

道氏理论认为，成交量会随着主要趋势的变化而变化。因此，反过来，通过成交量也可以对主要趋势作出一个判断。通常，在多头市场，价位上升，成交量增加；价位下跌，成交量减少。在空头市场，当价格滑落时，成交量增加；在反弹时，成交量减少。当然，这条规则有时也有例外。因此，正确的结论只根据几天的成交量是很难下的，只有在持续一段时间的整个交易的分析中才能够作出。在道氏理论中，判定市场趋势的最终结论性信号只由价位的变动产生，成交量仅仅是在一些有疑问的情况下提供解释的参考。

（四）收盘价是最重要的价格

道氏理论并不注意一个交易日当中的最高价、最低价，而只注意收盘价。因为收盘价是市场对当天股价的最后评价，大部分人根据这个价位做买卖的委托。这是又一个经过时间考验的道氏理论规则。

当然，道氏理论也存在一定的局限性。它主要表现在：道氏理论更多的是理论上的叙述，可操作性比较差。原因在于道氏理论的结论都落后于市场，信号太滞后。道氏理论对随时随地都在发生的小的波动无能为力，它只能对大的形势的判断有较大的作用。此外，由于道氏理论已经存在了近100年，有些内容已经过时，需要更新。在道氏理论之后出现了许多新的技术分析方法，在一定程度上弥补了道氏理论的不足，如下面将要介绍的波浪理论。

三、波浪理论

波浪理论是技术分析方法的重要组成部分，它是所有技术分析方法中最为神奇的理论，最初由艾略特发现并应用于证券市场。直到20世纪70年代，柯林斯的专著《波浪理论》的出版，波浪理论才得到广泛注意。

（一）波浪理论的主要思想

波浪理论认为，价格趋势是大众心理的反映。虽然人的心理活动千变万化，难以捉摸，但大众群体心理活动的总体效应却呈现出某种规则。这种总体效应反映在市场上，就形成了价格的波动。通过数学与图表的结合，分析这种规则，把握市场的变化，就能作出正确的投资决策。

艾略特波浪理论认为，世间万物，包括证券市场走势在内，基本上受制于大自然的规律，依据一定的波浪形态周而复始地、有规律地循环。波浪理论把周期分成时间长短不同的各种周期，在一个大周期之中可能存在小的周期，而小的周期又可以再细分成更小的周期。每个周期无论时间长与短，都是以一种相同的八浪结构模式进行。这八个过程完结以后，这个周期才算结束，进入另一个周期。新的周期仍然遵循上述模式。这是艾略特波浪理论的核心内容，也是艾略特作为波浪理论的奠基人所作出的最为突出的贡献。

（二）波浪理论价格走势的基本形态结构

波浪理论认为，每一个周期（无论是上升还是下降）都可以分成八个过程，或者说是八浪。这八个过程一结束，本次周期就结束了，紧接的是另一个周期。图11－3是一个上升过程周期的八浪结构图。

从图中可以看出，前面是五浪结构，即0～1是第一浪，1～2是第二浪，2～3是第

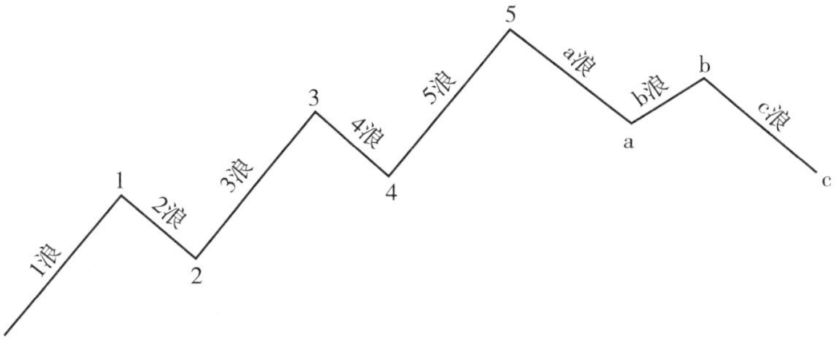

图 11－3　八浪结构的基本图形

三浪，3～4 是第四浪，4～5 是第五浪；后面是三浪结构，即 5～a（a 浪）、a～b（b 浪）、b～c（c 浪）。这八浪分为主浪和调整浪，主浪是波动的主体，调整浪是对主浪的补充。主浪和调整浪的地位是相对的，需要考虑所观察的范围。

如果某个浪的趋势方向与比它高一层次的浪的趋势方向相同，那么这一浪就被称为主浪。主浪起着推动趋势发展的作用，所以又称为推动浪（Propulsive Wave）。图 11－3 中的第 1、第 3、第 5 浪就是主浪。

调整浪（Corrective Wave）的运动方向同它的上一层次的波浪方向不同，是对主浪的调整和补充。如八浪结构中的第 2 浪、第 4 浪是调整浪，由 a、b、c 三浪组成的大浪是对由 1～5 浪组成的大浪的调整浪。

（三）弗波纳奇数列与波浪的数目

弗波纳奇数列在波浪理论的数浪中有不可忽视的作用。从图 11－4 中可以看到，第一大浪由 5 浪组成，同时又由更小的 21 浪组成，而第二大浪由 3 浪组成，同时又由更小的 13 浪组成。第一大浪和第二大浪为 2 浪，由八个较大的浪组成，同时又由三四个更小的浪组成。如果将最高层次的浪增加，例如增加第三、第四、第五等大浪，则我们还可以看到比 34 大的弗波纳奇数列中的数字，如图 11－4 所示。

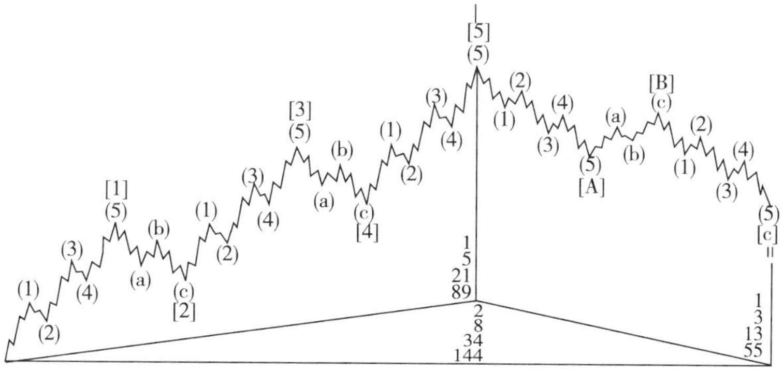

图 11－4　完整的升跌循环

这里的数字 1，2，3，5，8，13，21，34…都是弗波纳奇数列 $F_n = F_{n-1} + F_{n-2}$（$F_1 = 1, F_2 = 2\cdots$）中的数字。它们的出现不是偶然的，这是艾略特波浪理论的数学基础。正是在这一基础上，才有波浪理论往后的发展，同时又发展了后面要介绍的黄金分割理论。

（四）波浪理论的实际应用与不足

波浪理论是一种预测价格总体走势的分析手段，是根据对长期市场表现进行统计、归纳而形成的投资理论之一，具有一定的适用前提、条件和范围。从运用这个角度看，波浪理论仍存在一定的局限性。

波浪理论最大的不足是应用上的困难，也就是学习上和掌握上的困难。波浪理论从理论上讲是八浪结构完成一个完整的过程。但是，主浪的变形和调整浪的变形会产生复杂多变的形态，波浪所处的层次又会产生大浪套小浪、浪中有浪的多层次形态，这些都会给应用者在具体数浪时造成许多干扰。浪的层次的确定和浪的起点终点的确认是应用波浪理论的最大难点。

波浪理论的第二个不足是不同的人对同一形态会产生不同的数法，而且都有道理。不同的数浪法产生的结果相差可能是很大的。例如，一个下跌的浪可以被当成第二浪，也可能被当成 a 浪。如果是第二浪，那么紧接着会有诱人的第三浪出现。如果是 a 浪，那么这之后的下跌可能是很深的。实际中的价格曲线形态很少按五浪和三浪的八浪简单结构进行，对于不规范结构的形态的处理，主观性很强。如有些小波动有些人可能不计入浪，有些人可能又计入浪。由于有延伸浪，5 浪可能成为 9 浪。波浪在什么条件下可以延伸，什么条件下不可以延伸，没有明确的标准。另外，波浪理论中浪的延伸没有时空的限制，因为总是可以认为目前的情况不是最后的浪。

波浪理论只考虑了价格形态上的因素，而忽视了成交量方面的影响，这给人为制造形状创造了机会。正如在形态学中的假突破一样，波浪理论中也可能造成一些形态让人上当。当然，这个不足是很多技术分析方法都有的。

四、形态理论

价格移动方向是由市场中多空双方力量的大小决定的。一个时期内，如果多方处于优势，占据上风，则价格将向上移动；在另一个时期，如果空方占优势，则股价将向下移动。这些事实，在介绍 K 线的时候已经进行了说明，只不过这里所考虑的范围要比 K 线所叙述的范围广泛。价格的移动总是按这一规律循环往复、不断运行的。

从这一规律不难看出，股价的移动主要是保持均衡的持续整理和打破均衡的突破这两个过程。这样，我们就可以把价格曲线的形态分成两个大的类型：反转突破形态（Reversal Patterns）和持续整理形态（Continuation Patterns）。

（一）反转突破形态（Reversal Patterns）

反转突破形态主要有双重顶底、头肩顶底、三重顶底、圆弧顶底和 V 形五种。

1. 双重顶和双重底

双重顶和双重底（Double Tops and Bottoms Pattern）就是市场上众所周知的 M 头和 W 底，这种形态在实际中出现得非常频繁。图 11 - 5 是这种形态的简单形状。

从图 11 - 5 中可以看出，双重顶（底）一共出现两个顶（底），也就是两个相同高度的高点和低点。下面以 M 头为例说明双重顶（底）形成的过程。在上升趋势过程的

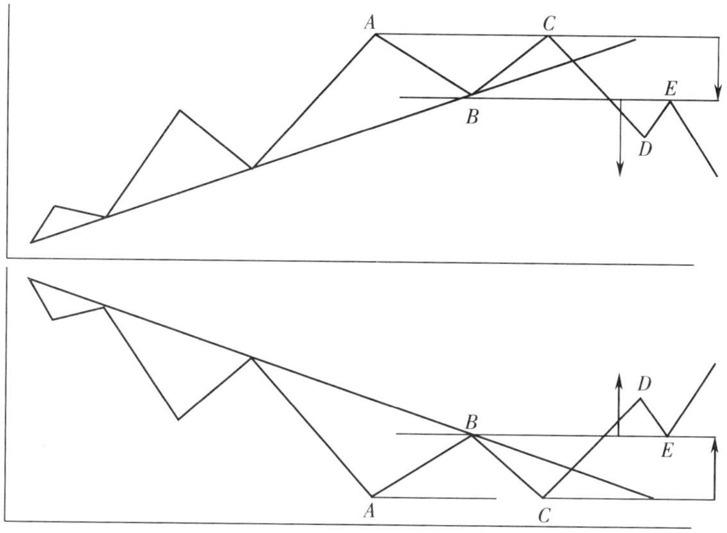

图 11－5　双重顶和双重底

末期，股价在第一个高点 A 建立了新高点，之后进行正常的回档。受上升趋势线的支撑，这次回档将在 B 点附近停止。往后就是继续上升，但是力量不够，上升高度不足，在 C 点（与 A 点等高）遇到压力，股价向下，这样就形成 A 和 C 两个顶的形状。M 头形成以后，有两种可能的前途：第一是未突破 B 点的支撑位置，股价在 A、B、C 三点形成的狭窄范围内上下波动，演变成今后要介绍的矩形。第二是突破 B 点的支撑位置继续向下，这种情况才是真正出现了双重顶反转突破形态。前一种情况只能说是出现了一个潜在的双重顶反转突破形态。以 B 点作平行于 A、C 连线的平行线（图 11－5 中间一条线），就得到一条非常重要的直线——颈线（Neckline）。A、C 连线是趋势线，颈线是与这条趋势线对应的轨道线，这条轨道线在这里起的是支撑作用。

2. 头肩顶和头肩底

头肩顶和头肩底（Head and Shoulders Tops and Bottoms Pattern）是实际股价形态中出现得最多的形态，是最著名和最可靠的反转突破形态。图 11－6 是这种形态的简单形式。

头肩顶形态的形成，一般要经历四个阶段：

（1）左肩部分。当股价经过一段持续性的上升之后，成交量大增，而且获利回吐的压力也越来越大，迫使股价出现暂时回调。但在回落过程中，成交量较先前上升到最高价时显著地减少，于是左肩形成。

（2）头部。股价经过短暂的回落后，部分投资者在此次调整期间买进，于是又推动股价不断回升，成交量也随之增加，但较之于左肩部分则明显减少。当股价升破上次的高点后，那些对前景看淡及错过了在上次高点出货的投资者或者是在回落低点买进作短线投机的人，开始沽出手中股票迫使股价再一次回落至前一次低点水准附近。在回落过程中，成交量也相应减少，于是头部形成。

（3）右肩形成。在股价回落至上次低点附近时，股价再次上升。但是市场投资者的情绪明显减弱，成交也较左肩及头部显著减少，至使股价在无法抵达头部高点位置时即开始回落，于是右肩形成。

（4）颈线的突破。当第三次下跌时，急速穿过经由左肩和头部之间的底部和间部及右肩之间的底部的连线即颈线，即使再次回升时股价也不能超过颈线水准附近，然后继续下跌。当其突破颈线的幅度超过该股市价3%以上时，即为有效突破。

总之，头肩顶的形态呈现三个明显的高峰，其中位于中间的一个高峰较其他两个高峰的高点略高。至于成交量方面，则呈现梯级形的下降。

头肩顶是一个很重要的技术图形形态，该形态具有以下分析意义：

（1）头肩是一个长期性趋势的转向形态，它通常出现在牛市的顶部。

（2）当最近一个高点的成交量较前一个高点为低时，就暗示了头肩顶出现的可能性。当第三次回升股价无法升抵上次的高点，成交又继续下降时，头望顶形成的可能性就更大了。而当头肩顶的颈线位被有效击破时，就是一个真正的沽出信号。

（3）当颈线跌破后，可根据该形态的最小跌幅的量度方法来预测股价会跌至哪个价位。一般来说，头肩顶是一个杀伤力十分强大的形态，通常其跌幅会大于量度出来的最小跌幅。

（4）一般来说，左肩和右肩的高点大致相等，部分头肩顶的右肩较左肩为低。但如果右肩的高点较头部还要高，形态便不能成立。另外，如股价最后左颈线水平回升，而且高于头部，或者是股价于跌破颈线后回升高于颈线，这可能是一个失败的头肩顶，不宜信赖。

（5）当颈线跌破时，不必等成交量增加也可确定形态形成。倘若成交量在跌破颈线时激增，显示市场的抛售力量十分庞大，股价也会在成交量增加的情形下加速下跌。

头肩底形态的形成和市场含义基本与头肩顶形态一致，只是方向相反。在此略。

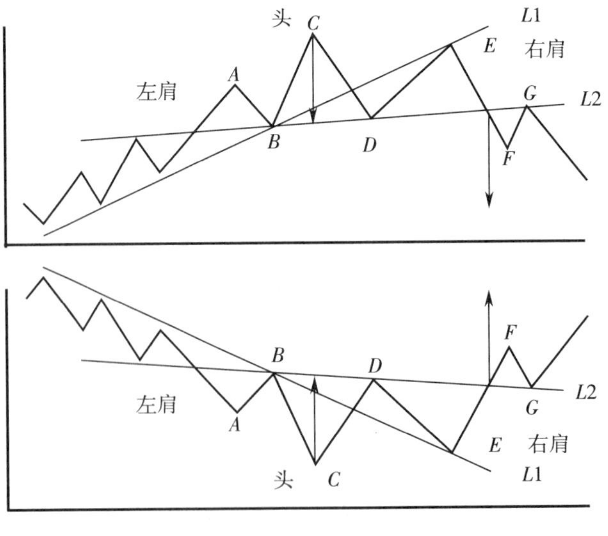

图 11－6　头肩顶和头肩底

3. 三重顶底形态

三重顶底形态（Treiple Top and Bottom Patterns）是头肩形态的一种变体，它是由三个一样高或一样低的顶或底组成。它与头肩形的区别是头的价位向回缩到与肩差不多相等的位置，有时甚至可能低于或高于肩部一点。从这个意义上讲，三重顶底与双重顶底也有相似的地方，前者比后者多“折腾”了一次。

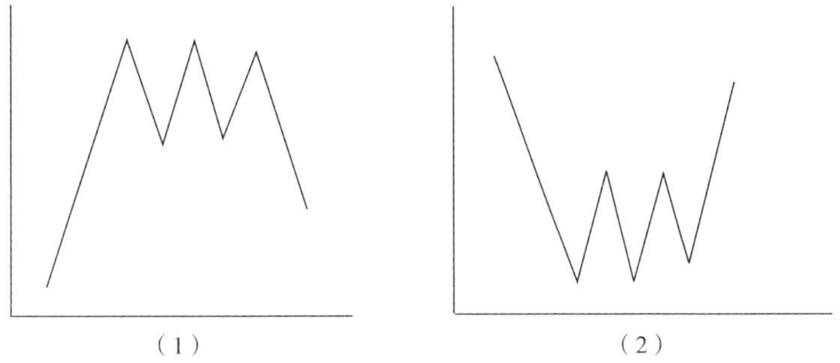

图 11－7 三重顶底

4. 圆弧形态

将股价在一段时间的顶部高点用折线连起来，每一个局部的高点都考虑到，我们有时可能得到一条类似于圆弧的弧线，盖在股价之上。将每个局部的低点连在一起也能得到一条弧线，托在股价之下，如图 11－8 所示。这样的形态就是圆弧形。

圆弧形（Rounding Top and Bottom Patterns）又称为碟形、圆形、碗形等，这些称呼都很形象。不过应该提醒大家的是：图中的曲线不是数学意义上的圆，也不是抛物线，而仅仅是一条曲线。人们往往已经习惯于使用直线，在遇到图中这样的顶和底时，用直线显然就不够了。因为顶和底的变化太频繁，用一条直线不能形象地表示。

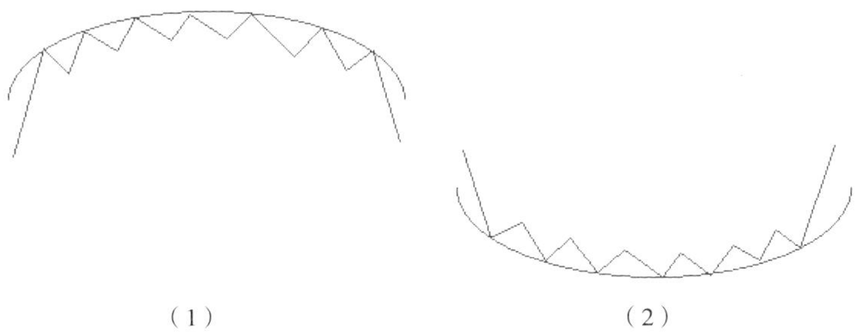

图 11－8 圆弧顶和底

5. V 形

V 形是一种反转形态，它出现在市场进行剧烈的波动之中。它的顶或底只出现一次，这一点同其他反转形态有很大的区别。V 形的反转一般事先没有明显的征兆，我们只能从别的分析方法中得到一些不太明确的信号，如已经到了支撑、压力区域等（见图 11－9）。

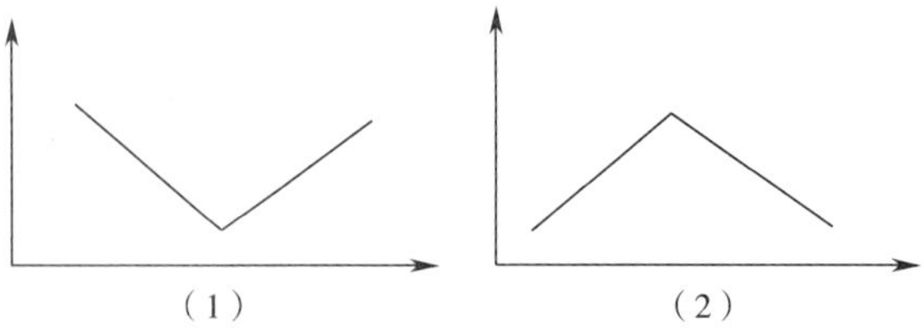

图11－9　V形

（二）持续整理形态

持续整理形态主要有三角形形态、矩形形态、旗形形态、楔形形态、喇叭形形态和菱形形态等。这些形态较多地表现在股票价格的持续性整理方面，等市场的气氛积累到了一定的能量后就继续沿着整理前的方向继续前进。如上升的三角形形态出现后，后市的走势仍是上升，反之则下降。由于这些形态很难准确地判断，且不利于投资者掌握，使用率较低，在此不再作详细介绍。

五、切线理论

顺势而为是证券市场中的一条投资准则。如何在变化莫测的市场中识别大势，是每一个投资者遇到的重大课题。切线法的应用，正是一种判断趋势的常用方法。

（一）趋势分析

1. 趋势的定义

简单地说，趋势就是股票价格的波动方向，或者说是股票市场运动的方向。若确定了一段上升或下降的趋势，则股价的波动必然朝着这个方向运动。上升的行情里，虽然也时有下降，但不影响上升的大方向，不断出现新的高价会使偶尔出现的下降黯然失色。下降行情里情况相反，不断出现的新低会使投资者心情悲观、人心涣散。

技术分析的三大假设中的第二条明确说明价格的变化是有趋势的，没有特别的理由，价格将沿着这个趋势继续运动。这一点就说明趋势这个概念在技术分析中占有很重要的地位。

2. 趋势的方向和类型

趋势的方向有三个：（1）上升方向；（2）下降方向；（3）水平方向（也称无趋势方向）。

按道氏理论的分类，趋势分为以下三个类型：

（1）主要趋势（Primary Trend）。主要趋势是趋势的主要方向，是股票投资者极力要弄清楚的。了解了主要趋势才能做到顺势而为。主要趋势是股价波动的大方向，一般持续的时间比较长（这是由技术分析的第二个假设所决定的）。

（2）次要趋势（Secondary Trend）。次要趋势是在主要趋势的过程中进行的调整。前面说了，趋势是不会直来直去的，总有个局部的调整和回撤，次要趋势正是为了完成这一使命的调整。

（3）短暂趋势（Near Term Trend）。短暂趋势是在次要趋势中进行的调整。短暂趋势与次要趋势的关系就如同次要趋势与主要趋势的关系一样。

这三种类型趋势的最大区别是时间的长短和波动幅度的大小。有时为了更细地区分，三种类型可能还不够用。不过这无关大局，只不过需要再对短暂趋势进行细分罢了。

（二）支撑线和压力线

1. 支撑线和压力线的含义

支撑线（Surport Line）又称抵抗线。当股价跌到某个价位附近时停止下跌，甚至有可能回升，这是多方在此买入造成的。支撑线起阻止股价继续下跌的作用。这个起着阻止股价继续下跌或暂时阻止股价继续下跌的价格就是支撑线所在的位置。

压力线（Resistance Line）又称阻力线。当股价上涨到某一价位附近时会停止上涨，甚至回落，这是空方在此抛出造成的。压力线起阻止股价继续上升的作用。这个起着阻止或暂时阻止股价继续上升的价格就是压力线所在的位置（见图 11 - 10）。

有些人往往产生这样的误解，认为只有在下跌行情中才有支撑线，只有在上升行情中才有压力线。其实，在下跌行情中也有压力线，在上升行情中也有支撑线。但是由于在下跌行情中人们最注重的是跌到什么地方是个头，这样关心支撑线就多一些；在上升行情中人们更注重涨到什么地方是个头，所以关心压力线多一些。最简单的支撑和压力一般选择在前期的相对的高点和低点的区域。

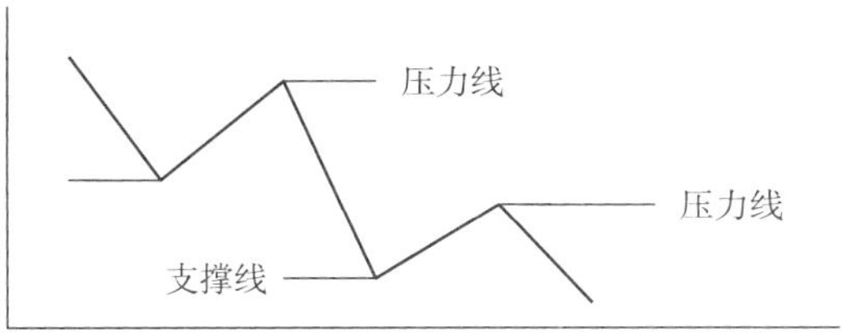

图 11 - 10　支撑线和压力线

2. 支撑线和压力线的作用

如前所述，支撑线和压力线会阻止或暂时阻止股价向一个方向继续运动。我们知道股价的变动是有趋势的。要维持这种趋势，保持原来的变动方向，就必须冲破阻止其继续向前的障碍。比如说，要维持下跌行情，就必须突破支撑线的阻力和干扰，创造出新的低点；要维持上升行情，就必须突破上升的压力线的阻力和干扰，创造出新的高点。由此可见，支撑线和压力线迟早会有被突破的可能，它们不足以长久地阻止股价保持原来的波动方向，只不过是使之暂时停顿而已。

上升趋势中，如果下一次未创新高，即未突破压力线，这个上升趋势就已经处在很关键的位置了。如果再往后的股价又向下突破了这个上升趋势的支撑线，这就产生了一个趋势有变的很强烈的警示。通常这意味着这一轮上升趋势已经结束，下一步的走向是向下跌的过程。

同样，在下降趋势中，如果下一次未创新低，即未突破支撑线，这个下降趋势就已经处于很关键的位置了。如果下一步股价向上突破了这个下降趋势的压力线，这就发出了这个下降趋势将要结束的强烈的信号，股价的下一步将是上升的趋势。

3. 支撑线和压力线的相互转化

支撑线和压力线主要是从人的心理因素方面考虑的，两者的相互转化也是从心理角度方面考虑的。支撑线和压力线之所以能起支撑和压力作用，很大程度是由于心理因素方面的原因。这就是支撑线和压力线理论上的依据。这些分析的附带结果是支撑和压力地位的相互转化。如上所述，一个支撑如果被突破，那么这个支撑将成为压力；同理，一个压力被突破，这个压力将成为支撑。这说明支撑和压力的角色不是一成不变的，而是可以转换的，条件是它被有效的、足够强大的股价变动所突破。

支撑和压力的相互转化的重要依据是被突破。怎样才能算被突破呢？用一个数字来严格区分突破和未突破是很困难的，没有一个明确的截然的分界线。一般的判定原则是，穿过支撑线或压力线越远，突破的结论越正确。此外，对诸如3%，5%，10%和一些整数的价位，这些人们比较敏感的数字上的突破值得我们高度重视。

(三) 趋势线和轨道线

1. 趋势线

趋势线是衡量价格波动方向的，由趋势线的方向可以明确地看出股价的趋势。

在上升趋势中，将两个低点连成一条直线，就得到上升趋势线。在下降趋势中，将两个高点连成一条直线，就得到下降趋势线。如图11－11的直线 L。由图中看出上升趋势线起支撑作用，下降趋势线起压力作用。也就是说，上升趋势线是支撑线的一种，下降趋势线是压力线的一种。

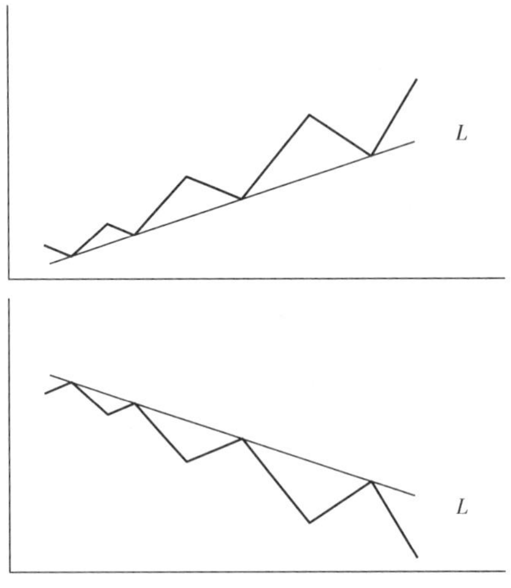

图11－11 趋势线

要得到一条真正起作用的趋势线，需要经过多方面的验证才能最终确认，不合条件的一般应予以删除。首先，必须确实有趋势存在。也就是说，在上升趋势中，必须确认出两个依次上升的低点；在下降趋势中，必须确认两个依次下降的高点，才能确认趋势的存在，连接两个点的直线才有可能成为趋势线。其次，画出直线后，还应得到第三个点的验证，才能确认这条趋势线是有效的。一般说来，所画出的直线被触及的次数越多，其作为趋势线的有效性越被得到确认，用它进行预测越准确有效。最后，这条直线延续的时间越长，就越具有有效性。

2. 趋势线的作用

有效的趋势线有两种作用：

（1）对股价今后的变动起约束作用，使股价总保持在这条趋势线的上方（上升趋势线）或下方（下降趋势线）。实际上，就是起支撑和压力作用。

（2）趋势线被突破后，就说明股价下一步的走势将要反转。越重要越有效的趋势线被突破，其转势的信号越强烈。被突破的趋势线原来所起的支撑和压力作用，现在将相互转换角色。

3. 趋势线突破的确认

这个问题本质上是支撑和压力突破问题的进一步延伸。同样，没有一个准确的数字告诉我们，这里面包含多少人为因素，或者说是主观成分。这里只提供几个判断是否有效的参考意见，以便在具体判断中进行考虑。

（1）收盘价突破趋势线比日内最高最低价突破趋势线重要。

（2）穿越趋势线后，离趋势线越远，突破越有效。

（3）穿越趋势线后，在趋势线的另一方停留的时间越长，突破越有效。

4. 轨道线（Channel Line）

轨道线又称通道线或管道线，是基于趋势线的一种方法。在已经得到了趋势线后，通过第一个峰或谷可以作出这条趋势线的平行线，这条平行线就是轨道线。如图 11 – 12 所示。

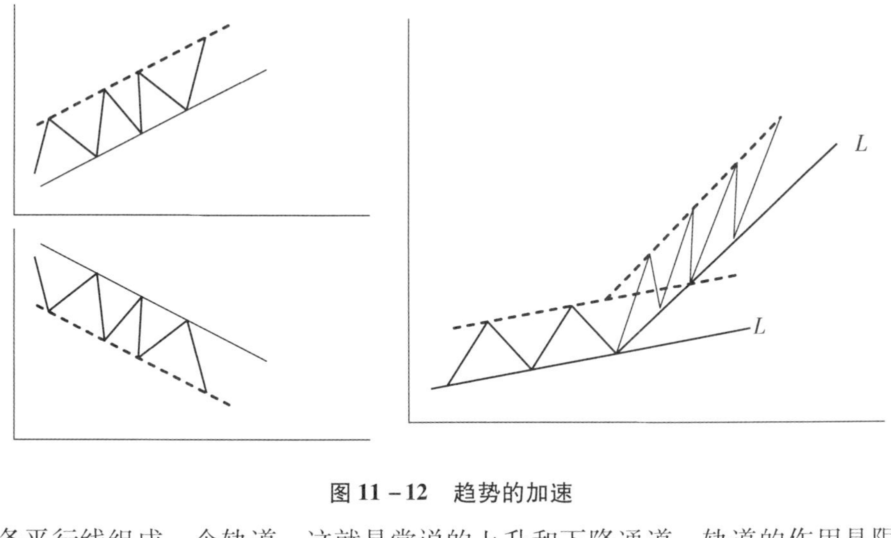

图 11 – 12 趋势的加速

两条平行线组成一个轨道，这就是常说的上升和下降通道。轨道的作用是限制股价的变动范围，让它不能变得太离谱。一个轨道一旦得到确认，那么价格将在这个通道里变动。如果突破了上面的或下面的直线，就意味着将有一个大的变化。

与突破趋势线不同，对轨道线的突破并不是趋势反向的开始，而是趋势加速的开始，即原来的趋势线的斜率将会增加，趋势线的方向将会更加陡峭。

轨道线的另一个作用是提出趋势转向的警报。如果在一次波动中未触及轨道线，离得很远就开始掉头，这往往是趋势将要改变的信号。它说明，市场已经没有力量继续维护原有的上升或下降的规模了。

轨道线和趋势线是相互合作的一对。很显然，先有趋势线，后有轨道线。趋势线比轨道线重要得多。趋势线可以独立存在，而轨道线则不能。

六、黄金分割线

黄金分割是一个古老的数学方法。对它的各种神奇的作用和魔力，数学上至今还没有明确的解释，只是发现它屡屡在实际中发挥我们意想不到的作用。

在技术分析中，有两种黄金分割线，一种是单点的黄金分割线，另一种是两点的黄金分割线。下面就简单地介绍一下如何通过计算得到黄金分割线，并如何利用它们进行证券投资。

应用黄金分割线的步骤是：

（1）记住以下几个特殊的数字：0.382，0.618，1.618，2.618，4.236。这几个数字是比较有名的“黄金分割数”，是使用黄金分割所要用到的最为重要的数字。价格极易在由这五个数字产生的黄金分割线处产生支撑和压力。此外，还有如下数字也容易产生支撑和压力：0.191，0.809，1.191，1.382，1.809，2.191，2.382，6.854。

（2）找到一个相对高（低）点。这个点是上升行情结束调头向下的最高点，或者是下降行情结束调头向上的最低点。当然，这里的高点和低点都是指一定的范围，是局部的。只要我们能够确认一个趋势（无论是上升还是下降）已经结束或暂时结束，则这个趋势的转折点就可以作为进行黄金分割的点。

（3）计算黄金分割线的价位并画线。即用找到的点的价格分别乘以上述黄金数字，就得到黄金分割线的位置。

例如，在上升行情开始调头向下时，我们极为关心这次下降将在什么位置获得支撑。黄金分割提供的是如下几个价位，它们是由这次上涨的顶点价格分别乘以上面所列特殊数字中小于1的数字。假设这次上涨的顶点是10元，则

$8.09=10\times0.809$（元）　　$6.18=10\times0.618$（元）

$3.82=10\times0.382$（元）　　$1.91=10\times0.191$（元）

这几个价位极有可能成为支撑，其中6.18元和3.82元成为支撑的可能性最大。

同理，在下降行情开始调头向上时，我们关心上涨到什么位置将遇到压力。黄金分割线提供的位置是这次下跌的低点价位乘以上面大于1的特殊数字。假设，这次下落的谷底价位为10元，则

$11.91=10\times1.191$（元）　　$13.82=10\times1.382$（元）　　$16.18=10\times1.618$（元）

$18.09=10\times1.809$（元）

$21.91=10\times2.191$（元）　　$23.82=10\times2.382$（元）　　$26.18=10\times2.618$（元）

$42.36=10\times4.236$（元）

这些价位将可能成为未来的压力位。其中13.82元、16.18元以及42.36元成为压力位的可能性最大。如图11－13所示。

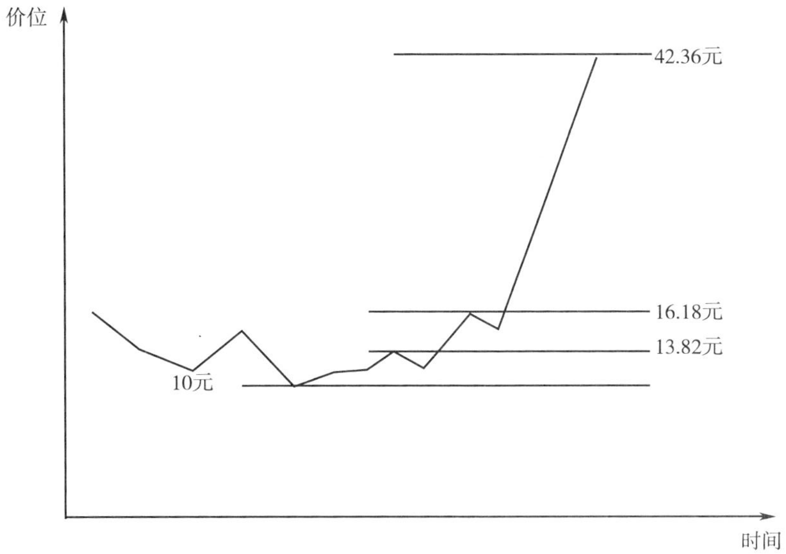

图 11－13 单点的黄金分割

以上黄金分割线的计算只用到了图形上的一个点，因此也称为单点的黄金分割。还有另一种使用黄金分割线的方法，即选择最高和最低点作为区间，以这个区间作为全长，然后在此基础上作黄金分割线，计算出反弹高度和回档的深度。

第三节 技术指标分析

技术指标是按一定的数学方法对行情数据进行处理之后所得到的结果，这个结果就是技术指标的数值。将连续得到的技术指标绘制成图表，根据所制成的图表对市场进行行情研制，这种方法就是技术指标法。每一种技术指标都是通过一定的方法对证券市场行为的原始数据进行部分或全部变形而产生的，是从某个特定的方面对市场进行的观察。因此，通过一定的数学公式产生的技术指标，反映的是市场某一方面深层的内涵，原始数据是远远达不到这个效果的。此外，技术指标可以进行定量分析，使得具体操作时的精确度进一步提高。

一、市场趋势指标

顾名思义，这些指标是用来预测市场趋势的。经过众多市场专家、数学家以及分析师的研发，目前已经有几种判定市场趋势的指标。常用的主要有两种趋势指标，即移动平均线（MA）和平滑异同移动平均线（MACD）。

（一）移动平均线 MA（Moving Average）

1. *MA* 的计算公式

MA 是将包括当天在内的最近一段时间（假设 n 天）的收盘价相加，再除以交易天数（n），得出当天的价格平均数，这样由每天的平均值绘制而成的曲线称为移动平均

线。从某种意义上讲，MA 就是股价最近 n（参数）天的平均成本价。其计算公式为

$$MA_t(n)=\frac{C_{t-n+1}+C_{t-n+2}+\cdots+C_{t-1}+C_t}{n}$$
$$=MA_{t-1}+\frac{1}{n}(C_t-C_{t-n})$$

式中，MA_t 为第 t 个交易日（报告期）的移动平均值，C_t 为第 t 个交易日的收盘价，n 为 MA 的参数。

例如，如果参数选择为10，要计算今天（t）的 MA 就把包括今天在内最近10天收盘价相加，然后被10除，就得到今天的10日移动平均线的值，用符号 MA_t（10）表示。此外，如果选择其他的时间单位作为交易周期，可以得到其他形式的MA线，如周线的移动平均线。

2. MA的特点

（1）追踪趋势。MA是对收盘价进行移动平滑的产物。这样做有两个效果：一是通过平均，抵消了一些偶然因素的影响，使MA消除了价格变化过程中的小起伏，从而保留了价格趋势本质性的东西；二是通过移动平均，使MA始终处于一个纳新弃旧的运动状态，从而保证了MA追随主要趋势的及时性。因此，MA能够表示价格的趋势方向。

（2）滞后性和稳定性。短时间内，MA的数值发生比较大的改变（无论是向上还是向下）比较困难，除非当天的价格有很大的变动。因为MA的变动不是一天的变动，而是几天的变动。一天的大变动被几天分摊，变动就会变小而显不出来。这种特性的优点是使MA不被暂时的小波动所迷惑，缺点是在价格原有的趋势发生反转时，MA反应迟缓，速度落后于大趋势。

（3）助涨、助跌性和支撑压力性。当价格突破了MA时，无论是向上突破还是向下突破，价格有继续向突破方向再走一阵子的愿望，这就是MA的助涨助跌性。这其实是MA发挥了支撑线和压力线的作用。MA被突破，实际上是支撑线和压力线被突破，只不过MA是曲线，而不是直线。

参数的选择对MA特性影响很大，参数选择越大，MA上述的特性就越强。根据参数选取的大小，MA可相对地分为长期、中期和短期三类。

3. MA的应用——葛蓝碧（Granville）法则

西方证券投资家葛蓝碧曾就MA的应用提出了八项原则，这八大原则是MA经典的应用方法，包含了背离、交叉、支撑和压力等思想。葛蓝碧法则包括四大买入信号和四大卖出信号（见图11－14）。

四大买入信号：

（1）当MA由下降逐渐转平或回升，股价从平均线的下方向上穿过平均线时，为买入信号。

（2）股价连续上升远离MA，而后突然下降并跌破平均线，但平均线在短期内继续上升，而股价回跌幅度不大，并马上恢复再次向上穿过平均线时，为买入信号。

（3）股价连续上升远离平均线后出现大涨小回的突然下跌，但并未跌破平均线又再

度上升，仍可视为买入信号。

（4）股价跌破平均线后，突然连连暴跌，远离平均线，属于超卖现象。当股价向平均线方向回升时，是短线技术反弹的有利买入时机。

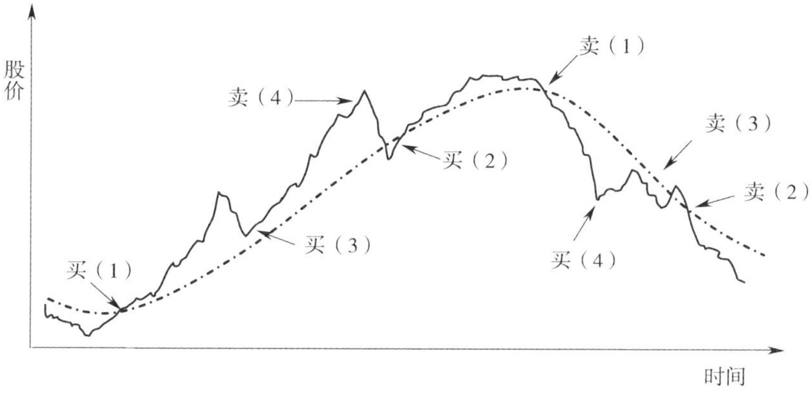

图 11－14　葛蓝碧移动平均线八大原则

四大卖出信号：

（1）当平均线由上升逐渐走平转弯下跌，而股价从平均线上方向下跌破平均线时，为卖出信号。

（2）股价虽向上突破平均线，但又立即跌到平均线之下，而这时平均线仍然继续向下，为卖出信号。

（3）股价跌落于平均线以下，然后向平均线弹升，但未升穿平均线即又告回落，为卖出信号。

（4）股价升穿平均线后，在平均线上方急速上升，距平均线越来越远，且上涨幅度相当可观，属于超买现象，随时会因获利回吐产生卖压，为卖出信号。

对葛氏法则的理解和记忆，只要掌握了支撑和压力的思想就不难。常说的死亡交叉和黄金交叉，实际上就是向上或向下突破支撑或压力的问题。

应当注意的是，在盘整阶段或趋势形成后的中途休整阶段、局部反弹或回档的情况下，MA 的信号出现得很频繁，极易发生错误的信号，这是应用 MA 时最应该注意的。

（二）平滑异同移动平均线 MACD（Moving Average Convergence and Divergence）

1. MACD 的基本原理

指数平滑异同移动平均线的英文全名为 Moving Average Corvergence and Divergence，缩略语为 MACD，简称指数离差指标。它是根据移动平均线较易掌握趋势变动的优点发展起来的一种技术分析工具。其基本原理是运用两条不同速度（一条为快速移动平均线即短期移动平均线，另一条为慢速移动平均线即长期移动平均线）的指数平滑移动平均线来计算两者之间的离差状态（DIF）作为研判证券价格变动方向的基础，然后再对 DIF 进行 9 日平滑移动平均得出 MACD 线。MACD 实际就是运用快速（短期）与慢速（长期）移动平均线聚合与分离的征兆功能，加以双重平滑运算，用以研判买卖证券的时机和信号。

2. 计算方法

（1）首先分别计算出快速平滑移动平均线和慢速平滑移动平均线上的点值即EMA。MACD在应用上，通常以12日为快速平滑移动平均线（12日EMA），以26日为慢速移动平均线（26日EMA）。其计算公式如下：

计算日EMA = 平滑系数（计算日收盘价 - 上一日EMA） + 上一日EMA

式中，平滑系数 $=\frac{2}{\text{周期单位数}+1}$，所以，

计算日12日EMA $=\frac{2}{13}$（计算日收盘价 - 上一日EMA） + 上一日EMA

计算日26日EMA $=\frac{2}{27}$（计算日收盘价 - 上一日EMA） + 上一日EMA

（2）计算出12日EMA与26日EMA之后，用12日EMA的数值减去26日EMA的数值，即得到正负差（DIF）

DIF = 12日EMA - 26日EMA

（3）计算出DIF之后，再用计算平滑移动平均数的方法来计算DIF的9日平滑移动平均数，此数值即MACD之值，将每天的9日DIF值连接起来便是MACD线。MACD线上的点值计算公式如下：

当天MACD $=\frac{2}{10}$（当天DIF - 前一天MACD） + 前一天MACD

MACD的初始值可取昨天DIF值

（4）计算柱线值（BAR）。BAR就是DIF与MACD两线之间的垂直距离。其计算公式如下：

BAR = DIF - MACD

3. MACD的运用

一般说来，在证券市场行情持续的涨势中，快速的移动平均值必然大大超过慢速移动平均值，因此，两者会出现很大的正差离（+DIF），且+DIF之值会越来越大。当上涨迫近头部而涨速缓慢时，+DIF便逐渐变小，差离曲线缓慢上升开始回头转向0轴。当证券行市持续超跌时，差离值便会变负（-DIF），且-DIF之值会越来越大，当跌至谷底时，-DIF值则逐渐变小，差离曲线再度调头转向0。MACD正是通过正负差离值与9日平滑移动平均线（9日EMA）的相交点作为研判买卖时机的依据。

（1）牛市与熊市的研判

当DIF、MACD或BAR值大于0时，一般可以认为大势处于牛市状态；反之，当DIF、MACD或BAR值小于0时，一般可以断定大势处于熊市状态。

（2）买卖信号的研判

第一，当DIF、MACD在0轴上方时，DIF曲线向上延伸并穿过MACD线，为买入信号；当DIF、MACD在0轴下方时，DIF曲线向下跌穿MACD线，为卖出信号。但如果DIF曲线向上突破MACD线时，则可做空头暂时补空。

第二，DIF 曲线向上延伸突破 0 轴线时，为买入信号。

第三，DIF 曲线向下延伸跌穿 0 轴线时，为卖入信号。

第四，DIF 与 MACD 高位两次向下交叉，预示价格要大跌，为卖出信号。

第五，DIF 与 MACD 低位两次向上交叉，预示价格要大涨，为买入信号。

第六，牛差离：股价出现两三个近期低点，而 MACD 并不相应出现低点，为买入信号。

第七，熊差离：股价出现两三个近期高点，而 MACD 并不相应出现新高点，为卖出信号。

第八，就中期操作而言，BAR 由下向上突破 0 轴线时为买进信号，由上向下跌破 0 轴线时为卖出信号。

第九，就短期操作而言，在 0 轴线上方，BAR 由大变小为卖出信号；在 0 轴线下方，BAR 发出的买卖信号与此相反。

（3）背离信号的研判

证券行市的头部越来越高，可 MACD 的头部却越来越低，或证券行市的头部越来越低，而 MACD 的头部却越来越高，这便是背离走势，为反转信号。前者意味着价格由涨势转为跌势，后者则相反。

4. 对 MACD 的评价

MACD 技术分析，运用 DIF 与 MACD 线的相交形态及 BAR 值的大小与背离现象，作为买卖信号。尤其当市场基本走势明显时，MACD 则可为投资者从事证券投资提供较为准确的决策依据。与移动平均线相比，MACD 还具有既能消除移动平均线频繁的假信号缺陷，又有确保移动平均线最大战果的功效。但 MACD 无法预知证券市场价格水平的高点及低点。特别是当市场处于牛皮盘整状态时，MACD 所发出的买卖信号的错误率比较大。此外，运用柱形的变化虽然可提早做买或做卖，免得失去一段行情，但有时也会因贪小而失大。

二、市场动量指标

市场动量指标，又称市场摆动指标。市场买卖双方的力量变化，直接影响价格变动。市场摆动指标，主要研究价格在某个特定时间内的变化，判断市况处于超买还是超卖状况。本节主要介绍相对强弱指标（RSI）、威廉（WMS%）、随机指标（KD）和能量潮（OBV）等市场动量指标。

（一）相对强弱指标 RSI（Relative Strength Index）

相对强弱指标（RSI）由美国人威尔德（Wilder）于 1978 年首先提出，最初是在期货市场使用。

1. RSI 的计算公式

计算 RSI 首先需要知道收盘价和确定参数。参数是时间区间的长度，一般采用交易日的天数。以参数等于 14 天为例，计算过程如下：

第一步，计算价差。得到包括当天在内的连续 14 天的收盘价后，用每一天的收盘价减去前一天的收盘价，得到14个数字——价差。这14个数字中有正数，也有负数。

第二步，计算累计升幅A、累计跌幅B和总波幅$(A+B)$

注意，A和B都是正数。

第三步，计算RSI，公式为

$$RSI = \frac{A}{A+B} \times 100\%$$

2. RSI的构造原理

从数学上看，A表示14天中价格向上波动的大小，B表示向下波动的大小，$A+B$表示价格总的波动大小。从公式上看，RSI的取值在0～100%。这样，RSI表示向上波动在总的波动中所占的百分比。占的比例大就是强市，比例小就是弱市。

RSI是根据价格在一段时间内涨跌幅度的大小来显示市场弱强的，进而推测价格未来的变动方向。

3. RSI的应用法则

（1）两条不同参数的RSI曲线的联合使用。参数小的RSI为短期RSI，参数大的为长期RSI。

短期RSI > 长期RSI，则属多头市场。

短期RSI < 长期RSI，则属空头市场。

（2）从RSI取值的大小考虑。将0～100分成四个区域，根据RSI的取值区域进行操作。划分区域的方法如表11－1所示。

表11－1　　RSI的大小与市况的关系

数值区间	市况	信号
80%～100%	极强（超买）	卖出
50%～80%	强	买入
20%～50%	弱	卖出
0～20%	极弱（超卖）	买入

随着RSI取值的从小到大，应该采取的行动是这样一个顺序：买入→卖出→买入→卖出。

（3）从RSI的曲线形态上考虑。当RSI在较高或较低的位置形成头肩形和多重顶底时，是行动的信号。这些形态一定要出现在较高位置和较低位置，离50%越远，结论越可信，出错的可能性就越小。

（4）从RSI与价格的背离考虑。RSI处于高位，并形成一峰比一峰低的两个峰，而对应的价格是一峰比一峰高，这叫顶背离。价格的这一涨是最后的一搏，这是比较强烈的卖出信号。与此相反，RSI在低位形成两个依次上升的谷底，而价格此时还在下降，称为底背离（如图11－15中的A点到B点）。这可以理解为价格的最后一跌或者说是接近最后一跌，是可以开始建仓的信号。

图 11－15 RSI

（二）威廉指标 WMS%和随机指标 KD

1. 两指标的计算

威廉指标是拉瑞·威廉在其 1973 年出版的《我如何赚取百万美元》一书中创立的，原名“威廉氏超买超卖指标”简称 WMS%或%R，它是利用证券行市的摆动点来研判超买超卖现象，预测循环期内可能出现的高点或低点，从而提出有效的出、入市信号。计算公式为

$$WMS\% = \frac{C - L_n}{H_n - L_n} \times 100\%$$

式中，C 为收盘价，L_n、H_n 是 n 日内出现最低价和最高价。

随机指标是由乔治、蓝恩博士所创，它的图形由%K 和%D 两条曲线构成。在%R 基础上，计算 KD 指标。其计算公式为

$$K = (1 - a)\text{前一日}K\text{值} + a \times \%R$$

$$D = (1 - a)\text{前一日}D\text{值} + a \times K$$

式中，a 一般为 1/3，K、D 的第一值为 50%。

2. 两指标的应用法则

(1)%R 取值为 1%～100%。高于 80%是处于超买状态，应考虑卖出；低于 20%是处于超卖状态，应考虑买入。由于有多项碰顶或碰底状态，应考虑次数一般为 2～4 次。

(2) KD 指标的使用应考虑四大因素。KD 值大小：（0～100%）80%以上为超买区、20%以下为超卖区，其余为徘徊区；KD 线的形态：当 KD 线在较高或较低出现头肩和多重顶底时，为行动的信号；K 与 D 的交叉：金叉为买入、死叉为卖出；KD 与价格

的背离：根据顶背离和底背离研判买卖信号。

图 11 - 16 是 KD 指标底背离的实例，*B* 点是买入信号。

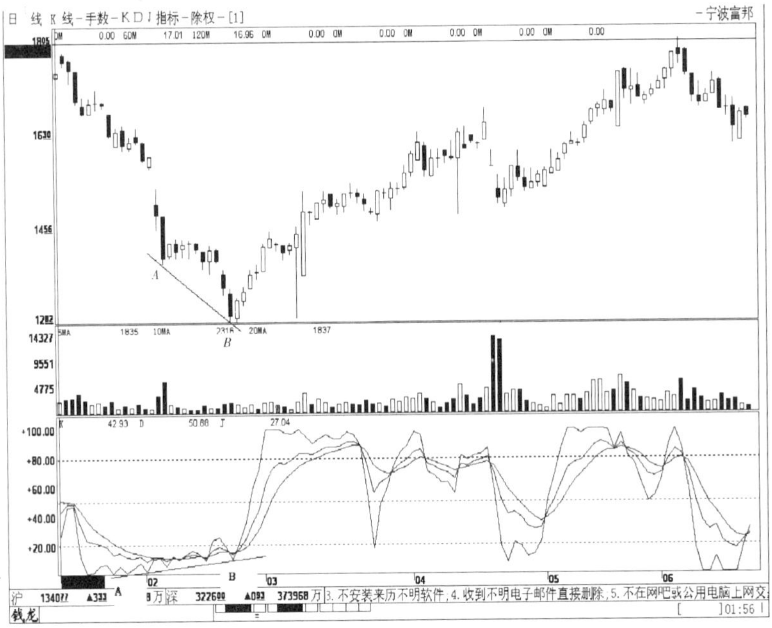

图 11 - 16 KD 指标

（三）能量潮 OBV（On Balance Volume）

又称成交量净额法，直译为平衡成交量，是主要运用成交量累计数来分析市场上人气是收集还是派发，并从股价变动与成交量增减关系来判断成交量能否推动股价持续上涨的一种分析方法。收集是大户暗地里在市场内逢低纳货、逢高出货；派发是大户暗地里逢高卖出、逢低买进。

计算公式：

今日 OBV = 前一交易日 OBV + （±1）× 今日的成交量 ± 取决于收盘价的高低

OBV 的研判原则：

（1）当 OBV 线由跌势转为上升时，表示买方的相对优势逐渐加强。此时投资者若不买进，则将来股价上升，会使投资者的购买成本上升。

（2）当 OBV 线上升而股价下跌时，表示价格较低，市场逢低承接意愿比较强，此时是买进信号。

（3）当 OBV 线暴涨时，是卖出信号。这是因为买方已全力买进，而再无力购买，必须立即卖出。

（4）当 OBV 线由上升转为下跌时，表示买方的购买力量已经逐渐减弱，是卖出信号。

（5）当 OBV 线下降而股价上涨时，表示市场追高意愿转弱，此时应卖出。

（6）当 OBV 线暴跌时，是买进信号。这是因为会出现卖方回补现象，所以可立即买进。

图 11－17 显示了 OBV 的趋势与价格趋势的关系。

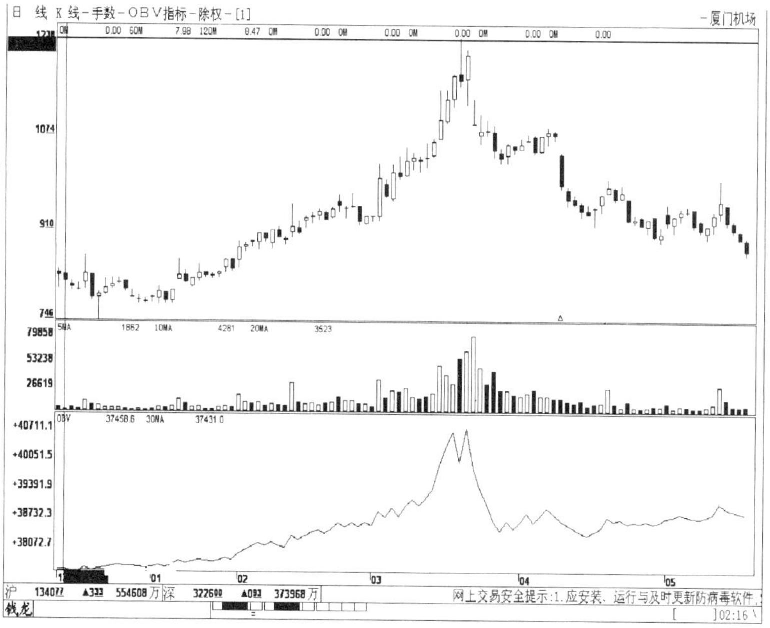

图 11－17　OBV

三、市场大盘指标

市场大盘指标是对市场整体趋势进行预测的指标，由于其计算公式的特殊性，决定了其不能适用于个股。本节主要介绍腾落指数（ADL）、涨跌比（ADR）和超买超卖指标（OBOS）三个指标。

（一）腾落指数 ADL（Advance Decline Line）

腾落指数（ADL）是分析趋势的，它利用简单的加减法计算每天股票上涨家数和下降家数的累计结果，与价格指数相对照，对大盘的未来进行预测。

1. ADL 的计算公式

ADL 的计算方法采用递推方式。假设已经知道了前一交易日的 ADL 值，然后，计算今日的 ADL 值。用当日收盘价与前收盘价相比较来决定涨跌。在证券市场所有的股票当中，如果今天共有 NA 家涨，ND 家下降，不涨不跌的为 M 家（这里的上涨与下降的判断标准是以当日收盘价与上一日收盘价相比较），则当天的 ADL 的计算公式为

$$ADL = \sum NA - \sum ND$$

式中，$\sum NA$ 表示从开始交易的第一天算起，到今天为止每个交易日的上涨家数的总和；$\sum ND$ 表示下降家数的总和。

2. ADL 的应用法则

（1）ADL 只看相对走势，不看取值大小。

（2）ADL 只适用于大盘，不能对个股提出有益的帮助。

(3) ADL 不能单独使用，要与价格指数曲线联合使用。

其作用主要体现在以下几个方面：

第一，ADL 与价格指数同步上升（下降），则可以验证大盘的上升（下降）趋势，短期内反转的可能性不大。

第二，ADL 连续上涨（下跌）了几天（一般是 3 天），而价格指数却下跌（上升）了几天，这是背离的一种现象，是买进（卖出）信号。

第三，在价格指数进入高位（低位）时，ADL 却没有同步行动，而是开始走平或下降（上升），也是属于背离现象，这是趋势进入尾声的信号。

图 11－18 是 ADL 的实例。

图 11－18　ADL 指标实例

（二）涨跌比 ADR（Advance Decline Ratio）

涨跌比（ADR），意为上升下降比。它是与 ADL 极为相似的技术指标。

1. ADR 的计算公式

ADR 的基本思想是观察股票上涨家数之和与下降家数之和的比率，借以判断市场目前所处的上升或下降的大环境。其计算公式为

$$ADR(n) = \frac{P_1}{P_2}$$

式中，$P_1 = \sum NA$，表示 n 日中每天的上涨家数之和；$P_2 = \sum ND$，表示 n 日内每天的下跌家数之和；n 表示选择天数，它是 ADR 的参数。

选择几天的上涨和下降家数的总和，而不是一天的上涨和下降家数，是为了避免某一天的特殊表现而误导投资者的判断。参数的选择没有一定之规，完全由主观判断。目

前，比较流行的是选择参数 $n=10$。

ADR 的图形是在 ADR = 1 附近来回波动，波动幅度的大小以 ADR 的取值为准。参数的选择影响 ADR 的取值。参数选择得越小，ADR 上下波动的空间就越大，曲线的起伏就越剧烈；参数选得越大，ADR 上下波动幅度就越小，曲线上下起伏越平稳。

2. ADR 的应用法则

（1）从 ADR 的取值看大盘。ADR 的取值范围是正数。从理论上讲，ADR 的取值可以任意大，但实际情况中的 ADR > 3 都很困难。把 ADR 的取值分成三个区域。ADR 的取值为 0.5 ~ 1.5，是 ADR 处在常态的状况，说明多空双方谁都不占大的优势。ADR 在常态状况说明多空双方对现状的认可，这个时候买进或卖出股票都没有太大的把握。ADR 超过了常态状况的上下限，就是非常态的状况。ADR 进入非常态状况就是采取行动的信号，越过上限要考虑卖出，低于下限要考虑买进。因为这表示了上涨或下跌的势头过强，有些不合理。

（2）ADR 与价格指数的配合。价格指数与 ADR 同步上升（或下降），则价格指数将继续上升（下降），短期反转的可能性不大。价格指数与 ADR 的升降不同步，表示短期内会有反弹（回档），这是背离现象。

（3）从 ADR 曲线的形态上看大盘。ADR 从低向高超过 0.5 并在 0.5 上下来回移动几次，就是空头进入末期的信号。ADR 从高向低下降到 0.75 之下，是短期反弹的信号。

（4）ADR 的常态状况的上下限的取值量是可能变化的，与选择的参数有关。ADR 以 1 作为多空双方的分界线。

（三）超买超卖指标 OBOS（Over Bought and Over Sold）

超买超卖指标是运用上涨和下跌的股票数量的差距对综合指数进行分析的技术指标。

1. OBOS 的计算公式

OBOS 同 ADR 类似，是用一段时间内上涨和下跌的股票的家数之和的差距来反映当前市场中多空双方力量对比的强弱。其计算公式为

$$OBOS(n) = PA - PD$$

式中，$PA = \sum NA, PD = \sum ND$，其含义和 ADR 的公式中的含义相同，表示最近 n 日内每日上涨的股票数量的总和及最近 n 日内每日下跌的股票数量的总和；n 为 OBOS 的参数，一般选 $n=10$。OBOS 的多空平衡点是 0。

2. OBOS 的应用法则

（1）当市场处于整理时期，OBOS 应该在 0 上下来回摆动。当市场处在多头市场时，OBOS 应该是正数，距离 0 应该较远。当市场处在空头市场时，OBOS 应该是负数，并且距离 0 较远。

（2）当 OBOS 的走势与价格指数背离时是采取行动的信号，大盘可能反转，这属于背离现象。

（3）如果 OBOS 在高位（低位）形成 M 头（W 底）则就是卖出（买入）的信号。连接高点或低点的切线也能帮助我们看清 OBOS 的趋势，进一步验证是否与价格指数的

走势在发生背离。

四、市场人气指标

人气是投资者对证券市场的信心，它是维持市场上升的重要因素。从某种意义上讲，证券市场的每次大的波动都直接建立在人气的旺盛和低迷的变换上。消息必须转化为人气，才能够影响市场。本节主要介绍乖离率（BIAS）、心理线（PSY）和 AR、BR、CR 等市场人气指标。

（一）乖离率 BIAS

乖离率 BIAS 又叫偏离率，是价格与价格的移动平均的偏离程度，它是一个相对指标。

1. BIAS 计算公式

$$\mathrm{BIAS}(n) = \frac{C - MA(n)}{MA(n)} \times 100\%$$

式中，BIAS_n 为第 n 期的乖离率。

从 BIAS 的计算公式可以看出，BIAS 是当天收盘价距当天 MA 的相对距离。乖离率的参数 n，就是移动平均线的参数，也就是天数。参数的大小选择首先影响 MA，其次影响 BIAS。一般说来，参数选得越大，则允许价格远离 MA 的程度就越大。

2. 乖离率 BIAS 的构造原理

BIAS 的构造原理是价格离得太远了就该回头，因为价格有向心的趋向。价格远离 MA 到了一定程度，就认为价格该回头了，这主要是人们的心理因素造成的。另外，经济学中价格与需求的关系也是产生这种向心作用的原因。价格降低，需求就大，需求一大，价格就会上升；反之，价格上升，需求就变小，价格就会下降。最终价格要达到平衡，平衡位置就是中心。在 BIAS 中把 MA（平均成本）当做价格的中心。

3. BIAS 的应用法则

（1）BIAS 的取值大小。这一点是产生 BIAS 的最初想法。找到一个正数或负数，即 BIAS 的分界线。只要 BIAS 超过这个正数，就会感到危险即将来临而考虑抛出；相反，若 BIAS 低于这个负数，就感到机会可能来了，而考虑买入。由此看来，问题的关键就在于如何找到这个正数或负数，它们是采取行动与保持沉默的分界线。

这条分界线的选择应与三个因素有关。第一，BIAS 的参数大小。选择的参数越大，分界线就越大。第二，证券的波动性的强弱。证券在市场中的表现越活跃，选择的分界线越大。第三，与使用的时间有关。不同的时期，分界线的高低也可能不同。

表 11－2 给出一组分界线选择的参考数字。

表 11－2　　BIAS 分界线选择的参考数字

卖出时机	BIAS(10) >5%	BIAS(20) >8%	BIAS(60) >10%
买入时机	BIAS(10) < －4.5%	BIAS(20) < －7%	BIAS(60) < －10%

应该说明的是，如果遇到由于突发消息产生的暴涨暴跌，以上的这些参考数字应该

作调整，对数字的要求要大一些。

（2）BIAS 的曲线形状和背离。BIAS 形成从上到下的两个或多个下降的峰，而此时价格还在继续上升，是抛出的信号。BIAS 形成从下到上的两个或多个上升的谷，而此时价格还在继续下跌，是买入的信号。这属于指标的背离原则。

（3）两条 BIAS 线的相交。当短期 BIAS 的高位下穿 BIAS 时，是卖出信号；在低位，短期 BIAS 上穿长期 BIAS 时，是买入信号。

图 11－19 的情形属 BIAS 的底背离。

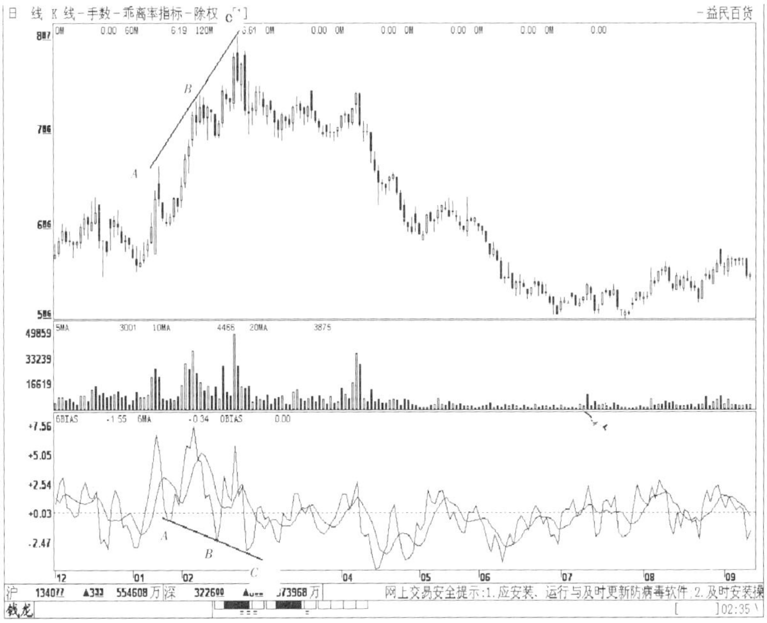

图 11－19　BIAS

（二）心理线 PSY

PSY 的英文是 Psychological Line，中文名称是由英文直译过来的。每次价格的上升和下降，都会引起人气的乐观与悲观，PSY 以投资者买卖趋向的心理因素为目标，从人气和升降比率入手，对乐观与悲观进行了描述，对多空双方的力量对比进行探索。

1. PSY 的计算公式

$$PSY(n) = \frac{A}{n} \times 100\%$$

式中，n 是 PSY 的参数，表示天数；A 表示在这 n 天之中，价格上涨的天数。例如，$n=10$，10 天之中有 4 天上涨 6 天下跌，则 $A=4$，PSY（10）＝40。确定上涨和下跌是以收盘价为标准，如果今天的收盘价比前一交易日的收盘价高，则今天就定为上升的日期。

2. PSY 的构造原理

PSY 是指最近一段时间里上涨的天数所占的比例。简单地认为，上涨是多方的力量，下跌是空方力量，则 PSY 以 50 为中心。50 以上是多方市场，50 以下是空方市场，多空双方力量的对比就这样被简单描述出来了。PSY 的参数选择是人为的。为了便于计算，一般选择参数为10。

参数选得越大，PSY的取值范围越集中，越平稳；参数选得越小，PSY的取值范围上下的波动就大。在选择PSY参数时应注意这个问题。

3. PSY的应用法则

（1）在横盘整理局面，PSY的取值应该在以50为中心的附近，上下限一般定为25和75。PSY取值为25～75，说明多空双方基本处在平衡状态。如果PSY的取值超出了这个平衡状态，就是超买或超卖，就应该注意准备采取相应的行动了。

（2）PSY的取值达到其极端值范围，都是行动的信号。如果出现 PSY < 10 或 PSY > 90 这两种极端情况，就可以采取买入和卖出行动。

（3）当PSY的取值第一次进入敏感区域时，行动应该谨慎，要等到第二次出现行动信号时才比较可靠。几乎每次PSY行动都要求PSY第二次进入高位或低位的验证后才能真正称得上是安全的。

（4）PSY的曲线如果在低位或高位出现大的W底或M头也是买入或卖出的行动信号。

（5）PSY最好同价格曲线配合使用，这样更能从价格的变动中了解超买或超卖的情形。

图11－20是PSY的一个实例。

图11－20 PSY

（三）AR、BR和CR

在证券市场中，多空双方在每个交易日里都要进行力量的较量。即使在多方明显占优势的大涨行情中，也存在空方打压的过程，只不过因其力量太小而不被投资者注意。

正确地运用数据对每个交易日中多空双方的力量的表现进行描述，是正确认识形势和预测未来价格变动的重要内容。当然，正确、合理、全面地反映每天的或者某段时间内双方的力量的对比，是非常困难的事情，甚至可以说是办不到的。我们所能做的仅仅是尽量地描述多空双方的力量对比。AR、BR 和 CR 是描述多空双方力量对比的方法之一。

1. 构造 AR、BR 和 CR 的基本原理

市场一开盘，多空双方的较量就开始了。一天之中，双方的优势是不断交替进行的。

如果多方的力量强，价格将被抬到较高的价位；如果空方的力量强，价格就将被压到较低的价位。AR、BR 和 CR 的出发点正是从这个角度考虑的。

选择一个均衡价格。价格在这个均衡价格的上方，说明多方处于优势，属于多方的力量；反之，价格处于均衡价格的下方，则说明空方处于优势，属于空方的力量。这样，找到这个均衡价格就成为非常重要的任务。均衡价格反映的是多空双方处在均衡状态的水平，在随后的进一步争斗中，打破了这一均衡，使价格向上或向下偏离这一均衡价格。偏离程度的大小，说明了力量的大小。

AR、BR 和 CR 这三个技术指标从不同的角度选择了均衡价格。它们的出发点是相同的，都是用距离均衡价格或均衡价位的远近描述多空的实力，只是均衡价格的选择不同罢了。选择的不同不会导致很严重的偏离和误判。

2. AR 指标

AR 指标称为人气指标或买卖气势指标。AR 选择的均衡价格是每个交易日的开盘价。AR 指标计算公式可用多空双方每天的强弱表示：

$$多方强度 = High - Open$$

$$空方强度 = Open - Low$$

式中，*High* 为当日的最高价，*Low* 为最低价，*Open* 为开盘价。

为避免片面地被某一天的偶然因素所导致的误判，一般选择连续多日的多空强度之和进行比较。选择的天数是 AR 指标的参数。例如，参数为 26 的 AR 指标其计算公式为

$$BR(26) = \frac{P_1}{P_2} \times 100\%$$

式中，$P_1 = \sum (High - Open)$，表示 26 天的多方强度的总和；$P_2 = \sum (Open - Low)$，表示 26 天的空方强度的总和；AR 表示 26 天以来多空双方总的强度的比值。

AR 越大，表示多方的强度大；AR 越小，表示空方的强度大。双方的分界线是 100。100 以上是多方占优，100 以下是空方占优。人气指标 AR 是利用开盘价与最高价和最低价的相互关系，建立了多空双方进行争斗的简单的数学模型，并利用这个数学模型对价格的实际变化过程进行说明。

AR 指标的应用法则：

第一，AR 的取值。AR 指标是以 100 为分界线区分多空双方强度的。当 AR 的取值在 100 附近时（例如 80～120），就说明处于多空基本平衡的局面，任何一方都没有足够的力量将对方击垮。从形态学的角度看，市场处在持续整理的形态，下一步要密切注意

价格向哪个方向突破。80～120 只是一个经验数字。在应用 AR 指标时，应该根据不同的情况对这个数字进行适时修正。

第二，AR 与价格的背离。AR 指标有领先股市达到峰顶和谷底的功能。AR 到达峰顶并回头，如果价格还在上涨，就是获利了结的信号。如果这时 AR 的取值已经大到该考虑卖出的地步，则更是如此。AR 达到低谷并回头向上，而价格仍在下跌，就是介入市场的时机。

3. BR 指标

BR 指标称为买卖意愿指标，同 AR 指标一样，也是反映当前情况下多空双方相互较量结果的指标之一。BR 指标选择的均衡点是前一个交易日的收盘价。前收盘和今开盘在一般情况下应该相差不多。每个交易日结束后，多空双方的争斗并未结束。在这段时间，由于各种消息会使人们买卖的意愿产生大的波动，这对多空双方原有的力量将产生巨大的影响。AR 损失了开盘后跳空的信息，这是 BR 指标比 AR 指标优越的地方。

BR 指标的计算公式和参数可用多空双方的力量表示：

$$\text{多方强度} = High - YC$$

$$\text{空方强度} = YC - Low$$

式中，$High$ 和 Low 是当日的最高价和最低价；YC 是前一交易日收盘价。

为了避免偶然性和片面性，应选择多天的力量对比。选择的天数就是 BR 指标的参数。例如，参数为 26 的 BR 指标的计算公式为

$$AR(26) = \frac{P_1}{P_2} \times 100\%$$

式中，$P_1 = \sum(High - YC)$，表示 26 天的多方强度的总和；$P_2 = \sum(YC - Low)$，表示 26 天的空方强度的总和。双方的分界线是 100，100 以上是多方优势，100 以下是空方优势。

BR 指标的应用法则：

第一，BR 的取值。由 BR 公式就可看出，BR 取值在 100 附近，例如，70～150，则多空双方力量相当，市场处在整理阶段。多（空）至多是稍占优势，没有足以击垮对方的力量。在多头市场里，BR 的取值一定很高，并且还不断地增加。但是强过了头就要向反面发展。例如，当 BR 大于 300 时，就应注意价格的回落了。相反，在空头市场里，如果 BR 小于 40，就应该注意价格的反弹。以上的几个数字需要根据不同情况进行调整。

第二，BR 指标与价格的背离。BR 指标有领先价格达到峰顶和谷底的功能。BR 达到峰顶并回头时，如果价格还在上涨，就形成了顶背离，是比较强的获利了结信号。BR 达到谷底并回头向上，如果价格还在下跌，是底背离，是比较强的买入信号。BR 指标的取值比 AR 指标大一些，上下波动的范围要更大一些。

应用 BR 指标应注意，BR 指标在太特殊的情况下可能产生负值，而 AR 指标永远不会产生负值。这个现象是由于 BR 指标的公式所产生的。产生负值从根本上并不能对 BR 指标产生影响，但是负值在使用时确有不方便的地方。

4. CR 指标

CR 指标叫中间意愿指标，是同 AR 和 BR 指标类似的技术指标，计算公式、构造原理和应用法则均相似。区别在于取值的大小有些不同，应用时掌握的界限不同。

CR 指标所确定的多空双方的均衡价格是前一个交易日的中间价。BR 指标选择前收盘有可能出现某些不足，因为仅以收盘价描述上一日的多空均衡价格可能会引起错误。由于外部偶然因素，可能使价格在接近收市的很短的时间之内作出大幅度的上升或下降，这样，以收盘价作为均衡价格可能歪曲当日价格走势的实际情况。CR 指标选择中间价作为均衡价格，一定程度上弥补了 BR 在这方面的不足。中间价产生的原因主要是为了避免以收盘价作为对全日的交易情况的描述可能产生的偏差。大多数情况下，收盘价和中间价相差不大。所以，CR 指标也和 BR 指标很接近，在此略。

除了以上几种主要的技术分析指标，近几年较多的股票分析软件中还出现了几种常用的分析指标，在此略作介绍。它们是：

DMI（趋向指标），又叫动向指数或移动方向指数。

动向的指数有三条线：上升指标线，下降指标线和平均动向指数线。三条线均可设定天数，一般为 14 天。运用原则主要是分析上升指标 + DI，下降指标 - DI 和平均动向指数 ADX 三条曲线的关系。其中 + DI 和 - DI 两条曲线的走势关系是判断出入市的信号，ADX 则是对行情趋的判断信号。研判准则：（1）走势在有创新高的价格时， + DI 上升， - DI 下降为买进信号。（2）相反，当 - DI 从下向上递增突破 + DI 时，为卖出信号。

BOLL、布林线（Bollinger Bands）。

该指标由 John Bollinger 设计，利用统计学原理标准差求其信值区间。本指标相较包络线指标（Envelopes），更能随机调整其变异性，上下限的范围不被固定，随股价的变动而变动。运用原则：布林线利用波带可以显示其安全的高低价位。当变易性变小，而波带变窄时，激烈的价格波动有可能随时产生。高低点穿越波带边线时，立刻又回到波带内，会有回档产生。波带开始移动后，以此方式进入另一波带，这对于找出目标值有相当帮助。

MIKE，又叫麦克指标，其英文全称是 Mike Base，是一种专门研究股价各种压力和支撑的中长期技术分析工具。

它的分析原理是：目前，大多数技术分析指标都是利用开盘价、收盘价、最高价和最低价。但在某种程度上，这四种价格又都不能完全准确地反映股价在某一时期的真正走势。比如，在日常走势中，我们经常能看见在靠近收市时的几分钟里，某一股票的尾市行情突然风云变化。在短短几分钟里，在大量买盘的推动下，本来下跌的行情却变成大幅上涨的行情，股价也拔地而起。很多股票的某些交易日的开盘价、最高价和最低价也会在主力机构刻意地拉抬或打压下，会经常发生这样的情况。为了在某种程度上去弥补那些由于利用股票的开盘价、收盘价等价格的技术指标在行情研判上的误差，MIKE 指标设定了一个起始价格（即 Typical Price 简称 TYP），以此作为计算基准，求得股价的初级、中级和强力等 6 种支撑或压力价位区，从而为投资者预测股价的短中长期的走势提供重要的参考。MIKE 指标的研判标准主要是：（1）MIKE 指标共有六条曲线，上方三条压力线，下方三条支撑线。（2）当股价脱离盘整，朝上涨的趋势前进时，股价上方三条压力线作为压力参考价，下方支撑线不具有参考价值。（3）当股价脱离盘整，朝下跌的趋势前进时，股价下方三条支撑线作为支撑参考价，上方压力线不具有参考价值，主要以跟踪趋势为买卖决策。

VR：成交量比率（Volume Ratio）即上涨交易日的成交量之和与下降交易日的成交量之和的比率。

VR 的取值在 100 左右，小于 70 应买进，大于 150 应卖出。此指标很简单，可参照 K 线图分析更清晰。

EXPMA：英文名称 EXPMA（Exponential Moving Average），中文名称叫指数平均数。

一般的法则是：当第一条的 EXPMA 由下往上穿越第二条的 EXPMA 时，将对股价造成推升力道。当第一条的 EXPMA 由上往下穿越第二条的 EXPMA 时，将对股价造成推降的力道，依此类推，共给出了 EXPMA（5）、EXPMA（10）、EXPMA（20）、EXPMA（60）四条线。

本章小结

本章介绍了技术分析中主要的理论与方法，以及常用的技术分析指标。

K 线是根据 K 线形态判断证券价格趋势的一种技术分析方法。K 线理论的精髓就在于 K 线的形态可以反映多空力量的消长变化状况。道氏理论主要是用来预测股价变动的长期走势，而不是用来预测近期或短期的股价走势。道氏理论预测股价长期走势的基本原理主要有五个方面。波浪理论认为，世间万物，包括证券市场走势在内，基本上受制于大自然的规律，依据一定的波浪形态周而复始地、有规律地循环。切线理论从对趋势的认识入手，给出了一些识别大势的方法，包括支撑线、压力线、趋势线、轨道线等具体的方法。形态理论是从价格轨迹形态判别趋势的，价格曲线的形态可分为两个大的类型，即持续整理形态和反转突破形态。

技术指标是技术分析方法中极为重要的分支。它是将历史数据，依据统计学的一些原理，通过一定的数学方法进行处理后，去预测未来的发展。技术指标反映的是市场某一方面深层的内涵，这是技术指标本质的体现。

指标的背离、指标的交叉、指标的高低、指标的形态、指标的转折及指标的盲点，是技术指标的应用法则。技术指标是一批工具，运用这些工具对证券市场进行预测时，有许多问题需要我们注意。

技术指标主要有四类指标体系，即市场趋势指标、市场动量指标、市场大盘指标和市场人气指标。市场趋势指标是用来预测将来的市场趋势的，主要包括移动平均线（MA）和平滑异同移动平均线（MACD）。市场动量指标，主要用来判断市况处于超买状况还是超卖状况。本节主要介绍了相对强弱指标（RSI）、威廉（WMS%）、随机指标（KD）和能量潮（OBV）等市场动量指标。市场大盘指标是对市场整体趋势进行预测的指标，主要有腾落指数（ADL）、涨跌比（ADR）和超买超卖指标（OBOS）三个指标。市场人气指标主要包括了乖离率 BIAS、心理线 PSY 及 AR、BR 和 CR 等指标。

名词解释

技术分析　趋势线　K 线　头肩顶　黄金分割　支撑线　压力线　MA　MACD　BIAS　RSI　威廉（WMS%）　随机指标（KD）　能量潮（OBV）　背离

思考题

1. 什么是证券市场的市场行为？它包括哪些要素？
2. 如何理解技术分析的三大假设？
3. 如何理解波浪理论中价格走势的基本形态结构？
4. 什么是 K 线？如何从 K 线的形态判断多空力量的对比？
5. 简述趋势线、轨道线和黄金分割线的画法，并说明如何利用它们来预测行情。
6. 移动平均线的特点和作用分别是什么？
7. MACD 指标的计算公式是什么？它是如何使用的？
8. 谈谈技术指标分析中参数选择的重要性。
9. 什么是背离？在实际中如何运用？

相关链接：技术分析派的革命

华尔街有句名言：从没见过靠图表而致富的人。在对市场的分析上一直存在基本面分析派和技术分析派两大门派。基本面分析派崇尚物有所值，重视的是上市公司的内在价值及其发展前景，而非股票的日常涨跌情况。该派的代表人物是世界股王巴菲特。技术分析派所依赖的理论前提是：市场行为包含一切，价格朝趋势移动，历史会不断重演。该派的代表人物有江恩、艾略特。不过让人沮丧的是，靠技术分析投资股票在股市上发大财的人至今在全世界还没有出现一个，包括江恩和艾略特自己。但是靠技术分析来骗取股民钱财致富的分析师却有不少。业内人士众所周知的一个事实——分析师致富的诀窍是：只作咨询，绝不操作。因此投资大师彼得·林奇不无尖刻地说："华尔街从没见过一个投资成功的分析师，破产的倒看到不少。"

技术分析派和价值投资派最大的差别就在于，技术分析派其实根本不会相信任何市场趋势，他们的核心思路是从市场趋势的转折中寻找逃顶或抄底机会。因此，当一个趋势被打破时，也就是技术分析派选手需要作出决策的时候。这种观点很类似于索罗斯的"反射理论"。而价值投资派，永远只相信自己的判断是正确的，必须具有"只有偏执狂才能成功"的精神，否则你就不可能坚守自己选好的股票。所以，价值投资通常就是一场赌博——对则大对、错则大错。价值投资把选择股票的重心落在了对公司的选择上；技术分析则把选择股票的重心落在了交易时机上。两者的差异，会导致操作策略和手法完全不同。投资者需要对此进行区分，才能够在很多时候作出正确判断，而不会误把垃圾股或高估型品种当成长期投资品种。

从两派的“江湖”地位上来看，技术分析派一直处于下风。据调查，华尔街的分析人士只有不到25%的敢于承认自己属于技术分析派。这一方面是由于巴菲特作为价值投资的领军人物的出现，另一方面也与技术派的先驱如江恩、李斯特文、艾略特等人的没落有关。现在这种情况有可能被改变了，那就是黄金标价法。对于技术分析人士来说，黄金标价法可以称为业内的一场革命。它不仅涵盖了原有的各种技术分析理论，也包括了传统的价值投资，从而将基本面分析派纳入了自己的旗下。

什么叫做黄金标价法？我们先来看传统的标价方式。花旗现在的价格是28.56美元/股，这叫做纸币标价法。采用黄金标价法就是一股花旗值多少黄金。例如当前黄金价格约为900美元/盎司。花旗股价采用黄金标价法就是0.0317盎司/股。最高价出现在2000年9月，当时的价格为0.215盎司/股。采用黄金标价法的花旗股价自高峰起已经下跌了86%。其实黄金标价法并不是什么新鲜事，自人类出现交易以来，黄金标价法一直占据统治地位。其间虽有贝壳、茶叶等标价法的出现，但并没有撼动黄金标价法的统治地位。这种情况一直延续到1971年美国总统尼克松上台为止。尼克松上台后，黄金标价法退出了历史体系，从此技术分析人士的图表上失去了计算通货膨胀的要素，造成了图表的相对失真。美联储在公布M_3以及通货膨胀率数据方面的保留又扭曲了国债利率，反映在金融市场上就掩盖了黄金和货币资产价格的对立。纸币标价法过多地强调了黄金的商品属性而非货币属性。在黄金标价法的眼里，传统的资产价格变成了一种利差。利差交易的缺陷在长期资本管理公司（LTCM）的案例中得到了最好的验证。市场由于利差的出现而吸引投资者的参与，参与人数的扩大缩小了利差空间，趋向为零的利差造成流动性的突然丧失。这是纸币标价法的弊病也是造成金融市场凸性的原因，更是金融体系结构性失衡的根源。

黄金标价法并非倡导恢复金本位的好处。金融系统采用纸币标价法在推测经济衰退方面作出过一定贡献，但黄金标价法为我们提供了一种新的交易思路。拨开传统图表的迷雾，在解释长期利率之谜之类的难题时更加准确有效，它将带来技术分析派的一场革命。

思考：谈谈你对证券投资基本面分析和技术分析的看法。

第十二章

证券投资方法与技巧

学习目标：

- 掌握债券、股票、基金的投资原则和基本技巧
- 熟悉债券、股票、基金和金融衍生工具的投资方法
- 综合运用各种投资分析的方法和技巧
- 了解金融衍生工具的投资原则和基本技巧

证券投资和其他的投资活动相比，无论从投资对象的性质、方法和技巧上，还是从对投资者基本素质的要求上，都有很大的差异，也对投资者提出了更高的要求。证券投资需要投资者具有更加扎实的理论基础，熟悉各种投资工具的特性，熟练掌握各种工具投资的方法和基本技巧，讲究正确的策略，能够综合运用各种投资分析的方法作出理性的投资决策。本章主要讲授债券、股票、基金和金融衍生工具投资的原则、方法和技巧。

第一节　证券投资的主要方法与技巧

一、债券投资的方法与技巧

债券品种主要有政府债券、金融债券和公司债券，是投资者投资最为广泛的工具之一。但是由于债券品种繁多，各种品种在具体的投资操作上又有差异，所以本部分着重以凭证式国债（不上市债券）和记账式债券（上市债券）为例介绍债券投资原则、方法和基本技巧。

（一）债券投资的原则

1. 首选投资国债，因为国债是所有债券中最安全的品种，违约风险最低。
2. 老年人应该投资储蓄式国债，投资这种国债不会亏本。
3. 尽量投资中短期债券，不买长期债券，因为长期债券的利率风险大。

4. 投资可转换公司债券，应视同投资股票。在股票市场低迷的阶段，投资可转换公司债券是一种不错的选择，因为它“进可以攻、退可以守”。

5. 投资债券型基金是一种很好的间接投资债券的方式。

（二）债券投资的程序与方法

1. 凭证式国债的投资程序与方法

第一，凭证式国债的发行与购买。

（1）个人购买凭证式国债实行实名制，具体办法比照国务院发布的《个人存款账户实名制规定》（国务院令第285号）办理。

（2）凭证式国债以填制凭证式国债收款凭证的方式按面值发行，以百元为起点并按百元的整数倍发售。凭证式国债收款凭证，一律使用由中国人民银行监制、中国印钞造币总公司所属有关证券印制厂统一印制的中华人民共和国凭证式国债收款凭证，不得使用其他凭证。采用电子记账方式发行的凭证式国债，也必须使用该收款凭证。

（3）凭证式国债通过凭证式国债承销团成员面向社会公开发行，凭证式国债承销团成员由财政部和中国人民银行根据有关规定及申报情况审查择优确定，发给资格证书并通过新闻媒介向社会公告。投资者可持有效身份证件在当年凭证式国债承销团成员的营业网点购买。

表12－1　2009—2011年凭证式国债承销团成员

序号	机构名称	序号	机构名称
1	中国工商银行	21	济南市商业银行
2	中国农业银行	22	青岛银行
3	中国银行	23	成都银行
4	中国建设银行	24	西安市商业银行
5	交通银行	25	富滇银行
6	中信银行	26	哈尔滨银行
7	中国光大银行	27	宁波银行
8	华夏银行	28	徽商银行
9	上海浦东发展银行	29	江苏银行
10	兴业银行	30	长沙银行
11	招商银行	31	南昌银行
12	深圳发展银行	32	汉口银行
13	中国民生银行	33	大连银行
14	北京银行	34	乌鲁木齐市商业银行
15	上海银行	35	恒丰银行
16	南京银行	36	太原市商业银行
17	广东发展银行	37	邮政储蓄银行
18	天津银行	38	北京农村商业银行
19	石家庄市商业银行	39	上海农村商业银行
20	杭州银行	40	包商银行

（4）投资者购买凭证式国债时，由发行点填制凭证式国债收款凭单。其内容包括购买日期、购买人姓名、购买券种、购买金额、身份证件号码等，填完后交购买者收妥。（注：购买时如设置了密码，请务必妥善保管）

（5）国家规定凭证式国债应优先向个人投资者销售，不得提前预约销售，严禁利用国债名义揽储。

（6）凭证式国债发行期内如遇银行储蓄存款利率调整，尚未发行的当期国债票面利率，在利率调整日按相应年限的银行同期储蓄存款利率调整的相同百分点作同向调整，提前兑取分档利率另行通知。

第二，凭证式国债的提前兑取。

（1）投资者在购买凭证式国债后如需变现，可到原购买网点提前兑取，只能全额提前兑取，不能部分提前兑取。投资者要求提前兑取，可持凭证式国债收款凭单和证明本人身份的有效证件办理兑付手续。

（2）提前兑取时，按兑取本金的0.1%收取手续费，并按实际持有时间及相应的分档利率计付利息。例如，2008年凭证式（一期）国债的提前兑付条款为：从购买之日起，三年期和五年期凭证式国债持有时间不满半年不计付利息；满半年不满一年按0.72%计息；满一年不满二年按3.33%计息；满二年不满三年按4.32%计息；五年期凭证式国债持有时间满三年不满四年按5.76%计息，满四年不满五年按6.03%计息。

（3）对于提前兑取的凭证式国债，经办网点还可以二次卖出。

第三，凭证式国债的到期兑取。

（1）到期兑取。投资者持有的凭证式国债到期兑取时，可在兑付期内到原购买点办理。凭证式国债没有统一规定的到期日。投资者在发行期内的购买日期（某月某日）即为到期日期，从购买日起按债券期限（几年）对月对日计算。到期时利息按规定利率计算，逾期不加计利息。凭证式国债对月对日到期后，可持凭证式国债收款凭证、有效身份证件等，到原购买网点办理兑付手续。

（2）发行期过后，各承销机构对未售完（但已交款入库）或持券人提前兑取的部分，仍可在其承销额度内继续按面值向社会发售。投资者在发行期后购买时，银行将重新填制凭证式国债收款凭单，投资者购买时仍按面值购买。发行期过后售出的凭证式国债，根据购买人的实际持有天数，按提前兑取的相应利率档次计算利息。其持券期限从购买之日起计算，最长计算到该期国债到期日止。发行期过后售出的凭证式国债在该期国债规定的兑付期开始后办理兑付，一律不收取手续费。兑付时按实际持有天数、按相应档次利率计付利息（利息计算到到期时兑付期的最后一日）。

2. 记账式国债投资程序与方法

（1）记账式国债的交易方式与股票交易相同，成交后债权的增减均相应记录在其证券账户或基金账户内；无记名国债在卖出交易前，投资者必须到指定的证券商处办理托管手续，然后在指定的证券商处进行交易。买入无记名国债后，投资者需要时，可在指定的证券商处办理提取实物券手续。

（2）国债现货交易以“手”为单位，一手等于1 000元面值。国债现货交易，每笔申报以一手为最小单位，每笔申报以不得超过一万手为最大单位，国债现货计价单位为每百元面额。

（3）国债现货交易实行“T+1”资金清算制度，投资者与所指定的证券商在成交后的第二个营业日办理交割手续。

（三）债券投资的技巧

债券投资策略可以分为消极型投资策略和积极型投资策略两种，每位投资者可以根据自己资金的来源和用途来选择适合自己的投资策略。在决定投资策略时，投资者应该考虑自身整体资产与负债的状况以及未来现金流的状况，以期达到收益性、安全性与流动性的最佳结合。一般而言，投资者应在投资前认清自己，明确自己是积极型投资者还是消极型投资者。积极型投资者一般愿意花费时间和精力管理他们的投资，通常他们的投资收益率较高；而消极型投资者一般只愿花费很少的时间和精力管理他们的投资，通常他们的投资收益率也相应地较低。有一点必须明确，决定投资者类型的关键并不是投资金额的大小，而是他们愿意花费多少时间和精力来管理自己的投资。对大多数投资者来说，一般都是消极型投资者，因为他们都缺少时间和缺乏必要的投资知识。

1. 消极型投资策略

消极型投资策略是一种不依赖于市场变化而保持固定收益的投资方法，其目的在于获得稳定的债券利息收入和到期安全收回本金。因此，消极型投资策略也常常被称做保守型投资策略。在这里我们介绍最简单的消极型国债投资策略——购买持有法，并介绍几种建立在此基础上的国债投资技巧。

第一，购买持有——最简单的国债投资方法。

购买持有是最简单的国债投资策略。其步骤是：在对债券市场上所有的债券进行分析之后，根据自己的爱好和需要，买进能够满足自己要求的债券，并一直持有到到期兑付之日。在持有期间，不进行任何买卖活动。

这种投资策略虽然十分粗略，但确有其自身的好处：

（1）这种投资策略所带来的收益是固定的，在投资决策的时候就完全知道其不受市场行情变化的影响。它可以完全规避价格风险，保证获得一定的收益率。

（2）如果持有的债券收益率较高，同时市场利率没有很大的变动或者逐渐降低，则这种投资策略也可以取得相当满意的投资效果。

（3）这种投资策略的交易成本很低。由于中间没有任何买进卖出行为，因而手续费很低，从而也有利于提高收益率。因此，这种购买持有的投资策略比较适用于市场规模较小、流动性比较差的国债，并且更适用于不熟悉市场或者不善于使用各种投资技巧的投资者。

在采用这种投资策略时，投资者应注意以下两个方面：首先，根据投资者资金的使用状况来选择适当期限的债券。一般情况下，期限越长的债券，其收益率也往往越高。但是期限越长，对投资资金锁定的要求也就越高。因此最好是根据投资者的可投资资金的年限来选择债券，使国债的到期日与投资者需要资金的日期相近。其次，投资者投资债券的金额也必须由可投资资金的数量来决定。一般在购买持有策略下，投资者不应该利用借入资金来购买债券，也不应该保留剩余资金，而是最好将所有准备投资的资金投资于债券，这样就能保证获得最大的固定收益。

但是，购买持有这种投资策略也有其不足之处。首先，从本质上看，这是一种比较消极的投资策略。投资者在购进债券后，往往毫不关心市场行情的变化，漠视市场上出现的投资机会，因而往往会丧失提高收益率的机会。其次，虽然投资者可以获得固定的收益率，但是，这种被锁定的收益率只是名义上的。如果发生通货膨胀，那么投资者的实际投资收益率就会发生变化，从而使这种投资策略的价值大大下降。特别是在通货膨胀比较严重的时候，这种投资策略可能会带来比较大的损失。最后，也是最常见的情况是，由于市场利率的上升，使得购买持有这种投资策略的收益率相对较低。由于不能及时卖出低收益率的债券，转而购买高收益率的债券，因此，在市场利率上升时，这种策略会带来损失。但是无论如何，投资者也能得到原先约定的收益率。

第二，梯形投资法。

所谓梯形投资法，又称等期投资法，就是每隔一段时间，在国债发行市场认购一批相同期限的债券，接连不断。这样，投资者在以后的每段时间都可以稳定地获得一笔本息收入。

梯形投资法的优点在于，采用此种投资方法的投资者能够在每年得到本金和利息，因而不至于产生很大的流动性问题，不至于急着卖出尚未到期的债券从而不能保证收到约定的收益。同时，在市场利率发生变化时，梯形投资法下的投资组合的市场价值不会发生很大的变化，因此国债组合的投资收益率也不会发生很大的变化。此外，这种投资方法每年只进行一次交易，因而交易成本比较低。

第三，三角投资法。

所谓三角投资法，就是利用国债投资期限不同所获本息和也就不同的原理，使得在连续时段内进行的投资具有相同的到期时间，从而保证在到期时收到预定的本息和。这个本息和可能已被投资者计划用于某种特定的消费。三角投资法和梯形投资法的区别在于，虽然投资者都是在连续时期（年份）内进行投资，但是，这些在不同时期投资的债券的到期期限是相同的，而不是债券的期限相同。

这种投资方法的特点是，在不同时期进行的国债投资的期限是递减的，因此被称做三角投资法。它的优点是能获得较固定收益，又能保证到期得到预期的资金以用于特定的目的。

2. 积极型投资策略——利率预测法

积极型投资策略，是指投资者通过主动预测市场利率的变化，采用抛售一种国债并购买另一种国债的方式来获得差价收益的投资方法。这种投资策略着眼于债券市场价格变化所带来的资本损益，其关键在于能够准确预测市场利率的变化方向及幅度，从而准确预测出债券价格的变化方向和幅度，并充分利用市场价格变化来取得差价收益。因此，这种积极型投资策略一般也被称做利率预测法。这种方法要求投资者具有丰富的国债投资知识及市场操作经验，并且要支付相对比较多的交易成本。投资者追求高收益率的强烈欲望导致了利率预测法受到众多投资者的欢迎。同时，市场利率的频繁变动也为利率预测法提供了实践机会。

利率预测法的具体操作步骤是这样的：投资者通过对利率的研究获得有关未来一段时期内利率变化的预期，然后利用这种预期来调整其持有的债券，以期在利率按其预期变动时能够获得高于市场平均的收益率。因此，正确预测利率变化的方向及幅度是利率预测投资法的前提，而有效地调整所持有的债券就成为利率预测投资法的主要手段。

第一，利率预测及其方法。

由前面的分析可知，利率预测已成为积极型投资策略的核心。但是利率预测是一项非常复杂的工作。利率作为宏观经济运行中的一个重要变量，其变化受到多方面因素的影响，并且这些影响因素对利率作用的方向、大小都十分难以判断。

从宏观经济的角度看，利率反映了市场资金供求关系的变动状况。在经济发展的不同阶段，市场利率有着不同的表现。在经济持续繁荣增长时期，企业家为了购买机器设备、原材料、建造工厂和拓展服务等原因而开始借款。于是，会出现资金供不应求的状况。借款人会为了日益减少的资金而进行竞争，从而导致利率上升。相反，在经济萧条、市场疲软时期，利率会随着资金需求的减少而下降。利率除了受到整体经济状况的影响之外，还受到以下几个方面的影响：

（1）通货膨胀率

通货膨胀率是衡量一般价格水平上升的指标。一般而言，在发生通货膨胀时，市场利率会上升，以抵消通货膨胀造成的资金贬值，保证投资的真实收益率水平。借款人也会预期到通货膨胀会导致其实际支付的利息的下降。因此，他会愿意支付较高的名义利率，从而也会导致市场利率水平的上升。

（2）货币政策

货币政策是影响市场利率的重要因素。货币政策的松紧程度将直接影响市场资金的供求状况，从而影响市场利率的变化。一般而言，宽松的货币政策，如增加货币供应量、放松信贷控制等都将使市场资金的供求关系变得宽松，从而导致市场利率下降；相反，紧缩的货币政策，如减少货币供应量，加强信贷控制等都将使市场资金的供求关系变得紧张，从而导致市场利率上升。

（3）汇率变化

在开放的市场条件下，本国货币汇率上升会引起国外资金的流入和对本币的需求上升，短期内会引起本国利率的上升；相反，本国货币汇率下降会引起外资流出和对本币需求的减少，短期内会引起本国利率下降。

我国的利率体系受到经济发展水平的影响，呈现一种多利率并存的格局。各资金市场是分割的，资金在市场间的流动受到较大的限制。目前，我国主要有以下的两种利率：

一是官方利率。这是由中国人民银行确定的不同期限或不同类别的存贷款利率，即管制利率。这是我国金融市场上的主导利率，对整个金融市场，包括债券市场都有较大的影响。二是场外无组织的资金拆借利率。由于某些金融机构和工商企业缺乏正常的融资渠道，尤其是非国有企业在信贷上受到限制，它们只能通过私下资金的拆借来融资。

由于这些拆借主体的资金来源和资金获得条件都不尽相同，因而利率十分混乱。当然，在对非国有经济的政策支持和对私下融资的限制、打击下，这种状况会逐渐得到改善。在考虑影响国债价格的利率时，应注重分析官方利率和国债回购利率、同业拆借市场利率。其中，官方利率变动次数虽然较少，但由于每次变动的幅度都较大，加上它在整个金融市场上的地位，因而对债券价格的影响是很大的，并且会持续很长的时间。国债回购、同业拆借市场利率在每个交易日都在变动，且变动幅度比较小，因而对于债券价格的影响的持续时间不长，程度也不大。

投资者在对社会经济运行态势和中央银行货币政策抉择做了综合分析后，可尝试对未来市场利率的变动方向和变动幅度作出较为理性的预测，并据此作出自己的国债投资决策。

第二，债券调整策略。

在预测了市场利率变化的方向和幅度之后，投资者可以据此对其持有的债券进行重新组合。这是因为，市场利率将直接决定债券的投资收益率。很显然，债券投资的收益率应该同市场利率密切相关：在市场利率上升时，债券投资要求的收益率也会相应上升；在市场利率下降时，债券投资要求的收益率也会相应下降。一般地，在计算债券价格时，我们就直接用市场利率作为贴现率，对债券的未来现金流进行贴现。因此，我们可以对市场利率变化和债券价格变化之间的关系作出准确的判断，从而据此来调整持有的债券。调整组合的目的是，在对既定的利率变化方向及其幅度作出预期后，使持有的债券的收益率最大化。

（1）由于市场利率与债券的市场价格呈反向变动关系，因此，在市场利率上升时，债券的市场价格会下降；而在市场利率下降时，债券的市场价格会上升。因而前者的正确调整策略是卖出所持有的债券，而后者的正确调整策略是买入债券。

（2）债券的期限同债券价格变化之间的关系是有规律可循的，即无论债券的票面利率的差别有多大，在市场利率变化相同的情况下，期限越长的债券，其价格变化幅度越大。因此，在预测市场利率下降时，应尽量持有能使价格上升幅度最大的债券，即期限比较长的债券。也就是说，在预测市场利率将下跌时，应尽量把手中的期限较短的债券转换成期限较长的债券。因为在利率下降相同幅度的情况下，这些债券的价格上升幅度较大。

相反，在预测市场利率上升时，若投资者仍想持有债券，则应该持有期限较短的债券。因为在利率上升相同幅度的情况下，这些债券的价格下降幅度较小，因而风险较小。

（3）债券的票面利率同债券的价格变化之间也是有规律可循的，即在市场利率变化相同的情况下，息票利率较低的债券所发生的价格变化幅度（价格变化百分比）会比较大。因此，在预测利率下跌时，在债券期限相同的情况下，应尽量持有票面利率低的债券，因为这些债券的价格上升幅度（百分比）会比较大。但是这一规律不适用于周年期的债券。

因此，我们可以得到有关债券调整策略的总原则，即在判断市场利率将下跌时，应尽量持有能使价格上升幅度最大的债券，即期限比较长、票面利率比较低的债券。也就是说，在预测市场利率将下跌时，应尽量把手中的短期、高息票利率国债转换成期限较长的、低息票利率的债券。因为在利率下降相同幅度的情况下，这些债券的价格上升幅度较大。反之，若预测市场利率将上升，则应尽量减少低息票利率、长期限的债券，转而投资高息票利率、短期限的债券。因为这些债券的利息收入高，期限短，因而能够很快地变现，再购买高利率的新发行债券。同时，这些债券的价格下降幅度也相对较小。

需指出的是，利率预测法作为一种积极的国债投资方法，虽然能够获得比较高的收益率，但是这种投资方法是具有很大风险的。一旦利率向相反的方向变动，投资者就可能遭受比较大的损失。因此，利率预测法只对那些熟悉市场行情、具有丰富操作经验的人才适用。

第二节　股票投资的方法与技巧

股票是一种有价证券，是股份有限公司发行的、用以证明投资者的股东身份和权益，投资者据以获取股息和红利的所有权凭证。无论从投资工具本身的特性还是从投资的方法、技巧上，股票都是最具代表性的工具。

一、股票投资的原则

（一）慎重选择、分散投资

慎重选择、分散投资是合理确定投资对象时应遵循的原则。证券投资总是从选择投资对象开始的。投资对象选择包括结构组合的正确与否，直接关系到投资者能否有效地规避投资风险，关系到投资者的获利目标能否实现以及能在何种程度上实现，因而是证券投资成功的关键因素之一。具体来说，这一原则又主要包括这样两方面的要求：一是慎重选择投资品种；二是要慎重进行证券投资对象的组合，即通过同时对多种或多个证券进行投资来分散个别风险。

（二）充分准备、充实知识

证券投资是一种需要大量投入、同时过程也极为复杂的活动，特别是其决策过程要涉及大量专业知识的运用。要想在证券市场上尤其是涨跌无常的股市投资中真正把握主动权，在长期的投资过程中始终进退自如，保持更高的成功率，没有充分的证券投资知识准备是不可想象的。遵循这一原则，投资者在从事证券投资前，必须尽可能全面地做好各种相关知识准备，了解诸如证券投资的范围、特点、条件、种类、影响因素、场所、费用、程序、方法、法规、术语等一系列问题（广义上说，这里的知识也包括证券投资中须臾不可或缺的市场信息）；而在证券投资过程中，也还必须结合实践不断巩固自己的专业知识底蕴，不断拓宽自己对证券投资理论体系的认识范围，逐步深化对相关知识运用的辩证理解。这是成为一个理性投资者必须具备的条件。

（三）量力而行、留有余地

股票投资充满了诱惑。利之所在，人们自然趋之若鹜。而这也常常会导致人们理性的丧失，牟取暴利的狂热冲动常常会使人们忘记它的另一面——与之相伴相生的巨大的风险。于是，赌徒式的孤注一掷在股市中成为一种常见的景观；而正是这种与自身投资能力不对称的非理性操作行为，酿成了同样在股市中俯拾皆是的悲剧。正因为如此，我们格外强调量力而行、留有余地这一原则的重要性。具体而论，考量自身的投资能力或条件，需要着重分析的首先是自身的财力，这也是最重要的方面。证券投资是大量资金投入、运用的过程。单位获利能力不变，则投入资金量越大，盈利也越大；但证券投资受损的可能性同样是很大的。单位损失水平不变，投入资金量越大，损失也越惨重。盲目地孤注一掷，一旦投资失败，结果可想而知。正确的方法，应是根据自己的收入与储蓄水平，以将家庭各种必要的开支（包括预防性开支）扣除后的最大剩余额作为证券投资的最大投入额。至于举债投资，更是不可取的。除此之外，精力、时间、信息获取能力等也需逐一考虑。

（四）勤于分析、理性研判

勤于分析、理性研判，强调的是投资者必须在掌握知识的基础上，努力地运用好知识，即必须花大力气，勤奋、审慎地分析、研判市场状况与动态，而不能以不经意的态度，以侥幸的心理对待证券投资这种十分严肃的事业。投资者一旦进入证券市场，就必须根据自己选定的投资对象，确定自己应当关注哪些主要问题，应当掌握哪些信息及从哪里获取这些信息，应当采取哪些分析研判的方法，应当如何作出决断，并如何加以有效的实施。证券市场特别是股票市场犹如战场，行情变化错综复杂，仅仅从现象上或凭感觉进行判断是很不可靠的。只有勤于收集和处理各种相关信息，时刻跟踪市场和所投资对象的变化情况，并积极运用自己掌握的知识，以理性的态度和方法进行尽可能全面的观察和判断，投资者才能够预先把握行情发展的脉络，根据市场中显露出的各种蛛丝马迹，及时于混沌中理出经纬，于幻象中判明真伪，于迷离中洞悉趋势，悟他人之所不能悟，相机采取应对措施，从而掌握先机，趋利避害，立于不败之地。

（五）目标适度、力戒贪婪

要在股票投资中取得成功，投资者必须实事求是地确立自己的投资收益目标，必须始终保持良好的心态，努力战胜自我。人性中固有的一大弱点是贪婪；而利益当前，很多人往往不能把握自我，陷入贪婪的陷阱无法自拔。证券特别是股票投资中充满了诱惑。如果不能保持足够的冷静，这种诱惑就足以使人不知不觉地步入疯狂，而忘记在想象的获利空间中随时隐藏着巨大的风险。在投资实践中，贪婪者的具体表现，就是将自己的获利目标定到不切实际的高度，不知道适时行动，适时了结。他们在该买入时，总是幻想着会出现更低的低点；而在该卖出时，则总在幻想着更高的高点。其结果只能是反复错过良好的买卖时机。而一旦股价反转，贪婪者又往往会方寸大乱，或盲目地追涨杀跌，乃至进退失据，亏损累累；或痛惜于曾经有过的纸上盈利而不甘及时止损，最终加入套牢一族。股市格言“无论做多还是做空都能赚钱，唯贪婪者将一无所获”，讲的就是这个道理。

二、股票投资的程序与方法

入市前的准备包括以下几项。

(一) 心理准备

炒股票不是存银行，要有足够的心理准备，心理准备是决定投资成败的关键。正确认识自己的风险承受力，通过分析自己的家庭状况、收入稳定性、投资目的、证券投资的相关知识和资源等因素，来明确自己的风险承受力，从而事先规划好本金数额和投资风格。尽管大部分股民都知道，股市有风险，入市须谨慎，但少数股民往往想一夜暴富，手中个股天天涨停。有的新股民运气较好，一入市就赚到了钱，于是就忘记了股市风险；有的遭遇挫折以后，就畏首畏尾，错失时机。这些做法都不足取。要时刻牢记股市“高风险高收益”的特性。“胜不骄、败不馁”，这一道理对于股市中人也一样适用，在挫折面前不灰心丧气，避免作出错误的决定。要增强风险意识，冷静、客观、理智地研究行情，时刻牢记自己在做什么，为什么要这样做。只有这样才能真正防范风险，避免不必要的损失。

(二) 知识的准备

股市作为一个虚拟市场，充满了代码、符号、交易规则、法律法规，投资入市必须做好一定的知识准备。首先，要买一些有关股市入市的书籍看一看，学习其中的要点，再到股市亲身体会一下。对股市有了较深的认识后，这时再进股市炒股，胜算要大一些！其次，要通晓交易基础知识，这是股市操作的基本功，能够解决投资者如何方便自如地买卖股票的问题。这是投资者入市最起码要掌握的知识，也比较容易掌握。但由于市场的不断完善，新交易规则不断出现，投资者关于交易规则的知识也要不断更新。如2007年新实行向二级市场投资者配售新股的办法，一些投资者由于对交款日期不了解，结果中了签的新股又白白失去。最后，要对股市中的其他方面知识做好充分准备。大体来讲，这些知识包括宏观面、基本面、技术面、法律法规等，涉及财务会计学、证券投资学、行业知识、经济法等诸多方面。投资者要学会从基本面和技术面来分析股票的走势，通过对决定股票投资价值和价格的基本要素如宏观经济背景、经济政策导向、行业现状、公司经营情况等进行分析，以及通过对股票的量价走势进行分析，评价股票的投资价值，判断股票的未来价格走势，从而进行正确的投资操作。

(三) 时间和精力的准备

要做好股票投资就必须要对一些宏观的、政策的、公司行业的动态信息给予及时的关注并掌握，这是日复一日年复一年的持续性工作，您在入市前就得考虑自己是否有足够的时间和精力来做这件事情。比如说，周末中国人民银行突然提高存款准备金率，作为新股民的您刚刚跟风买了工商银行的股票，就得通过各种途径来了解、关注这条信息可能对工商银行股票的走势带来什么样的影响。对于喜欢短线操作的投资者来说，务必要确保自己能时刻盯盘，并要确保下单畅通无阻。建议您要同时使用电话委托和网上在线委托，以防止交易通道出现问题。

(四) 资金的准备

投资者入市必须要有一定的资金保障。股市投资应该是家庭财产的一个有机组成部分。考虑到股市起落和股票流动性的问题，您应该使用一部分富余资金来做投资，这样在心态上才不会过于急功近利，万一投资失手也不至于影响到家庭生活。首先，资金来源最好是闲钱，不宜把家里等着急用或有着其他重要用途的钱投入股市，否则风险过大，对于入市心理的负面影响极大。其次，对于入市资金的数量，至少要达到证券营业部规定的下限。如果证券营业部没有规定存取保证金的下限，入市资金至少要有几千元。因为买股票的最小单位一手为一百股，按当前的市价，买一手至少也要四五百元人民币；而且每笔交易额过少，交易费用在交易额中所占比例会相对较高，使得单位交易成本增加。再次，存入一定量的入市资金，有利于投资者合理控制仓位，半仓操作与全仓操作对于投资者的心理影响是大不相同的。而且，留存一部分资金也有利于投资者套牢时摊低成本。俗话说：磨刀不误砍柴工。如果你做好充分的准备工作，进场后取胜的把握就会更大一些。

股票投资的程序见第六章，本节不再赘述。

三、股票投资的技巧

（一）游击战术法

战争中常为人们所采用的一种有效战术是游击战，即通过隐蔽埋伏神出鬼没地转移阵地，进行冷不防的攻击，以收到出奇制胜之效。这种战术的特征是打一枪换一个地方或打了就跑，跑了再打。这种战术尤其在部队兵力不足时被广泛采用，而且一般都能卓有成效。在股票市场上，多头与空头对于股价涨跌之争，有时候甚为紧张激烈，虽然并未如战争一般真枪实弹，但资金与股票的买卖交投，以及力求影响股价的涨落，刻意制造出信息情报，其激烈争夺程度有时候真比战争毫不逊色。在多头与空头双方争斗的形态中也有刻意制造利多或利空消息，以出奇兵的方式，突然大量介入买卖某种股票，待一般市场中散户大致看好时，再突然以迅雷之势做轧平进出，此种采取短线姿态，割了禾头稍有获利即跑的操作方式，一般被称为游击战术。

一般投资大户所采用游击战术的股票，多以热门股或低价久盘的股票为对象，之所以趋向于热门股，是着眼于进出方便，而操作久盘未涨的股票，是由于突然做高之后，一般都会认为突破跟进，其拉高出货的策略较易行。

（二）小股轮涨

股市投资中所谓的小股是指资本额较小的股票，有时虽其表面价值较大，但因在股市上的价位较低，其实际资本额较小的股票也是小股。小股轮涨的现象大多出现在多头市场或空头市场的尾声，但也有时出现在底部未定，处于反弹行情的中途。在发生长期多头市场后的小股轮涨时，不论大中小型股票都已有一段不小的涨幅，有心的投资大户欲将大中型股票价格继续提高，必须投入更多资金，而且获利也较为有限，所以在多头市场的末期，采取本轻利重的小型股票予以顺利脱手。在发生长期空头市场后的小股轮涨时，不论大中小型股票都已有一段不小的跌幅，有心的投资大户介入大中型股票，虽也可轻易做高，但冲高之后的卖出压力必然加重，所以，此时应选择小型股票予以轮流做升，以图恢复市场买方人气的热络。反弹的小股轮涨，有时是有心大户的试盘行为，有时是短线中户的获利搅和，此种现象均为涨后都再回跌，时间既短也不能持久。

（三）板块联想涨跌

联想涨跌法就是根据相关股票陪衬涨跌的特征而买卖股票的一种操作技巧。采用这种方法买卖股票时，可对拟投资标分三种情况分别加以考虑。

第一种情况是新上市股票，新上市股票连涨多个停板后，再正式买卖成交，这是股市惯性之一，但其上市后涨停板的多寡，往往与当时大势情况的好坏有着极大的关系。大势好时，新股上市涨停板数较多，甲种新股上市后涨停数的多寡，也可作为乙种新股上市后的参考。

第二种情况是同类股票。如果甲化纤股涨升，乙化纤股也将随之上涨，同样的电器股、建筑股、食品股等都是如此。虽然个别股票的涨跌幅度会有所不同，但随后跟进强势涨升的同类未涨股票也能获得利润。

第三种情况是同值股票，当股票价格纷纷由股票内在价值以下涨至股票内在价值以上时，此时，当某处在内在价值以下的股票升值时，就应该注意买进其他价值位于内在价值以下的股票，因为这种股票很可能会获利。另外当某些价值以下股上涨遭到阻力，而有的已经冲关涨升时，则也可联想其余股票也将会冲破阻力而上涨。

（四）顺势投资法

顺势投资法也叫跟着感觉走。所谓顺势投资法则指在股票市场中，小炒家由于资金不足、消息闭塞，不能像大炒家那样操纵股票市场，只好跟着大炒家左右的股势或股价走，做个顺风客，跟着股价的趋势进行买进卖出。这种办法捞不到大利，也不会吃大亏。

投资者在采用此技法时，必须注意这样几点：首先，虽说是顺势走，但也得分析一下股市的大趋势。只有当股价已形成中期涨跌趋势时，投资者才有机会顺势购进或售出股票，而且以做多种交易为宜。如果行情涨跌趋势不稳定，作为小额的投资者，此时最好多观望一下，切莫冒险跟进，不然悔之晚矣。其次，要常常注意和提早发现行情的变动趋势，古话说得好，先下手为强，后下手遭殃。趁大炒家还未动作时，抢先购进售出，否则如果顺势购进，很可能抢到的是高价股票；顺势售出，卖出的股票极可能被杀到最低价，使自己左右夹攻，两头受损。

（五）投资三角形

投资三角形的基本原理是：以正三角形的变化作为购入股票数量的决策依据；以倒三角形的变化作为卖出股票数量的决策依据。具体讲可分为以下两种情况：

在正三角形状态下（即在购买股票决策时），用底边线的长度代表购买股票的数量，以底边线的高低位置代表市场股票价格的价位，以三角形的角度代表影响股票价格的其他因素。在角度不变的情况下，底边线位置的高低决定了底边线的长短。这就是说，在其他条件不变的情况下，股票的市场价位越低，投资者购入的股票数量越大。随着股票价格价位的提高，则应减少股票的购买量。

在倒三角形状态下（即在抛出股票决策时），用上底边线的长度代表抛出股票的数量，在上底边线的位置代表股票市场价格的价位，角底含义同前。在角度不变的情况下，上底边的位置高低同样决定了它的长短。即在其他条件不变的情况下，股票市场的价格渐低决定了股票持有人应该逐渐减少股票的抛出量；反之，在股价逐渐升高时，就可以相应地扩大抛出量，这样就能赚取更多的差价。

（六）保本投资法

首先，要弄清楚股票的“保本”与一般说的“保本”具有不同的含义。一般意义而言的“保本”，是指投资后能够保住投资的总金额。股票投资中的“保本”，不是指保住投资者用于购买股票的总金额，而是投资者在投资前预先在心里确定好的，主观上认定不能够亏损的那部分资金，它只占投资总金额的一部分。

其次，股票的“保本”与“保值”也是两个不同的概念，人们在通货膨胀期间，拿出资金来用来购买股票，主要原因在于避免货币在高物价上涨中贬值，这是股票的“保值”。

“保本”投资法是股票投资避免血本耗尽的一种操作方法。此种方法适用于经济前景欠明朗，股价走势与实质因素显著脱节，行情变化难以琢磨时的股票投资。采用保本投资法，最重要的不在于买进的决策，而在于卖出的决策。保本投资的基本假设是，任何人的钞票都是有限度的。换句话说，也就是没有人能够无限量地买进股票，甚至随心所欲地买进股票都几乎不可能。保本投资法最重要的是获利卖出点和停止损失点的选定。获利卖出点，即为股票投资者在获得一定数额投资利润时，毅然卖出的那一点。这个时候的卖出，不一定是将所有持股一口气统统卖光，而是卖出其所欲保“本”的那一部分。停止损失点，就是当行情下跌到只剩下股票投资者心目中的“本”时，急于卖出，以保住其最起码的“本”。简单地说，就是股票投资者在行情下跌到一定比例的时候，全身而退，以免蒙受过大亏损的做法。停止损失点是为了预防行情下跌而制定的，主要的功用在于避免投资损失过大。

特别要注意的是，当股市看涨时，确定“本”金的卖出点后，不要贪得无厌，延误战机，也不要股价刚上到某一个确定点时，就统统把股票抛售一空，因为行情很可能还要继续看涨。

（七）买卖平均法

指两种购进股票的策略，即买平均高和买平均低的办法。

在股票长期投资中，有一种分阶段购入股票的操作方法，即按一定的时间间隔逐次购入某种股票。这分两种情况：一种是看准某种股票价格的上升趋势，用全部资金按其上涨的不同阶段分次购入；另一种是估计某种股票可能出现下跌情况，则按该股票价格下跌的不同阶段分次投入资金。前者当股价上升超过最后一次买入股票的价格时，便可成批出售股票，获得较高的利润。后者必须在价格回升超过购买价格时，才能获得利润。可见两者同是为了获得利益，同是分次投入，但是投入时的价格走向不一致，这又决定了两者得利的时间也不一致。这两种投资对策就分别被称为买平均高投资法和买平均低投资法。

（八）匀低成本法

在股市上，行情有时变化得使投资者反应不及。当股市意外急剧下跌时，造成大多数人大量亏损，在对股市大势的判断没有发生变化的前提下，采用加码匀低成本的方法反亏为盈显得尤为重要。

（1）平均成本法。高档套牢后，股价跌到一半，再照原持有股加码买进，予以匀低成本。采用此种买进方式，股价一旦回升一半，即可够本，如回升一半以上，则可获利。

（2）倍数买进法。如果你有实力，在股价跌落之后，加倍或加数倍买进以匀低成本。如原来你买进的2 000股4元股票，跌落2.8元时，你买进4 000股，则其平均成本为3.2元，将来股价回升到3.2元一股，则可保本，升到3.6元，可赚2 400元。

（九）三成涨跌法

股价上涨时，若奢望会涨到最高点，则往往会错失良机；相反，当股价下跌时，便急忙脱手，这是导致失败的做法。明智的战略是：当股价涨到买价的三成时，则卖出，当过去一两年的平均股价下跌到三成时赶快买进，这是赚取买卖差额的一种做法。当股价升到顶点时，便有可能大幅下跌。然而现在来说，如果没有特别重大的事件发生，股价一般不会一直跌到谷底，只是不断地以持平的方式上下反复波动，所以要想寻找跌至谷底的股票是很难的。

选择新股票可按下列三种标准：（1）选择热心开发新产品或新技术的公司，从外销扩大到内销，而且正面临着产业结构的大转变，对技术革新、新产品开发都很热衷；（2）有能力直接操纵市场价格动向的公司，像房地产、建材、钢铁等产业，其股票价格波动大，从其产品种类来看，对市场价格起重大影响；（3）有知名度的公司，这种公司规模不一定很大，但必须有很高的知名度。

当你发现某家公司的收益已逐渐上升，过去三年里的平均股价也降低了三成左右，此时，股价很可能会上升，虽然上升速度可能不是很快，但一定会涨到某一水平。

（十）排列组合法

股票的内容与价位的排列组合有四种情况：内容佳，价位高；内容佳，价位低；内容差，价位高；内容差，价位低。这里所讲的股票内容，除了公司的纯益或股利之外，还包括获利能力、营运能力以及公司未来展望等。所谓价位，主要是指目前的市价。有了这四种排列组合的构架以后，即可将所有上市的股票予以归类，以供股票买卖者参考。一般来说，第一类内容佳，价位高以及第四类内容差、价位低的股票，应该算是名副其实。因此，这两类股票价格大幅度波动是不大可能的。至于第二类内容佳、价位低以及第三类内容差、价位高的股票，由于名不副实，将会有调整，可做差价操作。

（十一）追涨杀跌法

绝大多数投资者，都喜欢买从高点剧挫下来的股票。他们认为，买进低价的股票比较安全，认为这些股票要不是跌幅过深，就是股价已接近底部，而即将回升了。但事实上并非如此，相反，往往是高者越高、低者越低。多数人认为价位太高、风险大的股票，以后的涨幅往往价位极低，值得投资的股票，涨幅却往往太小。对以往各个时期各种股票的趋势进行研究的结果印证了这个结论，即涨者越涨，跌者越跌。通常业绩不佳的股票，其股价也难有良好的表现；而在多头行情中初创高价的股票，却是值得介入的热门股，果断的投资者应避开那些表现极差，以后甚至可能创下新低点的股票。

通常，一种股票的价格必须经过调整打底之后，才会直冲新高点，然后争取突破。打底徘徊的时间可能短至一两个月，也可能长达十个月。当一种股票度过徘徊大底期，逐渐恢复上扬趋势，并且接近新高点之际，就是考虑买进的适当时机。股价脱离底部时，果断而明智的投资者就应该毅然将它买进；然后，在它已渐渐升了一大段，而一般投资者又对这种股票发生兴趣时，果断将它卖出。在行情开始启动的时候，或者在涨势起步前期及中开始买进，就可获利；同样，能够在一轮股票涨势已经结束、跌势开始形成的时候，或者在跌势的前期及中期抛出手中持股，就可确保利润，避免亏损，这就是追涨杀跌法。

（十二）十成涨跌法

这是一种短期投资方法，严格地讲，属于趋势投资法的一种，它的发明者是美国人哈奇，在 1882 年至 1936 年的 54 年间，哈奇利用这种投资方法使自己的财产由 10 万美元增加到 1 440 万美元。这种投资方法直到哈奇逝世后才被公布于世。采用这种投资方法的人认为，股票市场价格经常处于波动之中，在一个较短的时期内，许多股票的价格波动幅度要超过 10%，投资者可利用这一点，把握住 10% 的上下限，在低价时买进，在高价时卖出，这样就可以从中获利。例如，你可以将自己所买入的股票价格按周加以平均，求出平均数，到月末时再将各周的平均数将股票全部卖出去，不再买进，一直等到卖出股票的价格下降了 10% 以后再买进。这种方法的缺陷是，投资者按这种方法卖出股票后，如果股票价格继续上涨，他就会失去机会，无法获得更高的收益；相反，当遇到股市不景气，股票价格涨幅长期达不到他的要求时，由于股票不能按原计划卖出去，至少在短期内他将无法获利，哈奇本人有的股票持有时间就长达 6 年。再者，运用这种投资方法还应将投资成本考虑在内，如交纳税金、支付佣金等，如果成本过高，投资就会无利可图。

（十三）反向投资法

此理论的前提是摸清大众投资者的心理，在大众投资错误的基础上人买我卖，人卖我买；人热我冷，人冷我热。

在一般的情况下，股民大多盲从跟风。某种股票价格较低时，大家都纷纷跟风购买，却不知此时股价已经生高，已接近股浪的顶尖。正是如此，消息灵通、头脑清醒的投机者和投资大户准备抛售，因此这是购买股票最不利的时候。人们往往都认为零售的交易指数具有一定的参考价值，可作为市场趋势的指标，认为市场动向与零数交易的普通股民的交易行为存在着相关的联系。虽然，普通股民可能发生错误的投资次数较多，但不会是经常性的错误。可是由于普通股民受人气购买的影响，自己的投资意识往往受市态心理所左右，在这种基础上从事股票的买卖，不能不说是一个误区。所以，这种指数变动情况也只能仅作参考。在某些情况下，少数人的买卖行为常常是正确的。选择购买高效益的股票是较好的投资方法。此话说起来容易，操作起来也相当难。投资者要想获得较高的收益，除必须综合分析多种因素，如发行公司的财务状况、获利能力、经营管理水平、资产负债情况、市场情况等外，最重要的是要在大众投资者未认识到某股票的收益预期增长时，抢先一步买入；或在大家未认识到某种股票的收益预期下降时，抢先一步沽出。如果等到公众知道股价将会上涨时再吐，或者等到公众知道股价将会下跌时再买，这样就已经迟了。

（十四）守株待兔法

该法主要针对中小型投资者。投资者在风云变幻的股市中面临众多的股票种类，如何选择正确的投资对象和挖掘出“黄金股”尤为重要。众所周知，投资者要选择到优良的股票，除了密切注意股票行情外，还必须花大量心血和时间，对各上市的股票公司进行咨询调查，并细致分析有关数据和材料，有可能的情况下，还要了解国内、国际的经济发展趋势和经济信息，以及国家的经济政策等，以便对选择股票作出宏观指导，而这些对中、小型投资者来说，是比较难以办到的，而且也无此必要。

所谓守株待兔法，不是让投资者守在一株树下，死等一只兔，而是广种薄收，守许多株树。在实际运用中，就是将每天公布在黑板上挂牌交易的多数或所有种类的股，有针对性地每一种都买1个单位（如100股、200股、300股……），当然，如果投资者持有资金多，可根据自己的选择对每种股票买进几个单位。这样一来，无论何种股票上涨，都将获利。守株待兔法虽不是什么高超的技术，仅为一种分散风险的对策。但它具有两大优点：（1）投资者不必为选择何种股票犯愁；（2）无论任何股票增值，都可盈利。有利就有弊，投资者在实际操作该技法时，应注意以下三个方面的问题：（1）过分冷门的股票切记不要购买，因为这类股票买进容易卖出难。（2）要有姜太公稳坐钓鱼台的心理。既然是守株待兔，就要拿出耐心和毅力，不要这山望着那山高，四处打探消息，乱了方寸，本来钓到的是大鱼，结果竟失于自己的渔网之中。（3）虽然采取此法不必为选股操心，但在选择何时购入的时机问题上，还需煞费苦心。如果行情不景气，就不要固执地每天都购入股票，这样做很可能把投资者的老本都蚀尽了。

（十五）博傻主义投资法

博傻主义投资法，可以说是纯粹的投机方法，带有很大的风险性质。它是指投资者预测某种股票将持续上涨一段时间，不惜大胆地以高价买入，以期在价格更高时以高价卖出，在更低价格时再购回股票。该投资法是假定自己是一个“傻子”，颇有大智若愚的意味，并且认为总会有比自己还傻的“呆子”。故此，才敢采用这种以傻博傻的方法来获取利润。很明显，如果投资者判断失误，在股价高涨期买入股票，而后又无法再以更高的价格卖出去时，后果是不堪设想的。如果投资者在下跌时售出自己的股票，而又没有比之更低的价格可以购回时，这时的这位投资者变成了十足的“傻瓜”了。

（十六）人气投资法

人气投资法是用来估计人气，预测股票行情趋势的一种方法。投资者以观察证券交易大厅内的人数增减变动，即计算人头的情况，据此作为预测股价走势的手段。如果证券交易所投资人数日益减少，表示人气逐渐萎缩，行情可能会下降，尤其是交易所的人数零零散散，则反映股价必然是疲软乏力的盘局；如果交易所的投资人数日益增加，则表明人气日渐扩张，行情可能会上升，尤其是交易所的人头拥挤熙攘，则反映股价已处于热潮阶段。

人气投资法，依据证券交易所人头多寡增减与股价涨跌的正比例关系推测股市的动向与趋势，所以不可能百分之百正确，但业余投资者、中小投资者又是投资大众的骨干，其买卖行为有抢涨卖跌的特点。当股价盘旋时，投资大众会迟迟不肯进场；当股价上涨时，会纷纷抢买，促使股价持续上涨；而当股价下跌时，则又纷纷沽出，促使股价进一步下跌，随着价格下跌幅度的增大，卖出的人数也日益减少。因此，用证券交易所内人头的增减可以判断股市的动向和股价的涨落。

（十七）孙子兵法

《孙子兵法》一书可称得上是有关策略方面的最具影响的著作，它不仅在军事上、政治上、商业竞争中具有普遍的指导意义，而且在证券投资中也具有很好的借鉴功用，孙子兵法就是利用《孙子兵法》书中的军事格言来指导证券投资。投资格言主要有：

1. 知彼知己者，百战不殆。其实，投资者在金融市场上运用的时间越长，就越可能把这些市场视为巨大的战场。把交易视做战斗和战争。尽管并不存在着弓箭手和剑客们埋伏在下一个山头准备切断你与主力的联系，但在金融舞台上，会发现自己处在一种异域的、不友好的环境中，其中有许多参与者随时准备把你同你的资金与自信心分离开来。因此你必须对市场有一个全面的了解。具有相当水平的经验只是整个战斗的一部分，你还应不断回想自己的行为，以便从以前的各种战斗中吸取有价值的经验教训。事实上单就把市场看成战场这一描述上看，也进一步证实了人们对引用孙子兵法的信赖程度。正如孙子所说，你必须知己，而这一点在金融投机中是再重要不过的了。

2. 兵之情主速，乘人之不及。如果你在市场上进行交易，不管是日交易商还是头寸（长期行为）交易商，一旦从你所用的任何一个时机选择技术指标中获得可操作的信号，那么你就应毫不犹豫地进行本次交易，而且要迅速。当别人还在等着找出某一特定的行情变动发生的原因时，你应当已经处在市场中，下达了交易指令，并按照你所采用的策略行事。这是一种快步的竞赛，你必须勇敢，并且一旦有关信号“指示”你采取行动时，就立即执行。这不是犹豫或害怕的时候，不要怕犯错误，因为止损指令不会使你遭受很大的损失。但是，如果从你所相信的技术分析方法中得到了确凿的交易信号，你仍感到害怕，这样是没人能帮你的。

3. 防患于未然，防微杜渐。当你仍在进行纸上交易并准备你的策略时，在你安静、安全的办公室里认真计划着金融战役是非常重要的。整个战役的每一方面都应加以研究和估算：如果价格上涨或如果价格下跌应该做些什么？在哪方面以及怎么增加头寸（金字塔）？在哪方面以及怎样减少头寸的规模？如果所持头寸变得不利，你是立即解除该头寸，还是再次进入市场持有反方向的头寸？交易的这些以及其他许多方面都应在巨大的风险形成之前提前分析并估算出来。

第三节 基金投资的方法与技巧

基金指专业的基金管理公司以发行基金券的形式募集中小投资者闲散资金用于证券投资的一种间接投资方式，是有意愿投资证券市场但又缺乏专业知识和充足时间精力的投资者最好的选择。

一、基金投资的原则

(一) 选择收入型的基金

这类基金在资产的配置上将主要的投资目标集中在股息和利息方面，对于投资者来讲，能够保障得到持续的现金分配。如果投资者安排一定的旅游计划，购买高档消费品，均可以将此类基金作为投资的首选。

(二) 替代性的投资选择

投资者看好证券市场的长期发展，却苦于没有时间和经验进行股票的投资，选择指数型基金将会使投资者跟随证券市场的发展而从中受益。投资者不仅省去了较多的投资精力，也解决了奔波于证券公司营业部进行股票投资的劳顿之苦，并有效地解决了投资者面临赚了指数不赚钱的投资困惑。目前，比较好的指数型基金投资对象有上证50ETF、上证180ETF、深证100ETF等。

(三) 参与基金的价差套利

要进行此种投资的基民，不妨在LOF、封闭式基金等方面下工夫。因为只有存在一定折价机会的基金品种才会有较好的套利空间。如当封闭式基金的二级市场交易价格远远低于其净值时，就会因为折价而存在较大的套利空间。对于参与LOF基金投资的投资者，也可以利用二级市场的场内交易价格与一级市场的场外净值价格之间的差价进行基金产品的套利。

(四) 满足短期内的消费需求，可以选择货币市场基金

货币市场基金作为储蓄的替代品，有着定期收益、活期便利的投资功能，对投资者的日常投资需求起着积极作用，可以有效地提高短期资金的利用效率。

(五) 中长期投资计划，如子女教育、养老保障等应当积极配置股票型基金

只要中国经济持续向好、上市公司的业绩得到持续增长、基金管理人坚持长期的价值投资，将为投资者带来持续的投资回报。特别是红利再投资，将因复利的投资效果而使投资者的收益得到滚动式的增长。

二、基金投资的方法

封闭式基金的投资程序与股票相近，这里主要介绍开放式基金的投资程序与方法。

投资者在购买基金前，需要认真阅读有关基金的招募说明书、基金契约及开户程序、交易规则等文件，仔细了解有关基金的投资方向、投资策略、投资目标及基金管理人业绩及开户条件、具体交易规则等重要信息，对准备购买基金的风险、收益水平有一个总体评估，并据此作出投资决定。按照规定，各基金销售网点应备有上述文件，以备投资者随时查阅。

(一) 开立基金账户

投资者买卖开放式基金首先要开立基金账户。按照规定，有关销售文件中对基金账户的开立条件、具体程序需予以明确。上述文件将放置于基金销售网点供投资者开立基金账户时查阅。

（二）购买基金（申购）

投资者在开放式基金募集期间、基金尚未成立时购买基金单位的过程称为认购。通常认购价为基金单位面值（1元）加上一定的销售费用。投资者认购基金应在基金销售点填写认购申请书，交付认购款项。注册登记机构办理有关手续并确认认购。在基金成立之后，投资者通过销售机构申请向基金管理公司购买基金单位的过程称为申购。投资者申购基金时通常应填写申购申请书，交付申购款项。款额一经交付，申购申请即为有效。具体申购程序会在有关基金销售文件中详细说明。申购基金单位的数量是以申购日的基金单位资产净值为基础计算的。具体计算方法须符合监管部门有关规定的要求，并在基金销售文件中载明。

（三）卖出基金（赎回）

与购买基金相反，投资者卖出基金是把手中持有的基金单位按一定的价格卖给基金管理人并收回现金，这一过程称为赎回。其赎回金额是以当日的单位基金资产净值为基础计算的。投资者赎回基金通常应在基金销售点填写赎回申请书。按照《开放式证券投资基金试点办法》的规定，基金管理人应当于收到基金投资者赎回申请之日起三个工作日内，对该交易的有效性进行确认，并应当自接受基金投资者有效赎回申请之日起七个工作日内，支付赎回款项。

（四）基金转换

基金转换是指当一家基金管理公司同时管理多只开放式基金时，基金投资者可以将持有的一只基金转换为另一只基金。即投资者在卖出一只基金的同时，买入该基金管理公司管理的另一只基金。通常，基金转换的费用非常低，甚至为免费。

（五）红利再投资

它是指基金进行现金分红时，基金持有人将分红所得的现金直接用于购买该基金，将分红转为持有基金单位。对基金管理人来说，红利再投资没有发生现金流出。因此，红利再投资通常是不收申购费用的。

三、基金投资的技巧

（一）自上而下投资策略

选择基金采用的是自上而下的投资策略，先选择好的基金公司，再对应选择旗下你所需要的优秀基金。一只优秀的基金，离不开他的土壤——一家同样优秀的基金公司。好的基金公司，不仅在人才储备、投资分析、选股能力上有优势，而且也有比较好的配套服务。建议选择的基金公司有完善的产品线，可以提供基金转换功能，有较好的口碑。当然，除了大型的基金公司外，有些中小型的基金公司也同样优秀，也是选择的目标。

（二）根据自己的风险偏好和投资组合配置基金

基金有很多种，但是哪一种更适合你，是由你的风险偏好和投资组合配置决定的。比如你是需要风格明显的大盘型或者是需要风险与收益更高的小盘型，还是稳定的债券型。只有明白自己需要哪类基金，你才能在对应基金公司旗下作出最佳选择。买基金不是盲目的。我认为，没有最好的基金，只有最适合你的基金。

（三）考察基金经理能力和投资风格

优秀的基金经理管理的基金，应该是被很多人所推崇的。不错，基金经理虽然只是团队的一员，但是却在很大程度上决定了这个基金的风格。经历过牛熊市的基金经理，其管理的基金也使人更为放心一点。基金的投资风格，是成长型基金还是价值型基金还是两者皆顾的平衡型基金，也是个重要的考察点。

（四）认真分析专业指标数据

作为基金评价，也有专业的指标数据，例如夏普比率、标准差、阿尔法值、贝塔值等。夏普比率反映的是你的投资组合的收益超过无风险收益率的风险溢价与标准差之比，如果能超越市场组合的夏普比率，那就是好的基金。简单来说是夏普比率越高越好。标准差则反映了基金的风险情况，越小越好。阿尔法值反映了它在同类型基金中的排位，该值越大越好，最好大于0。贝塔值反映的是它相对于市场组合的收益波动情况。贝塔值大于1，则它的涨跌幅都大于市场组合的涨跌；若贝塔值小于1，则它的涨跌幅都小于市场组合的涨跌。若要选择涨的比市场快的基金，那肯定是要贝塔值大的好；但是若市场下跌，相应地也会跌得快。以上数据，可以在一些专业的评级机构（如晨星）里找到，或者自己计算都可以。

（五）历史业绩考察

对历史业绩的考察可能是很多普通投资者最关心的。当然，历史业绩不代表以后的业绩。但是往往在不成熟的基金投资者眼里，短期业绩就代表一切。事实上，一只好基金应该是“长跑冠军”。我们看基金的历史业绩，至少要看几段：（1）2~3年的业绩。（2）今年的业绩。（3）近一个季度的业绩。（4）近一个月的业绩。在比较上，应按照净值增长率作比较；和同类型基金比较，而不是和不同类型的基金作对比。同时必须要结合市场行情的现实情况。例如，你不能把今年上半年×股小盘股行情下的小盘基金和大盘蓝筹基金作对比。近一个月的业绩，主要是对你短期内，在市场判断的前提下，观察基金的具体表现情况决定是否购买提供参考。

（六）基金近期的变动情况

这些变动主要包括基金经理变动、基金契约变动、基金的分红、基金分拆、基金的封闭与开放等情况。其中最值得关注的，一个是基金经理的变动，一个是基金的分红与分拆。基金经理的变动可能会导致基金投资风格的不同。例如广发稳健2009年的基金经理变动，导致投资风格发生明显不同。基金的分红与分拆，本质上是有所不同的。分拆，纯粹是账面游戏，纯粹的营销手段。分拆后的基金要考虑到可能会引起基金规模过大的后果，例如今年的东方精选分拆。分红可能是基金营销策略，但也有不少是基金出于保护投资者利益分红，或重新建仓、规避风险等原因，需要区别对待。事实上，从一个基金的分红与分拆，可以看出一只基金的投资态度。

（七）基金投资报告

按照原则每个季度应出一次基金投资报告，那是我们了解基金的最佳途径。所谓外行看热闹，内行看门道，基金投资报告就是不一定每个人都能看得懂的东西。其中，值得重点把握的是以下几个方面：基金报告期内的收益及标准差与其跟踪标准的收益及标准差之比较、基金的报告期内投资策略描述、基金的重仓情况及投资分布情况、股债投资比例、基金的规模变动、申购赎回情况、基金有无违规操作的事项等。

第四节 金融衍生工具的投资方法与技巧

金融衍生工具又称金融衍生品，是指建立在基础金融工具或基础金融变量之上，其价格取决于后者价格变动的派生产品，高风险与高收益是其最大的特性，对于投资者风险承担能力和专业知识的要求最高的投资品种。由于目前国内最主要的金融衍生工具主要集中在认股权证上，所以本部分主要以权证为例，介绍相关的投资原则、方法和技巧。

一、权证的投资原则

（一）重视权证投资风险的原则

权证是一种风险较高的金融产品。投资者需要注意以下几方面的风险：（1）权证到期价值为零的时效性风险。权证是有一定期限的，持有者应及时在到期日或在此之前对价内证行权，因为期满后权证就没有任何价值了。（2）权证交易价格大幅波动的风险由于权证是一种高杠杆性的产品，其价格只占标的证券价格的较小比例，可能出现权证价格剧烈波动的情况。（3）权证持有人到期无法行权的履约风险。权证实质是发行人和持有人之间的一种合同关系。虽然交易所对权证发行规定了一定的条件，但发行人在到期日还是可能因各种原因而无法向权证持有人给付约定的证券或现金。这种情况属于发行人的违约。权证持有人可以根据权证发行说明书和上市公告书的约定，追究权证发行人的违约责任。作为投资者，一定要充分理解权证产品，认识其风险之后再参与权证的交易。

（二）严格控制投资于权证的仓位

权证属于较高风险品种，不能把权证仓位等同于股票仓位来看待，尤其应避免把全部资金都投资于权证。否则，运气好时获利固然可观，但若方向判断错误，损失也会相对较大。香港证券及期货事务监察委员会曾发布《单位信托及互惠基金守则》，规定单位信托及互惠基金可以投资认股权证及期权。香港已发行的股票投资基金投资认股权证的投资额度一般占基金资产净值的3% ~5%。同时，该法规也对基金投资认股权证及期权作出了一定的限制。如要求计划可投资于认股权证及期权作对冲之用。此外该法规还对卖空等行为作出了限制。

（三）投资权证应严格遵循止损原则

权证有确定的到期行权日，所以一旦跌破止损位应及时退出，不应等待解套，或试图通过低位补仓摊低成本。严守止损原则的原因在于：首先，当权证处于深度价位时，其价格敏感度会大大降低，除非标的证券大幅反弹，否则几乎无解套的可能；其次，权证价值会随着时间的流逝而减少，因此被动持仓等待往往是得不偿失的。

（四）权证较适合作为短线投资品种，持仓时间一般不应过长

由于权证价格容易出现急剧波动，因此买入权证后需要密切关注标的证券以及权证本身的价格动向。如果不能经常盯盘，则应尽量避免投资权证。

（五）进行权证投资时不能“贪便宜”

换而言之，不要仅因为一个权证的价格极低而去买入。一些价格仅为几分钱的权证（一般是价外权证），通常蕴涵着极大的风险。随着时间流逝，除非其标的证券价格短期内大幅反转，否则不会有盈利。

二、权证投资的技巧

权证投资的方法和基本程序同于股票，这里重点介绍权证投资的技巧。权证投资并非赌博，而是智慧的投机。在权证投资中，除了纯熟的操盘技巧外，还需要有灵活机动的操作技巧。

（一）顺应趋势

趋势是投资者最好的朋友，横盘和下跌趋势坚决不做，赚钱在其次，资金安全永远是最重要的。投机的核心在于尽量回避不确定走势，只在明确的涨势中进行操作，才能增加胜算。做错了一定要止损，否则一次失误甚至可能致命。权证的“T+0”交易制度对所有投资者都是公平的，它给了我们一个随时纠错的机会。应了那句顺口溜：“跑得快，好世界。”

（二）只做龙头

所谓擒贼先擒王，权证操作也像股票投资一样，只有抓住龙头，才会取得与众不同的收益。选择龙头权证可参考每天开盘后的价量关系，在当天涨幅前列中捕捉“真命天子”。当市场中多数人看涨某只权证时，群众的力量引发的共振会将股价不断推高。由于参与者不断增多，龙头品种自然会不断地上涨。

（三）迅速逃顶

做权证一般不轻易持仓过夜，尤其是在有创设制度的情况下。国内外权证的炒作周期共分为四个阶段：第一是黄金阶段——价格脱离大盘、脱离正股非理性暴涨，投资者在上升趋势中获利；第二是白银阶段——价格见顶回落，震荡加大，投资者在波动中获利；第三是破铜阶段——价格向下趋势明朗，投资者“生产自救”，风险增大；第四是烂铁阶段——由恐慌而至跌停，直到交易价格小于0.10元。有迹象表明，目前两市权证已经进入黄金阶段末期，即将进入白银阶段，风险逐渐加大。不过，由于众多基金、券商已经大举介入权证，后市权证震荡的机会会非常多，只要把握好节奏，充分利用T+0交易制度的优越性，仍然能够成为市场赢家。投资权证既要懂得赚钱，更要懂得收手，绝不能贪得无厌，更不能被一时赚钱的胜利冲昏头脑，因为——权证的风险极大！尤其是在很多人都只看到暴利而完全忽视风险的时候，风险也正在逐渐累积。有的参与者连止损都不懂，一旦进入下跌趋势中，将如何应对？炒权证说白了有点像击鼓传花。但炒作有投资价值的权证却可以获得安稳又丰厚的回报。在这个史无前例的超级大牛市中，我们认为应以炒作认购权证为主要方向。如近期的龙头品种五粮认购就是因为市场的高

预期而被大幅拉升的。至于实际上“分文不值”的认沽权证，即使要操作，也只能采用“闪电战”手法，冷静、果断、迅猛，瞅准时机出击，赚一把就撤退，绝不多停留半秒。

第五节 投资分析案例

价值投资的核心是评估上市公司的内在价值，如果内在价值在一段时间里没有通过股价充分体现，即股票价格被低估了，价值投资者唯一需要做的就是买入并耐心持有股票；如果上市公司内在价值在较短时间里通过股价充分体现，并出现明显溢价，说明股票价格被高估了，那么价值投资者必须立即卖出变现，而不是继续机械地持有这样的股票。本节旨在通过案例，从价值投资的角度，对一些行业和公司的财务状况进行分析，把握利润的变化，判断其价值的波动，为行业和个股的选择提供重要的参考。

一、行业价值投资分析案例

（一）行业估值分析案例

本部分将通过对 A 股各个行业成长性、盈利能力、估值情况的分析，为投资者的行业配置提供参考，并以此给出公司价值投资的决策思路。行业的分类是依据证监会颁布的三级行业分类。根据该分类，目前 A 股公司总共有 22 个一级行业，81 个二级行业，222 个三级行业。本部分将采用财务数据层层分析的方法，其结果仅适用于变化具有连续性的行业，不适用于正在发生剧烈变化的行业。

1. 成长性分析

成长性指标采用收入增长率和资产增长率。资产增长率代表投资的增加，可以较好地代表上市公司对行业未来成长性的判断，是未来收入增长的先行指标。近四年的平均代表了长期的增长水平，差异代表了趋势变化的方向。如表 12－2 所示。

表 12－2　　证监会一级行业收入增长情况　　单位：%

	一级行业	2004 年	2005 年	2006 年	2007 年	四年平均	2007 年与均值差异
1	农林牧渔	37.18	102.53	2.97	－0.87	35.45	－36.33
2	采掘业	42.08	34.42	28.85	23.52	32.22	－8.69
3	食品饮料	14.51	17.80	19.02	21.52	18.21	3.30
4	纺织服装	23.53	6.34	17.20	40.55	21.91	18.65
5	木材家具	18.11	19.33	42.61	45.99	31.51	14.48
6	造纸印刷	20.28	22.38	13.04	20.72	19.11	1.62
7	石油化学	44.41	22.11	22.69	43.68	33.22	10.46
8	电子	28.13	18.75	5.74	13.99	16.65	－2.66
9	金属非金属	65.32	39.18	32.54	56.10	48.29	7.82
10	机械设备	65.33	18.88	76.04	647.08	201.83	445.25
11	医药生物	19.66	12.27	5.71	27.48	16.28	11.20

续表

	一级行业	2004 年	2005 年	2006 年	2007 年	四年平均	2007 年与均值差异
12	其他制造	42.33	57.64	51.23	44.19	48.85	-4.66
13	电力煤气	46.86	33.91	19.27	24.81	31.21	-6.40
14	建筑	19.25	16.02	15.12	24.89	18.82	6.07
15	交通运输	43.72	25.84	20.45	18.64	27.16	-8.52
16	信息技术	15.92	5.67	10.13	21.35	13.27	8.08
17	批发零售	39.43	24.20	17.33	17.59	24.64	-7.05
18	金融保险	41.37	25.61	17.31	162.58	61.72	100.86
19	房地产	497.63	31.95	2 170.30	212.73	728.15	-515.42
20	社会服务	29.61	14.72	35.56	22.78	25.67	-2.89
21	文化	48.32	5.14	18.05	19.65	22.79	-3.14
22	综合类	19.99	7.57	12.29	63.62	25.87	37.76

资料来源：宏源数量化分析系统。

表 12-2 表明，多数一级行业近年都有较快的成长，行业的平均水平较高，房地产、机械设备、金融、金属非金属、石化、电力等行业的收入增长居于前列，从差异看减速的迹象不明显。

同样的方法对资产增长率的分析表明2007 年机械设备、金融、房地产和纺织服装体现出超常的资产增长，预示了这些行业较大的增长潜力。细化的二级行业数据表明，普通机械和运输设备是机械设备中收入成长最快的行业，并有加速的趋势。有色、煤炭、医药、化纤和专用设备制造也是2007 年收入增长明显快于预期的行业（见图 12-1）。

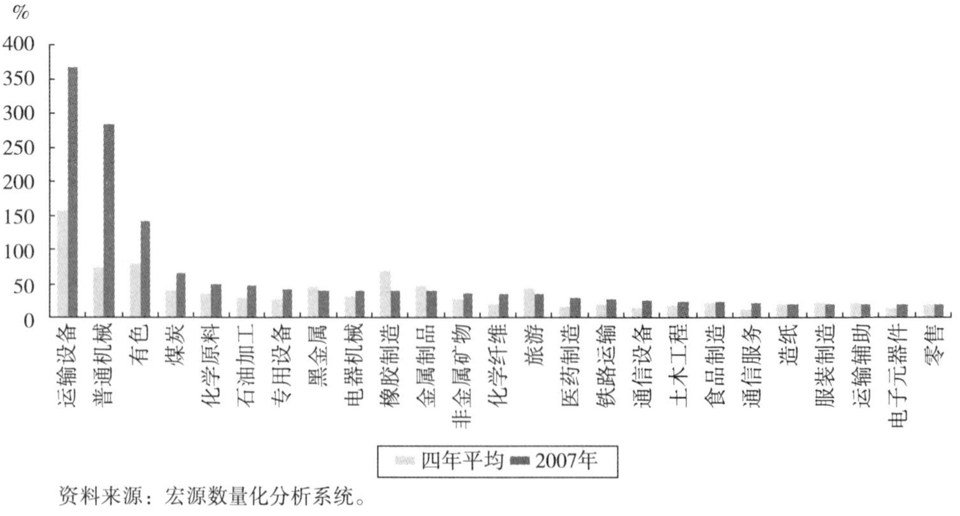

资料来源：宏源数量化分析系统。

图 12-1　证监会部分二级行业收入增长情况

2. 盈利能力分析

某些处于发展初期的行业，由于基数较低的原因收入和资产都可能快速增长，而盈利能力较低。这类行业有可能有爆发性增长，但同时孕育着很大的风险。因此要仔细考察行业的盈利能力及变化趋势，回避目前盈利能力差的行业。盈利能力度量采用 ROE 指标。

通过盈利能力的考察，筛除了部分二级行业，得到图 12－2，图中的二级行业，盈利能力稳定且相对较强，盈利能力的变化趋势基本向好。

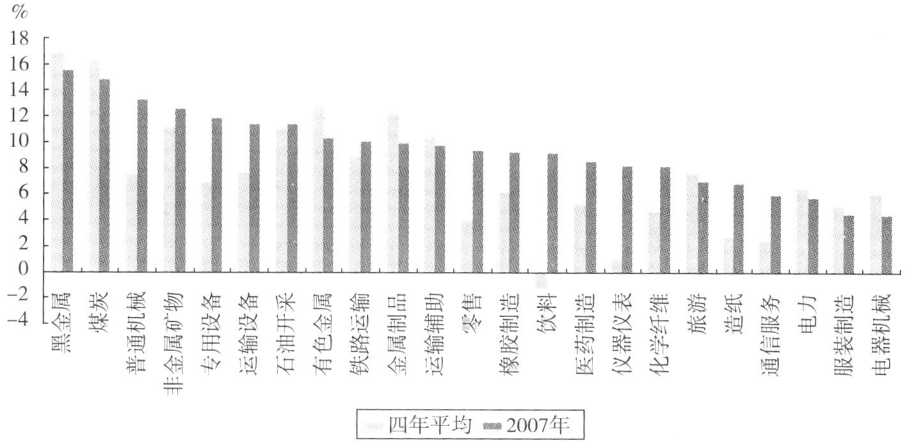

资料来源：宏源数量化分析系统。

图 12－2 证监会部分二级行业盈利能力情况

3. 估值分析

行业的成长性和盈利能力只能判断行业的景气，景气高的行业如果估值太高也同样缺乏投资价值，估值应该是行业配置的最终标准。由于股价反映的是未来的盈利能力，动态市盈率可能是更好的指标。动态市盈率的计算涉及未来盈余。我们通过过去四年的平均水平及 2007 年的增长趋势，结合资产的周转率变化对行业 2008 年的市盈率进行了估计。

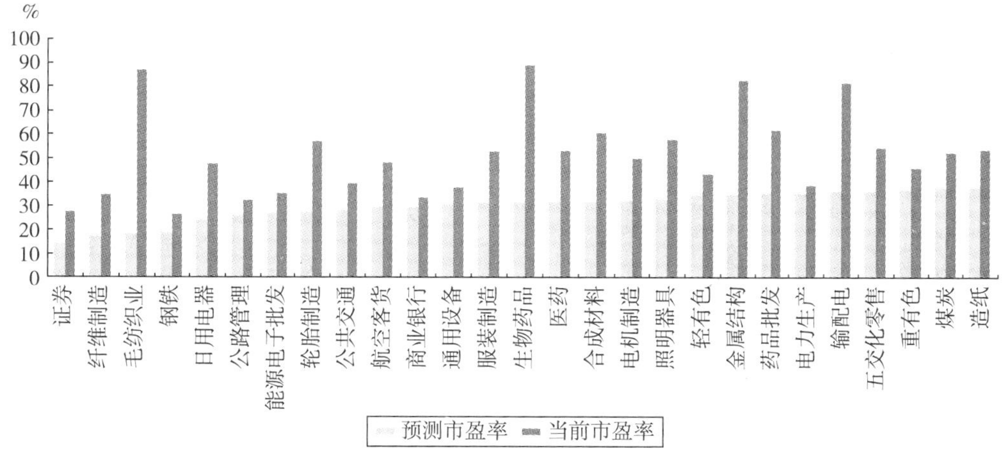

资料来源：宏源数量化分析系统。

图 12－3 证监会三级行业市盈率情况

（二）行业利润变化角度的价值投资分析案例

1. 主营业务利润增速已经开始下滑

2007 年第三季度全部 A 股的上市公司主营业务利润为 17 849 亿元，主营业务利润率为 31.63%，主营业务利润增长率从 2007 年第二季度的 47% 跌至 33%，增速大幅回落（见图 12－4）。

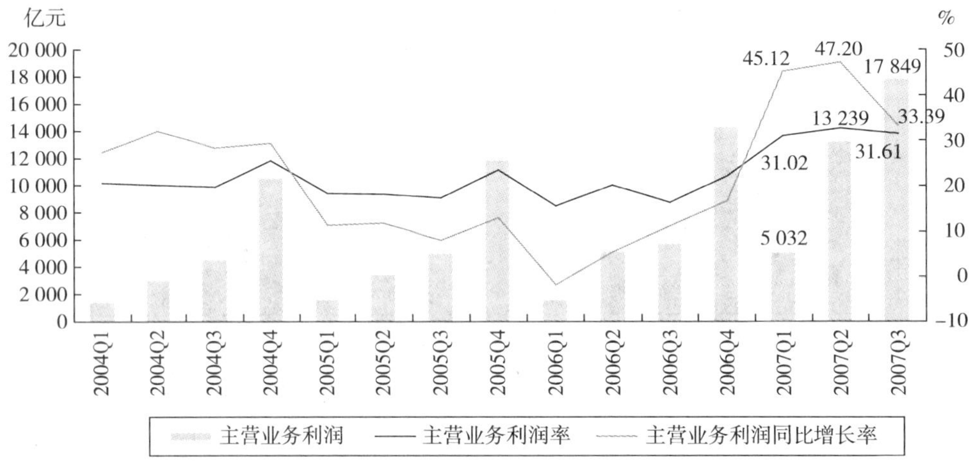

资料来源：Wind 资讯，宏源证券研究所。

图 12－4　2004 年第一季度至 2007 年第三季度主营业务利润及成长性

2. 三项费用率处于历史低位，加息滞后效应将显现

三费合计在 2007 年第三季度保持增长趋势，但是三费合计/主营收入比例大幅下跌。考虑到 2006 年股改因素的相关费用，2007 年的费率水平仍然低于 2005 年同期水准。其中，非金融类上市公司财务费用共计 613.3 亿元。2007 年中央银行加息五次，其中有四次是 6 月以后上调的，年底前可能会再加一次。贷款利率上调对企业的负面影响会在 2008 年上半年开始体现，财务费用或将明显提升（见图 12－5）。

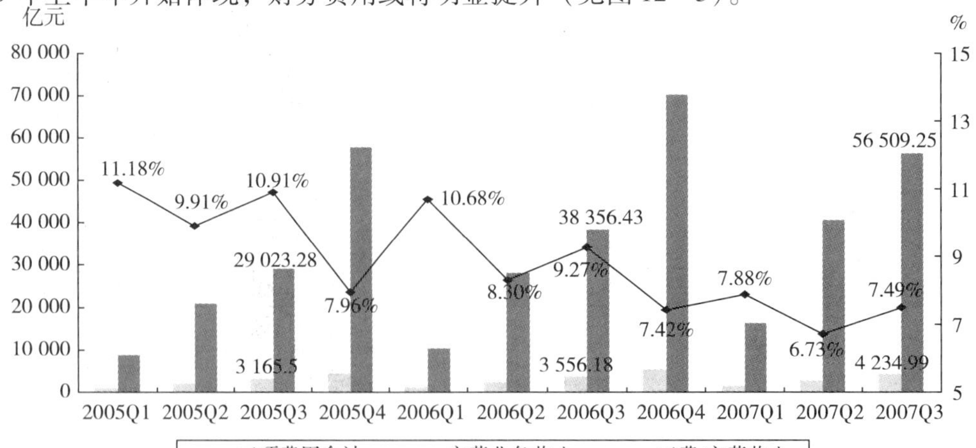

资料来源：Wind 资讯；宏源证券研究所。

图 12－5　2005 年第一季度至 2007 年第三季度三项费用合计及占比

3. 投资收益占比处于历史高位，持续大幅增长难以为继

采用简单的投资收益/净利润比例指标计算，135 家上市公司的投资收益比例大于1，272 家比例大于 50%。投资收益对于上市公司净利润有比较普遍的贡献。上市公司的投资收益部分来源是交叉持股，如证券市场无法持续向好则业绩大幅增长难以维持（见图 12－6）。

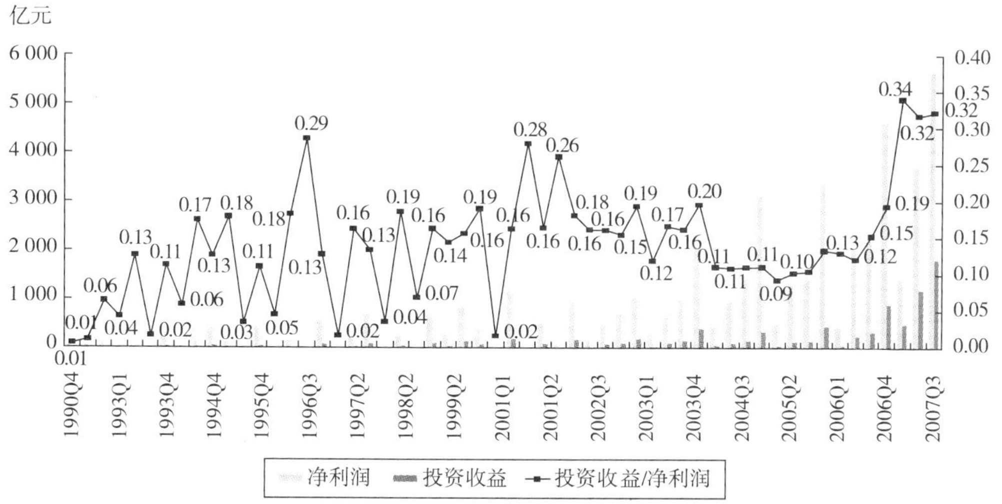

资料来源：Wind 资讯；宏源证券研究所。

图 12－6 1999 年第一季度至 2007 年第三季度投资收益/净利润位历史高位

综合以上的分析，在完全不考虑资产注入等外延式增长的前提下，从财务指标看，主营业务利润增速将下滑，三费占比可能上升，投资收益可能下降，2008 年 A 股可比上市公司整体业绩增速将肯定下降。

4. 两税并轨将提升 A 股公司整体业绩约 7%

2007 年 A 股上市公司整体实际所得税税率约为 30%。2008 年两税并轨后，如果报表结构保持不变，全部 A 股上市公司实际所得税税率将会下降 5～8 个百分点至 22%～25% 的水平，相应提升 A 股公司整体业绩约 7%～11%。银行业这几年处于快速增长时期，目前实际所得税税率又较高，所得税下降带来的业绩增长效应会很明显（见图 12－7、图 12－8）。

5. 利润二八、增长二八

通过对近几期财务报表的分析，蓝筹股、权重股已经成为 A 股的利润中心，利润公司化、板块化集中趋势明显。

从数量上看，以 2007 年第三季度季报为例，净利润排名前十位的公司已经占到了全部 A 股净利润的 52.24%。而 1 499 家 A 股上市公司净利润 5 645 亿元的 80% 是由 87 家上市公司提供的，仅占全体 A 股上市公司数量的 5.8%。20% 约 300 家上市公司贡献 A 股全部净利润的 93.3%。如果将 10 月份之后才上市的中国神华和中石油加进去，那么这个利润集中度会更高。

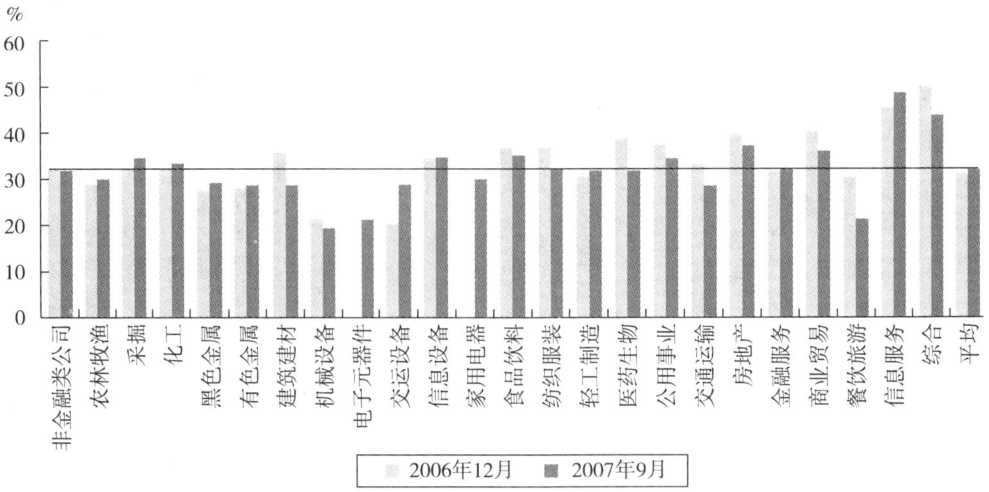

资料来源：Wind 资讯。

图 12－7　关注实际所得税税率高于平均值的行业

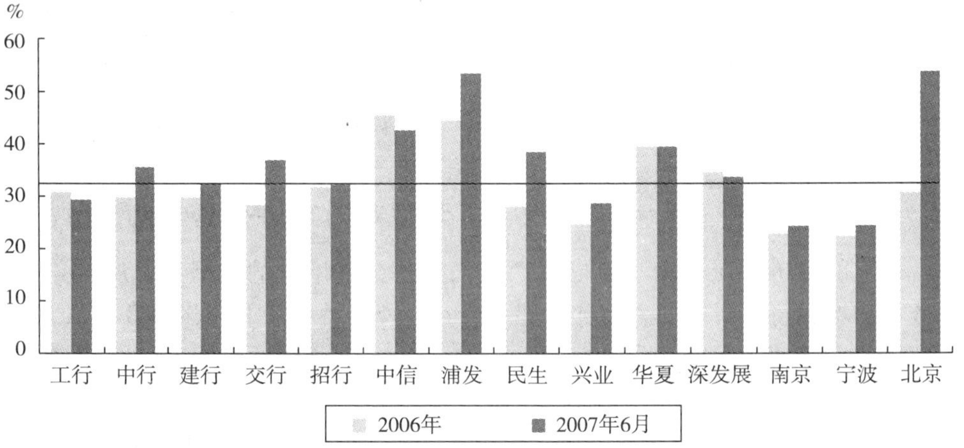

资料来源：Wind 资讯。

图 12－8　2008 年两税合并后银行业受益明显

从行业看，金融服务板块贡献利润高达 48.33%。如果加上中石油的数据，那么金融和化工两个板块将占据 A 股全部净利润的 70% 左右。再加上有色金属、黑色金属、交通运输三个行业，A 股全部净利润的 90% 来自于这五大行业。

从成长性看，2007 年第三季度 A 股可比业绩增速为 65.7%。同比增幅超过平均水平的公司数量一共有 503 家，占到全体 A 股上市公司的 33.5%。这其中，主要集中在银行、保险、证券、房地产、有色金属、钢铁、化纤、工程机械、汽车、医药等行业（见图 12－9）。

综合以上分析，“利润二八、增长二八”已经成为 A 股市场的明显特征，并且随着大盘蓝筹股的不断上市，这一特征还有进一步强化的趋势。截至 2007 年第三季度，新增 133 家公司利润占到所有 A 股净利润的 38.3%。因此，2008 年的投资方向依然是这“二八”中的“二”。只不过，此“二”非彼“二”，并不仅仅局限于传统的大盘蓝筹股，中小盘的成长股、细分行业的高成长龙头股都属于此“二”之中，一些成长性不佳、权重相应较低的传统大盘股也会受到市场的冷落（见图12－9、图12－10、图12－11）。

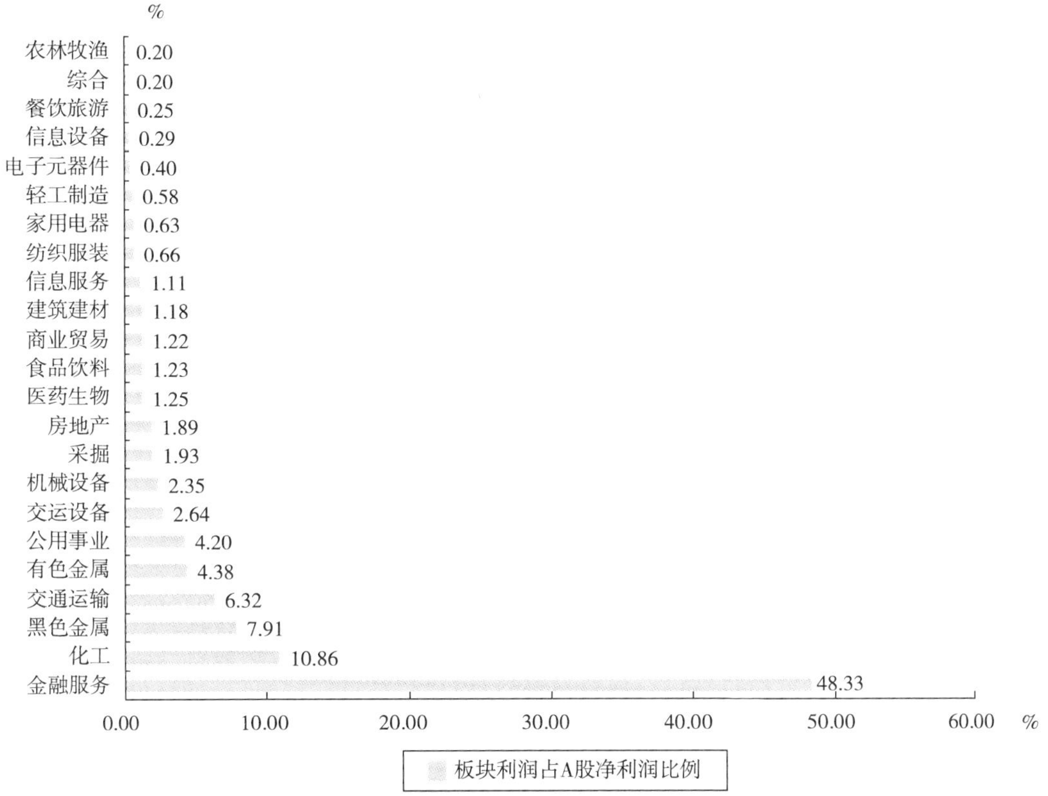

资料来源：Wind资讯；宏源证券研究所。

图12－9　A股板块化集中趋势明显（2007年第三季度季报数据）

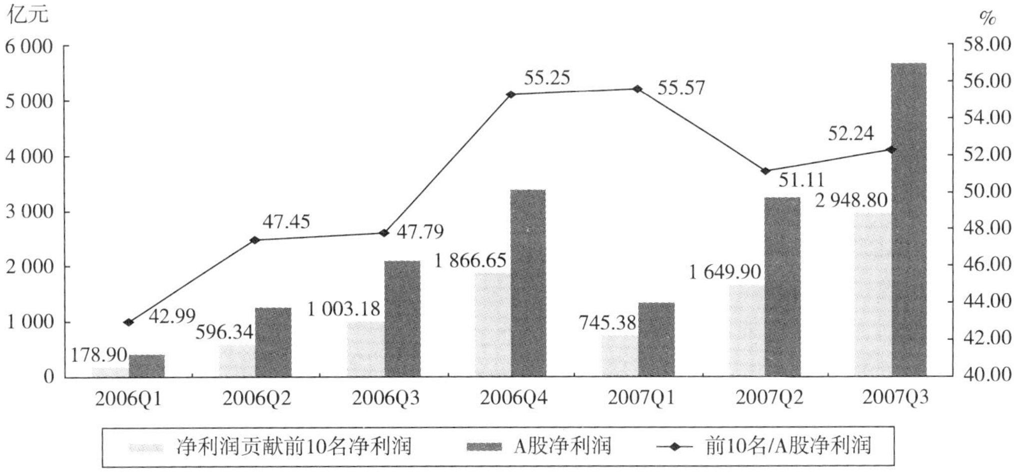

资料来源：Wind资讯；宏源证券研究所。

图12－10　2006年第一季度至2007年第三季度利润贡献更加集中

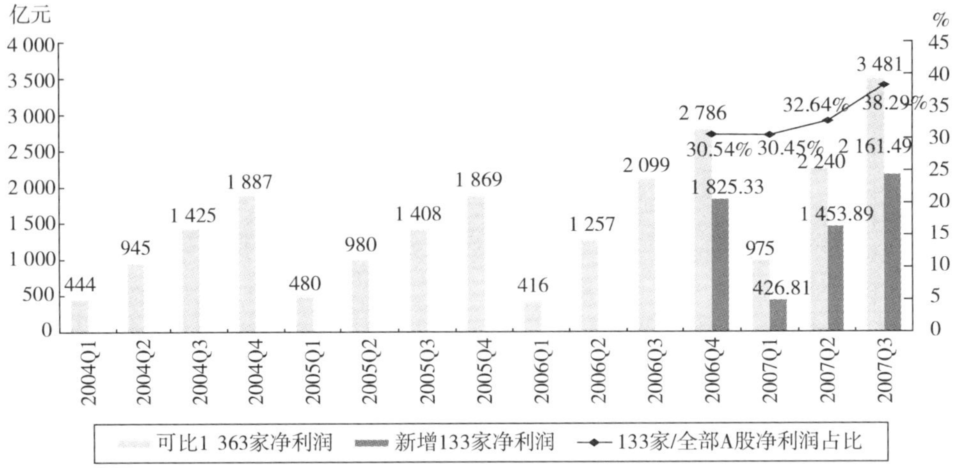

资料来源：Wind 资讯；宏源证券研究所。

图 12－11　2007 年新增上市公司对 A 股净利润贡献

二、个股的价值投资分析案例

（一）蓝筹股价值投资分析案例

蓝筹股一般是指公司规模较大、行业地位较高、经营业绩相对稳定的公司上市股票。在海外成熟市场，蓝筹股是理性投资者重点投资并长期持有的股票。它具有以下十个方面的特征：

1. 公司规模较大。蓝筹股一般是公司规模较大的股票。按美元计算，纽约交易所、纳斯达克、伦敦交易所、东京交易所、香港交易所等海外成熟市场的蓝筹个股，市值规模少则几十亿美元，多则上百亿美元，有的甚至超过千亿美元。

蓝筹个股市值在一个市场总市值中的份额少则 1% 以上，多则 10% 以上。一个市场全部蓝筹股的数量可能不到所在市场股票数量的 10%，其市值可能超过所在市场市值规模的 50% 以上。

2. 行业地位较高。蓝筹股上市公司一般具有较高的行业地位，大都是所在国家或地区的某一行业的龙头企业，所在行业排名一般在前十名。在纽约交易所、纳斯达克上市的蓝筹股公司，不少还是世界性的超大企业，如埃克森石油、微软等。

3. 公司运作较为规范。从内部来看，蓝筹股公司规模较大，经营和上市时间较长，具备了公司规范运作的较好基础；从外部来看，蓝筹股公司市场关注程度、社会和媒体监督程度较高，具有较强的公司规范运作的外在压力。受上述因素的共同影响，海外成熟市场较多蓝筹股公司的规范运作程度相对较高，信息披露的质量相对较好。

4. 公司业绩相对较好。海外成熟市场蓝筹股公司业绩（如每股收益、净资产收益率）大都较好，普遍高于所在市场上市公司的平均业绩水平。一旦某些股本、市值规模较大的公司经营业绩下滑到市场平均水平以下，甚至出现亏损，市场也就不认为这些公司的股票为蓝筹股了。从这个意义上讲，大盘绩优股往往是蓝筹股的代名词。

5. 公司经营相对稳定。除少数蓝筹股公司在某一时期受外部经营环境急剧恶化或内部控制问题而引起经营业绩大幅波动外，大多数蓝筹股公司的经营基本上都能保持相对的、长期的稳定性；每年公布的营业收入、利润会有所增长，但不会增长太高（如增长50%以上），或会有所下降，但不会下降太多（如下降50%以上）。

6. 股利分配以派息为主。海外成熟市场大多数蓝筹股公司十分注重股利分配，并把股利分配作为回报投资者的一种主要方式。在分配方式上，主要是派发现金息，较少送股或转增股本。在他们看来，没有成长性支撑的送股或转增股本是上市公司在跟投资者玩数字游戏。在派发现金息的多少上，海外成熟市场大多数蓝筹股公司派发现金息占每股收益的比例普遍较高，大都在50%以上，有的甚至超过70%。

7. 市盈率相对较低。海外成熟市场市盈率普遍较低，大都为15~25倍。但是，海外成熟市场的蓝筹股市盈率更低。研究表明：海外成熟市场普遍存在着蓝筹股折价的现象，即蓝筹股市盈率普遍低于市场平均水平，一般只相当于市场平均水平的70%左右。其中钢铁、传统制造业蓝筹股的市盈率甚至低于市场平均水平的70%，不足10倍市盈率的钢铁、传统制造业类蓝筹股在海外成熟市场绝非个别现象。

8. 股价波动较为平稳。从市场表现看，海外成熟市场蓝筹股股价的波动频率、波动幅度比市场平均水平要低得多。研究表明：在一个股价指数上涨的年份，蓝筹股的平均涨幅一般低于该市场股价指数的涨幅，但蓝筹股的几年累计涨幅有可能高于该市场股价指数的累计涨幅；在一个股价指数下跌的年份，蓝筹股的平均跌幅一般低于该市场股价指数的跌幅，但一般不会出现蓝筹股的几年累计跌幅低于该市场股价指数累计跌幅的情况。

9. 投资者以长期投资为主。由于海外成熟市场蓝筹股公司业绩、股价波动相对稳定，蓝筹股的短期投机性机会相对较少，短线投资或投机的盈利空间不大。长期投资蓝筹股风险相对较少，盈利空间相对较大。因此，较多理性的个人投资者，特别是理性的机构投资者大都把蓝筹股作为长期投资的首选对象，一旦买入就长期持有，有的甚至持股多年不套现，根本不在乎蓝筹股短期波动可能获得的差价收益。

10. 稳定市场的作用明显。由于海外成熟市场蓝筹股家数较少而市值权重较大、市盈率较低并且投资风险相对较少、经营业绩相对稳定凸显出长期的投资价值，大多数蓝筹股股价往往在市场环境恶化或市场出现系统性风险的时候表现较为平稳，对缓和整个市场股价指数波动的贡献较大，有时超大盘蓝筹股的走势甚至对整个市场运行能发挥定海神针的作用。经验表明：海外成熟市场在某一市场调整阶段，蓝筹股走势趋于稳定了，市场剧烈震荡调整的格局也就基本结束了。

依据对2007—2008年宏观经济运行、行业基本面和公司市场定位的分析和判断等，可以总结出2008—2009年出现的十大蓝筹股。它们是：

民生银行（600016）：2007年11月30日收盘价：15.10元。2008年市净率股份制银行中最低、海通证券股权增值将有体现。2007年不良率降至1%以内，中间业务增长较快，业务转型取得阶段性成果，费用收入比有下降空间。由于是沪深300指数中权重最大的银行股，股指期货推出将加强其战略地位并促进公司的期指结算业务。2007—

2008 年每股收益分别为 0. 43、0. 71。

浦发银行（600000）：2007 年 11 月 30 日收盘价是 51. 89 元。2007 年第三季度的实际税率超过 50%，是 2008 年两税合一政策最大的受益者。2007 年第三季度拨备覆盖率达到 175%，信贷成本降低、工资税前抵扣和所得税下调使 2008 年的净利润增速达到较为确定的 80% 左右。同时，核心资本充足率已处于低位。2007—2008 年每股收益分别为 0. 97 元，2. 21 元。

中国平安（601318）：2007 年 11 月 30 日收盘价是 108. 73 元。国内保险行业的领跑者和金融消费升级的受益者。公司已基本完成综合性金融服务平台的建设，国际化视野的管理层使其在未来的产品开发及市场拓展中处于有力地位。公司的利润来源更趋多元化，全方位的投资管理水平一直处于行业领先水平。公司 2008 年仍受益于资本市场的活跃及资产收益率的上升。2007 年和 2008 年每股收益分别为 2. 11 元、0. 09 元。

中信证券（600030）：2007 年 11 月 30 日收盘价是 83. 89 元。证券行业的龙头，增发之后资本实力大大增强，公司的净资产达到 450 亿元，业务创新能力较强。公司目前经纪业务的市场占比达到 7. 15%，居市场第一位；投行业务方面，继续推进"大项目战略"，巩固在高端投行业务方面的优势。2007 年已经发行 21 个项目，其中承销中国平安、中国石油等五家大型公司的 IPO，主承销万科、中国船舶的增发，承销收入达到 11. 2 亿元；2008 年继续承销中国铁建、中冶、中再保险等大型公司的 IPO。公司的自营风格较为稳健，75% 证券投资划分到可供出售的金融资产，收益未计入当期利润。中信证券创新能力强，已经成立金石投资有限公司开展直接投资业务，并获得 QDII 的资格，而公司债的发行有利于中信证券发挥其在债券承销方面的传统优势；积极拓展海外市场，目前与美国第六大投资银行贝尔斯登进行战略合作协商，并增资其香港分公司。中信证券 2008 年业务结构进一步优化，创新业务成为未来盈利的新亮点。2008 年每股盈利 1. 10 元。

万科 A（000002）：2007 年 11 月 30 日收盘价是 31. 55 元。公司是国内住宅开发的龙头企业，2008 年之前是公司高速增长的时期。公司通过强大的融资能力和专业化的工厂式管理实现较好的规模效应，同时实现高效的资金周转。公司在资产规模、营业收入和利润方面都处于领先地位。2007 年前三季度公司实现营业收入 141. 73 亿元，净利 20. 9 亿元，每股收益 0. 29 元。公司销售状况较好，前三季度销售面积同比增长 113. 4%。公司计划 2007 年实现新开工面积 700 万平方米，而前三季度已实现新开工面积约 650 万平方米，全年将大幅超过原先的计划。第三季度公司销售均价出现大幅上升，相应地毛利率也有大幅提升。公司 2008 年每股收益为 0. 73 元。

长江电力（600900）：2007 年 11 月 30 日收盘价是 16. 78 元。中国最大的水电上市公司，母公司三峡总公司拥有的三峡机组共 33 台，70 万千瓦装机将在 2015 年前逐步注入上市公司。三峡总公司还将在长江上游金沙江河段兴建溪洛渡、向家坝、乌东德、白鹤滩四座梯级电站，这四座电站的总装机容量达 3 850 万千瓦。目前溪洛渡电站已经动工。我们预测，一旦上游电站开发加速，三峡总公司资金需求将激增，给三峡总公司带来持续大量的融资需求。长江电力有可能在 2007 年后加快机组收购的进度，公司未来成长趋势明确。另外公司还拥有湖北能源集团、上海电力、广州控股等电力公司股权及大量可交易性金融资产，公司未来投资收益可观。2007 年每股收益为 0. 60 元，2008 年每股收益为 0. 42 元。

中国石化（600028）：2007 年 11 月 30 日收盘价是 21. 12 元。一体化优势明显。我国已经进入了新一轮油气资源发现周期。在国际石油价格持续上涨背景下，更多油气田的开发将不断增强公司资源储备能力。成品油定价机制的日趋完善和燃油税加快实施的良好预期将确保公司油品销售业务利润相对稳定。此外，虽然中东地区在建石化产能不断扩大，但我们预计在 2010 年之前我国及世界石化产品供需形势不会发生太大转变，并且由于我国是世界石化产品需求增长最快地区，中国石化所拥有的本地化优势将长期维持。公司 2007 年和 2008 年每股收益为 0. 65 元和 0. 34 元。

中国神华（601088）：2007 年 11 月 30 日收盘价是 64. 35 元。中国最大的煤炭、发电、铁路、港口一体化能源公司。2006 年煤炭产量 1. 366 亿吨，相当于 A 股其他 7 家千万吨级煤炭上市公司产量的总和；销售收入占到全行业 8%，而利润占到 34%。公司 2010 年目标煤炭产能将达到 2 亿吨。截至 2007 年 6 月 30 日，公司拥有并运营的 11 家电厂总装机容量和权益装机容量分别达到了 12 560 兆瓦和 7 730 兆瓦。2007—2009 年，公司三年计划投运火力发电机组超过 8 000 兆瓦。到 2009 年底，公司投运发电机组装机容量约达到 19 000 兆瓦以上。公司在招股说明书中承诺将收购母公司成熟资产业务。母公司目前还有 5 600 万吨煤炭产能，电力权益装机容量 3 386 兆瓦以及将要投产的煤制油项目。在高油价背景下，神华煤制油业务前景广阔。不考虑资产注入，2008 年每股收益为 0. 34 元。

鞍钢股份（000898）：2007 年 11 月 30 日收盘价是 24. 44 元。鞍钢股份与宝钢、武钢一样，位列我国最大型钢铁企业之列。公司拥有铁矿石储量达 93 亿吨，占我国储量的 1/4。这在铁矿石上涨的周期里，凸显了公司强大的成本优势。同时，公司是我国重轨生产品种最全、档次最高的钢铁企业；其冷轧板目前市场份额已增加到 25%，逐渐逼向宝钢霸主地位；冷轧硅钢的研发，已威胁到武钢核心产品。预计 2008 年公司产量将达到 2 200 万吨左右，产量年增长率达到 20% 以上，保持高成长性。鞍本集团已成立，鞍钢集团将成为产业政策中两个 3 000 万吨企业之一。整体上市规避了行业下降风险，预计 2008 年每股收益达 0. 41 元。

南方航空（600029）：2007 年 11 月 30 日收盘价是 25. 64 元。南航在国内市场占有率处于明显的优势地位。航空资产规模最大（座位数），国内航线比率最高，是最能充分享受国内航空业景气的上市公司。2007 年 1 月至 9 月，公司实现主营业务收入 417. 1 亿元，同比增长 18. 3%；实现净利润 21. 8 亿元，同比增长 435. 6%。在 2008 年人民币升值预期加速的背景下，将给航空公司带来大量的汇兑收益；航空公司的高度景气度也将加速 2008 年航空公司的重组预期。2008 年每股收益为 -0. 74 元。

（二）成长性股票价值投资分析案例

所谓成长性股票，一般是指对公司的业务作前瞻性的分析，预期未来一段较长时间内，例如三至五年中，公司的每年净利润能以每年 20% 至 30% 以上速度稳定增长的公司发行的股票。一般具有以下特征：

1. 企业行业为朝阳行业或新兴行业

成长性企业在行业定位上表现为朝阳行业或新兴行业。只有这样，企业在未来才具有真正的发展潜力。这里所说的朝阳行业或新兴行业主要包括信息技术（如网络资讯、电子通信、集成电路等）、医疗器械、生物医药和基因工程、新材料以及一些能源、制造、农业、公用事业等具有增长潜力的行业。这一点可从香港创业板市场和美国纳斯达克市场上市公司的行业分布状况中看出。香港创业板市场上市公司的行业主要集中在互联网、计算机软硬件和电子通信等高科技产业。在已上市的40家公司中，网上资讯业占75%，计算机软硬件占9%，电子通信业占到8%，其他上市公司分属于医药、能源、化工、信息家电、制造、农业和公用事业7大行业，占8%。目前尚未上市，但已经排入上市日程的准上市公司，也大多集中于高科技领域。分析美国纳斯达克市场，其成长性企业在行业分布上主要以计算机软件为主。在1999年纳斯达克市场上市的新股中，计算机软件与服务业所占比例为55%。其中，计算机软件为191家，比例为38%。在纳斯达克市场中，计算机、电子通信等行业占据主导地位，其市值分别为42.74%、32.88%。作为我国创业板市场主体的成长性企业同样必须定位在上述行业之中。

2. 较强市场开发能力

市场开发能力是成长性企业的内在要求。开发市场是高速发展型企业思维的核心。市场经济条件下，市场是被企业“瓜分”的固定资产，因而市场占有率也就成为衡量一个企业业绩的重要指标。市场开发能力是提高市场占有率的唯一途径和重要源泉。传统的市场开发手段仅仅局限在营销消u价、收购或强强联合等方法上。对成长性企业来讲，更重要的是改变客户的观念。“天才不遵守规则，他制定规则”，这就是对在市场经济条件下，谁制定了游戏规则，谁就是赢家最通俗的诠释。统计资料表明，微软、麦当劳和爱立信之所以赢得了市场份额，就在于它们改变了客户的观念，抢占了市场的制高点。比尔·盖茨改变了人们用纸的观念，将其转变为便携式计算机，从而创建了微软帝国；麦当劳将烹调食物改变为速食或快餐，从而使其公司遍布全球；戴尔抛弃零售观念，从而一跃成为全球最大的硬件代理商。一言以蔽之，市场开发能力是成长性企业重要的内在特征，这种内在特征的实现要以打破常规、转变客户观念为依赖。

3. 成长性企业以技术为支撑，以科研转化能力为动力，强调尖端科技监管机制

高成长性的企业在不断发展壮大的过程中，常常会遇到两个瓶颈：其一是资金瓶颈，其二是技术瓶颈。如果说创业板市场的建立为成长性企业开辟了新的融资渠道，那么资金问题便可迎刃而解了。但对于内部的技术瓶颈，即使有了创业板市场的维系，有了足够的资金支持，但如果缺乏较强的持续技术创新能力，没有较强的产品研发组织，纵使企业辉煌，也只是昙花一现，更不用谈企业的长足发展。这也是我国成长性企业往往做不大的原因所在。在由传统的劳动密集型经济向知识和技术密集型经济转化的今天，技术已经成为企业最重要的无形资产，企业的主导产品是否具有较高的科技含量，已成为衡量企业是否具有可持续发展力的标准。对成长性企业而言，技术则是其核心资本。丧失了技术优势也就丧失了企业存在的基础。一般性企业如此，成长性企业更是逃

不出这个“樊笼”。综观美国纳斯达克市场，微软、思科和英特尔等著名企业的成功无不凝聚了技术开发人员的心血。

4. 成长性财务指标

成长性比率分析是对上市公司进行分析的一个重要方法。成长性比率是财务分析中比率分析的重要比率之一，它一般反映公司的扩展经营能力，同偿债能力比率有密切联系，在一定意义上也可用来测量公司扩展经营能力。因为安全是收益性、成长性的基础。公司只有制定一系列合理的偿债能力比率指标，财务结构才能走向健全，才有可能扩展公司的生产经营。这里只是从利润保留率和再投资率等比率来说明成长性比率。利润留存率是指公司税后盈利减去应发现金股利的差额和税后盈利的比率。它表明公司的税后利润有多少用于发放股利，多少用于保留盈余和扩展经营。利润留存率越高，表明公司越重视发展的后劲，不致因分红过多而影响企业的发展；利润留存率太低，或者表明公司生产经营不顺利，不得不动用更多的利润去弥补损失，或者是分红太多，发展潜力有限。其计算公式是

$$利润留存率 = (税后利润 - 应发股利)/税后利润 \times 100\%$$

再投资率又称内部成长性比率，它表明公司用其盈余所得再投资，以支持本公司成长的能力。再投资率越高，公司扩大经营能力越强，反之则越弱。其计算公式是

$$\begin{aligned}再投资率 &= 资本报酬率 \times 股东盈利率 \\ &= 税后利润/股东权益 \times (股东盈利 - 股东支付率)/股东盈利\end{aligned}$$

依据对2007—2008年宏观经济运行、行业基本面和公司市场定位的分析和判断等，总结2008—2009年出现的十大细分成长股，它们是

深发展（000001）：2007年11月30日收盘价是36.08元。公司拥有国际视野的管理层，新桥入主后的新增不良率极低。个金业务、新产品开发及较高的净息差使公司的资产盈利能力很强。认股权证行权和可能随后的次级债发行将使资本充足率显著改善，并对公司的规模扩张形成支持。2007年和2009年每股收益分别为1.1元和1.68元，预计2009年的每股收益为2.28元。

新黄浦（600638）：2007年11月30日收盘价是22.25元。地产金融双轮驱动。公司持有华闻期货经纪有限公司100%股权，增资参股了迈期期货经纪有限公司40%的股权，增资收购瑞奇期货公司43.75%的股权。新黄埔成为唯一一家持有三个期货牌照上市公司。在股指期货上市前夕，大举收购期货公司牌照，发展金融期货业务意图非常明显。2007年6月，以2.11亿元受让29.97%中泰信托股权，2003—2005年中泰信托年净利润稳定在4 000万元左右，同时中泰信托持有48%大成基金股权；2007年11月公司拟出资1.30亿元收购爱建证券5.91%股权，股东大会已经批准。公司发展战略非常清晰，即地产、金融双轮驱动模式。股指期货上市以后，公司发展空间非常广阔，成长性高。

山西三维（000755）：2007年11月30日收盘价是8.49元。向世界级BDO龙头迈进。山西三维是全球能够生产BDO的15家企业之一，也是国内唯一具备大规模、高技术生产BDO系列产品的厂家。目前公司拥有BDO实际产能8万吨、PTMEG生产能力

1.5 万吨、GBL 产能 1 万吨、四氢呋喃产能 1.5 万吨。此外，山西三维 PVA 产能居国内第一，白乳胶和干粉胶的生产能力和技术水平也居国内同行业之首。经过多年发展，公司 PVA 及乳胶系列产品已经进入成熟阶段，阳煤集团的入主进一步坚定了公司煤化工发展战略。目前在建项目进展顺利。2008 年公司将进一步拓展 BDO、粗苯精制和 PVA 等产能。在下游需求持续旺盛、石油价格不断上涨的情况下，公司煤化工产业链的日臻完善将进一步提升公司竞争能力。公司 2008 年每股收益为 0.03 元。

武汉中百（000759）：2007 年 11 月 30 日收盘价是 15.80 元。公司是我国华中地区大型连锁超市企业。公司具有高效的管理体系，强大的物流供应体系以及持续的扩张潜力。近几年一直处于高速增长阶段，预计未来两年仍可保持 40% 左右的速度增长。我们看好公司未来的发展前景，2008 年每股收益为 0.35 元。

宝胜股份（600973）：2007 年 11 月 30 日收盘价是 30.30 元。电缆生产行业龙头，60% 以上的销售收入来自于国家重点工程，产品线齐全可提供一站式服务，中压电缆（70% 用于电网）是公司 2008 年的利润增长点。2008 年每股收益为 0.87 元，预计每股收益市盈率相对盈利增长比率。

桂冠电力（600236）：2007 年 11 月 22 日收盘价是 11.95 元。大唐集团将桂冠电力定位为大唐集团在广西红水河流域的唯一水电运作平台，以公司为运作平台整合大唐集团在广西境内的水电资源。目前，桂冠电力通过定向增发将岩滩水力发电厂注入公司的有关技术工作正在进行中，争取在 2007 年，确保在 2008 年第三季度以前完成注入工作。未来，在建中的龙滩水电站也将逐步注入桂冠电力。如果完成岩滩电站、龙滩电站的资产注入，公司水电装机容量将比现在增长四倍左右。2008 年每股收益为 0.02 元。

中兴通讯（000063）：2007 年 11 月 30 日收盘价是 48.90 元。中兴的业务发展将来源于国内和海外两个方面。在国内方面，TD 建设将给中兴带来很好的发展机会。在海外市场，尤其是新兴市场，中兴的业务仍将持续增长。2008 年，无线业务、手机业务、光通信和数据业务将拉动公司业务快速增长。中兴通讯 2008 年每股收益为 1.24 元。

东软股份（600718）：2007 年 11 月 30 日收盘价是 42.33 元。绝对领先的软件外包企业。公司是国内软件和服务离岸外包最领先和最有优势的企业。公司业务分为软件外包、系统集成和医疗设备三部分，其中系统集成业务毛利率不高，医疗设备业务盈利相对稳定。公司外包业务绝大部分（80%）来自日本，母公司东软集团也有对日软件外包业务。公司嵌入式软件外包占所有外包业务约 80%，且进入壁垒较高，毛利率可达 40% ~50%。在大力发展外包业务的同时，公司不断提高业务层次，向以 IT 解决方案和服务为核心业务的服务型公司转变。2008 年 9 月，公司整体上市方案被否，但公司表示将会积极调整方案，继续实施整体上市计划。2007 年每股收益为 0.73 元，2008 年每股收益为 0.52 元。

三一重工（600031）：2007 年 11 月 30 日收盘价是 43.94 元。公司是国内工程机械的龙头企业。国内大规模的基础设施施工项目启动使工程机械行业呈现出高度景气运行状况，而出口的强劲增长又弱化了其行业周期，延长了行业景气度。在 2007 年完成北京三一重机的增发之后，仍有集团资产注入的预期。三一重工在垄断国内混凝土业务的同时，海外布局基本成形，先后在印度、美国等多个国家建有12家海外子公司。2007年前三季度公司实现主营业务收入69.75亿元，净利润13.45亿元，每股收益1.36元，1~9月份出口同比增长277.46%。

金融街（000402）：2007年11月30日收盘价是26.49元。公司业态覆盖了土地和房产开发、物业出租、酒店经营。目前项目储备约493万平方米，分布在北京（15.82%）、天津（11.54%）、惠州（45.74%）、重庆（17.27%）、南昌（9.63%）。公司住宅业务主要分布在重庆和南昌，未来房价预期较好。公司以北京为基础，拥有大量出租物业，受益于金融街区域的发展公司出租物业增长较快。公司作为金融街核心区的主力开发商，还将受益于金融街核心区拓展，未来发展空间巨大。同时公司还将受益于2008年北京奥运会，公司在北京、天津和惠州等地的酒店项目预期将获得较好的收益。公司公开增发募集资金将投入北京德外H地块、A5地块以及天津和惠州项目，将加快公司的项目周转。

本章小结

本章主要在以前章节的基础上，从投资操作实战的角度，讲述相关品种的投资分析方法和技巧，强调投资者必须在掌握知识的基础上，勤于分析，理性研判，努力地运用好知识。第一节主要讲述目前国内市场上有可能作为投资对象的债券、股票、基金和权证等工具的具体投资原则、投资方法和基本技巧；第二节主要从价值投资的角度，利用相关案例，对行业和个股的价值进行分析和研判。需要说明的是：证券市场特别是股票市场犹如战场，行情变化错综复杂，仅仅从现象上或凭感觉进行判断是很不可靠的。只有勤于收集和处理各种相关信息，时刻跟踪市场和所投资对象的变化情况，并积极运用自己掌握的知识，以理性的态度和方法进行尽可能全面的观察和判断，投资者才能够预先把握行情发展的脉络，根据市场中显露出的各种蛛丝马迹，及时于混沌中理出经纬，于幻象中判明真伪，于迷离中洞悉趋势，悟他人之所不能悟，择机采取应对措施，从而掌握先机，趋利避害，立于不败之地。

名词解释

申购　赎回　投资三分法　投资组合　权证　梯形投资法　三角投资法　博傻主义　止损　止赢　价值投资　二八现象

思考题

1. 简述证券投资对象选择的一般要求。

2. 本章提到的选择证券投资对象的要点中，哪些适于短线投资者？哪些适于长线投资者？哪些普遍适于各类投资者？

3. 股票的买卖时机如何把握?
4. 简述摊平操作法的具体做法。
5. 阐述保本投资法、买卖平均法和均匀成本法的投资要领。
6. 举例说明梯形投资法与三角投资法在债券投资中的应用。
7. 跟庄操作应当注意哪些问题?
8. 如何认识分散投资与集中投资?
9. 权证投资的风险有哪些?
10. 价值投资的核心思想是什么?

相关链接:天津普林电路股份有限公司上市新股投资分析案例①

一、新股发行概况

(一)发行股票类型:人民币普通股

(二)每股面值:1 元

(三)本次发行股数:5 000 万股

(四)发行日期:2007 年 4 月 18 日

(五)拟上市证券交易所:深圳证券交易所

(六)发行后总股本:196 679 815 股

(七)本次发行股份的流通限制、股东对所持股份自愿锁定的承诺:天津市中环电子信息集团有限公司及天津国际投资有限公司承诺,自发行人股票上市之日起 36 个月内,不转让或者委托他人管理其持有的发行人股份,也不由发行人回购其持有的股份。公司其他股东承诺,自公司股票上市之日起 12 个月内不转让或者委托他人管理其持有的发行人股份,也不由发行人回购其持有的股份。

(八)保荐人(主承销商):中信证券股份有限公司

二、公司简介

天津普林电路股份有限公司是经商务部批准,由天津普林电路有限公司整体变更设立的股份有限公司。公司于 2005 年 12 月 8 日在天津市工商行政管理局注册登记并领取法人营业执照,注册资本 146 679 815. 00 元人民币。

天津普林电路股份有限公司专业生产高精密度双面及多层印刷电路板。印刷电路板业作为电子产品制造业的基础产业,具有技术密集和资本密集的特点,并长期被列入国家高新技术产业目录中,属于国家鼓励发展的产业项目。印刷电路板被广泛应用于航空航天、计算机网络、邮电通信、汽车电子、工业自动化控制、仪器仪表、医疗设备、楼宇保安、消费类电子产品等领域。天津普林产品 50% 以上出口欧洲、美洲、澳大利亚等地,主要客户包括摩托罗拉、施耐德、西门子、霍尼韦尔、丹纳赫、三星电子、现代电子、爱普生、海尔、海信、比亚迪等国内外知名企业。自 1998 年以来,天津普林连续多年被天津市商务委员会确认为先进技术企业和产品出口企业,多次入选中国电子元件百

---

① 中信证券股份有限公司:《天津普林电路股份有限公司首次公开发行股票招股意向书》,2007。

强企业名单，并连续多次获得中国双优外商投资企业和天津市最佳外商投资企业称号。

三、公司面临的风险因素分析

（一）原材料价格上涨的风险

覆铜板、铜箔、半固化片、化学药水、阳极铜/锡/镍、干膜、油墨等产品是该公司生产所需的主要原材料。2004 年、2005 年及 2006 年，原材料成本占该公司主营业务成本的比例分别为 55.08%、54.16% 和 57.58%。

近年来，由于石油及有色金属价格的大幅上涨，该公司的原材料成本有较大的增加。最近三年，该公司主要原材料的采购均价情况如下：

	2006 年	2005 年	2004 年
覆铜板（元/平方米）	151.00	135.04	118.90
铜箔（元/公斤）	103.99	55.06	45.82
半固化片（元/卷）	2 320.00	1 988.02	1 842.94
铜阳极（元/公斤）	72.02	35.00	28.36
金盐（元/克）	112.34	67.06	62.04
锡阳极/锡铅条（元/公斤）	114.75	82.41	61.92

若上述原材料的价格进一步上涨，则可能对公司的经营产生不利影响。

（二）下游产品需求变化导致的风险

印刷电路板的主要下游行业包括通信、家电、汽车等。在过去的十年里，这些行业高速增长，产能和产值都有较快的增加，技术水平也在不断提高。但是，随着产能的扩大以及消费者需求的变化，不排除部分下游行业出现增长放缓的可能。如果下游行业的需求增长放缓，则对印刷电路板的需求增长也可能相应放缓，这将对公司的销售带来不利影响。

（三）有关外商投资企业税收政策变化的风险

根据《中华人民共和国外商投资企业和外国企业所得税法》，该公司为设在沿海经济开放区所在城市的生产性外商投资企业，可享受 24% 的所得税税率；天津市对外经济贸易委员会及天津市商务委员会分别于 2004 年 4 月 23 日、2005 年 4 月 4 日和 2006 年 3 月 23 日颁发了外商投资先进技术企业确认证书，确认该公司为先进技术企业。根据《中华人民共和国外商投资企业和外国企业所得税法实施细则》的规定，该公司自 2005 年至 2007 年可享受 12% 的所得税税率。该公司本次拟发行 5 000 万股 A 股股票，如果完成上述股票的发行，该公司的外资股比例将低于 25%，将无法继续享受现有外商投资企业的税收优惠政策，而适用内资企业法定税率。如目前的内资企业所得税税率不发生变化，且该公司不享受其他优惠政策，在发行完成后，将适用 33% 的所得税税率。按照 33% 的税率计算，与 2004 年、2005 年及 2006 年该公司享受税收优惠政策相比，对净利润的影响分别增加了 1 361.49 万元、809.43 万元和 1 307.42 万元。

（四）汇率风险

该公司的产品有较大比例用于出口，2006 年产品出口的比例达到 57.40%，汇率的波动将对该公司的经营带来一定影响。

人民币升值将主要从两个方面影响该公司的销售：一方面，当人民币升值幅度较大时，该公司将可能调高以外币计价的产品价格，这将给该公司产品的竞争力带来一定压力；另一方面，当人民币升值幅度不大时，该公司将保持以外币计价的产品价格不变，这将使该公司以人民币计价的销售额受到影响。

（五）技术风险

印刷电路板的生产技术处于一个持续进步的阶段，随着下游产业在技术方面需求的提高，印刷电路板的生产技术也在不断进步。制造厂商能否跟上客户的需求变化，能否跟上技术持续进步的要求，是决定其竞争力的重要因素。

该公司过去一直紧跟客户需求，对现有技术不断改进并开发新的技术，在生产技术方面处于国内先进水平。尽管如此，随着技术的不断进步和客户要求的进一步提高，不排除该公司由于投资不足等因素导致不能及时跟上客户技术要求的可能，这将对该公司的竞争力产生不利影响。

（六）财务风险

1. 偿债风险

截至2006 年 12 月 31 日，该公司的负债总额为 18 985. 30 万元，资产负债率为43. 81%。该公司二厂的建设将增加该公司的资本支出，这有可能使该公司的负债进一步增加，从而加大该公司的本息偿付压力。

2. 利率变动风险

截至2006 年12 月31 日，该公司的银行借款总额为13 023. 95 万元，其中长期借款约9 023. 95 万元，且多为浮动利率借款。利率的变动将对该公司的经营产生一定影响。近年来，中国人民银行采取了一系列紧缩的货币政策措施，如升息、提高准备金率等。升息将使该公司的融资成本增加，从而对该公司的盈利能力产生不利影响。

3. 应收账款无法及时收回的风险

截至2006 年12 月31 日，该公司应收账款余额为 8 923. 03 万元，占该公司当期总资产的20. 59%，应收账款周转率为4. 02 次/年。上述应收账款均为该公司正常业务开展所产生，大部分在正常的结算期内。截至2006 年12 月31 日，该公司三年以上的应收账款为631. 91 万元，占应收账款原值总额的7. 08%。该公司在销售业务中注重对客户资信、业务等各方面的调查，并以此确定对客户的信用政策，用以规避在销售业务中可能遇到的风险，公司目前应收账款的平均账期为65 ~70 天。尽管该公司的销售客户主要为摩托罗拉、施耐德、西门子、霍尼韦尔、丹纳赫、三星电子、现代电子、爱普生、海尔、海信、比亚迪等国内外大型企业，信用状况良好，但仍然不能排除上述应收账款无法及时收回或不能全部收回的风险。

（七）募集资金投资项目风险

本次募集资金的投资项目为高密度互连多层印刷电路板项目，投资该项目有利于提升该公司的技术水平和产能，增强市场竞争力，提高该公司的盈利能力。该公司普林二厂一期投资计划于2007 年上半年全部完成，一期投资已就 HDI 技术进行了初步研发，计划于2007年第一季度完成相关工艺、技术的测试和认定。但HDI技术是目前印刷电路板制造中较为先进的技术。如该公司不能按期完成技术开发工作，则可能对本次募集资金投资项目的收益产生影响。公司本次HDI板项目主要为手机制造厂商进行配套。如果未来手机产业的需求量出现下滑，或者该公司不能成功实现客户开发计划，也将对本次募集资金投资项目的收益产生不利影响。

此外，该公司在普林二厂一期建设中的投入较大，在购置土地、修建厂房等基础设施方面已经为高密度互连多层印刷电路板项目（普林二厂二期项目）做好了相关准备，二期项目投资将主要用于设备的采购和安装。因此如果二期项目不能按期完工并投入生产，该公司一期建设的基础设施将会有部分闲置，这将对项目的投资收益率产生不利影响。

（八）租赁房产风险

该公司现租赁天津市印刷电路板厂共六处房产，面积约7 123平方米，主要用做职工宿舍及原材料、备件仓库等。根据电路板厂持有的国有土地使用证（北国用［2000］更1字第033号），天津市印刷电路板厂有关房屋和场地所在地块的土地使用权类型为划拨，且该等房屋和场地出租给该公司时并未经相关土地管理部门批准，也未办理土地出让和登记手续。如果该等租赁行为被相关土地部门查处，则该公司存在丧失占有的法律风险。

（九）宏观经济波动风险

印刷电路板行业与宏观经济密切相关。如果宏观经济出现波动，可能会对印刷电路板行业的需求、成本以及价格等方面造成较大影响。

自20世纪90年代以来，我国印刷电路板行业产值持续以30%左右的年增长率快速增长。2001年至2002年，受世界经济增长放缓等因素的影响，我国印刷电路板行业的增长速度由30%左右大幅下降至不足5%。2003年以后，随着全球经济的复苏以及新兴电子产品的出现和广泛应用，我国印刷电路板行业的产值又恢复到30%左右的年增长速度。

如果未来世界经济出现波动，我国印刷电路板行业将会受到影响，不能排除再次出现增长速度下滑的可能。

（十）环保及安全风险

印刷电路板行业对环保的要求较高。该公司一直以来注重对环保的投资，先后投资建立了废水、废气、废弃工业原料的处理设施，并通过了ISO14000环境管理体系认证和OHS18000健康安全体系认证。2005年，公司的环保支出约126.75万元。如果国家在未来进一步制定并实施更为严格的环境保护法规，则该公司可能需要进一步加大在环境保护方面的投入，这将增加该公司的成本，从而对该公司的盈利水平带来一定影响。

安全生产和环境保护正在受到越来越多的重视。该公司的生产过程中需要排放一定的废气、废水、废料，并产生一定的噪音，对环境有一定的不利影响。该公司的部分生产流程具有一定的危险性，如酸蚀、碱蚀以及电镀等。尽管该公司一贯对安全环保高度重视，在设计、建设、管理等方面均充分考虑了安全环保因素，并采取了系统的管理措施以确保安全生产和对环境的保护，但仍不能完全排除出现意外情况的可能性。如果出现安全生产或环保方面的意外事件，可能会给该公司造成一定的损失。

（十一）股市风险

股票市场投资收益与风险并存。股票的价格不仅受公司盈利水平和公司未来发展前景的影响，还受投资者心理、股票供求关系、公司所处行业发展形势、国家宏观经济状况以及政治、经济、金融政策等诸多因素的影响。该公司股票价格可能因上述因素而波动，直接或间接对投资者造成损失，投资者对此应有充分的认识。

四、公司的业务与技术分析

（一）公司的业务范围和主营业务：生产、销售双面和多层印刷电路板

（二）行业情况

1. 印刷电路板简介。印刷电路板是组装电子零件用的基板，是在通用基材上按预定设计形成点间连接及印制元件的印制板。按照不同的分类方法，可以将印刷电路板分为不同的种类。按照层数划分，印刷电路板可分为单面板、双面板和多层板；按柔软度划分，印刷电路板可分为刚性印刷电路板、柔性（也称挠性）印刷电路板和刚柔结合印刷电路板。HDI，即高密度互联技术，是印刷电路板技术的一种，一般采用积层法制造。

2. 行业监管架构。根据《中华人民共和国工业产品生产许可证管理条例》，印刷电路板不属于产品生产许可证管理范围。中华人民共和国信息产业部是行业的主管部门，中国印制电路行业协会（CPCA）是行业的自律组织，隶属国家信息产业部主管领导。

3. 行业竞争格局

（1）市场格局

第一，国际市场。由于产业结构的变化，以及亚洲的成本优势，印刷电路板的制造已经逐渐从欧美退出，向亚洲转移，特别是向中国转移。

亚洲的中国和日本是印刷电路板生产的主要地区。日本的印刷电路板制造企业主要以高技术为优势占领市场，中国台湾以规模经济为优势占有市场，中国大陆则主要以劳动力、制造成本低为优势占领市场。

经过近五年来的大规模重组、迁移及技术换代，形成了全球新的产业格局。印刷电路板产业的发展已经进入一个相对平稳的时期，形成中国大陆、中国香港、日本、中国台湾、韩国、美国、德国和东南亚地区七大主要生产中心，其中亚洲占到全球生产总值的79.7%。

第二，国内市场。2005年，我国（含香港）印刷电路板行业产值达到108.3亿美元，仅次于日本，居世界第二位。

根据中国印制电路行业协会对行业内70家主要企业进行的统计，2005年，我国印刷电路板行业的整体产量、销售额和利润水平均有较快增长，其中产量同比增长约18%，销售收入同比增长约21%，利润总额同比增长约18%。受2005年下半年市场推动，HDI、FPC的快速增长以及中国各厂家新增产能的投入生产，2006年1~6月中国印刷电路板行业继续保持高位增长的态势。根据中国印制电路行业协会对行业内近60家主要企业进行的统计，它们的产量同比增长约20%，销售收入同比增长约26%，利润总

额同比增长约22%。

根据中国印制电路行业协会的预测，未来十年内，我国印制电路行业仍将保持高速增长。2010年前，我国的印刷电路板产量将有望超过日本，跃居世界第一，技术水平也将进入世界先进行列。

（2）我国印刷电路板行业的主要企业

与行业特点相适应，我国印刷电路板制造企业数量较多，单个企业占有的市场份额较小，对市场的主导能力较弱。根据信息产业部电子信息产品管理司、中国印制电路行业协会的统计，2005年，我国印刷电路板行业市场占有率最高的企业市场占有率也仅为3.12%，多数企业的市场份额不足1%。

（3）进入行业的障碍

印刷电路板可根据不同标准可进行多种细分，每类产品的产品特性、技术设计及市场竞争情况都存在显著区别。不同的印刷电路板虽有一些共同的基本工艺，但更重要的是根据基材厚度和材质、所要求的线宽和线间距的大小及精度、印刷电路板的结构、生产规模、客户组装件装连工艺及客户指定的其他专门要求，确定不同的生产工艺和工艺设备。

基于上述原因，就技术含量低的产品而言，产品生产设备和加工工艺相对比较简单，进入壁垒相对较低。就技术稳定性要求高的高端产品而言，生产企业必须具备较雄厚的资金实力和较高的技术水平，产品往往也需经过较长的客户认证过程，因此进入和退出的障碍均较高。

（4）市场供求情况

目前印刷电路板市场的总体供求是动态平衡的。近年亚洲地区的生产能力快速增长，这种增长的主要原因是亚洲特别是中国的下游制造业快速发展，以及欧美电路板制造业向亚洲的整体转移。从整体上看，印刷电路板市场的供求是基本均衡的，HDI板等部分类型的产品还处于供不应求的状态。

4. 影响行业发展的主要有利因素

（1）产业政策的扶持。根据我国信息产业部《信息产业科技发展“十一五”规划和2020年中长期规划纲要》，印刷电路板（特别是多层、柔性、柔刚结合和绿色环保印刷线路板技术）是我国电子信息产业未来5～15年重点发展的15个领域之一。

（2）下游产业的持续快速增长。我国信息电子产业的快速发展为印刷电路板行业的快速发展提供了良好的市场环境。电子通信设备、电子计算机、家用电器等电子产品产量的持续增长为印刷电路板行业的快速增长提供了强劲动力。此外，3G牌照发放将引发大规模电信投资，并带动对服务器、存储、网络设备的大量需求。我国汽车工业的快速发展为印刷线路板行业的发展提供了广阔的市场前景。

（3）制造业向中国的转移。目前，由于亚洲各国在劳动力资源、市场、投资及税收政策方面的优惠措施，吸引美国及欧洲的制造业向亚洲，特别是中国转移。中国具有得天独厚的条件，大量的电子产品及设备制造商将工厂设立在中国大陆，并由此带动相关产业的发展。印刷电路板作为基础的电子元件，市场的配套需求增长强劲，行业前景看好。

（4）缺少可替代的技术。印刷电路板在大量电子产品中得到广泛的应用，目前尚没有能够替代印刷电路板的成熟技术和产品。

5. 行业技术水平及特点

（1）技术水平。印刷电路板技术处于不断发展和进步的过程，HDI 板、挠性板等已经形成产业化，以个人消费类为主的 HDI 技术向着高密度、薄、小、轻方向发展；以通信工程为主的背板技术，向着高、多层，大尺寸，高密度，高频方向发展。

（2）周期性季节性特征。印刷电路板行业的周期性不明显，主要是随着宏观经济变化而波动。自 20 世纪 90 年代以来，我国印刷电路板行业连续多年保持着 30% 左右的高速增长。2001 年至 2002 年，受世界经济增长放缓等因素的影响，我国印刷电路板行业的增长速度出现较大幅度的下降。2003 年以后，随着全球经济的复苏以及新兴电子产品的出现和广泛应用，印刷电路板的需求再度出现快速增长，我国印刷电路板行业的产值恢复到 30% 左右的年增长速度。

（三）公司的竞争地位

1. 公司的市场份额情况

近年来，我国印刷电路板行业的需求增长较快。根据中国印制电路行业协会的统计，2004 年和 2005 年，全行业需求增长分别为 35.8% 和 32.9%。2005 年，该公司的市场占有率有所下降。这主要是由于行业需求增长较快，而该公司原有产能基本达到饱和，因此产量增长低于行业需求增长速度。2007 年公司总产能将较 2005 年增长一倍，公司的市场份额将有一定增长。

2. 公司的竞争优势

（1）区位优势。该公司坐落于我国电子信息产业重要的生产加工和出口基地——天津市。天津区域经济发展已被正式纳入国家总体发展的战略。在国家的重点扶持政策下，滨海新区将建设国家一流的电子信息产业基地，重点发展与该公司产业链有关的无线通信、显示器、汽车电子等八个行业和产品。该公司隶属开放的滨海新区，未来新区的智力资源、研发能力、人才引入、税收优势将成为包括该公司在内的环渤海各城市企业可以共享的高端平台。今后几年，中国电子信息产业以及滨海新区的蓬勃发展，势必给该公司的发展带来新的契机。

（2）技术水平先进，产品质量可靠。该公司的技术、工艺水平在国内同行业中居于先进水平。公司生产的高精度、高密度电路板广泛应用于航空航天、计算机网络、邮电通信、汽车电子等领域，公司产品曾应用在我国“神舟六号”飞船上。1993 年公司在同行业率先获得 ISO9002（1994 版）质量体系认证证书，2000 年取得 QS9000 质量体系认证证书，2004 年取得 ISO14001 环境体系认证证书，2005 年取得 ISO/TS16949 质量管理体系认证和 OHSAS18001 职业健康安全管理体系认证。公司已连续数年成为中国电子元件百强企业，所有产品种类均通过美国 UL 认证，性能达到 IPC 标准。

（3）在国内外市场拥有良好的市场信誉。该公司非常重视市场开发和品牌的宣传。多年来公司始终坚持“稳定国外市场，发展国内市场”的方针，积极拓展两个市场，在国内外市场均建立了良好的市场信誉。

在国际市场，公司目前在英国、德国、美国、意大利、比利时、芬兰、瑞典、俄罗斯等都有销售代理，产品遍布欧美各地，且知名度广泛，信誉度较高。随着电路板制造业向亚洲的整体转移，亚洲地区特别是中国逐渐成为全球 PCB 采购中心。公司在欧美市场十几年积累的经验和构筑的销售渠道为公司业务的拓展发挥了重要作用。

在国内市场，由于中国经济的快速发展，电路板的需求量持续快速增长。由于一些国际知名大公司的进入和国内企业技术升级的需要，客户对于电路板品质的要求越来越高。公司迅速扩充国内市场，目前已拥有摩托罗拉、施耐德、西门子、霍尼韦尔、丹纳赫、三星电子、爱普生、海尔、海信等一批稳定客户，构筑了坚实的国内市场基础。

（4）及时、全面响应客户要求的能力。面对电路板需求多样化的趋势，该公司建立了及时、全面响应客户要求的能力。从工艺技术方面看，该公司在满足客户技术要求方面具有很强的适应能力。从交货期方面看，该公司在满足客户交货要求方面，具有高度的灵活性和应变能力。从物流方面看，该公司注重为客户提供便捷的服务。

（5）人才优势。通过多年的自主发展和借鉴国内外优秀企业的管理经验和模式，公司培养了一批优秀的技术专业人才和管理人才。同时，公司重视新型、复合型人才的引入，依托天津两大高等学府，借助滨海新区吸引人才入津的政策优势，以及公司良好的企业文化和经营理念，吸引了大批专业、管理人才，为企业未来的持续发展储备了丰富的人才资源。

五、公司财务状况分析及管理层的看法

（一）财务状况分析

1. 资产负债构成情况分析

（1）资产结构分析。截至2006年12月31日，公司总资产达433 372 723.25元，比2005年增长23%。

（2）固定资产结构分析。印刷电路板行业属于资本相对密集型行业，因此该公司的固定资产占总资产的比重相对较大。截至2006年12月31日，该公司固定资产合计占总资产的比例为58.72%。

（3）流动资产结构分析。截至2006年12月31日，该公司流动资产合计占总资产的比例为40.29%。流动资产中的货币资金的金额相对较大，流动资产各项中应收账款的比重较大，其他应收款净额的金额较小。

（4）无形资产分析。该公司截至2006年12月31日无形资产账面余额为4 205 715.84元。

2. 资产减值准备提取情况分析

2006年12月31日相比2005年12月31日固定资产减值准备减少9.77%，2005年12月31日相比2004年12月31日固定资产减值准备减少6.59%，主要原因是无新增应计提固定资产减值准备的事项，减少部分为已计提固定资产减值准备的机器设备中部分设备报废所致。

在公司的资产减值准备中，金额最大的是坏账准备，而应收账款的坏账准备占坏账准备的绝大部分。2006年坏账准备大幅减少的主要原因是对三年以上应收账款中包含的德国客户——Melchert Elektronik Gmbh公司的应收款项8 190 123.66元进行了核销。

3. 负债结构分析

截至2006年12月31日，该公司总负债为189 853 042.24元，其中流动负债和长期负债分别为99 613 501.68元和90 239 540.56元，分别占总负债的52.47%和47.53%。2006年12月31日相比2005年12月31日短期借款余额增加，原因是新增信用借款用于普林二厂的设备采购。其他流动负债中主要为应付账款和其他应付款，其中，应付账款增长较快。

4. 偿债能力分析

（1）偿债能力指标分析。2006年12月31日相比2005年12月31日，公司的流动比率、速度比率有所降低，主要原因是新增短期借款用于普林二厂机器设备采购。但公司的短期偿债能力指标仍优于同行业的上市公司。公司的长期负债占总负债的比例较高，且还款计划主要集中在2007年至2009年。2005年利息保障倍数较2004年降低的主要原因是由于普林二厂的建设，公司长期借款大幅增加。但利息保障倍数仍保持在较高水平，显示公司偿债能力较强。

（2）现金流量和偿债能力分析。公司近三年的经营活动产生的现金流量净额均为正数，累计额高于同期累计净利润，显示报告期内收益质量较高，经营活动现金流量充足，现金支付正常。2007年公司将进入偿债期。随着普林二厂产量的提升，公司的经营现金流量将持续增长，可满足偿债的要求。

5. 资产周转能力分析

2005年度的存货周转率相比2004年度有所下降，主要原因是公司2004年产能增加，使原材料和产成品数量增加。2006年度销售大幅增长，存货周转率有所回升。

公司近三年的应收账款周转率相对比较稳定。针对应收账款的收回，公司一方面针对不同的客户采取相应的销售政策，定期对少数欠款客户进行催收，另一方面也将货款回笼作为考核销售部门及相关销售人员的主要指标之一，严格控制应收账款的总量及其账龄的增加。

总体而言，公司应收账款和存货周转速度较快，显示公司资金周转效率较高。

（二）股权结构合理性分析

公司管理层认为，公司的主要股东持股比例接近，股权结构没有出现“一股独大”的现象。公司目前的股权结构较为合理，有利于公司未来业务的拓展，有利于公司长期、稳定地发展。本次发行成功将进一步优化公司的股权结构，并有利于公司治理结构的进一步完善。

（三）盈利能力分析

受益于印刷电路板下游市场需求的快速增长，近几年来，该公司取得了较快的发展，生产规模、产量等不断提高。

1. 主营业务收入。公司的主营业务收入来源于印刷电路板的销售，增长较快。其原因是：第一，宏观经济持续快速增长带动了对于印刷电路板行业的需求。近年来我国印刷电路板行业产值增长迅速，公司抓住产品需求快速增长的市场机遇，扩大了生产能力，提高了产销量，使产品销量的增加成为推动公司主营业务增长的主导因素。第二，公司根据目前市场对于印刷电路板产品的需求情况，研发新的生产工艺、注重设备更新，不断提高具有高附加值的印刷电路板的开发和生产。公司新募集资金将投向高密度多层互联印刷电路板，通过优化产品结构，提高产品的附加值和技术含量，进而提高公司销售额和盈利能力。第三，积极开拓国内外市场，维护公司的市场竞争力。

2. 主营业务成本。该公司主营业务成本均与印刷电路的生产有关，主要成本项目为原材料、折旧费用、水电及维修等制造费用、人工费用等。

由于产量增长较快，且主要原材料价格上涨，使原材料合计金额增长较快。但由于公司注重降低材料成本支出，提高合格率及生产效率以及外加工费用快速增长，原材料成本在主营业务成本中所占比例的增长并不明显。

人工费用方面由于产量增加导致的人员增加，带来工资及各项福利费用的增加；折旧费用增加的主要原因是普林二厂的厂房及设备从2006 年5 月开始计提折旧。

制造费用提高的主要原因是产量增加导致的水电及维修费用的增加，以及2004 年以来由于产能限制导致的外加工费用持续上升。

3. 主营业务利润及毛利率。该公司生产的产品按最终用途分类主要为通信类产品、工业自动化控制、消费类电子、汽车电子等。其中，通信类产品、工业自动化控制等方面的销售总额占公司产品销售总额的75%以上，对公司产品的整体毛利率影响较大。

4. 期间费用。2006 年度公司营业费用相比2005 年度增加32. 42%，2005 年度公司营业费用相比2004 年度增加18. 03%，主要原因是公司产品销售量增加。

相比2004 年和2006 年，公司2005 年管理费用较低。

2006 年度公司财务费用相比2005 年度增加23. 22%，主要是因为新增借款用于普林二厂的建设。2005 年度公司财务费用相比2004 年度增加95. 69%，主要是因为借款增加以及随着人民币的升值，公司以外汇交易或持有外汇导致的汇兑损失。

5. 所得税的影响。2004 年至2006 年，公司所得税税率未发生变化。2004 年公司实际税负较高的主要原因是，2004 年对递延资产一次性摊销、提取坏账准备、固定资产减值准备、资产报废损失等进行了纳税调整。

6. 非经常性损益及其影响。2005 年，该公司的非经常性损益主要为以前年度已经计提坏账准备的转回，其他项目包括处置固定资产收益（损失）、会计政策变更对以前期间净利润的追溯调整数等。该公司非经常性损益的金额较小，对公司经营业绩的影响不大。

7. 公司管理层对于主要利润来源分析。公司管理层认为：公司利润主要来源于公司主营业务利润，公司没有其他业务利润、投资收益、补贴收入，此外公司营业外收支净额对公司利润影响非常小，公司的主营业务具有良好的盈利能力和持续发展能力。

讨论题:

1. 公司面临哪些风险?
2. 该公司有哪些竞争优势?
3. 用基本分析法对该公司进行分析。

分析路径与提示:

股票市场的波动总是与整体经济的变化联系在一起，宏观经济的发展状况决定股票市场的长期趋势。一家公司的股票价格反映的是投资者依据收益、现金流量极其必要的收益率对该公司业绩所作的预期，而公司的业绩同样受到整体经济运行的影响。对于某些公司来说，在众多影响公司利润的因素中，宏观经济和行业环境甚至比其在行业中的业绩好坏更重要。同时，股票市场对国家宏观经济政策非常敏感。特别是在市场经济条件下，政府通过货币政策、财政政策和收入政策等工具调控经济，或挤出泡沫，或刺激经济增长。这些政策会对经济增长速度和企业经济效益产生影响，并进一步影响到股票市场上人们的预期和交易行为。

投资者在进行股票选择时要对该股票所在行业进行分析。行业分析介于宏观分析和微观分析之间，也称为中观分析。行业的发展状况对该行业上市公司的业绩影响巨大，行业的兴衰也是决定公司价值的重要因素之一。从某种意义上讲，投资于某上市公司，实际上就是以该上市公司所处行业为投资对象。

投资者对具体投资对象的选择最终落实到微观层面的公司分析上，这是因为投资者的直接投资对象是公司所发行的证券，而其市场表现和投资收益直接受制于该发行公司的经营状况。只有通过分析潜在投资对象的背景资料、业务资料和财务资料，从整体上多角度地了解企业，才能适当地确定公司股票的合理定价，进而通过比较市场价位与合理定价的差异而进行投资决策。

第十三章

投资组合理论

学习目标：

- 掌握单一证券以及证券投资组合风险与收益的计算方法
- 掌握风险分散化原理
- 熟悉投资组合最优化的标准
- 了解最优投资组合的确定

现代证券投资理论建立在资产组合理论和资本资产定价理论的框架之上，用以阐释和估量投资风险，推导风险和预期收益率的关系，进而推导风险和投资要求收益率之间的关系。资产组合理论要解决的问题是在组合证券的风险保持在可以接受的水平时如何选择使预期收益率最大化的资产组合。

现代证券组合理论是由哈里·马柯维茨（Markowitz）创立的，他于 1952 年发表了《“证券组合”的选择》一文，此文和 1959 年出版的同名专著成为现代证券理论的起源。他采用均值方差法（Mean - variance Analysis）分析了不确定条件下的投资者的决策行为，解释了投资者应该如何构建有效的证券组合并从中选出最优的证券组合。

马柯维茨为了说明理论的本质，提出了许多假设作为证券投资理论的前提条件：第一，假设证券市场是有效的。第二，投资者都是风险厌恶者。在同一风险水平上，投资者偏好收益较高的资产或资产组合；在同一收益水平上，投资者偏好风险较小的资产或资产组合。第三，投资者能利用预期收益的波动来估计风险，风险用收益率的变动性和统计上的标准差来衡量。第四，假定多种证券之间的收益是相关的。如果知道它们之间的相关系数，就可以选择最低风险的投资组合。

第一节　证券投资收益与风险的度量

利用马柯维茨模型确定最小方差资产组合，首先要计算构成资产组合的单个资产的收益、风险以及资产之间的关系。计算预期收益和风险的标准方法就是用数学期望计算预期收益，用方差或标准差计算风险，用协方差计算资产之间的相互关系。因此，马柯维茨投资组合的方法也被称为均值—方差法。

一、证券投资预期收益的度量

实现收益是投资者过去投资期间已完成的收益，而投资是要面对未来，投资决策的主要依据之一是投资的未来收益。因此，进行投资分析时，有必要首先研究投资的未来收益，即证券投资的预期收益。

1. 证券的预期收益率

资产未来的收益是一个不确定的因素。在不同的经济状况下，我们会对资产的未来收益作出不同的估计，而不同的经济状况出现的概率也是可以估计的。如果把所有可能出现的资产收益率按其可能发生的概率进行加权平均计算，便可以对这一资产未来可能出现的收益率有一个综合的估计。这表明，预期收益率并不代表某一资产将来可能获得的收益，而是反映我们对一切可能获得的有关信息进行合理分析后对资产未来获利能力的一种估计。我们利用数学期望来描述对预期收益率的估计。它的计算公式为

$$E(r) = \sum_{i=1}^{n} p_i r_i \tag{13.1}$$

式中，$E(r)$ 为这一资产的预期收益率；r_i 为各种可能的收益率；p_i 为各预期值可能发生的概率；i 表示各种可能收益水平的序号；n 表示观察数，即可能收益水平的个数，且满足 $\sum_{i=1}^{n} p_i = 1$。

例 13－1： 假定证券 A 的收益率分布如表 13－1 所示。

表 13－1　　证券 A 的收益率分布

收益率（%）	－40	－10	0	15	30	40	50
发生概率	0.03	0.07	0.30	0.10	0.05	0.20	0.25

那么，该证券的预期收益率为

$$\begin{aligned} E(r) &= \sum_{i=1}^{5} p_i r_i \\ &= 0.03 \times (-40) + 0.07 \times (-10) + 0.30 \times 0 \\ &\quad + 0.10 \times 15 + 0.05 \times 30 + 0.20 \times 40 + 0.25 \times 50 \\ &= 21.6 \end{aligned}$$

2. 投资组合的预期收益

证券组合的预期收益率取决于组合中每一种证券的预期收益率和投资比例。具体来讲，证券组合的预期收益率是构成该组合的各种证券的预期收益率的加权平均数，权数是各种证券在组合中所占的比例。计算由 N 种证券组成的证券组合收益率的公式为

$$\overline{r_p} = \sum_{j=1}^{N} x_j \overline{r_j} \tag{13.2}$$

式中，$\overline{r_p}$表示证券组合投资的收益率，x_j 表示投资于第 j 种证券的比例，$\overline{r_j}$表示第 j 种证

券的预期收益率，N 表示组合中所包含的证券种类数。

二、证券投资的风险及其度量

风险是指对投资者预期收益的背离，或者说是投资收益的一种不确定性。证券投资的风险是普遍存在的。投资者投入一定数量的本金后取得收益是在未来发生的，在持有所投入资产的这段时间内，很多因素可能使预期收益变动。

1. 风险的种类及其特征

（1）系统性风险

系统性风险是指对所有证券资产的收益都会产生影响的因素所造成的收益的不确定性。系统性风险与市场的整体运动相关联，通常表现为某个领域、某个金融市场或某个行业的整体变化。在现实生活中，所有企业都面临着这种影响，这些影响包括社会政治、经济等各个方面。由于这些影响因素来自企业外部，企业无法控制和回避，而且不能通过多样化投资而分散，因此也叫不可回避风险或不可分散风险，主要包括市场风险、利率与汇率风险和购买力风险。

第一，市场风险。市场风险是指由于证券市场行情变动而引起的风险。这种行情变动可通过对股票价格指数或股价平均数进行分析，体现于市场买卖双方供求变化所引起的价格波动，这种波动使得投资者在投资到期时的收益具有不确定性。市场风险是金融投资中最普遍、最常见的风险，几乎所有的市场参与者都必须面对和承受这种风险。

众所周知，证券行情变动受多种因素影响，如国家元首的更迭、政治运动、国家重大政治或政治体制的变更、通货膨胀、投机活动、突然爆发的战争或战争的突然结束等，但决定性的因素还是经济周期的变动。经济周期是指社会经济阶段性的循环和波动，分为萧条—复苏—繁荣—衰退阶段。经济周期的变化决定了企业的景气和效益，因而从根本上决定了证券行市特别是股票行市的变动趋势。证券行情随经济周期的循环而起伏变化，其长期变动趋势可分为看涨市场（又称多头市场）和看跌市场（又称空头市场）。在这两大变动趋势中，一个重要的特征是，在整体看涨的行市中几乎所有的股票价格都会上涨，在整体看跌行情中几乎所有股票价格都不可避免地下跌，只是涨跌的程度不同而已。

显然，市场风险是无法回避的，但投资者还是可以设法减轻市场风险的影响。方法之一是判断大的行情变动并顺势而为，即牛市持股、熊市持币的策略。方法之二是选好股票。一般情况下，大的企业、业绩优良的企业适应能力强，对客观经济环境变化的承受能力也就强，则它的股东和债权人面临的市场风险较小；小企业、业绩差的企业在经济环境变化时适应性差，容易亏损甚至破产，则它的股东和债权人面临的市场风险较大。总之，尽管经济形势变动对各种证券都有影响，但影响的程度不尽相同。认清大势，选好股票是降低市场风险的较好办法。

第二，利率和汇率风险。利率风险是指市场利率变动引起证券投资收益不确定的可能性。市场利率的变化会引起证券价格变动，进而影响证券收益的确定性。证券价格与利率呈反方向变化，即利率提高，证券价格下降；反之则证券价格上升。利率从两方面影响证券价格：一是改变资金流向。当市场利率提高时，会吸引一部分资金流向银行储蓄、商业票据等金融资产，从而减少对证券的需求，使证券价格下降；二是影响公司成本。当利率和公司融资成本提高时，在其他条件不变的情况下则盈利下降，派发股息会减少，从而引起股票价格下降。汇率风险是指当投资者投资于以外币发行的有价证券时，由于不可预料的汇率变动，当他把收益转化为本币时，所遭受收益减少的可能性。汇率风险也可以通过利率风险反映出来。下面主要分析利率风险。

利率政策是中央银行的货币政策工具。当中央银行调整利率时，各种金融资产的利率和价格都会灵敏地作出反应。利率风险对不同证券的影响是各不相同的。具体如下：

- 利率风险是固定受益证券的主要风险，特别是债券的主要风险。债券面临的利率风险是由价格变动风险和息票率风险组成。当市场利率提高时，已经发行又尚未到期的债券利率相对偏低。此时投资者若继续持有债券，在利息上就要受损失；若出售，又必须在价格上作出让步，在出售价格上又会受损失。

- 利率风险是政府债券的主要风险。债券依据发行主体不同可分为政府债券、企业债券等。对企业债券来说，除利率风险以外，还面临信用风险和财务风险。政府债券一般不存在信用问题和偿债的财务困难，它面临的主要风险是利率风险和购买力风险。

- 利率风险对长期债券的影响大于短期债券。在利率水平变动幅度相同的情况下，长期债券价格下降幅度大于短期债券，因此长期债券在利率风险方面大于短期债券。债券价格是将未来的利息收益和本金按市场利率折算成的现值，债券的期限越长，未来收入的折扣率就越大，所以债券价格变动风险随着期限的增加而增加。减轻利率风险影响的办法是，投资者在预见利率将要提高时，减少对固定利率债券特别是长期债券的持有。

第三，购买力风险。购买力风险又称通货膨胀风险，是指由于可能发生的通货膨胀等因素导致实际收益水平下降的风险。通货膨胀可分为预期型和意外型两类。前者是投资者根据以往的数据对未来通货膨胀的预计，是对投资的未来收益要求补偿的依据；后者是人们始料不及的，不可能得到补偿。短期债券和具有浮动利率的中长期债券大多在计息时考虑了通货膨胀补偿，可以降低预期型购买力风险；股票、期权、期货等以及固定利率的长期债券的投资者需要同时承受着两种风险，期限越长，购买力风险越大。投资者常通过计算实际收益率来分析购买力风险。

$$实际收益率 = 名义收益率 - 通货膨胀率$$

这里的名义收益率是指债券的利息率或股票的股息率。例如某投资者买了一张年利率为7%的债券，其名义收益率为7%。只有当名义收益率大于通货膨胀率时，投资者才有实际收益。其主要特征为：

- 购买力风险对不同证券的影响不尽相同。最容易受其损害的是固定收益证券，如优先股、债券等。由于它们的名义收益率是固定的，当通货膨胀率陡然升高时，实际收益率就会明显下降。一般而言，长期债券的购买力风险大于短期债券。投资者在预期将发生通货膨胀时，可减少或避免持有固定收益的证券，特别是固定收益的长期债券。如果仍选择投资债券和优先股，可选择浮动利率债券。

• 在通货膨胀的不同阶段，购买力风险对不同股票的影响程度不同。在通货膨胀的情况下，由于不同公司产品价格上涨幅度不同、上涨时间先后不同、对生产成本上升的消化能力不同、受国家有关政策控制程度不同等，所以会出现在相同通货膨胀水平下，有的公司股价上涨幅度大，有的只小幅上涨。一般来说，率先涨价产品、上游产品、热销和供不应求产品的公司股票购买力风险较小，国家进行价格控制的公用事业、下游产品等股票含有的购买力风险较大。在通货膨胀之初，企业消化生产费用上涨的能力较强，则购买力风险较小；而当出现严重通货膨胀时，各种商品价格轮番上涨，社会经济秩序紊乱，企业承受能力下降，购买力风险较大。

（2）非系统性风险

非系统性风险是由个别资产本身的各种因素所造成的收益的不稳定性。这种风险只与某个具体的证券相关联，与整个证券市场的价格不存在系统的、全面的联系，而只是对个别或少数证券的收益产生影响。这种风险往往来源于企业内部的微观因素，如某公司产品因市场需求减少而导致盈利下降，某公司因经营不善而发生严重亏损，某行业因产品更新换代而逐渐衰退等。这种因企业自身因素改变而带来的证券价格变化与其他证券的价格、收益没有内在的必然联系，不会因此而影响其他证券的收益。非系统性风险主要包括违约风险和经营风险。

第一，违约风险。违约风险是投资于固定收益有价证券的投资者所面临的风险。这类风险主要指证券发行人在证券到期时无法还本付息而使投资者的收益遭受损失的风险，故又称信用风险。它主要受证券发行人的经营能力、盈利水平、事业稳定程度及规模大小等因素影响。

在债券和优先股发行时，要对其进行信用评级。投资者回避违约风险的最好办法是参考证券评级的结果。信用级别高的证券违约风险小，信用级别越低，违约的可能性越大。

第二，经营风险。经营风险主要指企业在投资过程中对未来预期的偏差，导致决策不当或操作失灵，使企业预期收益率下降的可能性。经营风险可能是由于企业经营决策失误、管理混乱致使产品质量下降、成本上升等内部因素引起，也可能由于企业以外的客观因素引起，如政府产业政策的调整、竞争对手的实力变化使其处于相对劣势地位等，但主要来自企业内部的决策失误或管理不善。经营风险主要是通过盈利变化产生变化，影响投资者的利息和股息，继而影响证券价格。普通股受经营风险的影响大，优先股和债券的经营风险相对有限。

除了上述的违约风险和经营风险外，财务风险和破产风险也是非系统性风险的来源。财务风险是由于所投资的企业资本结构变动而使企业支付利息额发生变化，从而使企业投资者最终获利水平发生变动的风险。企业承受财务风险的大小与其资本结构中债务比重的大小成正比。破产风险是投资于股票、债券特别是中小型或创新公司的投资者必须面对的风险。当企业由于经营管理不善、操作运转不良或其他原因导致负债累累难以维持时，申请破产保护，策划公司重组，甚至宣布倒闭。破产风险具体表现为当公司宣布破产时，股票、债券价格急剧下降，投资者甚至血本无归。

2. 证券投资风险的度量

风险的衡量是将证券未来收益的不确定性加以量化，测定某一单项资产的风险也就是要在估计预期收益率后分析实际结果对预期结果的偏离程度。统计量方差以及它的平方根标准差反映的就是随机变量对数学期望的离散程度。因此，我们利用预期收益率的方差（或标准差）作为衡量风险的标准。具体来讲就是将每一种可能出现的经济情况下的收益率同预期收益率之差的平方加权相加。公式如下：

$$\sigma^2 = \sum_{i=1}^{n} p_i[r_i - E(r)]^2 \tag{13.3}$$

$$\sigma = \sqrt{\sum_{i=1}^{n} p_i[r_i - E(r)]^2} \tag{13.4}$$

计算的结果方差（或标准差）越大，代表实际结果对预期结果偏离的程度越大，风险也就越大。

例 13－2：假定证券 A 的收益率的概率分布如表 13－2 所示。

表 13－2　　证券 A 的收益率概率分布

收益率（%）	－2	－1	1	2
概率	0.2	0.3	0.1	0.4

那么，该证券的期望收益率为

$$E(r) = \sum_{i=1}^{n} p_i r_i = 0.2 \times (-2) + 0.3 \times (-1) + 0.1 \times 1 + 0.4 \times 3 = 0.6$$

该证券的方差为

$$\begin{aligned}\sigma^2 &= \sum_{i=1}^{5} p_i[r_i - E(r)]^2 \\ &= 0.2 \times (-2 - 0.6)^2 + 0.3 \times (-1 - 0.6)^2 \\ &\quad + 0.1 \times (1 - 0.6)^2 + 0.4 \times (3 - 0.6)^2 \\ &= 4.44\end{aligned}$$

标准差为

$$\sigma = \sqrt{4.44} = 2.11$$

3. 投资组合投资风险的度量

同预期收益率的计算不同的是证券投资组合的风险并不等于组合中个别证券标准差的加权平均。由于投资组合的风险涉及两个以上的证券，要衡量投资组合的风险，必须考虑证券变化的相互影响。资产之间的相互关系可以用协方差和相关系数来表示。协方差是一个测量投资组合中一个投资项目相对于其他投资项目风险的统计量。以股票 A 和 B 为例，协方差的公式可以表示为

$$\mathrm{cov}(r_A, r_B) = \sum_{i=1}^{n} [r_{Ai} - E(r_A)][r_{Bi} - E(r_B)]h_i \tag{13.5}$$

从公式中我们可以看出，协方差可以反映两个资产的收益变动是否同向。当 $\mathrm{cov}(r_A, r_B)$ 为正数时，表示 A 和 B 的收益变动方向相同；当其为负数时，表示 A 和 B

的收益变动方向相反。如果要进一步分析两种证券收益率联系的程度，就必须引入一个新的统计量——相关系数，它的计算公式如下

$$\rho_{AB} = \frac{\mathrm{cov}(r_A, r_B)}{\sigma_A \sigma_B} \tag{13.6}$$

ρ_{AB}的取值范围为［－1，1］。ρ_{AB}为正数时表示两者正相关，ρ_{AB}为负时表示两者负相关。ρ_{AB}的绝对值越接近1表示两者的相关程度越强。当$\rho_{AB}=1$时，A和B的变动完全一致，称之为完全正相关；当$\rho_{AB}=-1$时，A和B的变动完全相反，称之为完全负相关；当$\rho_{AB}=0$时，A和B完全不相关。

根据我们对风险的定义，一个投资组合的风险就是资产组合的实际收益和预期收益偏离数的数学期望的平方：

$$\sigma_p^2 = E[r_{pi} - E(r_p)]^2$$

将公式展开，整理后我们可以得到由N种证券组成的证券组合的标准差公式为

$$\sigma_p = \sqrt{\sum_{i=1}^{N} \sigma_i^2 x_i^2 + 2\sum_{1 \leqslant i \leqslant j \leqslant N}^{N} \mathrm{cov}_{ij} x_i x_j} \tag{13.7}$$

因为$\rho_{AB}=\dfrac{\mathrm{cov}\ (r_A,\ r_B)}{\sigma_A \sigma_B}$，公式也可表达为

$$\sigma_p = \sqrt{\sum_{i=1}^{N} \sigma_i^2 x_i^2 + 2\sum_{1 \leqslant i \leqslant j \leqslant N}^{N} \rho_{ij} \sigma_i \sigma_j x_i x_j} \tag{13.8}$$

式中，σ_i、σ_j表示第i种和第j种证券的标准差，x_i、x_j表示证券i、证券j在证券组合中的比重。n种证券的组合中存在$\dfrac{n^2-n}{2}$项不重复的协方差。

三、用样本计算组合收益和风险

在实际操作中，股票收益率的变动是难以估计的，即使借助计算机我们也很难使用上面的公式来计算。实证研究的结果表明，在一种较为稳定的市场环境下，从长期来看，历史数据计算出的结果是具有延续性的。这就提供给我们一个新的方法——利用样本来估计未来收益和风险。

使用样本计算某一证券的预期收益率的公式如下

$$\bar{r} = \frac{\sum_{i=1}^{n} r_i}{n} \tag{13.9}$$

式中，n为收益观察值的数量，通常是一个时间变量。使用这种方法计算时，我们假设资产各种收益率发生的概率相等，这会产生一定的误差，我们称之为样本误差。样本误差可以通过在一定时间范围内增加观察值来缩小。

某一证券的样本方差的计算公式为

$$\overline{\sigma_2} = \frac{\sum_{i=1}^{n} (r_i - \bar{r})^2}{n-1} \tag{13.10}$$

由于我们使用样本的平均值去估计总体的平均值，在估计总体方差时就失去了一个自由度，因此，分母为 $n-1$。

样本协方差的计算公式为

$$\operatorname{cov}(r_A, r_B) = \frac{\sum_{i=1}^{n}(r_{Ai} - \overline{r_A})(r_{Bi} - \overline{r_B})}{n-1} \tag{13.11}$$

用样本值去估计单个资产的收益、风险和资产之间的相互关系给我们计算组合投资的风险和收益提供了基础的数据，使我们进行组合投资管理迈出了关键的一步，接下来，利用计算机就可以很快计算出组合投资的预期收益和风险了。

第二节　风险的分散化原理

风险的分散化原理被认为是现代金融学中唯一“免费的午餐”。将多项有风险资产组合到一起，可以冲掉部分风险而不降低平均的预期收益率，这是马柯维茨的主要贡献。

在上一节我们介绍了投资组合的收益和风险的度量方法，见式（13.2）～（13.7）。组合的收益 r_p 与 $\bar{r}_p$ 很容易理解，都是单项资产相应值的加权平均值。而组合的方差 σ_p^2 比较复杂，理解起来就不那么容易了。为此，上一节将 σ_p^2 分解如下

$$\begin{aligned}\sigma_p^2 &= \sum_{i=1}^{N}\sigma_i^2 x_i^2 + 2\sum^{N}\sum_{1=i<j\leqslant N}^{N}\rho_{ij}\sigma_i\sigma_j x_i x_j \\ &= \sum_{i=1}^{N}\sigma_i^2 x_i^2 + 2\sum^{N}\sum_{1=i<j\leqslant N}^{N}\sigma_{ij} x_i x_j\end{aligned} \tag{13.12}$$

可以看出，风险由两部分组成：第一部分是仅与单个方差项有关的风险，称为非系统性风险；第二部分是由各项资产收益间的相关性所带来的风险，称为系统性风险。

如果投资者以投资组合方式进行投资，尽管他仍然要承担该组合的风险，但是这种投资方式对于系统性风险和非系统性风险具有不同的分散效果，这可以从式（13.12）推导出来。为了简化推导过程，我们需要作一些假设。下面分两种情况加以讨论：

一、两项有风险资产的组合

假设投资者将资金分散投资于证券 A 和证券 B，投资比重分别为 h_A 和 h_B，满足条件 $h_A + h_B = 1$，则两资产组合的期望收益率为

$$R_{AB} = h_A R_A + h_B R_B = h_A R_A + (1 - h_A) R_B \tag{13.13}$$

组合方差为

$$\begin{aligned}\sigma_{AB}^2 &= {h_A}^2 \times \sigma_A^2 + h_B^2 \times \sigma_B^2 + 2h_A \times h_B \times \sigma_{AB} \\ &= {h_A}^2 \times {\sigma_A}^2 + (1 - h_A)^2 \sigma_B^2 + 2\rho_{AB} h_A (1 - h_A)\sigma_A\sigma_B\end{aligned} \tag{13.14}$$

式中，ρ_{AB} 为证券 A 和证券 B 之间的相关系数，取值范围为 $[-1, 1]$。

因为 $-1 \leqslant \rho \leqslant 1$，所以有

$$[h_A\sigma_A-(1-h_A)\sigma_B]^2 \leqslant \sigma_{AB}{}^2 \leqslant [h_A\sigma_A+(1-h_A)\sigma_B]^2 \quad (13.15)$$

由式（13.15）右方的不等式可以看出，组合的标准差不会大于标准差的组合。事实上，只要 $\rho_{AB}<1$，就有 $\sigma_{AB}<|h_A\sigma_A+(1-h_A)\sigma_B|$，这说明组合确实能起到降低风险的作用，这就是投资分散化的原理。

二、多项有风险资产的组合

根据多项风险资产组合的方差：

$$\sigma_p^2 = \sum_{i=1}^{N}\sigma_i^2x_i^2 + 2\sum^{N}\sum_{1=i<j\leqslant N}^{N}\rho_{ij}\sigma_i\sigma_jx_ix_j$$
$$= \sum_{i=1}^{N}\sigma_i^2x_i^2 + 2\sum^{N}\sum_{1=i<j\leqslant N}^{N}\sigma_{ij}x_ix_j$$

可以看出，风险由两部分组成：第一部分是仅与单个方差项有关的风险，称为非系统性风险；第二部分是由各项资产收益间的相关性所带来的风险，称为系统性风险。

如果投资者以投资组合方式进行投资，尽管他仍然要承担该组合的风险，但是这种投资方式对于系统性风险和非系统性风险具有不同的分散效果，这可以从式（13.12）推导出来。为了简化推导过程，我们需要作一些假设。下面分两种情况加以讨论：

情况Ⅰ：当 N 种证券的收益率互不相关时，即 $\rho_{ij}=0, i\neq j, i,j=1,2,\cdots,N$，则有

$$\sigma_p^2 = \sum_{i=1}^{N}\sigma_i^2x_i^2$$

若进一步假定等比例投资于 N 种证券，即 $x_i=\frac{1}{N}$，则有

$$\sigma_p^2 = \frac{1}{N}\sum_{i=1}^{N}\frac{\sigma_i^2}{N} = \frac{\overline{\sigma}^2}{N}$$

式中，$\overline{\sigma}^2$ 表示投资组合中收益率方差的平均值，故

$$\lim_{N\to\infty}\sigma_p^2 = \lim_{N\to\infty}\frac{\overline{\sigma}^2}{N} = 0$$

结果表明：当资本市场上证券种类足够多时，等比例投资于 N 种证券的组合风险趋于零。

情况Ⅱ：一般情况下，当 $\rho_{ij}\neq 0$，$i\neq j$　i，$j=1$，2，…，N 时，若仍等比例投资 N 种证券，则有

$$\sigma_p^2 = \frac{1}{N}\sum_{i=1}^{N}\frac{\sigma_i^2}{N} + \frac{N-1}{N}\sum_{1\leqslant i\neq j\leqslant N}^{N}\sigma_{ij}/N(N-1) = \frac{\overline{\sigma}^2}{N} + \frac{N-1}{N}\overline{\sigma_{ij}}$$

式中，$\overline{\sigma_{ij}}$表示投资组合中收益率协方差的平均值，故

$$\lim_{N\to\infty}\sigma_p^2 = \lim_{N\to\infty}\left(\frac{\overline{\sigma}^2}{N}\right) + \lim_{x\to\infty}\left(\frac{N-1}{N}\right)\overline{\sigma_{ij}} = \overline{\sigma_{ij}}$$

结果表明：当资本市场上证券种类足够多时，投资组合的非系统性风险随着组合中证券数目 N 的增加而下降，但协方差对组合风险的贡献趋于协方差的平均值$\overline{\sigma_{ij}}$。也就是

说投资组合可以分散单个证券的风险，但协方差的系统性风险对总风险的贡献不可能被分散。

把组合中单个资产对组合风险的贡献称为组合的非系统性风险，协方差对组合风险的贡献称为组合的系统性风险。我们这样区分非系统性风险和系统性风险的重要意义在于经验数据表明，随着投资组合中包含的资产种类的增加，这两种风险表现出不同的性质。资产数量与资产组合风险程度的关系如图 13－1 所示。

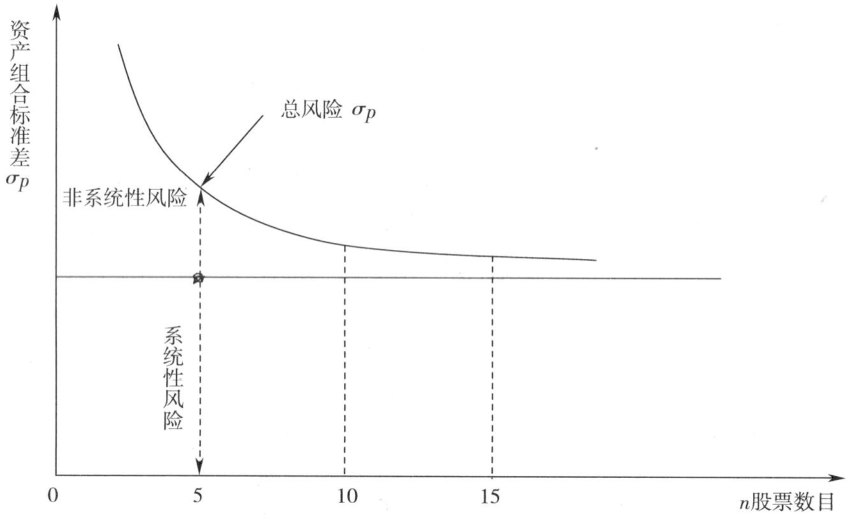

图 13－1　资产数量与资产组合风险程度的关系

三、风险分散原理实证研究

1976 年芝加哥大学教授法玛对投资组合风险与投资组合中证券数量的关系做了实证研究。他从纽约股票交易所中随意挑选了 50 种股票，分别计算了它们在 1963 年 7 月到 1968 年 6 月间的月收益率的标准差，然后分别计算了从 1 种到 50 种股票的投资组合的标准差。他的研究方法是这样的：先选出一种标准差为 11% 的股票，然后又随机选择另一种加入进去构建出一个组合，在组合中使各种股票的权数相同。按照同样的方法，逐渐增加组合中的股票数量，将它们以相同的比例构建成投资组合。结果，法玛发现在最初几种股票被加入投资组合时，对组合标准差的降低作用非常大。当第二种股票被加入时，组合的标准差已经降到了 7.2%，股票的数量从第四种增加到第五种时，标准差的降幅最大。但是，当股票增加到 20 种时，再增加的股票对投资组合标准差的降低作用就不大了。当股票数量从 30 种增加到 34 种时，增加股票的数量对风险的降低作用已经不能弥补成本的增加，出现了边际收益下降的情况。如图 13－2 所示。

研究结果说明，非系统性风险和系统性风险的行为主要具有以下三个特征：

1. 只要资产不是完全正相关，投资组合的分散化便可以在不减少平均收益的前提下降低组合的风险（方差）。在构造证券组合投资时，刚开始组合中每增加一种证券就可使风险有较大程度的减少，但随着证券种类的增加，风险减少的边际效果逐渐递减，直

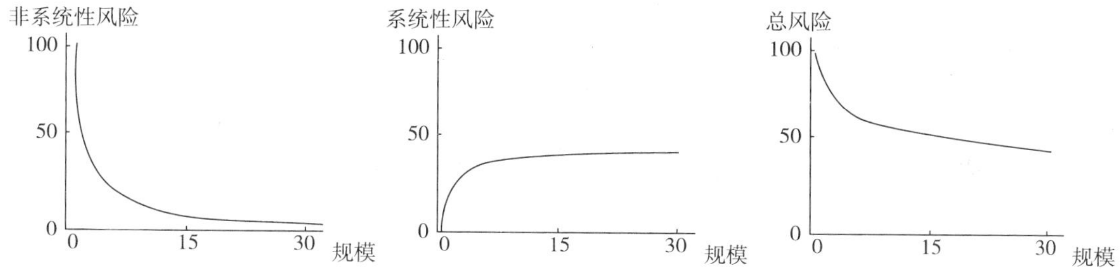

图 13－2

到非系统性风险完全抵消，只剩下与市场有关的风险。这时候投资组合的风险就同整个市场的风险相差无几了。

2. 在分散化良好的投资组合里，非系统性风险由于逐渐趋于零因此可以被排除掉。但组合中包含多少种资产才算分散化良好呢？关于这个问题的争论很多，并没有严格的标准。从实践中得出的经验是这样的：一般一个投资组合中的证券种类以 10～15 种为适宜，大型基金可能适当多些，但也不会超出 25～35 种。尤其是当我们考虑了分散化所带来的交易成本、时间成本和信息成本等之后，就会发现过度的分散化往往得不偿失。

3. 由于系统性风险不随分散化而消失，所以必须对其进行处置和管理。实际上，资产完全不相关或完全负相关的情况很少。正如我们前面对风险的分析那样，非系统性风险这种由于公司内部原因产生的风险是可以通过分散投资来降低的，而系统性风险这种由于全局因素引起的风险几乎对所有的证券收益都会产生影响，是不能够通过分散投资来规避的。而且，由于政治、经济、社会大环境等因素对公司证券收益的影响方向大致相同，使得大部分投资组合中的证券都处于不完全正相关的状态，协方差的和都为正值。这个时候资产的风险就主要来自资产价格的同向运动，也就是说投资组合的风险主要为系统性风险。

第三节　最优投资组合

在马柯维茨的投资组合理论中，以理性投资者及其基本行为特征为前提，论述了建立有效资产边界、确定最小方差资产组合的思想和方法。

一、有效组合的确立

一个理性的投资者总具有如下基本行为特征：一是厌恶风险；二是追求利润最大化。一般来讲，单个资产的收益越高，它的风险也就相应越高。但是，在组合投资中我们可以将不同种类的资产按照一定的比例组合就可以提高原有收益率或者降低原有风险，从而可以通过比较选择组合投资整体的收益—风险特征达到同等风险收益最大或同等收益风险最小的理想状态，也就是选择出有效率的投资组合。

1. 两种投资组合的可行区域与有效边界

一般情况下，两只证券构成的可行集是平面区域中的一条曲线。如果两个均是风险证券则是曲线，其曲线的弯曲程度由它们的相关系数决定。随着两风险证券间的相关系数由 1 变为 -1，曲线向左变得越来越弯曲。

设由两项证券资产 A 和 B 构成投资组合，A 的期望收益率为5%，标准差为20%；B 的期望收益率为15%，标准差为40%；A 和 B 的相关系数为 ρ_{AB}；A、B 在组合中的比例分别为 X_A，X_B，其中 $X_B = 1 - X_A$。

以组合标准为横轴，组合期望收益率为纵轴画图（见图 13 -3）。当我们给定不同的投资比例 X_A、X_B 和不同相关系数 ρ_{AB}，可以得到不同的资产组合集合。

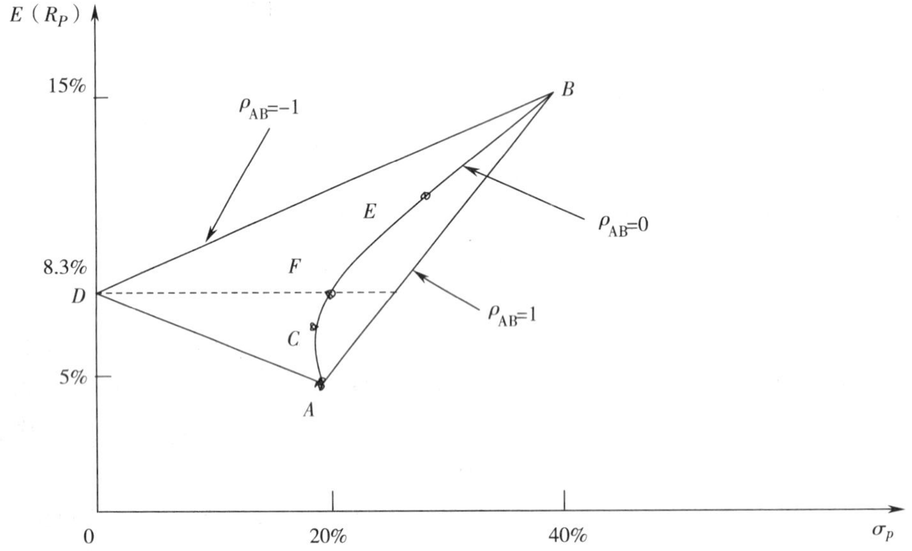

图 13 -3 两种投资组合的可行区域和有效边界

设 $\rho_{AB} = 0$，当赋予 X_A、X_B 不同值时，不同组合的期望收益率与标准差连接成一条曲线 $ACFEB$，这条曲线就是 $\rho_{AB} = 0$ 时所有由 A、B 构成的资产组合的集合。在这一集合中，C 点所代表的是最小方差（标准差）组合（该点 $X_A = 4/5, X_B = 1/5, E(R_P) = 7\%$，$\sigma_P = 17.9\%$）。

尽管投资者可以在曲线 $ACFEB$ 上任意选择投资组合，但因为对曲线段 AC 上的每一组合（如点 A），在曲线段 $CFEB$ 上都有相应的一个组合（如点 F），其风险程度（标准差）与 AC 段上的对应组合相同，但期望收益率更高。根据风险回避型投资者追求效用最大化的假设，投资者只会在曲线段 $CFEB$ 上选择其所需要的资产组合。曲线段 $CFEB$（即最小标准差组合与资产 B 之间的全部组合）即为全部资产组合的效率边界，又称有效率资产组合。

设 $\rho_{AB} = 1$，A 与 B 完全正相关，则 $\sigma_{AB} = h_A\sigma_A + (1 - h_B)\sigma_B$，可见，投资组合的风险完全取决于两种证券各自的风险以及它们在投资中的比重，风险丝毫不能抵消，投资组合集合为直线 AB。

设 $\rho_{AB}=-1$，A 与 B 完全负相关，A、B 构成的资产组合集合为折线 ADB，D 为最小标准差组合，直线 DB 为效率边界。

2. 多种投资组合的可行区域与有效边界

马柯维茨指出：理性的投资者总是寻求这样的投资组合 x，它在给定预期收益率水平 r_p 的条件下，使风险达到最小，即求解

$$\begin{cases} \min\sigma_p^2 = \sum_{i=1}^{n}\sum_{j=1}^{n}\sigma_{ij}x_ix_j \\ s.t.\ \sum_{i=1}^{n}x_ir_i \geqslant r_p \\ \sum_{i=1}^{n}x_i = 1 \quad x_i \geqslant 0 \end{cases}$$

或者在给定风险水平 σ_p^2 的条件下，使预期收益达到最大，即求得

$$\begin{cases} \max r_p = \sum_{i=1}^{n}x_ir_i \\ s.t.\ \sum_{i=1}^{n}\sum_{j=1}^{n}\sigma_{ij}x_ix_j \leqslant \sigma_p^2 \\ \sum_{i=1}^{n}x_i = 1 \quad x_i \geqslant 0 \end{cases}$$

给定每一个 r_p（或 σ_p^2），利用现有的很多商业软件求解该最优化问题都能得出的一个相应的 σ_p^2（或 r_p），从而构成标准差—预期收益率图中的一个点（σ_p，r_p），这些点连成图而成的曲线，已被金融经济学证明是条双曲线，这就是最小方差曲线，如图 13－4 所示。坐标轴的横轴表示投资的风险，纵轴表示投资的收益。假设市场上有 N 种可供投

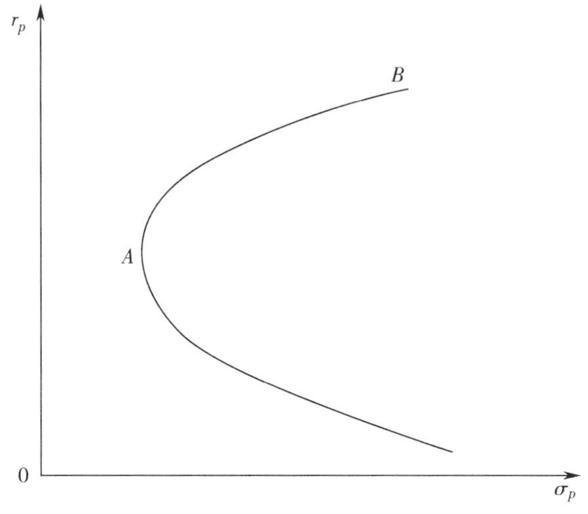

图 13－4　标准差—预期收益率图

资者选择的证券，这 N 种证券可以按照不同的比例组成许多的证券投资组合，每种投资组合按其相应的预期收益和风险对应于最小方差曲线内部（即右边）的一个点。任两点所代表的组合再组合起来得到的新的点（代表一个新的组合）一定落在原来两个点连线的左边，这是因为新的组合能进一步起到分散风险的作用，这也是曲线左凸的原因。

在市场上我们可以选择投资的证券有很多种，它们可以组成无可计数的证券投资组合。一个理性投资者在投资组合的选择上应遵循下述规律：如果两种证券组合具有相同的收益率标准差和不同的期望收益率，那么投资者应选择期望收益率较高的组合。如果两种证券组合具有相同的期望收益率和不同的收益率标准差，那么投资者应选择收益率标准差较小的组合。如果一种证券组合比另一种证券投资组合具有较小的收益率标准差和较高的期望收益率，那么投资者应选择前一种投资组合。这种选择规则被我们称为投资者的共同偏好规则。在一个投资组合集中按照这种规则选择出的投资组合称为有效组合。很显然，有效组合将满足以下两个条件：第一，在各种风险条件下，提供最大的预期收益率；第二，在各种预期收益率水平下，提供最小的风险。这种有效组合总是在一定的收益或风险水平上投资者希望得到的最优组合。我们可以用图示的方法表达出有效组合集。如图 13－5 所示，坐标轴的横轴表示投资的风险，纵轴表示投资的收益。假设市场上有 N 种可供投资者选择的证券，这 N 种证券可以按照不同的比例组成许多的证券投资组合，每种投资组合按其相应的预期收益和风险在图中用一个点标出，每一个点代表一个可行的投资组合，所有的点组合在一起就形成了一个可行组合集，而有效组合就隐含在这个可行组合集中。一般来讲，这种可行组合的集合在图中呈伞的形状。

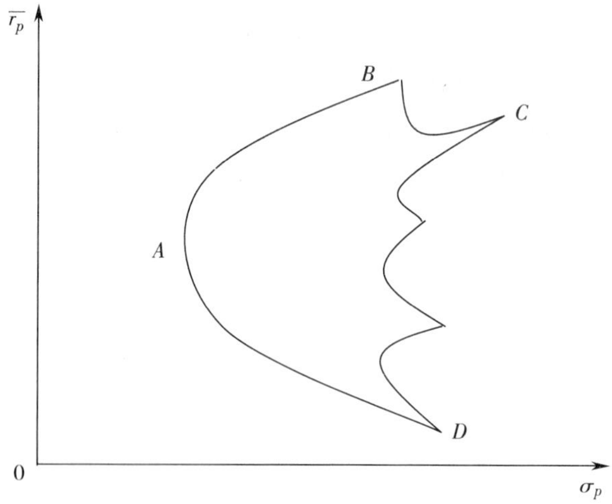

图 13－5　多种证券有效组合集

根据有效组合所应满足的条件，我们可以在可行组合集中找出有效组合。

第一个条件，在各种风险条件下，提供最大的预期收益率。首先我们在图中找到 A 点，过此点做平行于纵轴的垂线，使得所有可行组合的点都落在垂线的右边。也就是说，可行组合集中没有比 A 点的组合风险更小的。按照同样的道理，我们找到 C 点，过

C 点做平行于纵轴的垂线，使得所有可行组合的点都落在垂线的左边。C 点也就是整个可行集中风险最大的组合点。因此，在各种风险水平条件下，能够提供最大收益的证券组合位于从 A 点到 C 点之间的可行组合左上角的边界上。

第二个条件，在各种预期收益水平下，提供最小的风险。在图中我们找到 B 和 D 两个点，分别过 B 点和 D 点做平行于横轴的平行线，使得可行组合集中所有的点都落在过 B 点所做平行线的下方，也就是说所有 B 点的组合是所有可行组合中预期收益率最大的点。同时可行组合集中的点都在过 D 点所做平行线的上方，D 点就是所有可行组合集中收益率最低的点。因此，在各种可能的收益水平的条件下，能够提供最小风险的组合位于从 D 点到 B 点可行组合左边的边界上。

有效组合在图中的表示就是满足条件一和条件二的两段曲线的交集，也就是曲线 AB。通过比较我们可以发现，位于可行组合集的左上的曲线 AB 比这一曲线外的其他任何组合都要优越。

二、投资者的效用

前面我们介绍了有效边界是一条向右上方倾斜的曲线，它反映了高风险、高收益的投资规律。位于有效边界上的组合都是有效的投资组合，是可供投资者选择的范围。那么投资者该如何选择呢？这个问题同经济学中消费者选择的问题很类似。很大程度上，这取决于投资者对风险和收益的态度。收益和风险好比投资者所必须选择的两种商品，增加其中的一种就势必要减少另一种。我们将经济学中效用的概念引入来解决这个问题。在金融市场上，理性投资者的两大特征：追求收益最大化和厌恶风险，两者综合起来就是追求效用最大化。在效用相同的条件下，如果提高投资者所面对的风险，就必须相应地提高预期收益来补偿。因此，投资活动的效用实际上就是投资者权衡风险和收益后的满足感。

我们用无差异曲线来表示投资者的效用。图 13－6 表示的是描述一个投资者效用的一组无差异曲线。

同一条无差异曲线上的点有着不同的收益和风险，但对于这个投资者来讲，效用都是一样的。也就是说这个投资者对这条线上的投资组合具有相同的偏好。每一条曲线代表一种效用水平。一般来讲，无差异曲线具有以下性质：

第一，无差异曲线的波动方向一定是从左下方到右上方的过程。也就是说无差异曲线的斜率都是正的，这主要是由于投资者非满足性和风险规避的特征所造成的。风险增加时投资者需要更高的收益来弥补，这种高风险、高收益的投资规律使得无差异曲线的斜率一定为正。

第二，随着无差异曲线向右移动，曲线将变得越来越陡峭而不是越来越平缓，也就是说无差异曲线都是凸向的。随着风险的增加，为了弥补所增加的风险，投资者所需要额外增加的风险溢价即收益也越高。同时当风险越低，投资者为使风险再降低一个单位而愿意放弃的收益也越少。这就决定了无差异曲线的凸向性。

第三，无差异曲线的形状（弯曲程度）因人而异，它反映了投资者对收益和风险的

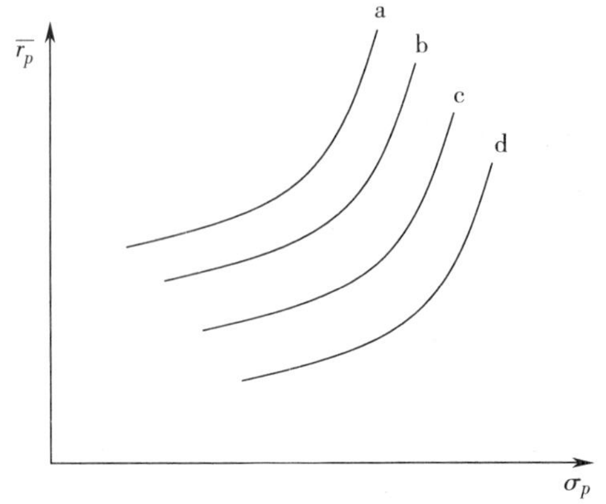

图 13－6　投资者效用无差异曲线

偏好态度。愿意冒险的投资者无差异曲线较为平坦，而害怕风险的投资者无差异曲线较为陡峭。这是因为对愿意冒险的投资者来说，只要收益有少量的提高就可弥补可能的风险损失。对于害怕风险的投资者来说，收益必须有较大幅度的提高才能使他愿意承担较大的风险。图 13－7、图 13－8 分别代表了愿意冒险和不愿冒险的投资者的无差异曲线。

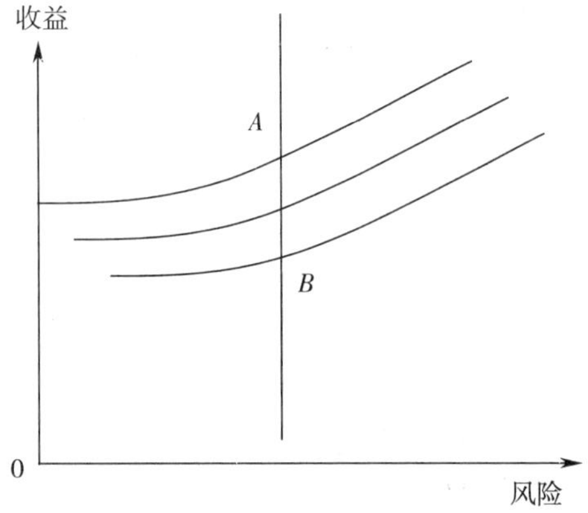

图 13－7　风险喜好者无差异曲线

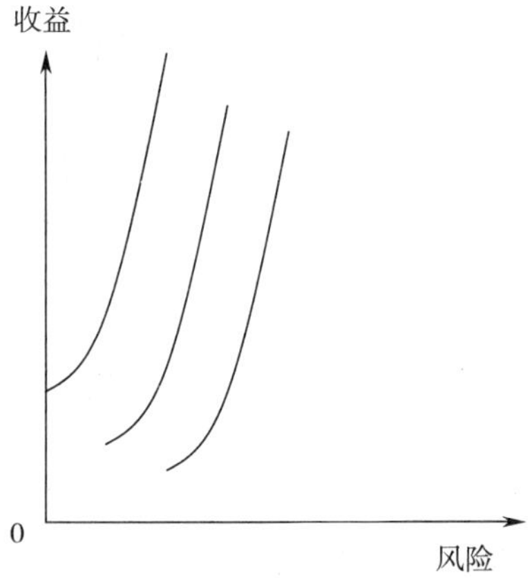

图 13－8　风险厌恶者无差异曲线

第四，投资者更偏好位于左上方的无差异曲线。如图 13－7 所示，在同一风险水平上的两点 *A* 和 *B* 具有相同的风险，而位于偏左上方的无差异曲线的 *A* 点明显具有较高的收益率。因此，我们说 *A* 点投资组合对投资者来讲比 *B* 点的投资组合效用高。对于某一特定投资者而言，只要他对风险和收益替代关系的态度不变，他的无差异曲线的斜率在同一水平线上将保持一致，而且每一条位于左上方的无差异曲线上的任何投资点都优于位于右下方无差异曲线上的任何一投资点。

第五，无差异曲线族中的曲线互不相交。因为每一条无差异曲线都代表着一种投资者的效用水平，所以无差异曲线在坐标系上都是相互平行的。

三、投资组合最优化的标准

当确立了投资组合的有效集合以及投资者的效用无差异曲线后，我们将这两者结合起来就可以得出投资者选择最优证券组合的条件了。

如图 13－9 所示，首先，最优组合应该位于有效边界上，只有在有效边界上的组合才是有效组合。其次，最优组合应位于投资者的无差异曲线上。最后，由于无差异曲线的斜率为正，非满足性和回避风险的特性使得无差异曲线呈凸形。而投资组合的有效集一般呈凹形。因此，两者有唯一存在的切点。无差异曲线同有效边界的这个切点是投资者对证券组合的最优选择，也是唯一选择。值得说明的是无差异曲线族中的很多条曲线都同有效边界有交点。但所有同有效边界有交点的曲线中，同它相切的那条曲线一定是位于左上方的。因此，在切点处的投资组合给投资者带来的效用最大。

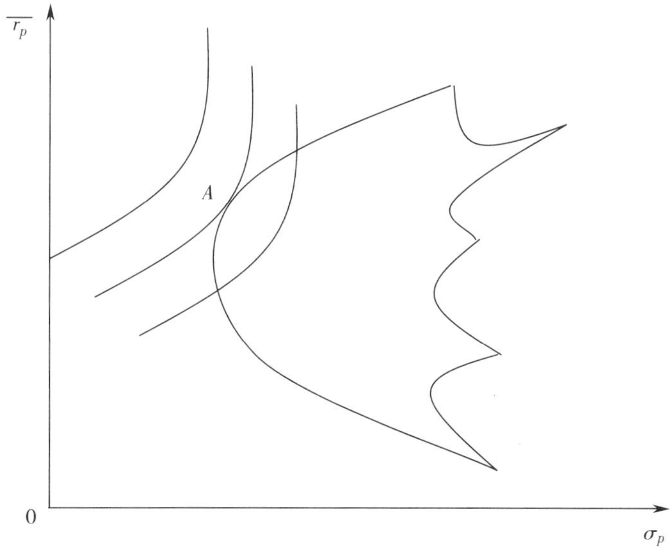

图 13－9　最优组合

以上我们所讨论的方法在理论上是正确的。但在实践中，我们要使用这种方法首先就要确定投资者的效用无差异曲线，这是不容易做到的。因此，在现实生活中，确定最优资产组合的问题，在有效集合包含预期收益目标的前提下，通常被转化为在投资者可以接受的风险水平下寻找预期收益率最高的投资组合或是寻找能实现一定预期收益目标的最小方差的资产组合的问题，也就是说是在我们确定了要达到的收益目标后，选择风险最小的那种投资组合。确定最小方差资产组合的方法有三种：马柯维茨图像分析法、微积分法和非线性方差法，通常我们可以借助计算机来解决。

四、两基金分离定理

两基金分离定理：在所有风险投资组合的有效组合边界上，任意两个分离的点都代表两个分离的有效投资组合，而有效组合边界上任意其他的点所代表的有效投资组合都可以由这两个分离的点所代表的有效投资组合的线性组合生成。

有一类专门从事分散化投资的金融中介机构叫做共同基金。共同基金一方面发行小面额的受益凭证作为自己的负债；另一方面则把筹集到的大笔资金进行分散化投资，形成自己的投资组合。如果有两家不同的共同基金，它们都投资于有风险资产，而且都经营良好，即它们的收益/风险关系都能达到有效组合边界，那么定理告诉我们，任何其他的投资于有风险资产的共同基金，如果经营良好的话，其投资组合一定与原来那两个共同基金的某一线性组合等同。只要能找到这样两家不同的经营良好的共同基金，把自己的资金按一定比例投资于这两家基金，就可以与投资于其他经营水平高的共同基金获得完全一样的效果。这一结论对投资策略的制定有着重要的意义。

五、无风险资产与投资组合

在前面的讨论中隐含着一个假设：所有资产都是有风险资产。在有风险投资组合所构成的双曲线所围区域的最左端就是最小方差组合。因为系统性风险的存在，最小方差组合也不是无风险的，其预期收益率也一定高于无风险收益率 r_f。于是，在最小方差曲线图中，有效组合边界和表示预期收益率大小的纵坐标是不相接触的，而代表无风险证券的收益/风险的坐标点是落在这根轴上的。下面我们讨论加入无风险证券后最佳投资组合的确定问题。

（一）无风险资产

无风险资产是指未来收益率固定不变、不存在任何不确定性的证券。也就是说，无风险资产应该没有任何违约风险，也没有市场风险。从根本上讲，所有的公司证券都存在违约的可能，因此，公司证券不可能是无风险资产。政府债券在通常情况下不会有违约风险，可以看做无风险资产。但是并非所有的政府债券都是无风险资产。比如对一位投资期限为一年的投资者而言，三年期政府债券就存在风险，因为他不知道一年后出售这种证券可以获得多少收益，虽然他知道三年后出售该证券可以收回的资金。实际上，任何一种到期日超过投资期限的证券都不可能是无风险证券。同样道理，任何一种到期日早于投资期限的证券也不是无风险证券，因为在这种证券到期收回资金时，投资者面临着再投资的问题，导致投资者在现在无法确定将来再投资时可以获得多少再投资收益。综合来看，只有到期日与投资者投资期限完全一致的政府债券才是无风险资产。

实践中常常将短期政府债券视为无风险资产。一方面这种债券不可能违约；另一方面短期内物价水平趋向稳定，利率变动引发市场风险的概率也可以忽略不计。如在美国就把三个月期的国库券看做无风险证券。

当存在无风险资产时，投资者可以对无风险资产和风险资产进行适当配比，形成新的投资组合。无风险贷款就是将一部分资金投资于无风险资产，将其余部分投资于风险资产；无风险借款就是按照无风险利率借入一部分资金（相当于卖空无风险资产）并投资于有风险资产。无风险资产的引入使可供投资者选择的投资组合发生变动。因此，由有效组合边界与无差异曲线的切点决定的最佳组合也将发生变化。下面从无风险借贷利率相等与不相等两方面加以讨论。

（二）无风险借贷利率相等时最佳投资组合的确定

引入无风险借贷后，投资者可以将部分资金投资于无风险资产，将其余部分投资于风险资产。假设投资者将资金中的 x 部分投资于无风险资产 r_f（其中 $x<0$ 表示卖空），则有（$1-x$）；部分投资于风险资产 K，K 是有效集曲线上的任意一个组合。该投资者的投资组合 P 的期望收益率和标准差分别为

$$r_P = xr_f + (1-x)r_K \tag{13.16}$$

$$\begin{aligned}\sigma_P &= \sqrt{x^2\sigma_f^2 + (1-x)^2\sigma_K^2 + 2x(1-x)\sigma_{fK}} \\ &= \sqrt{(1-x)^2\sigma_K^2} \\ &= (1-x)\sigma_K\end{aligned} \tag{13.17}$$

由式（13.17）得到：$x = 1 - \dfrac{\sigma_P}{\sigma_K}$，代入式（13.16）有

$$r_P = (1-\frac{\sigma_P}{\sigma_K})r_f + \frac{\sigma_P}{\sigma_K}r_K = r_f + \frac{(r_K - r_f)}{\sigma_K}\sigma_P \tag{13.18}$$

由组合 P 的期望收益率 r_f 和标准差 σ_P 的计算公式（13.18）可以得出，无风险资产 r_f 和风险资产 K 构成的投资组合 P 位于连接 r_f 和 K 的半直线上，P 点的具体位置取决于投资比例 x。如图 13－10 所示，其中 r_f 点代表无风险资产。

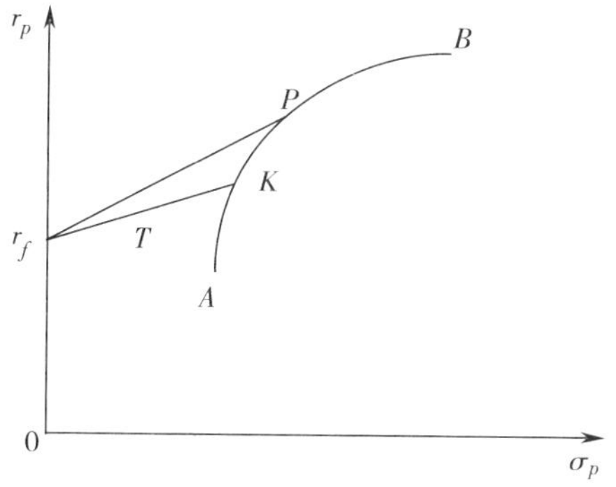

图 13－10

任何无风险资产与有风险资产构成的组合都位于连接二者的半直线上。因此，允许无风险借贷后，投资组合的有效组合边界会发生变化。随着 K 点在有效组合边界上位置的变动，半直线的斜率也在不断改变。当半直线与有效组合边界相切时斜率最大。位于原有效组合边界上的任何一个投资组合，没有哪一点与 r_f 的连线在切线的左上方，所有无风险资产 r_f 与有风险资产 K 构成的组合里，切线所代表的期望效用最大。这意味着原有效组合边界除切点所代表的投资组合外不再有效，因为切线总能找到比原有效组合边界上的对应点具有更大期望收益率，但标准差一样的点。考虑无风险资产后，有效组合边界由双线段变成了半直线。有效组合边界发生了变化，由有效组合边界与无差异曲线的切点所决定的最佳投资组合自然也要改变，而且这种变化几乎影响到所有的投资者。因为代表某投资者原来最大效用的无差异曲线此时与切线相交，不再符合最佳组合的相

切条件。所以投资者需要重新选择，将无差异曲线与新的有效组合边界的切点确定为最佳组合，该点肯定位于切线上，即新的最佳投资组合由部分无风险资产与有风险资产构成，如图 13－11 所示。

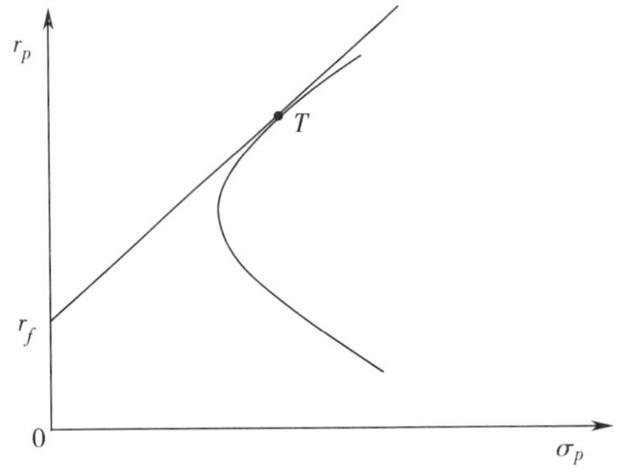

图 13－11

显然，在新的有效投资边界上，两基金分离定理依然成立。其中一项基金是无风险证券，而另一项则是切点 T 所代表的有风险资产的组合。从无风险资产到 T 点线段上的每一点都可以看成是无风险资产同投资组合 T 按照一定的比例组合而成的资产。换一个角度，我们可以将投资组合看做是投资者将一部分的资金投资于投资组合 T，将剩余的资金投资于无风险资产。当投资者从市场上以无风险利率借入资金并投资于组合 T 时，新的投资组合的预期收益和标准差将位于连接无风险资产和有风险投资组合线段的延长线上。

对于从事投资服务的金融机构来说，不管投资者的收益/风险偏好如何，只需要找到切点 T 所代表的有风险投资组合，再加上无风险证券，就能为所有的投资者提供最佳的投资方案。投资者的收益/风险偏好就只需要反映在组合中无风险证券所占的比例。

（三）无风险借贷利率不相等时最佳投资组合的确定

在前面的分析中，我们假设无风险借贷的利率相等，从而所得的有效组合边界为一条从 r_f 出发的半直线。这条半直线与所有有风险资产形成的有效组合边界相切。但是，在实际经济中，借贷利率不可能相等。一般来说，贷款的利率会高于存款的利率。这时的有效组合边界会是什么形状？下面，我们来分析这个问题。

我们以 r_{fL} 表示无风险资产的收益率。这里的 L 表示贷出，这是因为投资在无风险债券上相当于把钱借给政府，其收益率为 r_{fL}。投资者贷款的利率以 r_{fB} 表示，这里 $r_{fB} > r_{fL}$。

第一，当借贷利率相等且等于 r_{fL} 时，有效组合边界的形状。由前面的分析，我们知道有效组合边界是从 r_{fL} 出发，连接 r_{fL} 与切点投资组合 T_L 的半直线，如图 13－12 所示。

第二，当借贷利率相等且等于 r_{fB} 时，有效组合边界的形状。由前面的分析，我们知道有效组合边界是从 r_{fB} 出发，连接 r_{fB} 与切点投资组合 T_B 的直线，如图 13－12 所示。

第三，当投资者不能以 r_{fL} 借到钱时，在从 r_{fL} 出发的有效组合边界上，投资者不能达到从 T_L 起往右的直线部分。因此，这一部分应该从有效组合边界上去掉。

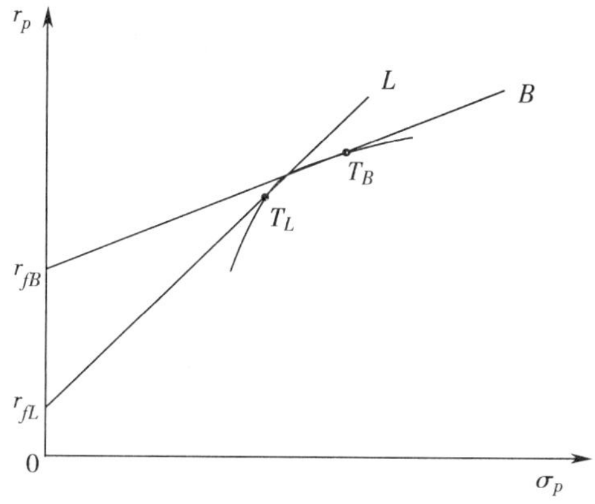

图 13－12

第四，当投资者不能以 r_{fB} 借出钱（即不能以这个利率进行投资）时，在从 r_{fB} 出发有效组合边界上，投资者不能达到从 r_{fB} 到 T_B 的线段部分。因此，这一部分应该从有效组合边界上去掉。

从而有效组合边界就由三部分组成：（1）从 r_{fL} 到 T_L 的直线部分，表示以 r_{fL} 贷款（投资）和在 T_L 上投资相结合。（2）从 T_L 到 T_B 的有风险资产的有效组合边界部分，表示只投资在有风险证券的有效组合边上。（3）从 T_B 开始往右的直线部分，表示以 r_{fB} 贷款，投资在 T_B 上，如图 13－13 所示。

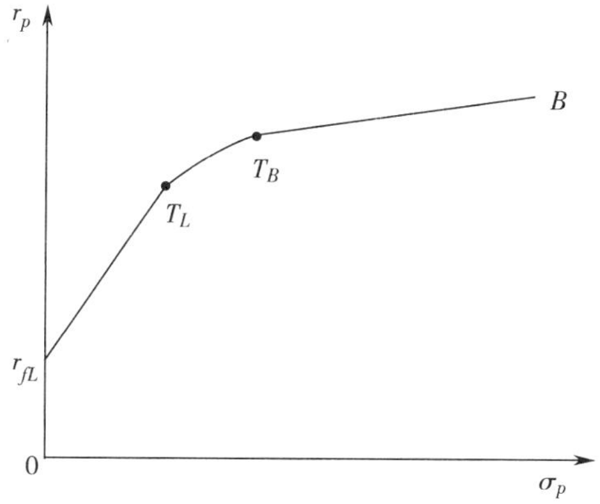

图 13－13

类似于前面的分析可知，对于每一个投资者而言，最佳投资组合由投资者的无差异曲线和有效组合边界的切点决定。

第四节　投资组合理论的应用

这一节我们将主要讨论投资组合理论的意义以及如何利用马柯维茨的证券组合投资理论进行投资组合管理，最后对马柯维茨组合投资理论实际应用以及它在实践中的局限性作出分析。

一、马柯维茨投资组合理论的意义

马柯维茨的投资组合理论为有效投资组合的构建和投资组合的分析提供了重要的思想基础和一整套分析体系，对现代投资管理有着深远的影响。

收益和风险是证券投资的核心问题。在马柯维茨之前，投资顾问和基金经理尽管也会顾及风险的因素，但他们没有一种计量风险的方法，不能有效地估计风险，因此就把精力主要放在投资收益方面。马柯维茨在投资组合理论中用投资收益的数学期望来估计投资的预期收益率，用预期收益的方差来估计投资风险，提供了一种科学的衡量风险的方法。他又从投资者的角度分析，认为大多数的投资者都是风险规避型，在追求收益的同时尽可能的规避风险，从而引入了投资效用的无差异曲线。据此，马柯维茨提出了以均值—方差分析为基础的最大化效用选择的投资组合理论。

投资分散化是马柯维茨投资组合理论中阐述的另一个重要观点。投资分散化就是将风险分摊在许多不同的行业、不同的公司证券或其他形式的投资上。在马柯维茨之前，尽管人们对分散投资能够降低投资的风险有一定的认识，但都未能从理论上形成系统化的认识。马柯维茨投资组合理论告诉我们投资组合的方差并不是组合中各投资证券方差的简单线性组合，而是在很大程度上取决于证券之间的相互关系。

在投资组合的方差公式 $\sigma_p^2 = \sum_{i=1}^{N} \sigma_i^2 x_i^2 + 2\sum^{N} \sum_{1=i<j\leqslant N}^{N} \sigma_{ij} x_i x_j$ 中，我们将证券组合的整体风险分为两大部分。第一部分是构成该证券组合的每种证券各自的方差和它们在组合中所占比重的平方之积。由于各种证券所占比重都小于1，所以即使两两证券之间没有关系，它们风险的这种加总之和，也能使一些风险相互抵消。第二部分是反映证券组合多元化效用的关键，这部分有代表两种证券相互关系的相关系数。由于相关系数的数值在［-1，1］之间变化，因此，ρ_{ij}的值越小，这部分的风险也越小。如果两种证券负相关，这部分的风险也为负，可以从总体的风险中减去。从中我们可以得出结论：选择搭配的各种证券之间正相关性越弱或负相关性越强，则整个组合的风险就越小，组合提供的资产多样化的效用也就越大。

因此，在组成投资组合时，不仅要看构成组合的各个证券的风险大小，更重要的是关注个别证券之间预期收益率的关系。如果组合中的多个证券完全正相关，那么这种分散投资就不能降低或只是在很小程度上降低投资的风险；如果多个证券完全负相关，投资组合的非系统性风险就可以完全抵消，但证券的额外收益，即超过无风险收益的收益也就不存在了；如果投资组合中的证券完全不相关，则分散投资可以使非系统性风险大幅度降低。马柯维茨投资组合理论中的投资组合方差公式不仅为分散投资提供了理论上的支持，而且还提供了有效分散投资的实际指引：单个证券的投资收益和方差等指标对投资者可能并不具有吸引力，但如果它跟投资者已有的投资组合中其他的证券相关性小甚至负相关时，根据投资者的意愿，它就有可能被纳入到投资组合中。当组合投资中包含的证券较多时，投资组合的方差会在很大程度上取决于投资组合的协方差，单个证券的方差会居于次要的地位。

马柯维茨提出的有效投资组合的概念使得基金经理将注意力从对单个证券的分析转到构建有效投资组合上。自20世纪50年代马柯维茨发表《投资组合选择》这篇著名的论文以来，投资管理的实践发生了革命性的变化。这篇文章提供给了我们一个投资管理的基本框架。在他看来，投资管理应该分为四个阶段。首先，投资应该考虑各种可能的投资组合，也就是前面所说的找出投资组合的可行集；其次，计算这些证券组合的预期收益率、方差、协方差；再次，通过比较这些组合的收益、方差等来决定投资的有效集合；最后，利用投资者的无差异曲线与有效组合边界的切点确定最优组合，或者根据预期可承受的风险或预期要达到的收益在有效边界上找出相应的投资组合。在这一思想的影响下，投资经理人将注意力从挑选个股转移到如何利用证券之间的相关关系通过分散投资建立投资组合。事实上投资组合理论已经将投资管理的概念扩展为组合管理。

马柯维茨的投资组合理论被投资者广泛地应用在投资组合对各种投资类型进行最优配置的活动中。比如说在投资区域上，国家型基金对全球主要市场投资份额的确定；在投资类型上，某一国家内投资于股票、债权、黄金、外汇等比例的确定。许多观察家都认为，资源配置的决策是投资者要做的最重要的决策，大型的养老基金收益波动的90%都与资源配置决策有关。在实践中，由于资产的类别有限，我们进行资产类别组合分析时借助计算机很容易就计算出各类资产的协方差。因为不同的资产类别具有不同的收益和风险，它们之间的相关度很低，利用投资组合理论进行资源配置的效果也是很明显的。因此，从某种角度来讲，对资产之间进行相关分析这一理论更适用于资产配置。一个经典的例子是1989年加菲（Jaffe）对组合投资的收益和风险特征进行调查时发现，黄金同金融资产的相关系数几乎为零，他利用这一发现构造了许多含有黄金资产的投资组合。比如说，在1970—1990年这段时间里，一个普通股占55%、小股票占15%、国库券占5%、不动产占10%、外国股票占15%的投资组合的月收益率为1.01%，标准差为3.73%。当将投资组合的10%投资于黄金后，月平均收益率上升到1.04%，标准差降到了3.51%。这种情况下，含黄金的投资组合的有效组合边界要优于不含黄金的投资组合的有效组合边界。资产的配置实际上是战略性地确立投资组合的总体框架，从而在总体上规范了投资组合的基本特征，控制了总体的风险。投资组合理论在资源配置方面的应用使我们可以在构建投资组合时选择那些高风险高收益的资产而不必过分受制于它们的高风险，因为只要选择的资产之间的相关度较低就可以通过组合来降低总体的风险。

二、组合投资的管理

组合管理是一种区别于个别资产管理的投资管理理念。在马柯维茨之前，经济学家和投资管理者一般仅致力于对个别投资对象的研究和管理。20 世纪 30 年代，有人曾在论文中提出过组合的概念，但缺乏系统的理论支持，没有引起人们注意。马柯维茨在创立组合理论的同时，也用数量化方法提出了确定最佳投资组合的基本模型。随后，经济学家们一直致力于利用数量化方法不断丰富和完善组合管理的理论和实际投资管理方法，并使之成为投资学中的主流理论。目前，在西方发达国家，有 1/3 的投资管理者在利用数量化方法进行组合管理，利用传统的基本分析和技术分析进行投资管理的人也各占 1/3。这三种投资管理者的业务在总体上也不分胜负，只不过在科学化的投资管理时代，数量化方法更合乎时代的发展趋势。

投资学中的组合一词译自于英文的 Portfolio。Portfolio 源于拉丁语中的 portafoglio，后者由 portare 和 foglio 两部分派生而成，在现代英语词典中，Portfolio 的首义仍然是纸夹、公文包。投资学中的组合一词通常是指个人或机构投资者所拥有的各种资产的总称。特别地，证券组合是指个人或机构投资者所持有的各种有价证券的总称，通常包括各种类型的债券、股票及存款单等。

投资组合管理的目的是：按照投资者的需求，选择各种各样的证券和其他资产组成投资组合，然后管理这些投资组合，以实现投资的目标。投资者的需求往往是根据风险来定义的，而投资组合管理者的任务则是在承担一定风险的条件下，实现投资回报率最大化。

（一）投资组合的分类

证券组合的分类通常以组合的投资目标为标准。以美国为例，证券组合可以分为避税型、收入型、增长型、收入和增长混合型、货币市场型、国际型及指数化型等。避税型证券组合通常投资于市政债券。这种债券免交联邦税，也常常免交州税和地方税。收入型证券组合追求基本收益（即利息、股息收益）的最大化。能够带来基本收益的证券有附息债券、优先股以及一些避税债券。增长型证券组合以资本升值（即未来价格上升带来的价差收益）为目标。投资于此类证券组合的投资者往往愿意通过延迟获得基本收益来求得未来收益的增长。这类投资者会购买很少分红的普通股，投资风险较大。收入和增长混合型证券组合试图在基本收入与资本增长之间达到某种均衡，因此也称为均衡组合。二者的均衡可以通过两种组合方式获得：一种是使组合中的收入型证券和增长型证券达到均衡；另一种是选择那些既能带来收益，又具有增长潜力的证券进行组合。货币市场型证券组合是由各种货币市场工具构成的，如国库券、高信用等级的商业票据等，安全性很高。国际型证券组合投资于海外不同国家，是组合管理的时代潮流。实证研究结果表明，这种证券组合的业绩总体上强于只在本土投资的组合。

指数化型证券组合模拟某种市场指数。信奉有效市场理论的机构投资者通常会倾向于这种组合，以求获得市场平均的收益水平。根据模拟指数的不同，指数化型证券组合可以分为两类：一类是模拟内涵广大的市场指数，这属于常见的被动投资管理；另一类是模拟某种专业化的指数，如道琼斯公共事业指数，这种组合不属于被动管理之列。

（二）投资组合的构建

所谓组合投资的构建是研究确定组合投资中包括的各种资产及其对应的资金分配比

例。投资组合的构建是所有投资者在开始投资时首先面临的问题。对于一般的投资管理公司而言，投资组合的设计和构建就像制造企业开发商品一样，往往在开始募集资金之前就已经构建好了投资组合。不同的组合构建理念、原则和方法形成了投资产品的不同特点和风格。因此在构建投资组合之前，我们必须明确投资组合的理念或投资哲学。

投资理念实际上是关于盈利模式的理论。它解决的是投资过程中一些深层次的问题：第一，投资收益应该建立在什么样的基础上，是价值增长、价值发现、价格的波动还是市场的非理性或投资者的套利行为。第二，主要通过什么方式获得投资收益，是资产配置、市场时机的选择，还是证券的选择。

在构建投资组合之前我们需要明确一些投资的基本原则：

1. 本金的安全性原则。投资组合管理首先要考虑的是本金的安全，这是未来获得基本收益和资本增值的基础。本金的安全不仅指保持本金原值，而且包括保持本金的购买力。由于通货膨胀的存在，购买力风险是一种非常现实的风险。买普通股比买固定收益证券如债券、优先股等更有利于抵御这种风险。

2. 基本收益的稳定性原则。在构思投资组合时，组合管理者把获得稳定的基本收益当做一种基本的考虑。以股息或利息形式获得的当前收益，使投资者可以很现实地享受组合的成果，这可能要比收入的预期值对他更有意义。因为稳定的收入可以使他更准确地作投资计划，确定是再投资还是消费。

3. 资本增长原则。一般而言，资本的增长是组合管理的一个理想目标，但这并不意味着一定要投资于增长型股票。组合既可以通过购买增长型股票而壮大，也可以通过收益再投资而壮大。大的投资组合比小的更稳定、更安全，收入也更多。资本增长对改善组合头寸状况、维持购买力和增强管理的灵活性都是有益的。

4. 良好市场性原则。良好市场性原则是指证券组合中的任何一种证券应该易于迅速买卖，这取决于具体证券的市场价格和市场规模。某种股票的市场规模取决于公司的规模、股东的数量等。高价股的市场性一般不如低价股的市场性好，每股400美元的股票肯定不如每股40美元的股票容易买卖。小公司股票的市场性不如大公司好。大公司可流通股票多，能保证市场交易的连续性；而且，大公司的稳定及良好形象也对增强其股票的市场性有利。

5. 流动性原则。资产的流动性强，有利于组合管理者及时抓住有利的投资机会。谨慎的组合管理者往往会专门保留一部分现金资产或持有部分流动性强的证券。

6. 有利的税收地位。很多金融决策都要受所得税的影响，承担高税负就难以实现理想的收益目标。在需要避税时，可考虑投资于免税的政府债券或较少分红的股票上。

在明确了投资理念和原则之后，我们来讨论一下组合投资管理的具体内容。组合管理的目标是实现投资效用最大化，即使组合的风险和收益特征能够给投资者带来最大的满足。这种目标的实现有赖于组合管理有效的内部控制，具体内容包括计划、投资分析、选择证券、选择时机、监督等。

组合管理的第一步就是计划，即考虑和准备一组能满足组合管理目标的证券。如果投资目标是今年为增长，以后为收入，那么组合计划应该符合这种目标及变化。如果投资没有以任何计划为依据，组合管理者就可能会发现他拥有的证券无法实现组合管理的目标。要避免这类问题发生，组合管理者就应该明确投资目标并设立相应的投资计划。

在做了投资计划后，构建投资组合的基础工作就是要对各种可能进行投资的资产进行科学系统的分析，了解各种资产在不同时期的收益/风险特征。这项工作一般被称为投资分析。投资分析分为投资收益的分析、投资风险的分析、资产自身特征分析以及资产收益的相关分析。在投资收益分析中，投资者要对各种资产在计划投资期内投资收益的来源、影响因素以及收益分布进行深入系统的研究。投资风险的分析要求投资者研究和掌握资产的风险特征，也就是投资期内各资产可能面临的风险类型、大小以及产生风险的原因等。资产自身特征的分析，是投资者对各种资产的规模、成长特点、行业特点等特征的分析。资产收益的相关分析是分析不同资产的收益在运动变化的过程中所表现出的协调一致性。在对各种投资资产研究分析的基础上，投资者要调整各主要资产类型在组合投资中的权重，从而形成投资组合。资产配置的总体特征是把各种主要资产类型混合在一起，以便在风险最低的条件下，使投资获得最高的长期回报。值得一提的是，投资组合管理者以长期投资目标为出发点，为提高回报率，时常审时度势地改变各主要资产类别的权重。例如，若一个经理判断在未来年份内权益状况要比债券的总体状况对投资者更加有利的话，则极可能要求把投资组合的权重由债券向权益转移。而且，在同一资产类型中选择那些回报率高于平均回报率的证券，经理便能改善投资组合回报的前景。因此，投资组合的构建是一个动态的过程，甚至在投资期限内，我们也能够根据不同的目的调整投资组合中各种类型资产的权重。比如说，我们用债券和股票构造一个投资组合，在组合中，债券投资部分对股票投资部分起着调剂余缺的作用，股票和债券所占的比重取决于进取目标与保护目标对投资者的重要程度。当投资者期望计划的投资资金比例不变时，我们就可以根据股票价格的变化来调整原有投资。例如 10 万元资金按 6:4 投资于股票与债券，如果股票价值增值到 8 万元，则必须卖掉 0.8 万元的股票并购入债券，从而依然维持 6:4 即 7.2:4.8 的比例；如果股票价格下跌，则卖掉债券，买入股票，直到比例回归到 6:4 为止。

投资组合管理的第三个主要内容就是在决定了各主要资产类型在组合中的权重后，在各资产类型内选择不同证券或其他具体的投资形式。在挑选具体投资对象时，需要综合考虑许多因素。以投资股票市场为例，我们知道证券之间的相关性越小对投资组合中风险降低的作用就越大。因此首先要分析的就是行业相关性，在相关性较小的行业的公司中选择股票。其次投资者还要对各只股票所面临的非系统性风险有一定的认识和把握。实际上，筛选具体投资对象的方法和标准是多种多样的，并不存在统一的方法和标准，这一点正体现了投资的艺术特征。在挑选好所要投资的股票后，根据历史数据用回归的计算方法算出各种股票的预期收益率、方差以及相关系数，从而求出有效的投资组合集。投资者可以根据自己对风险的承受能力在有效组合边界内选择相应的投资组合，这就是在可承受风险的范围内投资者所能选择的最优投资组合。在构建一个投资组合时，投资者需要反复地比较和选择，尽量将可预见的因素量化在模型中，才能得到满意的结果。

选择时机是指选择买卖时机。本着低价买入、高价卖出的原则，组合管理者可以选择合适的买卖时机。当然，由于受多种因素的影响，证券的价格始终处于波动之中，组合管理者不可能总是在证券价格的最低点买入，在最高点卖出。但是，他可以运用分析技术确定一个价格的波动区间，从而以尽可能低的价格买入，以尽可能高的价格卖出。

在选择证券及实际买卖时，组合管理者应持谨慎及理性的态度。谨慎是非常重要的，因为组合管理的最基本要求就是防范风险，投资者不希望风险超过自己的承受力。因此，应该定期检查组合中的证券，经常分析证券的资料以确定该种证券是否符合他的目标。如果不符合，就应当及时采取行动。

三、马柯维茨投资组合理论的局限性

马柯维茨的投资组合理论的概念和方法被广泛地应用在金融投资的实践中，对现代投资管理有着深远的影响，但它在实践中不可避免地也存在一些局限性。

首先，将方差作为测量风险的参数具有理论色彩。该理论隐含的一个假设是，收益的数学期望值附近结果的离中趋势是一个对称性的概率分布。但实践表明，结果的离中趋势并不都是呈现对称性概率分布，尤其是单个证券的结果趋势更是如此。现实世界中收益率的离中趋势很难像理论中抽象的那样简单明快，它往往是非对称的。所以实践中只能运用原理与精神。

其次，该理论所假设的投资者均有相同的时间概念，这与现实相距较远。从现实投资来看，该理论所表现的最优组合只是一种暂时的静态均衡组合，而实际上投资的风险、价格以及收益都是不断变化着的。只有根据实际变化着的形势及时进行调整，达到动态的相对较优的投资组合才是现实所要求的。

最后，所谓预期收益和方差等，是建立在过去状况的概率将在未来实现的主观评价上。鉴于未来的不可知性，该理论在现实运用中也有风险。

本章小结

投资组合理论主要研究投资者在获得收益的同时为最大限度减少风险，如何构造各自的最佳投资组合。根据投资组合的期望收益率和标准差，可以在由所有投资组合构成的可行集中寻找有效组合，使有效组合包含的组合满足：同样收益率水平下具有最小风险，或者同样风险水平下具有最大收益率，有效组合的全体构成有效组合边界。有效组合边界与代表投资者风险偏好的无差异曲线的切点就是最佳投资组合，它可以给投资者带来最大的投资效用。在引入无风险资产后，有效组合边界从双曲线变成一条半直线或一条折线。事实上投资组合理论已经将投资管理的概念扩展为组合管理。

名词解释

系统性风险　非系统性风险　投资组合　风险分散化　最小方差曲线

有效组合边界　有效投资组合

思 考 题

1. 证券投资风险有哪些类型？如何规避这些风险？
2. 单一证券和证券投资组合风险与收益是如何计算出来的？
3. 为什么证券组合可以分散投资风险？是否存在一个证券组合，它可以分散所有的投资风险？
4. 投资组合最优化的标准是什么？
5. 最优投资组合是如何确定的？
6. 将无风险资产引入投资组合后，投资者的最佳组合的确定过程会发生变化吗？如果有，如何变化？
7. 马柯维茨投资组合理论存在哪些局限性？

相关链接：基金公司的投资组合策略

进行一个优质的投资组合可以有效地分散并降低投资风险，使投资收益持续稳定地增长。能进行有规模的投资组合的多是机构投资者。基金公司作为机构投资者的主力，了解它们在资本市场进行投资的方法有助于我们进一步认识投资组合的意义所在。

以股票型基金为例。股票型基金是指基金资产的60%以上都投资于股票市场的基金。与其他类型的基金相比，股票型基金具有风险大、收益高的特点。截至2006年12月底，在我国已发行的开放式基金中，股票型基金大约占到了40%。股票型基金的投资范围不仅包括股票，还有债券、货币市场工具等其他国家法律允许的金融工具。一般情况下，基金投资组合中股票投资比例大约为基金总资产的70%～95%，债券及其他短期金融工具一般为0～30%。另外，基金公司还要保持不低于基金资产净值5%的现金或者到期日在一年以内的政府债券，以保持充足的流动性来应对基金的赎回或其他突发事件。

基金的股票投资策略一般采取定量分析与定性分析相结合的方式，挖掘具有成长潜力且被当前市场低估的上市公司。在股票的选择上，以资本资产定价模型（$K=R_f+\beta\times\alpha$，其中，K表示投资组合的必要收益率；R_f表示市场的均衡收益率；α值表示证券投资组合收益率与均衡收益率之间的差额，反映基金管理人创造主动管理报酬的能力；β值体现证券或证券组合对市场的敏感度）为基础，建立影响组合α值和β值的指标体系，它应该涵盖上市公司过去几年的每股收益增长率、主营业务收入增长率、每股净资产增长率、净利润增长率、负债比率等指标以及一些非会计指标，如公司市值、行业特征、政策导向等。基金管理人再甄别影响β值与α值的具体因素，形成构建投资组合的指标体系，捕捉高成长有潜力的优质个股。在进行股票选择的同时，管理人还要综合考察各只股票以构造成长性强的投资组合。

另外，依据对未来市场趋势的研判，基金管理人将适时调整投资组合的市场敏感性。如果判断市场可能逐渐上升，管理人会适度增加投资组合β值，并相应减少现金头寸；反之，如果判断市场被高估及可能发生衰退，管理人会减少投资组合β值，并相应增加现金头寸。基金管理人对投资组合β值的动态管理，是一种有节制的调整，它建立在降低预测偏差的基础之上，包括权重配置、个股和行业集中度调整、β值变异系数监测等，这是因为管理人在寻求更大回报率的过程中，还要尽量避免可能的额外风险。

除了将大部分资金投资于股市外，基金管理人为进一步控制投资风险、优化组合流动性管理，还将适度配置防御性资产，比如进行债券、货币市场工具等金融产品的投资。在券种选择上，基金管理人一般以利率趋势分析为基础，结合经济趋势、货币政策及不同债券品种的收益率水平、流动性和信用风险等因素，重点选择那些流动性较好、风险水平合理、到期收益率与信用质量相对较高的债券品种。具体策略为：通过对国内外经济形势、市场投资环境的变化趋势的分析并结合货币政策、财政政策与物价水平变化趋势等因素，对利率走势形成合理预期；建立不同投资品种的收益率曲线预测模型，并利用这些模型进行估值，确定价格中枢的变动趋势。再根据收益率、流动性、风险匹配原则以及债券的估值原则构建投资组合，合理选择不同市场中有投资价值的券种；根据未来利率变化预期，以久期和收益率变化评估为核心，通过久期管理，合理配置投资品种；紧密关注申购与赎回的现金流情况、季节性资金流动、日历效应等，建立组合流动性预警指标，实现对基金资产的结构化管理，以确保基金资产的整体变现能力。

此外，由于股票型基金的风险相对较高，基金管理人还要有一套行之有效的风险管理机制来控制投资组合的风险水平。对于股票投资组合的风险管理，管理人一般要对风险进行量化分析，适时测度追踪误差（Active Risk）、全风险（Total Risk）、风险价值（Value at Risk）、风险回报（Return at Risk）等因素，产生风险报表，提供风险分解、风险指标的暴露度、行业的暴露度与边际风险贡献的数据，以辅助基金管理人动态和精确地实现投资组合风险管理。

思考：通过基金公司投资组合策略的了解，你对如何建立一个投资组合有什么看法？进行投资组合的市场意义何在？

第十四章

资本资产定价理论

学习目标：

- 掌握资本资产定价模型
- 明确资本资产定价模型的前提条件
- 了解资本市场线和证券市场线及两者的区别
- 了解资本资产定价模型的应用范围和局限性
- 掌握单因素模型和多因素模型
- 掌握套利定价理论
- 了解套利定价模型的局限性

资本资产定价理论是现代金融学的奠基石。该模型包括一套完整的资产定价理论体系：资本资产定价模型、单因素模型、多因素模型和套利定价理论等内容。

第一节　资本资产定价模型

资本资产定价模型（Capital and Asset Pricing Model，CAPM）是基于风险资产期望收益均衡基础上的预测模型，最早是由威廉·夏普（Sharpe，1964）根据马柯维茨资产组合选择的思想提出的，后来米勒和斯科尔斯（Miller & Scholes）及莫顿（Merton）又对资本资产定价理论加以进一步完善。经过44年的发展，该模型已经成为一套完整的资产定价理论体系。

一、资本资产定价模型的前提条件

CAPM建立在马柯维茨资产组合理论的基础上。为了便于分析资本市场达到均衡状态时资产收益和风险的关系，除了原有理论的前提假设，它又补充了几个假设条件：

1. 存在一个高度市场化的经济环境和一个完美无缺的资本市场。具体体现在：所有公开的金融资产都可以在市场上自由买卖，尤其是存在无风险的资产，使任何投资者都可以不受限制地以无风险利率进行借贷；所有资产都是无限可分的，资产的任何一部分都是可以单独买卖的；资本市场是一个完全竞争市场，所有投资者都是资产价格的接受者，资产的价格只能由市场决定；完全无摩擦的市场，没有交易成本和税收；信息完全的公开化，任何一个投资者都掌握同样的信息。

2. 所有投资者对市场具有相同的预期，也就是说他们对风险资产的预期收益、方差和协方差的估计是相同的。这一假定被称为同质信念或同质期望。在这一假定前提下，对于所有的投资者来说，市场的有效边界都是相同的，在引入无风险资产后，最优的投资组合也是唯一确定的。

二、资本市场线

在对证券组合投资的研究中，投资对象都是各种风险资产。CAPM 中我们将引入无风险资产。无风险资产是一种在一定时期内有确定收益率的资产，它不存在预期收益的变动，因此它预期收益的标准差为零，也就是风险为零。根据资产间协方差的公式，无风险资产同风险资产的协方差也为零，即风险资产的收益同无风险资产的收益完全不相关。在实际操作中一般以和风险资产投资期相同的国债作为无风险资产。资本市场线（Capital Market Line）描述的是无风险资产和风险资产有效组合的方法。

当市场上存在一种收益率为 r_f 的无风险资产时，我们利用这种无风险资产同预期收益为$\overline{r}_t$，方差为 σ_f^2 的投资组合共同组成新的投资组合，新组合的预期收益率为

$$\overline{r}_p = x_f \overline{r}_f + x_t \overline{r}_t = \overline{r}_f + (\overline{r}_t - \overline{r}_f) x_t$$

风险为

$\sigma_p = [x_f^2\sigma_f^2 + x_t^2\sigma_t^2 + 2x_f x_t \text{cov}_{ft}]^{\frac{1}{2}}$ 因为 $\sigma_f = 0$，$\text{cov}_{ft} = 0$

所以 $\sigma_p = x_t\sigma_t$

我们把 $\sigma_p = x_t\sigma_t$ 代入到预期收益的公式中就可以得到

$$\overline{r}_p = \overline{r}_f + \frac{\overline{r}_t - \overline{r}_f}{\sigma_t}\sigma_p$$

这个公式描述了无风险资产同风险资产组合后预期收益同风险之间的线性关系，是一条以$\overline{r}_f$为截距，以 $\dfrac{\overline{r}_t - \overline{r}_f}{\sigma_t}$ 为斜率的线段。

如图 14－1 所示，过坐标轴纵轴$\overline{r}_f$处引一条直线同马柯维茨有效边界相切于 T 点。连接无风险收益点同 T 点我们可以得到一条反映无风险资产和风险资产 T 组成任何组合的预期收益同风险关系的线段，这条线段上的任何组合都优于相同风险水平上的其他组合。根据马柯维茨有效边界的判断规则：在引入无风险资产后，新的有效边界由这条线段同高于 T 点的原有效边界的曲线共同组成。

在新的有效投资边界上，从无风险资产到 T 点线段上的每一点都可以看成是无风险资产同资产 T 按照一定比例组合成的资产。换个角度，我们可以将资产组合看做是投资者将一部分的资金投资于资产组合 T，将剩余的资金以无风险收益率贷出。根据 CPAM

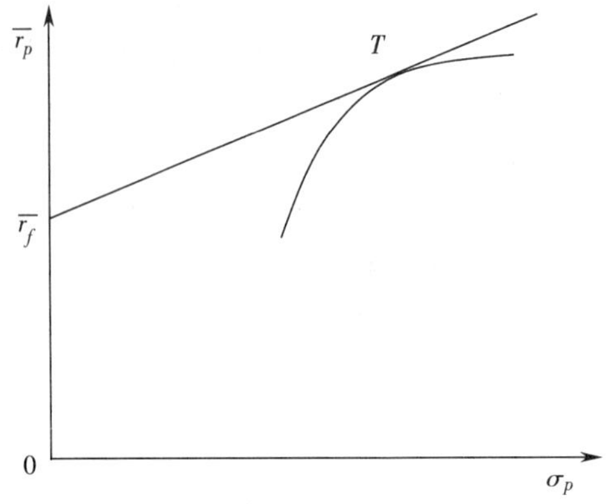

图 14－1

的前提假设，投资者可以不受限制地以无风险利率进行借贷。当投资者从市场上以无风险利率借入资金投资于组合资 T 时，新的投资组合的预期收益同标准差将位于连接无风险资产和风险资产组合线段的延长线上。由此可见，在引入无风险资产借贷后，有效边界变成了一条射线。这条射线从无风险资产收益率开始，同马柯维茨风险资产组合有效边界相切。

由于投资者对市场具有相同的预期，每个投资者所面对的有效边界都是一样的。新的有效边界都是由无风险资产同风险资产组合 T 组合而成。因此风险组合 T 就是所有投资者共同的最优投资组合，这同投资者的偏好无关，是在确定投资者无差异曲线之前就已经确定的。如图 14－2 所示，投资者只能根据自己的偏好来选择以何种方式投资于风险资产组合 T，即是借入资金还是贷出资金。CAPM 使最优投资组合的选择同对收益和风险的偏好分离，这一特性被称做资本资产定价模型的分离定理。

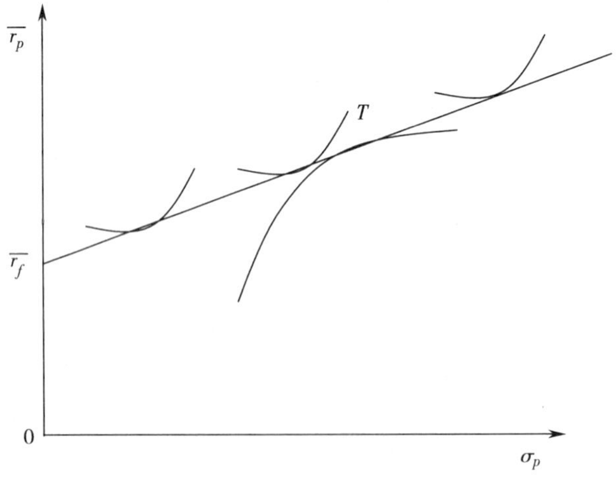

图 14－2

当资本市场处于均衡状态时，我们用 M 点来表示切点。实际上 M 点就是均衡的市场组合，在这一点上无风险资产的借入等于贷出，每种证券都以一定的价格在市场组合中占有非零的比例，这是因为 M 点是投资者共同选择的最优组合。如果有一种证券的投资比例为零就意味着对这种证券的供给大于需求，市场均衡状态就将被打破。供大于求的状态也会使这种证券的价格下降从而收益率提高，需求增加最终达到均衡状态。

如图 14－3 所示，从无风险资产收益过 M 点引的射线就是资本市场线（CML），其表达式为

$$\overline{r_p} = \overline{r_f} + \frac{\overline{r_t} - \overline{r_f}}{\sigma_t}\sigma_p$$

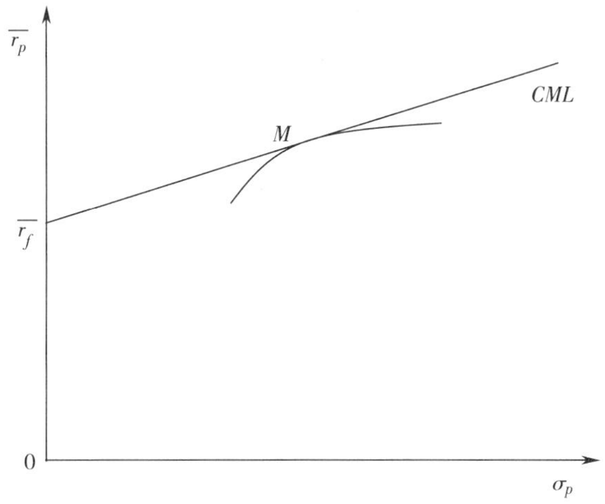

图 14－3

CML 表示出了资本市场均衡时的基本特征：第一，无风险资产的收益率相当于资金的时间价值，是所有有效投资组合中都包括的基本收益率；第二，CML 的斜率为 $\frac{\overline{r_m} - \overline{r_f}}{\sigma_m}$，可以看做是市场组合风险升水的价格，是承受每一单位风险的报酬率；第三，M 点作为资本市场均衡状态时的最优组合，是分散投资效用最大化的理想状态，在这个点上可分散的非系统性风险已经完全消失，σ_m 只是市场组合承受的风险；第四，风险溢价的大小取决于市场均衡时的风险—收益比率（即 CML 线的斜率）和投资者的风险偏好程度。前者是固定不变的，投资者只能通过改变风险偏好来影响风险溢价。

CML 的微观含义体现在：一方面，由于 $E(r)$ 与 σ 正相关，因此，要谋求更高的投资收益，只能通过承担更大的风险来实现；另一方面，在长期内，投资者之间呈零和博弈状态，也就是说，“聪明”的投资者高于市场均衡水平的超额收益等于“不聪明”的投资者低于均衡水平的损失。

三、证券市场线

资本市场线反映的是在允许无风险资产借贷情况下，对市场组合 M 投资所形成的收益—风险的关系。根据 CML 我们可以推导出某项风险资产的预期收益和其所承担的系统

性风险的关系，这就是证券市场线 *SML*。

我们知道单项证券所面临的风险可以分为系统性风险和非系统性风险两大类。它的收益可以相应的分成三部分：第一部分是无风险收益率，即资金的时间价值，用 r_f 表示。第二部分是系统性风险溢价，是指单项证券受到系统性风险因素的影响而产生的收益变动。系统性风险因素对每个证券都产生影响，但影响的程度都不同。由于市场组合 M 只受系统性风险影响，它的收益就由无风险收益同系统性风险溢价 $r_m - r_f$ 组成。我们假设市场组合受系统性风险影响的收益变动为一个标准单位，那么所有单项证券受系统性风险影响的收益变动都是这一标准单位的倍数，用 β 系数表示。它反映了在系统性风险影响下，单项证券收益率对市场收益率变动的敏感性。第三部分是由个别因素对单项证券收益产生的影响。用 $\bar{\varepsilon}$ 表示，它是一个随机变量，期望值为零。单项证券 i 的预期收益公式如下

$$\bar{r_i} = r_f + (\bar{r_m} - r_f)\beta$$

这就是证券市场线，如图 14－4 所示，它反映证券 i 的收益同 β 系数的关系。

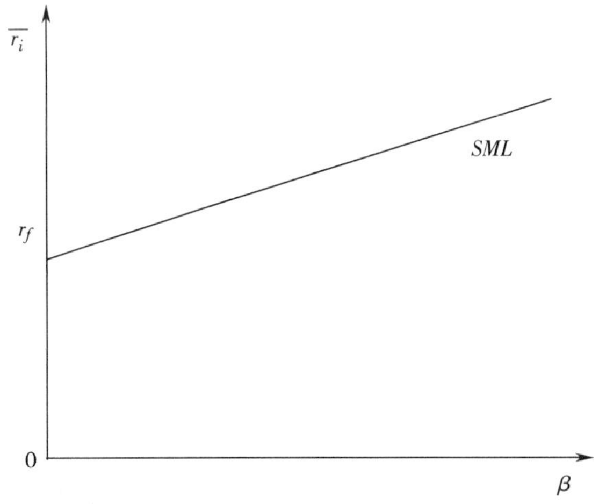

图 14－4

β 系数反映在系统性风险的影响下单项资产收益的变动同市场组合收益变动的关系。如果 ρ_{im} 是单项证券 i 同市场组合的相关系数，由于市场组合的风险完全来自系统性风险，它同单项证券的相关性都是由系统性风险因素引起的。因此，当市场组合的系统性风险为 σ_m 时，证券 i 承受的系统性风险就为 $\rho_{im}\sigma_i$，两者的比例为 $\frac{\rho_{im}\sigma_i}{\sigma_m}$。如果系统性风险对市场组合收益的影响为 $r_m - r_f$，那么它对证券 i 收益的影响就等于 $(r_m - r_f)\frac{\rho_{im}\sigma_i}{\sigma_m}$。由此我们可以推出 β 系数的公式 $\beta_i = \frac{\rho_{im}\sigma_i}{\sigma_m}$ 也可以表达为 $\beta_i = \frac{\mathrm{cov} r_i r_m}{\sigma_m^2}$

我们将 β 作为线性回归方程的回归系数，用最小二乘法也可推导出同样的结果。由

于β系数衡量的是系统性风险的影响，而系统性风险是不可分散的，因此一个证券组合的β系数β_p就等于该组合中各种证券β系数的加权平均数。

$$\beta_p = \sum_{i=1}^{n} x_i \beta_i$$

CAPM 理论认为，在均衡状态下，每种证券都位于证券市场线上。β系数作为衡量系统性风险的指标，反映了收益和风险的关系。对于β系数大于 1 的证券，它的预期收益率也大于市场收益率；对于β系数小于 1 的证券，它的预期收益率也小于市场收益率。这就重申了 CAPM 只能通过承担更大风险来谋求更高收益的信条。

β值的概念应用十分广泛，从 20 世纪 70 年代开始一直被一些资产组合管理者和投资公司采用，Value Line 和 Merrill Lynch 等公司计算、出版和出售一些公司的β值。在实际操作中β值的计算要建立在对历史数据分析的基础上，市场组合的构成通常都用某一市场的指数来代替，比如说标准普尔指数或纽约交易所综合指数。同时，β系数也是一个备受争议的指标。早在 20 世纪 70 年代末，在投资管理中应用β值的合理性问题就被提出了。理查德·罗尔（Richard Roll）曾多次论证了它的不可检验性。1992 年法玛和弗兰西的研究又显示预期收益率同β值之间没有显著关系，这至今还是一个悬而未决的问题。

CML 和 *SML* 是资本资产定价模型的两个重要内容，它们在理论上是一脉相承的。但两者有着明显的区别，它们说明的问题是不同的。从图像上看，两者选择的风险变量不同。*CML* 以总风险为横坐标，反映了无风险资产同市场组合构成的新组合的收益—风险关系；*SML* 以系统性风险为横坐标，反映了某一证券或证券组合的收益同系统性风险的关系。

四、CAPM 的应用和局限性

CAPM 理论可以肯定的两个用途体现在资产估值和资源配置方面。*SML* 提供了市场均衡时候证券的价格，实际上市场总是处于从不均衡到均衡的运动中，但这个价格至少可以反映证券的内在价值。我们可以根据资产的实际收益率同模型的预期收益率之比发现价值的高估或低估。在资源配置方面，CAPM 为消极投资战略——指数化投资提供了理论依据，而且也为评价基金经理的业绩提供了参照系。令α为基金经理投资组合的平均收益率与市场投资组合的平均收益率之差，那么，$\alpha > 0$，说明基金经理取得了超额投资收益，即“跑赢大市”；反之则相反。

正如布莱克（Black）、詹森和斯科尔斯（Jensen and Scholes）以及法玛（Fama）等人所指出的那样，CAPM 理论在假设前提上的局限性导致了实证的失效，这也为行为金融学的发展提供了理论空间。其在假设上的非现实性体现在以下三个方面：

一是市场投资组合的不完全性。由于信息不对称和经济主体对理性预期的偏离，各个投资者不可能达到一致的市场组合。

二是市场不完全导致的交易成本。在一个完全的资本市场中，追求投资者效用最大化的投资者是完全理性的，不存在税收和政府管制等交易成本，产品市场和金融市场的市场结构处于完全竞争状态，信息是完全对称且经济主体可以无成本地拥有信息，金融资产是完全可分的。然而，现实的金融市场并不是无摩擦的，而是存在各种各样的交易成本，如证券借贷限制、买空卖空限制和税收等。

三是该理论仅从静态的角度研究资产定价问题，而且，决定资产价格的因素也过于简单。从发展的角度，需要加入多因素跨期博弈模型来研究投资组合的动态变动。

第二节　单因素模型和多因素模型

根据马柯维茨的投资组合理论选择投资组合时，需要大量的预测数据。以一个可选证券为50的市场组合为例。在分析时，我们需要预测50个期望收益值，50个方差值，1 225（$\frac{n^2-n}{2}$）个协方差值，一共1 325个估计值。如果以纽约证券交易所上市的所有股票为分析范围，那我们就需要预测超过360万个数值。这样不仅工作量极大而且使投资组合构建的质量在很大程度上倚重于数据预测的质量。实际上，在证券市场上，许多股票都受到共同因素的影响，这些因素包括经济周期、利率、技术革命、劳动力成本等。当然还有其他因素会影响证券的价格，但这些因素通常都只会影响个别证券的价格，对整个证券市场的价格水平不具有决定性。由于那些共同因素的影响，大部分证券之间都呈现正相关的关系。按照这样一种思路，1963年，马柯维茨的学生威廉·夏普提出一种简化形式的计算方法。这一方法通过建立一种单因素模型来实现。该模型后来被直接推广为多因素模型以对实际有更精确的计算。因素模型的假设基础是证券之间存在关联性，但它认为证券之间的关联性是一种或多种因素的变动对不同证券所产生的影响的间接反映。因素模型正是企图捕捉这些系统影响证券价格的因素，并用一种线性结构来描述这些因素对每种证券收益率的影响。该模型为解决马柯维茨模型应用于大规模市场时的计算量问题提供了行之有效的途径。这一简化形式使得证券组合理论应用于实际市场成为可能。特别是20世纪70年代计算机的发展和普及以及软件的成套化和市场化，极大地促进了现代证券组合理论。

因素模型的前提假设条件是：证券收益的随机误差项同因素不相关，任何两种证券的误差项也不相关，两种证券之所以相关都是因为受到共同因素的影响。

一、单因素模型

如果将所有对证券价格有共同影响的因素组成一个宏观经济指示器，并假定只有这个综合因素影响整个证券市场。除此之外，股票收益不确定的因素都来自于公司内部，也就是说股票之间的相关性都是由于受到这个综合因素指标的共同影响产生的。

我们将这个综合因素记为 F。当 F 为非预测水平时，证券 i 的收益率为 a_i；当 F 变动时，证券 i 的收益率随之变化，变化的程度记做 b_iF。这里的 F 表示因素的价值，它根据因素 F 变动程度的不同而不同，是一个随机变量。b_i 表示证券 i 对因素 F 的敏感系数。由于证券 i 的收益率还会受到一些非因素的影响，我们用 e_i 来表示这个量，e_i 是一个期

望值为零的随机变量。这样证券 i 的收益率就可以写成

$$r_i = a_i + b_i F + e_i$$

这就是单一因素模型的方程表达式。根据这一模型，证券 i 的预期收益率就可以写成

$$\overline{r_i} = a_i + b_i \overline{F}$$

它的方差为

$$\sigma_i^2 = b_i^2 \sigma_F^2 + \sigma_{e_i}^2$$

式中，σ_F^2 表示 F 因素的方差，$\sigma_{e_i}^2$ 表示非因素 e_i 的方差。从它的方差公式中我们可以看出，在因素模型中风险可以分为两种：一种是因素风险，另一种是非因素风险。证券之间的相关性都是由于受到因素风险的共同影响产生的。因此，两种证券之间的协方差公式就为

$$\text{cov}_{ij} = b_i b_j \sigma_F^2$$

根据上面的分析我们知道：$\text{cov}_{F,e_i} = 0, \text{cov}_{e_i,e_j} = 0$，那么一个由 n 种证券构成的组合的因素模型就可以写成

$$r_F = a_p + b_p F + \varepsilon_p$$

式中，$a_F = \sum_{i=1}^{n} x_i a_i, b_p = \sum_{i=1}^{n} x_i b_i$ 是组合 p 关于因素 F 的敏感度，$\varepsilon_p = \sum_{i=1}^{n} x_i \varepsilon_i$ 是组合 p 的随机误差。组合的期望收益率是

$$\overline{r_p} = a_p + b_p \overline{F}$$

方差为

$$\sigma_p^2 = b_p^2 \sigma_F^2 + \sigma_{\varepsilon 0}^2$$

其中

$$\sigma_{\varepsilon 0}^2 = \sum_{i=1}^{n} x_i^2 \sigma_{\varepsilon 1}^2$$

根据单因素模型的估计数据，接下来我们就可以利用马柯维茨投资组合理论的思想来选择有效边界和最优投资组合了。

单因素模型的分析方法实际上只提供给我们一个概念性的方法。它将影响所有证券价格和它们之间相关性的因素集中到一点，再预测出每种证券对这一因素的敏感性。但是单因素模型没有提出具体测度某种因素是否影响证券收益率的方法。在实际应用中，一个较集中的做法是将主要股票指数的收益率作为影响因素的代表。这时候的基本思想是：当市场股价指数上升时，市场中大量的股票价格走高；相反，当市场指数下滑时，大量股票价格趋于下跌。据此，可以用一种证券的收益率和股价指数的收益率的相关关系得出以下模型

$$r_i = a_i + b_i r_m + e_i$$

这个模型同 CAPM 中市场模型的应用有些相似，都是分析单个证券同市场指数收益率的关系。但它们也有很大的不同：第一，这个模型中的 a_i 代表市场收益率为零时证券 i 的收益率；CAPM 模型中 r_f 代表的是无风险收益率。第二，此模型中的 b_i 表示证券 i 的

收益率对市场收益率的敏感性；而CAPM模型中的β反映的是证券i的收益率受系统性风险影响的程度同市场收益率受系统性风险影响程度的关系。第三，单因素模型将单个证券受到的风险分为因素风险和非因素风险。当把股票指数作为共同影响因素时就暗含着，只有股票指数的变动才对所有证券的收益都产生影响，其他的因素都只能影响个别证券的收益，并且单个证券i受到除股票指数外其他因素影响引起的收益率变动e_i的期望值为零。在CAPM模型中，风险分为系统性风险和非系统性风险，所有证券都受到系统性风险的影响。当假设市场组合的分散化效用达到最大化，只受系统性风险的影响，我们利用单个证券同市场组合的关系就可以分析得出它的β值，也就是受系统性风险影响的程度。从这个角度来讲，单因素模型更为直观。虽然这种模型过于简化，但如果选择合适的因素变量也能得到有效的结果。

利用单因素模型进行分析时，可以大大简少预测数据量。仍然以纽约股票交易市场为例，即使对2 700多只股票进行综合分析，我们也只需要估计8 000多个值，而不是原来的360多万个！单因素模型在进行大规模应用时还有一个明显的优势就是，它都以共同的因素作为影响收益率变动的原因，使我们可以在对某个行业并不十分了解的情况下使用。当然过于简化也是有代价的，这个代价主要体现在对资本收益不确定性结构上的限制。它只将不确定性划分为两部分：影响因素和非影响因素。这过于简化了真实世界里的不确定性，使分析的时候错过了许多对股票收益率有重要影响的因素。

二、多因素模型分析

单因素模型提供给我们一个因素分析的思路，但是将系统性风险限制在一个因素这种做法显然是不符合实际情况的。上一节我们也分析过，有许多共同的因素比方说国民生产总值、利率、通货膨胀、劳动力成本等都会影响证券价格。如果在模型中对这些因素都进行独立分析，分别确定某种证券对这些因素的敏感性系数，这样就可以得到一个多因素模型。多因素模型将更加准确地解释某种证券或证券组合收益不确定性的结构，比用单一因素模型研究证券收益更具有现实意义。

假设F_1、$F_2 \cdots F_n$是影响证券收益率的n个共同因素；b_1、$b_2 \cdots b_n$为证券i对各因素的敏感系数；a_i为当F为非预测水平时证券i的收益率；e_i为非共同因素对证券i收益率的影响，它的期望值为0。这样我们可以构建单个证券i收益率的多因素模型

$$r_i = a_i + b_1 F_1 + b_2 F_2 + \ldots + b_n F_n + e_i$$

在这个模型中，任意两个共同影响因素不相关，任意一个共同影响因素同非共同影响因素不相关，即$\operatorname{cov}F_j = 0, \operatorname{cov}F_i e_i = 0$。多因素模型同样也适用于投资组合。以一个由$N$种证券组成的投资组合为例，它的收益率的多因素模型如下

$$\begin{aligned} r_p &= \sum_{i=1}^{N} x_i(a_i + b_{i1}F_1 + b_{i2}F_2 + \ldots + b_{in}F_n + e_i) \\ &= a_p + b_{p1}F_1 + b_{p2}F_2 + \ldots + b_{pn}F_n + e_p \end{aligned}$$

投资组合的多因素模型也体现了投资分散化对风险降低的作用。首先，当投资的证券数量越多时，单个证券的投资比例x_i就越小，$b_p = \sum_{i=1}^{n} x_i b_i$，所以$b_p$就越趋近于平均化。

其次，由于两证券之间的收益的随机误差不相关，分散投资就可以大大降低非因素风险。

一个多因素模型的例子

多因素模型依据所选择风险因素不同可以有很多不同的具体形式。在选择不同风险因素的时候我们有一个基本的指导思想，那就是要选择与所构建投资组合相关的宏观因素或者说是投资者在投资于这些证券时所关心的宏观因素，一旦这些因素同预期情况不同，投资者就需要相应的风险溢价来补偿。一个典型的例子是1986年由Chen、Roll、Ross三人共同构造的一个多因素模型。他们选择了五个因素变量：IP——行业生产的百分比；EI——预期通货膨胀百分比；UI——非预期通货膨胀百分比；CG——长期公司债券对长期政府债券的超额收益；GB——长期政府债券对短期国库券的超额收益。利用这些因素变量，构建了证券组合在时间 t 内超额收益的五因素模型

$$R_t = a_t + b_{IP}IP + b_{EI}EI + b_{UI}UI + b_{CG}CG + b_{GB}GB + e_t$$

根据这个模型可以利用回归分析来确定估计值。因为有五个变量，所以需要进行多元回归，并以回归的残值方差来估计公司特有的风险。

第三节 套利定价理论

1976年，当今世界上最具影响力的金融学家之一斯蒂芬·罗斯（Stephen A. Ross）在《经济理论》杂志上发表了经典论文《资本资产定价的套利理论》，提出了一种新的资产定价模型——套利定价理论（Arbitrage Pricing Theory，APT）。同资本资产定价理论相比，套利定价理论从一种新的角度和方法考察了资产的价格，弥补了资本资产定价理论的一些不足，在资产定价理论中占有重要的地位。

套利定价理论以收益率形成过程的多因子模型为基础，认为证券收益率与一组因子线性相关，这组因子代表证券收益率的一些基本因素。因此可以说APT模型是建立在因素模型的基础上的。同因素模型相同，它的成立赖于一个基本的假设，即某项资产的收益是由一系列因素所决定的。只要找到这些因素并确定这些因素同资产收益之间的相关关系就可以估计资产收益水平。APT模型的前提假设还包括：（1）投资者有相同的投资理念。（2）投资者是回避风险的，并且要效用最大化。（3）市场是完全的。这些前提都包括在CAPM模型的前提中，而后者关于单一投资期、无风险利率的自由借贷以及以收益率的均值和方差为基础选择投资组合等的前提假设却是APT模型所不需要的。从这个角度来讲，APT模型更具有一般性。另外，CAPM模型是建立在一个完美市场的基础上。在这样一种理想状态下，市场将所有的信息都体现为资产当前的价格，只要通过分散投资就可以将个股的风险相互抵消。因此，投资者根本不需要研究企业的经营行为。而APT模型更具有针对性，只要投资者认为需要风险溢价补偿的因素都包括在模型中。当然对于投资组合的分析要使用相同的因素模型。

一、套利定价理论的基本思想

罗斯认为通过大量套利行为，证券市场会达到均衡。这时从因素模型出发，可导出

均衡状态下的资产定价模型，也就是套利定价模型。因此，在 APT 模型中包含的两个主要思想就是因素模型建立的思想和套利的思想。

上一节中我们已经介绍了因素模型建立的基本思路。它认为股票的价格受到几个主要相关因素的影响，如果这些因素同它们的预期值发生偏离，股票的收益率也会发生一定的变化。除这些因素外，股票收益率受其他因素影响的变化是不确定的，这些非因素风险不能得到相应的风险补偿。在 APT 模型构造中关键是对因素变量的选择。我们基于对因素变动需要风险溢价补偿的思路构建模型，实际上这需要建立在积累大量的经验和对所研究证券充分了解的基础上。以对一家石油公司收益水平的研究为例，我们在选择与之相关的因素时首先想到的就是石油价格。当石油价格上涨时，公司股票的收益率也会上涨。但不能仅仅考虑这一个因素，因为在有效市场的前提下，市场的价格将反映所有相关信息。我们不能忽略石油价格上涨会引起消费紧缩从而导致经济不景气，这也是一个影响公司收益率的重要因素。因此在对这个公司进行分析的时候，至少还要引入经济景气指数这样一个因素。当经济景气指数下降时，公司的股票的收益率也会下降。综合考虑这两方面的因素，我们才能够得到更为准确的结果。因此，因素的选择是 APT 模型实际应用时候要解决的一个关键问题。由于在因素变量选择的问题上，不可避免地带有投资者的主观认识，有时候我们也将套利定价称做武断定价。

套利的概念是资本市场理论的核心。实际上，不论是 APT 模型还是 CAPM 模型的推导基础都是相同的，那就是金融市场是围绕着投资者的套利活动而最终实现均衡的，它们都认为套利行为是现代有效市场形成的一个决定因素。所谓套利行为就是利用相同资产在不同环境下价格的差异来赚取无风险利润的行为，它在金融市场上有着最广泛的应用。比如说一种货币在不同的货币市场上有不同价格时，我们可以在价格较低的市场上买入这种货币，再在价格较高的市场上卖出这些货币，从而通过这种套利行为赚取利润。套利行为的直接结果就是改变某项资产在不同市场上的供求关系，使价格较高的市场上的资产供大于求，从而价格下降；使价格较低的市场上的资产供小于求，从而价格上升。最终这种资产在不同市场上的价格趋同，供求也达到平衡的状态，这个时候就不存在套利的可能。套利理论认为，这时候资产的价格最接近它的价值。由于理性投资者厌恶风险和追求利润最大化的特性，一旦市场上出现套利机会，他们就会立刻利用这种机会进行套利，从而推动市场到达新的平衡。于是资产的市场价格总是围绕着它的价值上下波动。这种分析资产价值的方法也被称做无套利均衡分析法。这种分析的方法也可以将相同资产扩展到相似的资产或资产组合上。

在因素模型的基础上进行套利分析时，我们将建立这样一种逻辑推理：不同证券的收益率受到一些共同因素的影响，每种证券的收益对这些因素的变动都会产生各自特有的反应。如果两种证券的收益率对各种因素产生相同的反应，那么这两种证券的收益率也相同，否则就将存在套利机会。延伸一步讲，如果两种证券或证券组合具有相同的因素风险，那么它们的收益率也应该相同。

二、套利定价法的模型

假设 F_1、$F_2 \cdots F_n$ 是影响证券收益率的 n 个共同因素，b_1、$b_2 \cdots b_n$ 为证券 i 对各因素的

敏感系数，a_i 为当 F 为非预测水平时证券 i 的收益率，e_i 为非共同因素对证券 i 收益率的影响，它的期望值为0。APT 模型就可以表现为以下关系

$$r_i = a_i + b_1F_1 + b_2F_2 + \cdots + b_nF_n + e_i$$

同多因素模型相同，一个资产组合的 APT 模型可以表达为

$$\begin{aligned} r_p &= \sum_{i=1}^{N} x_i(a_i + b_{i1}F_1 + b_{i2}F_2 + \cdots + b_{in}F_n + e_i) \\ &= a_p + b_{p1}F_1 + b_{p2}F_2 + \cdots + b_{pn}F_n + e_p \end{aligned}$$

在对证券组合建立起 APT 模型后，我们需要对其进行一系列的分析：

第一，分析市场是否处于均衡状态或者说市场上是否存在套利机会。根据模型我们可以知道预期收益同相关因素呈线性关系，而且预期收益也正反映了资产组合的内在价值。如果资产组合的市场价格偏离了它的价值，理论上讲就存在套利的可能。

第二，如果市场处于不均衡状态，我们应该如何构建一个套利组合呢？基本观点是：投资者应构建一个新的投资组合使其投资净值为0，而收益率不为0。因此这个新的组合必须要满足三个条件：（1）它不需要投入额外的资金。如果 x_i 为证券 i 在投资组合中持有量的变化，那么 $\sum_{i=1}^{n} x_i = 0$ 。（2）套利组合的因素风险为零，即 $b_{pi} = 0$ 。（3）套利组合的收益率为正，即 $x_1\overline{r_1} + x_2\overline{r_2} + \cdots + x_n\overline{r_n} > 0$ 。当我们构建出一个投资组合同时满足这三个条件时，这个组合就是一个套利组合。根据套利定价理论，投资者将大量购进这种资产组合，使得组合中各证券的价格发生变化，从而在无风险的情况下，这种组合的预期收益也为零，套利机会消失。这时候组合中的各证券的价格将达到一种均衡的状态。

第三，当市场处于均衡状态时，单个证券的价格是如何决定的呢？从模型上我们可以看出，单个证券的收益率由各因素变量决定。因此，证券的价格也是由因素变量决定的，单个证券的收益率同因素风险呈线性关系。以一个单因素模型为例，我们很容易就可以分析出这种线性关系的形成。假设市场上的证券受到单因素 F 的影响，证券的预期收益率同对 F 的敏感系数 b 的关系如图 14－5 所示。

图中，A、B、C、D 四个点分别代表四种不同的证券，它们受到的因素风险不同相应的预期收益率也不同。如果证券投资收益率同因素风险呈现非线性关系，那么在不同证券组成的组合中势必存在套利的机会，从而可以通过调整证券的收益率使之恢复线性关系。

根据单因素模型建立起来的 APT 模型同 CAPM 理论的证券市场线有很大的不同，但是它们也有着异曲同工之处。两者都表达了这样一种基本思想：证券的收益率越高，它的风险也越高。在 APT 中，证券的预期收益同因素风险成正比；在 CAPM 中，证券的预期收益同系统性风险成正比。无论是证券的非因素风险还是非系统性风险都得不到风险溢价补偿。CAPM 模型认为，非系统性风险是可以通过分散投资来规避的，它假设存在一个完美的市场组合能将所有的非系统性风险都规避，其他的证券或证券组合的收益同市场组合收益的关系系数 β 可以用来表示它们承受的系统性风险也就是需要补偿的风险，然后就可以根据风险溢价给资产定价。CAPM 模型在理论上论证了分散投资降低风

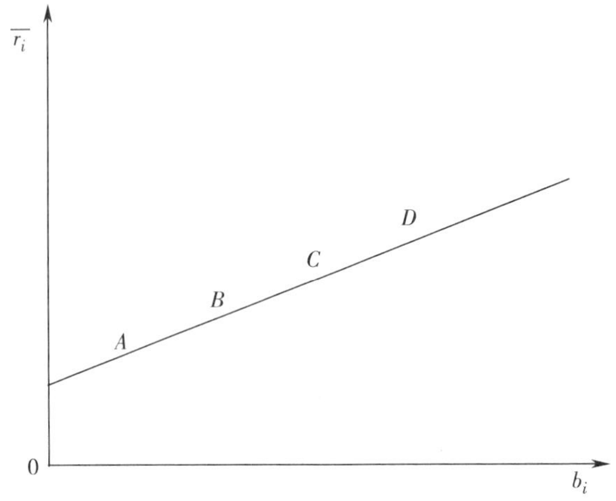

图 14－5

险的可能，但它只是从概念上提倡投资者进行分散投资。在它的模型框架内，投资者只需要研究股票和市场而不用分析企业的经营行为，因为那些个股风险已经被分散了。这种对市场组合过于完美的假设以及无须了解公司的经营情况只是被动接受 β 值就可以对资产定价的方式降低了 CAPM 模型的现实意义。APT 模型从一个完全不同的角度更具有针对性地分析证券之间的相关性：它们是受一些共同因素的影响而相关的，而非因素的风险在证券组合中是不能完全规避的，它们只能通过分散投资趋于均衡。APT 模型提供给我们一个综合分析影响资产收益的因素，从而确定资产应有的理论价格的方法。

我们可以通过头寸分析，更深入地了解 APT 的定价方法。投资者对每项资产都至少具有一个头寸：空头或多头。如果进一步将资产所包含的相关因素分解，我们就可以分析投资者对每种因素所持的头寸。以一家科技公司为例，假如这家公司专门研制驱动汽车的电池技术，这种技术有可能会代替目前使用的石油。当投资者购入这家公司的股票时，在资产上就被认为做多。实际上由于公司的特点，当石油公司的收益上升时，此公司的收益将会下降；而当新技术实现突破时，这家公司的收益就会上升。因此，在买入这家公司的股票时，投资者相当于同时做空了石油公司和做多了燃料电池技术。我们将这两个因素引入到模型中，就可以在它们发生变化时分析这家公司股票的理论价值。在投资组合中应用这种因素头寸的分析方法可以帮助我们把握所建组合的内部结构，从而更好地进行投资组合管理。

一般来说，APT 模型有两项常见的扩展应用模式。第一，用来分析非上市资产的预期收益。因为套利行为不仅存在于相同的资产范围内，在相似的资产之间也存在着套利的机会。在这里，相似资产是指在金融市场上的表现一致，受到相同信息的影响等。于是我们就可以选择同非上市资产相似的上市资产来复制它，然后根据无套利均衡理论通过分析上市资产的内在价值来确定非上市资产的内在价值。第二，用来分析公司价值。从上面介绍的因素头寸的分析方法，我们可以根据 APT 定价法的原理，通过对影响一家公司股票价格的相关因素的分析找出它所包含的相关头寸，再分析对比这些做多或做空的因素，从而确定公司的价值。

三、套利定价法的局限性

同 CAPM 相比，APT 的定价方法少了很多前提假设，更具灵活性，但它在实践中也存在许多问题。

第一，市场以外的不确定性。我们知道对于非上市资产可以通过在市场上寻找相应的复制品来定价。但是在许多情况下，都不一定能够找到合理的复制品。比方说在因特网泡沫时期，对网络公司的定价就十分困难。我们无法在金融市场上复制这类公司，也就无法使用 APT 模型对它们定价。

第二，理论定价和实际定价存在着一定的差距。从实践上来讲，我们无法将所有影响证券收益的因素都归入到模型中，那么在应用 APT 时就不可避免地产生片面性。实际上，投资者或多或少地都在应用 APT 定价理论。比方说我们习惯于比较上市公司诸如市盈率、资产周转率、流动比率等指标从而对它们股票的定价进行分析。在利用 APT 模型选择一些因素进行分析的时候，我们很可能忽略了潜在的一些其他因素。比方说我们不能只用市盈率的高低来衡量一家公司的股票是否被高估，因为即使是同行业的企业，它们的“能力”也是不同的。而且对于一些公司内部的因素，例如管理层本身的主观能动因素是投资者很难预测的。在 APT 模型的应用中，因素的选择具有很大的主观性，这给模型的应用带来了很大的不确定性。

本章小结

资本资产定价模型是基于风险资产期望收益均衡基础上的预测模型。资本资产定价模型引入了无风险资产，资本市场线描述的是无风险资产和风险资产有效组合的方法，证券市场线是某项风险资产的预期收益和其所承担系统性风险的关系，资本资产定价理论可以肯定的两个用途体现在资产估值和资源配置方面。但 CAPM 理论在假设前提上的局限性导致了实证的失效，这也为行为金融的发展提供了理论空间。其在假设上的非现实性体现在以下三个方面：一是市场投资组合的不完全性；二是市场不完全导致的交易成本；三是该理论仅从静态的角度研究资产定价问题。因素模型的假设基础是证券之间存在关联性，它认为证券之间的关联性是一种或多种因素的变动对不同证券所产生的影响的间接反映。单因素模型正是企图捕捉这些系统影响证券价格的因素，并用一种线性结构来描述这些因素对每种证券收益率的影响。多因素模型将更加准确地解释某种证券或证券组合收益不确定性的结构，比用单一因素模型研究证券收益更具有现实意义。同资本资产定价理论相比，套利定价理论从一种新的角度和方法考察了资产的价格，弥补了资本资产定价理论的一些不足，在资产定价理论中占有重要的地位。

名词解释

资本资产定价模型　资本市场线　证券市场线　β 系数　单因素模型　多因素模型

套利定价理论

思考题

1. 资本资产定价模型的前提条件是什么？
2. 资本市场线和证券市场线的区别是什么？
3. 某股票为固定增长股票，其增长率为4%，预期第一年后的股利为3.5元。假定目前国库券收益率为13%，平均风险股票必要收益率为18%，该股票的β系数为1.2，那么该股票的价值为多少？
4. 资本资产定价模型在假设上的非现实性是什么？
5. 证券A、B满足单因素模型

	β	非因素风险	权重
A	0.20	60	0.4
B	3.5	100	0.6

如因素标准差为15%，求此证券组合的因素风险、非因素风险和标准差。

6. 多因素模型能更加准确地解释某种证券或证券组合收益不确定性的结构，请说明什么是多因素模型。
7. 对于分析分散化的资产组合，套利定价理论和资本资产定价模型哪个更优越？
8. 如何利用套利定价模型对股票进行定价？
9. 套利定价法存在哪些局限性？

相关链接：资本结构与资本资产定价模型——四川长虹资本结构分析案例①

资本结构是指企业各种资本的构成及其比例关系，通常用资产负债率来衡量。企业的资本结构决策是公司融资决策的重要内容。合理的资本结构可以降低企业的平均资本成本，从而使公司的价值增加。这里以四川长虹为例来讨论资本资产定价模型在公司资本结构决策中的应用。

1. 背景资料

四川长虹电器股份有限公司成立于1988年6月，其前身是国营长虹机器厂，创办于1958年，在当时是我国研制生产军用、民用雷达的重要基地。四川长虹于20世纪70年代初开始研制和生产电视机，1992年开始进行规范化股份制改组。1994年，长虹股票（600839）在上海证券交易所挂牌上市。其主营业务涵盖视频、空调、视听、电池、器件、通信、小家电及可视系统等产品的研发、生产和销售，但其主要营业收入还是来自于彩色电视的销售。2004年年报显示，彩电销售收入占其主营业务收入的74.45%。

① 资料来源：中国论文下载中心。

（1）公司资本结构分析

四川长虹及其所在行业近几年的资产负债情况如表1所示。

表1　　四川长虹及所在行业上市公司的资产负债情况

年度	资产（万元）	负债（万元）	资产负债率（%）	行业资产负债率（%）	
				平均值	中位数
1997	1 678 489	781 127	46.54	50.47	46.54
1998	1 885 244	788 713	41.82	46.22	41.84
1999	1 650 687	358 160	21.70	48.10	42.55
2000	1 660 501	343 038	20.64	45.25	40.36
2001	1 763 064	488 531	27.70	45.32	37.69
2002	1 867 037	573 361	30.71	46.57	41.90
2003	2 136 429	817 531	38.53	43.97	38.53
2004	1 564 903	606 419	39.58	48.12	44.97
2005	1 582 399	577 708	38.13	52.50	49.92

可以发现，四川长虹的资产负债率一直以来都低于行业平均水平的10到20个百分点。四川长虹的资产负债率在2000年达到最低，仅约20.64%，而行业平均值为45.25%，行业中位数为40.36%。从2001年开始，四川长虹又加大了负债的力度，逐渐接近于行业水平。这一变化的原因在于四川长虹在20世纪90年代后期进行多次配股融资，而2001年之后股票市场逐渐走低，上市公司再融资非常困难。加之在20世纪90年代末我国彩电市场饱和，彩电企业业绩迅速下滑，也使得四川长虹在股市上的再融资之路被彻底堵死。

从历年的年报可以看到，四川长虹从1994年至2005年，其资金来源主要依靠股票融资。通过2000年之前的三次配股，四川长虹总共募集资金45.576亿元。这期间没有发行债券，长期借款也相对较少。较大笔的长期借款发生在1998年和2003年，分别是五年期的3 000万元和三年期的7 000万元。该公司的借款主要是短期借款，2003年和2004年最高，约27亿元。

四川长虹作为国有大型企业，其融资环境是非常优越的。一方面，我国股票市场的制度设计为大型国有企业的上市融资大开方便之门，四川长虹作为国家重点支持的国有企业，自然有得天独厚的优势；另一方面，银行也对类似于四川长虹这样的国有大型企业给予了特别关照，即使在2004年已暴露公司存在巨额应收账款可能无法收回的巨大风险情况下，银行仍然给予其15亿元的短期信用贷款和7 000万元的长期信用贷款。

（2）四川长虹资本结构的优化分析

优化公司的资本结构，首先要明确优化的目标。我们选择公司价值最大化作为资本结构优化的目标。一般来说，公司的资本成本越小，公司的价值就越大。因此，资本结构的优化就是要使得资本成本最小化。

下面使用加权平均资本成本方法确定最优资本结构：

$$WACC = k_d(1 + t_c)w_d + k_s w_s$$

式中，$WACC$ 是加权平均资本成本，k_d 和 k_s 是债务融资成本和股权融资成本，w_d 和 w_s 是债务和股权的价值比例，t_c 为税率。

第一，股权成本 k_s。

这里的主要任务是估计不同债务水平的股权资本成本，我们采用资本资产定价模型。

步骤1：用历史数据估计公司的 β 值

采用1999年到2002年的月度数据，将长虹股票的收益率对上证综合指数收益率做线性回归分析，得到该公司的 β 值为0.915。

步骤2：估计无杠杆 β 系数

$$\beta_{LBV} = \left[1 + (1 - t_c)\frac{D}{E}\right]\beta_U$$

取1999年到2002年长虹的平均债务权益比率为0.337，税率取15%，计算得无杠杆 β 系数为0.711。

步骤3：利用上式重新计算不同债务水平下的 β 值

步骤4：利用资本资产定价模型计算不同债务水平下的股权资本成本。这里还需要估计无风险利率和市场风险溢价。参考相关研究，无风险利率取一年期国债回购利率5.41%，市场风险溢价为6.78%。

第二，债务成本。

根据税负利益——破产成本的权衡理论，负债成本随负债比率的增大而上升。负债比率较低时，破产成本不明显。当负债比率上升到一定程度时，破产成本开始凸现，负债成本快速上升。

我们首先估计四川长虹在当前资产负债率水平下的债务成本。由于四川长虹的贷款主要为短期贷款，以银行法定一年期贷款利率作为该公司的债务成本。我国银行一年期贷款利率的历次调整分别为：1998年12月7日调为6.39%；1999年6月10日调为5.85%；2002年2月21日调为5.31%；2004年10月29日调为5.58%；2006年4月28日调为5.85%。我们取1999年6月到2002年1月的一年期贷款利率5.85%作为四川长虹的税前债务成本，按税率为15%计算，税后债务成本为4.97%。

考虑到行业的平均负债水平在50%左右，故认为在50%的负债水平时，对四川长虹的银行贷款融资能力影响不大。当资产负债率到达60%时，破产成本开始显现，反映在税后债务成本上是其成本的激增。假设该公司的债务成本变化如表14－2所示。

第三，计算加权平均资本成本。

表 2　　四川长虹不同资本结构下的加权平均资本成本　　单位：%

资产负债比率	税后债务成本	权益成本	加权平均资本成本
0	4.97	10.23	10.23
10	4.97	10.68	10.11
20	4.97	11.25	10.00
30	4.97	11.99	9.88
40	4.97	12.96	9.77
50	4.97	14.33	9.65
60	6.5	16.38	10.45
70	9	19.79	12.24
80	13	26.62	15.72
90	17	47.11	20.01

从表 2 可以看出，最优资本结构大致位于资产负债率在 50% 左右的位置，这时加权平均资本成本最低，为 9.65%。可见，在资产负债率的上升没有影响到该公司的偿债能力时，提高负债率可以降低公司的资本成本。在资产负债率的上升明显影响公司的偿债能力时，提高负债率不一定会降低公司的资本成本。

2. 讨论题

（1）在资本资产定价模型的应用中，如何选取无风险利率？

（2）如何选择市场风险溢价？

（3）关于 β 值的计算。

3. 分析路径与提示

（1）在国外，一般选择国债利率作为无风险利率。一种观点认为应该选择短期国债收益率作为无风险利率，因为短期国债没有流动性风险。但短期国债收益率的波动性很高，如果选择短期国债收益率作为无风险利率来估计公司的资本成本，这会使得所估计的结果对短期国债收益率过于敏感。因此有人提出用长期国债收益率作为无风险利率。但期限较长意味着流动性风险和再投资风险，因此应该在长期国债收益率的基础上减去期限贴水。

我国目前可供选择的无风险利率主要有以下几个：国债收益率、国债回购利率、银行存款利率、银行间同业拆借利率。我国国债市场存在着市场化程度低、品种少、期限结构不合理（长期国债多而短期国债少）、流动性低和市场分割的问题，因此用国债利率作为无风险利率存在一定的困难。建立在国债基础上的国债回购利率在很大程度上可以作为市场利率的参考。国债回购相当于国债抵押贷款，因此违约风险较小。我国国债回购市场交易相对活跃，流动性较高。但其主要问题是市场分割，因为回购市场有银行间和交易所两个市场。国内也有人采用商业银行的存款利率作为无风险利率。这一考虑主要基于我国的银行体系以国有商业银行为主，违约风险较小。但是采用银行存款利率的问题在于它不是市场化的，而且存款的流动性很差，尤其是定期存款。银行同业拆借利率能够较好地反映资金的供求状况，但市场参与者仅限于具备一定资格的金融机构，而且它更多地是反映短期流动性的供求关系，波动性较大。

（2）首先，我们需要找到一种市场组合的替代品；其次，我们需要确定抽样的期间；最后，我们要在抽样期间计算收益率的平均值，而收益率平均值的计算又有几何平均法和算术平均法。我国目前交易所提供的指数主要有两类：一类是上证综合指数和深证综合指数，它们以所有上市公司为样本并以总股本为权重；另一类是两市的成分指数，包括上证 180 指数、上证 50 指数、深证成分指数和沪深 300 指数。非交易所提供的指数主要有中信指数、中华指数、新华指数、中经指数等，其中中信指数的影响相对较大。我国在股权分置改革前，大部分股票不可流通，因此以总股本为权重的综合指数失真情况比较严重。几个成分指数由于受成分股选择的影响，有时不能代表所有股票的变化。非交易所指数的影响力要小于交易所指数。

确定抽样区间对市场风险溢价的影响比较大。市场的上涨和下跌具有周期性，有时一个周期会很长，如美国股市在 1983 年之后基本上以上涨为主，而在这之前的 20 年间，股市基本没有上涨。另外，在牛市中股票交易比较活跃，价格波动自然就大；在熊市中股票交易不活跃，价格波动就小。

计算市场风险溢价，需要把若干个样本数据予以平均，而平均的方法有几何平均法和算术平均法。用几何平均法算出的数据要小于算术平均法算出的数据。收益率的波动性越大，两者的差别就会越大；样本跨度期间越短，用算术平均法算出的数据就会越大。例如，按月计算的算术平均值要比按年计算的算术平均值大，而几何平均法不受样本期间长短的影响。

（3）估算 β 值时需要考虑以下问题：第一，市场证券组合的替代品选择问题；第二，样本数据期间跨度的选择，用做回归分析的数据可以是日数据，也可以是周数据和月数据，比较这几种数据的选择对 β 值的影响；第三，样本数据区间长短的确定；第四，基于历史数据估算的 β 值的调整。

一般用指数作为市场组合的替代。在大多数情况下，指数的选取对 β 值的影响并不显著，但必须要保证指数应该是一个充分分散化的投资组合。因此，用成分指数作为市场组合的替代，效果会稍差一些。

样本数据期间跨度长短的选择会对 β 值产生影响。如果选择日数据，由于受个别因素的影响会使计算的 β 值较小；而选择较长的数据期间，所要求的样本数量就会增加。一般选择周数据和月数据。

样本区间不能太短，至少要达到二至三年。例如美林公司用五年的数据来估算 β 值。但是，根据研究，β 值有向目标值 1 回复的趋势。即 β 值大于 1 的公司，其 β 值会逐渐减小；而 β 值小于 1 的公司，其 β 值会逐渐增大。如果时间区间太长，这期间 β 值的变化会使估计误差加大。

基于历史数据估算的 β 值，一般还要对其进行调整，才能作为未来 β 值的估计值。一方面是对 β 值均值回复规律的调整，另外，还需要针对行业因素和公司财务因素对 β 值进行调整。如行业风险大，β 值要向上调整；公司财务风险大，β 值也要向上调整。

第十五章

有效市场理论

学习目标

- 有效市场理论是现代资本市场理论体系的一个重要基石，了解有效市场理论的产生
- 掌握有效市场理论的概念及其分类
- 熟练应用有效市场理论及其检验方法
- 联系实际，说明有效市场理论对我国证券市场的意义和启示

有效市场理论是现代金融经济学的理论基石之一，许多现代金融投资理论，如资本资产定价模型、套利定价理论等都是建立在有效市场理论的基础之上。有效市场理论认为，在一个有效的证券市场上，证券价格曲线上任何一点的价格均能真实地、准确地反映证券在该时点上的全部信息。如果一个证券市场满足上述假定，就可称之为有效市场。

第一节　有效市场理论概述

在证券市场里，人们追求低风险和高收益，努力发现各种交易规则和运用各种理论以获得超额利润。这种永不停止的努力结果是使超额利润消失。在一个公开、公正和公平竞争的市场里，追求超额利润的力量迅速迫使证券价格移动到与承受的风险相应的收益水平上。市场是公平的和有效的。这就是我们在研究许多金融问题的时候都会基于的这样一种假设——有效市场假设。实际上，有效市场理论是理性预期学派理论的一个重要组成部分，它也是现代金融经济学的理论基石之一。

一、有效市场理论的产生

有关市场有效性的研究，最早来自于1900年法国经济学家Bachelier对商品价格波动的研究，他指出了商品价格遵循随机波动，描述和检验了随机游走模型。然而，Bachelier 的开创性研究并没有得到足够的重视。直到 20 世纪 50 年代初期，关于市场有效性的研究才开始升温。1953 年英国统计学家莫里斯·肯德尔（Mauricc Kendall）对股票价格进行分析后发现，股价的变动没有任何规律可循，完全是随机选择，即股票价格遵循随机游走规律。这一发现为有效市场理论的提出和发展奠定了基础。

1965 年美国著名财务学家法玛（Fama）将信息与市场有效性联系起来，给出了一个颇具影响的市场有效性定义：如果证券价格“充分反映”了可得到的信息，则证券市场是有效的。这就是著名的有效市场假说。法玛不仅提出了有效市场假说（EMA），而且对过去的相关研究成果做了系统的总结，提出了一个较为完整的理论框架。因此，法玛是有效市场理论的集大成者，为该理论的最终形成和完善作出了卓越的贡献。

二、有效市场的概念

法玛在经典的论文《有效资本市场：理论和实证研究回顾》中提出了得到普遍接受的有效市场的定义，即有效市场是指这样一个市场：投资者都利用可获得的信息力图获得更高的报酬。而在一个充满信息竞争和信息交流的社会里，市场上的信息是众所周知的，并且能迅速地传播于所有的参与者。证券价格对新的市场信息的反应是迅速而准确的，证券价格能完全反映全部信息。市场竞争使证券价格从一个均衡水平过渡到另一个均衡水平，而与新信息相应的价格变动是相互独立的，或称随机的。因此有效市场理论也被称为随机行走理论。

实际上，我们可以把有效市场理论看做是亚当·斯密“看不见的手”在金融市场上的延伸。市场有效性实际上是对市场竞争状况的一种度量。有效市场的定义暗含了这样一个道理：在一个有效的金融市场中，投资者以当时的市场价格简单地买入或者卖出一项金融资产的行为都不能使他实现无风险的套利。

三、有效市场理论的前提条件及主要内容

（一）有效市场理论的前提条件

与其他金融理论一样，有效市场要在现实中实现，必须有以下几个前提条件作为保证：

1. 信息公开的有效性

即每一正确的全部信息都能够充分、真实、及时地在市场上得到公开披露。

2. 信息传输的有效性

即被公开披露的信息都能够充分、准确、及时地被投资者所获取。

3. 信息解读的有效性

即每一个关注该证券的投资者都能够根据所获取的信息作出一致的、合理的、及时的价值判断。

4. 信息反馈的有效性

即每一个关注该证券的投资者都能够根据信息进行价值判断，准确、及时地实施投资决策。

如果一个证券市场同时具备上述四个条件，那么任何投资者都只能从企业盈利和成长上获得收益。而且，不论投资者投资何种证券，都只能获得一致的回报率。

（二）有效市场理论的主要内容

有效的资本市场是任何资本社会的一个决定性因素。在一个有效的资本市场中，证券价格成为资本分配的正确信号。高风险行业的证券价格将被放置在得到高期望收益率的水平上。相反，低利润行业的证券价格将在低水平上，并且使投资者没有投资兴趣。高利润行业的证券价格将在高水平上，并且容易在证券市场上筹集到所需的资本。因此，一个有效的证券市场能合理地评估各个行业的未来，并按照需要分配资本。在有效市场中，公司发行证券时，他们希望收到一个公平的价格；投资者购买证券时，他们期望以公平的价格支付。

在有效市场理论的前提条件下，有效市场理论的主要内容包括：

1. 价格迅速反映了未预期的信息

在证券市场上，新信息的扩散和传播是十分迅速的。如果某种证券是有投资或投机价值的，当知道这个信息的第一投资者通过购买这只股票获利后，购买这种证券的投资者会接踵而至，证券价格将会随着需求的增加而升至新的均衡水平。

证券市场信息的传播，证券商和投资机构者的活动起着关键的作用。证券商为了争取客户会尽可能地向投资者提供信息。投资机构者入市后，更会加快信息的传播速度。例如，当某公司3月份宣布第一季度的盈利低于期望值的时候，这个信息通过计算机的传递将立刻被等候在交易所大厅的投资分析人员和记者所掌握，该公司的股价也会在几分钟之内下跌。远离交易所的投资者得到这个消息的时候，已很难通过交易获利。

2. 随机走势假设

这一内容认为，股票价格是对各种信息作出反应的结果。由于经济、政治、社会等方面的信息随意地进入股市，因而股价是随意地变动的，即不同时期的股价运动是相互独立的。在预测未来价格变动时，过去的价格是没有用的。人们无法从历史和现实的股价中发现股价未来变动的情况。

3. 个人投资者无法获得非正常利润

非正常利润是指投资者在承担一定风险的条件下，获得比预期收益更多的盈利。个人投资者是不可能通过技术分析获得非正常利润的。由于投资者能够迅速、准确地调整价格，市场对新信息的反应速度足够快，没人能够利用新信息在市场上获得超额利润，即在有效的市场里，平均来看，投机利润是零。

四、有效市场的分类

根据我们上面分析的有效市场形成的内在逻辑，信息传递机制是有效市场形成的一个关键因素。它通过信息量大小和信息传播速度这两方面影响着市场的有效性。根据可获得信息量的类型和大小可以将资本市场的有效性分为弱型有效、半强型有效和强型有效三种。最早是由美国经济学家哈里·罗伯茨（Harry Roberts）在1967年5月芝加哥大学的证券价格讨论会上首次提出的。在此基础上，法玛等人对其进行了完善。

目前被广泛使用的市场有效性的三种类型是由法玛在1970年提出的。它的主要内容是：在弱型有效假设的市场里，价格只包括以往价格的信息集；在半强型有效假设的市场里，价格包括以往价格信息和其他共享的信息；在强型有效假设的市场里，价格包括了市场子集独享的信息以及所有可共享的信息。

（一）弱型有效市场

弱型有效市场是指证券价格已经反映了从市场交易数据中可以得到的全部信息，即所有的历史信息，如证券的价格、收益率、交易量等。既然价格已经反映了所有的历史信息，过去的市场交易数据对将来的证券价格预测就没有任何作用。因此，按照历史信息得出的交易规律进行证券买卖，将无法获得超额利润。

从数理统计的角度看，弱型有效市场又建立在随机游走假说的基础上。根据随机游走假说，各个金融资产的投资收益率在序列上是相互独立的，各投资收益率的概率分布恒定不变。价格变动是根据不随时间变化的分布推导出来的，每次价格的上升或下降与前一次价格变动没有联系，对下一次的价格变动也没有影响。值得注意的是，即使价格分布随时间变化，弱型有效市场假说仍然成立。

（二）半强型有效市场

半强型有效市场认为证券价格除了反映历史信息外，还包含市场上所有其他的公开信息，如公司的盈利预测、股息分配方案、财务报表等。与弱型有效相比，半强型有效对市场效率的要求较高，不仅所有关于证券价格的历史信息对估计证券的未来价格变动没有作用，而且所有其他公开信息也对价格预测没有用处。在半强型有效市场中，信息对证券价格的影响是瞬时完成的。对普通股来说，与收益和红利有关的信息能迅速而完全地反映在股票价格上。对债券来说，与利率决定有关的信息能迅速体现在债券价格中。因此，在半强型有效市场中，投资者依据新公布的信息进行操作是无法获得超额利润的，因为证券价格已经对这些新的公开信息迅速作出调整，证券价格会及时反映出这些新的公开信息。

（三）强型有效市场

强型有效市场是有效市场假说的一种极端或理想的情况，在三种有效市场中对信息集的要求最为严格，它要求所有有用的信息都在证券价格中得到反映。强型有效市场认为证券价格不仅仅包括历史信息和公开信息，还有内幕信息。所谓内幕信息指的是公司内部人员掌握的、公司还没有公开的信息，如公司未来的发展计划、高级管理人员的变动等。强型有效市场假设意味着任何投资者都不可能持续地获得超额利润。目前，世界上没有哪一个国家的资本市场可以有效地杜绝公司内部人员在关键信息被公布前，利用这些信息进行买卖从中获利的情况发生。事实上，各国都借助立法禁止内幕人员利用职权谋利。如美国1934年通过的《证券交易法》第10b－5条就限制公司管理层、董事、主要股东等的市场交易行为。

从三种有效市场的定义来看，证券价格总是反映一定的信息，信息集合的不同构成了不同的有效市场，可以用图标来表示三种有效程度不同的市场，如图15－1所示。从弱有效、半强有效到强有效，对信息集合的要求越来越严格，价格反映的信息范围逐步扩大。可以说，证券价格反映的信息越广泛，反应的速度越迅速，市场效率就越高，最终将达到强型有效市场。

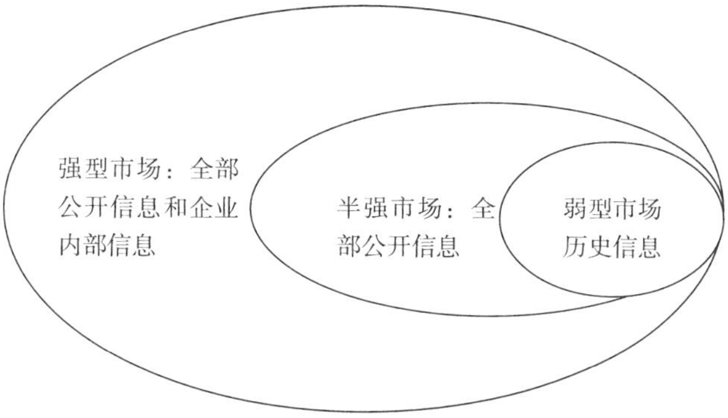

图 15－1 三种有效市场关系图

第二节 有效市场理论的应用

一、技术分析

技术分析是以证券市场的历史信息为基础，对证券价格的变化周期和预测模式进行分析，凭借图表和指标解释证券市场的未来发展趋势。技术分析认为证券价格和交易量等过去的活动可以帮助预测证券价格的未来走势，投资者能从价格变化中得到超额利润。

技术分析的成立以三个假设为前提：首先，市场行为包含所有的信息。技术分析假定影响证券价格的所有信息都已经反映在价格中，投资者没有必要对这些信息再进行研究，应该集中于寻找价格变化的规律。其次，价格会按过去持续存在的趋势运行一段时间。技术分析专家认为对于新信息，不可能每个人都立即获得。新信息通常是由信息灵通的专业投资者向一般投资者扩散，这个传播过程需要一定的时间。因此，证券价格的变动趋势会持续一段时间。最后，历史会重复。证券价格由市场供求关系决定，但人们的行为、心理对供求关系有一定的影响，从而能够间接决定证券价格。遇到相同情况时，由于人们可能作出相同或相似的行为，证券价格的变动也会相同或相似。所以，技术分析专家希望通过不断地对比分析，找到某些历史的相似点，利用过去已知的结果为未来的预测提供参考。

有了三大假设，技术分析获得了自己的理论基础。但是，技术分析与有效市场理论特别是弱型有效市场理论是直接矛盾的。技术分析希望通过对历史信息的分析，预测将来的价格发展趋势；而弱型有效市场理论认为所有的历史信息已经在价格中反映，价格只能随机变动，每次的价格上升或下降与前次价格变动没有联系，对下次价格变动也没有影响。过去的信息已经被众多专家分析过，他们根据分析的结果采取投资行动，从而确保证券价格处于反映所有过去信息的水平上。因此，仅仅依靠过去的信息是无法找到偏离自身内在价值的证券的，也就是说，在弱型有效市场成立的条件下，技术分析无效。

二、基本面分析

基本面分析就是利用公司的盈利前景、未来利率的预期以及公司风险的评估来确定证券的内在价值，然后将内在价值与市场价格比较，发现内在价值与市场价格不一致的证券，通过买入价值低估证券或卖出价值高估证券获利。一般而言，基本面分析包括宏观经济分析、行业分析和公司分析。基本面分析专家相信在任何时候，每个证券都有各自的内在价值，通过分析收益率、风险程度等因素可以判断某一证券的内在价值。如果证券的市场价格与内在价值的差额大到足以弥补交易成本，投资者就可以通过买入或卖出证券获取利润。同时，专家还认为市场价格和内在价值不符只是短期现象，因为投资者的行为会缩短这种差距，使证券价格向内在价值回归。

如果依据有效市场理论，基本面分析就是失败的。如果一个市场是有效的，特别是半强型有效，则证券价格将包括所有的公开信息，如公司的盈利前景、未来利率的预期以及公司的风险程度。证券价格与内在价值不符的现象将很难发生，因为投资者的投资行为将使证券价格时刻与价值保持一致，任何细微的偏差都会因为投资者的买入或卖出行为立即消失。假设某证券的价格在某时刻高于内在价值，如果市场有效，投资者会立刻观察到这一现象，并马上进行卖出活动。由于投资者的出售，该证券的价格会立刻下降。当价格降到与内在价值一致时，投资者将停止出售，证券价格达到稳定。如果市场是有效的，这个价格调整过程会在瞬间完成。基本面分析无效，投资者无法通过买卖证券获取超额收益。

三、投资组合管理

如果市场是有效的，证券价格将反映所有信息，投资者无法获得超额利润，那为什么投资者不随便选一些股票而仍然理智地构造各自的投资组合？应该说，即使是在强型有效市场中，理性的投资组合管理也是必要的。

现代投资组合理论是以风险收益理论为基础，解释市场中的投资行为。组合理论中的一条基本原则就是分散风险，通过构造恰当的组合，将证券的非系统性风险抵消，只保留无法分散的系统性风险。在有效市场中，每一种证券的总风险中都含有各自独有的非系统性风险，这种风险可以通过构造投资组合来分散。因此，即使是有效市场，也需要投资者根据自身对风险的承受能力构建投资组合，从而减少非系统性风险。此外，投资者构建投资组合也是出于对税收负担的考虑。就高税负阶层而言，尽管免税证券的税前利润有限，但他们仍然倾向于购买这些证券，以获得较高的税后收益；同时，免税证券由于收益低，尽管可以免除税收，但是免税证券对低税负阶层的吸引力仍然较低。因此，这两类投资者在选择各自的资产组合时，就需要把税收因素考虑进去，而不是仅仅分析税前收益的多少。

由此，可以得到一个结论：即便在有效市场中，投资组合管理也是必要的，因为投资者的需求会由于各自风险承受能力、税负的差别而不一样。

四、财务管理中的应用

（一）公司的目标

企业的基本目标是创造财富并使得股东的财富最大化，这要求公司的现金流入超过现金流出。由于和净现值正相关的投资项目、产品、兼并等信息都会反映到股票价格之中，因此，公司基本目标就是提高其证券的市场价格：在进行投资和融资决策时，应考虑到对其价格的影响。

（二）兼并和收购

在有效的市场中，购买者以公平合理的价格支付买价，这与历史上的兼并和收购被低估的公司目的有所不同。它是通过新的管理带来一系列的管理技术及生产技术等因素提高被兼并、收购的公司的价值，兼并、收购者的收益产生于生产管理的改进、商誉的提高，而不是因为购买被低估的公司。没有加以改进的简单模式的兼并和收购不但不会带来收益，而且会因为支付大笔的兼并收购费用成本而遭受到损失。在兼并收购过程中，买方的收购标价一般都高于10%，甚至达到60%。这可以使得原投资者立刻获利，但提高了兼并收购的成本。如果兼并收购方没有能力对被收购公司加以改进，则遭受损失。正如前文所述，在有效市场中，股票价格是合理的，被收购公司的可能存在的改进和提高的“价值”会完全反映到股票收购价格之中，从而导致兼并收购策略无利可图。

第三节　有效市场理论的检验

一、弱型有效市场的检验

弱型有效市场认为证券价格包括所有历史信息，不同时期的证券价格表现为随机游走，不存在相关性。对弱型有效市场的检验主要有自相关检验和游程检验两种方法，其检验目的都是要验证证券价格的时间序列是否存在规律性：如果市场满足弱有效，技术分析方法无效，证券价格的时间序列无规律可言，价格变动呈现随机行为。

（一）自相关检验

序列的自相关检验用于衡量不同时期，序列前后数据之间的相关性。如果序列是独立的，则前后数据间的相关系数为零或者接近于零。在弱型有效市场中，新信息以随机、独立的方式进入市场，所以弱型有效市场认为证券在不同时期的收益应该相互独立。即对证券收益序列进行相关性分析，如果不存在相关性，弱型有效市场理论成立，反之则不成立。

一些经济学家对几个相对较短时期，如1天、4天、9天的证券收益相关性进行分析，结果通常表明这些时期的证券收益相关性并不显著。所以说明股票价格序列的相关性不显著，弱型有效市场成立。

（二）游程检验

游程检验主要分析序列的价格变化情况。其中游程是指若干个具有相同方向的价格变动，如一系列的价格上涨或价格下跌。证券价格的变动只有三个方向：价格上升、价格下降和价格不变。相应的游程有三种：正走势、负走势和零走势。正走势和负走势可以分别用“+”、“-”号表示，这样可以用一系列的加减号表示一个证券价格变动序列。当两个加号或减号连在一起时，一个游程就产生了，更多的加号或减号代表游程继续下去。当价格变动方向改变，正负符号也会相应改变，从而一个游程结束，新的游程开始。

为了检验市场的弱有效性，需要把证券价格序列的游程个数与随机序列的游程个数期望值进行比较。如果两者之间没有显著差别，则证券价格序列是随机序列，市场弱有效成立。通过目前已经进行的证券价格游程检验证明，给定的证券价格序列的实际游程个数总是在随机价格序列的游程个数期望值范围内变化，因此，市场是弱有效的。

二、半强型有效市场检验

半强型有效市场认为证券价格反映所有的公开信息。因此，对半强型有效市场的检验可以从测试某一重大事件公布后，投资者是否能够得到超额收益开始，这就是通常所说的事件研究。

超额收益就是实际收益超过正常收益的部分，其中正常收益是指公司没有发布任何特殊消息时的收益。通常情况下，只要计算出超额收益就可以进行事件研究，但是信息泄露会影响到超额收益的代表性。信息泄露指有关信息在正式向公众公布之前被透露给少数投资者。如果泄露的信息是好信息，由于少数知情者的投资行为，股价在信息正式公布前就会上涨。此时，只计算信息公布日的超额收益很难准确代表信息公布对股价的总体影响。为了较好地表示事件的影响，需要使用所有超额收益的简单加总，即超额累积收益，它代表了在市场对新信息作出反应的整个期间内某公司股票的总变动情况。

事件研究的理论基础是：如果证券市场达到半强有效，则在信息公开披露日，累计超额收益应该有显著的变化；信息公开披露日后，累积超额收益不再变化或变化很小。目前已经进行过的实证研究主要有公司盈利公布、巨额交易及股票分割的影响等。

（一）公司盈利公布

在公司公布盈利信息之前，市场会根据公司当前的经营业绩对盈利作出一个预测。到公司公布实际盈利信息时，由于现实与预测总存在一定的差距，因此，公司的股价可能会发生变动。如果市场是半强型有效，股价在盈利信息公布后不会发生较大的变动，因为价格在盈利信息公布时，已经进行了充分调整。

（二）巨额交易

巨额交易的发生意味着证券市场上将有重要事件发生，因此股票价格通常会变动。从事件研究的角度看，如果市场达到半强有效，巨额交易发生后，累积超额收益应该不会有太大变动。

（三）股票分割

股票分割只是增加了公司的现有股票数额，通常不会影响到股东的实际财富。但许多投资者认为随着股票的分割，公司的股利发放额也会增加。这种股利发放额的变化暗示公司管理层相信在未来公司将有更高的收益水平，即公司长期盈利能力会提高。因此，如果市场半强型有效，股价应该在股票分割时上升，以反映投资者的这种合理预期；在发生股票分割后，价格就不应该再有显著的变化，因为股票的分割实际上没有增加公司的价值。

三、强型有效市场检验

强型有效市场假设认为证券价格充分反映了包括内幕消息在内的所有信息，这意味着任何投资者都不能凭借内部消息获取超额收益。即是说，强型有效市场假设认为，内幕人士不能利用他们的内部信息获得超额的收益。

这种假设的检验有两种方法，一是考察内幕人士交易，二是考察共同基金的经营管理。因为共同基金管理者是专业人员，他们比一般投资者更可能得到或制造垄断信息。

许多实证研究表明：内幕人士和美国证券交易所里的特设经纪商的交易往往能够获得差额的“非正常利润”，他们的交易结果证明强型有效假设是不成立的。至于共同基金，虽然有的基金通过把握市场交易的时机能获得超额收益，但有的基金则不能做到这一点。因此，共同基金的投资策略并不能充分证明强型有效市场假设的存在。

因此，在证券市场监管比较完善的国家，都凭借立法限制内部人员和专家根据内幕信息从事证券交易，以保证证券市场的公平性。

第四节　有效市场理论的启示及对我国证券市场的意义

一、有效市场理论的启示

通过对证券市场效率水平的研究，投资者和股份公司财务管理人员可以得到一些有益的启示。

（一）历史没有记忆

弱型有效市场指出证券的市场价格与其历史价格无关。就是说，不论证券价格过去是如何变化的，都不会对当前的市场价格产生影响。很多投资者在股价下跌后不愿出售手中的股票，希望价格回升。有些企业在公司股价下降时不愿发行股票，而在股价上升时期则“抓住市场时机”拼命增资发行。实际上，在较发达的证券市场上的证券价格与它的历史状况无关，投资者和企业所依赖的价格变动趋势并不存在。某种股票可能连续下跌了一段时间，但是其市场价格仍高于其实际价值。这时，不论是股东出售股票或公司发行新股，都是有利可图的。连续上涨的股票的市场价格也可能仍低于其实际价值，这时候投资就是个好时机。仅依靠对证券历史价格的分析确定当前和未来的股价走势是靠不住的。

（二）相信市场价格

在有效市场上，人们可以相信市场价格的正确性。证券的市场价格反映了有关该证券的信息。有效市场并不是说投资者不能在某次投资活动中获取超常利润，而是说投资者不能始终在证券投资中获取超常利润。要想始终如一地获取超常利润，就要始终比每一个投资者知道的更多。然而除非总是能利用内幕消息，否则人们是无法做到这一点的。因此，投资者可能在一次投资中获取暴利，也可能在另一次投资中蒙受巨额损失。总的来讲，市场是正确的，股票交易是一场公平竞争，投资者也只能得到平均利润。

（三）寻找规律者自己消灭了规律

市场有效强调的是证券价格充分反映了所有有关信息。如果证券的市场价格不能充分反映有关的信息，则投资者可以通过对这些信息的分析找出价格变化的规律和投资机会加以利用。如果证券的市场价格已经反映了有关信息，则投资者通过努力获取超常利润的希望就会落空。但问题是，如果人人都相信市场是有效的，都不去做市场分析，那么证券价格肯定不能充分反映各种信息，市场就是无效的，进行市场分析者就有利可图。如果人人都认为市场是无效的，认为通过市场分析等种种努力可以发现变化的规律和投资机会，并因此对市场“战而胜之”，获取巨额利润（这正是许多投资者所认为的），则在大家的努力之下市场就变成有效的了，就能够充分反映各种有关信息了。由此可见，市场有效正是由那些认为市场无效或效率不高的人的努力工作促成的。这些人越多，工作越努力，市场就越有效率。

（四）不要越俎代庖

在有效市场上，投资者不会为别人帮助他做了他自己能做的事而支付报酬。例如，如果投资者能自己进行多样化投资而减少投资风险，他不会要求企业经理们代劳。投资者之所以购买某一公司的股票很可能是因为这一公司的风险程度和收益状况符合他们的要求。因此，企业盲目进行多样化经营、分散风险，并不一定符合其股东的要求。事实上，企业兼并、多样化经营也不会对公司股票的价格产生实质性影响。在股票市场上有着各类公司的股票，投资者完全可以根据自己的风险偏好和资金状况选择合适的股票，而不必要公司操心此事。

二、有效市场理论的意义

我国证券市场的发展历史较短，各方面都正处于一个不断完善的过程。整个证券市场目前还不具备实施有效性检验的完全条件：市场发展时间有限导致样本容量偏小且流动性不足，股票价格偏离内在价值现象众多，市场公开信息的披露很不规范。所以，仅凭某种方法分析某个时期的数据而进行市场有效性判断比较武断，通过市场有效性检验对实践工作进行指导才是检验的最终目标。

（一）政策含义

政府对证券市场进行干预的手段主要有两种：宏观调控和立法监管。市场经济发展时期，宏观调控必不可少，但是一定要注意宏观调控的局限性，宏观调控并非万能。由于信息获取成本高等原因，政府掌握的信息不可能非常详细、具体；并且政府的决策过程比较慢，一项决议要经过一系列的决策程序，然后才能付诸实施。在有效市场假设下，现行价格已经反映市场信息，如果通过宏观调控政策这个旧信息去影响股票的未来走势就容易发生偏差。再加上我国证券市场的信息传导途径、速度和质量都不完备，仅凭宏观调控手段就更加不容易实现政府意图。

市场有效性理论要求政府的干预由宏观调控向立法监管转变，大力推进符合“三公”原则的信息披露，健全信息披露途径，提高信息披露速度，完善信息披露质量。政府政策管理模式应当尽量摆脱在规范和发展之间来回变动而对市场造成的动荡，让市场充分发挥自我恢复功效；政府监管的重点放在保证投资者对信息的公平获取上，促使信息在市场上充分、迅速地流动。

（二）市场功能定位

成熟的证券市场对社会资源配置发挥两种功能：筹集资金功能和资源配置功能。证券市场是企业获取资金的重要渠道，可以将潜在的储蓄转化为生产性投资。同时，在市场机制作用下，证券价格可以促使资金流向高效益企业，提高资金的使用效率。这两项功能的发挥与证券市场的结构有关，也与市场的效率有关。

我国股市在成立初始，就被定位为国有企业聚集资金的场所，这在一定程度上歪曲了股票市场的功能，使股市成为国企改革的提款机。公司上市曾经采用审批制，使得市场对上市公司的融资行为缺乏鉴别机制，从而导致市场资金流向失当，结果自然不利于社会资源的有效利用。有效市场理论认为股票价格应该充分反映市场信息。在这样的价格引导下，资源才会流向高效率企业，从而提高整个证券市场的运行效率。因此，我国股市的作用不应只局限于为企业筹集资金的单一功能，还应该发挥市场的资源配置功能。政府需要转变原来对股市认识的误区，减少行政干预，使证券市场真正实现资源配置功能。

本章小结

有效市场理论是现代金融经济学的一个重要基石。这一理论认为金融资产的价格能够反映市场上所有可以获得的信息，投资者不可能利用任何已知信息获得额外收益。

实现有效市场，必须具备以下前提条件：信息公开的有效性；信息传输的有效性；信息解读的有效性以及信息反馈的有效性。有效市场理论的主要内容包括：价格迅速反映了未预期的信息；随机走势假设以及个人投资者无法获得非正常利润。

根据信息集合的不同，将市场有效分成弱型有效、半强型有效和强型有效三种。弱型有效市场是指证券价格已经反映所有的历史信息，此时凭借技术分析将无法获得超额利润。半强型有效市场认为证券价格除了反映历史信息外，还包含市场上所有其他的公开信息，此时凭借基本面分析无法获得超额收益。强型有效市场认为证券价格不仅仅包括历史信息和公开信息，还有内幕信息。

有效市场理论主要运用于技术分析、基本面分析、投资组合管理以及企业的财务管理四个方面。

针对三种有效市场，需要采取不同检验方法。对弱型有效市场而言，主要采用自相关检验以及游程检验。对于半强型有效市场检验主要有公司盈利公布、巨额交易及股票分割的影响等。对于强型有效市场检验主要考察内幕人士交易以及共同基金的经营管理。

通过对证券市场效率水平的研究，投资者和股份公司财务管理人员可以得到一些有益的启示。如历史没有记忆、相信市场价格、寻找规律者自己消灭了规律以及不要越俎代庖等。

名词解释

有效市场　有效市场理论　弱型有效市场　半强型有效市场　强型有效市场
自相关检验　游程检验

思考题

1. 什么是有效市场理论？
2. 有效市场理论产生的前提条件和主要内容是什么？
3. 有效市场主要分为哪些类型？
4. 有效市场理论主要运用在哪些方面？
5. 如何检验弱型有效市场、半强型有效市场及强型有效市场？
6. 有效市场理论的启示以及意义是什么？

相关链接：关于我国股票市场有效性的争论

以深沪交易所为标志的中国正式的证券市场诞生已有十余年之久，但对其效率的评价看法却不一。西方主流的证券市场效率理论是法玛的有效市场假说，这种效率理论实际上是信息效率理论。后来许多学者运用多种计量模型，对有效市场假说进行了经验检验，形成了初步的经验检验方法体系。我国也有一些学者尝试过对中国证券市场的有效性进行检验，但对我国有效市场的程度却没有统一看法。

从我国的现实情况来看，股市有效性的检验主要集中在是否具有弱型有效。有些学者认为我国的证券市场已经达到了弱型有效，如宋颂兴（1995）对沪市29种股票周收益率（1993年1月至1994年10月）的研究发现股价具有随机游走特征；许涤龙（2001）对上证综合指数日收盘价（1997年1月至2001年5月30日）采用序列相关分析得出了市场弱型有效的结论；周四军（2003）对沪深股指（1997—2001年）进行随机游程、序列相关检验和灵敏性检验，也得出同样的结论；李琦、郭菊娥（2003）以法玛的有效市场假说理论为依据，以上海股票市场为研究对象，通过单位根和Box－Picrce序列相关性检验不同时期股价的变动行为是否服从随机游走过程来诊断上海股票市场的有效性特征，也得出了我国证券市场已经达到弱型有效的结论。

但是近年来，国内也有不少学者对实证支持中国股市弱型有效提出异议。如张思奇等（2000）将上证 A 股指数分为两个子样本（1992 年 1 月 2 日至 1991 年 3 月 9 日和 1995 年 3 月 10 日至 1998 年 6 月），采用 ARMA – ARCH – M 模型研究其日收益率序列，发现在 GARCH 条件假定下，基本满足白噪声性质（尤其在第二阶段），但认为这只说明当前收益与过去信息之间不存在简单线性关系，并没有排除其他非线性关系，仅此推断市场弱型有效过于主观。魏玉根（2000）则认为股市的有效性应该是指股票异常收益的随机性，而不是股价变动的随机性。如果市场弱型有效，可得股价变动是随机的结论。但如果股价变动是随机的，能否得出市场弱型有效的结论却是一个有待研究的问题。张亦春等（2001）认为中国股市不是弱式有效，因为股价变动不是随机的，不满足随机漫步，甚至白噪声也无法满足。

思考：随着近年来我国证券市场的不断完善和发展壮大，并逐渐走向成熟和规范，我国证券市场当前的有效性特征如何？我国应该怎样提高证券市场的有效性？

第十六章

行为金融学

学习目标

- 掌握行为金融学的概念
- 了解行为金融学的发展
- 掌握有关泡沫理论的内容
- 掌握基于行为金融学的行为资产组合理论、行为资产定价模型、BSV 模型和 DHS 模型
- 了解行为金融学在实践中的应用

行为金融学作为行为经济学的一个分支，它研究人们在投资决策过程中的认知、情感、态度等心理特征以及由此引起的市场非有效性，行为金融学正是在对传统金融学的质疑中发展起来的。本章将重点介绍行为金融学的发展历程及其相关理论。

第一节　行为金融学的概念及其发展

传统金融学的核心内容是有效市场假说，进而又扩展为投资组合理论（MPT）、资本资产定价理论（CAPM）、套利定价理论（APT）和期权定价理论等现代金融市场理论。这些理论都是建立在“投资者是理性人”这样一种微观基础上研究市场的。所谓理性人，通常都具有以下几个特征：第一，他们都是风险厌恶者；第二，他们都以效用最大化作为目标；第三，他们对一切信息都能够进行正确的加工和处理。在此基础上，这些理论的模型和范式都局限在“理性”的分析框架中，忽视了对投资者实际决策行为的分析。大量的实证研究表明，金融市场中存在着许多与有效市场假说相悖的现象，例如股票长期投资的收益率溢价、股票价格的异常波动与股价泡沫、封闭式基金折价交易、股价对市场信息反应过度或反应不足等。这些现象说明，基于理性人假设的有效市场假说存在着内在缺陷。

实际上，在现实中，因为金融活动的主体是具有理智和情感等完整心智结构的现实

“行为人”，每个人都既是自利的又是利他的，所以，他就不可能总是追求自身利益的最大化；每个人在市场活动中都会产生心理上或是行为上的偏差，他的行为也不可能总是符合市场规律的要求。总之，投资者并非理性人，因此他们在实际决策过程中就会偏离经典理论所描述的最优决策过程。关于投资者的心理特征，主要有四个观点：①自信情结（Over Confidence）。高估自己的判断力，过分自信。心理学研究发现，当人们称其对某事抱有90%的把握时，成功的概率大约只有70%。②回避损失（Loss Aversion）。趋利避害是人类行为的主要动机之一，而在经济活动中，人们对“趋利”与“避害”的选择是首先考虑如何避免损失，其次才是获取收益。马柯维茨首先注意到了人类的这种行为方式。后来的实证研究进一步表明，人们在从事金融交易时，其内心对利害的权衡是不均衡的，赋予“避害”因素的考虑权重是赋予“趋利”因素的两倍。③追求时尚和从众心理。位置消费理论告诉我们，人们对相对经济地位的追求在空间上表现为与他人相比。可见，人们的相互影响对个人的决策行为有很大的影响，而追求时尚与从众心理便是其中最突出的特点。因此，在金融投资领域，金融学家已经开始将这一特点作为重要的投资决策因素加以考虑。④后悔与谨慎。这种心理状态普遍存在于人们的经济活动中。即使决策结果相同，如果某种决策方式可以减少投资者的后悔心理，对投资者来说，这种决策方式也仍然优于其他决策方式。我们可以将非理性经济人的特征概括如下：一是具有高估自己的判断力的自信情结，二是具有不同程度的风险厌恶情绪，三是具有从众心理。

行为金融学作为行为经济学的一个分支，它研究人们在投资决策过程中的认知、情感、态度等心理特征以及由此引起的市场非有效性，行为金融学正是在对传统金融学的质疑中发展起来的。人们逐渐开始关注能较为合理地解释那些异常现象的行为金融学，它放松了传统金融理论的理性人假定，从更人性化和社会化的角度研究分析人类的决策行为，在认知偏差和有限套利的基础上建立自己的理论体系。它对人类个体和群体行为研究的重视，使我们看到金融理论与实际的沟壑有了弥补的可能。随着研究的不断深入，行为金融学已经形成了对传统金融学的重大挑战。

1951年，巴罗（Burrel）发表“投资战略的实验方法的可能性研究”一文，该文首次用行为心理学来解释金融现象，标志着行为金融学的诞生。Tversky和Kahneman（1974）开始从心理学的角度研究经济问题，这使得行为金融学逐渐步入经济学的主流。1979年，心理学家卡纳曼（Daniel Kahneman）等人正式提出了预期理论，为行为金融学奠定了理论基础。自20世纪80年代以来，行为经济学的发展如火如荼。90年代中后期，行为金融学更加注重投资者心理对最优组合投资决策和资产定价的影响。1994年，Shefrin和Statman提出了行为资本资产定价理论（BAPM），2000年又提出了行为组合理论（BPT）。2001年，素有“小诺贝尔经济学奖”之称的美国Clark奖授予了行为金融学家拉宾（Rabin）；2002年，诺贝尔经济学奖又被行为金融学家卡纳曼（Daniel Kahneman）捧走，这说明行为金融学已完全被主流经济学所认可，它代表了金融理论的未来发展方向，已成为全新的金融研究领域。

总的来看，行为金融学认为，经济主体只具有有限的理性，投资者总是从自身的处境出发考虑预期与市场结果的差距，而不是结果本身；损失与收益具有不对称效应，投资者对于损失更加敏感；投资者易于夸大小样本的代表性，从而出现“小数法则预期偏差”；投资者的行为取决于其所处环境的具体情况，从而使其行为具有很大的随意性和不确定性；投资者还拥有过度的自信和强烈的从众心理，导致资产价格受到投资者情绪的左右。

第二节　理性泡沫、非理性泡沫与二分法

行为金融学的一个研究主题，就是资产价格与其内在价值或“基本面”之间的偏离关系。只要存在这种偏离，就存在泡沫现象。因此，泡沫理论就成为行为金融学的核心理论之一。继 Black（1986）提出噪声交易理论之后，Camerer（1989）提出了泡沫的分类方法；Shiller（2000）则以美国 1871—2000 年的标准普尔股价指数的变动为例，描述了股价和基本面（用股息现值表示）之间的严重偏离，这就是通常所说的“股票价格泡沫”。在行为金融学的框架下，股票价格泡沫包括理性泡沫和非理性泡沫。

一、理性泡沫

在对股票价格泡沫的研究中，理性泡沫理论发展得最早。这主要是因为理性泡沫理论体系建立在标准的理性预期的框架下，假设简单、逻辑严谨、体系完备，可以运用严密的数学工具进行推导论证。对于投机泡沫的各种实证检验方法主要围绕着理性泡沫的存在性检验。Blanchard 和 Watson（1982）从理性预期方程出发，在套利均衡条件下，利用重复迭代法求解具有理性预期的差分方程，得出理性泡沫解，为投机泡沫研究开辟了新的研究方向。此处的“理性”一词指的是泡沫服从理性预期，即反映了理性投资者的一种自我实现的预期。也就是说，理性预期可以造就资产价格的实际运动过程，使其偏离基础价值，形成理性泡沫。同时，Blanchard 和 Watson（1982）还构建了一种新的理性泡沫模型——爆炸性泡沫模型，它可以更好地描述在现实中常常出现的价格在长期上涨后突然崩溃的情形。Granger 和 Swanson（1994）通过一般鞅过程模型解出的理性泡沫解集，几乎囊括了目前学术文献中常见的所有理性泡沫解。虽然其给出了理性泡沫解集，但是解集的多重性所导致的问题是：并非每一种从理性预期方程中所得到的理性泡沫解的形式都能够描述现实中的经济现象。所以，为了更好地运用理论解释现实情况，需要在理性预期方程中加入一些条件，如横截条件，以剔除一部分不符合现实情况的理性泡沫形式。在理性泡沫剔除方面涌现出大量文献，可以归纳为从局部均衡框架和一般均衡框架下找出理性泡沫不可能存在的充分条件。

局部均衡框架主要运用后推归纳法剔除在一些特定类型资产上的泡沫。如对于有限责任资产（Diba and Grossman，1988），或者是自由处置并且供给为无限弹性的资产（Blanchard and Fischer，1989），或者是有终期条件的资产，或者是易再生的资产（Binswanger，1999），这些资产上不会出现投机泡沫。我们也可以看出，在局部均衡框架下，根据已有的研究成果尚不能够排除在股票资产上存在投机泡沫的可能性。

从局部均衡框架转移到一般均衡框架研究泡沫是否存在，则对经济的有限性（即经济体中市场参与者人数是否有限）和市场参加者的时域的假设非常关键。若假设市场参与者人数有限，而时域无限，即在市场参与者的预期生命无限长的情况下，经济体中不会出现投机泡沫（Tirole，1982；Weil，1987）。泡沫不存在的关键在于，投资者的人数是有限的。由于投资者购买资产的唯一目的是希望在日后能够以更高的价格转卖给其他人，因此，只有在不断有新的交易者进来，以使得其他投资者顺利离开市场的情况下，泡沫才能够存在。

若假设市场交易者为有限时域，并且不断有新的交易者进入经济体，则经济体中不能排除泡沫存在的可能。Tirole（1985）和 Weil（1987）运用跨期世代交叠模型（OLG模型）证明当利率超过经济增长率时泡沫不会存在，也就是说，泡沫只可能存在于一个动态无效的跨期世代交叠经济体系中，资本的过多积累促使利率水平下降到经济增长水平以下。

在 Tirole（1985）以及 Weil（1987）的基础上，许多研究学者进一步放松假设，论证理性泡沫存在的必要条件。Well（19899）通过引入市场参与者的遗产动机，扩展了 Tirole（1985）和自在 1987 年的研究成果。如果市场参与者考虑所有的后代，就可以将市场参与者的有限时域延伸为无限时域。在这种模型结构下，Weil（1989）在个体预期生命无限期界的条件下证明出理性泡沫的存在。Yanagawa 和 Grossman（1993）使用离散的世代交叠模型进行研究，得出的结论同样是在内生增长经济中，当均衡增长率大于利率时，适当的理性泡沫可以存在。Futagami 和 Shibata（1999，2000）在更严格的条件下使用连续的世代交叠模型，也得出理性泡沫能够存在的结论。

二、非理性泡沫

泡沫所展现的形态不一定对应于由理性预期模型所推导出来的泡沫形式（Adamand Szafarz，1992）。如果我们希望探寻泡沫生成的原因以及泡沫与市场参与者行为之间的关系，就必须抛开"理性泡沫"这个较为狭隘的概念。行为金融学的兴起与发展为确认现实世界中投资者的有限理性提供了大量的心理实验和解释，同时从非理性出发，探寻泡沫产生的微观行为基础。非理性泡沫理论是对理性泡沫理论的一个补充，用以解释那些非理性因素所导致的泡沫现象。

时尚模型（Shiller，1984；Summers，1986）给出了投机泡沫成因的一种解释。Shiller（1984，1990）认为，股价极易受到纯粹的时尚潮流和社会动态的影响，投资者彼此之间的高度关注可能会导致泡沫的产生。Summers（1986）认为，资产价格与市场基础价值之间的偏离产生于投资者情绪或者时尚潮流的变化。Shiller（2000）从投资者心理角度分析股市投机性泡沫，认为投资者的"心理依托"、"从众心理"和反馈环机制导致了股市泡沫。

De Long 等人（1990a）开创性地建立了噪声交易者模型（DSSW 模型），从微观行为角度解释股票市场价格相对于基础价值的持续偏离，认为噪声交易者信念的不可预期性给资产价格带来了风险，套利者的风险规避态度以及短期期界（short horizon）限制了他们纠正错误定价的能力，从而导致泡沫的形成及持续。Binswanger（1999）对 DSSW 模型进行了动态扩展，将噪声交易者对资产价格的判断误差看做是时间的函数，深入地研究了噪声交易者的存在与资产泡沫之间的关系。De Long 等人（1990b）通过建立模型，证明了套利交易策略和正反馈交易策略的相互作用使得理性投资者不仅没有能够消除泡沫的存在，甚至肯定会进一步加剧投机泡沫程度。LUX（1995）提出传染模型（Contagion Model），刻画了市场上投资者的从众行为，或者说是相互模仿的传染现象，他认为投资者并不是盲目从众，只是对其他投资者的行为进行快速反应，以免丧失盈利机会。这种传染现象能够很好地解释股市泡沫的形成和破裂。Shleifer 和 Vishny（1997）的研究证明了不完全套利会导致泡沫的形成。专业基金管理人可能会放弃长期套利机会，因为在其任期考核期间内，价格有可能继续偏离其基础价值，甚至偏离得更远。

三、对泡沫二分法的扩展

但是，理性泡沫和非理性泡沫都隐含了完全信息假设，而在现实交易中，信息却是不对称的。不同交易者拥有的信息不完全相同，他们对信息的收集、分析及处理能力也是有差异的。即使对于相同的信息，不同交易者的理解可能也会不同。从博弈论和信息经济学的角度来看，泡沫产生的根本原因正是信息不对称。为此，Allen、Morris 以及 Postlewaite（1993）将非对称信息引入有限期界交换经济模型中，论证在理性预期框架下私有信息以及卖空约束使得泡沫产生的机制。在连续时间有限期界框架下，即使所有的参与者都是理性的，由于投资者无法观测到基金经理是如何运作的，因此这种不对称信息也会引发委托—代理问题。基金经理将风险转嫁给投资者，使得股票价格高于其基本价值，导致投机泡沫的产生（Allen and Gorton，1993）。

Allen 和 Gale（2000）认为，信息不对称下的风险转移也会导致泡沫的产生。假设投资者从银行借贷进行投资，此时投资者与银行之间也会存在不对称信息，投资者将风险转移给银行，这种风险转移也会导致泡沫的生成。投资收益或者总信贷量的不确定性越大，相应的投机泡沫程度越严重。

泡沫理论是行为金融学的核心理论之一，它不仅可分为理性泡沫理论和非理性泡沫理论，而且包含了信息不对称假设下对泡沫二分法的发展。股票市场投机泡沫是一个复杂的现象，分析投机泡沫的生成机理及动态演变需要涉及理性预期理论、行为金融理论、资产定价理论、博弈论、信息经济学等多个理论。唯有如此，才能提高行为金融学的解释能力，使“灰色”的理论能够跟得上“常青”的市场。

第三节　基于行为金融学的资产定价模型

行为金融学的兴起与蓬勃发展标志着学者对经济生活中的心理效应的认识的深化和发展。它以实际经验为根据，修正了传统金融学的某些基本假设。行为金融学认为，投资者是非理性人，情绪和认识偏差的存在使投资者无法做到理性预期和效用最大化，因而他们的非理性行为将导致市场的非有效性，使资产的价格偏离其基本价值。因此，证券的市场价格并不只由证券自身包含的一些内在因素所决定，而且还在很大程度上受到各参与主体的行为的影响，即投资者的心理与行为对证券市场的价格决定及其变动具有重大影响。行为金融学的蓬勃发展离不开心理学分析所起的作用。它融汇了心理学基本原理，其主要表现在信仰（过度自信、乐观主义和如意算盘、代表性、保守主义、确认偏误、定位、记忆偏误）以及偏好（展望理论、模糊规避）在行为金融学中的应用上。因此，行为金融理论包含两个关键要素：（1）部分投资者由非理性或非标准偏好驱使而作出非理性行为；（2）具有标准偏好的理性投资者无法通过套利活动纠正非理性投资者造成的资产价格偏差。这意味着非理性预期可以长期、实质性地影响金融资产的价格。行为金融学正是基于对心理因素是影响投资决策和资产定价的不可或缺的重要因素的认识而建立起相应投资决策模型的。

行为金融理论的先行者在行为金融理论的范式基础上，已经成功地进行了一些理论创新，这其中主要有行为资产组合理论、行为资产定价模型（BAPM）、BSV 模型与 DHS 模型。

一、行为资产组合理论

行为资产组合理论是在现代资产组合理论的基础上发展起来的。在现实中，投资者实际构建的资产组合是基于其对不同资产的风险程度的认识及投资目的所形成的一种金字塔状的行为资产组合。行为资产组合理论确立了以 E（W）和 Prob {W≤S} ≤a（其中，E（W）为预期财富，a 为某一预先确定的概率）来进行组合与投资选择的方法根基。谢福灵和斯塔德曼根据心理账户的概念，将行为资产组合理论区分为单账户的行为资产组合理论和多账户的行为资产组合理论。

单一心理账户假定投资者将证券资产都放在同一个心理账户之中，考虑所有证券之间的相关性，它所得出的有效组合前沿和马柯维茨的资产组合理论得出的有效组合前沿是类似的。卢普斯举过一个有关农夫的例子来说明人们在现实生活中类似于单账户行为资产组合的选择行为。农夫通常在两类作物间进行选择：一类是粮食作物，一类是经济作物。粮食作物的价格较低，但通常比较稳定；经济作物的价格波动性比较大，但提供了得到更多财富的潜力。卢普斯发现，农夫倾向于种植可以满足他们生存需要的粮食作物，并将剩下的地用于种植经济作物，农夫投机于经济作物，希望可以摆脱贫穷。农夫的问题类似于弗里德曼和萨维奇问题。单账户行为组合理论所反映的资产组合特征虽然符合人们在现实生活中同时购买保险和彩票的现象，但是假设所有考虑中的证券都相关这一点同现实却并不一致，多账户行为组合理论就是建立在前景理论的心理账户思想基础上的。“人们将他们的钱放在不同的口袋里”这一谚语正体现了多账户行为资产组合的特征。多账户行为资产组合呈现为一种分层结构，底层对应的是低财富渴求水平的心理账户，其中的资产组合更加接近于无风险债券；顶层对应的是高财富渴求水平的心理账户，其中的资产组合更加接近于彩票。多账户行为资产组合理论比单账户行为资产组合理论更加完美地解释了人们同时购买保险和彩票的行为。

二、行为资产定价模型（BAPM）

BAPM是对现代资产定价模型（CAPM）的扩展。在BAPM中，投资者被分为两类：一类是信息交易者，信息交易者是“理性投资者”，他们掌握了充分的信息，严格按照传统的CAPM构建投资组合；另一类是噪声交易者，他们不会按照CAPM来构建自己的投资组合，会犯认知错误，没有严格的均值方差偏好。事实上，这两类主体共同决定着证券的价格。市场是否有效取决于这两类主体的比重：如果是前者在市场上起主导作用，那么市场是有效的；如果后者起主导作用，那么市场是无效的。这就是BAPM与CAPM之间的区别。噪声交易者的活动削弱了股价回报与其Beta值之间的相关性，但又在股价异常回报与Beta值之间制造了新的正相关性。在BAPM中，证券的预期收益是由其“行为Beta”决定的，Beta是均值方差有效组合的切线斜率。由于现在的证券价格受到噪音交易者的影响，均值方差有效组合并不等于CAPM中的市场组合。

斯特曼（1999）更进一步指出，决定供求的是人们的功利主义考虑（如产品成本、替代品价格）和价值表达考虑（如个人品位、特殊偏号）。CAPM只包括了人们的功利主义考虑，而BAPM把两者都包括了进来。另外，BAPM还对在噪声交易者存在的条件下市场组合回报的分布、风险溢价、期限结构、期权定价等问题进行了全面研究。BAPM由于既考虑了价值表现特征，又包含了效用主义特性，因此，它一方面从无法战胜市场的意义上接受市场的有效性，另一方面从理性主义出发拒绝市场的有效性，这对金融研究的未来发展有着深刻的启示。

BAPM典型地体现了行为金融学的基本理念，即非理性交易者长期性、实质性地存在，它所描述的是理性交易者和非理性交易者互动情况下的资产定价方式。在该模型中，理性交易者，即信息交易者，他们遵循CAPM，是传统理论当中预设的具有良好认知、专业技术并且有均值方差偏好的市场行为者；而非理性交易者，即噪声交易者，则不具备理想状态下的投资者所应有的知识储备和行为方式，他们并不具有均值方差偏好，往往背离CAPM。因此，与CAPM不同，BAPM把决定证券预期回报的β系数与行为相联系，这样的行为β与均值方差有效组合的切线有关，而不是与市场组合有关。可以看出，BAPM既有限度地接受了市场有效性，也秉承了行为金融学所奉行的有限理性、有限控制力和有限自利。

三、BSV模型

BSV模型是由Barberis、Shleffer和Vishny于1998年提出的，是关于描述投资者情绪或投资者信念如何形成的模型，该模型与实证发现相一致并基于有关心理学证据。

BSV模型认为，人们在进行投资决策时存在两种错误范式：一种是选择性偏差，即人们将各种事物都归属为某些特殊类别的倾向，而忽视这一过程中的概论法则，如投资者过分重视近期数据的变化模式，而对产生这些数据的总体特征重视不够；另一种是保守性偏差，即投资者不能及时根据变化了的情况修正增加的预测模型。这两种偏差常常导致投资者产生两种错误决策：反应不足和反应过度。根据BSV模型，收益变化是随机的，但由于代表性偏差和保守性偏差，投资者对收益变化作出两种错误的判断。在前一种判断中，投资者认为收益变化只是一种暂时的现象，因此他们并未根据收益变化充分调整自身对股票未来收益状况的预期，导致反应不足，而当后来的实际收益状况与投资者先前的预期不符时，投资者才再次作出调整，从而导致证券价格对收益变化的滞后反应。在后一种判断中，投资者认为近期股票价格的变化反映了其未来变化的趋势，从而错误地对价格变化做了外推，导致反应过度，因为收益是随机漫步的，反应过度由将来的收益所暴露，最终导致长期回报的反转。

四、DHS 模型

DHS 模型是 Daniel、Hirshleifer 和 Subrahmanyam 等人于 1998 年提出的。在 DHS 模型里，存在有信息的投资者和无信息的投资者。无信息的投资者没有判断偏向，不存在心理偏差且是风险厌恶型的，但股票价格是由有信息的投资者决定的。在进行投资决策时，投资者存在两种偏差：其一是过度自信，其二是有偏自我评价或归因偏差并且是风险中性的。投资者通常过高地估计自身的预测能力，低估自己的预测误差；过分相信私人信息，低估公开信息的价值。

在 DHS 模型中，过度自信的投资者是指那些过高地估计私人信息所发出的信号的精度、过低地估计公开信息所发出的信号的精度的投资者。过度自信使私人信号比先验信息具有更高的权重，引起反应过度。当包含噪声的公开信息到来时，价格的无效偏差得到部分矫正。越来越多的公开信息到来后，反应过度的价格趋于反转。在 DHS 模型中，归因偏差是指当事件与投资者的行动一致时，投资者将其归结为自己的高能力；当事件与投资者的行为不一致时，投资者将其归结为外在噪声，即把成功归因于自己英明，把失败归因于外部因素。如果一个投资者基于私人信息进行交易，买进股票之后得到好的公开信息，卖出股票之后得到坏的公开信息，那么在这种情况下，投资者的自信心增加。但是当相反的情形出现时，投资者的自信心并不是同等程度地减少，即把证实自己判断的消息作为信息予以重视，把证伪自己判断的消息作为噪声予以怀疑甚至抛弃。这样，归因偏差一方面导致了短期的惯性和长期的反转，另一方面助长了过度自信。

第四节 行为金融学的应用

行为金融学不仅解释了很多异常的金融现象，而且还成功地预测了人类历史上最大的一次股灾。2000 年，希勒（Shiller）在《非理性繁荣》一书中对美国股市的泡沫进行了分析，他把一路上扬的美国股市称做“一场非理性的、自我驱动的、自我膨胀的泡沫”。该书出版一个月后，纳斯达克指数由 5 000 多点跌至 3 000 多点，该书因此名噪一时。可以说，这是行为金融学在实际应用上的一次胜利。希勒认为，投资者是“非完全理性”的，因此，应采用不同于理性行为模型的其他模型，将心理学、社会学、人类学等其他社会科学的行为研究方法引进到金融学的研究中来。

一、行为金融学在证券市场中的应用

行为金融学在证券市场中的应用最常见，可分为防御型策略和进攻型策略。防御型策略是指利用行为金融学对人的投资心理以及决策特征的分析来控制心理偏差和认知错误，也就是在投资中避免犯错；进攻型投资策略则在了解投资者的心理偏差和决策失误对市场产生的影响的基础上制定相应的投资策略以从中获利。

行为金融学以其理论应用与股票交易实践，提出了许多股票交易策略，如反向交易策略，它指的是投资于目前尚不被大多数投资者看好的资产。这种策略之所以存在盈利机会，是由于人们在投资中形成过度自信的判断时，并不是互相孤立的，而且这些判断会随时间一起改变，最后会造成投机性资产的价格偏离其真实的投资价值。Terrance Odean 的研究工作集中于过度自信带来的投资心理偏差，通过对某大型证券商提供的 40 555 个账户的交易历史记录进行实证分析，他系统深入地验证了许多行为金融学的理论观点，如过度自信、处置效应，以及过度自信的性别差异等，据此他得出结论：应该尽量减少交易频率。Odean 考察了互联网在线交易对投资者业绩的影响，发现随着投资者的买卖活动更趋活跃，他们的平均回报却大为降低，结果验证了他的减少交易频率这一交易策略的有效性。证券市场上的各种效应，如规模效应、日历效应、动量效应、反转效应、处置效应等，以及非理性繁荣或恐慌，既反映了市场的非有效性，也为投资者提供了战胜市场的投资策略，如逆向投资策略、动量交易策略、成本平均策略、时间分散化策略等。

在证券市场中也可以克服自身的心理偏差进行投资，投资过程包括选股、选时、购买决策、持有、卖出。人们在投资过程中可能表现出各种心理偏差或偏好，如损失厌恶、后悔厌恶、确定性效应、证实偏差、时间偏好等，并且在证券投资过程的不同阶段会有不同的表现。例如，在技术分析中，人们常犯代表性偏差的错误。市场是很复杂的，价格预测也是一件很艰巨的任务，人们于是找到了一个将复杂问题简单化的方法——技术分析。技术分析实质是一种代表性策略，运用这种经验法则可以轻而易举地得出预测结果，但这个预测结果却可能是错误的。如当人们发现一个具有较为典型特征的形态时，就会与历史图表上的类似形态进行比较，如是头肩顶的话，人们就会认为市场将会发生趋势反转了。技术分析师会寻找那些可以印证其观点的案例来证明，但对那些反向的案例却会视而不见。因此，在运用传统的技术分析或基本分析方法时，投资者需要避免判断过程中的认知偏差和对表现方式的框定依赖，同时克服选择过程中的决策偏好，以便作出更为正确的判断和更为理性的决策。

对于个人投资者而言，更现实的是采取防御型投资策略。个人投资者在资金实力、分析手段、信息获得与把握上都处于劣势，因而经常将打听到的小道消息等作为决策依据，行为经常是非理性的。此外，个人投资者对自己的资金负责，缺乏来自第三方的监督控制体系，导致个人投资者在投资过程中容易犯心理偏差和认识错误，因而有必要采用防御型行为金融投资策略来指导投资。进攻型投资策略一般为机构投资者采用，因为在错综复杂的金融市场中，要对证券的定价进行判断非常困难，个人投资者很难在实际中判断出当前的市场定价是正确的还是发生了偏差，只有掌握着大量信息和良好分析技术的专业投资者才有可能进行判断。此外，各种定价的错误或偏差的幅度和持续的时间都是有限的，个人投资者精力有限、交易成本高，无法利用这些偏差和错误来获利。

防御型行为金融投资策略是指应用一系列行为金融的知识对自身的投资行为进行内省式的审察和研判，具体可包括：第一，要核对信息的来源，核实信息的可信度、实效性等，要密切关注最近有无更新的消息或数字披露，要避免只关注支持自己看法的信息。第二，判断自身是否过度自信，特别是在最近的投资行为取得了一系列成功时更应关注这点。第三，要善于比较正面和负面观点，查明对市场持最乐观以及最悲观态度的分别是什么人以及为什么会持有这样的观点。第四，要避免锚定效应导致不理性的期望值。

对于机构投资者而言，更重要的是可以采用进攻型投资策略。各类投资机构是由投资经理们具体负责运作的。投资经理们和个人投资者一样，在投资决策中也会犯各种心理偏差和认知错误，因而也需要采用防御型投资策略来加以避免，但投资经理们有着良好的金融投资专业知识和丰富的实际经验，他们能更好地对自身的行为进行控制。各类机构一般都有着良好的管理监督制度和风险管理措施，这在一定程度上也可以帮助投资经理们避免犯心理偏差和认知错误。因此，机构投资者更重要的是利用进攻型投资策略来获得盈利。

二、行为金融学在公司财务中的应用

公司理财的传统方法建立在理性行为、资本资产定价模型和有效市场三个基础之上。然而，大量的实践观察和实证分析表明，心理因素会干扰这三个基础。行为金融学广泛吸取心理学、社会学、人类学，尤其是行为决策研究的成果，既解释了投资者的非理性行为，又对公司的投融资行为产生了重要影响。

公司经理人的财务行为的心理动机是多方面的，包括个体的心理偏好与偏差、集体决策的羊群心理对决策偏差的影响、公司市场价值对经理人心理的影响、制度稀缺条件下经理人的寻租心理、治理缺陷条件下经理人的不道德心理与行为等。这些心理因素会从多个层面影响公司融资决策、投资决策、并购与资本运营、股利分配等方面的理财行为。基于行为金融学原理分析公司理财中的非理性行为，在微观上有利于经理人克服公司理财中的个体与群体心理偏好与偏差，为作出理性的财务决策提供依据；在宏观上有利于构筑企业健全的制度环境和健康的治理环境，避免经理人的寻租行为和不道德行为，促进资本市场的规范和理性发展。

行为金融学是金融学和人类行为学相交叉的边缘学科。它的意义在于确立了市场参与者的心理因素在决策行为以及市场定价中的作用和地位，否定了传统金融理论关于理性投资者的简单假设，更加符合金融市场的实际情况。行为金融学对传统的投资理论无疑产生了巨大的冲击，它将心理决策的因素引入投资理论的模型中，必将给现代投资理论的发展带来一个新的契机。尽管目前行为金融理论还有很多缺陷，研究的范围还相对狭窄，还缺乏完整的理论体系，但行为金融理论无疑是顺应科学范式的转换趋势的，代表了金融学未来的发展方向。

本章小结

本章对行为金融学的概念以及发展历程进行了总结。泡沫理论是行为金融学的核心理论之一。行为金融学的一个研究主题就是资产价格与其内在价值或“基本面”之间的偏离关系，只要存在这种偏离，就存在泡沫现象。行为金融理论的先行者在行为金融理论的范式基础上成功地进行了一些理论创新，这其中主要有行为资产组合理论、行为资产定价模型、BSV 模型与 DHS 模型。行为金融学的分析展示出广阔的发展前景，其应用领域主要有证券市场、公司财务等。

名词解释

非理性经济人　理性泡沫　非理性泡沫　行为资产组合　行为资产定价模型
BSV 模型　DHS 模型

思考题

1. 传统金融学与行为金融学的价值理论基础有什么不同？
2. 请分析股市价格泡沫是如何产生的。
3. 非理性泡沫与理性泡沫的区别是什么？
4. 什么是行为资产组合理论？
5. BAPM 与 CAPM 之间的区别是什么？
6. BSV 模型和 DHS 模型都将反应不足和反应过度这两种结果统一在一个框架下，它们的前提条件和推导过程有什么不同？
7. 行为金融学在实践中的应用有哪些？

相关链接：行为金融学投资策略对我国机构投资者的启示[①]

背景资料

（1）行为金融学的投资策略。市场参与者的非理性造成的行为偏差导致了市场价格的偏离，而若能合理利用这一偏差，将能给投资者带来超额收益。这就形成了行为金融学的投资策略。传统投资策略中还存在投资者的收集信息和处理信息能力的变动，而人类的心理决策特征是在长期演化过程中逐渐形成的，所以某些行为是稳定的和跨文化的，行为金融投资理念的交易策略相应地也就更具有相当的持久性。从国外来看，基于市场异象的行为金融学投资策略主要有价值投资策略与反向投资策略、动量交易策略、

① 熊春红：《行为金融学与中国的资本市场》，载《投资与证券》，2004（11）。

成本平均策略和时间分散化策略等。近年来，美国的共同基金中已经出现了基于行为金融学理论的证券投资基金，如行为金融学大师 Richard Thaler 发起的 Fuller - Thaler 资产管理公司，其中有一些还取得了复合收益率 25% 的良好投资业绩。

（2）对我国机构投资者的启示。行为金融学对我国开放式基金的发展具有重要的指导作用。开放式基金的一个突出问题是基金份额的赎回。基金经理要根据其对赎回量的估计确定资产的流动性，而这就不可避免地要估计投资者的行为决策方式。投资者往往在受到压力时高估风险，稍有风吹草动，他们就可能大量赎回，而从众心理又可能深化这种趋势，使基金受到更大的压力。另外，由于投资者的后悔与谨慎心理，他们常常利用代理人制度转移其对经济结果的责任及受到的压力。通过深入分析这一点，基金经理就能确定合理的管理费费率，提高基金的运作水平。

机构投资者是我国证券市场中投资理念和投资策略的领导者，我国的各类基金可以考虑利用市场现象的行为金融学解释，并依据我国证券市场的特性，采取相应的行为金融学投资策略。

①反向投资策略与价值投资策略。该策略是指买进过去表现差的股票，而卖出过去表现好的股票，如选择低市盈率的股票、选择股票市值与账面价值比值低的股票、选择历史收益率低的股票等。行为经济学认为，反向投资策略是对股市过度反应的一种纠正，是一种简单外推的方法。

中国的股票市场素有“政策市”之称，不同的投资者对政策的反应是不一样的。普通个人投资者由于信息的不完整，往往对政策信息表现出过度的反应，我国的个人投资者对政策面信息的反应尤为强烈；而机构投资者的信息库和专家队伍则可以使其对政策的把握有一定的预见性，针对个人投资者的行为反应模式，可以采取反向投资策略，进行积极的波段操作。我国证券市场上还存在大量的跟风、跟庄等羊群行为，使整个市场的预测出现系统性偏差，导致股票价格的偏离，并随着投资者对价格趋势的积极跟进而进一步放大了价格与股票基础价值的偏离。这些对股票价值的高估或低估最终都会随着金融市场的价值回归而出现异乎寻常的股价下挫或上扬，也就带来了相应的价值投资机会。

ST 股的股价往往在特别处理或特别转让的信息公布后出现不跌反涨的现象。从行为金融学的角度看，由于我国证券市场上资源的稀缺性，这类公告所显示的不仅是公司陷入严重困境，更是该公司可能会成为潜在并购目标，紧接着就有资产重组等大动作，给投资者带来其未来收益流价值的预期。这类股票也可能成为机构投资者资产组合中的构成之一。

②动量交易策略。该策略的核心内容是寻求在一定期间中股价变动的连续性。如股价变动连续趋涨，则采取连续卖出的策略；如股价变动连续趋低，则采取连续买入的策略。

我国投资者的处置效应倾向比国外同类研究的发现更加严重。赵学军、王永宏在 1998—2000 年的实证研究中发现，我国股市中投资者卖出赢者的概率是其卖出输者概率的两倍，而 Odean（1998）的研究中，国外证券市场中投资者卖出赢者的概率是其卖出输者概率的1.5倍。处置效应会带来股票基本价值与市场价值之间的差幅，而这一差价最终的收敛意味着那些有大量资产收益未实现的股票一般要比那些有大量资产亏损未实现的股票有更高的预期回报。利用这一异象可以采用动量交易策略，也就是基于过去股票价格的走势，通过差幅获利。

另外，由于投资者的过度自信带来的锚定效应等也会导致其对新的信息反应不足，使得股票的上扬或下挫趋势会维持一段时间，对此也可以运用动量交易策略，从业绩变动与事后股价的这种关系中捕捉到获利的机会。

③技术分析策略。我国投资者的典型"羊群行为"带来的信息聚集效应也增强了技术分析的有效性。当越来越多的投资者将图形分析视为一种进行短期决策的信息，聚集在这一"信息"上，由此分析出相似的结论，并据此进行交易时，投资者就会从中获利，进而又吸引了更多的投资者采用图形分析的手段，最终使技术分析所预测出的预测值与未来的资产价格确实呈现出正相关关系。

分析路径与提示

机构投资者是中国股市的强势群体。对机构投资者的行为，主要结合其外部博弈及内部博弈进行分析。这些博弈包括：(1) 机构投资者与政策的博弈；(2) 机构之间及机构与个人之间的博弈；(3) 机构本身的内部博弈。

分析行为金融学的投资策略的适用场合，结合我国证券市场的特征分析其正反两方面的影响。机构投资者的信息库和专家队伍可以使其对政策的把握有一定的预见性，针对个人投资者的行为反应模式，可以采取反向投资策略，进行积极的波段操作。我国机构投资者存在非理性的情绪与心理因素，投资者表现出系统的启发式偏差和框定依赖，无法基于信息作出理性预期。

思考：行为金融学的投资策略在我国机构投资者中的运用会对我国的证券市场产生何种影响?

参考文献

［1］兹维·博迪. 投资学（第五版）［M］. 北京：机械工业出版社，2002.

［2］［美］威廉·F. 夏普等. 投资学（第五版）［M］. 北京：中国人民大学出版社，1998.

［3］［美］弗兰克·J. 法博齐，弗朗哥·莫迪利亚尼等. 资本市场：机构与工具［M］. 北京：中国金融出版社，1992.

［4］［美］汉姆·列维等. 投资学［M］. 北京：北京大学出版社，2000.

［5］［美］罗伯特·J. 希勒. 非理性繁荣［M］. 北京：中国人民大学出版社，2001.

［6］吴晓求. 证券投资学［M］. 北京：中国人民大学出版社，2000.

［7］霍文文. 证券投资学（第二版）［M］. 北京：高等教育出版社，2004.

［8］杨德勇，葛红玲. 证券投资学［M］. 北京：中国金融出版社，2006.

［9］易纲，吴有昌. 货币银行学［M］. 上海：上海人民出版社，1999.

［10］［美］米什金（Fredrics S. Mishkin）. 货币金融学（第四版）［M］. 北京：中国人民大学出版社，1998.

［11］［美］乔治·考夫曼（George G. Kaufman）. 现代金融体系［M］. 北京：经济科学出版社，2001.

［12］［美］本杰明·M. 弗里德曼，［英］弗兰克·H. 哈恩：货币经济学手册［M］. 北京：经济科学出版社，2002.

［13］［美］兹维·博迪，罗伯特·C. 莫顿. 金融学［M］. 北京：中国人民大学出版社，2000.

［14］李扬，王松奇. 中国金融理论前沿［M］. 北京：社会科学文献出版社，2000.

［15］李扬，王国刚，何德旭. 中国金融理论前沿Ⅱ［M］. 北京：社会科学文献出版社，2001.

［16］何孝星. 证券投资理论与实务［M］. 北京：清华大学出版社，2004.

［17］刘锋，尹小兵. 投资规划［M］. 北京：中信出版社，2004.

［19］肖海泉. 证券投资学［M］. 北京：人民出版社，1997.

［19］周定真. 证券投资概论［M］. 上海：上海三联书店，1997.

［20］贝政新. 证券投资学［M］. 上海：复旦大学出版社，2005.

［21］葛红玲. 证券投资学［M］. 北京：机械工业出版社，2007.

［22］史树中. 金融经济学讲义，北京：北京大学光华管理学院，1999.

［23］邢天才，王玉霞. 证券投资学［M］，辽宁：东北财经大学出版社，2007.

［24］中国证券业协会. 证券投资分析［M］，北京：中国财政经济出版社，2004.

［25］杨朝军. 证券投资分析［M］，上海：上海人民出版社，2002.

［26］宋逢明. 金融工程原理［M］，北京：清华大学出版社，1999.

［1］Akerlof, George A. Behavioral Macroeconomics and Macroeconomics Behavior. American Economic Review, 78, June 2002, 92 (3), pp. 411 – 433.

[2] Allen, D. W. and Lueck, D. Risk Preferences and the Economics of Contracts. American Economic Review, 85 (2), 1995, pp. 447 -451.

[3] Ball, Laurence and Cecchetti, Stephen G. Imperfect Information and Staggered Price Setting. American Economic Review, 78, May 1998, pp. 999 - 1018.

[4] Bosworth, Barry. The Stock Market and the Economy. Brookings Papers on Economic Activity, 1975, 2, pp. 257 -290.

[5] Fama, Eugene F. Efficient Capital Markets: A Review of Theory and Empirical Work. Journal of Finance, May 1970, 25 (2), pp. 383 -417.

[6] Fama, Eugene F. and French, K. R. The Equity Premium. Journal of Finance, April 2001, 57 (2), pp. 637 -659.

[7] Hansen, Lars and Jagannathan, Ravi. Implications of Security Market Data for Models of Dynamic Economies. Journal of Political Economy, 1991, 99, pp. 225 -262.

[8] Harrison, Michael J. and Kreps, David M. Martingales and Arbitrage in Multiperiod Securities Markets. Journal of Economic Theory, 1979, 20, pp. 381 -408.

[9] Kaplan, Steven N. and Strömberg, Per. Characteristics, Contracts, and Actions: Evidence from Venture Capitalist Analyses. Journal of Finance, 59 (5), October 2004, pp. 2177 -2210.

[10] Knight, Frank H. Risk, Uncertainty and profit. Boston: Houghton Mifflin, 1921.

[11] Lintner, John. The Valuation of Risk Assets and the Selection of Risky Investments in Stock Portfolios and Capital Budgets. Review of Economics and Statistics, 1965, 47, pp. 13 -37.

[12] Merton, Robert C. An Intertemporal Capital Asset Pricing Model. Econometrica, 1973, 41, pp. 867 -887.

[13] Mossin, Jan. Equilibrium in a Capital Asset Market. Econometrica, 1966, 35, pp. 768 -783.

[14] Ross, Stephen A. The Arbitrage Theory of Capital Asset Pricing. Journal of Economic Theory, December 1976, 3, pp. 341 -360.

[15] Sharpe, William F. Capital Asset Prices: A Theory of Market Equilibrium under Conditions of Risk. Journal of Finance, 1964, 19, pp. 425 -442.

[16] Adam, M. C. and A. Szafarz. Speculative Bubbles and Financial Markets. Oxford Economic Papers 44, 1992, pp. 626 -640.

[17] Allen, F., S. Morris and A. Postlewaite. Finite Bubbles with Short Sales Constraints and Asymmetric Information. Journal of Economic Theory 61, 1993, pp. 206 -229.

[18] Allen F., and G. Gorton. Churning Bubbles. Review of Economic Studies, 60, 1993, 813 -836.

[19] Allen F., and D. Gale (2000a). "Bubbles and Crises." Economic Journal, 110, 236 -255.

[20] Allen F., and D. Gale (2000b). Comparing Financial Systems. MIT Press, Cambridge, Ms.

[21] Black, F. "Noise." Journal of Finance 41, 1986, 529 -543.

[22] Shefrin, H. and M. Statman. "Behavioral Capital Asset Capital Asset Pricing Theory." Journal of Financial and Quantitative Analysis, 29 (3), 1994, 323 -349.

[23] Shefrin, H. and M. Statman. Behavioral Portfolio Theory. Journal of Financial and Quantitative Analysis, 35 (2), 2000, 127 -151.

[24] Shleifer, A. Inefficient Markets: An Introduction to Behavioral Finance. Clarendon Lectures in Economics, Oxford University Press, New York and Oxford. 2000.

[25] Tversky, A. and D. Kahneman. Judgement under uncertainty: Heuristics and biases. Science, 185,

1974, 1124 - 1130.

[26] Ross, stephen A. "The arbitraqe theory of capital asset pricing," Journal of Economic Theory 13, 1976, 341 - 360.

后　记

杨德勇教授主编的《证券投资学》自2006年出版发行以来，受到了广大教师和学生的欢迎，多次印刷。在使用过程中，很多教师对本教材提出了宝贵的意见和建议。加之近年来，国际、国内证券市场都发生了巨大的变化。从国内看，股权分置等问题逐步得到解决，证券市场结构不断完善，其配置资源的功能得到更有效的发挥，证券市场承载了越来越多的经济功能，在国民经济中的地位日益突出；从国际看，美国次债危机引发的金融危机以及全球性经济危机，使人们对以现代投资理论为基础建立的资本市场和金融体系产生质疑，自2008年以来，国际金融体系重构成为国际金融领域人们关注的焦点，同时，这次金融危机也使现代金融理论受到冲击和考验。在这种背景下，本教材以杨德勇主编的《证券投资学》（2006年版）为基础，进行了重新编写，从内容、体例到章节等都进行了全新的安排，在保留2006年版教材特点的基础上，内容进行了全面的更新，同时在以下几方面进行了创新：

第一，在章节上，增加了第十二章“证券投资方法与技巧”，并以投资分析案例的方式介绍投资分析方法的运用，不仅使教材体系更加全面，也增强了理论知识的运用能力。

第二，对金融工具的分类，为了将更多的创新工具纳入教材当中，本教材将金融工具分为“股权类工具、债权类工具、金融衍生工具”三大类，这种分类在现有教材中鲜见。

第三，更加注重教材体系的完善以及内容的全面，如在“导论”中增加了“投资理论综述、我国证券市场发展历史沿革”等内容；通过“相关链接”不仅补充了时效、经典的资料和案例，而且更加注重理论在实际中的应用。

本教材重新撰写后，力图使之更加适应高等院校财经专业学生和教师的需要。本教材大纲经过重新调整后，申请获得了北京市2007年精品教材立项，即本教材的出版是北京市精品教材建设的一项成果。

本教材参阅了大量证券投资类的专著、论文、教材以及相关报刊杂志等资料，并从中汲取了诸多精华，才使本书得以呈现给读者，在此一并向有关作者致谢。

本书在编写过程中得到了北京工商大学副校长李朝鲜教授的大力支持，在此表示诚挚的谢意。还要特别感谢宏源证券股份有限公司的李金柱先生和刘佑成先生，他们从实践角度为本书的修订提出了宝贵的建议。此外，还要感谢中国金融出版社的肖丽敏编辑及相关编审人员，对本书的出版付出的辛苦及热情支持。

本书主要供高等院校经济类、管理类专业教学之用，也可以作为从事证券投资研究的学者和从事证券投资实践的金融工作者的参考读物。

本书由杨德勇教授担任主编，葛红玲担任副主编，他们主持了全书的大纲写作、初稿审阅、讨论和修改工作，最后由杨德勇教授进行总纂和定稿。参加编写的人员有：北京工商大学杨德勇、葛红玲、马若微、李飞、李春兵、宛璐；对外经济贸易大学郑建明、郑莉莉；内蒙古财经学院张启智；北京科技大学刘洪生；北京青年政治学院向洪江；内蒙古大学秦志宏；内蒙古农业大学孟凡杰；北京西城经济科学大学喻红。莫淑、李晴晴、于薇、金彦、杜昕然、陈群达、甄珂等同学参与了部分资料收集工作。

由于作者的学识水平有限，书中错误和不当之处在所难免，还望专家、读者不吝赐教，以正谬误。

编　者

2010年5月